UES DES SIGNES DU ZODIAQUE

4. Cancer ♋

SIGNE CARDINAL - D'EAU - FÉMININ - NOCTURNE - MAISON IV

ASTRE : LA LUNE ☽

MOTS-CLÉS :
LYMPHATISME - ESPRIT MATERNEL ET FAMILIAL - REVE - SUSCEPTIBILITÉ - TIMIDITÉ - CARACTERE LUNATIQUE - CAPRICE - IMAGINATION - SENSIBILITÉ - FUITE - INTROVERSION - AMOUR DU PASSÉ - ATTACHEMENT À L'ENFANCE - FOYER - TRADITIONNALISME - POETE -

JOUR : LUNDI

COULEUR : BLANC

MÉTAL : ARGENT

FLEURS : NÉNUPHAR - LIS - COLOQUINTE

PARFUM : IRIS

PIERRES : PIERRE DE LUNE - OPALE - PERLE

CHIFFRES : 2 - 5 - 20 - 40

PAYS : AFRIQUE - ECOSSE - HOLLANDE

5. Lion ♌

SIGNE FIXE - DE FEU - MASCULIN - DIURNE - MAISON V

ASTRE : LE SOLEIL ☉

MOTS-CLÉS :
RAYONNEMENT - ARDEUR - AUTORITÉ - LUMIERE - FORCE - INTELLIGENCE SYNTHÉTIQUE - GÉNÉROSITÉ - ORGUEIL - AMBITION - FERMETÉ - NOBLESSE - PERE - CHEF - VOLONTÉ - ESPRIT D'ENTREPRISE - VITALITÉ - LOYAUTÉ - PASSION - P.D.G. - HOMME POLITIQUE

JOUR : DIMANCHE

COULEURS : JAUNE DORÉ - ORANGE

MÉTAL : OR

FLEURS : PALMIER - GÉRANIUM - TOURNESOL

PARFUM : HÉLIOTROPE

PIERRES : RUBIS - AMBRE JAUNE

CHIFFRES : 1 - 9 - 10

PAYS : FRANCE - ITALIE - AUTRICHE

6. Vierge ♍

SIGNE MUTABLE - DE TERRE - FÉMININ - NOCTURNE - MAISON VI

PLANETE : MERCURE ☿

MOTS-CLÉS :
RATIONALISME - INTELLIGENCE ANALYTIQUE - MÉTICULOSITÉ - ORDRE - LOGIQUE - MÉTHODE - SENS PRATIQUE - TIMIDITÉ - ARRIVISME - DÉTAIL - SENS CRITIQUE - ÉGOISME - DÉVOUEMENT - CARACTERE "ÉMINENCE GRISE" - ARTISAN - EMPLOYÉ - COMPTABLE - ARCHIVISTE - TRADUCTEUR -

JOUR : MERCREDI

COULEUR : GRIS

MÉTAL : PLATINE

FLEURS : MUGUET - ACACIA - NARCISSE

PIERRES : JASPE - TOURMALINE

CHIFFRES : 6 - 10 - 15 - 20 - 27

PAYS : CRETE - SUISSE - TURQUIE

Biographie des Auteurs

JACQUELINE AIMÉ, astrologue, ancienne élève d'André Barbault, a fondé son travail sur les rapports entre astrologie, psychanalyse et psychologie.

ROBERT AMBELAIN, historien, astrologue, écrivain, Médaille de Vermeil de la Ville de Paris, Croix de Chevalier de l'Ordre des Arts et Lettres pour l'ensemble de ses travaux sur l'Histoire insolite, les sociétés secrètes et les doctrines ésotériques.

CATHERINE AUBIER, astrologue depuis une vingtaine d'années, directeur de l'école d'astrologie *Maison X*, collabore à diverses revues astrologiques.

ANDRÉ BARBAULT, astrologue, Président du Centre international d'Astrologie, rédacteur en chef de la revue "L'Astrologie". Est mondialement connu pour ses recherches sur l'astrologie mondiale.

JANY BESSIERE, astrologue belge, ancien Administrateur du Cébésia, a succédé à Georges Antarès à la tête du Cercle *La Vigie*. Présidente de Astrosophia, dirige les revues "Infosophia" et "Quintile".

CARLEEN BINET, Présidente de l'Ecole Française de Morphopsychologie, consultante en évolution de carrière et en diagnostic d'image personnalisée. Chargée de cours à l'université Paris-Nord.

DANIELLE DE CAUMON, astrologue, analyste, étudie l'astrologie occidentale et chinoise et s'intéresse à toutes les techniques de lecture du Zodiaque.

MICHEL CAZENAVE, philosophe, écrivain, cofondateur et directeur des éditions du Mail, conseiller de France-Culture.

YVES CHRISTIAEN, astrologue depuis 1936, diplômé de l'Institut Astrologique de Carthage, spécialiste des transits et de la domification.

FRANÇOISE COLIN, astrologue et graphologue, étudie depuis des années les liens qu'entretiennent ces deux méthodes d'investigation de la personnalité, travaille en collaboration avec des cabinets de recrutement.

MICHAEL DEL MAR, astrologue et journaliste, collabore à différents magazines ("Marie-Claire", "Jardin des Modes").

CIRO DISCEPOLO, astrologue italien, ancien élève d'André Barbault, journaliste à "Il Matino".Vice-Président du Centre italien d'Astrologie. Ses travaux s'orientent vers la recherche statistique sur l'hérédité planétaire et l'application informatique.

ZIPPORAH DOBYNS, astrologue américaine depuis 1956, après une formation d'anthropologie et de psychologie. Membre de l'International Society for Astrological Research et du National for Geocosmic Research, elle donne des conférences dans le monde entier.

MAX DUVAL, astrologue, écrivain, journaliste, collaborateur de la revue d'A. Barbault "L'Astrologue". Auteur de nombreux articles dans la revue du Collège astrologique de France et dans "Les cahiers astrologiques" d'A. Volguine.

SUZEL FUZEAU-BRAESCH, docteur ès-sciences de l'université de Paris, Directeur de recherche au C.N.R.S., responsable d'un laboratoire universitaire de biologie, spécialiste de l'étude sur les jumeaux biologiques.

MICHEL GAUQUELIN, statisticien, psychologue, a vérifié pendant plus de 40 ans les lois de l'astrologie. Ses découvertes ont révolutionné la pensée scientifique et la pensée astrologique. Décédé avant la publication de cet ouvrage.

PATRICK GIANI, astrologue, spécialiste de l'astrologie karmique et des Nœuds lunaires.

LIZ GREENE, astrologue américaine, docteur en psychologie, diplômée jungienne, co-dirige avec H. Saportas le Center for psychological astrology (Londres).

ETIENNE GUILLÉ, agrégé de physiologie-biochimie, docteur ès-sciences, enseignant et chercheur à l'université de Paris-Sud.

CHARLES HARVEY, astrologue anglais, depuis 1973, Président de Astrological Association et Vice-président de Faculty of astrological Studies. Organisateur des premières "Rencontres Européennes d'Astrologie" à Londres, en 1972.

BERNARD HERVIER, ingénieur polytechnicien, astrologue, journaliste. Consultant d'entreprises en stratégie et communication, co-inventeur des *Aurascopes.*

KURT HITSCHLER, astrologue suisse, expert dans la manière d'utiliser les images symboliques des 360 degrés du Zodiaque. Connaisseur éclairé de l'histoire du christianisme, il s'efforce de réconcilier la religion et l'astrologie.

JEAN-MICHEL HUON DE KERMADEC, sinologue, spécialiste de l'astrologie et de l'ésotérisme chinois.

VLAICU IONESCU, astrologue français d'origine roumaine, spécialiste de l'étude des *Centuries* de Nostradamus, auxquelles il a consacré 40 ans de sa vie.

LAURENCE LARZUL, astrologue, membre fondateur de l'association *Jupitair*, pratique et enseigne une astrologie karmique évolutive, basée principalement sur les nœuds lunaires et la Lune Noire.

GUY LE CLERCQ, ingénieur belge, dirige une société d'informatique spécialisée dans le dessin sur ordinateur. A effectué de nombreuses recherches statistiques sur l'astrologie. A participé en tant que conférencier à de nombreux congrès internationaux d'astrologie.

PHILIPPE LECONTE, docteur ès-sciences, physicien au Commissariat à l'Energie atomique, à Saclay.

YVES LENOBLE, professeur d'astrologie au Groupement des astrologues psychoprofessionnels, Président de l'Association pour la recherche des rythmes cosmiques (ARRC) qui organise réunions et congrès d'astrologie.

KRISTA LEUCK, astrologue, journaliste, spécialiste de l'astrologie lunaire, a participé à de nombreuses émissions télévisées (TF1, A2, Canal +) et collaboré à différents journaux quotidiens ou hebdos.

JIM LEWIS, astrologue américain de réputation internationale. Ses travaux sur l'Astro-Carto-Graphie lui ont valu le Prix *Edmund Jones.* Conférencier à travers le monde et membre très actif au sein de l'AFAN, il publie chaque année le *Mundane Source Book.*

ROSE LINEMAN, astrologue américaine, auteur de plusieurs livres, collaboratrice à l'American Federation of Astrologers.

SOLANGE DE MAILLY-NESLE, astrologue, a créé le Groupement des Astrologues psychoprofessionnels qui enseigne une astrologie à la fois symbolique et intégrée dans la réalité du XXe siècle.

BERND-ARNULF MERTZ, journaliste, écrivain, astrologue allemand, directeur d'études et de recherches, spécialiste de l'ésotérisme, du tarot égyptien, du Karma dans le tarot, etc.

GUY MICHAUD, Professeur émérite de littérature française et de civilisation européenne, à l'université de Paris-X Nanterre.

CLAUDE MICHELOT, médecin homéopathe, astrologue depuis 20 ans, étudie l'influence des astres sur la santé.

GRAZIA MIRTI, astrologue italienne, ancienne Secrétaire nationale du Centre italien d'astrologie, dirige depuis 1985 la revue "Langage astral". Journaliste, collabore à de très nombreuses publications.

WINFRIED NOÉ, astrologue allemand, fondateur du mensuel *Jupiter.* Tient des rubriques régulières dans différents magazines, et anime de nombreuses émissions de radio en Allemagne et en Autriche.

RICHARD NOLLE, astrologue américain, chroniqueur au bulletin de l'American Federation of Astrologers et à "Dell Horoscope".

ANN PARKER, astrologue américaine, écrivain, journaliste au "Chicago Tribune". Membre du National Council of Geocosmic Research et de l'American Federation of Astrologers..

JULIA ET DEREK PARKER, astrologues anglais, conseillers en astrologie du Président de la British Faculty of Astrological Studies. Ils ont écrit plus de 40 ouvrages, dont *The complete Astrologer.*

ALEXANDER VON PRONAY, astrologue allemand, spécialiste des prévisions mondiales, auteur de nombreux livres et articles. A participé à plus d'une centaine d'émissions télévisées.

PR BANGALORE VENKATA RAMAN, astrologue indien de renommée internationale, grand spécialiste de l'astrologie hindoue. Dirige depuis des décennies la revue "The astrological magazine".

ALEXANDER RUPERTI, astrologue anglais, passionné par la pensée occulte et la philosophie humaniste. Ami de Dane Rudyar, il contribue à faire connaître son œuvre en France.

JOSÉ-LUIS SAN MIGUEL DE PABLOS, astrologue espagnol, licencié ès-géologie, dirige le centre astrologique *Cérès* d'enseignement et de recherches, à Madrid.

PERCY SEYMOUR, astro-physicien sud-africain, Maître-Assistant au Planetarium de l'Observatoire Royal de Greenwich, en Grande-Bretagne. Spécialiste de l'étude des champs magnétiques terrestres, a récemment présenté sa théorie d'astrologie à la première "International Conférence of Geocosmic Relations".

GERMAINE SOLEIL, astrologue, assure une chronique régulière sur Europe 1 et TF1. Elle fut la première à introduire l'astrologie à la radio en France.

ELIZABETH TEISSIER, astrologue, journaliste, écrivain, agrégative de Lettres à la Sorbonne. Fut formée à l'astrologie par Henri Gouchon. Tient une rubrique hebdomadaire dans Télé 7 jours depuis 1977, ainsi que dans divers magazines européens. Elle fut la première à introduire l'astrologie à la télévision française avec *Astralement Vôtre* (1975) et en Allemagne avec *Astro-Show* (1981). Spécialiste des prévisions mondiales, elle donne des conférences et organise des séminaires dans le monde entier.

ASTROLOGIE
P A S S I O N

Sous la direction
d'Elizabeth Teissier

HACHETTE

1. LE ZODIAQUE ET LES ASTRES

2. LES ORIGINES ET L'HISTOIRE DE L'ASTROLOGIE

3 . L'ASTROLOGIE AUJOURD'HUI

AVANT-PROPOS

L'astrologie d'aujourd'hui, tel Janus, a deux visages. L'un est tourné vers le passé, c'est l'astrologie de la Tradition, puisque, il faut le savoir, cette "très grande dame, très belle et venue de si loin...", dont parle André Breton, a probablement précédé l'écriture cunéiforme et serait donc, de ce fait, la connaissance la plus ancienne du monde.

L'autre est tourné vers l'avenir, car l'astrologie, science en mouvement, se voit obligée de suivre les découvertes scientifiques en général, et astronomiques en particulier, et de les faire siennes (que l'on songe à celle de Pluton, qui ne remonte guère qu'à une soixantaine d'années, à celle des astéroïdes, ou de Chiron en 1977).

Une mise à jour s'imposait donc (quel défi !) qui couvre le Temps pour faire le point sur l'astrologie moderne aussi bien que traditionnelle, avec toutes les ouvertures qu'elle appelle et toutes les réponses qu'elle peut donner aux questions que se pose l'Homme à l'aube du troisième millénaire.

A notre époque en pleine inflation, l'astrologie se trouve amalgamée à toutes sortes de disciplines dépourvues de rigueur intellectuelle et de cohérence, plus mystifiantes que mystiques. Par ailleurs, rares sont ceux qui sont au fait de la différence de nature qui sépare cette science humaine de la voyance, de la divination, du tarot, de la chiromancie, etc.

Il s'agit dès lors de délimiter les frontières de l'Art royal des astres, de lui rendre son identité, de faire apparaître les neuf dixièmes de l'iceberg de ce savoir, engloutis par l'obligatoire simplification d'une médiatisation qui confond parfois vulgarisation et trahison.

Mon objectif, en acceptant cette tâche ambitieuse, était de réaliser quelque chose de différent de ce qui existait déjà, tout en évitant les parti-pris et l'esprit d'école. Cet objectif comportait plusieurs facettes : tout d'abord, être à la fois le plus actuel et le plus complet possible, le plus panoramique à tous points de vue.

Le plus actuel, en choisissant uniquement des spécialistes contemporains, et en évitant la compilation. Tous les auteurs sont donc vivants et experts dans le sujet choisi - exception faite de Michel Gauquelin, décédé au cours de la rédaction de cet ouvrage. Le plus complet, en donnant la parole aussi bien à la physique - à travers Philippe Leconte -, ou à la biologie - par le truchement d'Etienne Guillé - , qu'à la psychologie, via Liz Greene, ou aux statistiques, grâce à Michel Gauquelin. Mais surtout, bien sûr, à l'astronomie, en la personne de l'éminent Dr Percy Seymour, de la Royal Academy de Londres, dont la toute récente théorie explicative de l'influence astrale se trouve pour la première fois consignée sous sa plume dans une œuvre collective encyclopédique. Quant à l'aspect panoramique, il est tout d'abord pris dans son sens géographique, puisque je me suis appliquée à constituer une palette planétaire, en choisissant les plus éminents astrologues de tous les pays, y compris l'Inde, en la personne du Dr B.V. Raman, le plus grand astrologue indien vivant, mais aussi aux États-Unis, en Angleterre, en Allemagne, en Italie, en Espagne, en Belgique ou en Suisse. Sans oublier la France, avec André Barbault en tête.

Mais ce terme est également à prendre dans son acception figurée, puisqu'il me tenait à cœur d'embrasser la totalité des aspects de l'astrologie ou des domaines qu'elle interpelle, que ce soit dans celui de la technique, de la symbolique ou de la réflexion philosophique qu'elle sous-tend.

A qui s'adresse cette somme astrologique ? Aux néophytes autant qu'aux curieux ou au passionnés, mais aussi aux professionnels. Choisissant leurs plats préférés, ils y puiseront quelque nourriture. Certes, elle ne sera pas la même pour tous, mais chacun y trouvera son compte. Car du plus élémentaire au plus technique ou érudit, la gamme est vaste, l'éventail est ouvert.

Bien sûr, nombreux restent les points obscurs ou ambigus dans le dogme astrologique qui appellent des recherches systématiques tous azimuts. Que soit ici remercié Napoléon Ier, dont on dit que c'est par intérêt pour l'astrologie qu'il aurait rendu la mention d'heure obligatoire dans les états-civils. Les vastes statistiques de Michel Gauquelin eussent été impossibles sans cela, et les recherches ultérieures compromises.

Autre question à éclaircir et non des moindres : si influence astrale il y a, s'arrête-t-elle à notre système solaire ? Quel est le rôle éventuel des autres galaxies, des trous noirs et d'autres planètes hypothétiques...?

Pour conclure, si cet éventail, à la fois éclectique et rigoureux, du savoir astrologique peut aider l'Art royal des astres à regagner ses lettres de noblesse, à le sortir du ghetto culturel où - c'est un paradoxe - le cantonne l'establishment intellectuel d'aujourd'hui, nonobstant (ou à cause de...) son succès populaire; si - on peut toujours rêver -, grâce à cette somme encyclopédique, le physicien du CERN, spécialiste des particules élémentaires, peut écrire désormais sur l'astrologie sans prendre de pseudonyme; si, enfin, cet ouvrage international peut apporter à l'étudiant en astrologie ce que j'eusse moi-même aimé y trouver (ce qui fut pour moi le cas à travers le Dictionnaire astrologique de mon maître H.-J. Gouchon, lorsque je vins à cet art il y a quelques décennies), ces années d'efforts n'auront pas été inutiles. L'arbitre de ces questions, ce sera avant tout vous, cher lecteur...

Et, peut-être, comme mon grand ami le philosophe et polytechnicien Raymond Abellio qui sut cerner avec maestria la "Structure absolue" de la personnalité qu'est l'astrologie, vous direz-vous, en refermant cet ouvrage : "L'astrologie est à la fois un art, une science, une sagesse."
C'est bien là tout ce que je souhaite.

Elizabeth Teissier,
juin 1992

LE POSTULAT DE LA SYMPATHIE UNIVERSELLE

"Il est vrai, sans mensonge, certain et très véritable,
Que ce qui est en haut est comme ce qui est en bas,
Et que ce qui est en bas est comme ce qui est en haut,
Afin que se perpétue le miracle de l'Unité."
Hermès Trismégiste (La Table d'Emeraude)

"Le zodiaque est le test de Rorscharch de l'humanité enfant"
G. Bachelard (poétique - L'air et les songes)

Etymologiquement, Sympathie (du grec Sumpatheia) vient de Sun, qui signifie ensemble, et de Pathos, qui signifie affection. Ainsi, la sympathie est l'accord de sentiments ou l'identité d'affection. Le postulat de la sympathie universelle repose donc sur le principe d'une identité d'affection, d'un accord de sentiments entre l'Homme et l'Univers.

On pourrait, en paraphrasant Bergson, parler de "donnée immédiate de la conscience collective" pour qualifier ce réflexe de l'homme, archaïque et intemporel, qui le porta depuis la nuit des temps à voir une admirable homothétie entre la structure de l'univers et la sienne propre.

Miroir des cieux et de ses rythmes, l'être de saison qu'il est lui-même se sent depuis toujours mû par les corps célestes qui le reflètent : l'homme mime le monde, il le reçoit, l'élabore et le rejoue, après l'avoir transformé, maîtrisé et rendu intelligible. La tradition hermétique reste liée à cette idée d'Unité globale de l'univers, à laquelle on doit aussi l'homme zodiacal (dont les différentes parties du corps, projetées sur le ciel, coïncident mystérieusement avec les signes du Zodiaque) qui allait être très en vogue à la Renaissance, sous Paracelse, Culpeper et les autres, partisans, à la suite des penseurs médiévaux, de la notion de l'"*Unus mundus*".

"Tout s'entrelace; toutes choses s'accordent merveilleusement", dit le philosophe grec néo-platonicien Plotin dès le IIIe siècle, "cet univers est un animal unique qui contient en lui tous les animaux". La partie est semblable au tout et l'individu tout entier se retrouve dans une oreille, une empreinte digitale ou un iris; à travers sa cellule qui rappelle l'atome, l'homme est un système solaire en miniature. L'antique médecine chinoise, à l'instar de celle d'Hippocrate ou de Paracelse, est une médecine globaliste. Une unité essentielle, ontologique, existe, sous-jacente aux différents plans de la réalité manifestée et elle n'est perceptible qu'à travers une prise de conscience transcendantale, par un esprit éveillé et ouvert à l'Analogie qui relie tous les plans de manifestation — tous les niveaux d'organisation, dirait le biologiste et philososphe Henri Laborit. La dualité du monde, la division entre matière et esprit ne seraient donc qu'apparence et le plus petit commun multiple serait d'essence vibratoire, de l'énergie pure aux confins de la matière et de l'esprit. On revient donc à une vision qui implique une cosmogonie nouvelle : en réalité pour l'astrologue, le Monde est Un, et tout ce qui existe est en sympathie, voire en empathie, à travers un réseau admirable de correspondances.

"La nature est un temple où de vivants piliers
Laissent parfois sortir de confuses paroles;
L'homme y passe à travers une forêt de symboles
Qui l'observent avec des regards familiers.

Comme de longs échos qui de loin se confondent
Dans une ténébreuse et profonde unité,
Vaste comme la nuit et comme la clarté,
Les parfums, les couleurs et les sons se répondent..."

Or, ce qui relie entre elles ces correspondances si magnifiquement chantées par Baudelaire, ce n'est pas le principe d'identité, basé sur une équation absolue et la similitude, mais le principe d'analogie qui aboutit à un mode de connaissance par métaphores, symboles ou images et qui est fondé sur une intuition de rapports. "Il y a le même rapport entre un homme de bronze et un homme qu'entre un cheval de bronze et un cheval, mais il n'y a entre eux aucune ressemblance", explique le philosophe Alain. Il y a analogie entre les lois physiques et celles du psychisme; leur principe et leur dynamique sont similaires : on parle de "trop-plein d'émotion", d'un homme "cassé par la douleur" ou du "carrefour d'une existence"; le visible et l'invisible, le matériel et le spirituel se répondent et se correspondent dans le langage, image de l'inconscient collectif marqué par ce que Jung appelle les archétypes.

Le rapport d'analogie repose donc sur le symbole et l'intuition : c'est un rapport d'essence, non matériel, alors que le rapport d'identité repose sur la raison mathématique. Un exemple : la couleur rouge est en analogie avec la colère, le sang, la violence, la révolte et l'insurrection, l'ardeur, le courage, la virilité, la guerre, la passion… avec la planète Mars et le Bélier. L'homme de la tradition a ainsi imaginé une chaîne de correspondances entre le cosmique et le terrestre, en recherchant les analogies, les rapports plus ou moins cachés, parfois très abstraits, qui constituent ce que Paracelse appela les "signatures" d'une même qualité archétypique : les plans biologique, psychologique et événementiel sont ainsi contenus dans un seul symbole. La Lune, par exemple, image de la mère nourricière, des humeurs, de l'inconscient et du rêve, est liée au concept de digestion (estomac), à la nuit, à la dépendance et à l'âme, alors que le Soleil symbolise le père, le Moi conscient, le cœur, les valeurs de jour et d'autorité, l'esprit…

L'homme, selon cette conception unitaire, contient ainsi le monde comme le monde le contient ; les astres sont des relais, à travers lesquels l'âme du monde ordonne la nature entière. Il y a jeu de miroir et analogie entre "l'infiniment grand" et "l'infiniment petit", entre le macrocosme - l'univers - et le microcosme - l'homme. Celui-ci se trouve inscrit dans cet ordre cosmique et participe de cette interdépendance universelle ; il vibre au rythme du cosmos, et son cœur bat à l'instar de son homologue, le Soleil, qui palpite au sein du système solaire.

"La conviction s'impose d'une humanité douée d'un sens aujourd'hui perdu ou ignoré de la communication avec les forces telluriques ou cosmiques, dont les dieux des mythologies deviennent alors des agents subtils, amicaux ou hostiles, toute la vie sur la terre communiant ainsi de façon variable selon le lieu et le moment avec la présence du sacré", affirme le philosophe et polytechnicien Raymond Abellio.

Ce dialogue entre le ciel et la terre, on peut l'entendre encore près de la Grande Pyramide, cosmiquement orientée, à travers les stèles babyloniennes qui remontent à quelque dix mille ans et gravées des premières tables éphémérides connues, ou encore près de Stonehenge ou Carnac, constructions mégalithiques du second millénaire avant J.-C., dans lesquelles la science reconnaît aujourd'hui des observatoires lunaires ou solaires de haute précision. Watson compare cette polarisation de l'humanité, ce que nous pourrions appeler "l'instinct astrologique" à l'instinct de certains termites de l'Australie, les termites-boussoles…dont les termitières sont construites à l'image des icebergs, la majeure partie étant souterraine, et qui sont orientées suivant une ligne nord-sud. Leur activité tropique est fondée sur un instinct cosmique : en effet, "la moindre des ouvrières termites a une connaissance innée des mouvements du soleil qui l'amène à construire son petit bout du monticule en sorte que le tout se relie au cosmos d'une manière qui exprime les besoins de la société. La termitière se trouve littéralement façonnée par les forces cosmiques…" et Watson de conclure sa comparaison : "Je crois que l'astrologie est née ainsi : une conscience des forces cosmiques prédisposait l'homme à certaines idées et formes, et bien que chaque astrologue, ayant apporté sa contribution, ne pût distinguer que son petit fragment de la structure, la synthèse finale revêtit une forme naturelle et pertinente."

Cette différence d'échelle, en quelque sorte, entre l'homme et le cosmos, entre lui-même et ce qu'il essaie d'appréhender et qui le dépasse - par le temps et par l'espace - explique le fractionnement de l'astrologie à travers les âges, son manque d'homogénéité rationnelle et sa prolifération didactique. Cela paraît évident quand on réalise que l'expérimentation, qui est la base de toute science, est particulièrement difficile en astrologie; Uranus et Neptune ne se sont trouvés en conjonction que vingt-neuf fois dans l'histoire connue ; il paraît difficile de bâtir des résultats expérimentaux à travers tant de générations! Si l'on place la naissance de l'astrologie ne serait-ce qu'aux environs de la construction de la première pyramide (2 870 av. J.-C.), - mais elle remonte bien plus loin - le temps écoulé depuis ne représente que la succession de deux cents générations. Aux yeux d'une science à l'échelle temporelle aussi ambitieuse, cela n'est rien.

"C'est ainsi que l'univers est un et qu'il y règne une harmonie unique. Comment ne pas admettre qu'en vertu des lois de l'analogie, toutes ces choses peuvent être des signes ?... En tournant les regards vers les astres comme vers des lettres, celui qui connaît un pareil alphabet lit l'avenir d'après les figures qu'ils forment en recherchant méthodiquement leurs significations d'après l'analogie", dit encore le mystique Plotin au IIIe siècle. L'alphabet céleste est la base de cette algèbre du caractère. C'est ainsi que l'univers est une destinée que l'on appellera astrologie - ou science des astres. C'est la solidarité homme/cosmos qui fondera ce système de référence universel qui inclut et ordonne la totalité de la création ; la théologie astrale de Platon et la mystique des nombres de Pythagore, bâties sur cette notion de sympathie universelle, créeront le climat propice à l'éclosion de l'Art royal des astres, au service duquel les Stoïciens mettront leur logique rigoureuse.

Au cours des siècles, l'astrologie a été tantôt encensée et vénérée, tantôt honnie et persécutée ; elle a subi maintes éclipses, mais elle perdure et sa pérennité est assurée, car elle est partie intégrante de la nature humaine et, à travers le temps et l'espace, elle a le don d'ubiquité. On peut et doit se demander pourquoi. Mais qu'est-elle, au juste ?

Parmi les défininitions de l'astrologie (stricto sensu : discours - logos - sur les astres - astris), retenons :

- l'étude de la correspondance entre les mouvements des astres et les phénomènes terrestres; synthèse des correspondances universelles;
- la science de l'interdépendance universelle ;
- la science des rythmes du cosmos et de leur retentissement sur l'homme et la terre ;
- "au point de vue élémentaire, l'astrologie est l'astronomie interprétée analogiquement, et au point de vue supérieur, elle est la science des correspondances universelles" (Colonel Caslant) ;
- "c'est l'astronomie apportée sur la terre et appliquée aux affaires des hommes" (Emerson) ;
- "un système de représentation de l'homme dans le monde et du monde dans l'homme" (Abellio) ;
- " la structure absolue de l'être" (id.)-
- " un art, une science, une sagesse" (id.) ;
- "une image dialectique complète de l'histoire du monde" (id.) ;
- l'algèbre du caractère et de la destinée ;
- la science des rapports entre l'homme et le cosmos, entre l'infiniment petit et l'infiniment grand ;
- science de l'influence, au niveau physiologique, psychologique, sociologique, spirituel et géophysique du système solaire sur l'homme et la terre.
- le code du mariage entre le ciel et la terre ;
- la science par excellence de la personnalité ;
- "L'astrologie est un code de nous-mêmes, la science la plus ambitieuse qui soit" (G. Marcel) ;
- le thème est "la figure géométrique de la destinée humaine" (id.) ;
- la schématisation des énergies cosmiques de la naissance, un champ de forces d'harmonies et de tensions cosmiques constituant l'infrascture d'une personnalité.

"Le même fleuve de vie court à travers mes veines, nuit et jour, court à travers le monde et danse en pulsations rythmées. C'est cette même vie qui pousse à travers la poudre de la terre en d'innombrables brins d'herbe, et éclate en fougueuses vagues de feuilles et de fleurs. C'est cette même vie qui balance flux et reflux dans l'océan — berceau de la naissance et de la mort.

Je sens mes membres glorifiés au toucher de cette vie universelle. Et je m'enorgueillis, car le grand battement de la vie des âges, c'est dans mon sang qu'il danse en ce moment".

Rabindranath Tagore (L'offrande lyrique)

ÉLIZABETH TEISSIER

1. Le Zodiaque & les Astres

1. ASTRONOMIE ET ASTROLOGIE

L'astronomie, qui jusqu'au XVIe siècle ne faisait qu'un avec l'astrologie, est la plus vieille science de l'humanité. Elle aurait même précédé l'écriture. Son principe repose sur l'observation scientifique des astres et de l'Univers. Les deux étapes essentielles de l'astronomie furent d'abord le géocentrisme (le Soleil tourne autour de la Terre) prôné par Ptolémée vers 140 après Jésus–Christ, qui fit longtemps force de loi, puis l'héliocentrisme (les planètes, dont la Terre, tournent autour du Soleil) définis par Copernic, Galilée et Kepler entre 1543 et 1609.
L'astrologie — dont la pratique se confondait donc à l'origine avec celle de l'astronomie — est basée sur le postulat de l'influence des astres sur la nature et le comportement des êtres et des choses.

"L'astrologie n'atteint pas la même certitude que l'astronomie"
Ptolémée

"L'astrologie est l'astronomie apportée sur la terre et appliquée aux affaires des hommes." *R. Emerson*

"L'homme, ce microcosme des Anciens, dont les cellules sont composées de tous les éléments qui brillent dans le soleil et les étoiles est, par sa nature même, en affinité avec l'univers stellaire et susceptible comme tel de percevoir toutes les émanations cosmiques et d'y répondre."
M.-L. Filipoff - astronome

Deux sœurs ennemies

L'astrologie étant en quelque sorte un corollaire et une application de l'astronomie, il n'est pas étonnant qu'elles ne firent qu'un durant des millénaires. De sœurs siamoises jusqu'à Copernic et sa (re)découverte de l'héliocentrisme — théorie déjà avancée par Aristarque, en Grèce, au IIIe siècle av. J.-C. mais qui ne fut pas retenue par l'histoire —, elles devinrent sœurs ennemies au XVIIe siècle, lorsque Louis XIV et Colbert mirent l'astrologie au ban du savoir officiel. Mais où divergent-elles ?

"L'astronomie, dit H.-J. Gouchon (grand astrologue scientifique du XXe siècle), a constaté que lorsque deux corps célestes passent à proximité l'un de l'autre, il en résulte une perturbation dans leur marche. L'astrologie va beaucoup plus loin, car elle recherche et constate l'existence de relations entre les positions planétaires et les événements terrestres.

Bien que le développement de l'astronomie et l'astrophysique (multiples explorations par sondes spatiales — Pioneer, Voyager, Giotto, etc. — recherches sur le système complexe de Saturne, sur notre galaxie et ses 150 000 étoiles dont nombre d'elles constituent des soleils probables...) puisse frapper de caducité le petit système solaire qui reste, avec les astéroïdes, le seul outil de l'astrologie (sept astres pour les Anciens, dix pour nous — onze si l'on compte Cérès, qui se place entre Mars et Jupiter et qui vient remplir opportunément le vide dans la Loi de Bode), l'astrologie continue de se justifier par son approche différente (étude de la subjectivité de l'homme et non étude objective de la nature; l'une s'intéresse aux données physiques, à la température, à la distance des disques (planétaires), tandis que l'autre écoute l'harmonie des sphères, la musique dégagée par ces disques)...

De plus, elle n'affirme pas être une connaissance achevée, imperfectible, mais une science en marche, comme toutes les sciences vivantes.

On ne peut que déplorer le dialogue de sourds qu'entretiennent ces deux sœurs de la connaissance; il faudra attendre que la science change de paradigme pour que la réconciliation ait lieu. Pourtant, un exemple illustre cette possibilité : J. Kepler, l'homme charnière entre la Renaissance et la science moderne, qu'il a enrichie de ses fameuses trois lois immortelles, a opéré "le mariage entre la physique céleste et la métaphysique des cieux"; ce parfait serviteur d'Uranie relia l'astronomie et l'astrologie dans une complémentarité nécessaire, "la première étant au matériel ce que la seconde est au spirituel, comme le corps et l'âme de l'univers." (A. Barbault). E. T.

Double-page précédente :
Le regard perdu dans le vague, L'ASTROLOGUE cherche l'inspiration sur cette gravure coloriée de 1850 par Appolt (d'après un dessin de Gérard Dou, 1613-1675).
Recréer le monde à partir de l'alphabet céleste : la tâche la plus ambitieuse qui soit, pour laquelle Nostradamus lui aussi, parmi bien d'autres probablement, a fait appel à la stimulation par le feu pour aiguiser son intuition.
L'ouverture de ses *Centuries* nous le dit :
"Estant assis de nuict secret estude,
Seul reposé sur la selle d'aerain:
Flambe exigue sortant de sollitude,
Fait prosperer qui n'est à croire vain."

Les rythmes biocosmiques

Les astres exercent-ils des influences sur les plantes, les animaux et, bien sûr, sur les hommes? Que sait-on à ce sujet aujourd'hui? Les rythmes biologiques sont-ils en relation avec les rythmes cosmiques? Paru il y a déjà plusieurs décennies, le livre de M. Gauquelin, "Rythmes cosmiques, Rythmes biologiques", reste une mine précieuse d'informations sur ce sujet fondamental. En effet, savoir si la création vibre au rythme du cosmos, si l'homme est solidaire des pulsations du système solaire, c'est là toute la question qui conditionne le bien-fondé de l'influence astrale, la mesure de cette influence étant un autre aspect de la question.

"Nous n'avons pas besoin de lancer l'homme dans l'espace, nous n'avons même pas besoin de l'enlever de son pays ou de son foyer pour le soumettre à l'influence du cosmos. L'homme est toujours au centre de l'Univers, car l'Univers est partout."

Professeur Piccardi, Université de Florence

On connaît le rôle que joue notre satellite, la Lune, sur la terre, les eaux et les espèces vivantes. Dans une lettre à Raulin, Louis Pasteur écrivait : "Je crois à une influence cosmique dissymétrique qui préside naturellement, constamment, à l'organisation moléculaire des principes immédiats essentiels à la vie, et qu'en conséquence les espèces des règnes de la vie sont dans leurs structures, dans leurs formes, dans les dispositions de leurs tissus, en relation avec les mouvements de l'Univers."

Dans la période mensuelle des mouvements océaniques, les hautes marées ont lieu aux moments des *syzygies* de la nouvelle Lune (conjonction du Soleil et de la Lune) et de la pleine Lune (opposition du Soleil et de la Lune) — les effets possibles parallèles d'attraction soli-lunaire s'ajoutent; le Soleil, la Lune et la Terre se trouvent alors sur le même plan. Lors des quadratures, les marées basses ont lieu aux moments des premier et dernier quartiers de la Lune (le Soleil et la Lune forment alors un carré, soit un angle de 90 degrés par rapport à la Terre) — les deux forces d'attraction s'exercent donc selon des directions perpendiculaires l'une à l'autre, et se neutralisent partiellement. On a récemment découvert et observé la relation entre le cycle soli-lunaire et les quatre enveloppes du globe (atmosphère, hydrosphère, lithosphère et pyrosphère).

Les micro-organismes et les animaux suivent, eux aussi, les mêmes lois du cycle soli-lunaire. Selon une expérience réalisée par le Dr Brown aux États-Unis, on a observé que des huîtres transportées à 1 000 kms de la côte continuent de s'ouvrir et de se refermer au rythme des phases lunaires entraînant les marées. Des phénomènes semblables ont été observés chez le triton et la tortue. Bien sûr, les rythmes lunaires influent aussi sur la croissance des végétaux. Depuis des siècles, selon la règle des similitudes, paysans et agriculteurs ont observé qu'en semant ou en plantant les céréales en Lune montante, on favorisait la croissance et la montée en graine; à l'inverse, en semant ou en plantant les salades ou les carottes en Lune descendante, on minimisait les risques de bourgeonnement ou de montée en graines. De ces observations — résultat de plusieurs siècles d'expériences — est née la sélénoculture.

On pourrait citer encore de nombreux exemples de l'interdépendance étroite de la vie sur terre avec les pulsations de l'univers. Comme celui de cette autre expérience réalisée sur un cafard que l'on a fait vivre dans la lumière artificielle, en inversant le jour et la nuit; l'insecte perturbé présenta alors des tumeurs cancérigènes, et mourut peu après. La nature toute entière vibre selon les rythmes cosmiques, sans parler du cycle féminin.

Au cours d'une journée, le mouvement de la Lune — qui parcourt environ 13 degrés par jour sur le cercle zodiacal qui en compte 360 (précisons qu'il y a également 13 cycles lunaires par an) — a également des incidences remarquables, ainsi que l'a relaté Michel Gauquelin, en démontrant qu'il existe des heures de moindre résistance de l'organisme : "De quatre heures en quatre heures, on injecte à six lots de souris des doses égales de poison. 70 % des animaux piqués à 16 h 30 meurent, tandis que

ROULEAU DE VAGUE A LA PLEINE LUNE
L'amplitude d'une marée est liée aux positions de la Terre, du Soleil et de la Lune qui se modifient quotidiennement, mais également à la profondeur des bassins océaniques. Alors que dans les mers fermées, l'amplitude est pratiquement nulle, elle peut s'élever à près de 20 mètres sur les rivages à plate-forme.

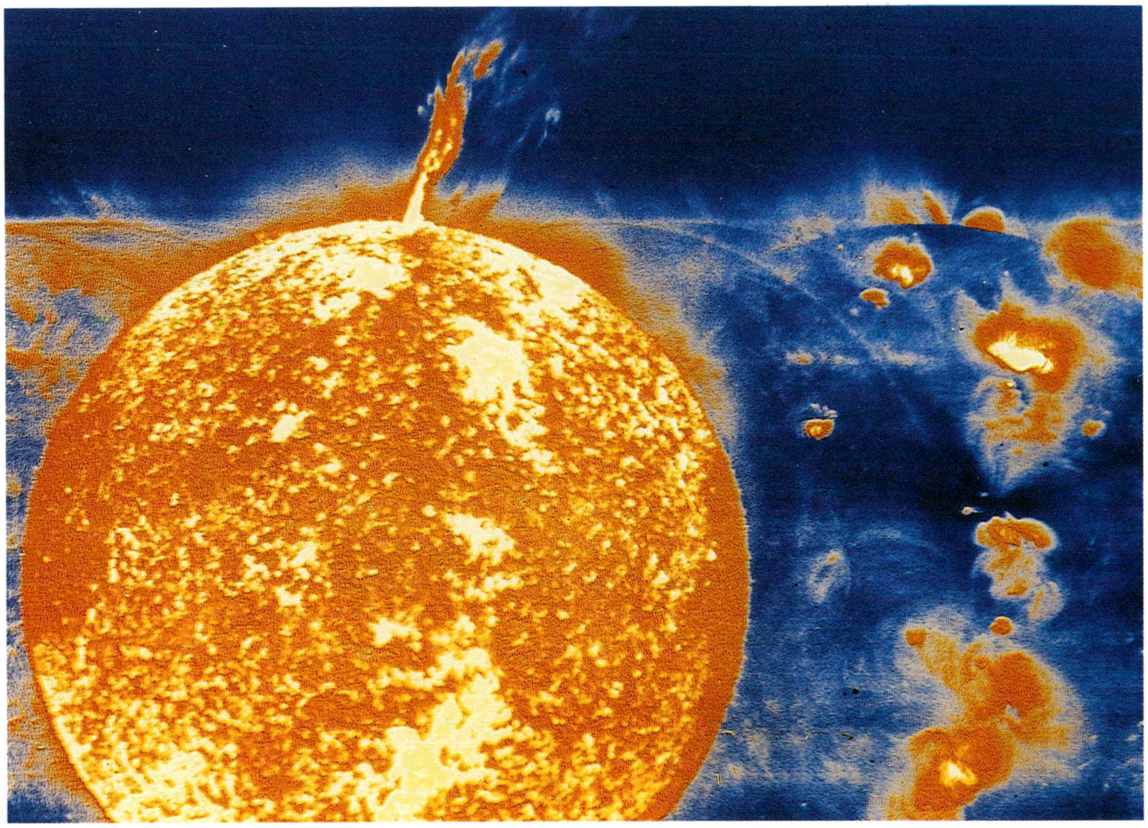

EXPLOSION SOLAIRE
Le soleil est composé d'hydrogène (75%) et d'hélium (23%). C'est dans les deux derniers pour cent que se répartit la totalité des éléments connus sur terre. A sa surface, la température s'élève à 5 700° C et peut atteindre 14 000 000° C en son centre ! Cette chaleur vertigineuse est provoquée par la fusion nucléaire des noyaux atomiques d'hydrogène qui se transforment en noyaux d'hélium.

10 % seulement de ceux traités à 0 h 30 succombent."

La périodicité des fonctions physiologiques de l'homme avait déjà était pressentie par Hippocrate, mais fut surtout approfondie par Paracelse, dont la moderne *chronobiologie* hérite de nos jours. Paracelse préconisait d'administrer les potions et médicaments aux moments favorables, calculés sur l'horoscope du malade. Aujourd'hui, la chronobiologie se préoccupe du facteur *temps* dans la thérapeutique, notamment dans les interventions chirurgicales.

La chronobiologie n'est pas non plus sans rappeler la méthode des biorythmes, appliquée par un nombre croissant de médecins dans le monde. Selon cette méthode, dès la naissance, trois paramètres essentiels de la personnalité interviennent : sa *sensibilité,* son *intellect,* son *dynamisme physique.* Ils ont chacun respectivement une périodicité, un cycle de 28, 33 et 23 jours. L'existence de l'individu en question se module alors en trois rythmes différents, et chaque période d'un rythme se compose d'une phase positive (au-dessus de 0), et d'une phase négative (au-dessous de 0), avec des jours critiques à chaque nœud de la sinusoïde — aux points 0 de chaque courbe. Le cycle émotionnel de 28 jours est bien sûr en analogie avec le cycle menstruel de la femme et celui de la Lune, dont le symbole rassemble tous les éléments en rapport avec la femme, le psychisme, la sensibilité, l'émotion.

Ce qui est vrai pour la Lune l'est aussi pour le Soleil. "Par les 18 respirations qu'il accomplit en moyenne à la minute, soit 25 920 en un jour, l'homme est relié au Soleil dont le point équinoxial met 25 920 années à parcourir le Zodiaque", révèle l'astrologue Claire Santagostini. Mais surtout, selon le physicien japonais Takata, "l'homme est un cadran solaire vivant", car la composition de son sang varie en fonction du mouvement diurne du Soleil.

Enfin, depuis la découverte des taches solaires, d'un cycle de 11 ans environ, qui se traduisent par des flambées de rayonnement sur des milliers de kilomètres et des projections gazeuses dans le cosmos de particules et d'ondes, de nombreuses observations furent faites pour recenser les éventuelles conséquences de cette activité solaire cyclique sur la vie terrestre. Elle semble avoir une incidence sur les tremblements de terre, les accidents cardiaques, les éclampsies. Mais une corrélation a surtout été établie avec les taches solaires par *Tchijewski,* puis par l'astronome Millet, des migrations, des guerres, des épidémies et des révolutions.

Pour faire un rapport avec l'astrologie, on notera que le cycle des taches solaires (11,1 ans) correspond au quart de temps du cycle Saturne-Uranus, mais plus simplement à la révolution de la planète Jupiter (11,8 ans).

E. T.

LA LUNE ET LES NAISSANCES

C'est sous ce titre que parut dans le Monde du 21 septembre 1986, sous la plume de Jean-Yves Nau, un article révélant une étude statistique "Naissances, fertilité, rythmes et cycles lunaires" de P. Guillon, D. Guillon, J. Lansac et J.-H. Soutoul, du CHU de Tours et de la faculté des Sciences d'Orléans, portant sur près de six millions de naissances, qui venait d'être publiée par un groupe de médecins et de mathématiciens, et qui visait à éclaircir les liens existant entre les accouchements et le cycle lunaire. Cette étude révèle, sans expliquer le phénomène, que l'on observe un plus grand nombre de naissances dans les périodes comprises entre le dernier quartier et la nouvelle Lune. Elle fut rendue possible grâce aux données de l'Insée, service des données locales de l'Observatoire économique de Paris. "Néanmoins, de très nombreuses hypothèses sont avancées, souligne Jean-Yves Nau : effet gravitationnel, rôle de la lumière, variations du magnétisme terrestre en fonction de la révolution lunaire, action sur le comportement sexuel humain, etc. Aucune ne semble pouvoir être démontrée. Certains chercheurs ont toutefois déjà établi une relation assez nette entre des événements du système solaire (éruptions solaires), et des événements médicaux (infarctus du myocarde, éclampsies, etc.). Pourquoi, concluent les auteurs de ces recherches, ne pas envisager la détermination de certaines périodes pendant lesquelles les conceptions d'enfants malformés seraient plus élevées que la moyenne, la méiose ou la qualité des gamètes pouvant être influencées par des éruptions solaires, ou par tout autre phénomène, comme les rythmes lunaires? Sans évoquer de possibles actions de planètes moins connues et plus éloignées qui préoccupent davantage les astrologues que les scientifiques pour le moment. La Terre n'est probablement pas un monde clos qui vivrait indépendamment du reste de l'Univers..." *E. T.*

UN ASTROLOGUE FAIT L'HOROSCOPE DU NOUVEAU-NÉ (gravure de 1580). La Lune, astre satellite de la Terre, a de tout temps été le témoin et le complice de l'homme... et surtout de la femme, dont elle reflète le cycle par ses phases. Symbole de la mer et de la mère, des humeurs, de la maison, elle l'est aussi du nourrisson : la sagesse populaire, précédant la science, a très tôt rapproché — en voici la preuve : la Lune est décroissante — les naissances du petit de l'homme avec la période qui précède la nouvelle Lune.

2. LES ÉLÉMENTS

Points cardinaux, éléments et types humains

L'astrologie est construite sur deux mouvements bien distincts de la Terre : le *mouvement primaire* basé sur la rotation de la Terre autour d'elle–même en 24 heures environ, et le *mouvement secondaire* basé sur la rotation de la Terre autour du Soleil en un an.

Le mouvement primaire rythme l'alternance des jours et des nuits et fournit ainsi 4 points de repère essentiels : le point qui se lève à l'horizon situe l'Ascendant; celui où le Soleil culmine à midi sur l'écliptique (parcours apparent du Soleil autour de la Terre) indique le Milieu-du-Ciel ou le méridien supérieur; celui où le Soleil se couche à l'horizon révèle le Descendant; enfin, le Fond–du–Ciel est le point de passage du Soleil sur le méridien inférieur.

L'Ascendant, le Milieu–du–Ciel, le Descendant et le Fond–du–Ciel sont ainsi positionnés aux 4 points cardinaux, et donnent des renseignements sur les principaux centres d'intérêt de la personne.

Le *mouvement secondaire* est un mouvement apparent. En effet, il repose sur la trajectoire que semble suivre le Soleil autour de la Terre, si l'on se réfère à un point fixe sur la Terre. En réalité, nous le savons, c'est la Terre qui tourne autour du Soleil. Mais vu de la Terre, on a l'impression que le Soleil se déplace dans le ciel sans que rien ne bouge sous nos pieds. D'ailleurs, ne dit–on pas que le Soleil — ou le jour — se lève ou se couche? Ce mouvement apparent du Soleil autour de la Terre présente une trajectoire que l'on nomme l'écliptique (du grec *ekleipsis,* nom donné à l'orbite — apparente — du Soleil).

Ainsi, le mouvement secondaire révèle 4 nouveaux points cardinaux très utiles : le premier se situe à 0 degré du signe du Bélier, à l'équinoxe de printemps, au moment où les jours et les nuits sont d'une égale durée; le deuxième est situé à 0 degré du signe du Cancer, au solstice d'été, et donc au jour le plus long et à la nuit la plus courte de l'année; le troisième se trouve à 0 degré du signe de la Balance, à l'équinoxe d'automne, au moment où les jours et les nuits ont à nouveau la même durée; enfin, le quatrième et dernier point cardinal est positionné à 0 degré du signe du Capricorne, au solstice d'hiver, et correspond à l'époque de l'année du jour le plus court et de la nuit la plus longue.

Chacun de ces 4 points cardinaux est donc situé au début de chaque saison, et correspond à l'un des 4 signes cardinaux : Le Bélier, le Cancer, la Balance et le Capricorne.

En comparant les 4 points cardinaux aux mouvements primaire et secondaire, on reconnaît la grande loi d'Hermès Trismégiste selon laquelle "ce qui est en haut est semblable à ce qui est en bas", ainsi que le sens de la phrase biblique "un jour est égal à un an".

Une fois par jour, chaque degré du Zodiaque se lève, passe à sa culmination supérieure, se couche, puis atteint sa culmination inférieure. Une fois par an, le Soleil revient au point du Zodiaque qui inaugure l'année astrologique, atteint son point le plus élevé puis, 90 jours plus tard, annonce l'équinoxe d'automne avant de franchir son point le plus bas, et de revenir à son point de départ, l'équinoxe de printemps à 0 degré du signe du Bélier.

Chaque point cardinal est situé au degré 0 d'un signe du Zodiaque correspondant à l'un des 4 éléments. Le feu, à 0 degré du signe du Bélier. L'eau, à 0 degré du signe du Cancer. L'air, à 0 degré du signe de la Balance. La Terre, à 0 degré du signe du Capricorne.

Le Zodiaque se répartit ainsi d'une part en 3 signes de feu (triplicité Bélier, Lion, Sagittaire), 3 signes de terre (triplicité Taureau, Vierge, Capricorne), 3 signes d'air (triplicité Gémeaux, Balance, Verseau), et 3 signes d'eau (triplicité Cancer, Scorpion, Poissons), et se divise d'autre part en 4 quadrants de 3 signes :
- premier quadrant : Bélier, Taureau, Gémeaux ;
- deuxième quadrant : Cancer, Lion, Vierge;
- troisième quadrant : Balance, Scorpion, Sagittaire ;
- quatrième quadrant : Capricorne, Verseau, Poissons.

Chaque quadrant correspond à une saison et contient un signe cardinal — le premier —, un signe fixe — le deuxième —, et un signe mutable — le troisième —. Exemple : dans le premier quadrant du Zodiaque, nous avons le signe du Bélier, qui est un signe cardinal, le signe du Taureau, qui est un signe fixe, et le signe des Gémeaux, qui est un signe mutable.

Les 4 points cardinaux et les 4 éléments sont les fondements — on pourrait presque dire les fondations — de l'astrologie. Ils ne sont pas sans nous rappeler le carré et la croix, qui sont également associés au nombre quatre. Ainsi, l'astrologie repose–t–elle sur des bases symboliques et existentielles précises. Sous quelque ciel en effet et aussi loin que l'on remonte dans le Temps, l'homme n'a-t-il pas éprouvé le besoin de se situer dans l'Univers, dans son espace, par rapport à des points de repère universels tels que l'horizon, le zénith, les lever et coucher du soleil qui rythment ses jours et ses nuits?

LES QUATRE ÉLÉMENTS. **La chaleur innée du feu jaillit en gerbes spectaculaires de l'Etna en éruption, image d'une indomptable énergie, d'une vitalité explosive. La terre aride de la Vallée de la Mort, aux USA, sèche et froide selon Hippocrate, s'étale, peu hospitalière, mais solide, concrète, compacte, véritable concrétion de la matière, tandis que dansent les cumulus blancs et gris dans le ciel gris, symbole de l'élément air et de ce qu'il représente : instabilité, fugacité, changement, communication. Enfin, cette eau tombant des rochers avec force et violence ne peut être que celle du Scorpion !**

En combinant la répartition en 4 éléments, et la division en signes cardinaux, fixes et mutables, on obtient ainsi la croix des signes cardinaux : Bélier (feu), Cancer (eau), Balance (air) et Capricorne (terre), la croix des signes fixes : Taureau (terre), Lion (feu), Scorpion (eau), Verseau (air), et la croix des signes mutables : Gémeaux (air), Vierge (terre), Sagittaire (feu), et Poissons (eau).

Les 4 éléments furent associés aux 4 types de tempéraments définis par Hippocrate : le feu est en rapport avec le tempérament *colérique,* la terre avec le tempérament *flegmatique,* l'air avec le tempérament sanguin, et l'eau avec le tempérament *mélancolique.* Ainsi, d'un seul coup d'œil, on observe dans un thème astral comment le tempérament de la personne concernée agira sur sa personnalité — révélée par la position de l'Ascendant —, sur sa vocation — révélée par la position du Milieu–du–Ciel —, sur ses rapports avec autrui — révélés par la position du Descendant —, et sur les tendances morales et psychiques dont il a hérités — révélées par la position du Fond-du-Ciel.

L'élève de Platon, Aristote de Stagire, savant de l'Antiquité, différencia les éléments et les tempéraments, et développa les théories d'Hippocrate. Il établit que chaque élément était composé de qualités, qu'il définit au nombre de 4 également : chaud, sec, froid et humide. Chaque élément possède deux de ces qualités, mais une seule prédomine. En outre, une qualité relie toujours un élément à un autre. Le feu est *chaud et sec,* avec une prédominance du chaud (en analogie avec la couleur rouge). L'air est *chaud et humide,* avec une prédominance de l'humide (en analogie avec la couleur jaune).

La terre est un élément *froid et sec,* avec une prédominance du sec (en analogie avec la couleur verte). Enfin, l'eau est un élément *froid et humide,* avec une prédominance du froid (en analogie avec la couleur bleue). On voit ainsi que le feu et l'air sont liés par le chaud, la terre et l'eau par le froid, l'air et l'eau sont liés par l'humide, et la terre et le feu par le sec. En effet, la terre a besoin de l'eau pour être féconde; l'eau a besoin de la terre pour ne pas tomber en déliquescence; le feu a besoin de l'air pour brûler; et l'air a besoin du feu pour ne pas se transformer en eau.

Le feu et l'air se complètent tout comme l'eau et la terre. Si nous examinons la disposition des éléments dans le Zodiaque, nous observons qu'ils sont simultanément aspectés en sextile et en opposition. Le Bélier, par exemple, qui est un signe de feu, est en sextile (angle de 60 degrés) avec le signe d'air des Gémeaux, et en opposition (angle de 180 degrés) avec le signe d'air de la Balance. Mais certains éléments ne sont jamais complémentaires : l'eau peut éteindre le feu, et le feu peut évaporer l'eau. De même, le feu peut brûler la terre, et la terre peut étouffer le feu. Enfin, l'air a le pouvoir de transformer l'eau en un flot destructeur, tandis que l'eau peut éliminer toutes les formes de respiration propres à l'air. En se référant une fois encore aux aspects que forment les éléments dans le Zodiaque, on observe que l'eau et la terre forment des angles de 90 degrés, c'est–à–dire des carrés, avec le feu et l'air. Les signes du Bélier et de la Balance, par exemple, respectivement signes de feu et d'air, sont effectivement en carré avec les signes du Cancer et du Capricorne, soit un signe d'eau et un signe de terre. Par contre, les aspects de conjonction, bien sûr, et de trigone, mettent en relation des signes dominés par un même élément. Le signe du Bélier est ainsi toujours en trigone avec le signe du Lion, qui sont tous deux des signes de feu. Mais ici aussi, la dynamique est décisive, puisque ces trigones se forment, selon le cas, entre les signes cardinaux, fixes, ou mutables, ce qui les différencie les uns des autres.

B.-A. M.

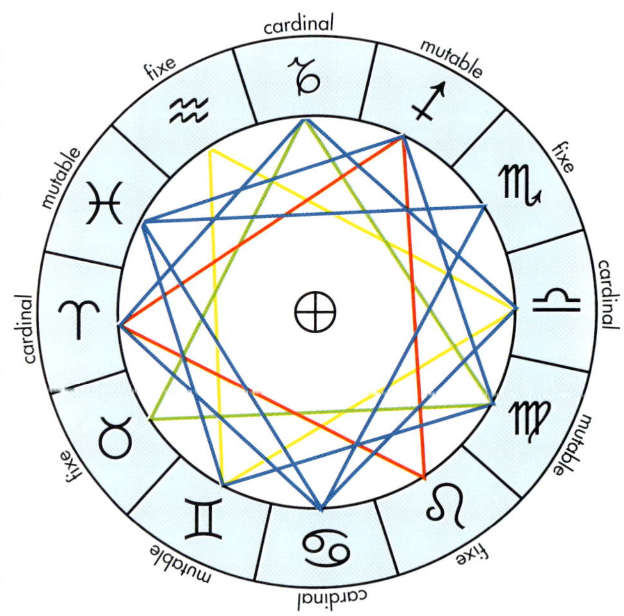

LA ROSE DES VENTS DE LA GÉOMÉTRIE DU CIEL
Les trois croix - cardinale, mutable, fixe - et les quatre triplicités par élément (feu, air, terre, eau) divisent, en se combinant, le cercle Zodiacal en 12 portions égales - les signes du Zodiaque -.

LES SAISONS
Les saisons sont délimitées par les équinoxes et les solstices qui divisent l'orbite terrestre.

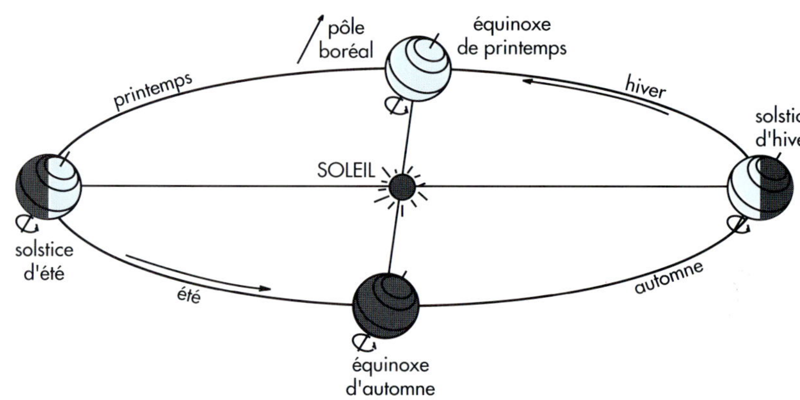

3. LES SIGNES DU ZODIAQUE ET LES PLANETES

Autour de la Terre, sur la ceinture zodiacale, douze fenêtres s'ouvrent sur la réalité de ce monde — une réalité une et objective —, comme autant de miroirs nous renvoyant les images de ce que nous sommes. Nous allons donc nous pencher par ces fenêtres — ces signes — qui nous éclairent sur l'interprétation que chacun des natifs des douze signes du Zodiaque donne de la réalité, de Sa réalité.

Douze fenêtres ouvertes sur le monde

Fondés sur la croix des solstices et des équinoxes qui déterminent les saisons, les douze signes du Zodiaque sont des fenêtres divisant le Zodiaque en 12 portions de 30 degrés chacune, le Soleil parcourant l'une d'elles en 30 jours environ sur l'écliptique, à raison d'un degré par jour environ. Ces signes partent du *point vernal* (0 degré du Bélier) fixé au 21 mars, début du printemps.

Tout se passe comme si chaque portion zodiacale, reflet d'un type humain, suscitait en lui une vision particulière, et donc limitée, de la réalité du monde; comme si, en somme, chaque signe du Zodiaque offrait une façon spécifique de percevoir et d'interpréter la réalité du monde, à travers sa lucarne forcément subjective, partielle, et donc partiale. Il s'ensuit que, pour avoir une vision absolue, complète et objective de la réalité, il faudrait qu'un être soit à lui seul une synthèse ontologique des douze signes du Zodiaque et des dix astres du système solaire auxquels l'astrologie se réfère, ou qu'il ait traversé dans des vies antérieures et successives — ce que propose la théorie de la réincarnation — toutes les expériences attribuées aux douze signes du Zodiaque. Au cœur du natif de chaque signe vibre une corde particulière, qui sera sa façon à lui de percevoir la réalité du monde. Son chemin, sa voie spécifique peuvent se définir par un substantif et un verbe :
Le Bélier, l'aventurier, le pionnier du Zodiaque dit : "Je suis, j'agis".
Le Taureau, le constructeur, le producteur dit : "Je possède, je thésaurise".
Le Gémeaux, l'intermédiaire, le comédien dit : "Je pense, je bouge".
Le Cancer, le conservateur, la mère nourricière, le cuisinier dit : "Je ressens, je materne".

Le Lion, l'innovateur, le créateur dit : "Je veux, je décide".
La Vierge, l'assistante sociale, le mathématicien dit : "J'analyse, j'exécute, je compte".
La Balance, l'avocat, le dilettante dit : "J'hésite, je donne".
Le Scorpion, le chirurgien, le chercheur dit : "Je nie, je transforme, je doute".
Le Sagittaire, le globe-trotter, le juge dit : "Je crois, je protège, je change".
Le Capricorne, le savant, le politicien dit : "Je doute, j'objectivise, j'utilise".
Le Verseau, l'inventeur, le polémiste dit : "Je sais, je proteste".
Le Poissons, le cosmopolite, l'humanitaire dit : "Je rêve, je compatis".

Au-delà de ces interprétations quelque peu schématiques — mais qui résument bien les caractéristiques propres à chaque signe — il faut, bien sûr, approfondir et développer les qualités intrinsèques à chacun. Voici donc une esquisse de portraits plus précis des douze signes du Zodiaque.

MARLON BRANDO ET LE BÉLIER (3 avril 1924, 23h, Omaha, Nevraska, USA). Toute la fougue provocatrice du Bélier s'incarne dans le rôle fascinant de Marlon Brando dans "L'Équipée sauvage", film culte de toute une génération. Signe masculin par excellence, puisqu'il est le seul (avec le Scorpion) à être régi par la planète Mars — mais de surcroît signe masculin et diurne, alors que le Scorpion est féminin et nocturne —, quintessence de la virilité agressive, symbole du guerrier, du sportif, du chef — d'où "Le Parrain" —, il est amoureux des machines, du métal, des armes... d'où la moto !

LE BÉLIER TEL QU'EN LUI-MÊME.

Premier signe du Zodiaque et de l'année cosmique, le Bélier est régi par la planète Mars. C'est donc le guerrier exalté et impulsif, ou la fière Athéna (Minerve) qui bouillonne en lui.

D'un tempérament nerveux (ou bilieux), ses réactions sont puissantes et brèves, parfois incontrôlables. Il est coléreux, passionné, en quête de sensations fortes, à l'aise dans les tensions et confrontations de toutes sortes, provocateur et adorant le défi. Son énergie virile de conquête et de domination est indéniable. Son caractère est entier, sans nuance, brutal, agressif, mais optimiste, positif, courageux, chevaleresque et émotif. Sa spontanéité l'entraîne parfois à la précipitation, son ardeur à l'extravagance, mais quand il n'est pas trop tyrannique et égocentrique, pour ne pas dire égoïste, il tient à être le premier... en tout! Il est d'une compagnie stimulante et revigorante. Avec lui, on ne s'ennuie pas : son énergie vitale est telle qu'il peut vous lancer dans n'importe quelle entreprise sans se laisser intimider par les échecs, car, tel le Phénix — et tout comme le Scorpion — il renaît de ses cendres. Cependant, s'il ne manque pas de volonté, il manque à coup sûr de persévérance, et ne va que rarement au bout de ce qu'il entreprend : la patience n'est pas son fort et, par ailleurs, la nouveauté a tant d'attraits… "Plonger dans l'inconnu pour trouver du nouveau ! ", soupirait le Bélier Baudelaire.

LE TAUREAU TEL QU'EN LUI-MÊME.

Ce natif du printemps est une force de la nature. Lenteur, pesanteur, vitalité, appétit, volupté et sensualité le caractérisent ; c'est — selon la caractérologie de Le Senne — un *secondaire,* autrement dit : une bombe à retardement. Il renâcle inlassablement ses rancunes.

Ce signe incarne le plaisir de vivre en général et l'épanouissement des valeurs gustatives en particulier; c'est dans ce signe, et dans le signe du Cancer, que l'on trouve la majorité des cuisiniers… et des chanteurs ! (Les cordes vocales, la gorge et le cou sont régis par ce signe.) Cet appétit de vivre peut se traduire soit par des excès sensuels, soit par des excès de travail : c'est le "workoholic" type des Américains, un être ivre de travail, totalement absorbé par ses affaires — "mon invincible travail" soupirait le Taureau Balzac — soit encore par avidité de possessions matérielles. L'argent laisse rarement le natif du Taureau indifférent, et trop souvent il mesure sa réussite à son aune matérielle. Mais son goût de la volupté peut le pousser à la paresse. C'est un Vénusien. Aussi a-t-il besoin d'être motivé, et alors, rien n'arrête sa machine ! C'est un vrai rouleau compresseur. Constructif et stable, il émane de lui une certaine puissance rassurante, car il est la fidélité incarnée. Sa planète est Vénus, symbole de fécondité, d'amour, d'esthétisme, de sensualité : le Taureau est un séducteur. C'est un être simple, qui prend la vie comme elle vient, sans la compliquer inutilement. Il ne croit que ce qu'il voit. C'est le saint Thomas du Zodiaque. Paisible de nature, ses rares colères sont terribles : le Taureau voit rouge! Il éprouve le besoin de régenter son entourage, de l'organiser, (il peut alors se muer en vrai tyran domestique !) Laissons-le faire, car c'est un organisateur-né, qui déteste l'imprévu, mais adore ses habitudes.

LE GÉMEAUX TEL QU'EN LUI-MÊME.

Un peu Jean-qui-rit, un peu Jean-qui-pleure, ce Mercurien incarne Castor et Pollux, ces deux frères inséparables, mais si différents, de la mythologie grecque.

Signe d'air régi par la planète Mercure, symbole de mobilité, de communication, de cérébralité, le natif des Gémeaux est un être nerveux, très adaptable, instable, passé maître dans le jeu des contraires, un être plein de finesse et de charme enfantin, joueur, gai, Arlequin amoureux de ses masques, superficiel parfois, et toujours agité : il est en quête permanente d'*autre chose* ou d'un *ailleurs.* Dilettante, virtuose, son brio et son aisance fascinent, son sens du dialogue subjugue. Il jongle avec les mots, les idées, les êtres et la vie. Il aime les contacts humains et le mouvement perpétuel au point d'imiter parfois la girouette. Ironique, spirituel, voire caustique, son espièglerie, enthousiasme ou agace… Selon la classification d'Hippocrate, le Gémeaux correspond au type nerveux (Castor), ou au type sanguin (Pollux).

LE CANCER TEL QU'EN LUI-MÊME.

Quatrième signe du Zodiaque et de l'année cosmique, le Cancer est régi par la Lune. Il symbolise la nuit, l'imaginaire, l'inconscient,

MARILYN MONROE ET LES GÉMEAUX (1er juin 1926, 9h30; Los Angeles).
Le charme enfantin, la légèreté et la fragilité de la femme-enfant, voilà des attributs typiques de ce signe d'air.

BALZAC ET LE TAUREAU (20 mai 1799, 11h, Tours).
Cet observateur de la nature humaine, dont il sut percer les mystères, les contradictions et les abîmes inavouables avec une objectivité d'entémologiste, ce Taureau solaire (ascendant Lion) amoureux des maisons et des objets comme tout Taureau qui se respecte, fut aussi un "workoholic" avant la lettre.

MARCEL PROUST ET LE CANCER (10 juillet 1871, 23h30, Paris). "A la recherche du temps perdu" est imprégné de cette nostalgie presque sensuelle pour le passé et pour le rêve, mais aussi d'un autre trait cancérien : la relation très forte avec la mère.

le rêve, la mère et la mer, la vie végétative, l'enfance ; mais, avant tout, la psyché, l'émotivité.

D'un tempérament *lymphatique* ou mélancolique, le natif du Cancer est un *secondaire*, réceptif et impressionnable. Émotif, ce *Lunaire* est influençable, perméable au milieu et il réagit à retardement. Hypersensible mais introverti, il cache ses blessures et ses anxiétés derrière une carapace presque inviolable, celle du crabe pudique. Il paraît susceptible, bourru… quelle erreur! C'est le signe symbolisant fécondité, attachement au foyer, mémoire et nostalgie. Son sens aigu de la famille va souvent de pair avec un côté bohème : les deux types Cancer, sédentaire et aventurier, peuvent coexister. Sensible au regard que le monde extérieur pose sur lui, le Cancer, volontiers velléitaire, se réfugie dans son univers : il préfère trop souvent rêver sa vie plutôt que de vivre ses rêves…

NAPOLÉON ET LE LION
(15 août 1769, 11h, Ajaccio).
Avec le Soleil, astre gouverneur du signe, en culmination de son thème, tout proche du MC en Lion qui lui donnait une destinée de chef, avec Jupiter, planète des hommes politiques, se levant à l'horizon sur l'ascendant pugnace et ambitieux en Scorpion (c'est la soif de conquête de l'Aigle, figure du Scorpion sublimé), avec Uranus sur le descendant qui galvanisait les foules, il ne manquait que l'étoile fixe Régulus sur son Soleil pour faire de ce personnage l'être d'exception que l'on sait.

MICHAEL JACKSON ET LA VIERGE (29 août 1958, 23h45, Gary, Indiana, USA).
Ce chanteur acrobate est un mercurien type puisque Vierge et Gémeaux (son Ascendant) sont régis par cette planète. Sa souplesse et son adresse diaboliques, de même que sa morphologie ambiguë et sa nature androgyne illustrent bien le demi-dieu hermaphrodite de la Tradition.

LE LION TEL QU'EN LUI-MÊME.

Signe de feu, le Lion est le symbole de la maturité de la nature parvenue au faîte de son épanouissement. Signe de la pleine affirmation de l'individualité, de la volonté et de la conscience du Moi — conscience aiguë qui peut aller jusqu'à l'inflation de ce Moi, à la mégalomanie — ce natif, merveilleusement représenté par Napoléon, est un *passionné*. D'après Le Senne, c'est un *émotif-actif-primaire*. Tout Lion a plus ou moins tendance à se dire secrètement, paraphrasant le roi Soleil : "l'État, c'est moi". Le Lion est aussi le signe du sens esthétique, du goût du luxe et de la magnificence. Il sait ce qui est beau et a un goût pour ce qui est éclatant et spectaculaire. La discrétion, il n'en a que faire, de même que de la modestie.

Dans le choix de ses bijoux et de sa toilette, on reconnaît une Lionne au premier coup d'œil. Elle seule a ce sens aigu de la sophistication alliée à l'ostentatoire. Mélange auquel, le plus souvent, s'allie une classe folle. Mais l'envers vaut-il l'endroit ? Voilà la question. Le Lion, toute sa vie, tente de se hisser au niveau d'un idéal parfois inaccessible ; il est trop souvent victime de ce que Carl Gustav Jung (Ascendant Lion lui-même) appelait "la persona", le masque social. Dans cette aventure du défi, il s'essouffle bien souvent et, plus ou moins sciemment, il se dupe lui-même. L'heure de vérité sonne toujours un jour ou l'autre, ramenant le fauve superbe et généreux à l'animal tel qu'en lui-même, débarrassé de son panache. C'est alors qu'il montrera sa réelle grandeur, sa générosité, sa force léonienne, ou se muera en chat sauvage, mesquin et hargneux.

LA VIERGE TELLE QU'EN ELLE-MÊME.

Ce natif est complexe car à la fois modeste et dévoué, serviable mais égocentrique, et très critique dans ses jugements. Bref, cette Vierge est remplie de contradictions. Discrète, haïssant les démonstrations d'affection, c'est une introvertie qui refoule et contient ses émotions.

Freud lui attribuerait le "complexe anal replié", par opposition au "complexe anal relâché" rappelant le Scorpion. Jeune fille pure et virginale apparentée à Déméter (Cérès) la déesse des moissons, elle se mue facilement en vieille fille maniaque et mesquine, quand ce n'est pas en Vierge folle, aussi débridée que la Vierge sage est pudique et réservée.

C'est un être misanthrope, à l'instar de la Vierge La Rochefoucault ; elle a le goût de servir, est dévouée à ses proches auprès de qui elle aspire à être indispensable. Encore un de ses paradoxes, mais celui-ci la fait apprécier et aimer, ce qui la comble secrètement. Elle possède un sens aigu de ce qui lui convient (notamment de la diététique), de ce qui est convenable, donc du ridicule, qu'elle abhorre. Très à l'aise dans tout ce qui touche au mental, à l'intellect, elle l'est moins en ce qui concerne l'affect. Elle se méfie des tourments du cœur, de ses excès, de ses incohérences, de la passion en général, qui à ses yeux n'est que dérèglement des sens.

LE MAHATMA GANDHI ET LA BALANCE (2 octobre 1869, 7h11, Porban Dar, Inde). **Qui mieux que Gandhi (doublement Balance avec l'Ascendant dans ce signe et de surcroît Vénus, magnifiée, se levant à l'horizon) pourrait mieux illustrer ce signe par excellence de la non-violence, de l'amour, du partage et de la compassion, tous attributs de Vénus, déesse non seulement du beau mais également du Bon et du Vrai ... ou du Juste (d'où la symbolique de la justice au VIIe siècle, signe de la Balance).**

LA BALANCE TELLE QU'EN ELLE-MÊME.

Sa planète est Vénus, déesse des Arts, de la Beauté et de l'Amour. C'est un esthète, raffiné, artiste-né, amoureux de la paix, de la justice de l'harmonie. Un *sentimental extraverti* (ou *sanguin* d'après Hippocrate) ou *introverti* (un *nerveux*) suivant qu'il s'agit d'une Balance purement vénusienne ou à co-dominante saturnienne.

Ce signe est le 7e du Zodiaque : celui du partenaire, qui lui est nécessaire comme l'air qu'il respire. Avec et à travers l'autre, la Balance s'épanouit et le mot de solitude, ou divorce, est pour lui plus cruel que pour quiconque; comme les mots de haine, discorde ou violence. Gandhi, n'était-il pas double Balance ? (Soleil et Ascendant dans le signe.)

Ses défauts sont l'envers de ses qualités : le goût de l'harmonie qui lui fait parfois accepter des compromis frisant la lâcheté, la résignation, notamment lorsqu'il ne parvient pas à se décider. Le natif de la Balance est atteint de perfectionnisme et pense comme André Gide, que "choisir, ce n'est pas tant élire quelque chose, mais renoncer à ce qu'on n'a pas choisi".

ALAIN DELON ET LE SCORPION (8 novembre 1935, 3h25, Sceaux). **Cette star des écrans est bien représentative de son signe solaire, signe de fascination magnétique, agressif et déterminé, marqué d'un goût certain pour la provocation et le défi, de même que pour le pouvoir. Sa facette de self-made man et de chef d'entreprise apparaît dans la conjonction Soleil-Jupiter (les finances) en Maison II, celle de l'argent, et des biens. Le charme de l'acteur est dû à l'AS Balance et à Vénus qui vient de se lever.**

LE SCORPION TEL QU'EN LUI-MÊME.

Lorsque l'on parle du signe du Scorpion, on évoque un tempérament sombre, rancunier, vindicatif, voire morbide, une nature exigeante, tyrannique, peu encline aux concessions ou aux compromis. Si cette idée commune repose sur une certaine vérité, (car Pluton gouverne ce signe, planète des extrêmes, de la métamorphose, du psychisme et des instincts profonds,) il n'en demeure pas moins que le Scorpion souffre de cette image de marque stéréotypée et abusive.

En réalité, son intelligence pénétrante, sa curiosité à l'égard de tout ce qui est mystérieux, sa sensibilité toujours aux aguets bien que maîtrisée — c'est un passionné à froid —, le rendent susceptible de s'intéresser à des êtres et à des idées d'une grande diversité, avec une lucidité et une exigence rares, qui lui donnent le besoin irrésistible de tout réformer ! Quitte à détruire pour reconstruire. Parce qu'il possède un caractère entier, ses sentiments peuvent se révéler quelquefois trop possessifs, mais cet "absolutisme affectif" a aussi ses bons côtés : le Scorpion est capable d'un dévouement exemplaire, d'une fidélité sans faille, il est celui sur lequel on peut compter, dans l'adversité surtout. En temps normal, cela ne l'intéresse pas; il sèmerait plutôt la zizanie! Mais ses attachements sont profonds, à la vie, à la mort et il adore les défis. Il s'en propose à lui-même, sans arrêt, afin de se mesurer, de se juger et de se jauger. D'où le besoin de provoquer et de se jeter dans la bagarre ! L'émulation excite ce bilieux tourmenté qui fait alors appel à des ressources impressionnantes de courage et d'endurance. Les grands sportifs révèlent souvent une influence marsienne plus ou moins dominante (Mars gouvernait les signes du Bélier et du Scorpion chez les Anciens). Que ce soit sur un ring, dans les affaires ou au barreau, le Scorpion doit pouvoir faire éclater son énergie, laquelle se traduit aussi par une libido qui révèle en lui d'intenses pulsions sexuelles. Sinon, en Scorpion refoulé, il passera sa vie à dire "non" dans un refus sombre et douloureux.

MARIA CALLAS ET LE SAGITTAIRE (3 - ou 4, ou 5 ? - décembre 1923, 21h, New-York, USA). **Avec le Taureau et la Balance, signes vénusiens, le Sagittaire, signe vital et expansif, est celui dans lequel on recrute le plus de chanteurs : Maria Callas vécut la facette internationale, voire nomade, du Sagittaire, à travers sa naissance aux USA, son enfance en Grèce, son mariage en Italie et sa mort en France, ses points d'attache, et bien sûr à travers ses multiples voyages. La fougue et la passion du feu de son signe transparaissent dans son célèbre vibrato.**

LE SAGITTAIRE TEL QU'EN LUI-MÊME.

Jupiter, le "Grand Bénéfique" des Anciens, confère à ce natif autorité, magnanimité et générosité, qui accompagnent l'ardeur et l'enthousiasme.

MOZART ET LE VERSEAU
(27 janvier 1756, 20h-19h20, heure rectifiée par E.T., Salzburg, Autriche).
Les correspondances abondent entre la nature de ce compositeur unique et la symbolique de son signe. L'aspiration à un idéal humanitaire de tolérance et de fraternité est propre au Verseau altruiste, de même que son indépendance farouche qui côtoie un esprit quelque peu insurrectionnel, ou sa fantaisie jamais à court d'inventions fantasques.

Son goût du changement coïncide avec celui des voyages, et avec son attraction pour tout ce qui est exotique. Est-ce pour cela qu'on le retrouve souvent globe-trotter, reporter ou agent de tourisme ? Lorsqu'il n'est pas financier, juge ou père missionnaire. Pour ce natif idéaliste et actif avant toute chose, attiré par l'étranger, la philosophie, les études supérieures, la vie est une aventure de tous les instants, une adhésion fervente de l'âme et des sens aux situations les plus variées. La réussite est pour lui un critère essentiel qu'il place à un niveau plus ou moins matériel, suivant son degré d'évolution. Il est plutôt sympathique et chaleureux dans ses rapports avec les autres. Mais gare à celui ou celle qui se montrera trop ennuyeux ou trop tristement mesquin… Notre Centaure sanguin, ennemi de toute monotonie comme de toute étroitesse d'esprit, s'envolerait à tire-d'aile vers des horizons plus divertissants.

LOUIS PASTEUR ET LE CAPRICORNE
(27 décembre 1822, 1h38, Dôle).
En ce grand savant se retrouve toute la symbolique de l'ascension lente et persévérante, de la recherche patiente de la Vérité propre à ce signe assoiffé de hauteurs et de certitudes; de même que le refus des fausses valeurs éphémères (le Capricorne est le signe du Temps) et d'un épicurisme stérile parce qu'inutile à la société.

LE CAPRICORNE TEL QU'EN LUI-MÊME.

Ce 10e signe du Zodiaque correspond au cœur de l'hiver et à la germination secrète de la Nature. Le Capricorne est gouverné par la planète Saturne, souvent représentée par un vieillard courbé portant une faux, symbole de mort, de regret, de fatalité et du passé. Saturne confère à ce natif un grand sérieux qui n'implique pas qu'il manque pour autant d'humour, noir surtout. Qui niera la nature hypocondriaque des clowns ou des comiques dont Grock, Danny Kaye… ou Molière constituent des exemples frappants ? Sa distanciation naturelle des choses lui permet d'acquérir et de cultiver une belle lucidité que l'on prend parfois pour du cynisme. En réalité, ce Saturnien tourmenté, nerveux, exclusif est avide d'absolu. Par peur de la souffrance, il s'efforce de garder dans ses attachements un parfait contrôle de lui-même. C'est peut-être aussi parce que, porté par une ambition puissante, il se sent appelé à faire carrière. Mais, quand il aime vraiment, quel feu sous la braise de ce volcan pudique ! Semblable au lierre qui meurt là où il s'attache, plus le temps passe, plus il s'enracine dans la réalité de l'autre, toujours préoccupé d'une rassurante permanence.

ALBERT EINSTEIN ET LES POISSONS (14 mars 1879, 11h30, Ulm, Allemagne).
Les Poissons sont en analogie avec la Maison XII, celle du secret et des choses cachées. La recherche scientifique implique cette notion de retrait hors de la scène publique, surtout avec l'Ascendant situé en Cancer, et une conjonction entre Mercure (le mental) et Saturne (solitude, science, abstraction). La sensibilité cosmique propre aux poissons est très forte chez Einstein qui se dit lui-même mystique.

LE VERSEAU TEL QU'EN LUI-MÊME.

Ce signe correspond à la XIe Maison du Zodiaque, celle des projets, des aspirations et des amitiés. Ce natif vit essentiellement dans l'avenir et pour ses amis. C'est l'ami idéal, pour qui l'amitié est plus forte que l'amour, et pour qui la complicité l'emporte sur la passion, à laquelle il préfère les amitiés amoureuses, cette douce connivence des âmes sœurs. Altruiste, il a le sens de la solidarité humaine. Cependant, on ne peut faire appel à sa générosité sans réserve ou sans égard. Si on le contraint, il refuse l'aide qu'il est pourtant prêt à offrir spontanément et, sans compter, à un autre moment. Il n'aime rien plus que son indépendance. Capable d'engouements éphémères, il est *sanguin* — selon Hippocrate — et versatile. Imaginatif, serviable, spirituel, avec un goût prononcé pour la fantaisie et l'imprévu, il est pourvu d'un charme indicible lié à son "angélisme" sublime (on pense à Mozart), quand ne domine pas son esprit insurrectionnel et provocateur (lequel fait penser cette fois à Beaumarchais.

LES POISSONS TELS QU'EN EUX-MÊMES.

Le douzième et dernier signe du Zodiaque est régi par la planète Neptune, symbole de l'illimité, du rêve, de l'informel, du nébuleux, du mysticisme, de la confusion mentale, du vague et de l'informel, des paradis artificiels. C'est ainsi que le natif des Poissons puise dans un monde intérieur riche, qui le rend prolifique ou nébuleux, son air rêveur, contemplatif, inspiré, son hypersensibilité et son impressionnabilité. Sa réceptivité aux êtres et aux choses le conduit naturellement à vivre en sympathie, en osmose avec tout ce qui l'entoure. Toutefois, ce Neptunien extra-terrestre manque parfois cruellement du sens des réalités. Il a peine à se soumettre aux limitations rationnelles et cohérentes d'un monde qui lui paraît alors restreint ou étriqué.

Sentimental, émotif, mélancolique ou désespéré, c'est un tendre au grand cœur qui pèche parfois par inattention ou par distraction, mais dont l'âme est charitable, capable de se sacrifier à une cause ou aux autres. Il est vrai que sa faiblesse de caractère le porte à être influençable, incapable de prendre parti, et le conduit ainsi à commettre certaines lâchetés par négligence ou par pusillanimité. Cependant, il ne sait pas mieux se défendre ni se battre quand il s'agit de lui-même. Passant de la contrainte à la résignation avec une aisance déconcertante, d'un coup de nageoire, il se retire sous son rocher ou au fond des abysses, solitaire, inaccessible. Bref, c'est un être souvent incompréhensible, insaisissable, une énigme vivante qui rend son entourage perplexe.

Ses états d'âme sont aussi fluctuants et imprévisibles que les multiples courants qui traversent la mer à tout instant. Ainsi, ce Jean-de-la-Lune doux et compatissant passe sans transition d'un silence de carpe à une loquacité débordante. De même, il peut soudainement abandonner son irréalisme et faire preuve d'un pragmatisme cynique et intéressé. Cette ambivalence se retrouve dans le symbole de son signe : deux poissons — l'un idéaliste, l'autre matérialiste — reliés entre eux par un cordon, et qui tirent le natif tantôt vers les hauteurs éthérées, tantôt vers des profondeurs indicibles. E. T.

Le symbolisme des signes

Sur quoi repose le caractère d'un signe, tel qu'il est admis dans un consensus relatif par la totalité des astrologues? Tout d'abord sur le symbolisme traditionnel; ensuite, sur l'observation objective des astrologues qui, bien sûr, reflètent leur époque : d'où des variantes entre les descriptions souvent excessives et dramatiques du Moyen Âge ou des Anciens et les nôtres, plus empreintes de psychologie classique; d'où aussi la valeur sociologique de l'astrologie, miroir des sociétés. R. Gleadow retrace par exemple (dans "Les origines du Zodiaque") l'évolution du signe de la Vierge depuis la jeune fille, déesse des moissons, alias Déméter, pure, serviable et juvénile vers la tendance actuelle d'une vieille fille égocentrique et quelque peu mesquine, au champ de conscience volontiers limité et marquée par un goût excessif du détail.

Remarque : Les astrologues font l'analogie entre signes et Maisons et font ainsi correspondre le Bélier à la Maison I, le Taureau à la Maison II, etc. — surtout en l'absence d'heure de naissance. Cette correspondance est utilisée notamment dans les prévisions collectives destinées à la presse : ce sont les Maisons solaires. E.T.

Le symbolisme planétaire en mots-clés

Les signes du Zodiaque et les planètes sont chargés de sens et de symboles. On retrouve ces symboles dans les mythes qui, de tout temps, ont servi de guides ou de repères à l'humanité. Les signes du Zodiaque et les astres sont donc, tels les archétypes de Jung, empreints de la mémoire toujours vivante, toujours actuelle de nos croyances et de nos rêves. Projection de l'humanité sur le firmament, ils contribuent à façonner notre inconscient collectif.

Les textes qui vont suivre sont une synthèse exhaustive des significations généralement admises par l'astrologie traditionnelle, enrichie par l'astropsychologie moderne, laquelle est la résultante d'une compilation tous azimuts et de mon expérience personnelle. Ces textes représentent donc un abrégé, pour ne pas dire une quintessence du dogme astrologique mis à jour sous forme de mots-clés.

SOLEIL

• Vie – Moi conscient – Volonté – Dignité – Esprit de synthèse – Sens de l'organisation – Autorité – Magnétisme – Générosité – l'Idéal du Moi – Noblesse – Ambition – Rayonnement personnel – Individualité – Chef – Partenaire – Père – Mari – le Jour.

• *En négatif :* Orgueil – Vanité – Arrogance – Égocentrisme – Égotisme – Autoritarisme – Susceptibilité – Problème paternel – Vitalité réduite – Présomption – Outrecuidance – Ostentation.

• *Remarque :* En dehors du Moi conscient, le Soleil est surtout, pour la femme, le significateur du père — et du mari.

LUNE

• Vie émotionnelle et végétative – l'Inconscient – l'Ame – Vie psychique – Mémoire – Matière – le Collectif – Enfance – Mère – Foyer – Réceptivité – Rêve – Poésie – la Nuit.

• *En négatif :* Paresse – Indolence – Caprice – Excentricité – Susceptibilité – Influençabilité – Narcissisme – Irresponsabilité.
• *Remarque :* En dehors de la vie émotionnelle, la Lune est essentiellement le significateur de la mère, de la femme (pour l'homme), de la petite enfance...

MERCURE

• Pensée – Intelligence – Communications et contacts – Négociations – Rencontres – Rapports avec la jeunesse – Pouvoir d'assimilation – Astuce – Mouvement – Échange – Souplesse physique et mentale – Adaptabilité – Dons d'expression – Déplacements – Voyages – Commerce – Études – Argent.
• *En négatif :* Instabilité – Dispersion – Duplicité – Malice – Roublardise – Cynisme – Comportement intéressé – Causticité – Superficialité – Insensibilité – Bavardage.

VÉNUS

• Amour – Harmonie – Beauté – Désir – Vie sentimentale – Liens affectifs – Sensualité – Sens artistique – Sociabilité – Plaisir – Volupté – Femme – Filles.
• *En négatif :* Hypocrisie – Légèreté – Désinvolture – Lâcheté – Mollesse – Indolence – Coquetterie – Aversion – Passivité – Insouciance.

MARS

• Action – Dynamisme – Esprit d'entreprise – Instinct vital – Agressivité – Force – Énergie – Mouvement – Initiative – Enthousiasme – Vitalité – Pulsions sexuelles – Courage – Rivalité – Antagonisme – Volonté – Désir – Sécheresse – Sang – Fer – Boucher – le Rouge.
• *En négatif :* Luttes – Obstacles – Destruction – Égotisme – Tyrannie – Absolutisme – Critiques – Révolte – Fièvre – Accidents – Disputes.

JUPITER

• Optimisme – Chance – Sagesse – Notoriété – Prestige – Autorité – Bienveillance – Paternalisme – Expansion – Grandeur d'âme – Ordre – Organisation – Cohésion – Conservatisme – Épanouissement – Générosité – Voyages – Extraversion – Justice – Respect de l'autorité – Philosophie – Édition – Finances – Diplomatie – Politique – Personnages ecclésiastiques.
• *En négatif :* Excès – Surestimation – Pléthore – Embonpoint – Surchauffe – Complications – Anarchie – Orgueil – Manque de persévérance – Procès – Problèmes légaux ou fiscaux (en voyage ou à l'étranger) – gaspillage – Opportunisme – Troubles hépathiques.

SATURNE

• Temps – Durée – Concentration – Solidité – Contraction – Réflexion – Matérialisation – Réalisation – Persévérance – Sens du devoir – Maitrise de soi – Stabilité – Responsabilité – Maturité précoce – Endurance – Sens pratique – Méthode – Réalisme – Intégrité – Rigueur – Science – Patience – Prudence – Logique – Professions : Savant, Agriculteur, Archiviste, Spéléologue, Mineur.
• *En négatif :* Épreuve – Sensibilité refoulée – Timidité – Frustration – Pessimisme – Indifférence – Mort – Défiance – Rancune – Rigidité – Intransigeance – Froideur – Dureté – Séparation – Vieillesse – Maladies chroniques – Sclérose – Déminéralisation – décalcification – Problèmes dentaires – Vulnérabilité du système osseux, de la peau et des genoux.

URANUS

• Indépendance – Invention – Changement – Discontinuité – Imagination – Intuition – Avant–gardisme – Individualité – Progrès – Solidarité – Altruisme – Aéronautique – Ondes – Électronique – Astrologie – Amitié – Émancipation – Impulsivité – Liberté – Originalité – Rythme – Espace – Futurisme – Science–fiction – Impérialisme – Révolution – Imprévu.
• *En négatif :* Choc – Ruptures brutales – Excentricité – Révolte – Anarchie – Insurrection – Hystérie – Problèmes circulatoires – Vulnérabilité des chevilles et troubles de la vue.

NEPTUNE

• Inspiration – Idéal – Sublimation – Génie – Mysticisme – Sensibilité artistique – Religion – Irrationnel – Médiumnité – Poésie – Socialisme – Sens cosmique – Illumination – Nostalgie – Vulnérabilité – Humanitarisme – Célébrité.
• *En négatif :* Angoisses irraisonnées – Obsession – Perversion – Esprit velléitaire – Déception – Dissolution de l'ego – Perte d'identité et du sens de la réalité – Vice – Illusion – Fuite – Maladies mentales – Schizophrénie – Pulsions suicidaires – Problèmes aux pieds – Troubles du système neuro–végétatif – Anémie.

PLUTON

• Destruction et régénération – Mort et résurrection – Purification après crise – Psychisme – Spiritisme – Magie – Inconscient collectif – Métamorphose – Rédemption – Ambition matérielle – Volonté de puissance – Sécrétivité – Recherche – Pulsions instinctives – Radioactivité – Intensité - Sexualité.
• *En négatif :* Destruction – Crise – Mort – Manipulation – Cabale – Action souterraine – Pollution – Pétrole.

E.T.

Remarque : en ce qui concerne la signification attachée aux couples planètes-signes, le lecteur devra se reporter p 66; il y trouvera la résultante des planètes rapides — les plus proches du Soleil — Soleil, Lune, Mercure, Vénus — et de leur position dans les différents signes du Zodiaque. Ces textes représentent une synthèse pratiquement exhaustive des significations généralement admises par l'astrologie traditionnelle enrichie des apports de l'astrologie moderne. Contraints par le manque d'espace, il nous a fallu renoncer à traiter les autres planètes — Mars, Jupiter, Saturne, Uranus, Neptune et Pluton — dont on trouvera les significations en signes dans nombre de manuels spécialisés.

Le symbolisme des planètes

Le Zodiaque est la scène, la toile de fond statique sur laquelle vont se déployer les mouvements des corps célestes, astres ou planètes. Les planètes ont chacune des propriétés qui n'ont rien à voir avec l'approche matérialiste et physique de l'astronomie, mais qui ont trait à leur analogie avec des climats psychologiques, des phénomènes biologiques, sociopolitiques ou géopolitiques qui marquent les hommes et la Terre. Selon sa nature, chacune des planètes va teinter le signe du Zodiaque qu'elle va traverser. Toutefois, chaque signe ayant une couleur spécifique, il s'ensuivra une combinaison sémantique au niveau symbolique — combinaison plus ou moins heureuse — entre ces deux notions.

Il faut ainsi consulter le tableau des Maîtrises planétaires, qui reflète les affinités électives fixées par la tradition des planètes par rapport aux différents signes. Les affinités sont marquées par les *domiciles* et les lieux d'*exaltation* des planètes où en principe elles se trouvent bien placées; alors qu'elles perdent de leur pouvoir bénéfique lorsqu'elles se trouvent en *exil* ou en *chute*. Cependant, ces considérations purement traditionnelles sont sujettes à caution et souvent remises en cause par les astrologues modernes. Pour ma part, j'accorde plus d'importance aux *aspects* formés par les planètes qu'à leur situation en affinité ou en antipathie dans tel ou tel signe du Zodiaque.

Si l'on admet les correspondances planétaires établies par les Anciens, et vérifiées au cours des siècles, on se demande parfois sur quels critères repose l'attribution du symbolisme des planètes transsaturniennes : Uranus, découverte en 1781 par l'astronome anglais Sir William Herschel ; Neptune, observée pour la première fois par l'astronome allemand Johann Galle en 1846, (une semaine après sa découverte par l'astronome français Urbain Le Verrier) ; Pluton, dont les astronomes américains William Pickering et Percival Lowell ont soupçonné l'existence dès 1915, mais qui fut découverte en 1930 par Clyde Tombaugh, sur deux photographies. Par quel mystère, en effet, sans connaître apparemment leur existence, les Anciens ont-ils pu attribuer à ces trois astres des qualités auxquelles non seulement on se réfère encore aujourd'hui, mais dont la justesse et la vérité se vérifient dans les faits ? Ainsi Pluton, alias Hadès, dont la position dans notre ciel n'est connue que depuis quelque six décennies correspondait pour les Anciens aux enfers, à l'instinct, aux forces de l'inconscient, aux forces telluriques, et s'associe aujourd'hui avec le pétrole mais aussi avec le sida, le sexe et la pollution. De même, c'est à Pluton que l'on a attribué une analogie avec l'énergie nucléaire. Or la découverte de cette planète coïncide avec celle des premières fissures de l'atome...et le plutonium est un ingrédient indispensable pour la confection de la bombe! La découverte d'Uranus correspondait à l'émancipation révolutionnaire et sociale qui allait bouleverser toute la fin du XVIIIe siècle et dont l'influence allait marquer de son sceau notre XXe siècle technologique, celle de Neptune vit les aspirations humanitaires et populaires du socialisme naissant. Etrangement, il semble bien que le moment de la découverte — ou de la prise de conscience collective — d'une planète soit en connexion étroite avec son symbolisme.

MAITRISE DES PLANETES

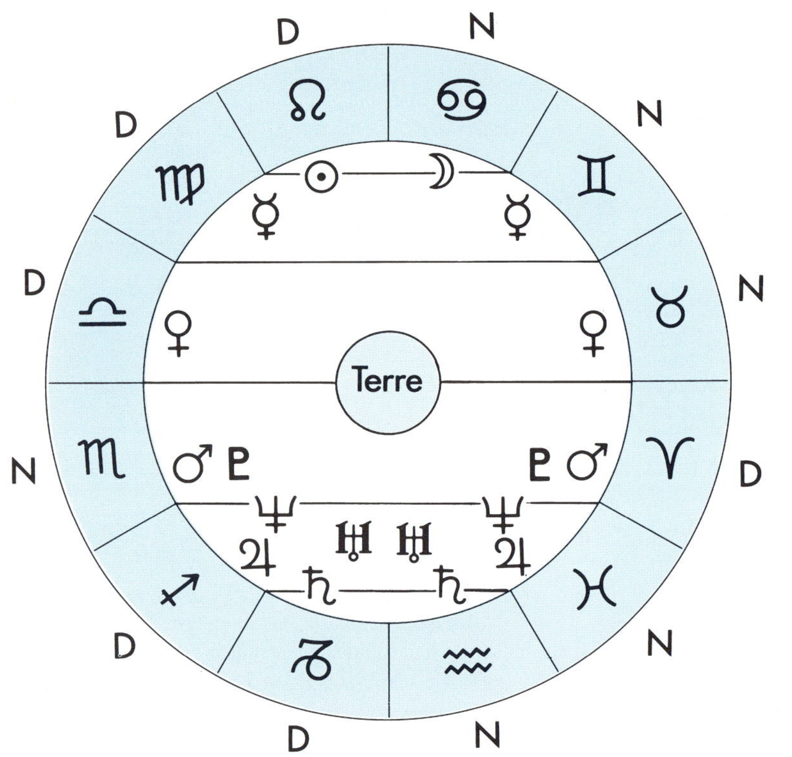

Chaque planète est en affinité avec un ou plusieurs signes (domicile et exaltation) qu'elle gouverne. On remarquera la symétrie des "maîtrises" par rapport au couple Soleil-Lune qui "préside" cette distribution.

Légende : D = domicile diurne de la planète N = domicile nocture

Planètes	Domicile	Exaltation	Exil	Chute
Soleil	Lion	Bélier	Verseau	Balance
Lune	Cancer	Taureau	Capricorne	Scorpion
Mercure	Gémeaux	Vierge	Sagittaire	Poissons
Vénus	Taureau (3)	Poissons	Scorpion (4)	Vierge
Mars	Bélier (5)	Capricorne	Balance (6)	Cancer
Jupiter	Sagittaire	Cancer	Gémeaux	Capricorne
Saturne	Capricorne	Balance	Cancer	Bélier
Uranus	Verseau	Scorpion	Lion	Taureau
Neptune	Poissons	Lion	Vierge	Verseau
Pluton	Scorpion	Bélier	Taureau	Balance
Cérès	Vierge		Poissons	

(3) ainsi qu'en Balance (4) ainsi qu'en Bélier
(5) ainsi qu'en Scorpion (6) ainsi qu'en Taureau

LE SOLEIL - VUE AU TÉLESCOPE EN LUMIÈRE INFRA-ROUGE ... ET APOLLON (Musée des Thermes, à Rome).
Le Soleil, centre de notre système solaire, est source de toute vie sur terre; gigantesque boule de gaz libératrice d'énergie. Une infime partie seulement atteint la Terre: assez pour y maintenir la vie ... cette vie, chantée par Apollon-Phébus, le dieu solaire, sur sa lyre aux sept cordes d'argent symbolisant les rayons du Soleil.

VUE DE LA LUNE (Nasa) ... ET HÉCATE.
L'astre mystérieux de la nuit, complice des amants, des voleurs et des assassins, donna naissance au mythe d'Hécate, déesse lunaire aux deux visages, ambiguë: représentée souvent avec une torche, elle est à la fois symbole de fertilité, accordant prospérité et moissons abondantes, et symbole de mort et de magie. On la représente souvent comme une femme à trois corps et trois têtes. En astrologie, elle est la Lune Noire, symbole d'intransigeance et de violence, ou part de sacrifice.

RETOUR AUX SOURCES MYTHOLOGIQUES

Le Soleil

Centre de notre système solaire, source de vie et de rayonnement universel, il est depuis toujours vénéré dans diverses civilisations en tant qu'intelligence du monde, conscience de l'univers, notamment en Égypte et au Mexique. Au Ve siècle avant Jésus-Christ, on l'associa en Grèce avec Apollon, dieu à l'arc d'argent, dont les flèches symbolisaient les rayons solaires, incarnation de la beauté parfaite mais aussi de la perfection morale, de la noblesse d'âme : l'instinct vital est transcendé par la conscience. Protecteur des moissons et des troupeaux, essentiellement artiste et guérisseur, on lui attribue le laurier. Précisons toutefois que ce dieu solaire était, à l'origine, un dieu lunaire et vengeur. Hélios était alors le dieu solaire puissant et rayonnant. Ce n'est que plus tard qu'Apollon devint Phoibos Apollon, le dieu solaire étincelant et bénéfique.

La Lune

Avec le Soleil, elle se partage l'hégémonie du ciel. Les cultes qu'on lui a voués sont innombrables et remontent à la nuit des temps. Séléné en Mésopotamie, Artémis-Diane et Hécate en Grèce, Isis en Égypte, Ixchel chez les Mayas, Qamar pour les Musulmans, Çiva pour les Hindous, Yin en Chine, etc. Partout elle représente le grand principe féminin (par opposition, et donc complémentarité, au grand principe masculin symbolisé par le Soleil), la déesse-mère originelle, symbole primordial de la fécondité et de la maternité. Ses cycles très courts de 27, 5545 jours, dit de révolution anomalistique (c'est-à-dire du temps qu'elle met à repasser au périgée autour de la Terre), et de 29, 5306 jours, dit de révolution synodique (c'est-à-dire du temps que met la Lune à revenir à la même place par rapport au Soleil), sont sans doute à l'origine des caractéristiques de caprice et de fugacité qu'on lui a attribuées.

Mercure

C'est la planète la plus petite, la plus rapide, et la plus proche du système solaire, tant et si bien que les Égyptiens, en observant sa présence dans le ciel le soir et le matin, pensaient qu'il s'agissait de deux astres distincts qu'ils nommèrent Set et Horus, révélant ainsi la dualité mercurienne… Ultrarapide, Mercure, l'Hermès des Grecs, est le messager des dieux aux pieds ailés et, comme tel, on l'associe aux échanges et aux communications. Mais il est aussi le symbole du savoir, de la sagesse et de la médecine. À Rome, surtout, on l'associa au commerce : dieu des marchands, il devint par extension le dieu des voleurs. Sur le mont Aventin, son temple était la bourse des céréales.

Vénus

Si l'Aphrodite des Grecs était consacrée aux arts, à l'amour et à la beauté, d'une nature subtile et raffinée (elle gouverne la Balance), la Vénus romaine était plus charnelle, plus sensuelle, incarnant la fertilité (elle gouverne le Taureau). Vénus, déesse de l'amour, épouse de Vulcain, fut adultère avec Mars. Vénus et Mars forment ainsi le couple sexuel du Zodiaque. Dans l'Antiquité, les cultes voués à Aphrodite-Vénus furent également nombreux et variés et comportaient des sacrifices. À l'origine, il s'agissait de la déesse chaldéenne du ciel et de la fécondité Ishtar que les Phéniciens nommèrent Ashtart et les Grecs Astarté, avant d'assimiler son culte à celui d'Aphrodite. Plus tard, elle devint l'Étoile du Berger dont certains pensent qu'elle guida les Rois Mages vers Bethléem, à l'endroit où naquit l'Enfant Jésus. Gageons que sa grande brillance, qui la fait apparaître à la nuit tombante comme la première étoile dans le ciel, n'est pas étrangère avec l'idée de beauté qu'on lui attribue depuis toujours. De même, sa proximité du Soleil - dont elle ne s'éloigne jamais à plus de 47 degrés dans le Zodiaque - n'est sans doute pas étrangère à l'amour qu'elle symbolise.

VÉNUS
Ce n'est qu'en 1991 que la sonde Magellan a pu détecter et photographier par radar la surface de la "déesse de l'Amour" (image synthétique d'un volcan de Vénus). La célèbre Vénus de Milo du Musée du Louvre: l'Aphrodite des Grecs, déesse de la beauté, des Arts et de l'Amour, s'appelait Ishtar ou Astarté chez les Sumériens. Elle a toujours symbolisé sens esthétique, douceur, tendresse, érotisme, plaisir, bonté, compassion, partage.

MERCURE
Une face de la planète Mercure, photographiée par Mariner 10 et montrant des cratères. À côté, le demi-dieu Mercure, alias Hermès chez les Romains, dieu de l'intelligence, de l'adresse mentale et physique (surtout manuelle), dieu des voleurs et des commerçants, il possède des ailes aux pieds. Il symbolise la communication, la parole, la connaissance, le mouvement et l'adaptation, mais aussi l'astuce, le mensonge, l'hypocrisie par dualité du jugement.

MARS
C'est probablement sa couleur rougeâtre qui a contribué à faire de cette planète un symbole de colère et de violence. Son influence passait pour mortifère chez les Anciens. Mars, dieu de la guerre, incarne aussi l'ardeur, le courage, la volonté, l'effort. Arès, chez les Grecs, était fils de Zeus et de Héra. Le mois de mars préside au printemps avec le Bélier, régi par la planète du même nom.

JUPITER
Prise par Voyager, on devine en amorce la planète géante de notre système solaire, la plus impressionnante, qui depuis 1979, à travers Voyager I et II, nous a livré quelques uns de ses secrets. Sur Io, un de ses satellites, on découvrit plusieurs volcans en activité, toujours en éruption quatre mois plus tard.
Cette imposante statue de Jupiter qui trône au Musée du Vatican exprime bien toute la puissance du maître de l'Olympe.
Le Zeus des Grecs régit en astrologie la loi, la légitimité, les finances, la religion, les grands dignitaires, les hommes politiques.

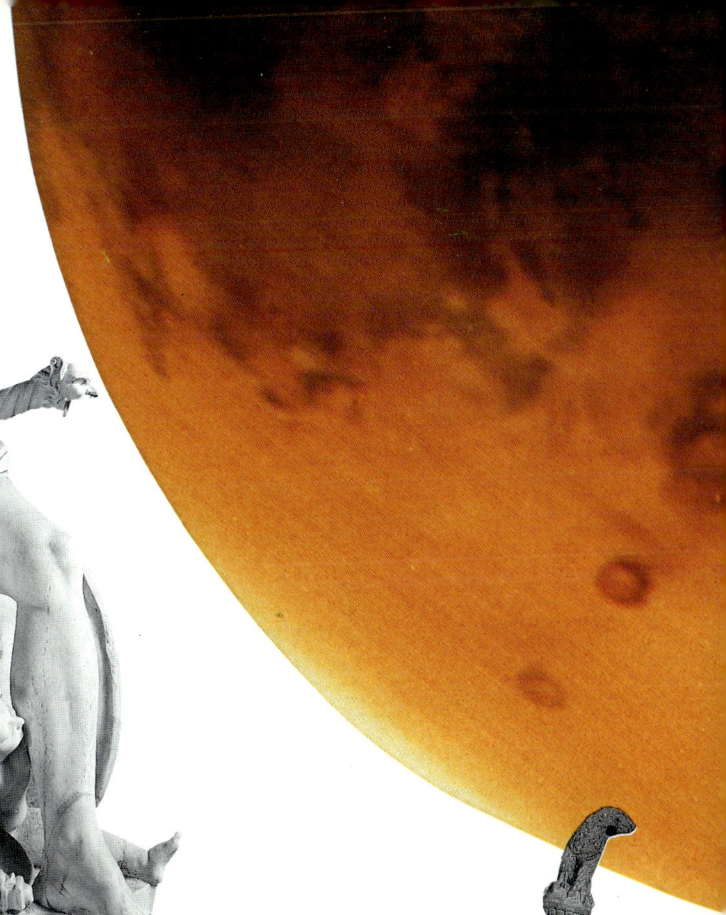

MARS

Est-ce à cause de sa couleur rougeoyante dans le ciel que cette planète fut toujours associée aux désastres, querelles et calamités, de même qu'au sang? Arès-Mars, fils de Zeus-Jupiter et de Héra-Junon (qui, selon la légende, le détestaient), dieu de la guerre, n'est en fait pas très présent dans la mythologie grecque. Ce sont surtout les Romains qui honorèrent Mars dont le temple érigé sur le champ de manœuvres, à Rome, avait pour fonction principale de défendre l'État. Selon eux, Mars était un guerrier farouche, fier, âpre au combat et invincible, tandis que l'Arès des Grecs avait aussi un aspect maudit et une certaine lâcheté.

JUPITER

“Père des dieux et des hommes”, selon Homère, Zeus, chef de l'Olympe, jouissait du respect de tous et il faut bien dire qu'il en profitait sans scrupule, usant notamment de son droit de cuissage, inventant maints subterfuges, comme de se déguiser en cygne pour séduire Léda, l'épouse de Tyndare, roi de Sparte. Mais il était soucieux de justice qu'il exerçait avec fougue et autorité en jetant des éclairs redoutés. Il apparaît comme le dieu du ciel, de la lumière diurne et des éléments. Il présidait aux vendanges, mais aussi aux traités, aux alliances, aux relations internationales et aux anciennes cérémonies de mariage. Un temple majestueux lui fut érigé sur le Capitole, comme ce fut le cas dans la plupart des grandes villes de Grèce d'ailleurs. Noblesse oblige !

Saturne

Divinité des semailles et de la culture de la vigne, il est identifié au Cronos grec. Fils de Gaia (la Terre) que l'on représente souvent comme un vieillard voûté tenant une faucille, il échappa, enfant, à son père Uranus qui, jaloux de sa progéniture, les avait éliminés. Saturne se vengea et, après l'avoir émasculé avec une serpe prit sa place comme roi du ciel (Ouranos : du grec, ciel). Mais le même sort lui étant réservé, par précaution, il dévora à son tour tous ses enfants... sauf Jupiter qui lui échappa grâce à une ruse de sa mère. À son tour, ce dernier détrôna son père et devint le maître de l'Olympe. Saturne dut renoncer et fuir en Italie où de son amitié avec Janus, le dieu aux deux visages, allait naître une période bénie appelée l'Age d'or, en souvenir duquel on allait célébrer régulièrement les Saturnales au moment de Noël. Saturne symbolise donc à la fois l'ambition, les épreuves, la solitude, la sagesse et la justice immanente, de même que le caractère inexorable du Temps - incarné par le Destin - et la soif de l'absolu (Age d'or).

SATURNE
Si Jupiter est la plus imposante parce que la plus grosse des planètes, Saturne est peut-être la plus spectaculaire en vertu de ses fameux anneaux. La voici, photographiée par Voyager II, le 12 juillet 1981, à une distance de 43 millions de kilomètres. Le volume de Saturne est 744 fois celui de la Terre et c'est la planète la plus lointaine visible à l'œil nu. Cronos chez les Grecs, Saturne symbolise avant tout le Temps, mais aussi l'idée de fatalité, de justice immanente. Il régit le Xe signe du Zodiaque, le Capricorne (domicile nocturne); jusqu'à la découverte d'Uranus, il gouvernait aussi le Verseau (domicile diurne).

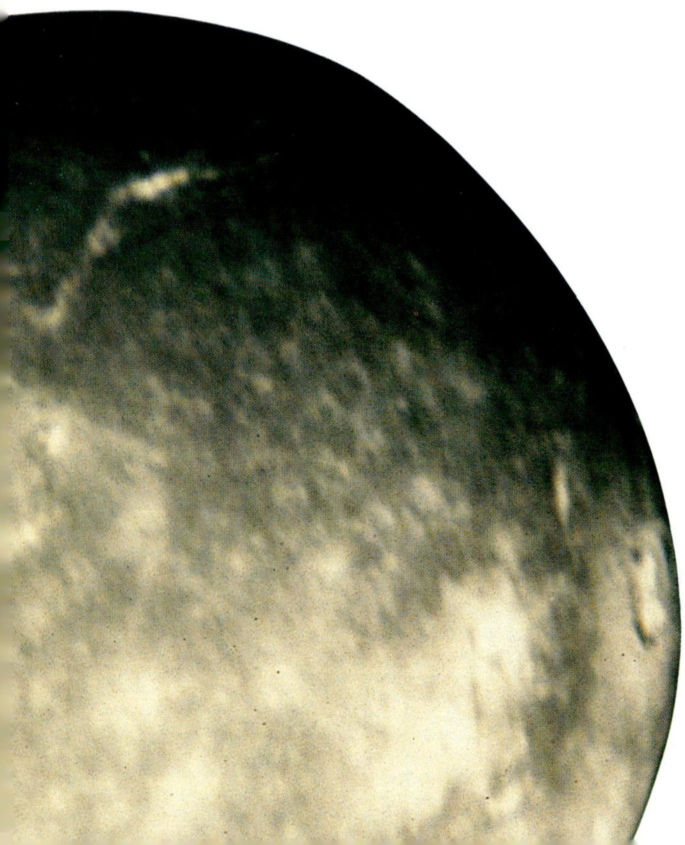

Uranus

Ouranos (le Ciel), simultanément fils et époux de Gaia, fut le père des Titans, ces êtres gigantesques, monstrueux et pourtant humains, auxquels on attribue la puissance fabuleuse, irrésistible, des secousses sismiques, des éruptions volcaniques, de cette fantastique énergie des forces telluriques qui peut déplacer les montagnes ou soulever les océans. Ainsi, Uranus symbolise les mouvements imprévisibles, les impulsions soudaines, les bouleversements inévitables, les forces déchaînées de la nature ou de l'instinct, destructrices ou créatrices, selon le cas.

URANUS
Uranus est photographié par Voyager II le 24 janvier 1986, au moment où il y avait dans le ciel un sextil entre Uranus, justement, et Jupiter, aspect typique des grandes découvertes et inventions !
Mais il se trouvait également en dissonance avec le Soleil, Pluton, Vénus et les Nœuds lunaires, ce qui allait provoquer quelques jours plus tard la catastrophe insigne de Challenger

NEPTUNE
Photographié ici par Voyager, Neptune fut découvert en 1846 par le Français Le Verrier et l'Allemand Galle.
Neptune et Triton: Marbre de Gian Lorenzo Bernini qui date de 1620 et qui se trouve au Historia Albert Museum. Dieu des mers, des océans et des fleuves, appelé Poséidon dans la mythologie grecque, il est le maître des Poissons, signe d'intuition et d'idéalisme mystique, insaisissable et mystérieux, porté au rêve et à la fuite, parfois à l'utopie ou à la crédulité, de même qu'à une certaine dilution du Moi.

NEPTUNE

Identifié au dieu de la mer des Grecs, Poséidon intervient notamment pour sauver Aphrodite-Vénus et son fils Éros (l'Amour) poursuivis par Typhon, un monstre enfanté par la Terre lors du combat de Zeus et des Titans. Poséidon-Neptune délégua deux dauphins auprès d'Aphrodite-Vénus et d'Éros, afin qu'ils les emmènent en lieu sûr. Ainsi apparurent dans le ciel les deux Poissons de cette nouvelle constellation. Vénus, ayant donc réintégré les flots qui l'avaient vue naître, dut renoncer peu ou prou à ses prérogatives de séductrice qui n'avaient plus vraiment lieu d'être dans les fonds marins. Toujours flanqué de son Trident, Neptune soulevait les vents, agitait les vagues. C'était le dieu des navigateurs.

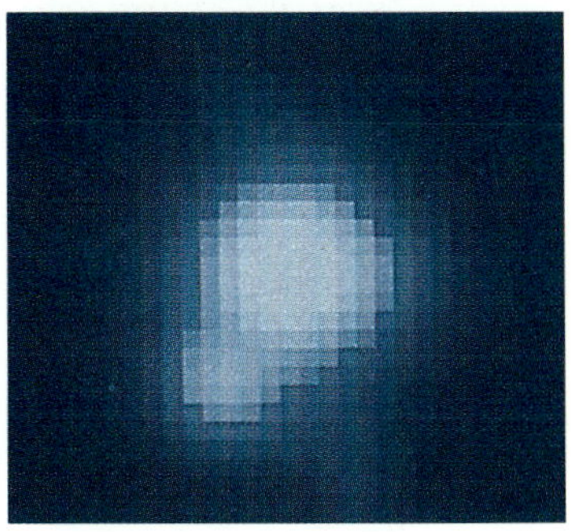

PLUTON
Voici les images les plus détaillées de la planète Pluton obtenues en octobre 1990 aux USA par la FOC (Faint Object Camera) à bord du télescope Hubble.
Pluton, d'une révolution de 248 ans, est la planète la plus éloignée — donc la plus lente — et la plus excentrique de notre système solaire. Si la lumière met huit minutes pour venir du Soleil, elle en met vingt pour venir de Pluton ... et 4,22 années lumière pour venir de la première étoile ! À côté, l'aspect mythologique de Pluton, ici avec Proserpine (ou Perséphone), splendide statue de Bernini de la Galerie Borghese de Rome. Pluton, fils de Saturne et dieu des enfers, prince des ténèbres qui préside le tribunal des morts, est le Hadès des Grecs; il est aussi symbole de richesses matérielles, du jugement dernier, de mort et de renaissance, et, par la maîtrise qu'il a sur le Scorpion, du sexe.

PLUTON

Fils de Cronos-Saturne, Hadès-Pluton était le dieu des morts, mais non la Mort qui avait nom Thanatos. Il régnait sur les Enfers et sur les richesses cachées (la ploutocratie ou le gouvernement exercé par les riches, vient du grec *ploutos* qui signifie richesse et *kratein* qui signifie commander). La porte des Enfers était gardée par le chien Cerbère, monstre à trois têtes et à queue de dragon. Après avoir enlevé Perséphone, la fille de Déméter et de Zeus et pour apaiser le courroux des Dieux, Hadès-Pluton promit de la garder six mois auprès de lui, dans son royaume souterrain, et de la laisser vivre libre sur la terre les six autres mois de l'année. Ainsi y eut-il deux saisons de mort apparente de la nature et deux saisons d'une nature renaissante, verdoyante et gorgée de vie. Symboliquement, Pluton incarne la nécessité de mourir pour renaître, la descente aux Enfers en vue d'une rédemption mais surtout les forces de l'inconscient qui, non maîtrisées, peuvent engendrer une sorte de "pollution" psychique. E. T.

Les Monomères

Le Zodiaque est un cercle de 360 degrés. Selon une tradition très ancienne, chaque degré du Zodiaque est également chargé de sens et de symboles qui suivront toute sa vie l'être marqué par ce degré. En quoi ont-ils une influence, ou une correspondance, dans notre vie actuelle? Si les astrologues scientifiques délaissent souvent les monomères dans leur interprétation, les partisans de ces derniers, surtout parmi les symbolistes, sont encore nombreux.

Les images symboliques des 360 degrés du cercle zodiacal, aussi appelées “monomères”, proviennent de civilisations anciennes de l'Égypte et de l'Inde. Ces images, modernisées par Janduz, astrologue inspiré, complètent de manière remarquable l'astrologie traditionnelle.

À chaque degré du cercle zodiacal correspond une image symbolique se présentant sous la forme d'un petit texte descriptif. Chaque position astrale d'un horoscope active le degré qui lui correspond, ainsi que les 3 degrés en croix, soit les deux degrés en carré (angle de 90 degrés), et celui en opposition (angle de 180 degrés). En fonction de la puissance des différentes particulariés astrales du thème, on interprète les images activées en tenant compte non seulement du sens général qui se dégage de la description relative à chaque image, mais aussi des termes employés pour celle–ci. Les images symboliques permettent de réaliser une analyse psychologique plus approfondie, ou de donner une orientation professionnelle très précise. Par exemple, lorsqu'une carrière artistique se dégage nettement de l'étude d'un thème astrologique, les images symboliques aideront à préciser dans quelle discipline artistique la personne concernée aura les meilleures chances de réussir.

Prenons les exemples des clowns Grock et Popov : on trouve chez l'un et l'autre le seizième degré du signe du Capricorne, dont l'image symbolique montre “Un bon cavalier sur un beau cheval passe en premier plan, et dans le lointain, on voit un autre cavalier sans selle, faisant le clown sur un cheval sans frein” ! Dans le thème astral de Le Corbusier, on relève une conjonction Lune-Neptune qui est située à 30 degrés du signe du Taureau, et qui révèle “Une maison d'une riche architecture”. Deux champions du monde de saut en hauteur, le Russe Valéri Brumel et le Chinois Hi Chinh Chi, nés tous deux le 14 avril 1942, ont le Soleil positionné au 24e degré du Bélier, qui renvoie au 24e degré (en carré) du Cancer, qui révèle “Un cheval sautant sur un autre”. De même, deux joueurs de rugby français, nés tous deux le 15 février 1924, ont en commun dans leur thème natal respectif, de nombreuses images symboliques : le 17e degré de la Vierge nous montre que “Sur une place publique décorée comme un jour de fête, deux chiens semblent se disputer une course de vitesse; et des hommes assis autour d'une table discutent avec animation”. Le 8e degré du Bélier révèle “Un homme en colère en provoquant d'autres qui jouent paisiblement aux boules sur une place publique”, tandis qu'à l'opposition de ce degré, c'est–à–dire au 8e degré de la Balance on trouve “Deux gladiateurs dans l'arène (...)”, l'arène ici n'étant pas sans un certain rapport avec le terrain sur lequel se déroule un match de rugby, avec ses gradins installés tout autour... Ensuite, au 13e degré du Taureau, on voit qu' “Un chien tenant un os court à toute vitesse pour échapper à un autre qui le poursuit pour lui prendre son os” (le ballon!). Au 2e degré du Cancer, on trouve encore une allusion à des chiens et à un os : “Un chien bien nourri défend son os contre deux chiens faméliques; (...)”. Sans commentaire... Au 8e degré du Capricorne, c'est d'un aigle cette fois dont il s'agit : “Un aigle emporte sa proie qu'il vient d'enlever à un troupeau de moutons; (...)”. Précisons que ce degré est au carré du 8e degré du Bélier et du 8e degré de la Balance auxquels nous avons fait référence plus haut. Il manque donc le 8e degré du Cancer, pour obtenir une croix parfaite de monomères. Or, celui-ci nous montre “... un serpent qui se prépare à fondre sur un oiseau à terre”, qui fait encore allusion à la vitesse et à la course. Enfin, au 30e degré de la Balance, on a “Un homme... qui ne voit pas un épervier qui plane au-dessus de lui, ni un serpent qui va mordre sa main, ni un loup qui s'apprête à bondir sur lui.” Une bonne interprétation de ces images symboliques peut également nous prévenir contre des drames ou des accidents. En effet, le degré où se trouve positionné chaque astre dans un thème astral

COCO CHANEL
Ceux qui ont connu la Grande Demoiselle l'ont rarement vue aussi épanouie et souriante — du moins dans ses vieux jours. Cette indomptable Lionne, avec son Ascendant également feu (en Sagittaire) mettait toute son énergie — et celle-ci était sans limites ! — dans une créativité ombrageuse d'autocrate qui faisait trembler son entourage. D'où l'amas planétaire — dont Pluton, planète de pouvoir — dans le secteur professionnel (Maison VI). Il faut dire qu'elle ne vivait que pour sa gloire, et son perfectionnisme était légendaire — elle défaisait indéfiniment ses fameux tailleurs avant de se résigner à leur forme finale : deux facettes typiquement Lion.

Ch.-Éd. Jeanneret-LE CORBUSIER (6 octobre 1887 - 1965)
Dans le thème astral de Le Corbusier, on relève une conjonction exacte Lune-Neptune en Taureau; celle-ci révèle "une maison d'une riche architecture". Il faut savoir qu'indépendamment des monomères, cette conjonction ainsi placée est déjà en soi porteuse d'une propension à aimer les maisons, ce signe étant, entre autres, celui des architectes ...

active les trois autres degrés qui lui correspondent, mettant ainsi à la disposition de la personne concernée de nombreuses perspectives ou solutions différentes, une seule image se rapportant à tel ou tel degré offrant déjà plusieurs possibilités. Par exemple, en ce qui concerne ce dessinateur né le 18 mai 1914, qui assassina sa femme et la coupa en morceaux, se révèlent dans son thème astral de nombreuses images symboliques qui font allusion à des têtes, des pieds et des mains coupés, ainsi qu'à des instruments coupants. On peut supposer que ce crime aurait été évité si cet homme avait pu choisir un métier mieux adapté à ses pulsions, tel que boucher, chirurgien, tailleur ou couturier, puisque le grand couturier Pierre Balmain est né lui aussi un 18 mai 1914 ! Il est d'ailleurs intéressant de noter que l'on trouve le Soleil natal de Coco Chanel — née le 19 août 1883 — sur la même croix de coupe (en carré avec) le Soleil de Pierre Balmain. Toutefois, ce qui est remarquable dans le thème de Coco Chanel, c'est l'accumulation d'images symboliques où il est fait allusion aux "tailles", mais aussi à "tailler" et "taillis". C'est sans doute ce qui a inspiré à Coco Chanel le fameux "tailleur", la création qui l'a rendue célèbre.

Autre exemple de l'influence des mots : Henry Rono, né le 12 février 1953, champion coureur de fond, a son Soleil natal à 23 degrés Verseau, dont l'image dit: "Deux chiens courant de front."

Par ailleurs, ces images symboliques soulignent également ce qui différencie deux êtres nés le même jour mais pas à la même heure. Ainsi Michel Sardou et Patrick Dewaere sont nés tous deux le 26 janvier 1947, le premier à 6 h 45, le second à 10 h 30. De fait, la Lune située dans le signe des Poissons dans le thème astral de Michel Sardou se trouve à 19°40', tandis qu'elle se trouve à 21°40' de ce même signe dans le thème astral de Patrick Dewaere. Or l'image du 21e degré des Poissons montre "Deux hommes qui s'entrepoignardent" et celle du 17e degré des Poissons où se trouvait l'Ascendant de Patrick Dewaere, représente "Un homme qui se jette à l'eau", deux symboles qui font très nettement référence à l'éventualité d'un suicide.

Enfin, les monomères permettent de préciser à 4 minutes près certains événements mondiaux. On sait en effet que la position de l'Ascendant progresse d'un degré toutes les 4 minutes en moyenne. Or, dans la plupart des cas, le calcul du degré où va se situer l'Ascendant, compte tenu de l'heure et du lieu, est susceptible de révéler la nature de l'événement. A partir de cette observation, on pourrait citer de nombreux exemples, tel que celui de plusieurs lancements d'engins spatiaux à Cap Canaveral qui se sont produits au moment où l'Ascendant se trouvait au 12e degré du Cancer, qui dit "Comme projeté dans le ciel, un caducée placé entre deux Lunes; celle en croissant éclaire faiblement, tandis que l'autre étant près de son plein, jette une belle clarté". Cela a aussi, et peut–être surtout, un rapport puissant avec le fait que cette station spatiale américaine est un reflet des États-Unis, dont le Soleil natal se place à 12 degrés du Cancer, dans le thème érigé pour le 4 juillet 1776.

De même, un criminel fut décapité le 14 août 1940, à 3 h 47, à Nîmes, ce qui situe l'Ascendant au 10e degré du Lion. Or, le degré opposé dans le signe du Verseau révèle "Un homme sans tête ".

Signalons, enfin, le violent séisme qui secoua le nord de l'Arménie, et plus particulièrement les villes de Leninakan et Spitak, et qui fit officiellement 55 000 morts, le 7 décembre 1988 à 11 h 41. L'horoscope correspondant à ce séisme montre la Lune noire en opposition à l'Ascendant hélio (position dérivée de l'Ascendant compte tenu de la position du Soleil) situé au 27e degré des Poissons, lequel décrit "Un homme nu frappe pendant la nuit à la porte d'une maison discrète, au moment même où un tremblement de terre disloque la maison, entrouvre la terre, déracine les arbres, etc." Ainsi, à l'aide des monomères, le lieu et l'heure de ce séisme étaient théoriquement prévisibles. L'image symbolique relative au degré de l'Ascendant peut aussi permettre de préciser l'heure de naissance d'un individu.

Sans extrapoler outrageusement, on peut donc conclure que, du fait des détails précis fournis par ces images symboliques, celles–ci pourraient contribuer à prouver empiriquement le bien–fondé de l'astrologie, au moyen des statistiques, le jour où l'on voudra bien s'en donner la peine... **K. H.**

4. LES ÉTOILES FIXES

Les étoiles sont en quelque sorte la toile de fond du Zodiaque, même si l'on sait qu'elles sont situées à une distance sans commune mesure avec la distance des planètes de notre système solaire (la plus proche, Proxima Centauri, est à plus de deux années-lumière, alors que Pluton, planète la plus excentrique de notre système, n'est qu'à 20 minutes/lumière de la Terre). Pourtant, même les nuits sans Lune, elles éclairent et guident les hommes. Elles aussi sont chargées de sens et de symboles. Nous vous présentons ici les caractéristiques fondamentales qui sont attribuées aux étoiles de première grandeur.

Parler de "fixité" à propos du ciel est un paradoxe. En effet, on sait aujourd'hui que tout est sans cesse en mouvement dans l'Univers. Les planètes tournent autour du Soleil, qui tourne sur lui–même et se déplace dans l'espace à la vitesse de 216 km/sec. à l'intérieur de notre Galaxie, la Voie lactée. Mais celle-ci est également en mouvement dans un Univers que l'on suppose en expansion, et contient à elle seule environ 200 milliards d'étoiles dont notre Soleil est loin d'être la plus grande! Il serait donc plus juste de parler d'étoiles relativement fixes qui progressent si lentement sur l'arc des 360 degrés du Zodiaque, qu'elles donnent l'illusion d'une relative fixité.

En effet, chaque étoile progresse d'environ 50 secondes par an, soit d'un degré tous les 72 ans, et parcourt ainsi les 30 degrés d'un signe du Zodiaque en 2 160 ans. On comprend comment les Anciens furent tentés d'attribuer aux étoiles fixes des qualités particulières qui pouvaient aisément se vérifier et s'affiner d'une génération à l'autre, d'autant plus que jusqu'à la fin du XVIIIe siècle, l'espérance de vie n'excédait pas 30 ans.

Hipparque de Nicée, astronome et mathématicien grec, s'illustra en calculant les éclipses de la Lune et du Soleil vers 130 avant J.–C. Il fut aussi le premier à faire l'inventaire de plusieurs centaines d'étoiles, dont la liste figure en bonne place dans le traité d'Astronomie de Ptolémée "l'Almageste" (du grec *megistos :* le plus grand), réalisé en 140 après Jésus–Christ. C'est beaucoup plus tard, à l'orée du XIXe siècle, que l'astronome francais Joseph Le François de Lalande publia son "Histoire céleste française", dans laquelle il avait répertorié les positions d'environ 45 000 étoiles (1).

Les astrologues ne se réfèrent qu'à une soixantaine (une centaine au grand maximum) de ces étoiles dites fixes. Lorsque chacune d'elles se trouve en conjonction jusqu'à deux degrés d'orbe avec une planète, cette dernière et l'étoile fixe en question interagissent l'une sur l'autre selon leur nature propre, compatible ou incompatible. Voici donc un Zodiaque illustré par les principales étoiles fixes auxquelles se réfère l'astrologie traditionnelle, et dont les incidences sur la destinée sont plus ou moins utilisées ou controversées (même parmi les astrologues) mais ne peuvent être ignorées (2).

Il est permis de penser que dès le troisième jour de sa vie intra–utérine, le germe humain perçoit en plus des vibrations maternelles, celles venant de l'Univers. En effet, aussi éloignées que soient les étoiles et les galaxies, elles exercent sans doute (comme les planètes visibles et invisibles) des influences sur l'ensemble de la Création, et peuvent ainsi jouer un rôle, en fonction d'une sélectivité qui leur est propre, sur les éléments qui composent la Terre, notre planète, et tout ce qu'elle contient. Nous ne connaissons pas encore les processus de ces influences sur notre environnement, ni comment elles peuvent être en corrélation avec les catastrophes naturelles ou l'évolution des climats, voire des espèces, dont l'espèce humaine.

Cependant, les Anciens furent amenés à faire cette corrélation, et c'est ainsi que la tradition nous a légué une classification sur un certain nombre d'étoiles fixes auxquelles ont été attribuées des influences variables, pouvant jouer à la fois sur les récoltes, l'abondance ou la rareté du gibier, mais aussi sur le caractère et le destin des individus.

Aujourd'hui, l'analyse du spectre des étoiles, rayonnement visible ou détectable, nous renseigne sur leur nature physico–chimique. Cette approche scientifique et les découvertes qui en résultent pourront sans doute nous permettre, à terme, de vérifier l'analogie pré–existante entre étoiles et planètes. Nous vivons ainsi peut–être l'avènement d'une astrologie stellaire, qui serait alors à l'astrophysique ce que l'astrologie est à l'astronomie.

Jusqu'à présent, l'analogie planètes–étoiles présente des lacunes pour l'astrologue averti. Comment, en effet, y insérer les influences propres à Uranus, Neptune et Pluton, dont tout laisse supposer que ce sont des planètes très réceptives aux influx galactiques — ces planètes sont en effet les plus éloignées du Soleil —, et qui semblent avoir plus d'incidences sur les générations et les courants collectifs, que sur l'individu ? (3) **G. S.**

(1) On possède aussi un inventaire de la nature et des positions des principales étoiles fixes pour 1920 réalisé par Robson, dans son ouvrage : "The fixed stars and constellations in astrology".

(2) Ce sont sans aucun doute les étoiles fixes présentes dans certains thèmes - par ailleurs ordinaires - de personnages hors–série qui expliquent leur trajectoire. Gouchon donne l'exemple de Hindenburg (dans son ouvrage "Dictionnaire astrologique", Dervy).

(3) Pour avoir un élément de comparaison au niveau des distances relatives des étoiles fixes et des planètes par rapport à la Terre, il faut savoir que Pluton, la planète la plus éloignée de notre système solaire, est à 20 minutes–lumière, alors que les étoiles fixes les plus proches sont à plus de 4 années–lumière.

**Photo longuement exposée montrant une traînée d'étoiles sur une photo de la Lune durant une éclipse. Il faut noter la couleur brun-orange de celle-ci.
La couleur de chaque traînée d'étoiles dépend de celle de l'étoile elle-même. Les jeunes étoiles, chaudes, sont blanches ou bleues et deviennent orange et rouges en refroidissant et en grossissant.
Photo prise dans le Wyoming, à Laramie (USA).**

Al Capone

Isaac Newton

Steven Spielberg

Woody Allen

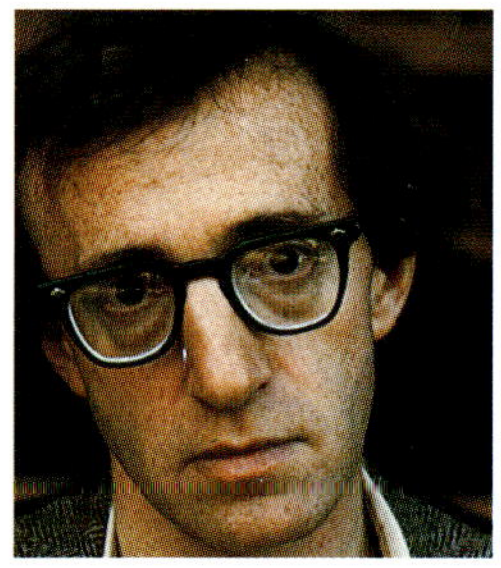

Indira Gandhi

Frédéric Chopin

Michel-Ange

Martine Carol

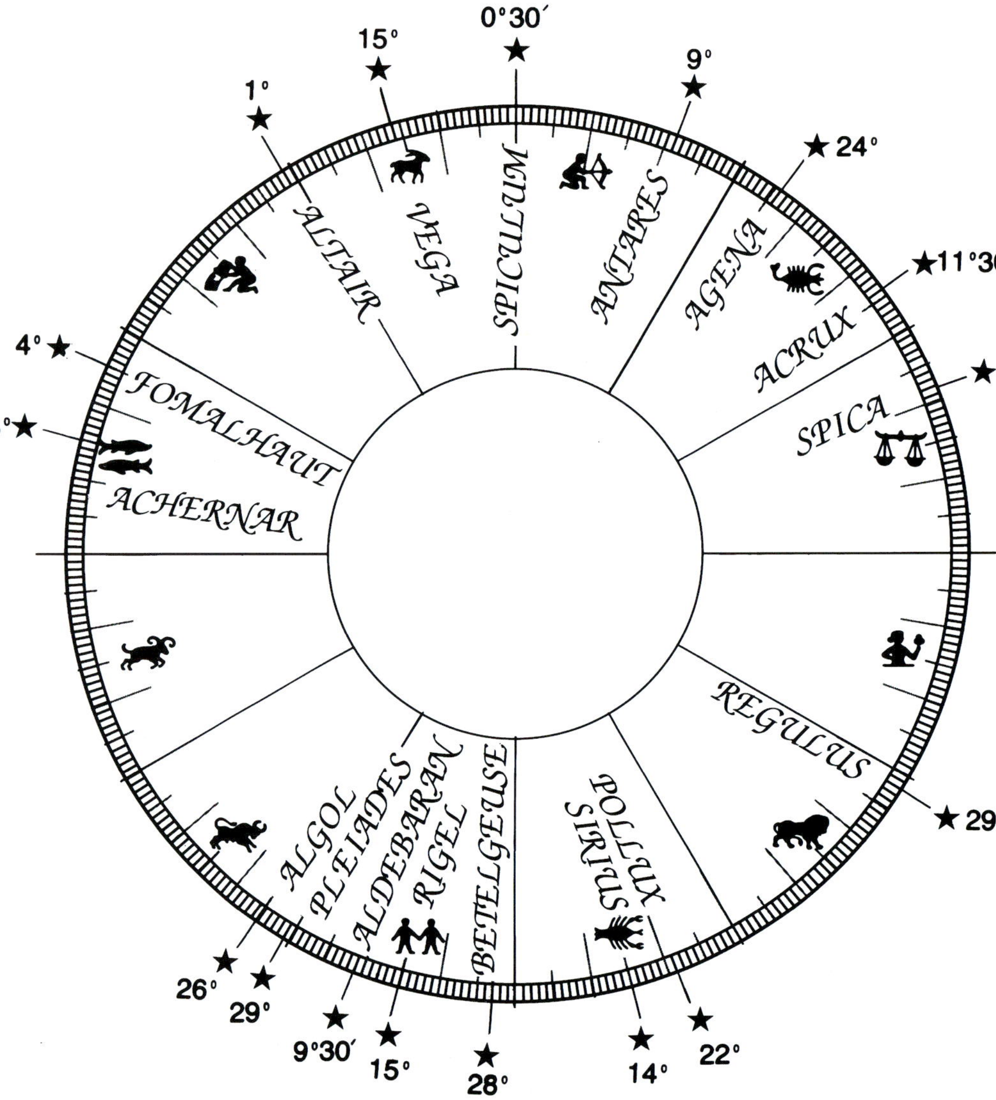

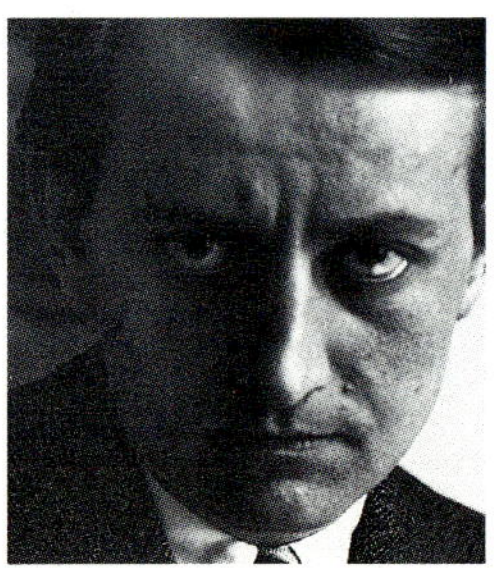

André Malraux

Marquis de Sade

Thomas Mann

Jacques Offenbach

John-David Rockefeller

Clint Eastwood

Farah Diba

Robert Redford

Mazarin

LES ÉTOILES FIXES
(positions calculées pour 1990)

ALTAIR
- Gary Grant ☽
- Al Capone ☉
- Albert Einstein ☊
- Jeanne Moreau ☉
- Caroline de Monaco ☉
- Paul Cézanne ☉
- Christian Dior ☉
- Placido Domingo ☉
- Federico Fellini ☉
- Jean-Sébastien Bach ☉

VEGA
- Johannes Brahms ☉
- Isaac Newton ☉
- Johannes Kepler ☉
- Elvis Presley ☉
- Juan Carlos d'Espagne ☉
- Konrad Adenauer ☉
- David Bowie ☉
- François Rabelais ☽
- Henry Miller MC

SPICULUM
- Gary Cooper ☽
- Louis Jouvet ☉
- Ava Gardner ☉
- Howard Hughes ☉
- Staline ☉
- Jane Fonda ☉
- Edith Piaf ☉
- Anouar el-Sadate ☉
- Dalaï Lama ☉
- Steven Spielberg ☉

ANTARES
- Friedrich Nietzsche ☽
- Abraham Lincoln MC
- Maurice Chevalier ☽
- Jean-Luc Godard ☉
- Gérard Philippe ☉
- Maria Callas ☉
- Woody Allen ☉
- Pablo Picasso ☽
- Winston Churchill ☉

AGENA
- Hussein de Jordanie ☉
- Erwin Rommel ☉

- Indira Gandhi ☉
- Charles d'Angleterre ☉
- Auguste Rodin ☉
- Benito Mussolini AS
- Jean Seberg ☉
- Warren Beatty ☽
- Hector Berlioz ☽

ACRUX
- Henry Miller ☽
- Vivien Leigh ☉
- Joseph Paul Goebbels ♂
- Burt Lancaster ☉
- André Malraux ☉ ☊ ♀
- Raimu AS
- Bruce Lee ☽
- Charlie Chaplin AS + ☽
- Marie-Antoinette ☉ + ♀
- Clint Eastwood ☉

SPICA
- Rita Hayworth ☉
- Farah Diba ☉
- Arthur Rimbaud AS
- Marie-Antoinette ☉
- André Breton ☉
- Oscar Wilde ☉
- Henry Kissinger ☉
- John Lennon ☉
- W. A. Mozart ♃

ALDEBARAN
- Brooke Shields ☉
- Marylin Monroe ☉
- Rainier de Monaco ☉
- Clint Eastwood ☉
- Marquis de Sade ☉
- Groucho Marx ☉ ☽
- Général Franco ☉
- Harry Belafonte AS
- Oswald Spengler ☉
- Bob Hope ☉

ALGOL
- Martine Carol ☉
- Karl Marx ♀
- Jean-Paul II ☉
- Jean Gabin ☉
- Yannick Noah ☉

- Jean Cocteau AS + ♀
- Marie Curie ☉
- Che Guevara ☽
- Henry Fonda ☉
- Charles Trenet ☉

PLEIADES
- Honoré de Balzac ☉
- Abraham Lincoln ☽
- Charles Baudelaire MC
- Alexandre Dumas (père) ☽
- Albrecht Dürer ☉
- Richard Wagner ☉
- Andreï Sakharov ☉
- Dr Petiot ☽
- Fernand Raynaud ☉
- James Stewart ☉
- André Malraux ☉

FOMALHAUT
- Elizabeth Taylor ☉
- Frédéric Chopin ☉
- Luis Bunuel ☉
- Blaise Cendrars ☉
- Hector Berlioz MC
- Georges Bernanos ☉
- Alain Prost ☉
- George Harrison ☉
- Arthur Schopenhauer ☉
- Régine Crespin ☉

ACHERNAR
- J. W. von Goethe ☽
- Michel-Ange ☉
- Robert de Niro ☽
- Albert Einstein MC
- Rosa Luxembourg ☉
- Jim Clark ☉
- Jean Harlow ☉
- Maurice Ravel ☉
- Valentina Tereshkova ☉
- Paul Guth ☉

REGULUS
- Claude Debussy ☉
- Honoré de Balzac AS
- Ernest Hemingway ☽
- Count Basie ☉
- Michel Rocard ☉

- Leo Ferré ☉
- Sean Connery ☉
- Leonard Bernstein AS
- Jean-Claude Killy ☽
- Robert Redford ☉

POLLUX
- Amedeo Modigliani ☉
- Albert Schweitzer MC
- Antonin Artaud ☉
- Rembrandt ☉
- Mazarin ☉
- Lino Ventura ☉
- Marcel Proust ☉
- Giacomo Puccini ☽
- Peter Ustinov AS
- Vincent Van Gogh AS

SIRIUS
- Jean Cocteau ☉
- Vittorio de Sica ☉
- Bill Haley ☉
- George Sand ☉
- J.-D. Rockefeller ☉
- Marc Chagall ☉
- Pierre Cardin ☉
- David Bowie MC
- Albert Einstein AS
- Robert de Niro AS

RIGEL
- Thomas Mann ☉
- Paul Gaugin ☉
- Federico Fellini MC
- Sigmund Freud ☽
- Guy de Maupassant MC
- Louis Pasteur ☽
- Che Guevara ☉
- Igor Stravinsky ☉
- Pierre Corneille ☉
- Laurence Olivier AS

BETELGEUSE
- Jean-Paul Sartre ☉
- Françoise Sagan ☉
- Jane Russell ☉
- Jacques Offenbach ☉
- Michel Platini ☉

ÉTOILES FIXES DE 1re GRANDEUR : positions calculées pour 1992

Taureau

Algol 26° 03', de nature Jupiter–Saturne; selon Ptolémée, de nature Saturne–Vénus; selon Léowicz, indique souvent une mort violente, mais n'est pas nuisible à l'élévation et à la richesse.

Les Pléiades 29° 45', de nature Lune–Mars; selon Ptolémée, rend bon vivant, dons musicaux, comédie.

Gémeaux

Aldébaran 09° 40', de nature marsienne; selon Ptolémée, popularité, turbulence, élévation possible.

Rigel 16° 45', de nature Jupiter–Saturne; selon Ptolémée, de nature Mars–Jupiter; selon Julevno, attitudes inventives, renommée.

Bételgeuse 28° 40', de nature Mars–Mercure; selon Ptolémée, honneurs, progrès, richesse, intelligence.

Cancer

Sirius 14° 00', de nature Jupiter–Soleil–Mars; selon Ptolémée, de nature Mercure–Mars; selon Léowicz, orgueil, passion, richesse, fougue, impétuosité.

Castor 20° 10', de nature mercurienne; selon Ptolémée, de nature Jupiter–Mercure; selon Léowicz, intelligence, succès juridiques ou littéraires, goût des voyages.

Pollux 23° 10', de nature marsienne; selon Ptolémée, audace, témérité, subtilité, risques de mort violente.

Procyon 25° 40', de nature Mercure-Mars: tempérament actif, violent et irascible. Hydrophobie, danger de morsure par chien.

Lion

Régulus 29° 40', de nature Jupiter–Mars; selon Fludd, ambition, générosité, domination, sens de l'organisation.

Balance

Spica (l'Epi) 23° 40', de nature Mercure–Mars; selon Ptolémée, de nature Mars–Vénus; selon Fludd : talent, renommée, richesse, amour de la nature.

Arcturus 24° 10', de nature Mars–Jupiter; selon Ptolémée, de nature Jupiter–Mars; selon Fludd : richesse, honneurs, renommée, inspire confiance, chance.

Scorpion

Accrux 11° 45', de nature jupitérienne (c'est l'étoile étincelante de la Croix du Sud). Goût du cérémonial, de la justice et du mystère, fréquent chez les astrologues et les occultistes.

Agena 23° 45', de nature Vénus-Jupiter. Situation élevée, moralité, honneur, jeux de l'amitié.

Bungala 29° 30', de nature Vénus–Jupiter; selon Ptolémée, de nature Vénus–Saturne; selon Fludd : bienveillance, dons occultes.

Sagittaire

Antarès 09° 40', de nature Mars–Jupiter; selon Ptolémée, de nature Saturne–Mars; selon Fludd, de nature Mercure–Mars; selon Julevno, ambition, énergie, intelligence, vue faible.

Capricorne

Spiculum, amas d'étoiles à 0°, de nature Mars-Lune, produit souvent la cécité.

Vega 15° 15', de nature Vénus–Mercure; selon Ptolémée, dons intellectuels entraînant la richesse, idéalisme artistique, dons musicaux.

Verseau

Altaïr 1° 40', de nature Mars–Jupiter; selon Ptolémée, courage, générosité, décisions audacieuses, élévation, honneurs.

Poissons

Fomalhaut 03° 45', de nature Saturne–Mercure; selon Ptolémée, de nature Saturne–Jupiter; selon Léowicz, idéalisme, spiritualité, renommée, puissance, incorruptibilité.

Deneb-Adige 05° 15', de nature Vénus-Mercure; d'après Ptolémée, nature ingénieuse, intelligence subtile, goût de l'étude.

Acharnar 15° 10', de nature jupitérienne; selon Ptolémée, dons occultes et religieux, puissance sur l'entourage.

G. S.

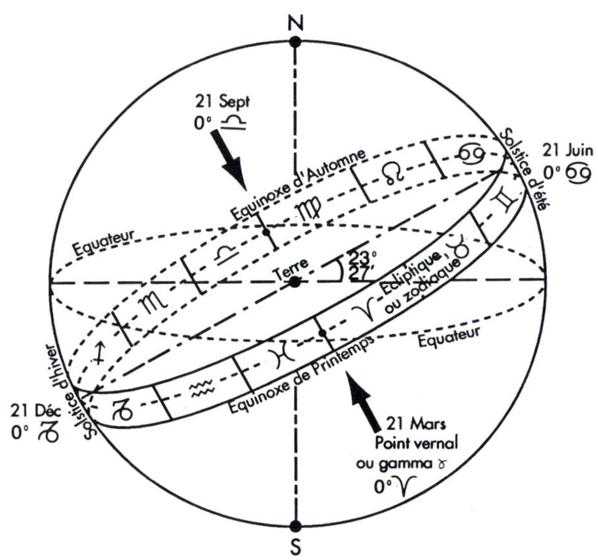

LA SPHÈRE CÉLESTE

Le plan de l'équateur terrestre se prolonge sur l'équateur céleste. On notera que ce dernier forme un angle de 23°27 avec le plan de l'écliptique qui n'est autre que le parcours apparent du soleil. De part et d'autre de l'écliptique se trouve la bande Zodiacale du 17° sur laquelle gravitent les planètes. La longitude de ces dernières se calcule à partir du point vernal, 0° du Bélier, point d'intersection entre écliptique et équateur qui signe le printemps. A l'opposé, on trouve l'équinoxe d'automne, à 0° de la Balance. Lors des deux équinoxes, la durée du jour égale celle de la nuit; lors du solstice d'été au 21 juin, on a la jour le plus long de l'année, au solstice d'hiver le 21 décembre, on a la nuit la plus longue.

5 – LE SYSTEME SOLAIRE

Le présent chapitre présente les fondements astronomiques de l'astrologie, puis le matériel et l'outillage auxquels les astrologues ont recours pour exercer leur art. L'utilisation pratique en sera traitée plus loin. L'astrologie, science humaine empirique, est née de l'observation méthodique des mouvements des astres dont les Chaldéens furent sans doute les pionniers. Les positions planétaires sont fournies par des Tables. Toutefois, pour une meilleure compréhension du système astrologique, il est bon de posséder quelques notions générales de la mécanique céleste que nous allons exposer sommairement.

Un peu de Cosmographie...

Pour effectuer leurs travaux habituels, les astrologues doivent considérer deux mouvements célestes principaux : d'abord le déplacement circulaire des planètes autour du Soleil, dit mouvement héliocentrique, qui engendre un mouvement apparent pour un observateur terrestre. Ce dernier est appelé mouvement géocentrique, et c'est lui qui, finalement, sera pris en considération par les astrologues, puisque l'astrologie concerne les natifs de la Terre. Ensuite, la Terre tournant autour de son axe en 24 heures, on prend en compte le mouvement diurne durant lequel les astres semblent parcourir circulairement le ciel local. C'est en fonction de ce second mouvement principal que les astrologues vont déterminer la domification, ou calculs des Maisons ou secteurs du thème — et de la vie — du sujet.

MOUVEMENT PLANÉTAIRE HÉLIOCENTRIQUE

Les planètes décrivent des orbites elliptiques autour du Soleil. C'est à l'astronome–astrologue Johannes Kepler qu'on doit cette découverte. Une ellipse comprend deux foyers f et f', et un centre O à mi–chemin de ceux–ci. La somme des distances de tout point de l'ellipse aux deux foyers est constante (Fig. 1). Le Soleil occupe l'un des foyers f.

GALILEO GALILÉE, peint par Lessi Tito (1858-1917) se trouve au Musée des Sciences de Florence. Elle montre le maître enseignant un disciple (Viviani ? Torricelli ?), face à un astrolabe et à un globe terrestre. C'est en 1610 que Galilée, inventeur du télescope, put observer pour la première fois les quatre satellites de Jupiter invisibles à l'œil nu. Il confirma la théorie héliocentrique de Copernic et, bien que s'étant rétracté, fut condamné à résidence surveillée par l'Inquisition en 1633. Comme Kepler et Newton, Galilée, en dépit de ses convictions héliocentriques, continua de pratiquer l'astrologie, comme en témoignent ses lettres et journaux assortis de calculs astrologiques.

Quand la planète est en P (périhélie), sa distance au Soleil est minimale, et sa vitesse maximale. Au point A (aphélie), sa distance est au contraire maximale, et sa vitesse minimale : c'est une des lois de Kepler.

Le rapport *OF/OP* est l'excentricité. Plus l'excentricité est forte, plus l'ellipse est aplatie, et les deux foyers éloignés l'un de l'autre. En cas d'orbite circulaire (cercle), les deux foyers se confondent au centre O, et l'excentricité est nulle : c'est pratiquement le cas de Vénus, et presque celui de la Terre.

OP = *OA* est le demi-grand axe qu'on prend généralement comme distance moyenne du Soleil. Elle est mesurée en *unités astronomiques* (ua). L'unité astronomique est basée sur la distance moyenne de la Terre au Soleil, soit 149 600 000 kilomètres. La vitesse moyenne d'une planète diminue avec l'accroissement de sa distance moyenne au Soleil, tandis que sa période de révolution augmente : c'est une autre loi de Kepler. En partant de la planète la plus proche du Soleil, nous avons successivement : (*cf.* ci-contre)

Mercure

distance moyenne	: 0,39 ua
excentricité	: 0,206
période de révolution	: 88 jours

Vénus

distance moyenne	: 0,72 ua
excentricité	: 0,007
période de révolution	: 225 jours

Terre

distance moyenne	: 1 ua
excentricité	: 0,017
période de révolution	: 1 an

Mars

distance moyenne	: 1,52 ua
excentricité	: 0,093
période de révolution	: 1 an et 322 jours

Entre Mars et Jupiter, se trouve une ceinture de milliers d'astricules ou astéroïdes, dont le plus gros est Cérès, que l'on considère comme le chef de file. Cependant, son diamètre (1 020 km) reste encore inférieur à celui de Charon (1 160 km), un des satellites de Pluton. On comprend ainsi que son influence soit très controversée chez les astrologues. C'est cependant le seul astéroïde qui réponde à la loi de Titius–Bode, selon laquelle les distances moyennes des planètes au Soleil, mesurées en unités astronomiques, s'obtiennent en prenant la suite de nombres 0, 3, 6, 12, 24, etc. — le suivant étant systématiquement le double du précédent —, puis en leur ajoutant 4, et en divisant le tout par 10.

Pour Cérès, par exemple, on a bien : (24 + 4)/10 = 2,8 ua. Cette loi n'est valable que jusqu'à Uranus incluse. On pensa d'abord que les astéroïdes provenaient d'une ancienne planète désagrégée, mais aujourd'hui, on estime au contraire qu'il s'agit d'une planète n'ayant pu se former, les accrétions successives n'ayant pu se réaliser.

Cérès

distance moyenne	: 2,77 ua
excentricité	: 0,077
période de révolution	: 4 ans et 220 jours

Ce ne sont que des valeurs très moyennes. Les astéroïdes sont en effet perturbés par Jupiter, et leurs éléments orbitaux subissent des oscillations périodiques dites libres.

Jupiter

distance moyenne	: 5,20 ua
excentricité	: 0,048
période de révolution	: 11 ans et 315 jours

Saturne

distance moyenne	: 9,56 ua
excentricité	: 0,056
période de révolution	: 29 ans et 167 jours

Entre Saturne et Uranus évolue un petit astéroïde, Chiron, découvert en octobre 1977 par l'astronome Charles T. Kowall. Son diamètre est d'environ 500 kilomètres. On comprendra que sa prise en compte astrologique soit encore plus controversée, car c'est vraiment un nain. Chiron étant très perturbé par Saturne et Uranus, ces mesures sont très moyennes.

Chiron

distance moyenne	: 13,70 ua
excentricité	: 0,379
période de révolution	: 50 ans et 250 jours

Uranus

distance moyenne	: 19,22 ua
excentricité	: 0,046
période de révolution	: 84 ans et 7 jours

Neptune

distance moyenne	: 30,11 ua
excentricité	: 0,009
période de révolution	: 164 ans et 280 jours

Pluton

distance moyenne	: 39,53 ua
excentricité	: 0,248
période de révolution	: 247 ans et 294 jours

D'un diamètre de 2 200 kilomètres, Pluton est la planète qui possède le plus gros satellite par rapport à elle. Il s'agit de Charon, d'un diamètre de 1 160 kilomètres et distante de 194 000 kilomètres. Comme la Lune à la Terre, il présente toujours la même face à Pluton. Fait exceptionnel : le centre de gravité est légèrement extérieur à Pluton, à 2 480 kilomètres de son centre.

LONGITUDES HÉLIOCENTRIQUE (L1) ET GÉOCENTRIQUE (L2)

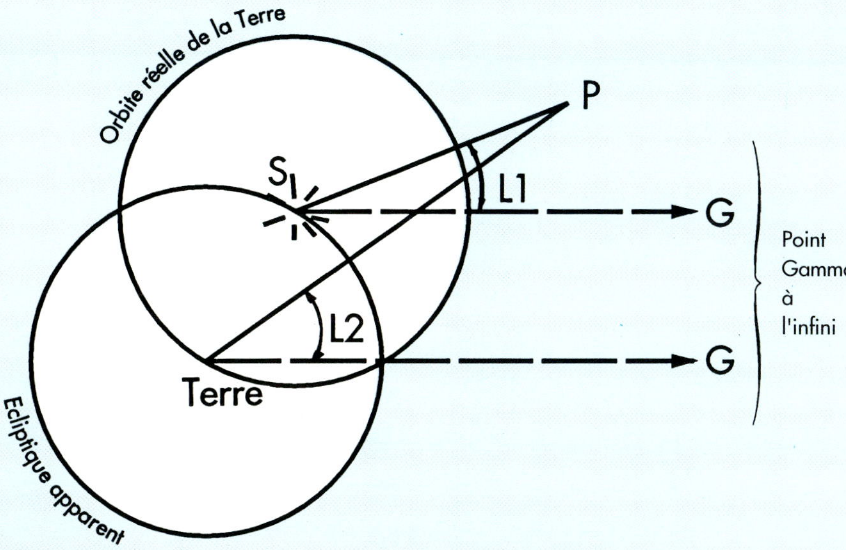

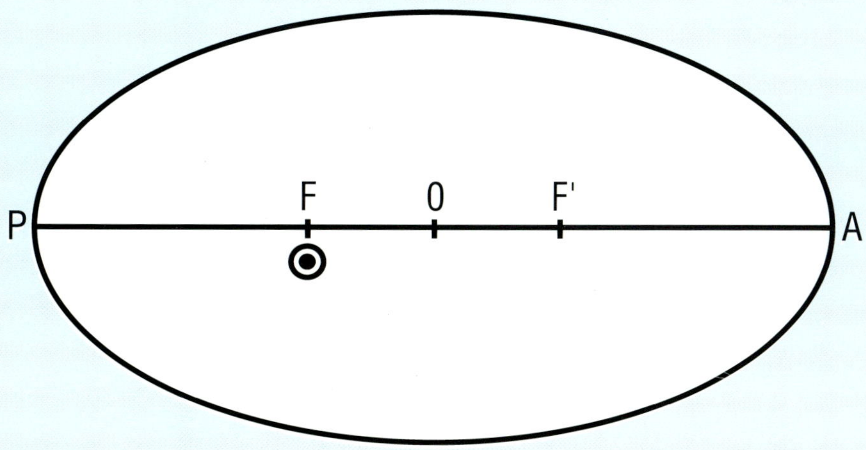

ORBITE PLANÉTAIRE KEPLÉRIENNE

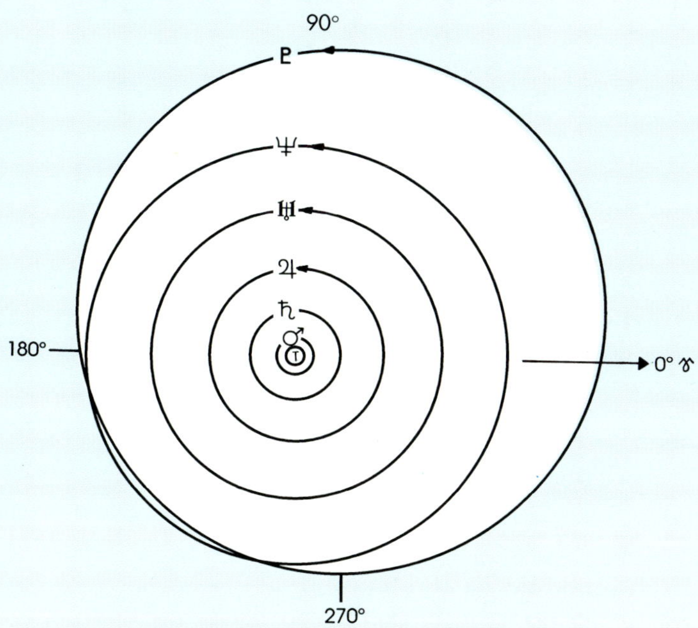

LE SYSTEME SOLAIRE DE LA TERRE A PLUTON

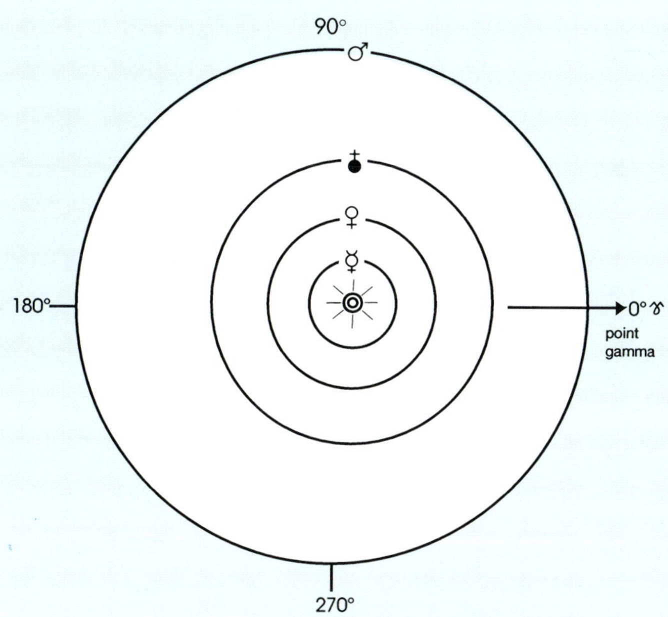

LE SYSTEME SOLAIRE DE MERCURE A MARS

En raison de sa forte excentricité, il arrive que Pluton soit plus proche du Soleil que Neptune. Il en est effectivement ainsi depuis le 11 février 1979, et ce jusqu'au 6 février 1999, période durant laquelle, astrologiquement parlant, il transite du 19e degré de la Balance, au 10e degré du Sagittaire.

MOUVEMENT PLANÉTAIRE GÉOCENTRIQUE

C'est le mouvement des planètes observé depuis la Terre. On suppose alors que celle–ci est immobile, et que c'est le Soleil qui est animé d'un mouvement apparent dont la révolution est d'une durée d'un an, sur une orbite fictive nommée écliptique. Bien sûr, cette écliptique se trouve dans le plan de l'orbite réelle de la Terre.

Pour déterminer les positions des astres, on utilise un angle appelé longitude ayant l'écliptique pour plan de référence, mesuré dans le sens trigonométrique ou direct, ou encore en sens inverse des aiguilles d'une montre. Le point de départ est l'équinoxe de printemps, l'une des deux intersections de l'écliptique avec l'équateur terrestre que l'on nomme aussi point gamma.

La latitude céleste Nord ou Sud est la hauteur de l'astre au–dessus ou au–dessous de l'écliptique. En dehors de Pluton, les orbites planétaires ont une assez faible inclinaison sur l'écliptique. La latitude géocentrique la plus forte, soit 8°, peut être atteinte par Vénus. Le Zodiaque est une bande de 17° de largeur, soit 8°30' de part et d'autre de l'écliptique. Les planètes ne sortent jamais de ses limites, sauf Pluton dont la latitude céleste peut atteindre 17°30'.

À partir du point gamma, le Zodiaque est divisé en 12 signes de 30° chacun : Bélier, Taureau, Gémeaux, Cancer, Lion, Vierge, Balance, Scorpion, Sagittaire, Capricorne, Verseau, Poissons.

Le Mouvement géocentrique des planètes, en général direct, devient parfois stationnaire, puis rétrograde. Cela est dû au fait que notre observatoire terrestre, en apparence immobile, est aussi un astre qui se meut autour du Soleil.

Il existe aussi un autre système de coordonnées prenant cette fois l'équateur terrestre pour plan de référence. Ce système est basé sur l'ascension droite et la déclinaison. L'ascension droite se mesure sur l'équateur, également à partir du point gamma, et la déclinaison est la hauteur de l'astre au–dessus ou au–dessous de l'équateur.

La figure 3 montre comment on passe de la longitude héliocentrique L1 à la longitude géocentrique L2. Soit S le Soleil, T la Terre, G la direction du point gamma, et P une planète ou un point quelconque de la sphère céleste. Le point G étant pratiquement à l'infini, les directions S G et T G sont parallèles. L'angle P S G est la longitude héliocentrique L1, et l'angle P T G la longitude géocentrique L2. La Lune étant le satellite de la Terre, son mouvement est réellement géocentrique.

Lune

distance moyenne de la Terre	: 60,47 rayons équatoriaux terrestres
excentricité	: 0,0549
période de révolution	: 27,322 jours

LA PRÉCESSION DES ÉQUINOXES

Ce phénomène de la précession des équinoxes était inconnu de la haute Antiquité. Peu après sa découverte par Hipparque, il permit de déterminer les ères historiques d'environ 2 150 ans. Ainsi nous sommes actuellement dans l'ère des Poissons, et nous nous apprêtons à entrer dans celle du Verseau. Par suite de l'attraction de la Lune sur le renflement équatorial terrestre, l'axe de rotation de la Terre effectue une révolution autour de celui de l'écliptique avec un angle de 23,5° à peu près constant, et en une période d'environ 25 800 ans. Une petite perturbation secondaire s'y ajoute : l'axe terrestre ne décrit pas un cercle parfait, mais légèrement sinusoïdal d'une demi-amplitude de 17"4' et d'une période de 18 ans 2/3 : c'est la nutation.

C'est l'astronome Hipparque qui découvrit la rétrogradation du point gamma au IIe siècle av. J.-C. Sa période n'est pas constante, car cette rétrogradation s'accélère avec le temps. On lui attribue souvent la valeur symbolique de 25 920 ans. Le point gamma avait cette vitesse instantanée en l'an 691 de notre ère, mais cela ne signifie pas qu'il reviendra à la même position en l'an 26 611, puisque la vitesse de sa progression augmente continuellement. En réalité, c'est entre l'an 12 266 av. J.-C. et l'an 13 655 de notre ère que le cycle précessionnel est de 25 920 ans. En l'an 2 000, la vitesse instantanée du point gamma sera de 1 tour en 25 770 ans.

Les longitudes comptées à partir du point gamma, et qui viennent d'être évoquées, sont ce qu'on appelle les longitudes tropiques. Ce sont elles qui déterminent les douze signes du Zodiaque de 30° chacun, liés aux saisons. Le printemps commence en hémisphère Nord lorsque le Soleil atteint le point gamma, sur l'écliptique et l'équateur en intersection.

LE SIDÉRALISME

Les longitudes sidérales sont comptées à partir d'un point fixe de l'écliptique qui reste à déterminer. Quand le Soleil reprend la même longitude sidérale, il revient à la même position par rapport aux étoiles pratiquement immobiles sur la sphère céleste. C'est la raison pour laquelle on appelle souvent les étoiles, les Fixes. Cependant, elles ont toutes un léger mouvement propre qui ne devient appréciable qu'au bout de plusieurs siècles. En observant le ciel nocturne, on s'aperçoit que certains groupes d'étoiles forment des figures particulières qui sont les constellations. Celles qui bordent le Zodiaque portent les mêmes noms que les signes. Pour éviter la confusion, on les désigne par une terminologie latine : Aries,

Taurus, Gemini, Cancer, Leo, Virgo, Libra, Scorpius, Sagittarius, Caper, Aquarius, Pisces.

L'astrologie hindoue recourt aux longitudes sidérales également subdivisées en douze secteurs égaux de 30°, malgré l'inégalité des constellations en étendue. En principe, le point de départ du Zodiaque correspond au point gamma de l'époque où les signes et les constellations coïncident. Les constellations ayant en réalité des étendues très inégales, la date de leur coïncidence avec les signes diverge selon les différentes écoles hindoues, oscillant pratiquement sur les trois premiers siècles de notre ère.

Pour obtenir les longitudes sidérales, il convient de diminuer les longitudes tropiques de la valeur du parcours du point gamma entre l'époque considérée et celle où la coïncidence est supposée s'être produite. Cette différence est appelée Ayanamsa. Plusieurs Ayanamsa sont proposés, et c'est là le talon d'Achille du système. Par exemple, considérons l'Ayanamsa Lahiri : la coïncidence est supposée s'être produite quand l'étoile Spica, ou Épi de la Vierge, était à la longitude de tropique 0° de la Balance, qui correspond à la fin du mois de janvier de l'an 285.

Au début de janvier 1993, le point gamma aura rétrogradé de 24,38° (ce qui revient à placer la longitude sidérale du point vernal à 5,22° des Poissons), et c'est cette valeur qu'il conviendra donc de soustraire des longitudes tropiques pour obtenir les longitudes sidérales correspondantes.

L'astrologie hindoue garde toute sa valeur, à la condition expresse de la pratiquer dans sa globalité, en appliquant toutes ses règles nombreuses et complexes. Un groupuscule d'astrologues occidentaux pratique le Sidéralisme. Cependant, séparé de son contexte, ce procédé semble critiquable, et ses résultats aléatoires.

L'astrologie classique, et occidentale en particulier, a toujours été tropique (liée aux saisons). L'essentiel du corpus astrologique s'est constitué à une époque où la précession des équinoxes était ignorée ou négligée. Il n'y avait donc pas de distinction entre les signes et les constellations, ces dernières ne constituant alors que des repères de la progression solaire. On considère que ce sont les signes qui possèdent une valeur influente, et non les constellations. Il n'est pas besoin d'être astrologue pour savoir et constater que ce sont les saisons qui régissent les rythmes et les comportements des êtres vivants. Cela ne signifie nullement que les étoiles n'aient pas d'influence. Celle–ci est essentiellement fonction de leur éclat, mais aussi de leur proximité de l'écliptique. Les Babyloniens et les Arabes, notamment, y attachaient une grande importance. Les reprendre en considération aujourd'hui permettrait aux astrologues contemporains de retrouver le savoir des Anciens et serait un facteur de progès pour l'astrologie.

Bien que l'astrologie ne tienne guère compte des distances, il convient de ne pas oublier que les étoiles sont très éloignées. On a vu précédemment que le rayon de l'écliptique — par conséquent du Zodiaque — était de 149 600 000 kilomètres. À raison de 300 kilomètres par seconde, la lumière du Soleil met un peu plus de 8 minutes pour nous parvenir. Celle de l'étoile la plus proche de nous Proxima Centauri met 4 ans et 3 mois! Le diamètre de notre galaxie, la Voie lactée, est d'environ 100 000 années–lumière. La grande galaxie d'Andromède, une des plus proches de nous, est distante de 2,2 années–lumière.

La précession des équinoxes a longtemps été — et reste toujours — la tarte à la crème de l'anti–astrologie. On laisse entendre ainsi que le décalage entre les signes et les constellations rend caduc tout le système auquel se réfèrent les astrologues. Avec une mauvaise foi délibérée, on affirme d'abord que, selon l'astrologie primitive, on accordait une valeur influentielle aux constellations. Ensuite, pour citer Michel Gauquelin, on soutient que "le Zodiaque se présente aux astrologues actuels comme un immeuble où les locataires auraient déménagé d'un étage, mais auraient laissé leur nom sur la porte de leur ancien appartement". Or, cette observation pourrait éventuellement s'appliquer aux constellations, mais certainement pas aux signes. Rappelons que les Babyloniens ne pouvaient opérer aucune distinction, pour la simple raison qu'ils ignoraient tout de la précession. Quand celle–ci fut connue, les grand astrologues, gardiens de la tradition, tels que Manilius et Ptolémée, précisèrent qu'il convenait de se référer au Zodiaque tropique et saisonnier. Ces précisions apparaissent clairement dans leurs œuvres.

Le Zodiaque sidéral conserve cependant une signification particulière par rapport à l'histoire de l'humanité. La rétrogradation du point gamma le long des constellations zodiacales divise la Grande Année Précessionnelle en douze ères environ. Toutefois, il subsiste une difficulté majeure. En effet, l'étendue des constellations étant très inégale et présentant des vides et des chevauchements, il est impossible de leur attribuer des frontières définies sans une part d'arbitraire. Dans ces conditions, la seule solution consiste à choisir une étoile-repère et à observer son mouvement tropique dans les signes du Zodiaque de 30°. Le meilleur choix est alors une étoile de première grandeur, située à proximité de l'écliptique : Régulus (Alpha Leonis) répond parfaitement à ce critère. Le 0° Aries (Bélier) est à 120° en amont de cette étoile royale. L'ère des Poissons a ainsi commencé au moment de la coïncidence des signes et des constellations en 157 av. J.-C. La longitude tropique de Régulus était alors de 120°, c'est–à–dire à 0° du Lion, et le point gamma était confondu avec 0° Aries (Bélier), soit 30° Pisces (Poissons). L'ère du Verseau commencera au début de l'an 2 012, quand Régulus sera à la longitude tropique de 150°, soit 0° de la Vierge, et le point gamma à 0° Pisces (Poissons), soit 30° Aquarius (Verseau). **M. D.**

Les éclipses et leurs influences terrestres

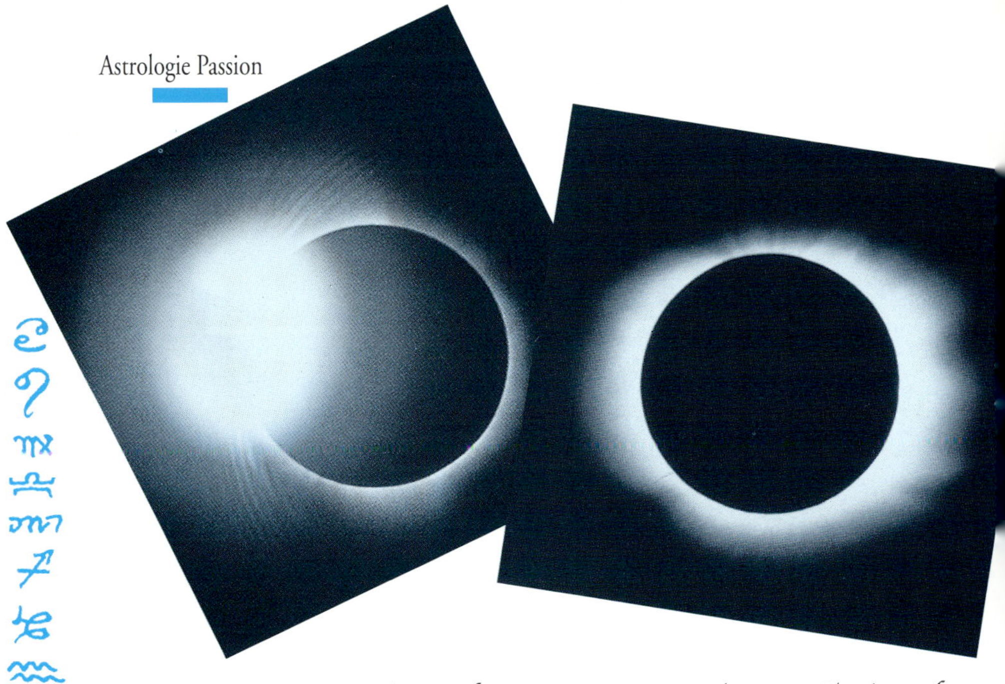

UNE ÉCLIPSE TOTALE DU SOLEIL EN TROIS ÉTAPES.
Il s'agit de celle du 30 juin 1973 vue depuis Akoujt (Mauritanie). A noter qu'en 1992, il y eut également, et pour la première fois depuis lors, une éclipse totale du Soleil le 30 juin (qui se place donc par définition à 8°du Cancer). Entre les deux, un cycle de Saros de 19 ans.

Dans notre système solaire et par rapport à nous, Terriens, le Soleil, centre de cet ensemble, et la Lune, notre satellite, jouent un rôle essentiel. Leurs éclipses, on le conçoit, également, qui ne sont autres que des moments privilégiés de leur cycle, le cycle le plus petit de notre système solaire, le cycle soli-lunaire.

Une éclipse — ou occultation — d'un astre par rapport à la Terre provoque des perturbations des champs d'énergie cosmique, lesquelles, en raison des vibrations de l'Univers, ne sont pas limitées à des champs locaux d'énergie, ni à la zone où l'éclipse est visible. Les éclipses ont des effets qui se propagent à l'ensemble du système des énergies et influencent l'Univers entier, la Terre et ses habitants.

Les éclipses sont toujours précédées et/ou suivies, dans un délai de deux semaines, d'une éclipse de Lune de pénombre. L'éclipse solaire se produit au cours d'une lunaison lorsque le Soleil, la Lune et la Terre sont alignés de telle sorte que la Lune occulte le Soleil totalement ou partiellement. Seules les nouvelles Lunes exactement parallèles au Soleil, et situées à moins de 18°31' de l'un des Nœuds de la Lune, peuvent provoquer des éclipses de Soleil. C'est la distance de séparation nodale qui détermine la nature de l'éclipse : totale, annulaire ou partielle.

Au cours d'une éclipse de Lune, au moment de la pleine Lune, la Terre est située entre le Soleil et la Lune, qui se font face dans le Zodiaque et sont exactement à l'opposé l'un de l'autre. Chacun d'eux se situe à une distance de 12°15' des Nœuds de la Lune. Une éclipse de Lune peut être totale, partielle ou de pénombre. Lors d'une éclipse de pénombre, la Lune n'est pas dissimulée à la vue de la Terre, puisqu'elle se maintient dans la zone sombre qui entoure le cône d'ombre de la Terre. Mais le rayonnement atténué de la Lune donne une preuve visuelle de la perturbation des énergies.

Les éclipses se produisent avec une régularité prévisible suivant un cycle dit de Saros. Ce cycle est composé de 43 éclipses de Soleil et de 43 éclipses de Lune dans une période qui couvre donc 223 lunaisons. Il faut un millier d'années à chaque série pour parcourir la distance allant de l'un des pôles de la Terre où elle commence, au pôle opposé où elle prend fin. Un nouvel élément d'une série peut entamer sa course avant qu'une autre soit achevée, provoquant ainsi un double Saros qui engendre alors 3 éclipses (une de Soleil et deux de Lune, ou une de Lune et deux de Soleil), et ce, à deux semaines d'intervalle. Une éclipse est suivie, dans un délai d'environ six mois, par une autre de la série suivante, etc., jusqu'à ce que les 43 éclipses de Lune soient apparues, bouclant le cycle de Saros d'une période de 223 lunaisons, soit environ 18 ans et 11 jours. Puis le cycle recommence...

Environ 75% des éclipses observent un cycle de retour métonique, réapparaissant presque au même degré zodiacal tous les 19 ans. Une éclipse en conjonction avec une éclipse précédente, avec un écart de 2°30', est considérée comme un retour, même si son apparition ne correspond pas exactement au cycle métonique. Le retour d'une éclipse prénatale, ou la dernière éclipse qui se produit avant la naissance, revêt une importance particulière en astrologie. Elle est le signe d'une étape décisive du développement humain, et d'une année à venir riche en événements.

Dans l'horoscope, une éclipse de Lune réveille les besoins émotionnels et instinctifs associés à la Lune. Une éclipse de Soleil excite les besoins élémentaires caractéristiques du Soleil, à savoir l'ego, l'affirmation de soi, la vitalité, l'ambition. La Maison occupée par une éclipse sert de point de focalisation des énergies pendant toute la période d'influence de celle–ci (environ six mois) jusqu'à l'éclipse suivante.

Les éclipses annoncent souvent les événements ou les phases critiques qui marquent la vie d'une personne. La mort de l'Ayatollah Khomeyni, par exemple, survenue le 4 juin 1989, avait été précédée le 7 mars 1989 d'une éclipse partielle de Soleil, située à 17°10 du signe des Poissons, qui se trouvait précisément en carré (angle de 90 degrés) de

2 JUIN 1989, 7e JOUR DE DEUIL EN IRAN APRÈS LA MORT DE KHOMEINY.
Celle-ci survint lors du carré du Soleil (90 jours) qui suivit l'éclipse solaire du 7 mars 1989; or, celle-ci se plaçait elle-même en carré avec le Pluton progressé de l'Ayatollah Khomeiny.

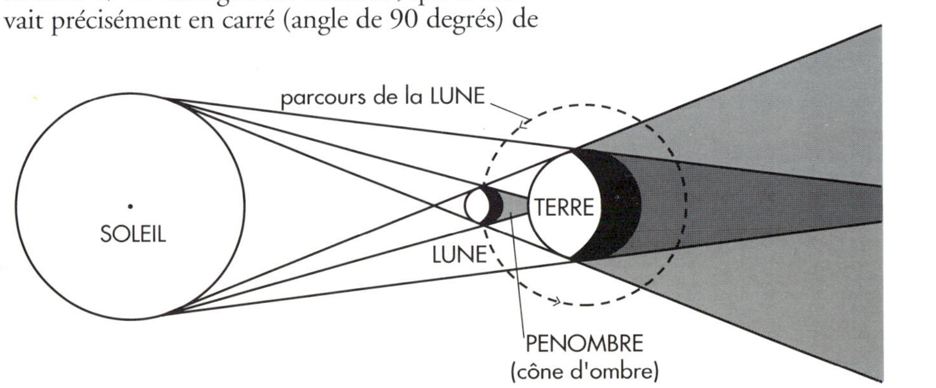

L'ASSASSINAT DE J.-F. KENNEDY (né le 29 mai 1917, à 15h15, à Boston), fut perpétré le 23 novembre 1963, après l'éclipse totale du Soleil du 20 juillet précédent, à 27°24' du Cancer; elle était en conjonction exacte avec le Saturne natal de JFK, à 27°10' du Cancer et son MC, situé à 27°21' ! Qui pourrait encore parler de hasard, sachant que le MC symbolise la destinée d'un être, que Saturne au MC annonce souvent une chute finale et enfin que cette éclipse se plaçait en opposition exacte avec Pluton du thème des USA.

la position progressée de Pluton située dans le signe des Gémeaux dans le thème natal de l'Ayatollah. Or, on sait que Pluton est une planète associée à la mort... En effet, toujours dans le thème natal de l'Ayatollah Khomeyni, Pluton était en aspect d'opposition à Jupiter, à Uranus, au Nœud lunaire Nord et à son éclipse prénatale. Le graphique de la mort avec les Poissons à l'Ascendant, et l'éclipse dans la Maison I, montre la progression de Jupiter en parfait carré avec l'éclipse qui déclenche un événement potentiel. Dans la Maison VIII, associée elle aussi à la mort, le Soleil et la Lune sont nettement en opposition à Pluton, et la conjonction exacte du FC — associé à la fin de la vie —, sur le graphique de la mort et du Pluton natal de l'Ayatollah Khomeyni, vient confirmer l'événement.

L'éclipse prénatale de J.-F. Kennedy a fait son 3e retour en janvier 1963, l'année où il fut assassiné. L'éclipse qui a immédiatement précédé sa mort était en conjonction avec son MC natal et Saturne. Qui plus est, elle était en carré avec Saturne dans l'horoscope de L. H. Oswald, l'assassin présumé du Président, qui fut lui–même victime de cette tragédie.

Les événements liés aux éclipses ne concernent pas uniquement les personnes. La succession de glissements de terrain, qui ont fait des centaines de victimes au Brésil en 1988, s'est produite au moment où l'on observait une éclipse de Soleil à 29° de la Vierge. Le thème de l'éclipse (23/09/1987), monté avec les coordonnées de Rio de Janeiro, indique l'éventualité de la catastrophe. En effet, l'Ascendant est en conjonction avec l'étoile fixe maléfique Al Hecka, l'éclipse en opposition avec l'étoile fixe Scheat et au carré d'Uranus, trois facteurs associés à des catastrophes. De même, le thème dressé pour le 20 février 1988, jour où se produisit un très violent glissement de terrain à Pétropolis, situe l'éclipse dans la Maison I, et signale la catastrophe par trois planètes lentes situées dans la Maison IV, associée au pays, au sol, aux racines : Saturne, Uranus et Neptune. Les deux Ascendants se retrouvent également en carré l'un avec l'autre. Le transit de Mars, maître de la Maison VIII, associée à la mort, dans le thème du séisme et du Milieu–du–Ciel dans le thème de l'éclipse sous-entendent qu'une violence potentielle existe, susceptible d'exploser.

L'accident nucléaire de Three Mile Island aux USA, s'est produit à 4 h 07 du matin le 28 mars 1979. L'éclipse de Soleil à 7°30' des Poissons, qui s'est produite le 26 février et qui a donc précédé la catastrophe, et l'Ascendant du thème de l'éclipse étaient alors activés par des transits simultanés.

Lorsqu'une planète autre que le Soleil ou la Lune est éclipsée, on nomme ce phénomène occultation, pour le distinguer de l'éclipse d'un astre. L'occultation se produit selon un schéma irrégulier, influençant les événements terrestres en fonction de la nature de leurs énergies biocosmiques.

R. L.

LES ÉCLIPSES ET LEURS INFLUENCES TERRESTRES

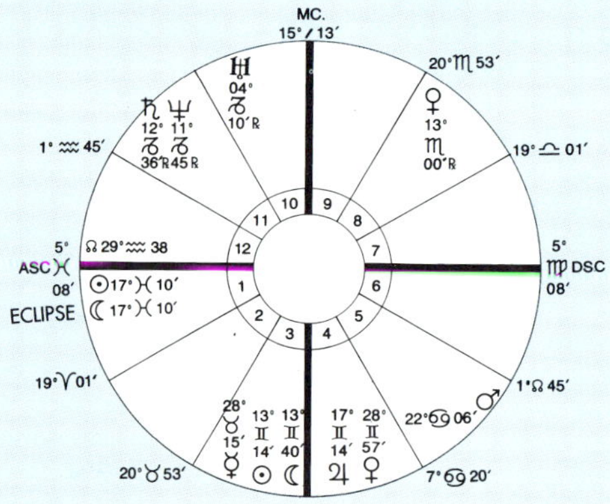

THEME DE LA MORT
DE L'AYATOLLAH KHOMEINI
4 juin 1989
23 h 59 à Téhéran (Iran)
Lat. : 35°40' N
Long. : 51°26'E

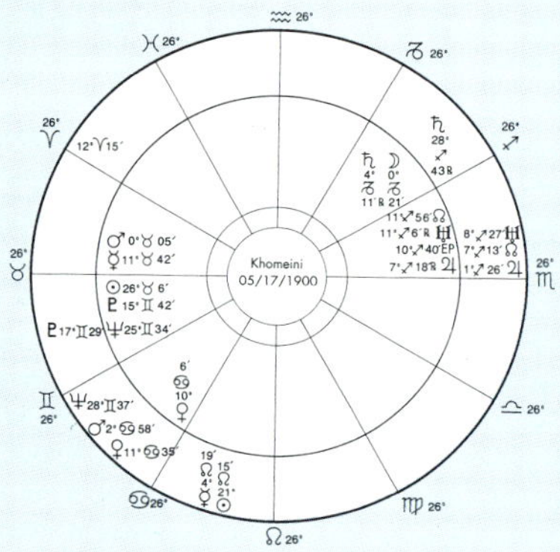

THÈME PROGRESSÉ DE LA MORT
DE L'AYATOLLAH KHOMEINI.
(sans heure). né le 17 mai 1900
P.S. : Le cercle intérieur contient les planètes natales et le cercle extérieur les planètes progressées.

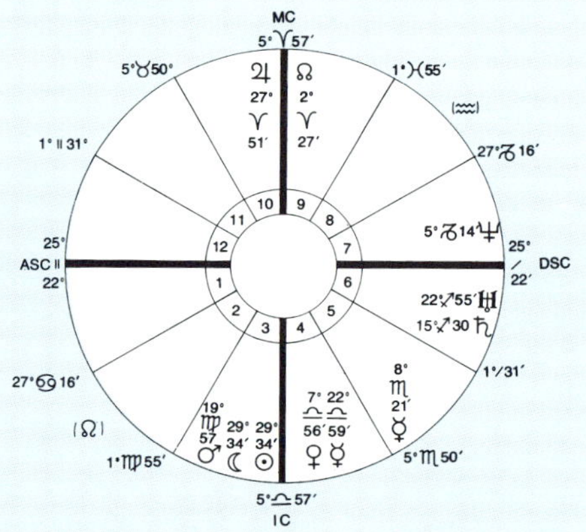

THEME DE L'ECLIPSE
DU SOLEIL
23 septembre 1987
00 h 09 à Rio Janeiro (Brésil)
Lat. : 43°14' W
Long. : 22°54'S

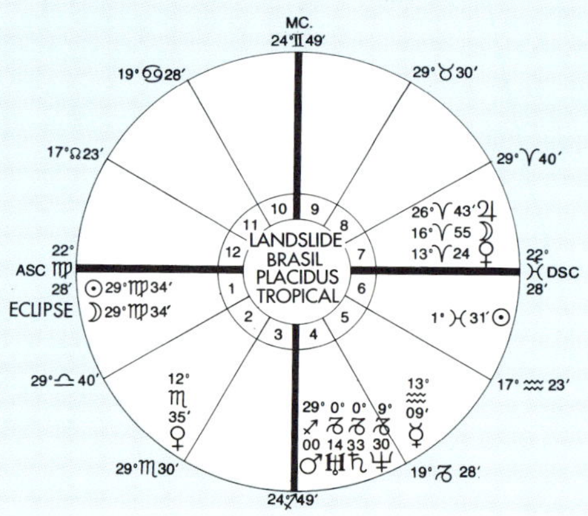

THEME DU SÉISME
20 fevrier 1988
7 h 30 à Rio Janeiro (Brésil)
Lat. : 43°14' W
Long. : 22°54'S

Les phases de la Lune

La Lune, cet astre d'argent, a toujours exercé une fascination sur les hommes. On connaît son influence sur les marées ainsi que sur le métabolisme de mainte créature vivante végétale ou animale ou encore sur le cycle féminin. Voici celle qu'on attribue à chacune de ses phases et dont on peut faire usage dans sa vie de tous les jours. Comment son influence pourrait-elle ne pas s'exercer sur nous autres hommes, qui sommes composés aux trois-quarts d'eau ?...

Il y a quatre phases dans le cycle de la lunaison. À chacune d'elles, d'une durée de sept jours environ, correspond un type d'"énergie cosmique" qu'il est bon de connaître, afin de l'utiliser à bon escient :

1 Nouvelle Lune
2 Premier Quartier (Lune montante)
3 Pleine Lune
4 Dernier Quartier (Lune descendante)

DE LA NOUVELLE LUNE AU PREMIER QUARTIER
(entre le 1er et le 7e jour)

L'élan est à son maximum. On peut aller de l'avant. C'est le moment ou jamais d'entamer une action nouvelle, de mettre un projet à exécution... et de couper ses cheveux pour en assurer la pousse maximale !

DU PREMIER QUARTIER À LA PLEINE LUNE
(entre le 8e et le 14e jour)

On affronte la première crise d'action, les limites apparaissent nettement. Cependant, il faut persister, forcer son chemin sans regarder en arrière.

DE LA PLEINE LUNE AU DERNIER QUARTIER
(entre le 15e et le 21e jour)

On peut alors mesurer le résultat de l'action menée depuis la nouvelle Lune. On réalise un premier bilan. C'est la meilleure période pour développer un projet.

DU DERNIER QUARTIER À LA NOUVELLE LUNE
(entre le 22e jour et le 28e jour)

On peaufine, on améliore, on redresse les situations bancales, on rattrape ce qu'il y a à rattraper. Puis, on fait une synthèse globale et on prépare le terrain pour la prochaine lunaison. Trois jours avant la nouvelle Lune, il faut penser aux solutions qu'on appliquera au cycle suivant.

LA PLEINE LUNE, FACTEUR D'EFFERVESCENCE

Depuis toujours, on attribue à la Lune les accès de folie périodiques des "lunatiques" (en anglais, le mot a gardé son sens fort). Chaque année, on voit éclore dans les journaux des histoires de "tueurs fous" qui attaquent exclusivement au moment de la pleine Lune. Un même vent de panique secoue périodiquement les hôpitaux psychiatriques où l'on observe un regain d'agitation chez les malades, notamment chez les épileptiques, mais aussi dans les maternités où, régulièrement, on constate une recrudescence des naissances dans les périodes de pleine Lune.

Des études, réalisées par le très sérieux Institut américain de climatologie médicale, établissent d'ailleurs que la courbe des crimes, viols, incendies criminels et autres méfaits, atteint régulièrement son maximum à la pleine Lune.

Chacun de nous, de son côté, a pu constater certains états plus ou moins prononcés de dépression passagère ou d'excitation fébrile (insomnies) à ces moments-là. Les enfants sont plus sujets aux cauchemars, les personnes âgées ressentent plus d'angoisse. Tout cela relève du même phénomène.

En effet, à la pleine Lune, l'inconscient se manifeste plus fortement lorsque la Terre, la Lune et le Soleil sont alignés. Cette tendance est d'autant plus accentuée que le psychisme de la personne est fragile (l'inconscient de l'enfant est très fort), ou que l'être est davantage marqué à sa naissance par l'astre de la nuit : Soleil, Ascendant ou Lune en Cancer, signe régi par la Lune, par exemple.

Heureusement, il n'y a pas que les mauvais côtés : c'est aussi à la pleine Lune que les amoureux préfèrent se chuchoter de tendres confidences; c'est à elle que les poètes dédient leurs ballades et leurs chansons; et c'est sous sa lumière féerique que se nouent les idylles les plus romanesques, les passions les plus échevelées.

La pleine Lune agirait encore sur l'humeur des femmes, dit–on, qu'elle rendrait plus exaltées. À l'inverse, les soirs de nouvelle Lune, les hommes se révèleraient très empressés. **M. D. M.**

Les 28 phases lunaires et leur typologie humaine

La Lune parcourt le Zodiaque en 28 jours environ, et un signe (30°) tous les deux jours et demi. On attribue à chacune de ces 28 phases lunaires des caractéristiques qui nous renseignent sur la psychologie des êtres nés au cours de chacune d'elles.

La tradition distingue 28 types caractérologiques correspondants aux 28 jours de la lunaison. La progression de la distance entre le Soleil et la Lune au cours de la lunaison implique une dynamique différente chaque jour. Les correspondances psychologiques de ces 28 phases nous fournissent des indications très précieuses sur l'individualité solaire. Pour savoir à quelle phase lunaire on appartient, à défaut d'avoir sa carte du ciel, on peut se référer au calendrier de son année de naissance, et compter le nombre de jours entre la nouvelle Lune et son jour de naissance.

K. L.

TYPOLOGIE DES 28 PHASES LUNAIRES

Distance	Positif	Négatif
Phase n°1 de 0° à 13°	Expériences immédiates. Élan. Aventure. Bonheur simple et communicatif.	Égocentrisme.
Phase n°2 de 13° à 26°	Instinct. Innocence. Joie de vivre.	Introversion. Complexes.
Phase n°3 de 26° à 39°	Sensualité. Ambition. Amour des conventions. Abstraction.	Superficialité Dispersion.
Phase n°4 de 39° à 51°	Compréhension d'autrui. Maturité. Sagesse pratique.	Hypocrisie.
Phase n°5 de 51° à 64°	Originalité. Isolement volontaire. Énergie réformatrice.	Vanité. Stérilité intellectuelle.
Phase n°6 de 64° à 77°	Raisonnement. Esprit de systématisation. Organisation. Sens du Social	Bluff. Fanatisme.
Phase n°7 de 77° à 90°	Volontaire. Aventureux. Choix à effectuer entre liberté et sécurité.	Lâcheté. Hypocrisie.
Phase n°8 de 90° à 103°	Individualisme. Crise transformatrice. Émerge dans et par l'échec.	Laisser–aller.
Phase n°9 de 103°à 116°	Maîtrise des émotions. Sensibilité formatrice. Compréhension.	Faiblesse. Chaos Sentimental.
Phase n°10 de 116°à 129°	Personnalité d'envergure. Esthétisme. Passion. Ambition.	Anarchiste. Accusateur.
Phase n°11 129°à 141°	Créativité. Auto-analyse. Quête de vérité.	Peur des responsabilités
Phase n°12 de 141°à 154°	Forte personnalité. Indifférence à l'opinion. Mission. Emphase. Dramatisation.	Orgueil rigide.
Phase n°13 de 154°à 167°	Rayonnement. Humanitarisme. Esthétisme. Enseignement de sa propre vérité.	Excès sensoriels.
Phase n°14 de 167°à 180°	Personnalité d'exception. Gentillesse. Réserve. Beauté intérieure.	Inhibition. Autoprotection.
Phase n°15 180°à 193°	Pratique. Discipliné. Équilibré. Inspiré.	Susceptible. Peur de la solitude.
Phase n°16 de 193°à 206°	Idéaliste. Esthète. Diplomate. Communion avec autrui. Don de soi.	Anxiété. Crainte de la déception.
Phase n°17 de 206°à 219°	Esprit communautaire. Besoin du groupe. Engagement. Franchise. Création mentale.	Fuite des problèmes par la fanatisme
Phase n°18 de 219°à 231°	Activiste. Sûr de lui. Adapté aux circonstances	Égoïste. Manipulateur.
Phase n°19 de 231°à 244°	Forte personnalité. Domination. Puissantes convictions.	Autoritarisme. Angoisse. Cruauté.
Phase n°20 de 244°à 257°	Imagination créatrice. Magnétisme. Ambition Confiance en soi. Mental visionnaire.	Rancunes. Haine.
Phase n°21 257°à 270°	Dominé par son intellect. Maîtrise des lois intemporelles	Ostentation intellectuelle.
Phase n°22 de 270°à 283°	Quête d'objectivité. Libération des aliénations	Frénésie. Cruauté mentale.
Phase n°23 de 283°à 296°	Organisateur. Travailleur efficace. Rénovateur. Humilité. Humour dans l'expression.	Matérialisme. Égocentrisme.
Phase n°24 de 296°à 309°	Dévoué au collectif. Altruiste. Responsable. Austère. Constructeur du devenir.	Rigidité morale. Arrogance.
Phase n°25 de 309°à 321°	Conscience universelle. Esprit social. Meneur de groupe. Idées novatrices Dynamique.	Intolérance. Dogmatisme.
Phase n°26 de 321°à 334°	Dignité naturelle. Perspicacité psychologique. Clairvoyance.	Nihilisme. Conscience métaphysique.
Phase n°27 334°à 347°	Sacrifice de soi. Communion avec autrui. Intuition. Prophétisme. Ascétisme. Autorité.	Orgueil mystique.
Phase n°28 347°à 360°	Entière disponibilité. Spiritualité intense. Mysticisme.	Abandon aux forces de l'inconscient.

Chiron planète ou astéroïde ?

Dans l'astrologie traditionnelle, on trouve nulle trace de Chiron. Mais depuis sa découverte, en 1977, les astrologues l'étudient. L'astrologue américain Richard Nolle a consacré un livre à ce sujet et résume le résultats de ses recherches dans cet article.

ACHILLE ET CHIRON, au Musée de Florence. Demi-frère de Zeus, Chiron était à la tête des Centaures; il était le seul parmi les Centaures à être bon et sage, le seul aussi à faire partie des Immortels. Doté d'une très grande sagesse et de vastes connaissances, médicales en particulier, il eut comme disciples des héros grecs comme Esculape, Jason, Hercule et Achille. Il leur enseigna la médecine, la science des astres et l'art de la guerre. La planète Chiron fut découverte le 1er novembre 1977; sa révolution autour du Soleil est de 50 ans environ et son orbite se place entre celles de Jupiter et Saturne.

A l'origine, lorsque l'astronome Charles Kowal découvrit Chiron le 1er novembre 1977, on considéra celle–ci comme une planète mineure, alors même que bien des astronomes étaient convaincus qu'il s'agissait d'une comète — en dépit du fait que l'astre ne semblait pas pouvoir s'approcher suffisamment du Soleil pour faire apparaître la fameuse queue brillante caractéristique des comètes.

En effet, dans la pratique astrologique, on définit une planète comme étant un corps se déplaçant dans l'orbite du Soleil. Dans cette mesure, les astrologues ont raison de traiter ce corps minuscule sur le même plan que les astéroïdes découverts au début du XIXe siècle, puisque Chiron peut intervenir dans les thèmes de naissance, les thèmes progressés et les transits comme une planète ordinaire, bien qu'à un niveau moins élevé, et d'une manière plus restreinte dans l'interprétation. Pourtant Chiron se distingue tout à fait des planètes habituelles et des astéroïdes découverts plus récemment.

Du point de vue de l'astronomie, Chiron occupe une niche orbitale entre Saturne et Uranus, et connaît une révolution tropique d'environ 50 ans. Elle décrit une course extrêmement elliptique, passant en deçà de la trajectoire de Saturne au périhélie et par-delà celle d'Uranus à l'aphélie. Avec un diamètre de près de 600 km, Chiron est beaucoup plus large que la plupart des astéroïdes. Suite à de récentes observations astronomiques, on suppose même que Chiron pourrait être composée d'un agglomérat de fragments de matière en provenance d'autres comètes et non d'autres planètes. Chiron se distingue des autres astres par le fait que son existence fut d'abord supputée par les astrologues, avant d'être confirmée par les astronomes. Charles Jayne, Dane Rudhyar et Maurice Wemyss ont tous écrit sur un astre hypothétique correspondant à la description de Chiron, c'est–à–dire : ayant un cycle de 50 ans environ, et se situant en dehors de l'orbite de Saturne — et cela, avec un demi-siècle d'avance.

La place importante qu'occupe Chiron, sa signification dans un thème natal, ainsi que l'influence de ses transits, progressions, directions, etc., se sont rapidement développées grâce aux travaux communs des astrologues qui s'y intéressèrent. Le concept-clé attaché à ce corps céleste est, bien sûr, assimilé au mythe de Chiron, le chef de la race des Centaures dans la mythologie grecque. Chiron le guérisseur, Chiron le Centaure blessé par une flèche empoisonnée selon la légende, se révèle prépondérant dans les thèmes des personnes ayant des prédispositions pour guérir, ou dans celles qui vivent ou vivront une expérience exceptionnelle de guérison. Chiron fut aussi, dit–on, un maître et un mentor pour Jason, sans l'enseignement duquel ce dernier ne serait jamais devenu le conquérant de la Toison d'Or. La notion de quête, de parcours initiatique, qui contraint le natif à devenir maître de son destin, apparaît comme la signification essentielle de Chiron dans un thème natal, en considérant bien que cette notion sous–entend une relation de maître à disciple. **R. N.**

Les astéroïdes

A l'instar de Chiron, les astéroïdes font également partie de ces découvertes récentes du ciel auxquelles se réfèrent — plus ou moins — les astrologues modernes. Voici un aperçu de ce que nous savons d'eux, sachant que dans les innombrables astéroïdes, seuls quatre sont en général pris en considération : Cérès, Junon, Pallas et Vesta.

Les astéroïdes sont des planètes mineures. La plupart d'entre eux tournent autour du Soleil entre les orbites de Mars et de Jupiter, mais certains ont des orbites plus étendues. Quelques astéroïdes se trouvent au–delà de l'orbite de Saturne et quelques-uns sont à l'intérieur de l'orbite de Mercure. Certains astronomes supposent que ces astéroïdes aux orbites ovales sont des comètes éteintes. La théorie généralement acceptée sur l'origine des astéroïdes repose sur le principe suivant : l'attraction gravitationnelle de Jupiter (la plus grande planète du système solaire située à côté de la ceinture astéroïde) et du Soleil (qui est plus grand que toutes les planètes, mais à une distance considérable des astéroïdes) aurait été neutralisée dans l'espace près de Jupiter. Cela aurait ainsi empêché la formation d'une seule planète. Beaucoup de petites planètes se sont donc formées dans cet espace entre Mars et Jupiter. Dès leur formation, elles n'ont cessé d'entrer en collision les unes avec les autres, produisant dans cette région des fragments de toutes dimensions tournant autour du Soleil. Le 1er janvier 1801, alors que l'usage des télescopes se répandait depuis quelques années, le premier astéroïde fut découvert et baptisé Cérès. Trois autres astéroïdes, Pallas, Junon et Vesta furent détectés au cours des années suivantes. Actuellement, on en recense près de 4 000. Les astrologues commencèrent à inclure les quatre premiers astéroïdes dans les horoscopes après que leurs positions ont été publiées en janvier 1973 par Eleanor Bach à New York. Leur découverte, relativement récente, n'a pas

UNE PLUIE D'ASTÉROÏDES ENTRE MARS ET JUPITER.
Le Soleil est représenté par un halo de lumière. Depuis la loi de Bode, les astronomes cherchaient dès le XVIIIe siècle une planète hypothétique entre Mars et Jupiter; on découvrit finalement une multitude de "mini-planètes" qu'on appela les astéroïdes. La première, Cérès, fut localisée en 1801. Des centaines d'autres furent ensuite répertoriées, formant la ceinture d'astéroïdes. Une hypothèse existe: seraient-ce les vestiges d'une planète qui a explosé ?...

encore permis aux astrologues de trouver un véritable consensus en ce qui concerne leurs significations. Cependant, les interprétations qui vont suivre offrent une tentative de codification. De tout temps, les astrologues ont élargi leur champ d'action en observant les configurations dans le ciel et en notant les correspondances avec les événements sur terre. Pour de tels observateurs, l'expérience la plus étonnante implique les correspondances entre les noms donnés aux astéroïdes par ceux qui les ont découverts, et la signification des astéroïdes lorsqu'ils sont inclus dans des horoscopes, comparées aux traits de caractère et événements principaux.

CÉRES

Le premier astéroïde fut baptisé du nom de la déesse de l'agriculture, surtout associée au blé : Cérès–Déméter. Elle était le type même de la mère dévouée à sa fille, Perséphone. Lorsque Perséphone fut en effet enlevée par Pluton, Cérès–Déméter négligea les plantes de la Terre pour aller rechercher sa fille. Les plantes dépérissaient et les hommes furent en proie à la famine. Jupiter-Zeus contraignit alors Pluton à relâcher Perséphone mais, puisqu'elle s'était nourrie de graines alors même qu'elle était au royaume des morts, elle devait désormais y vivre six mois par an.

Ce mythe est clairement relié à l'alternance des saisons riches et fertiles avec les saisons pauvres et stériles sur la terre. Ainsi selon les astrologues, l'astéroïde est une sorte de mère nourricière, un mélange des caractéristiques propres aux signes de la Vierge et du Cancer, en relation avec la procréation et les fonctions nourricières. Dans le thème astral d'un individu, Cérès correspond donc au besoin de materner ou d'être materné, aux expériences vécues avec des personnages mère et à la capacité et/ou au désir d'être une mère — ou un parent nourricier dans le cas des hommes. Cet astéroïde semble également une clé révélatrice de l'aptitude à travailler de façon effective, surtout dans le secteur des professions médicales et paramédicales. Bien sûr, toutes les interprétations relatives à la position de Cérès dans un thème astral doivent être réalisées en fonction de tous les aspects d'un horoscope.

Cérès en Bélier ou en Maison I révèle une personnalité qui sera souvent ambivalente dans son désir d'avoir des enfants puisque, dans cette configuration, il y a parfois perte de liberté personnelle. Toutefois, un compromis est toujours possible, celui de n'avoir qu'un seul enfant.

Cérès en Taureau ou en Maison II révèle une personnalité qui sera très productive et prendra plaisir à avoir des enfants. Une profession dans un domaine artistique ou financier est envisageable.

Cérès en Gémeaux ou en Maison III révèle une personnalité qui aura des relations amicales avec ses enfants, et une grande communicabilité. Elle maternera ses frères et sœurs, ou elle se fera materner par eux. Une profession dans tous les domaines de la communication semble appropriée.

Cérès en Cancer ou en Maison IV révèle une personnalité qui sera émotionnellement très attachée à son foyer et à la maternité. Son activité professionnelle lui donnera l'occasion d'assouvir les besoins des autres, qu'il s'agisse de nourriture, de logement, de confort émotionnel, etc. Cette position de Cérès exerce également une influence sur la fécondité.

Cérès en Lion ou en Maison V révèle une personnalité qui aimera les enfants, mais qui en limitera le nombre si ses ambitions la poussent à exercer une activité créatrice. Par contre, si sa profession la met en rapport avec des enfants, cela risque d'avoir une incidence sur sa productivité. Son goût du pouvoir peut alors la rendre irritable en famille ou dans son milieu professionnel.

Cérès en Vierge ou en Maison VI révèle une personnalité qui sera productive ou qui choisira une profession qui la mettra en relation avec des jeunes. Elle aura sans doute un désir prononcé de protéger et de nourrir les autres, et un talent certain pour traiter les détails de façon pratique.

Cérès en Balance ou en Maison VII révèle une personnalité qui maternera son conjoint ou qui cherchera un partenaire qui sera comme une mère pour elle. À l'âge adulte, elle aura tendance à vivre en compétition avec sa propre mère, ou bien elle coopèrera avec elle. Elle se tournera vers une activité professionnelle associative telle que le droit, la politique, les services du personnel, etc.

Cérès en Scorpion ou en Maison VIII révèle une personnalité qui suscitera des relations de force, des luttes de pouvoir avec ses parents, puis avec ses propres enfants. Elle s'orientera professionnellement dans des secteurs tels que la finance, les assurances, l'administration des impôts ou la recherche. La psychologie et la médecine pourront également retenir son attention. Dans cette configuration, Cérès a souvent une influence sur la productivité.

Cérès en Sagittaire ou en Maison IX révèle une personnalité qui aura tendance soit à idéaliser sa famille, soit à vivre d'une manière autonome, sans attache, et en dehors de tout noyau familial. Son activité professionnelle la conduira à voyager, à enseigner, à écrire, ou à réaliser un idéal, une mission ou une tâche importante. Toutefois, son idéal risque parfois d'être inaccessible et de la faire vivre dans un perpétuel mécontentement.

Cérès en Capricorne ou en Maison X révèle une personnalité ambitieuse, capable de faire face, d'assumer des responsabilités importantes et de résoudre les problèmes pratiques inhérents à son activité professionnelle. Cette position indique souvent une mère absente du foyer parce qu'elle travaille, au caractère sérieux, autoritaire, exigeant, etc. Un métier qui met en contact avec la jeunesse est envisageable. Mais, dans cette configuration, il est surtout conseillé à la personne d'être logique et raisonnable dans le cadre de ses responsabilités.

Cérès en Verseau ou en Maison XI révèle une personnalité qui aura sans doute un nombre limité d'enfants, mais ceux–ci seront actifs et elle saura s'en faire des amis, ou qui aura peut–être l'occasion d'adopter des enfants. Par ailleurs, la variété, la stimulation intellectuelle et une certaine liberté personnelle seront importantes dans son travail.

Cérès en Poissons ou en Maison XII révèle une personnalité qui idéalisera sa famille et aura plusieurs enfants ou qui, au contraire, sera plutôt réticente à en avoir, de peur de ne pas être une mère parfaite pour des enfants parfaits. Elle aussi sera peut–être tentée d'adopter des enfants. Elle s'orientera plutôt vers un métier médico–social qui lui donnera ainsi l'occasion d'exalter son goût pour l'abnégation.

PALLAS

Pallas–Athéna était la déesse et la patronne de la ville d'Athènes. Dans l'esprit des Grecs, elle était associée à la sagesse et à l'artisanat — plus particulièrement au tissage — mais aussi à la volonté de se battre. Selon la légende, elle serait sortie de la tête de Jupiter-Zeus, revêtue d'une armure et d'un bouclier.

Astrologiquement, l'astéroïde Pallas incarne bien le "côté battant" propre au signe de la Balance — dont ce natif est capable en s'engageant pour une cause juste (tel Gandhi pour la non–violence, par exemple) — avec cependant un accent "fair–play" et un sens aigu de la justice sociale. Mais elle est également associée aux arts graphiques, et révèle ainsi de réelles dispositions pour le dessin. Des aspects dissonants puissants dans l'horoscope peuvent indiquer des troubles de la vue, de dyslexie ou d'équilibre. L'astéroïde Pallas est aussi souvent une indication intéressante pour toutes les activités professionnelles qui ont trait aux services du personnel, à l'arbitrage, aux conseils juridiques, au droit et à la politique. Ainsi, une personne ayant Pallas en Bélier ou en Maison I pourra être impliquée dans des causes telles que les Droits de l'homme ou la Libération de la femme. Toutefois, il y aura sans doute ambivalence lorsque les droits personnels de la personne en question seront contradictoires ou incompatibles avec les droits collectifs. Par ailleurs, maintenir une relation durable pourra nécessiter de sa part certains efforts et beaucoup d'attention.

JUNON

Junon-Héra était l'épouse de Jupiter-Zeus et, comme telle, la patronne des femmes mariées. Elle aimait les beaux atours, les belles parures, les vêtements et les bijoux, et se querellait souvent avec Zeus à propos de ses nombreuses aventures. Ainsi, l'astéroïde Junon positionné dans l'horoscope éclaire sur le mariage d'une personne. Les éléments qu'il révèle sont souvent en analogie avec les qualités propres au signe du Scorpion. Par exemple, une personne ayant **Junon en Bélier** ou en Maison I pourra être tiraillée entre son besoin d'indépendance, d'une part, et son goût pour l'union et l'association, d'autre part. Mais, dans tous les cas, elle aura un sens aigu de l'égalité.

VESTA

Vesta-Hesta, sœur de Jupiter-Zeus, était la déesse vierge du feu, du foyer et de la famille. À Rome, son feu sacré était entretenu par les Vestales, six jeunes vierges vouées à son culte, et qui ne devaient en aucun cas se marier ou devenir mère. Ainsi, l'astéroïde Vesta dans un horoscope marque le potentiel d'énergie active qu'une personne est capable de déployer pour se consacrer à son travail. C'est en quelque sorte une espèce de super–Vierge. Par ailleurs, il est souvent prédominant chez les thérapeutes. Lorsqu'il est dans une position forte dans l'horoscope, Vesta représente souvent la clé du succès. Mais elle peut également indiquer le risque d'une aliénation des relations personnelles, en raison de la forte concentration de la personne concernée sur sa profession, ou une attitude trop critique. Elle révèle parfois des problèmes de santé. En effet, lorsqu'on est trop absorbé par son travail, et qu'on ne parvient pas à s'en détacher, la maladie est souvent une porte de sortie... Par exemple, une personne ayant **Vesta en Bélier** ou en Maison I s'identifiera à son travail, mais elle aimera être son propre patron. C'est pourquoi il lui sera recommandé de choisir une occupation variée et qui lui donne l'occasion d'agir d'une manière indépendante. **Z. D.**

6. LA CARTE DU CIEL ET SON CALCUL

LE SYSTÈME DE COPERNIC (1510), tiré de Harmonia Macrocosmica (1660) de Christophe Cellarius. Bien qu'Aristarque de Samos, dix-sept siècles plus tôt, ait déjà avancé la théorie de l'héliocentrisme qui relativise la place de l'homme dans le système solaire, ses idées furent occultées jusqu'à la révolution copernicienne.

Le thème astral (ou carte du ciel), schématisation des énergies planétaires de la naissance, ne comprend pas seulement les positions planétaires du moment. L'instantané du ciel en question (c'est en effet une sorte de photographie du ciel natal) sera différemment orienté pour deux naissances simultanées, l'une à Paris et l'autre à Pékin. Cette différence dans l'orientation, définie par les axes de l'horizon (Ascendant) et du méridien du lieu de naissance (Milieu-du-Ciel) est liée au mouvement de notre planète qui tourne sur elle-même.

LE SYSTÈME DE PTOLÉMÉE, vu par Shenk et Yalk au XVIIe siècle, système géocentrique qui plaçait l'homme au centre de l'univers. Bien que taxé de caducité par les astronomes modernes, c'est également celui qui continue d'être utilisé par les astrologues — à la suite de l'initiateur même de la révolution copernicienne et du grand Kepler — non par anthropomorphisme, mais parce que le Terrien se doit d'analyser les influx par rapport à la Terre et non par rapport au Soleil.

Le mouvement diurne terrestre et la domification

La Terre tournant autour de son axe de rotation en 24 heures, tous les points de la sphère céleste, planètes et étoiles, parcourent le ciel local en un jour selon leurs cercles de déclinaison respectifs. Les astrologues divisent ce mouvement local en douze Maisons ou secteurs, en analogie avec les douze signes partageant l'écliptique, c'est-à-dire le Zodiaque. Les deux grands cercles de référence et perpendiculaires entre eux sont l'horizon et le méridien local. Comme son nom l'indique, l'horizon est le plan horizontal.

Pour un observateur, c'est la limite circulaire entre la terre ferme et le ciel. Le méridien est le grand cercle qui coupe l'horizon dans la direction nord–sud, en passant par le zénith du lieu et les pôles terrestres. Les astres franchissent l'horizon à l'Est en se levant, et à l'Ouest en se couchant. Visibles entre le lever et le coucher, ils culminent à mi–parcours en passant au méridien supérieur, et c'est ce qu'on appelle la culmination supérieure. Si c'est le cas du Soleil, il est midi vrai local et sa hauteur est maximale au–dessus de l'horizon. Les astres sont invisibles du coucher au lever en passant à mi–parcours du méridien inférieur. C'est la culmination inférieure. Si c'est le cas du Soleil, il est minuit vrai local et sa hauteur (négative) est maximale au–dessous de l'horizon.

En astrologie, la moitié Est de l'horizon où les astres se lèvent est le début ou cuspide, ou encore antenne, de la première Maison (Maison I), et le point de l'écliptique qui s'y trouve n'est autre que l'Ascendant. À l'opposé, la moitié Ouest de l'horizon, où les astres se couchent, est le début de la Maison VII, et le point de l'écliptique qui s'y trouve est le Descendant. La moitié visible du Méridien située au–dessus de l'horizon est le début de la Maison X, et le point de l'écliptique qui s'y trouve est le Milieu–du–Ciel. À l'opposé, la moitié invisible du Méridien située sous l'horizon est le début de la Maison IV, et le point de l'écliptique qui s'y trouve est le Fond–du–Ciel.

Au cours du mouvement diurne, les astres parcourent les Maisons astrologiques en sens rétrograde. Cependant, pour un thème natal déterminé, les transits planétaires s'y effectueront ensuite en sens direct. Afin d'obtenir un système duodénaire (base 12), chacun des quatre quadrants ainsi déterminés est trisecté par des cuspides intermédiaires.

Pour déterminer ces dernières, il existe différents systèmes dits de domification. Les principaux systèmes utilisés aujourd'hui sont ceux de Maternus, Campanus, Regiomontanus, Placidus et Koch.

• **La domification égale** de Julius Frimicus Maternus, astrologue latin du IVe siècle. Les maisons comprennent chacune 30° d'écliptique à partir du point ascendant. Ce système est encore utilisé de nos jours par certains astrologues, notamment anglo–saxons, en plaçant toutefois souvent le point ascendant non pas au début mais au milieu de la première Maison, pour obtenir ainsi les Maisons horoscopiques. Bien entendu, le Milieu–du–Ciel ne sera pas toujours en dixième Maison. Nullement gênés par cette anomalie, les utilisateurs en tirent au contraire des significations particulières de leur cru. Deux autres procédés en découlent : d'abord les Maisons solaires qu'on obtient en plaçant le Soleil au milieu de la première Maison. On utilise ce procédé plus spécifiquement lorsqu'on ignore l'heure de naissance. Ensuite, on a les Maisons égales lunaires qu'on obtient en plaçant la Lune au milieu de la première Maison. Certains astrologues recourent simultanément à cette triple domification.

• **La domification de Campanus,** chapelain et mathématicien du XIIIe siècle, consiste à diviser les quadrants en trois parties égales dans l'espace à l'aide de grands cercles passant par l'intersection de l'horizon et du méridien. C'est le seul système qui permet de domifier tous les lieux terrestres et l'intégralité de la sphère céleste.

le mouvement diurne terrestre et la domification

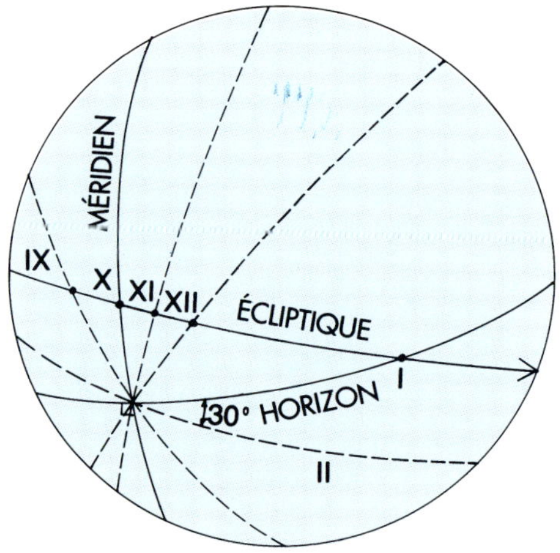

DOMIFICATION CAMPANUS

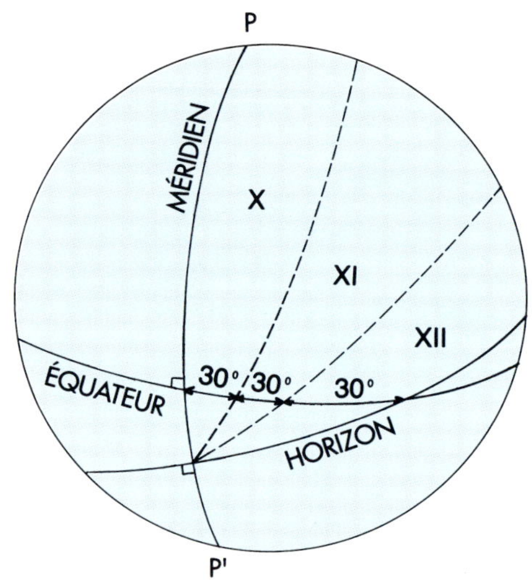

DOMIFICATION REGIOMONTANUS

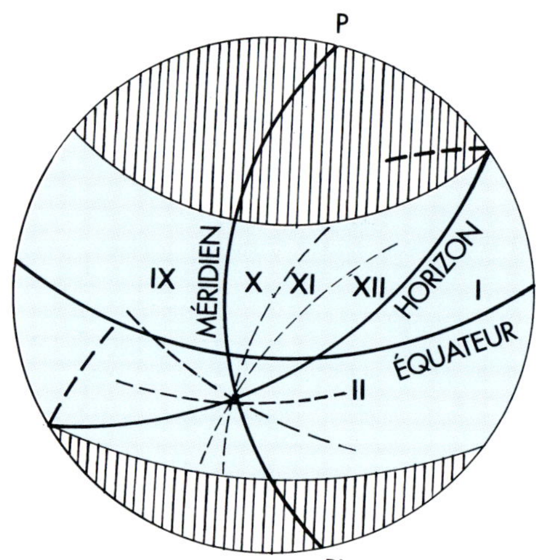

DOMIFICATION PLACIDUS

(Les zones hachurées sont indomifiables)

LA GRANDE CONJONCTION DES PLANÈTES.
Manuscrit du Comte de Gabalus (XVIIe siècle, Bibl. de l'Arsenal). Pour les Anciens, seul le septenaire planétaire existait, à savoir Soleil et Lune (luminaires comptant comme des planètes), Mercure, Vénus, Mars, Jupiter et Saturne, car c'étaient les seules planètes visibles à l'œil nu. Les conjonctions — ou rencontres dans le ciel — des deux plus lointaines, Jupiter et Saturne, rythmaient les grands événements sublunaires, les guerres, épidémies, migrations, changements politiques, révolutions, etc. Aujourd'hui, où le spécialiste d'astrologie mondiale sait l'importance des planètes transsaturniennes, on peut se demander par quel mystère les Anciens ont pu réaliser des prévisions importantes — et parfois avec plusieurs siècles d'avance.

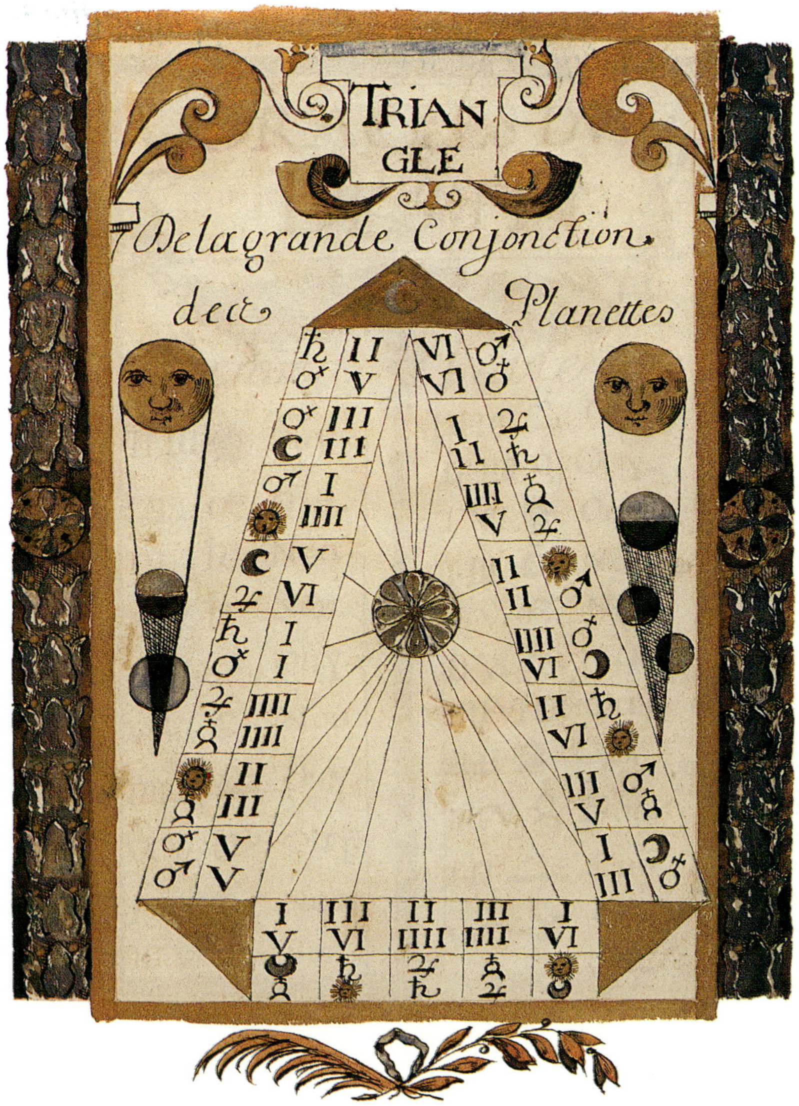

• **La domification de Regiomontanus,** astronome et astrologue du XVe siècle, a également des grands cercles passant par l'intersection de l'horizon et du méridien, mais c'est l'équateur qui est divisé en parties égales, ce qui a pour effet que les Maisons ne le sont plus dans l'espace. L'inconvénient réside en l'aplatissement progressif des Maisons intermédiaires sur l'horizon, lorsque la latitude géographique devient élevée; aux calottes polaires, elles s'avanouissent pratiquement.

• **La domification de Placidus,** religieux et mathématicien du XVIIe siècle. Les cuspides des Maisons intermédiaires ne sont plus de grands cercles mais des courbes dites isodomes, calculées de telle sorte qu'au cours du mouvement diurne les Maisons XII, XI, X, IX, VIII et VII, situées au–dessus de l'horizon, soient parcourues en une durée égale, et les Maisons VI, V, IV, III, II et I, situées au–dessous de l'horizon, en une autre durée égale. Cependant, au–delà du cercle polaire, c'est–à–dire à partir de la latitude géographique 66,5°, certains points de l'écliptique deviennent ainsi indomifiables, car ils restent constamment au–dessus ou au–dessous de l'horizon. En outre, même pour les régions tempérées, il existe toujours deux calottes indomifiables. C'est le cas de toute étoile dont la déclinaison est supérieure au complément de la latitude géographique.

• **La domification de Koch,** astrologue allemand contemporain. Ce système, apparu vers 1960, est obtenu en divisant d'abord en parties égales le parcours diurne du Milieu–du–Ciel, et en six autres parties égales le parcours nocturne du Fond–du–Ciel. On fait ensuite pivoter le plan de l'horizon autour de l'axe terrestre. Son passage par les points de division précédemment obtenus donnera les cuspides intermédiaires. Ce procédé ne permet guère que la domification de l'écliptique. En effet, les cercles–horizon obtenus ne sont pas concourants et se coupent en divers endroits. La domification de certains secteurs de la sphère céleste est indéterminée. Pour la même raison invoquée à propos de la domification de Placidus, ce procédé, plutôt artificiel, est inutilisable pour les régions polaires. **M. D.**

Calcul du thème astrologique

Connaître le jour, le mois, l'année, l'heure exacte et le lieu de naissance d'une personne est indispensable si l'on veut calculer puis établir sa carte du ciel ou thème astral. Ces calculs reposent sur des règles strictes, empiriquement établies au cours des siècles, sans lesquelles l'astrologie ne serait pas ce qu'elle est. Bien que, à l'heure de l'ordinateur, on ne calcule plus guère un thème astral à la main, il est bon cependant de connaître le processus, le pourquoi et le comment de ces calculs.

Pour établir un thème astrologique, il est nécessaire de connaître le jour, le mois, l'année, l'heure exacte et le lieu de naissance. Prenons par exemple une personne née un 15 janvier 1950 à 7 heures, à Paris (*cf.* ci-contre).

Les outils de base nécessaires pour calculer un thème astrologique sont : un ouvrage sur les régimes horaires, une table des positions planétaires ou éphémérides, et une table des Maisons selon le système de son choix.

Avant d'utiliser les Tables, il faut d'abord résoudre le problème de l'heure. Celle dont on dispose le plus souvent est l'heure légale qui figure sur les registres de la Mairie. Or, pour le calcul d'un thème, il faut convertir l'heure légale en Temps universel (TU), qui est l'heure référentielle des tables planétaires. Le Temps universel est le temps solaire moyen à Greenwich, petite ville de la région londonienne où se trouve un observatoire célèbre, et par où passe, selon une convention internationale, le méridien–terrestre-origine. La France s'aligna officiellement sur l'heure du méridien-origine de Greenwich le 11 mars 1911. Ce jour-là en France, toutes les pendules furent retardées de 9 minutes 21 secondes.

De nos jours, le temps civil étant uniforme et le Soleil vrai ne l'étant pas, on remplace ce dernier par un mobile fictif, le Soleil moyen, qui parcourt l'équateur d'un mouvement uniforme. Il est 0 heure TU (minuit) quand ce Soleil moyen passe au méridien inférieur de Greenwich. La Terre étant divisée en 24 fuseaux horaires, l'heure légale de chaque pays est déterminée en fonction de son fuseau et de l'éloignement de celui–ci, à l'est ou à l'ouest de Greenwich. Souvent, le temps légal augmente d'une heure pendant la période d'été (c'est l'heure d'été). En outre, les règles qui régissent les heures légales varient au cours des époques. Un ouvrage sur les régimes horaires mondiaux qui rassemble toutes ces informations est donc très utile. Dans notre exemple d'une naissance au début de l'hiver 1950 en France, l'heure légale correspondait au Temps universel + 1 heure. L'heure de naissance étant 7 heures, le Temps universel était donc 6 heures.

Calcul des positions planétaires

Les Tables planétaires modernes fournissent généralement les positions des astres pour chaque jour à 0 heure Temps universel. On ne tient pas compte de la différence — très minime pour le XXe siècle — entre le temps astronomique uniforme et le Temps universel. Dans notre exemple, les Tables indiquent pour le Soleil :

15 janvier 1950 – 0 heure : 24° 16' 13" Capricorne

16 janvier 1950 – 0 heure : 25° 17' 24" Capricorne

On recherche alors la longitude du Soleil le 15 janvier 1950 à 6 heures Temps universel. Avec une erreur tout à fait négligeable, on suppose que le mouvement du Soleil est uniforme pendant 24 heures. On réalise ensuite une simple règle de trois, sachant que la naissance est survenue 6 heures après 0 heure, et que le mouvement ou le pas du Soleil en 24 heures est de 1° 01' 08", soit la différence entre les deux positions du Soleil des 15 et 16 janvier 1950.

On simplifie généralement les calculs en recourant à des Tables annexes dites d'interpolation. On choisit ainsi le pas le plus proche de sa valeur exacte, soit 1°01'09". Pour 6 heures, on lit : 15'17". La longitude du Soleil correspondant à une naissance le 15 janvier 1950 à 7 heures, à Paris, est donc :

24°16'13" + 15'17" = 24°31'30" du Capricorne.

On peut également recourir à une Table annexe de logarithmes proportionnels. Toujours dans notre exemple, cherchons la position de Mercure, et calculons son pas journalier :

15 janvier 1950 – 0 heure : 0°22' Verseau

16 janvier 1951 – 0 heure : 29°11' Capricorne

On voit que Mercure est rétrograde. Pour calculer le pas, on ajoute dans le cas présent 30° à la longitude du 15 janvier pour effectuer la différence, soit 30°22' – 29°11' = 01°11'. Il convient de souligner que Mercure recule en l'occurrence, au lieu d'avancer, de 01°11' en 24 heures. Au logarithme du pas, il faut ajouter celui de l'heure écoulée depuis 0 heure, afin d'obtenir le logarithme de la quantité dont il faudra modifier la longitude pour 0 heure. On ajoute cette dernière si la planète est directe, et on la retranche si elle est rétrograde :

logarithme du pas (01°11')	1,3071
+ logarithme de l'heure (6 heures)	0,6021
soit	1,9092

Au logarithme 1,9092 correspond 0°18', la longitude cherchée de Mercure est donc : 0°22' - 0°18' = 0°04' Verseau.

CALCUL DU THEME ASTROLOGIQUE

THEME D'EXEMPLE
15 janvier 1950
Paris
7 heures (heure légale)

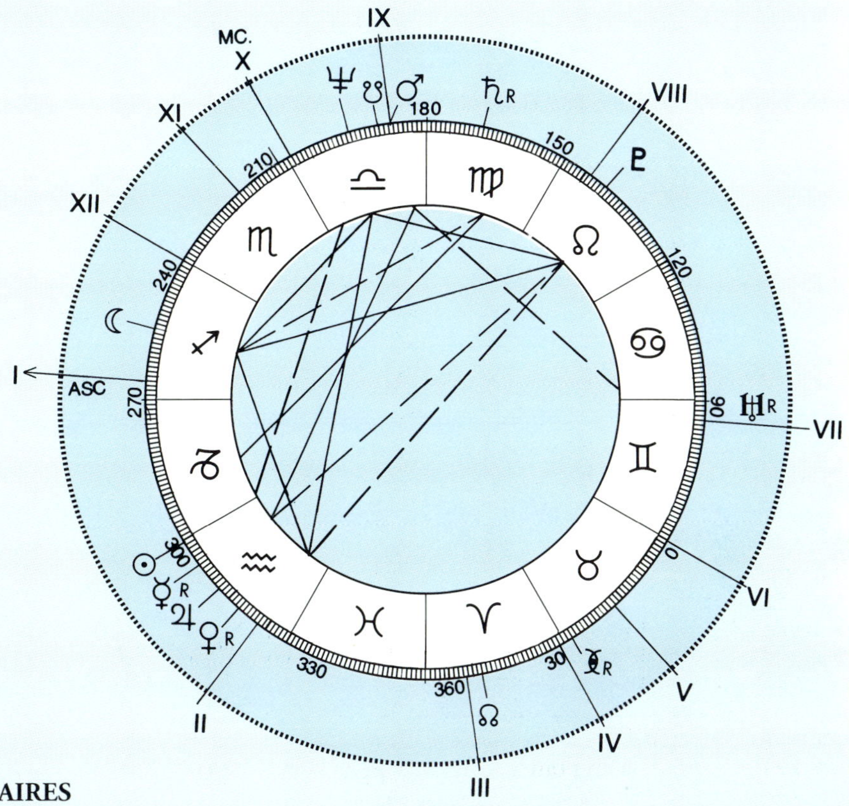

POSITIONS PLANÉTAIRES

☉ = 24°31' ♑	♃ = 9°47' ♒	☊ = 10°53' ♈
☽ = 14°37' ♐	♄ = 19°13' ♍	⚹ = 2°49' ♉
☿R = 0°04' ♒	♅R = 2°06' ♋	MC = 28°16' ♎
♀R = 18°17' ♒	♆R = 17°21' ♎	ASC = 26°51' ♐
♂ = 6°50' ♎	♇R = 17°31' ♌	

Si on recherche la longitude du Soleil à la seconde d'arc près, une petite règle de trois supplémentaire est nécessaire. Ainsi, les tables d'interpolation sont–elles plus commodes et leur lecture est plus directe. On procédera de la même façon pour le Soleil, la Lune, Mercure, Vénus et Mars. Pour les autres planètes, beaucoup plus lentes, une simple interpolation à vue suffira le plus souvent. Cependant, outre les planètes, un thème astrologique comporte également les Nœuds lunaires, et, fréquemment maintenant, la Lune Noire et son opposite, **Priape.** Des tables séparées sont donc encore nécessaires pour connaître la longitude de la Lune Noire. Dans notre exemple, elle correspond à 4°02' du Taureau.

LES ASPECTS

Pour l'interprétation ultérieure du thème astrologique, il est nécessaire enfin de prendre en considération les angles ou différences particulières de longitudes entre les planètes, c'est–à–dire : *les aspects.*

Le principal aspect est la *conjonction* (angle de 0 degré) survenant entre deux planètes lorsqu'elles sont placées à la même longitude, autrement dit lorsque leur différence de longitude est quasi nulle, et qu'on les voit dans le ciel au même endroit. En consultant dès maintenant le tableau ci–après, on observera que d'autres angles sont également pris en considération. On aura d'emblée une bonne compréhension de cette notion d'aspects ou d'angles, si on se souvient que ceux produits entre le Soleil et la Lune sont à l'origine du phénomène des marées. Or, celles–ci sont fortes ou de *vive–eau* si ces deux luminaires sont conjoints (nouvelle Lune) ou en *opposition* de 180° (pleine Lune), et faibles ou de *morte–eau* s'ils sont en *carré* de 90° (premier ou dernier quartiers de la Lune).

Il est rare que ces aspects se trouvent immédiatement formés à l'instant d'une naissance. Aussi leur accorde–t–on une certaine marge qui porte le nom d'orbe. La valeur de ces orbes varie selon les auteurs et les astrologues. On trouvera dans le tableau ci–après des valeurs moyennes.

Les aspects majeurs, dont le *trigone* (120°) et le *sextile* (60°), progressent de 30° en 30°, c'est–à–dire de signe en signe. Cependant, on accorde moins d'importance au *dodectile* ou *semi–sextile* de 30°, et au *quinconce* de 150°.

Les aspects mineurs sont le *semi–carré* de 45° et le *sesqui–carré* de 135°. Il en existe d'autres tels que le *décile* de 36°, le *quintile* de 72° et le *biquintile* de 144°, mais ils sont très peu utilisés.

En effet, on considère qu'ils perturbent l'interprétation plutôt qu'ils ne la clarifient. Qui plus est, il y a beaucoup de divergences d'opinion sur leur nature. Les aspects sont *harmoniques* (H) ou *dissonants* (D). La nature de la conjonction varie selon la nature des planètes en jeu. Par exemple, une conjonction Soleil–Jupiter est harmonique, tandis que la conjonction Soleil–Saturne est plutôt dissonante. L'opposition, quant à elle, n'est pas toujours dissonante.

Comme son nom l'indique, c'est certes un symbole d'opposition, mais bien souvent aussi de complémentarité, si la nature des planètes opposées s'y prête. Par exemple, une opposition de Vénus et de Jupiter n'est pas forcément considérée comme dissonante. Par convention, les aspects harmoniques sont généralement présentés par un trait plein et/ou bleu, et les aspects dissonants par un trait pointillé et/ou rouge.

Les *orbes* entre parenthèses sont ceux admis et utilisés par de nombreux astrologues.

On dit aussi que deux planètes sont en parallèle quand leur déclinaison et leur signe sont identiques. Elles sont en contre–parallèle quand leur déclinaison est identique mais de signes contraires. Le parallèle est assimilé à une conjonction mineure, et le contre–parallèle, à une opposition mineure. Deux astres sont en *antisce* s'ils sont à la même distance de la ligne des solstices (0° Cancer - 0° Capricorne), et en *contre–antisce,* s'ils sont à la même distance de la ligne des équinoxes (0° Bélier – 0° Balance).

L'*antisce* est assimilé à une conjonction mineure et le *contre–antisce* à une opposition mineure. Les autres aspects mineurs tels que le *décile* de 36°, le *quintile* de 72°, le *trédécile* de 108°, et le *biquintile* de 144°, ont une nature harmonique ou dissonante douteuse, et variable selon les auteurs. On admet généralement un *orbe* de 1° pour tous ces aspects mineurs, y compris les *parallèles* et les *antisces.*

DOMIFICATION DU THÈME

Pour cette opération, il est nécessaire de connaître le Temps sidéral (TS) qui correspond à l'ascension droite du méridien et du Milieu–du–Ciel.

Tableau des principaux aspects

Angle	Nom	Orbe	Nature
0°	Conjonction	10° (12°)	H ou D
30°	Semi–sextile	02° (01°)	H
45°	Semi–carré	2,5°(1,5°)	D
60°	Sextile	04°	H
90°	Carré	05° (7°)	D
120°	Trigone	07° (8°)	H
135°	Sesqui–carré	2,5°(1,5°)	D
150°	Quinconce	02° (1°)	D
180°	Opposition	10° (12°)	D ou H

Le Jour sidéral correspond au temps de rotation du point gamma par rapport au méridien :
1 Jour sidéral = 24 heures sidérales = 23 heures 56 minutes 04 secondes solaires. Le Jour solaire moyen qui nous est familier est un peu plus long, car lorsque le méridien a effectué un tour par rapport au point gamma, le Soleil moyen a parcouru 0,986°. Le méridien doit encore parcourir cet angle en 3 minutes et 57 secondes sidérales, ou 3 minutes et 56 secondes solaires, pour achever son tour complet par rapport au Soleil moyen :
1 Jour moyen = 24 heures solaires = 24 heures 03 minutes 57 secondes sidérales.

Les Tables planétaires fournissent le Temps sidéral ou TS, chaque jour, à 0 heure TU et pour Greenwich. On peut constater dans les tables que, de 24 heures en 24 heures solaires, le Temps sidéral se décale de 3 minutes 57 secondes par rapport au temps solaire. Pour obtenir le Temps sidéral local recherché, il convient dès lors :
– *de retenir le Temps sidéral* à 0 heure Greenwich avant la naissance,
– *d'ajouter le temps solaire* écoulé entre 0 heure TU et la naissance, après l'avoir converti en Temps sidéral,
– *d'ajouter la longitude géographique* si elle est à l'est de Greenwich, ou de la retrancher si elle est à l'ouest.

Reprenons notre exemple :

1– En consultant la Table planétaire, on lit que le Temps sidéral à 0 heure TU pour Greenwich est de 7 heures 35 minutes 30 secondes. Dans la pratique courante, on ne retiendra que la valeur arrondie à la minute, car on ne connaît pas l'heure de naissance à la seconde près : soit 7 heures 35 minutes.

2– Le temps écoulé depuis la naissance est de 6 heures solaires. On a vu que le Temps sidéral augmentait grosso modo de 4 minutes par jour solaire. Pour la conversion du Temps solai-

TABLEAU DES ASPECTS DU THEME D'EXEMPLE : 5 janvier 1950, 7 heures (heure légale), Paris :

Tableau des aspects majeurs

Soleil et Mercure en conjonction
Soleil et Saturne en trigone
Lune et Vénus en sextile
Lune et Saturne en carré
Lune et Neptune en sextile
Lune et Pluton en trigone
Mercure et Jupiter en conjonction
Mercure et le Milieu–du–Ciel en carré
Mercure et Uranus en quinconce
Vénus et Jupiter en conjonction
Vénus et Saturne en quinconce
Vénus et Neptune en trigone
Vénus et Pluton en opposition
Mars et Jupiter en trigone
Mars et Uranus en carré
Mars et Neptune en conjonction
Jupiter et Pluton en opposition
Saturne et Pluton en dodectile
Neptune et Pluton en sextile.

Tableau des aspects mineurs

Lune et Mercure en semi–carré
Vénus et Uranus en sesqui–carré
Uranus et Pluton en semi–carré

CALCUL D'UN THEME POUR L'HÉMISPHERE SUD

Si pour l'hémisphère Sud le calcul de la position des planètes en signe s'effectue de la même manière que pour l'hémisphère Nord, le calcul des Maisons est un peu plus long. Au Temps sidéral natal (T.S.N.), il est nécessaire d'ajouter 12 heures. On relève alors dans la Table appropriée, les données des Maisons; mais pour obtenir les positions de celles–ci, il convient d'ajouter 180 degrés aux données trouvées.

Exemple : Le Temps sidéral Nord d'Ayrton Senna, né le 21 mars 1960, à 2 heures 35 (H.L.) c'est-à-dire 5 h 35 G.M.T., à Sao Paulo (latitude 23 Sud 33, et longitude 3 h 07 Ouest), est de 14 h 22' 57".
On relève dans la table à 24 degrés les données correspondant au Temps sidéral Nord de 2h 22' 57", et on leur ajoute 180 degrés, ce qui donne :

la Maison X à 8° Scorpion
la Maison XI à 10° Sagittaire
la Maison XII à 11° Capricorne
la Maison I à 11° Verseau
la Maison II à 6° Poissons
la Maison III à 5° Balance

Notons que la plupart des ordinateurs sérieux contiennent également, dans leur programme astrologique, le calcul de l'Ascendant et des Maisons. *Y.L.*

re en Temps sidéral, on se contentera d'augmenter le Temps solaire écoulé de 1 minute entre 3 heures et 9 heures, de 2 minutes entre 9 heures et 15 heures, de 3 minutes entre 15 et 21 heures et de 4 minutes entre 21 et 24 heures. Dans notre exemple, on retiendra donc 6 heures 01 minute de Temps sidéral écoulé.

3– La longitude géographique de Paris est de 9 minutes 21 secondes à l'est de Greenwich, que l'on ajoutera donc (sans conversion).

Soit finalement :

1) - Temps sidéral 0 heure TU à Greenwich	7 h 35'
2) + Temps sidéral écoulé depuis la naissance	6 h 01'
3) + Longitude à l'est de Greenwich	0 h 09'
= Temps sidéral local	*13 h 45 '*

Les Tables des Maisons indiquent les longitudes des cuspides des Maisons en fonction du Temps sidéral local de 4 en 4 minutes, et pour la latitude géographique du lieu de naissance.

Si la naissance a eu lieu dans l'hémisphère Sud, on ajoutera ou retranchera 12 heures du Temps sidéral local avant de consulter les Tables des Maisons, puis on ajoutera ou retranchera 180° aux longitudes des cuspides obtenues. En supposant qu'on ait choisi une Table des Maisons Campanus, pour un Temps sidéral local de 13 heures 45 minutes et une latitude géographique 48°50' Nord (Paris), et après interpolation, on obtient :

Maison X ou MC	28°16'	Balance
Maison XI	12°57'	Scorpion
Maison XII	29°02'	Scorpion
Maison I ou Ascendant	26°51'	Sagittaire
Maison II	22°53'	Verseau
Maison III	7°12'	Bélier

Les six autres cuspides des Maisons sont à l'opposite des précédentes. On obtient ainsi la carte du ciel de la page 61.

Des logiciels informatiques dont les bases de données sont plus ou moins élaborées permettent aujourd'hui d'éviter tout calcul. Toutefois, selon moi, un astrologue digne de ce nom doit connaître ces notions élémentaires qui sont le B A BA de l'Astrologie, sans lesquelles il risque fort d'œuvrer dans l'abstrait et dans l'ignorance. **M. D.**

Les différents domaines de l'existence et du psychisme en fonction de la division de la sphère céleste.

Maison I : Le Moi - Apparence – Constitution – Personnalité.
Maison II : Possession – Argent gagné et capacité de gagner de l'argent – finances – Acquisitions – Ressources.
Maison III : Communication – petits déplacements – écrits – contrats – instruction – études – frères et sœurs – voisins – entourage – pensée consciente.
Maison IV : Foyer – origine – enfance – hérédité – fin de la vie – un parent (le père) – immobilier – propriété.
Maison V : Amours – enfants – créativité – spéculations – jeux de hasard – sports – loisirs.
Maison VI : Santé – habitudes – vie quotidienne – travail – subordonnés – animaux domestiques.
Maison VII : Vie sociale (publique) – autrui – partenaire – mariage – association – procès – ennemis déclarés.
Maison VIII : Sexe – mort – crises – transformation – héritage – Impôts – argent du conjoint.
Maison IX : Psychisme – Voyages – philosophie – religion.
Maison X : Destin – situation sociale – honneurs – vocation – réputation.
Maison XI : Objectifs – associations – amitiés – protections.
Maison XII : Énergie cachée – limitation – épreuves – retraite – crime – frustration – hôpitaux.

Les Maisons et leur symbolisme

Résultante de la division du ciel de naissance par rapport au mouvement diurne, les Maisons — ou secteurs — désignent les champs d'application, les domaines de la vie dans lesquels s'exercent les influences planétaires. Les planètes en Maisons déterminent ce que l'on appelle l'état terrestre d'un thème — par rapport aux données spatio–temporelles de la naissance , tandis que les positions relatives des planètes en signes en représentent l'état céleste — leur position sur le Zodiaque. Une planète dans un signe prend donc une signification beaucoup plus précise et orientée, en s'incarnant en quelque sorte dans le devenir humain, à travers un domaine bien particulier du vécu du natif.

Voici les caractéristiques fondamentales attribuées à chacune des 12 Maisons, que j'ai définies en m'appuyant sur les correspondances révélées par l'astrologie traditionnelle, et en me référant à mon expérience personnelle : (*cf.* ci-contre)

Maison I (Ascendant) : le tempérament – le comportement – le Moi apparent – la constitution physique – la vitalité.

Maison II : les biens matériels – la situation financière – l'argent gagné par ses propres moyens.

Maison III : l'entourage du natif – les frères et les sœurs – les relations avec le monde extérieur – les études – les écrits – les contacts sociaux (voisins, cousins, etc.) – les déplacements – la pensée consciente.

Maison IV : la famille – le foyer – les origines – l'hérédité – l'enfance et la vieillesse – la nation – les biens immobiliers – la fin de la vie – le père.

Maison V : les créations – les amours – les idylles – les plaisirs – les loisirs – les créations artistiques – les enfants – le sport - les gains par spéculation – le jeu.

Maison VI : l'activité professionnelle – le travail quotidien – les subordonnés – les habitudes – la santé (maladies ambiguës) – les animaux domestiques.

Maison VII : les associations – le mariage – l'autre et les autres – les contrats – les litiges et les procès – les adversaires déclarés – le public (pour l'artiste ou l'homme politique).

Maison VIII : les crises et les métamorphoses du sujet – la mort – les héritages, les legs ou donations – la régénérescence – les dettes – les assurances – l'argent du conjoint ou gagné indirectement (commissions).

Maison IX : l'étranger – les conceptions philosophiques – les longs voyages – l'édition – la spiritualité – le psychisme.

Maison X (Milieu–du–Ciel) : la réalisation de soi – la destinée – la carrière – la réussite sociale – la vocation – la réputation – les honneurs – la réussite et les obstacles à la réussite.

Maison XI : les projets – les amis – les appuis – les espérances – les aspirations.

Maison XII : l'isolement – la solitude – les épreuves – la vie secrète – les ennemis sournois – l'exil – la retraite – les hôpitaux – les trahisons – les infirmités – les maladies chroniques – le crime – la prison – l'ésotérisme – la diplomatie.

Les Maisons se divisent en :

Maisons angulaires : I, IV, VII, X, les plus importantes du thème, qui correspondent aux signes cardinaux;

Maisons succédentes : II, V, VIII, XI, qui correspondent aux signes fixes;

Maisons cadentes : III, VI, IX, XII, qui correspondent aux signes mutables ou mobiles.

On peut diviser les Maisons selon leur symbolique particulière.

On a alors :

Maisons I, V, IX, qui concernent l'être et son évolution, son devenir intime, son expression et ses croyances;

Maisons II, VI, X, qui concernent l'avoir, la profession, la carrière;

Maisons III, VII, XI, qui concernent sa vie relationnelle, de couple, sociale et amicale.

Division selon les axes :

Axe I – VII	:	moi et autrui – l'être.
Axe II – VIII	:	l'argent – l'avoir.
Axe III – IX	:	les voyages et le mental.
Axe IV – X	:	le devenir – le faire – (destin)
Axe V – XI	:	l'attachement.
Axe VI – XII	:	les contraintes – (travail – maladie).

• Exemple d'une planète dans les Maisons : le Soleil

Le Soleil en Maison I : vitalité forte – tempérament marsien – veut ouvrir des voies nouvelles – activité – courage – esprit d'entreprise – générosité – parfois : manque de modestie et de tact – assurance – magnétisme – aptitude pour diriger – rayonnement personnel – aspiration à être le premier.

Le Soleil en Maison II : l'argent et les possessions matérielles sont importants – attrait pour les objets (en signe de feu : objets luxueux, symboles de richesse; en signe de terre : objets rustiques et fonctionnels; en signe d'eau : attachement aux vestiges du passé; en signe d'air: préférence pour gadgets, objets amusants ou "intelligents", l'élévation sociale est probable suivant les aspects et le signe: ambition plus ou moins matérialiste. **E. T.**

Les planètes dans les signes en mots-clés

LE SOLEIL DANS LES SIGNES

Bélier (exaltation) — Nature ardente et active, extravertie, spontanée, instinctive, combative, décisive, ambitieuse et volontaire; esprit réaliste; sens des responsabilités et risque du défi; aptitude à diriger; courage; esprit pionner.
Affligé : impatience; provocation; impulsivité; agressivité; témérité; arrivisme; égocentrisme; despotisme.

Taureau — Nature lente, réfléchie, calme, pondérée, tenace, persévérante, travailleuse; réalisme; pragmatisme; goût du confort, du luxe; sensualité; économie, conformisme; goût des objets et des maisons; organisation; amour de la nature; aptitudes artistiques.
Affligé : rancunier, possessif; paresseux; matérialiste; calculateur; naïf, sceptique, réactionnaire, entêté.

Gémeaux — Nature intelligente, curieuse, cérébrale, communicative, débrouillarde, sociable, adaptable, habile; réflexes rapides; sens du commerce; débrouillardise; don d'expression; goût des mots; astucieux, diplomate.
Affligé : instable, versatile; opportuniste; esprit caustique; frivole; superficiel; médisant; hypocrite; bluffeur.

Cancer — Imagination; nature sensible, cyclothymique, impressionnable; nostagique, goût du passé; émotivité; intérêt pour l'histoire; bonne mémoire; sens de la famille et amour du foyer; caractère tenace; tendresse, sens maternel; souvent talents culinaires et gourmandise.
Affligé : nature influençable, susceptible, indolente, velléitaire, hypocondriaque, inhibée, lymphatique, rancunière, instable, lunatique, capricieuse; timidité; complexe de persécution; manque de maturité; régression dans l'enfance.

Lion (domicile de l'astre : caractéristique renforcée) — Tempérament enthousiaste, passionné, généreux, idéaliste, volontaire; force vitale; ambition; optimisme; confiance en soi; sens de la synthèse; loyauté; franchise; fidélité; noblesse, esprit d'entreprise et d'innovation; sincérité; magnanimité; sens de l'organisation; esprit protecteur.
Affligé : orgueil, vanité, vantardise; tyrannie, égotisme et égoïsme; folie des grandeurs (mégalomanie); despotisme; complexe de supériorité; rancune si offensé; goût de l'ostentation; sens du drame; snobisme; exhibitionnisme.

Vierge —Intelligence analytique et réaliste, tempérament réservé, retenu, discret, modeste, observateur, curieux; méthode; sens pratique; goût de la sécurité; sens de l'ordre et de l'exactitude; perspicacité; méticulosité; don pour l'enseignement; adaptabilité; nature consciencieuse et travailleuse.
Affligé : dispersion dans les détails; pusillanimité; esprit taquin et de critique systématique; répression des instincts; calcul, anxiété, égoïsme, nature complexée et maniaque; obsession de la propreté; esprit tatillon.

Balance (chute) — Tempérament équilibré, modéré bienveillant, cyclothymique; sens esthétique; diplomatie, tolérance; besoin d'harmonie; dons artistiques (musique, peinture, danse); raffinement; sociabilité; charme; distinction; élégance; intégrité; sens de l'équité.
Affligé : frivolité; hypocrisie; lâcheté, vanité; indécision; indolence; coquetterie; goût du luxe; dispersion; passivité; "chèvre-choutisme"; duplicité.

Scorpion — Nature ambitieuse, passionnée et instinctive; tempérament de lutteur, besoin de dominer, goût de la recherche; perspicacité; maîtrise de soi; possessivité; courage; ténacité; résistance; magnétisme; volonté, fierté; sécrétivité; esprit combatif...
Affligé : esprit de vengeance; sadisme; agressivité; tempérament auto-destructeur; causticité; esprit provocateur; arrogance; mépris; jalousie, rancune; orgueil; perversivité; indiscrétion, manque de tact; fanatisme, esprit manipulateur...

Sagittaire — Franchise, tolérance; optimisme; sagesse; enthousiasme, goût des voyages; courage, indépendance; générosité; bienveillance, idéalisme; jovialité; jeunesse de caractère; sens de l'organisation, goût de l'évasion et de l'aventure, du sport; jugement synthétique et sens de la justice; intérêt pour politique, édition, philosophie et religions; honnêteté; respect de la loi et des usages; aptitudes pédagogiques; goût pour la nature et le mouvement, la vie en plein air.
Affligé : dispersion; instabilité; orgueil; suffisance; mégalomanie, rébellion contre la loi; indiscipline ou conformisme absolu; manque de persévérance, tyrannie, snobisme; versatilité; opportunisme; superficialité; crédulité; désinvolture.

Capricorne — Nature réfléchie, ambitieuse, introvertie, volontaire, patiente, persévérante, timide; goût de l'absolu; contrôle de soi; soif de connaissances et recherche de la vérité; intelligence systématique et analytique; combativité; intériorisation; concentration; méthode; objectivité; sens du devoir et des responsabilités; intégrité; lucidité; prévoyance; sens de l'économie; aptitudes pour la recherche, l'étude et les sciences; endurance.
Affligé : introversion excessive; mélancolie; intransigeance; entêtement; manque de souplesse; dureté; méfiance; partialité; dogmatisme; scepticisme; égoïsme; volonté de puissance; tempérament maniaco-dépressif; hypocondrie; rigorisme; rigidité; complexe de culpabilité.

Verseau (exil) — Caractère indépendant, original, progressiste, réformateur, altruiste, inventif, autodidacte, individualiste, précurseur, révolutionnaire, créatif, sociable, esprit d'avant-garde; intuition; vivacité d'esprit; souvent facultés intellectuelles développées, non conformisme; ingéniosité; innovation; spontanéité, sens de l'hospitalité.
Affligé : excentricité; manque de scrupules, engouements passagers; coups de tête; extrêmisme; marginalité provocatrice; anarchie; subversivité; amoralité; despotisme intellectuel.

Poissons — Nature imaginative, intuitive, impressionnable, réceptive, émotive, dévouée, sensitive, oblative, généreuse; romantisme, don pour prémonitions et télépathie; inspiration, compassion, créativité, intérêt pour l'invisible, mysticisme et religions; tendance à la rêverie; passivité; influençabilité; timidité; humilité; caractère hésitant; sensibilité aux drogues ou à l'alcool.
Affligé : goûts morbides; anxiété, sensiblerie; versatilité; tendance à la perte d'identité par osmose (sympathie) avec l'autre, les autres, complexe d'infériorité par faiblesse du Moi; manque d'assurance; mollesse; paresse; manque de réalisme et d'objectivité; fuite des responsabilités et des conflits; crédulité, tempérament schizophrénique...
Remarque : en dehors du Moi conscient, le Soleil est surtout le significateur du père — et du mari pour la femme.

LA LUNE DANS LES SIGNES

Bélier — Tempérament impulsif et passionné; émotions puissantes; enthousiasme; colères violentes; goût du changement; inquiétude, impulsivité, précipitation; susceptibilité; instabilité; imagination active; indépendance; goût de l'aventure et du risque.
Affligé : indocilité, mobilité; caprices; coups de tête; emportement; enthousiasme excessif; imprudence; témérité; impatience; manque de prévoyance; agressivité; caractère instable.

Taureau — Caractère aimable, sensuel, gourmand; aptitudes artistiques; confiance, détermination; stabilité affective; prévoyance; persévérance; amour de la nature; sens pratique.
Affligé : paresse, excès dans les plaisirs; naïveté; matérialisme; sensualité excessive; manque d'endurance; indécision, goût du confort exagéré; caractère influençable; manque de réalisme.

Gémeaux — La vie émotionnelle est cérébralisée; élocution facile; esprit éveillé; dons littéraires, curiosité intellectuelle, amour du mouvement et des voyages; éloquence, débrouillardise; aptitudes pour le journalisme, le commerce; diplomatie; contacts faciles...
Affligé : nervosité, bavardage, hésitation, manque de concentration et d'esprit de suite; superficialité; indécision; agitation; instabilité; dispersion; confusion; parfois vie errante...

Cancer (domicile) — Imagination puissante, bonne mémoire; sociabilité; appuis par les femmes; fécondité; rêve; sensibilité; lyrisme, romantisme; traditionalisme; poésie; magnétisme; amour de la famille et du confort; relations fortes avec la mère; bonté; tendresse; dévouement.
Affligé : instabilité, incohérence, indolence; impressionnabilité; caprices, susceptibilité; problèmes familiaux; attachement maternel excessif; manque de volonté; anxiété; insécurité; nomadisme; tendance aux excès (boulimie, alcoolisme...).

Lion — Sens et goût de la grandeur; émotivité maîtrisée; noblesse des sentiments; goûts artistiques; sens de l'organisation; générosité; élégance naturelle; hardiesse; affections loyales; goût du luxe et du confort; fermeté; confiance, honorabilité; magnanimité; sélectivité dans les relations; fierté; grandeur de l'âme, amour des enfants.
Affligé : émotivité bloquée; vanité; fatuité; goût du clinquant, relations affectives instables; goût du luxe; nature dépensière; spéculations hasardeuses, entêtement; caprices; sensibilité à la flatterie.

Vierge — Nature serviable, modeste; intérêt pour la diététique; sens de l'ordre; pragmatisme; extinction de l'instinct et de l'émotion; timidité.
Affligé : nature inquiète; complexe d'infériorité; sentiments d'insécurité; servilité; pudibonderie; manie du détail; sens critique et caustique; "coupeur de cheveux en quatre"; hypocondrie; refoulement affectif; manque d'ambition.

Balance — Caractère aimable et courtois; esprit conciliant; attrait pour le beau; sociabilité; dons artistiques; sens de la justice; sentiments délicats; attirance pour la vie mondaine; besoin d'harmonie affective; élégance; raffinement; sérénité; souvent aspect physique agréable.
Affligé : instabilité; infidélité; frivolité; inconstance; trop grande sensibilité au "qu'en dira-t-on"; snobisme; risque de procès (avec des femmes); insécurité émotionnelle...

Scorpion (chute) — Forte curiosité intellectuelle; imagination active; indépendance farouche; vitalité; action énergique; instincts (sexuels) puissants; attrait pour le mystère; ruse; fécondité; détermination; dons occultes; courage; ingéniosité.
Affligé : possessivité; jalousie; besoin de dominer; manières brusques; accès de colère; franchise brutale; nature soupçonneuse; pulsions (sexuelles) mal contrôlées; conflits intérieurs; excès sensuels; ennuis à cause des femmes; esprit de vengeance; sado-masochisme; imagination morbide; attitudes cassantes.

Sagittaire — Aptitudes philosophiques; intérêt pour religions; goût des voyages; nature expansive; sociabilité; bonne humeur; confiance en soi; enthousiasme; franchise; attrait pour exercices physiques en plein air; loyauté; idéalisme.
Affligé : insouciance; caprices, imprudence, négligence; instabilité; conformisme ou rébellion; opportunisme; arrogance; vie nomade; complexe de supériorité.

Capricorne (exil) — Caractère patient, mesuré; réservé; farouche; solitaires; don pour études minutieuses; constance; fidélité; prudence; ambition; prévoyance.
Affligé : sentiment d'isolement; mélancolie; misanthropie; pessimisme; inquiétude; avarice; égoïsme; nature soupçonneuse; indifférence; dispositions aux dépressions; médisance; restrictions; impopularité; timidité; changements de situations défavorables; sensibilité refoulée; manque de scrupules...

Verseau — Cérébralisation de l'affectivité et des émotions; imagination originale; sociabilité; sens de l'amitié; franchise; intuition; idées progressistes; indépendance; esprit d'avant-garde; ennemi de toute routine; érudition vaste; occupations originales; non conformisme; altruisme...
Affligé : vie sentimentale compliquée; excentricité; changements d'humeur inattendus; hystérie; sensibilité étouffée par l'intellect; relations affectives manquant de chaleur.

Poissons — Grande sensibilité, sympathie et emphatie; compassion; imagination fertile; dons artistiques (poésie, musique...) et littéraires; sens cosmique; bonté; réceptivité; impressionnabilité; rêverie; inspiration; parfois médiumnité ou sixième sens; esprit conciliant et philanthropique; dévouement; émotivité; générosité vulnérabilité.
Affligé : timidité excessive; apathie; sensualisme; gourmandise; influençabilité; esprit velléitaire; opportunisme; sensiblerie; hyper-émotivité; crédulité; victime possible de calomnies ou d'intrigues; tendance à fuir la réalité; penchant pour l'alcool ou les drogues ou abus de médicaments; attrait pour superstitions et pratiques occultes; angoisses obsessionnelles; distraction; dispersion; hallucinations; manque d'objectivité et de sens pratique; initiative faible; activité réduite; déceptions sentimentales...

Remarque : en dehors de la psyché, la Lune est le significateur de la mère, de la femme (pour l'homme).

MERCURE DANS LES SIGNES

Bélier — Mental alerte; esprit vif et spontané; répartie facile; inventivité; talent d'improvisation; esprit polémique; innovateur; pensée syncrétique et instinctive; attrait pour le jeu;
Affligé : goût de la discussion; écarts de langage; impulsivité mentale; manque de prévoyance; "tête brûlée"; agressivité verbale; entêtement intellectuel; impatience; agitation mentale; esprit de contradiction; mensonge dispersion.

Taureau — Intelligence pratique; diplomatie; idées stables; sens de la valeur et de l'argent; concentration; esprit concret, pragmatique, sceptique et réaliste; bon sens; détermination; conceptions "terre-à-terre"; aptitudes pour la gestion.

Affligé : entêtement intellectuel; esprit sectaire, chauvin, borné; intolérance; manque de souplesse d'esprit; conformisme de pensée; obstination; conceptions matérialistes; assimilation lente et/ou difficile.

Gémeaux (domicile diurne) — Vivacité d'esprit; dons pour l'écriture; sens du commerce; goûts pour voyages et études; aptitudes scientifiques, surtout (para)-médicales; conceptions relativistes; contacts faciles; idées originales; esprit inventif et souple; espiègle; verve; érudition éclectique; éloquence; goût pour le mot d'esprit; esprit ludique.
Affligé : dispersion; pensée superficielle; confusion; manque de suite dans les idées et de concentration; influençabilité; duplicité; cynisme; intellectualisme forcené (infirme du cœur); mensonge; bavardage; insolence; instabilité; esprit hâbleur; indiscrétion.

Cancer — Excellente mémoire; intelligence sensorielle ou émotive (qui passe par les sentiments); esprit intuitif et réceptif; imagination fertile; adaptabilité mentale; intérêt pour histoire et traditions; changement de résidence fréquents; humour pince-sans-rire.
Affligé : incompréhension familiale; intelligence superficielle ou mal utilisée, peu cultivée; nombrilisme; influençabilité; jugements trop subjectifs et personnels; esprit changeant et instable; manque de concentration; susceptibilité; esprit chauvin.

Lion — Esprit de synthèse; franchise; largesse d'idées; stabilité des opinions; sens de l'organisation; aptitudes à diriger; persévérance; visions larges; loyauté intellectuelle; on tient ses promesses, fiabilité; amour des enfants.
Affligé : complexe de supériorité intellectuelle; entêtement; manque de diplomatie; vantardise; idées mégalomanes; goût du drame; attitude théâtrale; grandiloquence; on est plus séduit par le brillant d'une idée que par sa vérité.

Vierge (domicile noctune) — Esprit logique et scientifique; pensée pratique et rationnelle à la fois; perspicacité; efficacité; facilité d'élocution; dons linguistiques; sens du détail; intelligence analytique; adresse mentale.
Affligé : irritabilité nerveuse; sens critique excessif; esprit pointilleux, tatillon et maniaque; scepticisme; pédantisme; arrogance; cynisme; manque d'envergure et de largesse d'esprit; mesquinerie; malhonnêteté intellectuelle ou matérielle; nature intéressée.

Balance — Sens de la parole; expression facile et raffinée; sens de la justice; diplomatie; bon goût; honnêteté; délicatesse; intérêt pour les arts; sens esthétique; esprit tolérant.
Affligé : inconstance; hésitation; légèreté; risque de procès avec associés; opportunisme; insouciance; duplicité; hypocrisie; "aquoibonisme".

Scorpion — Esprit pénétrant et perspicace; attrait pour l'occulte; ruse; concentration; attrait pour les mystères et les énigmes; esprit polémiste; inventivité; sens de l'observation; goût pour la recherche scientifique.
Affligé : méfiance; scepticisme; cynisme; susceptibilité; esprit querelleur et manipulateur; manque de souplesse et de délicatesse; indiscrétion; sadisme mental; esprit de dissimulation; idées morbides; angoisses ou idées obsessionnelles; mentalité ostraciste; fanatisme...

Sagittaire — Indépendance d'esprit; attrait pour idées religieuses et philosophiques; sens de l'organisation; sagesse; optimisme; sens de l'humour; aptitudes pour commerce (import-export); goût des voyages; tolérance; respect des lois; don pour l'enseignement et les lois; intérêt pour la politique et l'édition.
Affligé : esprit rebelle; insouciance; manque de suite dans les idées; attrait pour le jeu et les spéculations hasardeuses; opportunisme; problèmes légaux (surtout à l'étranger); ennuis en voyage; crédulité, hypocrisie; distraction; mythomanie; vantardise; bluff; mégalomanie.

Capricorne — Esprit méthodique et profond; concentration; précision; sens des responsabilités; aptitudes pour études et travaux de longue haleine; économie; sens pratique; humour (noir).
Affligé : méfiance; ruse; esprit calculateur et intéressé; difficultés d'élocution; intransigeance critique; mélancolie; médisance; froideur; pessimisme; égoïsme; rancune; manque d'humour; avarice; pragmatisme matérialiste, voire cynique.

Verseau — Intelligence cérébrale, originale et inventive; intuitions soudaines et subtiles; idées progressistes et réformatrices; esprit ingénieux d'avant-garde; aptitudes pour techniques nouvelles ou l'électronique; curiosité pour les activités liées aux ondes (radio, télévision, cinéma...) et pour la science-fiction; indépendance d'esprit; idées humanitaires et altruistes; idéalisme; éloquence; innovation.
Affligé : excentricité; incohérence; idées révolutionnaires; terrorisme intellectuel; idées utopiques; ruptures d'amitiés; intransigeance; manque d'esprit de suite.

Poissons — Mental inspiré, intuitif, compréhensif, orienté sur les sens et l'affectivité, le ressenti; grandes facultés psychiques; parfois médiumnité; esprit subtil et souple; idées charitables; puissante imagination; réceptivité mentale; mémoire visuelle; perception intuitive de théories vastes; parfois clairvoyance.
Affligé : Influençabilité; distraction; timidité; tendance aux illusions; impressionnabilité; manque de logique rationnelle; crédulité excessive; superficialité; imagination morbide; esprit brouillon; neurasthénie; parfois, victime de médisances ou de calomnies; confusion mentale; tendance aux superstitions; insécurité.

VÉNUS DANS LES SIGNES

Bélier (chute) — Ardeur affective; désirs impérieux, impétieux et enthousiastes; dépenses excessives; impulsivité; prédisposition aux coups de foudre; instinct de conquête; sympathies et antipathies spontanées; aptitudes artistiques (sculptures).
Affligé : inconstance; passions subites; emballements fréquents; insouciance; caprice; jalousie; goût pour aventure fréquentes; manque de recul; amours "feu de paille", tyrannie affective; passions incontrôlées; égocentrisme; agressivité latente; manque de tact...

Taureau (domicile diurne) — Affectivité stable; loyauté; sensualité; nature voluptueuse; attachement lent et profond; optimisme vital; gourmandise; goût de vivre; attrait pour les nourritures terrestres et les arts (chant, musique...); sens esthétique; goût de la simplicité et du naturel; amour de la nature; fidélité; parfois "main verte"; attrait pour commerce de luxe; dons pour métiers touchant à l'esthétique;
Affligé : jalousie; passivité; nature dépensière; indolence; paresse; goûts de luxe; possessivité; parfois pertes financières...

Gémeaux — Jeunesse d'esprit; caractère insouciant et spirituel; sociabilité; charme et séduction (surtout par le verbe); diplomatie; politesse; habileté; sentiments cérébralisés; amour du jeu; goût du flirt et du marivaudage; esprit raffiné; attrait pour les beaux-arts, la littérature et la poésie; sens de l'humour; malice.
Affligé : superficialité; inconstance sentimentale; amours instables et éphémères; dispersion; dualité des sentiments; quête donjuanesque; attitude "allumeuse" (style

Célimène); narcissime et coquetterie; parfois liaisons simultanées; médisance par l'entourage (par les femmes).

Cancer — Attachement tendre et loyal: dépendance affective prononcée ou nature "maternante"; sociabilité; imagination fertile; hospitalité; nature affectueuse; caractère pudique; amour du foyer; nostalgie; sensibilité; dévotion; conservatisme...
Affligé : sensualité excessive; paresse; relations instables; affectivité bourrue et inhibée; régression affective (infantilisme); attitude bohème; dilettantismes; pudibonderie; vulnérabilité, passivité.

Lion — Sentiments passionnés et généreux; loyauté; sens esthétique; idéalisme; besoin d'amour absolu et d'admiration; affections sincères; fidélité; goût du luxe; aspirations sentimentales élevées; noblesse d'allure; manières distinguées; magnanimité; goûts des belles parures, des bijoux en or; attrait pour réunions mondaines et pour spectacles; chance au jeu et dans les spéculations; liaison ou mariage avantageux; faveurs de personnes influentes; amour des enfants.
Affligé : vanité, excès dans les plaisirs, dépenses somptuaires; goût de la parade; coquetterie; égocentrisme; jalousie; snobisme; infidélité, luxure.

Vierge — Sentiments pudiques et peu démonstratifs, mais tendresse; amour raisonnable, dévouement; amabilité; aptitude à soigner; sens de l'hygiène et de la propreté; discrétion; réserve; timidité; besoin de pureté; passions contrôlées par la raison; dons pour professions (para)médicales...
Affligé : faiblesse des sentiments; manque de charme; ironie; blocage affectif; manque d'intuition; pédanterie; complexe d'infériorité; manque de spontanéité; tendance à trop raisonner et analyser les sentiments; affectation.

Balance (domicile nocturne) — Sentiments délicats et raffinés; charme; bonne humeur; séduction; dispositions artistiques; sens ésthétique; bon goût; politesse; distinction; élégance; sens de la justice et de l'harmonie; amabilité; indice de mariage heureux et parfois précoce; réussite facilitée par unions ou associations; parfois gains par procès...
Affligé : goût immodéré des plaisirs; coquetterie; vanité; faiblesse de caractère; prodigalité; affections intéressées; inconstance; sensibilité à la flatterie ou esprit flagorneur; nature maniérée; hésitations; paresse; infidélité; attachement aux convenances; au qu'en dira-t-on; risque de problèmes vénériens et fragilité des reins.

Scorpion (en chute) — Sentiments passionnés; exaltation; attachement sans compromis, on aime ou on rejette: passions secrètes; fortes pulsions sexuelles; héritage possible; amour exclusif; besoin de séduire et de conquérir...
Affligé : sexualité très exigeante ou refus de la sexualité; jalousie; pulsions sexuelles mal contrôlées; manque de tact; rancune; arrogance; amour-haine; complexe de Carmen : "Si tu m'aimes, prends garde à toi !"; tendance à manipuler les autres; attachements intenses et instantanés; réserve; tempérament extrémiste; tendance à la débauche; sado-masochisme; sens du drame.

Sagittaire — Optimisme vital, gaieté; générosité, noblesse des sentiments; attrait pour femmes étrangères ou exotiques; succès à l'étranger; parfois mariage avantageux; sensualité saine et directe; tolérance; idéalisme; loyauté; culture artistique...
Affligé : manque de raffinement; besoin d'indépendance; insouciance; mentalité du chasseur ou nombreuses aventures (dans la jeunesse surtout); peur des complications; conformisme sentimental; imprudence; nature prodigue; infidélité; légèreté; attrait pour le jeu et les gains faciles; goûts de luxe (vit au-dessus de ses moyens); goûts d'aventures excessifs; besoin de se rassurer sur sa discrétion...

Capricorne — Nature discrète, réservée, peu démonstrative et pudique; détachement; sens de l'humour; sentiments réalistes (influencés par la raison); grande moralité; réserve; prudence; fidélité; politesse; attachement lent mais profond et durable; recherche de stabilité et de sérénité en amour; honorabilité; parfois mariage de convenance ou de raison; attirance pour partenaire plus âgé.
Affligé : contrôle des émotions; vulnérabilité; froideur; timidité; méfiance; indifférence; caractère inquiet; attrait pour partenaires plus âgés; matérialisme; manque de spontanéité, possessivité, égoïsme; frigidité; mariage intéressé; introversion; sensibilité refoulée; peur d'aimer; angoisse du mal-aimé.

Verseau — Amitié amoureuse; amour pour le genre humain en général; tolérance; indépendance; attachements fraternels; solidarité, indulgence; affectivité cérébralisée; intuition; aptitudes artistiques (liées aux ondes, comme radio, cinéma et télévision); réussite influencée par relations amicales; grâce; sérénité; amours idéalisées, communion d'idées; franchise; relations inconventionnelles; amour libre;
Affligé : amours extravagantes; esprit d'indépendance exagéré; peur de l'engagement et des responsabilités; ruptures brusques; parfois divorce; instabilité dans les sentiments; relations mondaines superficielles; excentricité sexuelle; parfois perversions par excès de cérébralité ou de non-conformisme, ennemi de concessions; amitiés amoureuses; jalousie...

Poissons — Romantisme; sensualité et mysticisme se rejoignent; sens du sacré ou du cosmique; imagination fertile; sens artistique développé; compassion; amour de la nature et des animaux; dévotion; hospitalité; bonté; philanthropie; esprit de conciliation et de charité; grande émotivité; élans mystiques; oblation; goût pour professions médicales et humanitaires (infirmier, médecin...); don de soi; dévouement; parfois liaisons secrètes.
Affligé : manque de sens pratique; indécision; négligence, double vie sentimentale; mollesse; influençabilité; possible victime d'inimitiés féminines; confusion des sentiments; laisser-aller vestimentaire; aquoibonisme; fatalisme; romantisme échevelé; rêverie; esprit illuminé; dépendance physique et psychique; contemplation morose; sens masochiste du sacrifice; manque de lucidité.

Remarque : étant donné le caractère forcément limitatif de cet ouvrage, nous nous bornerons, pour Mars et les planètes lentes, d'en donner le symbolisme astrologique en mots-clés (*cf.* p. 26)... Pour le pratiquant en astrologie, il s'agira dans l'interprétation d'en nuancer les différentes influences selon chaque signe, étant entendu qu'il s'agit chaque fois de combiner deux symbolismes : celui de la planète et celui du signe occupé. La résultante de cet amalgame sémantique devra à son tour se combiner avec la Maison dans laquelle de trouve ladite planète. Exemple : Jupiter en Balance apportera un vif sentiment de justice, un grand sens esthétique et beaucoup de sociabilité, surtout en Maison I (le moi). En Maison II, celle des finances, il favorisera les gains par des activités en relation avec la Balance : affaires juridiques, activités artistiques, associations ou mariage, tandis qu'en Maison VII, il favorisera les unions ou associations avantageuses avec un (ou une) vénusien(ne) (planète maîtresse de la Balance), rendra populaire et sympathique et encouragera l'action sociale, la politique, les activités charitables, les professions médicales (activités pour les autres — Maison VII). En bref, il s'agit d'effectuer un amalgame entre les trois valeurs symboliques : celles de la planète, du signe et de la Maison où elle se place. **E.T**

7. LA CARTE DU CIEL ET SON INTERPRÉTATION

Le langage des Astres

Puisque nous savons comment "fonctionne" l'astrologie, nous pouvons entrer dans le domaine de son langage. En effet, le but est de parvenir à lire dans le ciel comme dans un livre ouvert, à décrypter ce que l'on peut appeler l'alphabet des dieux (planétaires), qui constitue un code, un langage symbolique. C'est ce langage qui rend possible l'interprétation, qui fait de l'astrologue un interprète, et de l'astrologie, un art toujours recréé, toujours perfectible.

Le langage des astres repose essentiellement sur le principe d'analogie et ses instruments sont les symboles, ces "objets physiques qu'on prend comme signes d'une idée abstraite", selon la définition du Larousse, et qui se trouvent chargés de tout un contenu affectif, véritables réceptacles de notre inconscient collectif : son drapeau pour un patriote, la croix pour un chrétien ou l'anneau que les jeunes mariés se passent au doigt mutuellement en signe d'alliance, ont une signification qui déborde largement les objets en question.

De même, l'expression "voir la vie en rose", qui relie la couleur rose à l'optimisme et à la joie de vivre (alors que le noir est synonyme de ténèbres, de tristesse et de deuil), est certainement compréhensible dans toutes les langues, de même des expressions comme "à l'aube ou au soir de la vie", établissent un parallèle, une comparaison entre une journée et une existence humaine, postulat qu'utilisera symboliquement l'astrologie dans certaines méthodes prévisionnelles, les progressions, que l'on rapproche souvent de la destruction de Jérusalem dont il est question dans l'Ancien Testament, Ezéchiel IV: "Je te compterai un nombre de jours égal à celui de ces années de leur iniquité ...".

Recouvrant des réalités humaines universelles et éternelles, le symbole, instrument du poète, du primitif et de l'enfant, quoiqu'extensible et plastique, parce que susceptible de s'enrichir du contenu spécifique à chaque culture, n'est pas pour autant un fourre-tout, un pot-pourri de toutes sortes d'élucubrations gratuites ou de fantasmes surgis au gré de l'humeur de l'astrologue. Et ce, contrairement aux supputations des adversaires de l'astrologie qui trop souvent pèchent à la fois par ignorance ou mauvaise foi. Une logique du symbole, toujours reconnaissable et transmissible d'un astrologue à l'autre, relie subtilement les différents concepts attachés audit symbole; il y a fusion entre le cerveau droit et le cerveau gauche (entre la logique du raisonnement et la poétique du symbole) qui, lors d'une analyse très inspirée de l'astrologue, peut participer de l'ineffable, exprimer le vécu unique de l'être. D'où la possibilité d'une expérience subjective incommunicable pour "l'astrologisé".

Ainsi, si Pluton, planète de la mort, de l'inconscient, du sexe et de la renaissance, implique aussi la puissance de régénération, et donc la créativité, elle induit de même les concepts de pollution, via la fermentation et la décomposition connectées à la symbolique du Scorpion, signe régi par Pluton. Par le sexe et la mort, cette planète se trouve être corrélée au sida et au cancer. Étonnamment, ces corrélations sont corroborées par les résultats de nombreuses statistiques effectuées par astrologues et médecins. D'autre part, Pluton est également mis en corrélation avec les faits reliés à la pollution de l'environnement, surtout lorsque cette planète est soutenue dans son action par Neptune (cf. "Pluton et Neptune, couple planétaire de la pollution".

Enfin, planète tellurique apportant volte-face et bouleversements irréversibles, Pluton n'est étrangère ni aux séismes géophysiques, ni aux renversements de tendances politiques (cf. le changement fondamental du communisme révélé sous le transit de Pluton sur le Soleil natal de l'URSS en 1989, tout à fait remarquable quand on sait que la révolution zodiacale de cette planète est d'une durée d'environ 248 ans), ni aux problèmes liés à l'exploitation du pétrole. Les grandes crises de cette source d'énergie vitale pour le monde industriel sont reliées à des aspects particulièrement puissants de Pluton; notamment la dernière, celle d'août 1990, qui s'est produite sous une double dissonance de Pluton au Soleil et à Mars. Et c'est toujours et encore Pluton, *last but not least,* qui est mise en corrélation avec les grandes crises de l'individu induisant à leur tour des maladies psychosomatiques telles les allergies et parfois même le cancer... et la boucle symbolique est bouclée. On comprendra par cet exemple combien l'esprit de finesse et l'intuition de l'astrologue se doivent d'être aiguisés, afin d'être en mesure de faire les nuances qui s'imposent entre les différents symbolismes planétaires difficiles, voire impossibles à pressentir ou à prévoir avec précision dans l'une ou l'autre de ses manifestations.

LES ASTROLOGUES - gravure du XVIe siècle. L'un interroge la nuit et l'autre le jour. Le troisième, sous la pluie et dans l'obscurité, symbolise peut-être celle où nous cantonne l'ignorance du savoir astrologique.

En bref, on peut donc considérer que les dix astres du système solaire constituent un système de référence pour tout ce qui existe ici-bas, de la matière inanimée aux êtres vivants.

Les astres sont les paramètres sémantiques de toute la création, chaque planète — ainsi que les luminaires Soleil et Lune, considérés par l'astrologie comme des planètes — reflétant, selon la loi des correspondances, une qualité, un métal, une fleur, une couleur, un objet, un animal, un type humain en affinité avec elle. Il ne s'agit que de savoir lire dans ce monde où tout est interdépendant, où tout est mystérieusement relié comme le démontre si bien la théorie des signatures des hermétistes. On comprendra qu'avec un système référentiel aussi limité — dix astres qui constituent en quelque sorte le signifiant et un signifié qui recouvre une réalité aussi vaste que la création considérée au niveau géophysique, humain, animal, végétal... et touchant aussi bien le plan collectif, politique, sociologique, que le plan individuel, biologique, psychologique, spirituel —, l'astrologie soit la science la plus ambitieuse qui soit, et qu'elle est ainsi digne d'être qualifiée par Honoré de Balzac de "science immense qui a régné sur les plus grandes intelligences". **E.T.**

La théorie des âges

Les Anciens, observant que l'homme est régi par de grands cycles en fonction des rythmes de l'univers, ont construit *une théorie des âges,* selon laquelle chaque âge de la vie se placerait sous l'égide d'une planète, et dont la progression irait dans le sens de l'éloignement des astres par rapport à la Terre. Ainsi :

- **La Lune** (l'inconscient, le nourrisson) gouverne l'être humain de la naissance à 4 ans;
- **Mercure** gouverne la période de 5 à 14 ans (Mercure symbolise aussi l'adolescence);
- **Vénus** (puberté, éveil de l'amour) gouverne la période de 15 à 22 ans;
- **Le Soleil** (conscience du Moi, âge adulte, rayonnement social) gouverne la période de 23 à 41 ans ;
- **Mars** (action, lutte, sexualité) gouverne la période de 42 à 56 ans;
- **Jupiter** (influence, maturité) gouverne la période de 57 à 68 ans;
- **Saturne** (retraite, détachement) gouverne la période de 69 à 99 ans.

Parmi les différentes théories existantes qui, toutes, ont pour but de trouver dans la vie humaine des cycles réguliers marqués par un climat bien défini, il y a celle du cycle des 7 ans (le 12e de la révolution uranienne : 84 ans, ou 1/4 de celle de Saturne) : les 7 premières années sont dévolues à l'élan vital en affinité avec le Bélier; de 7 à 14 ans, l'enfant est dans sa période Taureau : éveil de la sensualité; 14 à 21 ans, période de gémélienne cérébrale, marquée par la curiosité intellectuelle et le besoin d'échanges, etc.

La plus cohérente, astronomiquement parlant, paraît être celle qui reflète les temps de révolution des planètes :

- *âge lunaire* (végétatif, peu conscient et dépendant) : premier mois ;
- âge mercurien (curieux, communicatif) : 2e et 3e mois ;
- *âge vénusien* (besoin de donner et recevoir des marques de tendresse) : du 4e au 8e mois;
- *âge solaire* (conscience du Moi) : de 9 mois à 1 an ;
- *âge marsien* (agressivité, activité musculaire) : de 1 an à 2 ans et demi;
- *âge jupitérien* (croissance, expansion, accroissement du savoir) : de 2 ans et demi à 12 ans;
- *âge saturnien* (choix, responsabilités, obligations et récompenses) : de 12 à 30 ans;
- *âge uranien* (sagesse, émancipation, individualisme, détachement) : de 30 à 84 ans. E.T.

Aspects planétaires et astropsychologie

Les aspects planétaires se présentent sous la forme d'*écarts de longitudes* sur l'écliptique, résultant en quelque sorte de la différence de vitesse de déplacement des corps célestes. Selon Kepler, "l'aspect planétaire est l'angle formé par les rayons émanés de deux planètes et qui, se rencontrant à la Terre, ont la propriété d'exercer quelque influence naturelle." Autrement dit, il s'agit de *connexions planétaires,* d'interférences d'énergies cosmiques différentes, ou de la relation de deux ou plusieurs natures d'énergie, qui impriment à notre psyché ses tendances de base, et constituent en quelque sorte les *complexes psychiques* de la personnalité.

L'aspect peut être formé de deux forces amies qui œuvrent dans une direction commune, en se soutenant l'une l'autre et en s'enrichissant mutuellement. C'est l'aspect *harmonique.* Lorsque au contraire les deux planètes se contrarient, l'aspect est dit *dissonant.* En somme, comme dit Morin de Villefranche : "Deux aspects se comportent comme deux associés ou deux rivaux", générateurs, suivant le cas, de confort psychologique, de sérénité ou, à l'inverse, de tensions psychiques plus ou moins difficiles à vivre. André Barbault s'est penché avec subtilité sur les équivalences astro–psychologiques, découvrant des couples planétaires précis impliqués par exemple dans les états de frustration (Lune/Saturne ou Vénus/Saturne, in "De la Psychanalyse à l'Astrologie", Ed. Le Seuil).

LA GÉOMÉTRIE DES ASPECTS

Fruit de l'école des pythagoriciens, la division du Zodiaque en deux (opposition = angle de 180 degrés), et en quatre (carré ou quadrature = 90 degrés), est conventionnellement disharmonique, engendrant des tensions, tandis que la division par trois (trigone = 360 degrés, soit 3 fois 120 degrés) et par 6 (sextile = 360 degrés, soit 6 fois 60 degrés), est considérée comme harmonique. Ces distances angulaires conventionnelles et traditionnelles n'ont, en dépit des apparences, rien d'arbitraire (cf. L'astrologie face à la science", Les preuves scientifiques..., l'expérience de Nelson).

En somme, tout se passe comme si l'opposition et le carré, de même que la conjonction de certaines planètes dites *maléfiques,* telles Mars, Saturne, Uranus et Pluton, et que je préfère qualifier de "dures", provoquaient des "conflits psychiques", en raison d'un hiatus, d'un décalage, ou d'un affrontement entre des tendances différentes. Le sujet, déchiré ou ballotté, a alors le choix entre :

1 - l'alternance de l'une ou l'autre tendance qui prend le dessus sucessivement dans le comportement ou/et la conscience;

2 - l'inconfort plus ou moins latent et permanent par dénaturation de l'une et de l'autre tendance;

3 - la réaction sublimante, moins fréquente mais plus positive, qui parvient à faire la synthèse et à harmoniser des tendances discordantes, sous l'effet d'une prise de conscience assortie d'un effort.

"Ce qui se ressemble, s'assemble... et s'attire! " En vertu du principe d'analogie, fondamental en astrologie, les planètes positives ou heureuses, bref, les planètes dites bénéfiques (Soleil, Lune, Vénus, Jupiter, et parfois aussi Mercure qui prend la coloration de la planète en aspect), mèneront à l'épanouissement lorsqu'elles feront des alliances harmoniques, tandis que si elles sont en aspect dissonant, elles traduiront simplement les difficultés de l'existence, sans entraîner de situations dramatiques.

Mentionnons à ce sujet les *couples planétaires* dont les tendances sont essentiellement complémentaires :

Soleil–Lune : rapport parental du sujet;
Vénus-Mars : relations avec l'autre sexe;
Jupiter-Saturne : insertion sociale, réalisation.

Lorsque des aspects harmoniques existent entre ces planètes, le sujet est marqué par un équilibre de base sur le plan correspondant. Dans le cas de dissonance, il y a tension, voire *dissociation psychique* dans l'un de ces domaines. Enfin, lorsqu'une

Les différente

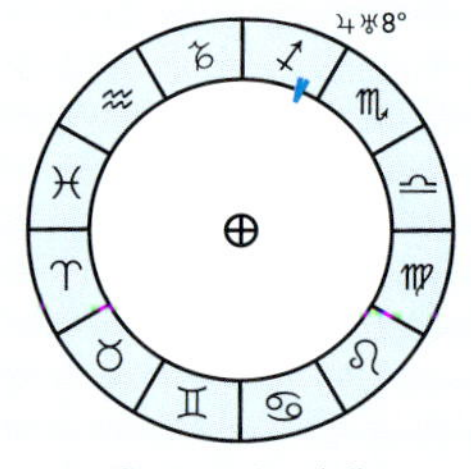

Conjonction (0°)
18-2-83
Départ
d'un nouveau cycle

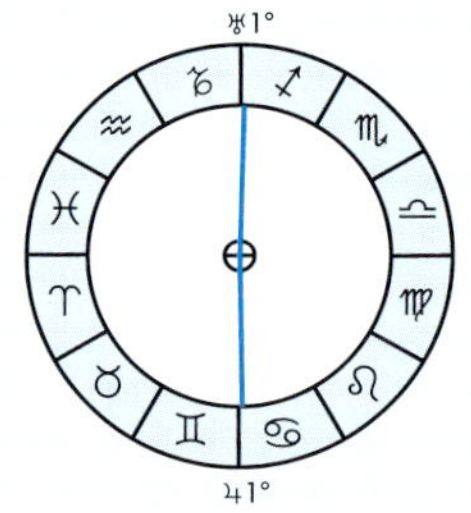

Opposition (180°)
8-8-89

Prochaine conjonction : à 5° du Verseau,

Exemple de cycle planétaire -
phases du cycle Jupiter - Uranus entre deux conjonctions

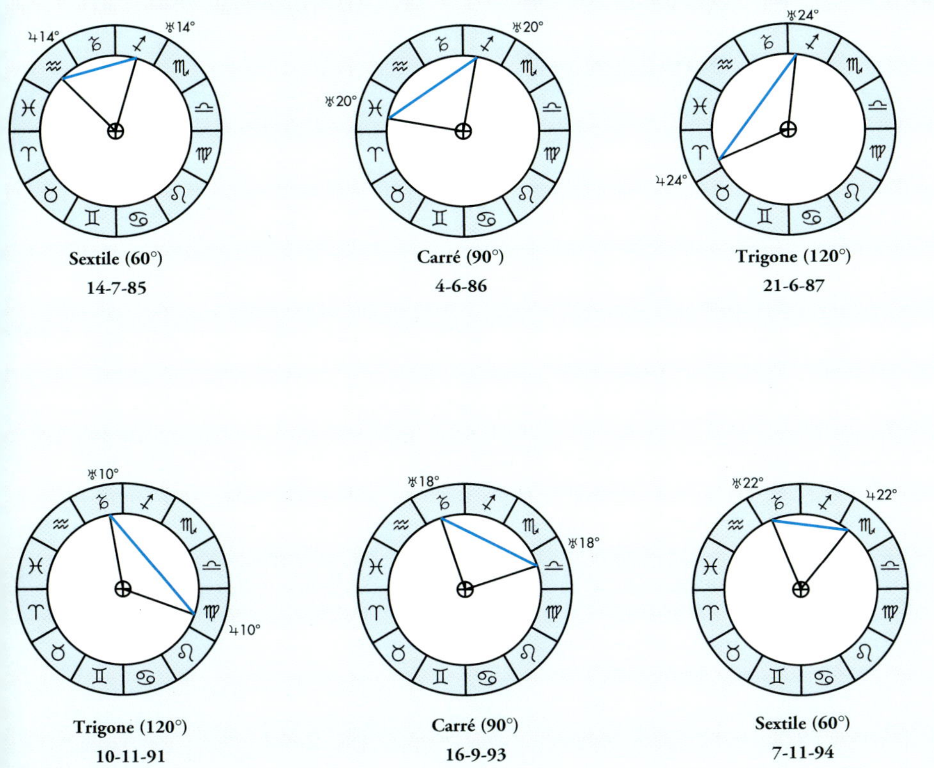

1997.

planète dite bénéfique s'allie à une planète dure (maléfique), l'être a de grandes possibilités d'action et de réalisation, même si tout n'est pas gagné d'avance : un trigone Soleil–Saturne, par exemple, est très réalisateur et constructif. Il révèle qu'à force de persévérance et de sérieux, le sujet atteindra ses objectifs. En revanche, quand deux planètes traditionnellement maléfiques se contrarient, on a des crises, des drames qui sont préjudiciables à la progression du sujet. Mais ces crises peuvent également se révéler des *moteurs* favorisant un progrès psychologique, voire spirituel, notamment lorsque sur ces aspects dissonants se branche quelque sextile ou trigone. Enfin, inutile de souligner que la qualité discordante ou difficile — de même que la complexité de l'interprétation — d'un aspect croît lorsque plusieurs planètes sont en lice. Par exemple, *l'aspect en T,* constitué d'une opposition dont les deux astres se trouvent à leur tour en quadrature avec un troisième point du ciel et, dans le cas où, sur ce troisième point, il y a non pas un astre, mais deux, voire trois en conjonction, le problème de l'interprétation se complique singulièrement. On trouvera en fin d'ouvrage une énumération et une esquisse des aspects planétaires et de leur interprétation.

Pour clore ce préambule, je vous propose la synthèse, clarifiante et humoristique, des principales règles de l'interprétation traditionnelle, selon André Barbault: “Dans le rapport de l'aspect, on peut considérer chaque planète comme un personnage, un partenaire de la partie jouée. Si les astres sont bénéfiques, l'harmonie suggère la notion d'association de deux bienfaiteurs; la dissonance, une dissension entre ces deux bienfaiteurs. S'ils sont maléfiques, l'harmonique peut faire une association de malfaiteurs, sinon l'adaptation d'un malfaiteur au service d'une bonne cause (dans la mesure où l'un des deux astres peut être au service d'un bien); la dissonance est en général une guerre civile de malfaiteurs dont le natif fait les frais. Dans l'aspect d'un maléfique avec un bénéfique, on conçoit que le plus avantagé soit surtout le premier dans l'harmonique; et, dans la dissonance, le plus désavantagé, le second.”

Une remarque s'impose encore en ce qui concerne l'appellation traditionnelle — et très manichéenne — de maléfique et de bénéfique, à propos des aspects. Cette antinomie brutale et arbitraire est loin de refléter la réalité des faits, et ne concerne que l'aspect épidermique et subjectif de l'influx considéré, le sextile, le trigone, ou une conjonction Jupiter-Vénus, par exemple, étant certainement plus facile à vivre que le carré ou l'opposition. Cette dénomination est donc liée à l'instinct de plaisir qui dirige l'homme. Pourtant, un aspect dit maléfique, à cause de la dynamique interne qu'il sous–tend, est bien plus stimulant, tel un aiguillon. Il nous oblige en effet à agir, à décider et à nous dépasser, au lieu de nous prélasser dans un doux bien–être, trop souvent stérile. Ce n'est pas un hasard si les grands créateurs, les esprits pionniers ont des thèmes parsemés de dissonances étonnantes. Celles-ci nous appellent à la prise de conscience de nos tensions, et nous invitent à convertir en nous les énergies planétaires négatives en positives. Comme disait le grand Paracelse, ce n'est pas Saturne au–dessus de nous qui nous fait souffrir, mais Saturne au–dedans de nous ! Évitons donc de dramatiser une interprétation.

Cela nous amène à soulever la question du génie et du fou, bien difficiles, sinon impossibles, à distinguer d'après leurs thèmes. Ceux–ci, en effet, sont le reflet de tensions psychologiques puissantes, mais la marque du dépassement ou de la sublimation n'y est guère inscrite. On chercherait en vain, dans cette structure absolue qu'est le thème d'où toute échelle éthique ou sociale est exclue, une dimension morale, une envergure du personnage. Souvenons-nous à ce propos de l'anecdote du quincailler et du roi d'Angleterre George III, dotés tous deux d'un thème natal identique... et dont tout astrologue non-voyant eut été bien en peine de dire qui allait devenir qui! Ils eurent cependant, comme on le sait, des trajectoires superposables ou parallèles, des événements similaires ponctuant leur existence en même temps... mais l'échelle où celle–ci se plaçait n'était pas la même. E.T.

LES ASPECTS DU SOLEIL :

Soleil-Lune :
- H.(1) : bon équilibre physique et psychique; constitution solide; vitalité; entente avec l'autre sexe; harmonie entre les parents...
- D.(1) (avec conj.) : instabilité; tension entre valeurs masculine et féminine; parfois dysharmonie parentale, voire divorce...

Soleil-Mercure :
- H. (avec conj.) : sociable; sens des contacts; communications faciles; échanges aisés avec l'entourage; bon négociateur; s'exprime facilement; doué pour les professions intellectuelles, le commerce, l'enseignement...
- D. (seul le semi-carré existe, Mercure ne s'éloignant pas assez du Soleil pour former un carré) : contacts difficiles; peu objectif; dispersion mentale; s'exprime difficilement...

Soleil-Vénus :
- H. (avec conj.) : charme; séduction; sens esthétique; nature aimable, délicate; dons artistiques...
- D. (semi-carré seulement) : désinvolte; excès de susceptibilité; superficiel; maniérisme; goût du bluff; nature affectée...

Soleil-Mars :
- H. : nature active, énergique; grande vitalité; courage et assurance; enthousiasme; aime diriger; esprit de décision et d'initiative; faculté de repartir à zéro...
- D. (avec conj.) : agressif; téméraire et cassecou; rivalité subconsciente avec le père (complexe de Phaéton); esprit de contradiction; goût pour les armes; mépris de la faiblesse; la conjonction donne souvent des self-made men...

Soleil-Jupiter :
- H. (avec conj.) : chance, sagesse; optimisme; amour de la vie; tolérance; amour des voyages; générosité; idéalisme; sens de la justice...
- D. : présomption; excès de confiance en soi; désinvolture; orgueil; démesure; paternalisme ostentatoire; bluff; difficulté de se plier aux règles; marginalité...

Soleil-Saturne :
- H. : sens des responsabilités; sérieux; pondération; réalisme; ténacité; endurance; rigueur; profondeur; persévérance; patience; contrôle des émotions; maturité précoce.
- D. (avec conj.) : inhibition; doute de soi; parfois père absent ou trop sévère; rigidité morale; réussite souvent laborieuse, mais forte ambition; austérité; dureté; intransigeance pour soi et autrui; calcul; distance.

Soleil-Uranus :
- H. : invention; originalité; caractère audacieux et autonome; indépendance; sens de l'amitié; aspirations intellectuelles et humanitaires élevées; besoin de changement et d'aventure; innovation.
- D. (avec conj.) : excentricité; extravagance; aime provoquer et choquer; non-conformisme; révolte contre l'autorité et l'ordre établi; difficulté de travailler comme subordonné; coups de tête; imprévisibilité.

Soleil-Neptune :
- H. : inspiration; intuition; délicatesse et subtilité; sens artistique; idées humanitaires; bonté; abnégation; intérêt pour idées mystiques et religieuses; tolérance; prémonition.
- D. (avec conj.) : manque de réalisme; crédulité; naïveté; caractère influençable, parce qu'impressionnable; complexe d'infériorité; attiré par faux gourous; attrait pour paradis artificiels (drogues, alcool, médicaments)...

Soleil-Pluton :
- H. : pulsions et instincts puissants; énergie créatrice; faculté de régénération; volonté de puissance; caractère passionné; forte ambition; sexualité intense.
- D. (avec conj.) : fanatisme; matérialisme; volonté de puissance; pulsions violent; arrivisme; fascination pour l'argent; autodestructeur; rapports de force; pulsions irrépressibles.

Soleil-Ascendant :
- H. (avec conj.) : constitution solide; bonne vitalité; fort magnétisme; énergie créatrice; bonnes relations avec l'Autre et avec le public (bon aspect avec descendant); forte volonté; confiance en soi; mariage réussi...
- D. : faible vitalité; dualité entre le moi profond et l'apparence sociale; relations difficiles avec l'Autre et le public; parfois, manque de confiance en soi ou tendances schizoïdes.

Soleil-MC :
- H. (avec conj.) : succès professionnel et social; protection par personnes influentes; parfois célébrité; aptitudes de meneur; élévation facile; aptitudes et talents bien utilisés; on peut réaliser ses aspirations profondes.
- D. : élévation personnelle et professionnelle contrariée; obstacles freinent la carrière; conflits avec autorités; on exploite mal ses talents; parfois perte de prestige; image publique médiocre ou décalée par rapport à sa vraie personnalité.

LES ASPECTS DE LA LUNE

Lune-Soleil : voir Soleil-Lune !

Lune-Mercure :
- H. (avec conj.) : imagination féconde; excellente mémoire; sociabilité; expansivité; éloquence; tolérance et ouverture d'esprit; sens de l'humour; don pour les langues, l'écriture, l'enseignement; parfois réussite précoce; bon sens.
D. : lunatique; pensée peu objective; réaction capricieuse et irrationnelle, voire frivoles ou égoïstes; tendance à mentir et à médire; troubles digestifs ou nerveux; bavardage; peu de sens pratique.

Lune-Vénus :
- H. (avec conj.) : charme; sensualité; élégance; caractère sympathique et affectueux; joie de vivre; (pour femmes: signe de fécondité et de bonne santé); imagination artistique; contact facile avec les autres; forte attraction pour les arts (musique, théâtre...); parfois mariage précoce et heureux; liens harmonieux avec la mère et avec les femmes.
- D. : paresse; indolence; frivolité; inconstance; caprice; émotivité excessive; sensiblerie; caractère influençable; n'aime pas l'effort; narcissisme; chez l'homme: parfois misogynie ou tendances homosexuelles; circulation veineuse difficile (varices); apparence extérieure peu soignée; relations affectives superficielles ou instables, changeantes; nature dépensière.

Lune-Mars :
- H. : tempérament émotif et passionné; audace; courage; énergie; combativité; autorité; contacts faciles; instinctives; fougueux; comportement actif et extraverti; impulsif; volontaire; ambitieux; entreprenant; grande capacité de travail par besoin d'action.
- D. (avec conj.) : irritabilité; agressivité par excès d'émotivité; réactions instinctives difficilement contrôlables et violentes; esprit de contradiction; impatience; résistance physique inégale; tendance aux fièvres et inflammations, aux chutes; systèmes nerveux ou digestif fragiles; peu sociable; situation sociale instable; rapports avec femmes (ou la mère) difficiles ou agressifs; problèmes de maîtrise de soi...

Lune-Jupiter :
- H. (avec conj.) : nature optimiste, joviale, de bon vivant; chance; générosité; honnêteté; sens moral développé; bonne humeur; bonne constitution; réussite sociale facilitée; parfois célébrité.
- D. : tempérament jouisseur et insouciant; tendance à la boulimie, aux excès de toute sorte; avidité matérielle (parfois liée à un syndrome de frustration maternelle); nature mondaine et superficielle; fragilité hépatique; nature dispendieuse; gaspillage.

---

(1) H : harmonique
D : dissonant

Lune-Saturne :
- H. : esprit constructif et raisonnable; maturité précoce; patience; persévérance; nature économe; prévoyance; prudence; relation maternelle harmonieuse, mais distante; sens des responsabilités.
- D. (avec conj.) : inhibition; complexe de sevrage (mère frustrante ou absente); sentiment de culpabilité; pessimisme; inquiétude; misanthropie; tendance aux maux chroniques (estomac, peau) et aux chutes; égoïsme; imagination freinée; rancune; tempérament soupçonneux, solitaire et farouche.

Lune-Uranus :
- H. : indépendance; esprit d'aventure; idées originales; tempérament exalté; puissance émotionnelle; goût du risque et du changement; esprit inventif; mobilité des états d'âme; intuition; coups de chance.
- D. (avec conj.) : excentricité; réactions imprévisibles et irréfléchies; tempérament cyclothymique ou hypernerveux; provocateur; besoin de choquer; misogynie; tendance à l'homosexualité (féminine); parfois troubles nerveux ou mentaux; coups de tête; forte tension émotionnelle.

Lune-Neptune :
- H. : inspiration mystique ou artistique; intuition quasi-médiumnique; goûts raffinés (musique, peinture, etc...); bienveillance; douceur; compassion; dévouement (parfois jusqu'au sacrifice); rêves prémonitoires; attirance pour le merveilleux et le surnaturel, l'invisible, le cosmique.
- D. (avec conj.) : nature distraite, rêveuse, influençable et crédule; fuite possible dans les paradis artificiels; tendance aux illusions; risque de tromperies; sensibilité à fleur de peau; confusion sentimentale; déceptions ou trahisons possibles; manque de réalisme et d'objectivité dans le domaine des sentiments; rapports empreints de confusion et d'incertitude avec la mère (ou la femme).

Lune-Pluton :
- H. : sentiments intenses; forte volonté; libido puissante; ambition; l'instinct est en prise directe avec l'inconscient collectif; grande force de régénération physique et mentale; don pour télépathie ou occultisme; émotions secrètes et puissantes; goût de l'occulte; souvent mère dominatrice.
- D. (avec conj.) : envie de dominer; tempérament jaloux et possessif; destructeur; émotions brusques et puissantes; ne supporte aucune influence parentale (surtout maternelle); impatience chronique; rapports de force; fanatisme; pulsions difficilement contrôlables; fortes tensions intérieures; caractère tyrannique; haine des compromis; crises; doutes; obsessions morbides; esprit rancunier; tourmenté; sens du drame.

Lune-Ascendant :
- H. (avec conj.) : caractère doux et calme, rêveur, influençable; bonne intuition; émotions équilibrées; imagination fertile; excellente mémoire; dons littéraires (cf. statistiques de M. Gauquelin); bonne et importante relation avec la mère (et les femmes); harmonie intérieure; équilibre psychique; bonne vitalité; perception intuitive de l'ambiance.
- D. : caractère changeant, lunatique, capricieux; incohérence; manque d'initiative, de volonté et de suite dans les idées; entente difficile avec la mère (ou les femmes); mélancolie; passivité; timidité; complexe d'infériorité; manque de franchise...

Lune-MC :
- H. (avec conj.) : popularité; bon contact avec le public; la mère (ou la femme) joue un rôle important dans l'élévation sociale; changements professionnels fréquents; succès possible dans la littérature (cf. statistiques de Gauquelin); fin de vie calme et agréable; atmosphère familiale harmonique; travail en équipe bénéfique, surtout avec les femmes.
- D. : la mère ou les femmes peuvent perturber la carrière professionnelle; passivité; paresse; des problèmes familiaux constituent un frein à la réussite.

LES ASPECTS DE MERCURE

Mercure-Vénus :
- H. (avec conj.) : charme; grâce; joie de vivre; gaieté; caractère sociable; élocution facile; esprit courtois; on s'exprime avec élégance et raffinement; sens esthétique; harmonie entre esprit et sentiments; dons artistiques; voix agréable.
- D. (seul le semi-carré existe) : esprit superficiel; frivole; hâbleur; tendances aux intrigues amoureuses; nature mièvre et sentimentale; indolence; hypocrisie; moralité médiocre; nervosité excessive; fuite devant responsabilités; laxisme.

Mercure-Mars :
- H. : esprit vif et caustique, franc et direct; humour; ironie; enthousiasme; entrain; goût du risque, de l'aventure et de la vitesse; dextérité manuelle et mentale; bon polémiste; sens critique; dons littéraires; on tend à réaliser ses idées; argumentation claire et nette; esprit de répartie.
- D. (avec conj.) : agressivité verbale; caractère querelleur; esprit caustique; tendance à la mauvaise foi; recherche de la discussion; manque de délicatesse; esprit provocateur; irritabilité nerveuse; impulsivité mentale; goût du risque (attention aux accidents); par impulsivité ou témérité; comportement bavard; victime ou agent de calomnies.

Mercure-Jupiter :
- H. (avec conj.) : intelligence synthétique; esprit ouvert, juste, tolérant, protecteur, respectueux des us et coutumes et des lois; courtoisie; éloquence; dons littéraires; bon jugement; chance en affaires via négociations, écrits; voyages propices.
- D. : tendance irrespectueuse, immorale ou hypocrite; excès de confiance en soi; jugement erroné; manque de scrupules; négligence; esprit dispersé; accrochages avec la loi.

Mercure-Saturne :
- H. : intelligence pratique et constructive; recul et logique; esprit pénétrant et scientifique; jugement objectif; grand capacité de travail et de concentration; prévoyance; épargne; intégrité morale.
- D. (avec conj.) : difficultés d'élocution et de communication; solitude morale; caractère méfiant; inquiet; recherche exacerbée des causes premières, de la vérité; moralisateur; pessimiste; calculateur; parfois avare; manque de souplesse et d'adaptation; enfance souvent triste; sens (auto) critique; tendance au complexe d'infériorité; parfois tendances aux accidents de la circulation...

Mercure-Uranus :
- H. : esprit original, inventif et non-conformiste; goût du changement; puissantes facultés mentales; aptitudes pour l'astrologie; intérêt pour l'aéronautique, l'électronique ou la science-fiction.
- D. (avec conj.) : intelligence vive mais esprit de contradiction; idées excentriques; tension nerveuse; amour de la vitesse; caractère imprévisible; indépendance et individualisme; parfois inventions géniales; dispositions scientifiques; esprit percutant et irritable; témérité - d'où risque - dans le domaine de l'aviation.

Mercure-Neptune :
- H. : intelligence intuitive et raffinée; sens artistique; imagination créatrice; inspiration poétique ou mystique, dispositions pour sciences occultes; sens de l'humour;

subtilité; parfois: perceptions extrasensorielles.
- D. (avec conj.) : esprit distrait, confus et prédisposé à la tromperie ou à l'illusion (y compris en affaires); difficulté de concentration; angoisses irrationnelles; doute de soi; caractère influençable; parfois risque de voyages par mer.

Mercure-Pluton :
- H. : esprit pénétrant; l'instinct nourrit la pensée, d'où intelligence perspicace et critique; nature secrète et dominatrice; talent pour la médecine; attrait pour le domaine des assurances, la profession de notaire et pour la recherche; grande créativité.
- D. (avec conj.) : intelligence instinctive; sens critique développé; sadisme mental; esprit manipulateur; (recherche du pouvoir sur autrui) goût pour les intrigues; intolérance; crises; dissimulation; esprit tourmenté, négatif et soupçonneux.

Mercure-Ascendant :
- H. (avec conj.) : contacts faciles; bonne élocution; grandes aptitudes intellectuelles et goût pour les études; bonne faculté d'adaptation; diplomatie; subtilité; malice; sens du commerce; caractère jeune et drôle; joueur; goût du dialogue, des activités de porte-parole ou de médiateur; attrait pour le journalisme, la littérature ou les relations publiques.
- D. : influençable; opportuniste; insouciant; léger; attitudes imprévisibles; système nerveux vulnérable; difficultés de contact avec adolescents ou frères et sœurs; contacts avec public ou partenaire difficiles.

Mercure-MC :
- H. (avec conj.) : dons pour l'écriture, la négociation; aptitude au commerce, de la communication (profession de journaliste, écrivain, agent...); bonne entente avec la mère; nombreux voyages professionnels; facilité d'expression.
- D. : manque de souplesse dans les idées; relations difficiles avec les parents; système nerveux vulnérable; frein possible dans les études; les contacts professionnels peuvent poser des problèmes dans l'existence.

LES ASPECTS DE VÉNUS

Vénus-Mars :
- H. : élans affectifs spontanés, passionnés et généreux; tempérament extraverti et chaleureux; attitude franche et sincère dans relations amoureuses ou amicales; bonne entente avec l'autre sexe; dispositions artistiques; vie amoureuse et sexuelle précoce et harmonieuse.
- D. (avec conj.) : rapports difficiles avec l'autre sexe; on aime sans désirer et on désire sans aimer; parfois misogynie; fortes pulsions sexuelles; manque de tact; entente familiale médiocre (avec les filles surtout); quête inlassable du grand amour; nombreuses aventures; esprit velléitaire; indolence.

Vénus-Jupiter :
- H. (avec conj.) : optimisme; confiance en soi; nature affectueuse, généreuse, chaleureuse et sensuelle; fécondité chez la femme; attitude protectrice; amour du confort et des plaisirs; chance en amour; dons artistiques; épanouissement affectif; extraversion.
- D. : excès sensuels; nature indolente et dépensière; goûts du luxe; laxisme; sentiments exagérés; tendances immorales; luxure; matérialisme; sensualisme; hédonisme.

Vénus-Saturne :
- H. (avec conj.) : fidélité; sentiments mesurés, voire raisonnés et raisonnables; pudique; attirance pour partenaires plus âgés; attachement lent et profond; inhibé; sens de l'économie; tempérance; stabilité affective.
- D. : sentiment de frustration fréquent; traumatisme affectif dans l'enfance; doute de soi et des autres; froideur; indifférence; ambivalence et refus; avidité de l'amour; plaisirs mesurés ou censurés; tendance à l'ascétisme; angoisse de la séparation; éventuellement gérontophilie.

Vénus-Uranus :
- H. : préférence pour plaisirs originaux; nature progressiste; projets audacieux; les sentiments sont élevés et intellectualisés; morale libre, affranchie; goût du changement, des surprises, de l'imprévu en matière de sentiment.
- D. (avec conj.) : instincts anti-conventionnels; caractère original aimant plaisirs défendus; provocateur; coups de tête dans relations amoureuses ou amicales; nature portée aux coups de foudre ou aux ruptures subites; peu de stabilité affective; tendances homosexuelles par goût de la différence et de la provocation.

Vénus-Neptune :
- H. : sentiments idéalisés et magnifiés; inspiration artistique; parfois sacrifice de soi; amour des arts (musique, peinture, etc...); compassion; sensibilité réceptive, cosmique; contemplation; nature sentimentale, romantique; idéalisation de la mère.
- D. : psychisme exagérément plastique (l'homme est assujetti à l'image de la femme); utopie; tromperie; coquetterie; narcissisme; nature influençable; imagination fertile, parfois mythomanie; gaspillage; rêveur utopique; cachottier en amour; confusions émotionnelles; scandale; intrigues; paresse; laxisme; vice; perversions sexuelles; masochisme.

Vénus-Pluton :
- H. : entente passionnelle; créativité artistique; forte attirance pour l'autre sexe; pulsions sexuelles exigeantes mais équilibrées; rapports amicaux profonds; élans amoureux intenses et profonds; facilité pour gagner de l'argent; émotions fortes, instinctives.
- D. : comportement despotique; passions irrésistibles, parfois destructrices; rapports de force, surtout avec la mère ou la femme; sexualité exigeante; tendances sadomasochistes; sentiments tourmentés; idylles secrètes; attachement fanatique; goût du drame, voire du tragique.

Vénus-Ascendant :
- H. (avec conj.) : charme; séduction; gentillesse; souvent physique agréable; équilibre psychique; dons artistiques; sens esthétique; relations avec l'autre sexe faciles et harmonieuses; raffinement et bon goût; rayonnement et parfois charisme...
- D. : préoccupations amoureuses et sensuelles excessives; manque de goût; caprices; paresse; mollesse; problèmes avec le partenaire, la mère, les femmes (indice de célibat ou mariage tardif); jalousie; excès de tous ordres (table, boissons).

Vénus-MC :
- H. (avec conj.) : succès professionnel en relation avec l'art et la beauté; le plaisir; le luxe; la mode; les bijoux; réussite facilitée; soutien féminin; affaires sentimentales jouent un rôle important; réussite charismatique.
- D. : manque de goût; problèmes affectifs influencent destinée; réussite sociale compromise par mollesse, faiblesse ou paresse; impact excessif des relations amoureuses sur la carrière; jalousies et rivalités féminines; négligence dans les affaires.

LES ASPECTS DE MARS

Mars-Jupiter :
- H. : tempérament actif, dynamique et entreprenant, "militaire"; forte énergie

vitale; nature optimiste, généreuse, mais expéditive et protectrice, passionné, loyale, qui aime lutter pour une grande cause; amis influents; esprit de décision.
- D. (avec conj.) : manque de contrôle; frimeur; arrogant; téméraire; énergie mal canalisée; colères violentes; manque de tact; fanatisme; agressivité débridée; sens moral faible.

Mars-Saturne :
- H. : sens du devoir et des responsabilités; puissance de travail; endurance; sang-froid dans situations difficiles; patience et courage; ambition; travail méthodique; forte volonté; persévérance et ténacité.
- D. (avec conj.) : pulsions freinées; soupçons; rigidité; vitalité réduite; contrôle de soi et surmoi excessif; parfois, influence paternelle pesante, culpabilisante; réactions autodestructrices; parfois colères violentes; dureté; méchanceté; pessimisme; peu d'endurance; froideur; indifférence; tendance à l'inhibition sexuelle ou impuissance.

Mars-Uranus :
- H. : étonnantes ressources d'énergie; invention; comportement nerveux, facilement survolté; originalité; sens technique développé; progressiste; grande indépendance d'esprit et de l'action; magnétisme...
- D. (avec conj.) : agressivité; énergie anarchique: fanatisme; manque de réalisme, de persévérance et de tact; témérité; goût de la vitesse et du risque; tempérament colérique; excentrique et têtu; système nerveux hypersensible, survolté (souvent problèmes de sommeil); impatience à fleur de peau; esprit de contradiction systématique.

Mars-Neptune :
- H. : beaucoup d'instinct et d'intuition; bonnes dispositions pour l'art (surtout la danse) et sciences occultes; sexualité mystique; prémonitions; idéalisme; esprit prosélyte; intérêt pour institutions humanitaires.
- D. (avec conj.) : action désordonnée et incohérente; manque de discipline; perte d'énergie; vulnérabilité aux scandales, aux coups bas et intrigues; tendance à agir par des moyens douteux ou détournés; imagination et sexualité débridées; penchant pour paradis artificiels (alcool, drogues, médicaments); intuition quasi-médiumnique.

Mars-Pluton :
- H. : réserve d'énergie redoutable; puissante créativité; magnétisme personnel; fortes pulsions; volonté de fer; courage mis souvent au service d'une cause collective; instinct puissant; constitution robuste; grande puissance de travail; volonté de puissance; goût pour l'action réformatrice.
- D. (avec conj.) : agressivité sous-jacente; pulsions irrésistibles et parfois (auto)destructrices; rancune; manque d'égards; témérité parfois suicidaire; instinct de domination; dureté; parfois cruauté mentale ou physique; attitude tyrannique avec l'entourage.

Mars-Ascendant :
- H. : attitude énergique, positive, combative et directe dans la vie; optimisme vital; goût du sport et de la compétition; tempérament actif; courageux; franc; passionné; esprit d'initiative; réalisme.
- D. : nature irritable, impatiente, colérique, agressive, téméraire, voire extrémiste et brutale; précipitation; tendance aux fièvres, aux maux de tête et aux accidents; besoin d'avoir le dernier mot.

Mars-MC :
- H. : combativité; sens du commandement; réussite à la force du poignet; attrait pour le sport et la compétition; ascension professionnelle favorisée par l'esprit d'entreprise et l'audace; carrière indépendante.
- D. (avec conj.) : conflits professionnels; rivalités; luttes; destinée en dents de scie, heurtée; la conjonction bien respectée donne souvent des sportifs, des chefs d'entreprise, des militaires ou des chirurgiens (cf. statistique de M. Gauquelin).

LES ASPECTS DE JUPITER

Jupiter-Saturne :
- H. (avec conj.) : succès; esprit constructif et réalisateur; vision à long terme; personnalité épanouie, efficace, méthodique; expansion sociale; nature diplomate; rectitude morale; chance réalisatrice.
- D. : expansion sociale freinée; manque de rigueur, d'esprit de suite et d'organisation; manque de stabilité; pessimisme; idées rigides; chance contrariée.

Jupiter-Uranus :
- H. : activités originales; ouvert au progrès; âme de bâtisseur; créativité et enthousiasme; coups de chance; optimisme; sens des réformes; indépendance; esprit innovateur; amis influents.
- D. (avec conj.) : bouleversements; projets utopiques; parfois fanatisme; révolte contre toute autorité; complications légales ou fiscales; renversements de situation brutaux et irréversibles ("tuiles"); impulsivité; manque de sens pratique; peu de chance avec spéculations; tempérament excentrique; refus de toute autorité.

Jupiter-Neptune :
- H. (avec conj.) : caractère philanthropique et optimiste; don de soi; idéaux élevés; nature bonne, protectrice et poétique; tendances philosophiques, spirituelles ou mystiques prononcées; générosité; imagination et inspiration; le facteur chance intervient dans la destinée.
- D. : projets utopiques; tromperie; gaspillage; paradis artificiels; progression sociale perturbée par circonstances mystérieuses ou un scandale; crédulité; souvent vie bohème; sentimentalité; manque d'objectivité; parfois, malchance mystérieuse et inexplicable.

Jupiter-Pluton :
- H. (avec conj.) : aptitude à se régénérer, à repartir de zéro; autorité naturelle par magnétisme; chance financière; on renaît toujours de ses cendres; forte sensualité et instinctivité; sens de l'organisation et réalisme dans les affaires; les nombreux projets assurent la réussite.
- D. : forte volonté de puissance; révolte contre l'autorité; conflits avec l'Administration; tendance à abuser du droit du plus fort; arrogance; se prend au sérieux; problèmes légaux; on peut se trouver en porte-à-faux avec la mode, avec sa génération, avec le consensus général; éventuelle fragilité du foie et du système neurovégétatif; tendance à l'embonpoint.

Jupiter-Asc. :
- H. (avec conj.) : attitude optimiste et bienveillante, joviale; confiance en soi; goût du confort; faculté de jouir de l'instant qui passe; tolérance; nature de bon vivant; santé excellente.
- D. : prétention; vanité; goûts de luxe; surestimation de soi; attrait pour l'argent; fausses promesses; esprit souvent superficiel ou désinvolte; manque de considération pour autrui; risque de troubles hépatiques et circulatoires; manque de ténacité dans les projets; parfois nature paillarde; goût du bluff.

Jupiter-MC :
- H. (avec conj.) : ambition sociale favorisée par des soutiens puissants et par la chance; postes de responsabilité; indépendance matérielle; chance dans les affaires; bons rapports avec famille; franchise et optimisme; idées généreuses et

constructives; aptitudes pour finances, politique, édition, profession d'acteur.
- D. : conflits avec l'autorité ou les lois; ambitions sociales inconsidérées ou utopiques; réussite difficile ou qui se fait contre la loi, les règlements; parfois manque de sens pratique; problèmes familiaux; risque de procès.

LES ASPECTS DE SATURNE

Saturne-Uranus :
- H. : harmonie entre passé (famille, éducation, consensus social, etc.) et idées nouvelles; ouverture d'esprit; changement dans la continuité; objectivité; maturité; esprit réformateur et rationnel; intelligence et idées constructives; esprit original; volonté réalisatrice; dons pour sciences naturelles, techniques d'avant-garde et politique; excellent organisateur.
- D. (avec conj.) : peu de sens pratique; idées utopiques; contre toute autorité; rigidité intellectuelle; difficultés d'adaptation; incohérence : on tombe d'un extrême à l'autre (alternance d'inhibition et d'action progressiste); conflit intérieur entre conservatisme réactionnaire et progressisme révolutionnaire; manque de concentration et de logique.

Saturne-Neptune :
- H. : alliance de réalisme et de talent visionnaire; contrôle de soi; imagination constructive; convictions profondes et inspirées; buts humanitaires; idéal social; dons pour recherche; intuition profonde; on voit loin et juge les choses à leur vraie valeur (on connaît ses propres faiblesses); endurance et concentration; parfois sixième sens; on sait donner une forme concrète à ses rêves.
- D. (avec conj.) : complexe d'infériorité (excès ou manque de surmoi, d'influence paternelle); possibilité de scandale motivé par envie, jalousie ou fatalité; angoisses; phobies; hypochondrie; tendance à la dépression; fanatisme; utopie; fuite (ou hantise) devant responsabilités; parfois problèmes avec alcool ou drogues, ou mystère autour du père; manque d'honnêteté; hypocrisie; complexe de persécution; mythomanie.

Saturne-Pluton :
- H. : puissance réalisatrice; pulsions fortes, mais contrôlées; aptitudes à renaître de ses cendres; la vie est chevillée au corps; endurance; contrôle de soi; on va au fond des choses; talent d'organisation, qui n'a pas peur de l'effort tenace; réussite financière (tardive).
- D. (avec conj.) : tendance à l'auto-destruction (instinct de mort puissant); esprit dominateur, tyrannique et pessimiste; victime de cabales; parfois victime d'événements collectifs de nature extrémiste; fanatisme; matérialisme; égoïsme; intolérance.

Saturne-Asc. :
- H. : nature réfléchie, prudente, circonspecte; aptitude pour travaux de longue haleine; caractère responsable, sérieux, pondéré, réaliste; parfois hypochondriaque et pessimiste, conservateur; sens pratique; nature honnête et persévérante; dons pour les mathématiques et la recherche (cf. statistiques de M. Gauquelin); longévité (souvent après fragilité dans première enfance).
- D. (avec conj.) : complexe d'infériorité; timidité; caractère peu sociable; parfois indication de célibat; difficultés d'adaptation; mélancolie; pessimisme; méfiance; manque de confiance (en soi et dans les autres); problèmes avec partenaires ou associés; indifférence; santé fragile; disposition pour maladies chroniques (surtout problèmes de peau ou dentaires); possible mésentente avec le père.

Saturne-MC :
- H. : réussite lente, mais sûre, parfois tardive; ténacité; position sociale stable; réussite financière en raison des facultés de prévoyance; soutien paternel (parfois succession du père); postes de confiance; sens des responsabilités; constructif; ambitieux; faculté de travailler dur; bon organisateur; intégrité; activité jusque tard dans la vie; favorise tout ce qui touche à la terre, la politique, l'immobilier, les sciences...
- D. (avec conj., sauf si elle reçoit des bons aspects) : ascension difficile, freinée par problèmes familiaux, obstacles extérieurs; manque d'audace et de confiance en soi; le père (ou la famille) peut s'opposer au choix de la profession; revers professionnels provoqués par la malchance; manque d'initiative; position subalterne; pour une femme : mariage de raison avec partenaire plus âgé; la conjonction indique souvent une réussite tardive, acquise à la force du poignet, parfois après une enfance pauvre et/ou difficile, par ténacité; position sociale élevée et à responsabilités, avec risque de crise, voire de chute en fin de parcours.

LES ASPECTS D'URANUS

Uranus-Neptune :
- H. : en tant qu'aspect de génération (sont concernées les naissances entre 1939 et 1945), il devient essentiel de considérer les Maisons et les signes : donne parfois des grandes ouvertures spirituelles; créativité artistique et technique à la fois; amour de l'art (surtout musique); attirance pour les choses mystiques et occultes; idéalisme; inspiration et imagination; parfois sixième sens.
- D. (avec conj.) : aspect de la génération née dans les années 40 (voir plus haut) : confusion émotionnelle; idées excentriques; révolte plus ou moins anarchique contre toute autorité; nervosisme; crédulité dans faux gourous, scepticisme, méfiance de tout idéalisme; idéalisme confus et utopique; attirance pour sectes et magie; manque d'harmonie psychique; insatisfaction pathologique; attirance pour paradis artificiels (drogues, alcools, médicaments).

Uranus-Pluton :
Comme Uranus-Neptune c'est un aspect de génération et il faut tenir compte de la position en Maisons et en signes :
- H. (entre 1920 et 1924, entre 1942 et 1946, entre 1993 et début 1999) : forte volonté de changement; idées réformistes; intérêt pour la vie après la mort et la réincarnation; idées originales, parfois géniales (cf. Maisons impliquées); ressources vitales extraordinaires; parfois succès exceptionnels; instinct et intuition se renforcent et collaborent.
- D. (avec conj., les époques concernées sont 1900 à 05, 1915 à 17, 1930 à 34, 1963 à 69, 2010 à 16) : besoin impératif de libération, révolte contre toute contrainte et toute autorité aliénante; esprit de rébellion et soif de réformes sociales; intransigeance tyrannique; victime d'événements collectifs (catastrophes naturelles, guerres, épidémies, etc.); pulsions irréfléchies et extrémistes; idées rigides; tendances révolutionnaires ou anarchiques; fortes tensions intérieures; nature tourmentée.

Uranus-Asc. :
- H. : esprit ouvert, curieux et original; inventif; individualiste; intelligence rapide et innovatrice; goût pour l'aventure, l'imprévu; souvent partenaire ou conjoint indépendant, qui partage les mêmes goûts; nature non-conformiste; esprit réformateur; mariage après coup de foudre; bonne intuition dans les rapports avec les autres; sens de l'amitié.
- D. (avec conj.) : désir de provoquer et de choquer; nature excentrique et impré-

visible; complexe de supériorité; instabilité; besoin de changements permanents; sautes d'humeur; agitation fébrile; arrogance; parfois mariage précipité ou divorce; irritabilité; tendance à la misanthropie par individualisme forcené; dons intellectuels, mais trop excentriques ou trop en avance sur l'époque; troubles nerveux; sommeil agité; comportement hystérique.

Uranus-MC :
- H. : réussite professionnelle favorisée par un esprit inventif et original et par des circonstances fortuites et inopinées; intuition et coups de chance aident la carrière; soutien d'amis influents; vie sociale riche et variée; parfois parents exceptionnels, célèbres ou originaux; profession indépendante, souvent liée aux ondes (radio, télévision, cinéma, électronique etc...); dons pour sciences occultes et l'astrologie; on aime expérimenter de nouvelles méthodes de travail; sens de l'hospitalité; goût pour les œuvres humanitaires.
- D. : projets utopiques et fantasques; individualisme forcené; ami(e)s excentriques; destinée souvent instable : changements brusques et fréquents de carrière ou de domicile; le sujet ne supporte ni autorité ni routine; fuite devant les responsabilités familiales; peur panique de voir sa liberté aliénée.

LES ASPECTS DE NEPTUNE

Neptune-Pluton :
Ces aspects entre les deux planètes les plus lentes ont surtout des répercussions collectives et sont des "aspects de génération". Pratiquement toute la seconde moitié du XXe siècle est sous l'influence du sextil entre Neptune et Pluton. Avant cela on trouve entre 1929 et 1933 un semi-carré (aspect négatif) responsable de la période catastrophique d'inflation mondiale.
- H. : cet aspect marque à la fois les progrès de notre civilisation et ses revers (matérialisme, perte du sens de l'aventure, goût excessif pour la sécurité matérielle). Dans un thème individuel, son influence dépend surtout de la position dans les maisons. Mais en général, cet aspect donne des aptitudes artistiques et scientifiques, de l'intérêt pour occultisme et beaucoup d'intuition...
- D. : marque une génération qui a souffert de la destruction des structures sociales et économiques, qui fut parfois victime de corruption (*cf.* Prohibition) ou des institutions politiques... Si une des deux planètes est en conjonction avec l'ascendant ou le MC, ou un autre facteur important du thème, la destinée est souvent difficile, marquée par des influences collectives négatives; tendance au fanatisme; matérialisme outrancier.

Neptune-Asc. :
- H. (avec conj., si celle-ci reçoit des bons aspects) : sensibilité plastique aux ambiances, à l'air du temps, à l'esprit d'une époque; inspiration; intuition; imagination débordante; idéalisme; attrait pour mouvements humanitaires; élans spirituels et religieux; compassion; rêves; prémonitions; sixième sens; intuition quasi-médiumnique; beaucoup de sens social; gagne facilement la confiance d'autrui; rapports avec le partenaire harmonieux; épanouissement.
- D. : doute de soi; angoisses; manque d'objectivité et de force de caractère; dons artistiques, qui peuvent rester latents par esprit velléitaire, utopique; tendance à fuir la réalité; sujet vulnérable aux paradis artificiels (alcool, drogues); complexe d'infériorité; rapports confus avec les autres, le partenaire ou le public; parfois tromperie (active ou passive); on est mal perçu par l'entourage.

Neptune-MC :
- H. : vocation professionnelle ayant trait à l'art (poésie, musique, etc.), aux sciences humaines et occultes (astrologie, médecine...) ou aux activités philanthropiques ou humanitaires; destinée parfois favorisée par courants collectifs; aptitude pour réussir dans les professions liées à l'eau ou aux liquides, aux médicaments, à l'alcool, voire à la diplomatie; parfois la chance pure intervient dans la carrière; sixième sens dans les affaires; bonne image public; vie de famille harmonieuse; popularité; habite souvent au bord de l'eau...
- D. : projets utopiques et peu réalistes; manque de sens pratique; destinée chaotique et erratique, liée parfois aux événements collectifs; tendance à la dispersion, au laisser aller, à l'aquoibonisme; paresse et manque d'objectivité sur le plan professionnel; on fuit les obligations (aussi bien professionnelles que familiales); intérieur peu ordonné et bohème; nomadisme; parfois complexe social lié à l'origine; un scandale peut compromettre l'ascension sociale.

LES ASPECTS DE PLUTON

Pluton-Asc. :
- H. : passion; détermination; forte créativité; puissant magnétisme, voire effet de fascination; désir de dominer les autres, le partenaire; instincts (sexuels) puissants; attrait pour l'argent; ressources vitales exceptionnelles; grand pouvoir de régénération et de récupération physique; influence dynamisante sur l'entourage;
- D. (avec conj.) : soif de pouvoir; tendances (auto-)destructrices; angoisses et désirs obsessionnels; sexualité culpabilisante ou inhibée, refusée; rapports de force (surtout avec conjoint); manque de tolérance; caractère jaloux et tyrannique; le sujet veut toujours avoir raison et éprouve le besoin de changer les autres et le monde; tempérament pervers et manipulateur; ressources vitales restreintes; tendance à surestimer ses forces; parfois brutalité ou sadisme; parfois : procès et/ou divorce.

Pluton-MC :
- H. : grande ambition sociale et professionnelle; matérialisme; des ressources exceptionnelles permettent de repartir à zéro et favorisent la réussite; volonté de puissance; initiative; dons pour sciences naturelles, la recherche, la politique et l'occultisme; parfois soutiens mystérieux; on va au bout de ses projets; bonne compétence professionnelle; attirance pour les affaires d'envergure, entre autres dans les domaines assurances ou haute finance.
- D. (avec conj.) : volonté de puissance démesurée; fascination pour l'argent; rivalités; conflits avec l'autorité ou les parents; la fin justifie les moyens; souvent pouvoir caricatural; risque de crises professionnelles violentes, de remises en question ou de reconversions malheureuses; jalousies et intrigues dans le travail; la réalisation de soi est parfois freinée par des événements collectifs (catastrophes naturelles, conflits sociaux, etc.); ennemis secrets et sournois; cabales.

Remarques :
1. : Les conjonctions marquées comme dissonantes cessent de l'être si elles reçoivent des aspects harmoniques d'autres planètes ou des axes MC et AS. Dans ce cas, elles retrouvent leur valeur harmonique. En revanche, elles gardent leur caractère dissonant par rapport à une autre planète en carré, semi-carré, opposition ou sesquicarré. La résultante dans ces cas-là sera donc double et ambiguë.
2. : De toutes les manifestations d'un aspect, il est évident qu'un être n'en vivra que certains d'entre elles et rarement toutes. L'échelle d'intensité sera fonction du contexte global du thème.

Recherche de la dominante dans l'astrologie judiciaire

Avant toute chose, il est impératif de s'assurer de l'exactitude des données natales — car il s'avère que même celles de l'état-civil sont souvent approximatives, voire parfois fantaisistes, le géniteur ou le fonctionnaire n'ayant pas prêté outre mesure attention à ce “détail”. La rectification de l'heure de naissance est le meilleur moyen, au vu de certaines dates-clés de la vie passée, de vérifier à postériori les données natales. En effet, il faut savoir que quatre minutes de différence de temps font un écart angulaire d'environ un degré — ce qui peut déjà changer le signe de l'Ascendant, par exemple, et change de toute façon les aspects (écarts angulaires) avec les autres planètes.

Après avoir fait l'inventaire des positions planétaires et avant de procéder à l'analyse séparée de chaque facteur du thème et de ses aspects à l'aide du langage symbolique, très riche, qui est à notre disposition, il est impératif de partir à la recherche de la dominante, afin de déterminer en quelque sorte la signature astrale ou caractérologique du sujet.

Comme son nom l'indique, la dominante d'un thème, unique ou multiple, sera représentée par la ou les forces planétaires ou zodiacales qui prédominent dans cet instantané du ciel. C'est elle qui sous-tendra non seulement le paysage psychique, la personnalité du sujet, sa constitution physique, mais qui déterminera également les grandes lignes du destin.

La destinée, par exemple, sera ou *marsienne* — combative, entreprenante, sportive, réalisatrice —, ou *vénusienne* — s'accomplissant de préférence soit à travers l'art, soit via le partenaire ou le mariage —; ou encore, elle se trouvera colorée par la ou les planètes régissant le ou les signes valorisés dans le thème (amas planétaire ou Soleil plus Ascendant dans un même signe, par exemple). Ce sera sa carte d'identité astrale, comprenant sa formule zodiaco-planétaire qui, telle une formule sanguine, le suivra toute sa vie et reflétera l'essence de son être et de son devenir.

COMMENT ÉVALUER, MESURER LA DOMINANTE ?

Nonobstant les différences que l'on peut trouver entre certaines écoles, quelques règles émergent, essentielles et universellement reconnues.

Les voici par importance décroissante :

• En vertu du principe de base qui dit que plus une configuration est individuelle et spécifique au sujet (ce qui implique, par là-même, qu'elle est liée à l'instant précis et au lieu de sa naissance), plus elle a de chances de signer l'individu. Le premier objectif consistera dans la recherche des planètes angulaires (qui se lèvent à l'Ascendant, culminent au MC, se couchent sur le DS ou jouxtent le FC). La formule de la dominante sera ainsi en rapport avec la *fugacité de la constellation*, elle-même liée à la rotation de la Terre sur elle-même, mouvement diurne donc. Les angles de l'Ascendant et du MC ont priorité sur les deux autres. De même que les planètes qui se trouvent le *plus près* des axes, un orbe de 10 degrés étant considéré comme maximal (certains astrologues tolèrent un orbe de 15 degrés sur les deux principaux axes et de 10 degrés sur les planètes conjointes au DS et au FC). Une planète culminant au MC marquera davantage la *destinée* de l'individu (le faire), tandis qu'une planète se levant à l'horizon (AS) marquera davantage sa *personnalité* (l'être). Il est évident que l'on pourra se trouver dans des cas litigieux, où une intuition éclairée sera seule juge du facteur à privilégier. Par exemple, lorsqu'on trouve une planète, disons Vénus, à 6 degrés du DS, et une autre, disons Saturne, à 3 degrés de l'AS. Dans ce dilemme, il faut chercher si d'autres facteurs, zodiacaux cette fois, viennent renforcer la composante de l'une ou de l'autre planète.

Si le sujet a le Soleil ou l'AS en Taureau ou en Balance — ou un *amas planétaire* (plus de

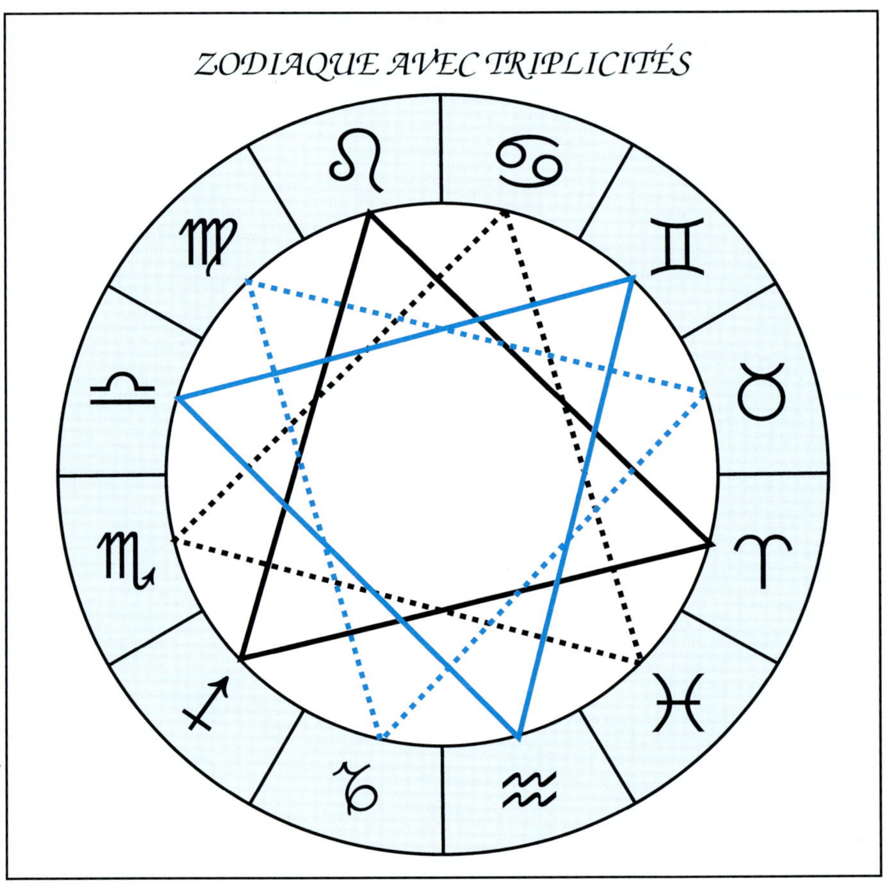

deux planètes) dans l'un de ces signes —, il est certain que la note vénusienne sera renforcée. Si le sujet est Capricorne ou si Saturne forme de très nombreux aspects, en particulier aux luminaires, ce sera cette planète qui prévaudra sur l'autre dans la hiérarchie zodiaco-planétaire. De même, la planète la plus éloignée du méridien (MC) ou de l'horizon (AS) aura la priorité sur une plus proche, si elle forme de surcroît un aspect avec l'AS, le MC ou un luminaire.

Cette détermination des planètes angulaires est donc le premier facteur à prendre en considération, de par son caractère essentiellement fugitif sous nos latitudes — les axes balaient un signe en moyenne toutes les deux heures, valorisant successivement toutes les planètes du thème dans un mouvement diurne de 24 heures. (Cela explique d'ailleurs que, à peu de choses près, deux personnes nées à plusieurs jours ou années d'intervalle, mais à la même heure de la journée, aient un AS similaire.).

• **En l'absence de planètes angulaires,** il faut considérer *les signes qui contiennent le Soleil, la Lune, l'AS et le MC,* ainsi que les planètes *gouvernant* ces facteurs célèstes. Celle de l'AS, nommée gouverneur, est spécialement importante, de même que le signe et le secteur qu'elle occupera dans le thème, qui seront ainsi en exergue.

Par exemple, un natif du Scorpion, avec l'AS dans ce même signe, sera avant tout plutonien — et davantage encore s'il possède un amas planétaire en Maison VIII — en analogie avec le huitième signe, le Scorpion. Et pour parfaire ce tableau théorique, si la planète Pluton est la plus élevée (proche du MC) dans le thème, elle sera encore valorisée.

• **Puis viennent les amas planétaires** qui déterminent — lorsqu'ils existent — *une co-dominante* zodiacale (à partir de laquelle, d'ailleurs, on peut toujours déduire la note planétaire correspondant à la planète qui gouverne le signe en question). Exemple : l'amas planétaire en Taureau de Jean Gabin signe non seulement une dominante de ce signe, mais également de Vénus qui le régit. Et cela d'autant plus que, dans ce cas précis, ces planètes se placent en Maison II, des acquisitions et de l'argent, de la terre et des biens, secteur en analogie avec le Taureau. Cette configuration reflète aussi bien sa séduction, son charme bourru (Pluton est également angulaire, traduisant la force des pulsions instinctives) qu'elle signe l'acquisivité, la possessivité de l'acteur, son amour de la nature et ses goûts de gentleman-farmer. C'est à l'AS en Poissons que l'on doit sa sensibilité pudique mais réelle, et à son gouverneur, Neptune, la planète du flou et de l'illimité, en IV — Maison des origines et du foyer (qui de plus se trouve valorisée par sa conjonction au FC) —, que l'on doit une existence instable et quelque peu nomade — ne le surnommait-on pas "Jeannot la valise" ?

• **Le nombre et la qualité des aspects** formés par les planètes du thème sont également à prendre en considération. Ainsi, si une planète est reliée à un luminaire (Soleil et Lune), à l'AS ou au MC, si elle forme de nombreux aspects aux autres planètes, focalisant ainsi sur un puissant centre d'énergie cosmique, et notamment si les aspects se rapprochent de *l'aspect exact* — avec comme orbe 0 degré — cette planète a le droit de *participer à la dominante.* Car, bien sûr, plus un aspect est proche de l'aspect exact, parfait, plus il est puissant, primant sur les autres.

En conclusion, même s'il existe divers systèmes chiffrés pour le calcul de la dominante — par exemple celui de Volguine —, son évaluation est en fin de compte affaire de doigté et d'expérience, et je me rallie à l'avis de mon regretté maître, H.-J. Gouchon : "La recherche de la dominante devient une question de coup d'œil, d'appréciation personnelle et de métier... "

Les règles de base de l'interprétation

En suivant le fil d'Ariane qui nous introduit, à travers l'analyse du thème astral, dans les méandres de la personnalité du sujet, après l'évaluation de la dominante, l'étude des planètes dans les signes et dans les Maisons, et celle des axes, AS et MC, dans les signes, après les multiples combinaisons des planètes inscrites à la fois dans un signe ou dans une Maison, on en vient enfin tout naturellement à l'analyse des Aspects. Toutefois, on aura soin auparavant d'utiliser certains paramètres supplémentaires qui renseigneront, chacun isolément, sur une facette du tempérament de base. Voici, dans l'ordre de leur entrée en scène, les paramètres qu'il faut considérer un à un et avec une égale attention :

1. Les signes féminins (négatifs) et les signes masculins (positifs).
2. Les éléments.
3. Le paramètre des croix ou triplicités.
4. La répartition des planètes dans le Zodiaque.
5. Les facteurs à privilégier dans l'analyse du thème astral.
6. La Maison habitée par le Soleil.
7. Les planètes recevant de nombreux aspects.
8. Les Maisons "vides", c'est-à-dire sans planètes.
9. Les aspects positifs et négatifs qui se rejoignent sur un point précis du thème astral.
10. Les planètes sans aspects.
11. La force ou la débilité d'une planète.

• **Les signes féminins (négatifs) et les signes masculins (positifs).** Les premiers renseigneront sur la réceptivité, la passivité du sujet, tandis que

les seconds indiqueront le potentiel d'activité, de volonté et d'initiative. Les signes positifs alternent avec les négatifs et se placent ainsi :
- *signes positifs :* Bélier, Gémeaux, Lion, Balance, Sagittaire, Verseau;
- *signes négatifs :* Taureau, Cancer, Vierge, Scorpion, Capricorne, Poissons.

Le nombre respectif de planètes dans les uns et les autres de ces signes du Zodiaque donne déjà une indication du tempérament de base, composante qu'il s'agira bien sûr de fondre avec le reste de l'analyse pour obtenir une image objective de la personnalité. Exemple : une conjonction Soleil-Uranus, ou Soleil-Mars, fait largement contrepoids à un excédent de planètes en signes féminins : le sujet sera à la fois réceptif et entreprenant.

• **Les éléments.** Plus de trois planètes dans *l'élément feu* (planètes en Bélier, Lion, Sagittaire) est un facteur de vitalité, de volontarisme et d'esprit d'entreprise. Plusieurs planètes dans *l'élément terre* (planètes en Taureau, Vierge, Capricorne) sont un facteur de pragmatisme et de réalisme. De nombreuses planètes dans *l'élément air* (planètes en Gémeaux, Balance, Verseau) impliquent une prééminence du cérébral, des idées. Enfin, plus de trois planètes dans *l'élément eau* (planètes en Cancer, Scorpion, Poissons) est en faveur d'une valorisation du monde de la sensation et de l'émotivité. À noter qu'une personnalité sera plus harmonieuse, plus "équilibrée", parce que vécue plus confortablement, si elle est un "cocktail" des éléments feu et air, ou terre et eau. À l'inverse, un alliage feu et eau, ou terre et air, peut être plus conflictuel, moins aisé à vivre pour le sujet, mais d'autant plus enrichissant s'il est bien assumé et transcendé.

• **Le paramètre des croix ou triplicités.** La division du Zodiaque en quatre fait apparaître successivement trois croix. La croix des signes cardinaux (Bélier, Cancer, Balance, Capricorne) qui ouvre les saisons, donne une valeur d'autorité, de détermination et d'initiative. La croix des signes fixes, en analogie avec les saisons bien installées — Taureau/Printemps, Lion/Eté, Scorpion/Automne, Verseau/Hiver —, témoigne d'une composante de permanence ou de persévérance dans une ligne donnée. Enfin, la croix des signes mutables, transition entre deux saisons, est essentiellement adaptable et souple, peu ou prou influençable : il s'agit des Gémeaux, de la Vierge, du Sagittaire et des Poissons (*cf.* - "Les éléments").

• **La répartition des planètes dans le Zodiaque.** La configuration générale outopographie du thème astral — renseigne également sur certaines tendances du sujet.
- Les planètes se répartissent surtout dans la *moitié orientale* du thème astral (près de l'Ascendant) : primauté de l'affirmation du Moi, besoin d'indépendance et d'action, individualisme, voire égocentrisme, égotisme.
- Les planètes se répartissent surtout dans la *moitié occidentale* du thème astral (près du Descendant) : importance d'autrui ou de l'action sociale, relative extraversion.
- Les planètes s'accumulent dans *l'hémisphère Nord* du Zodiaque, *au-dessus de l'horizon,* et notamment près du MC : aspiration à une réalisation professionnelle, à une reconnaissance, ambition ou besoin d'émerger socialement.
- Les planètes se trouvent surtout dans *l'hémisphère Sud* du Zodiaque, *sous l'horizon,* et notamment près du Fond-du-Ciel : prédominance de l'introspection, des valeurs intellectuelles ou morales, des origines, ou propension à la vie contemplative.

• **Les facteurs à privilégier dans l'analyse** du thème. Ce sont essentiellement le Soleil, la Lune, l'AS et le MC... après bien sûr, les planètes angulaires !

• **La Maison occupée par le Soleil.** Elle a une importance prépondérante. Elle indique, en effet, le centre d'intérêt majeur et conscient du sujet.

• **Les planètes recevant de nombreux aspects.** Plus une planète reçoit d'aspects harmoniques et dissonants, plus la tendance qu'elle incarne est forte. Par exemple, un Mercure puissamment aspecté par des trigones, des carrés et des oppositions, sera l'indice d'une vie mentale active, de forts intérêts intellectuels, d'une vie relationnelle animée.

• **Les Maisons "vides"**, c'est-à-dire sans pla nètes. Une maison n'ayant aucune planète ne signifie nullement que le domaine qu'elle représente soit disgrâcié ou inexistant. Il faut simplement chercher son *dispositeur* (nom donné à la planète qui régit le signe de la cuspide, c'est-à-dire le signe où se trouve le début de la Maison en question) et l'analyser en signe, en Maison et en aspects.

• **Les aspects négatifs et positifs qui se rejoignent sur un point précis du thème astral.** Un aspect négatif et un aspect positif qui se rejoignent sur un point du thème astral ne s'annulent pas, mais agissent chacun de leur côté en nuançant la tendance, à la fois sur le plan du caractère du sujet et de sa destinée. Par exemple, si l'on a Vénus en Maison II, recevant un carré d'Uranus en Maison V, et se trouvant en trigone avec le MC, cela signifiera (entre autres) la probabilité de pertes par spéculations malheureuses ou par des loisirs onéreux, ou des enfants qui vous coûtent cher. Mais aussi des possibilités de faire un métier lucratif, dans le domaine artistique.

• **Les planètes sans aspects.** Il y a de fortes chances pour qu'une planète ne recevant aucun aspect reflète, pour le sujet concerné, une problématique inhérente à la symbolique de cette planète. Par exemple, un Soleil complètement isolé dans le thème, raccordé à un autre facteur céleste, peut refléter un problème paternel ou d'affirmation de soi dans l'existence.

• **La force ou la débilité d'une planète.** D'après la tradition, une planète est valorisée si elle se trouve dans son *domicile,* ou dans une moindre mesure, dans son *lieu d'exaltation.* Exemple : Jupiter dans son domicile, c'est-à-dire dans le Sagittaire — ou, selon l'astrologie traditionnelle, aussi dans les Poissons —, est *exalté* dans le signe du Cancer. À l'inverse, il est affaibli *(en exil)* dans le signe des Gémeaux, et en *chute* dans celui du Capricorne. Certains astrologues modernes ne tiennent plus compte de ces différences. Pour ma part, j'ai du mal à adhérer à ces "distinguo" générateurs, bien souvent, de contradictions. Par exemple, le Soleil, en exil dans le signe du Verseau, ne devrait donner que des êtres frêles. Or, Victor Mature, Clark Gable ou Placido Domingo, tous trois natifs du Verseau, nous donnent-ils l'impression d'être chétifs ?... **E. T.**

Sur l'art de l'interprétation...

"Ce que j'ai toujours apprécié au plus haut degré dans l'astrologie, ce n'est pas le jeu lyrique auquel elle prête, mais bien le jeu multidialectique qu'elle nécessite et sur lequel elle se fonde. Indépendamment des moyens d'appréciation très subtils qu'elle procure et des prévisions qu'elle autorise, je tiens encore sa méthode pour le plus fécond exercice d'assouplissement de l'esprit. Démêler une destinée à partir de la situation des planètes et de leurs aspects mutuels dans les différents signes et Maisons par rapport aux points locaux de l'Ascendant et du Milieu-du-Ciel suppose un tel doigté que cela devrait suffire à frapper de dérision, à convaincre d'enfantillage les modes habituels de raisonnement synthétique."

André Breton

Il n'y a rien à ajouter au texte de ce Verseau génial, si clair dans son analyse de la vraie nature de l'astrologie — à tel point qu'il nous livre là un authentique résumé du principe de l'interprétation —, si lumineux quant à sa richesse et à sa rigueur intellectuelles! Ici, quelques remarques s'imposent :

• L'Art royal des astres est à l'image de l'astrologue : le *niveau* et la *qualité* de l'interprétation seront fonction du niveau intellectuel et humain de l'interprète. Il en est bien sûr de même dans toutes les disciplines qui prennent l'homme simultanément pour objet et pour sujet : la médecine, la psychanalyse, l'orientation professionnelle, la graphologie, et les sciences humaines en général.

• Ainsi qu'André Breton le souligne, l'interprétation en matière astrologique est subtile, ardue et complexe.
Pourquoi ? Parce qu'elle fait appel à des dons contradictoires ou, en tout cas, complémentaires. Bien que le symbolisme utilisé en astrologie mondiale et en astrologie individuelle (dite aussi *généthliaque*) ne soit pas tout à fait identique — quoique relié par un fil d'Ariane, de logique au niveau sémantique —, le processus de base de l'interprétation est le même et peut être comparé, pour ce qui est du résultat, à un jeu d'échecs où *chaque pion aurait une valeur relative à sa position et aux autres pions* de l'échiquier, relative en l'occurence au contexte planétaire particulier, et à ses liens avec les autres facteurs du thème. Il n'y a donc pas deux situations semblables, et l'interprétation est alors de la casuistique, malgré les grandes règles de base que l'on appliquera : chaque interprétation est une *création.*

• L'art de l'astrologue, la valeur de son interprétation, la sûreté de son diagnostic dépendront avant tout de sa faculté de *relativiser* chaque facteur du thème au sein du tout car, après la dissection des différentes composantes, il faut rebâtir une synthèse juste et équilibrée. Et c'est là, dans la *hiérarchisation* des différents facteurs (positions planétaires, aspects, etc.) que réside le défi jeté à l'astrologue. La personnalité du sujet est semblable à un prisme à multiples facettes plus ou moins brillantes, plus ou moins importantes ou secondaires. Songeons qu'il s'agit de faire la synthèse de :
- *10 astres* répartis dans 12 signes;
- ces mêmes astres répartis dans 1*2 Maisons*;
- du *Milieu-du-Ciel* et de l'*Ascendant*, des *Nœuds lunaires*, de la *Part de Fortune*, de la *Lune Noire.*
- *ces 36 + 3 variables font des angles entre elles* : les aspects qui sont, en simplifiant et au minimum, au nombre de 5 : conjonction, opposition, sextile, trigone, et carré !

Une interprétation correcte devra évidemment tenir compte de *tout,* et ne pas favoriser indûment une facette de la personnalité — par exemple, la bonté, la générosité — au détriment de l'intérêt et de l'ambition si, par ailleurs, ceux-ci sont très marqués dans un thème, sous peine de fausser le portrait.

En guise de conclusion

Interpréter un thème n'est pas chose aisée, si l'on veut extraire de ce schéma qui représente un instantané du ciel la quintessence d'une personnalité, ses subtilités et ses contradictions. Il faut, pour se retrouver dans ces chaînes de symboles, à la fois ce que Pascal nomme *l'esprit de géométrie* et *l'esprit de finesse.* L'un s'adresse à notre cerveau gauche, calcule et analyse rationnellement chaque facteur, ses rapports angulaires avec le reste du thème, usant d'une logique exigeante par rapport à la géometrie et à l'aspect mathématique du thème. L'autre apprécie, soupèse la valorisation de chaque élément dans la hiérarchie de l'ensemble, opte intuitivement pour telle ou telle signification dans l'échelle des manifestations analogiques d'une planète (*cf.* la polyvalence des significations, en vertu des différents niveaux de réalité où elle peut s'incarner), d'un signe ou d'une Maison. C'est le mariage des deux cerveaux qui, finalement, effectue un jugement synthétique qui doit tenir compte des deux formes de pensée scientifique et analogique.

Une remarque s'impose ici : certains astrologues, se fiant aux temps de révolution plus importants — et en quelque sorte hors de proportion avec la durée de vie humaine — des planètes transsaturniennes (84 ans pour Uranus, 164 ans pour Neptune et 248 ans pour Pluton), en concluent que celles-ci n'ont pratiquement pas d'importance dans un thème individuel. Cela serait vrai si on ne considérait que leur position en un signe. Mais, comme elles se placent également en Maisons — qui indiquent le champ d'application de leur influence — ce raisonnement paraît erroné, car Pluton, Uranus ou Neptune prennent alors une dimension tout à fait humaine, relative et appréhensible dans le thème, notamment en fonction de leurs liens avec les autres astres. Et dans le cas où elles sont angulaires, elles prennent la même importance qu'une planète du septenaire traditonnel : un Uranien ou un Neptunien sont des individus bien définis dans la caractérologie astrologique

"Sème une pensée, tu récoltes un acte. Sème un acte, tu récoltes un caractère. Sème un caractère, tu récoltes une habitude. Sème une habitude, tu récoltes une destinée." dit un aphorisme hindou. Autrement dit, le *caractère* est la cheville ouvrière du *destin.*

Or, le thème astral, et le symbolisme astrologique qui le sous-tend, permettent d'appréhender, comme nulle autre approche psychologique, à travers la forêt de symboles qui nous dépeignent, la part *d'être unique* qui nous habite, notre Moi intime, notre vécu bien particulier qui, bien souvent, sont au-delà des mots, au-delà ou en-deçà de la Raison raisonnante. C'est pourquoi poésie et symbole ont tant en commun. Découvrir la nature de l'être est le meilleur outil pour déduire son devenir par l'analyse du thème, nous découvrons si le natif est un instinctif, un vital — signes de feu —, un pragmatique réaliste — signes de terre —, un émotif — signes d'eau —, ou un être cérébral — signes d'air —... et tant d'autres choses. Mais comment décrypter cette énigme ? Quel est le dédale de l'interprétation ?

Enfin, les astres étant chargés de *toute la mémoire de l'humanité,* d'un passé mythique insondable, que leur influence soit d'ordre physique ou psychique ou les deux, ils jouent le rôle de ce que C. G. Jung a appelé des *archétypes,* reflet de l'inconscient collectif. Rappelons que les dieux planétaires platoniciens qui donnèrent naissance à un symbolisme de plus en plus raffiné, furent à l'origine considérés comme des entités vivantes sous la forme des personnages mythologiques des Grecs, colorés de vertus et de défauts humains.

Créatures anthropomorphiques, ces entités planétaires avaient donc, elles aussi, leurs affinités, domiciles ou lieux d'élection (*cf.* le tableau des maîtrises planétaires) : les signes (ou à travers eux les Maisons) qu'elles allaient gouverner. D'où la nécessité pour l'apprenti astrologue de se familiariser avec un symbolisme précis, au moyen d'une gymnastique particulière de son esprit qui, les calculs astronomiques étant faits, doit oublier le raisonnement linéaire, binaire ou mécanique — une chose ne peut être qu'elle-même ou son contraire : principe d'identité — pour faire appel à son imaginaire et à son intuition. E.T.

Portrait du poète allemand J.-W. GŒTHE, Vierge ascendant Scorpion, et citation extraite de *Dichtung und Wahrheit* ou *Poésie et Vérité* (1811), dont il commence le récit avec le commentaire de sa propre carte du ciel. Toute sa vie, cet esprit éclairé et encyclopédique se passionna pour l'ésotérisme et notamment pour l'astrologie, qu'il avait étudiée dans sa jeunesse en même temps que l'alchimie.

"Je vins au monde à Francfort - sur-le-Main le 28 août 1749, au douzième coup de midi. La constellation était heureuse, le Soleil se trouvait dans le signe de la Vierge; Jupiter et Vénus étaient en bon aspect avec lui : Mercure n'était pas défavorable, Mars et Saturne étaient neutres : seule la Lune, pleine ce jour-là, exerçait la force de sa réverbération, d'autant plus puissante que son heure planétaire avait commencé. Elle s'opposa donc à ma naissance jusqu'à ce que cette heure eût passé. Ces bons aspects, hautement appréciés plus tard par les astrologues, seront sans doute la raison pour laquelle je suis resté en vie, car, par la maladresse de la sage-femme, on crut que j'étais mort en venant au monde et ce n'est qu'après de nombreux efforts que je vis la lumière."
J.-W. Goethe ("Poésie et Vérité")

MINIGUIDE D'INTERPRÉTATION

Amour - Argent - Profession - Santé

COMMENT APPRÉCIER VOS CHANCES EN AMOUR ?

Analysez et faites la synthèse :

— des signe Maison et aspects de Vénus, planète qui indique votre art d'aimer, et les circonstances du tomber amoureux;

— des signe Maison et aspects du dispositeur de Vénus, qui est la planète qui régit l'astre de l'amour;

— de la Maison V, Maison des idylles et des amours, ainsi que du ou des signes qu'elle occupe, et des planètes qui l'occupent, s'il y en a;

— du ou des maîtres de la Maison V, en relation avec les Maisons qu'ils occupent, les signes où ils se trouvent et les aspects qu'ils reçoivent;

— de la Maison VII, Maison de l'union, ainsi que du ou des signes qu'elle occupe, des planètes qui l'occupent s'il y en a, et des aspects que celles–ci reçoivent;

— du ou des maîtres de la Maison VII ou du Descendant, ainsi que des Maisons qu'ils occupent, des signes dans lesquels ils se trouvent, et des aspects qu'ils reçoivent;

— du Soleil pour l'homme — qui renseigne sur sa manière de jouer son rôle d'homme, d'époux, de père —, et pour la femme — qui renseigne sur son image d'homme et d'époux;

— de la Lune pour la femme — qui renseigne sur sa condition de femme, sur la nature de son psychisme —, et pour l'homme — qui renseigne sur son image de femme et d'épouse;

— de la Maison IV, la Maison du foyer, ainsi que du ou des signes qu'elle occupe, des planètes qui l'occcupent s'il y en a, et des aspects que celles–ci reçoivent, et du maître de cette Maison ou du Fond–du–Ciel, qui permettent d'évaluer le climat familial d'origine que le sujet aura tendance à vouloir recréer plus tard;

— du Milieu-du-Ciel, significateur de la destinée, et donc du mariage, ainsi que du signe dans lequel il se trouve, et des aspects qu'il reçoit;

— de Mars, significateur de la libido (des pulsions sexuelles) ainsi que du signe et de la Maison dans lesquels il se trouve, et des aspects qu'il reçoit;

— de la Maison VIII, qui renseigne sur la sexualité, ainsi que du ou des signes qu'elle occupe, des planètes qui l'occupent, des aspects que celles–ci reçoivent, et de la position du maître de cette Maison.

Ainsi, par exemple : même si la Maison VII, Maison de l'union, est bonne, si Vénus + le Soleil (ou la Lune) sont très dissonants, on peut supposer que les problèmes psychologiques inhérents au sujet lui–même ne lui permettront pas de vivre une union sans nuage.

COMMENT APPRÉCIER VOS CHANCES EN ARGENT ?

En opérant de la même façon que dans l'exemple précédent, c'est–à–dire en se reportant aux signes, Maisons, aspects, maîtres, etc.

Analyser et faire la synthèse :

— de la Maison VIII, Maison des héritages et des legs, et de son ou ses maîtres en signes, Maisons, aspects;

— de la Maison II, Maison de l'argent gagné par soi–même, et de son ou ses maîtres en signes, Maisons, aspects;

— de Jupiter en signe, Maison, aspects;

— du dispositeur de Jupiter, de la planète et de la Maison qui le gouvernent;

— de la Part de Fortune en signe, Maison et aspects;

— de la Maison V, Maison des jeux de hasard et des spéculations, et de son ou ses maîtres en signes, Maisons, aspects.

COMMENT APPRÉCIER VOS CHANCES DE RÉUSSITE PROFESSIONNELLE ?

Analyser et faites la synthèse :

— du Milieu–du–Ciel, qui renseigne sur la vocation et les honneurs, en signes et aspects;

— des planètes en Maison X, en signes et aspects;

— du ou des maîtres de la Maison X ou du Milieu–du–Ciel, en signes, Maisons, aspects;

— du Soleil et de son maître en signes, Maisons, aspects;

— de la Maison VI, Maison du travail quotidien, et des relations avec les collègues et les subordonnés, en signes, planètes, aspects;

— des maîtres de la Maison VI, en signes, Maisons, aspects;

— des aspects très serrés du Soleil;

— du Nœud lunaire Nord, qui indique la direction d'un épanouissement ultime, en signes, Maisons, aspects;

— des amas planétaires, qui signent une orientation de la personnalité et de ses intérêts, en signes, Maisons, aspects.

• Ainsi, par exemple, si le Milieu–du–Ciel est positif et le Soleil négatif, la réussite risque d'être précaire ou éphémère, comme ce fut le cas pour Robespierre. Si c'est l'inverse, malgré ses dons, le sujet éprouve des difficultés pour se réaliser socialement, sauf si le thème est très prometteur par ailleurs. (Par exemple, si le Maître de X est angulaire sur l'AS ou le Maître de l'AS conjoint au MC, ou si des étoiles fixes de 1ère grandeur sont conjoints au Soleil, à la Lune ou en MC).

COMMENT APPRÉCIER VOS CHANCES DANS LE DOMAINE DE LA SANTÉ ?

Analyser et faire la synthèse :

— du Soleil, qui renseigne sur la vitalité, et de son maître en signes, Maisons, aspects;

— de la Lune et de son maître, en signes, Maisons, aspects;

— de l'ascendant, qui renseigne sur la constitution, et de son maître en signes, Maisons, aspects;

— du Milieu–du–Ciel et de son maître en signes, Maisons, aspects;

— de la Maison VI, des planètes qui l'occcupent, et de son ou ses maîtres, qui révèlent les maladies aiguës, en signes, Maisons, aspects;

— de la Maison VIII, qui renseigne sur la maladie, la mort, et les opérations chirurgicales, et de son ou ses maîtres en signes, Maisons, aspects;

— de la Maison XII, qui révèle les épreuves, les maladies chroniques, et les séjours à l'hôpital, et de son ou ses maîtres en signes, Maisons, aspects;

— éventuellement, de certaines étoiles fixes de 1ère grandeur.

E.T.

8 – NŒUDS DE LA LUNE, LUNE NOIRE ET PARTS ARABES

Dans l'astrologie traditionnelle occidentale, et contrairement à l'astrologie hindoue — où ils ont nom Rahu et Ketu —, les Nœuds lunaires sont quelque peu négligés. Ils sont assimilés à une influence jupitérienne d'extraversion pour le Nœud Nord, et d'influence saturnienne d'introversion ou de cristallisation pour le Nœud Sud. En astrologie karmique, ils ont repris beaucoup d'importance, notamment aux États-Unis et plus récemment en Europe. Le Nœud Sud exprime alors le bagage des vies antérieures, avec lequel le natif est entré dans ce monde. Le Nœud Nord montrerait la mission qui, en quelque sorte, lui est assignée, le domaine où il doit se perfectionner et apprendre, puis se réaliser. Par ailleurs, ils jouent un rôle certain dans les événements collectifs.

Nœuds lunaires et Karma

Les Nœuds lunaires sont formés par les points d'intersection du parcours apparent du Soleil, ou écliptique, et de l'orbite lunaire. La Lune représentant le passé de l'inconscient, le Soleil, la volonté consciente et l'individualité. La symbolique de ces points de jonction explique que nous puissions y lire les indices du Karma (le passé de l'individualité) et ce qui doit être réalisé dans cette vie.

L'*astrologie karmique* ne se contente pas de nous donner les potentialités de l'individu comme le fait l'astrologie traditionnelle. Elle apporte une vision globale en restituant les données du thème (planètes, aspects, dominante, etc.) dans un processus *d'évolution.* En ce sens, elle permet d'orienter l'interprétation du thème sur la base de l'expérience karmique à développer. Ainsi, la présence d'un Mars en Taureau, par exemple, n'aura pas la même signification selon que les Nœuds lunaires se trouveront sur l'axe Taureau-Scorpion ou Gémeaux-Sagittaire, le premier se référant à une expérience sentimentale ou matérielle, le second se situant à un niveau intellectuel ou spirituel. L'approche karmique enrichit la vision du thème en déterminant la direction à donner aux aspects planétaires.

Cette approche défend l'idée d'un certain libre arbitre, contrairement à l'idée que l'on attache au Karma et à la réincarnation. Elle donne la direction pour transcender les apparentes limitations du thème natal : conjonctions dures, carrés, oppositions, planètes en exil, etc.

Les Nœuds lunaires, selon l'astrologie karmique, déterminent donc une voie d'accomplissement. Le Nœud Sud représente les acquis des vies antérieures, ce qui constitue nos acquis, mais aussi ce qui peut être source d'échec lorsque l'on ne trouve pas l'équilibre avec notre Nœud Nord. Ce dernier indique en effet les qualités à développer, et les efforts que nous devons fournir dans le but de notre évolution.

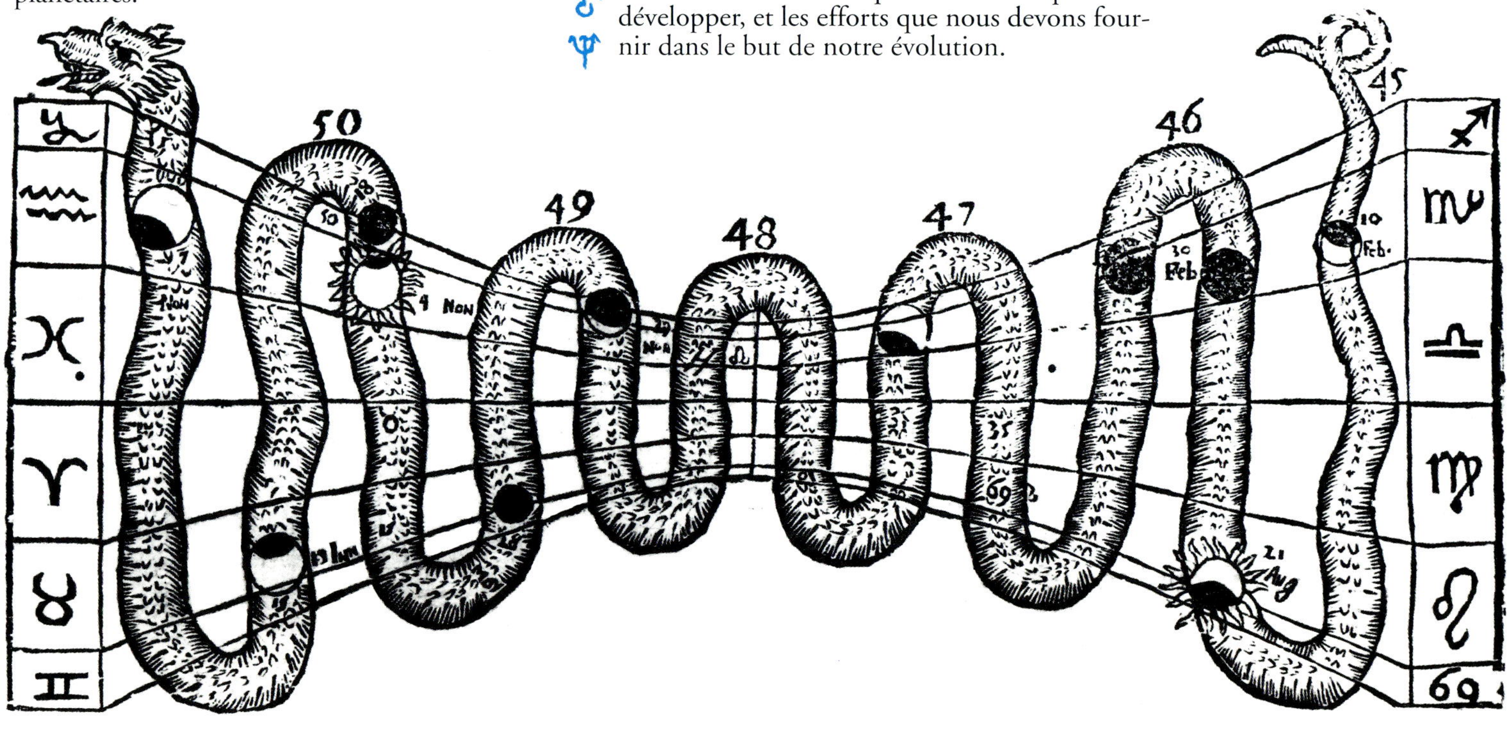

Les Nœuds lunaires ont un cycle de dix–huit ans et demi environ. Pour un individu, cela signifie qu'à 18, 37, 55 et 73 ans, ils reviendront à la position qu'ils occupaient initialement dans le thème astral. À 9, 27, 46, 64 et 82 ans environ, ils seront dans la situation inverse à celle qu'ils avaient dans le thème astral, le Nœud Nord transitant sur le Nœud Sud natal. Cette inversion amène souvent une période de mise au point, de retour au passé karmique qui motivera, par une épreuve ou une simple prise de conscience, une action plus résolue allant dans le sens de l'accomplissement de soi. Les âges cités plus haut sont donc des étapes importantes de la vie qui doivent nous permettre de mieux comprendre ce que nous avons à développer ou à réaliser dans cette vie. Ils marquent les échelons de notre évolution, les moments de choix importants sur le plan karmique. Lorsque le Nœud reviendra à sa position initiale, nous devrons avoir accompli le travail qui nous permettra de passer au second cycle. Il n'existe pas de bonne ou de mauvaise position; chacune répond aux besoins de notre évolution personnelle.

INTERPRÉTATION GÉNÉRALE DES POSITIONS DES NŒUDS LUNAIRES

• Nœud Nord en Bélier et Nœud Sud en Balance

Tendances issues du passé : dépendance vis–à–vis de partenaires conjugaux ou sociaux. Manque d'initiatives personnelles. Attitude attentiste, difficulté à faire un choix, à se réaliser de manière autonome.

À développer : autonomie, indépendance des actes et des pensées. affirmation et libre arbitre. Combativité et courage. Capacité de direction, innovation, sortir des sentiers battus.

• Nœud Nord en Taureau et Nœud Sud en Scorpion

Tendances issues du passé : révolte intérieure, résidu d'épreuves difficiles. Attitude trop défensive ou destructrice. Tendance à générer des conflits inutiles. Problèmes liés à l'argent ou au sexe entravant la relation avec les autres. Potentiel de transformation et de régénération.

À développer : confiance et sérénité, apprécier les bienfaits terrestres de manière saine. Affectivité. Attitude constructive et positive. Faire la paix avec soi–même, les autres et le monde. Bâtir sa propre sécurité intérieure et extérieure.

• Nœud Nord en Gémeaux et Nœud Sud en Sagittaire

Tendances issues du passé : réflexion philosophique, sens religieux pouvant tourner au dogmatisme. On croit détenir la vérité. Goût de la liberté, tendance sauvage et peu sociable. Indépendance excessive, marginalité possible.

À développer : sociabilité, sens de la communication et de l'adaptation aux usages sociaux. Goût de l'étude et curiosité. Potentiels d'expression personnelle. Relativisation de la pensée qui permet de communiquer ses idées et ses expériences.

• Nœud Nord en Cancer et Nœud Sud en Capricorne

Tendances issues du passé : intransigeance. Goût des prérogatives et ambition excessive. Esprit hiérarchique, froideur, manque de sensibilité. Raison et logique. Sens des responsabilités, maturité, lucidité, réalisme.

À développer : sensibilité, serviabilité, attachement et dévouement aux autres. Sens de la famille et des liens affectifs. Tendresse et humilité. Simplicité, épanouissement émotionnel. Sens de l'humour, sociabilité, imagination, intuition.

• Nœud Nord en Lion et Nœud Sud en Verseau

Tendances issues du passé : manque de discipline, dispersion, utopisme. On rêve au lieu d'agir ou on cherche à se réaliser au travers des autres. Indifférence et manque d'engagement personnel. Altruisme excessif ou mal orienté. Originalité, inventivité, anticipation.

À développer : recentrage de l'ego en vue d'une réalisation. Mise en valeur de ses idées et talents. Engagement affectif et loyauté amoureuse. On doit se confronter à son propre pouvoir de création ou de réalisation, et accepter d'user de son autorité.

• Nœud Nord en Vierge et Nœud Sud en Poissons

Tendances issues du passé : trop forte emprise du rêve et de l'inconscient. Irréalisme, refus des responsabilités et des vicissitudes du quotidien. Esprit bohème, manque de sens pratique. Inspiration, intuition, sens artistique ou médiumnique, philanthropie.

À développer : esprit analytique et critique. Perfectionnisme et discipline personnelle. Hygiène de vie et sens de l'organisation au quotidien. Goût du travail bien fait et de l'effort.

• Nœud Nord en Balance et Nœud Sud en Bélier

Tendances issues du passé : trop forte autonomie, forte personnalité. Goût de la lutte et de la compétition. Énergie et combativité, agressivité et arrogance. Qualités de leader, de pionnier, courage et sens de l'initiative.

À développer : Sens du partage et de la conciliation. Accepter les conseils et la dépendance à l'égard des partenaires, la position de second. Souplesse de caractère et gentillesse. Se détacher de ses propres désirs pour accepter ceux des autres. Accepter d'avoir tort. Laisser la place aux autres.

• Nœud Nord en Scorpion et Nœud Sud en Taureau

Tendances issues du passé : joie de vivre, goût pour les bonnes choses de la vie. Entêtement, certitudes naïves, partialité. Possessivité et matérialisme. Dépendance physique et charnelle. Indolence, paresse, peur des remises en cause. Talents artistiques, esthétisme.

À développer : aptitude aux remises en cause, au doute fécond. Détachement à l'égard des pos-

DRAGON EMBLÉMATIQUE SUR UN CADRAN ZODIACAL EN DEMI-LUNE.
Extrait de l'œuvre Ars Magna Lucis et Umbrae (1676) du jésuite Athanasius Kircher (Bibl. Genève). Il y expose la science astrale en relation avec la tradition grecque, hébraïque, copte et babylonienne. On notera sur cette sorte d'éphéméride des Nœuds lunaires qu'elle figure l'appellation des Nœuds respectivement par la Tête du dragon et la Queue du dragon (Ketu et Rahu pour l'astrologie hindoue).

sessions et sécurités. Goût du risque et de la spéculation. Acceptation de ses instincts, ouverture aux choses cachées et occultes.

• Nœud Nord en Sagittaire et Nœud Sud en Gémeaux

Tendances issues du passé : superficialité, dispersion des idées et des actes. Attachement aux apparences et aux effets produits. Manque de sincérité et d'authenticité. Goût de la manipulation astucieuse ou intéressée d'autrui. Sens de la communication, éloquence et vivacité d'esprit. Curiosité intellectuelle, goût des études, sociabilité, mais tendance au cynisme par absence d'engagement profond.

À développer : engagement loyal et désintéressé, foi, enthousiasme. Sincérité, authenticité. Développement d'une conviction personnelle et d'une philosophie de vie. Engagement intellectuel ou spirituel. Ouverture sur l'étranger et les différentes cultures.

• Nœud Nord en Capricorne et Nœud Sud en Cancer

Tendances issues du passé : manque de maturité, trop forte émotivité et sensibilité excessive. Repliement sur soi et manque de courage face aux réalités. Trop grande emprise de l'imaginaire, éternel enfant. Simplicité, douceur, tendresse, attention aux besoins des autres. Sympathique et populaire, mais velléitaire.

À développer : fermeté, sens des responsabilités et engagement social et professionnel. Ambition, maîtrise des sentiments et de la susceptibilité. Goût des entreprises à long terme, de l'effort continu. Confrontation sociale, dépersonnalisation, réalisme.

• Nœud Nord en Verseau et Nœud Sud en Lion

Tendances issues du passé : égocentrisme, goût du paraître et de l'artifice. Abus de pouvoir, besoin d'être admiré, domination et fierté. Talents créateurs et artistiques. Loyauté, générosité et attachements affectifs puissants. Charisme et rayonnement personnel.

À développer : sens de la fraternité, altruisme, dégagement des revendications et des tendances trop personnelles. Accepter l'aide et les problèmes d'autrui. Apprendre à agir en association et à déléguer son pouvoir. Ouverture aux idées progressistes et engagement dans une réalisation impersonnelle et universaliste.

• Nœud Nord en Poissons et Nœud Sud en Vierge

Tendances issues du passé : trop forte rationalisation, focalisation sur les détails, esprit trop critique. Sectarisme, manque d'ouverture d'esprit et de spontanéité, limitation personnelle. Serviabilité, sens pratique et concret, organisation efficace du quotidien mais vision trop étriquée de la réalité.

À développer : intuition, esprit de synthèse, acceptation de l'inconnu et de l'abstraction. Compassion et grandeur d'âme. Détachement des sécurités quotidiennes, se laisser aller à ses émotions sans crainte. Mysticisme et sens religieux.

P. G. et L. L.

Les éphémérides du Nœud Nord

Ces éphémérides du Nœud Nord (le Nœud Sud se situe dans le signe opposé au Nœud Nord) vous permettront de déterminer dans quel signe se trouvait le Nœud Nord le jour de votre naissance.

Du 1er janvier 1900 au 21 juillet 1902	**Scorpion**	Du 9 mars 1935 au 14 septembre 1936	**Capricorne**	Du 20 avril 1969 au 2 novembre 1970	**Poissons**
Du 22 juillet 1902 au 15 janvier 1904	**Balance**	Du 15 septembre 1936 au 3 mars 1938	**Sagittaire**	Du 3 novembre 1970 au 27 avril 1972	**Verseau**
Du 16 janvier 1904 au 18 septembre 1905	**Vierge**	Du 4 mars 1938 au 11 septembre 1939	**Scorpion**	Du 28 avril 1972 au 27 octobre 1973	**Capricorne**
Du 19 septembre 1905 au 30 mars 1907	**Lion**	Du 12 septembre 1939 au 24 mai 1941	**Balance**	Du 28 octobre 1973 au 9 juillet 1975	**Sagittaire**
Du 31 mars 1907 au 27 septembre 1908	**Cancer**	Du 25 mai 1941 au 21 novembre 1942	**Vierge**	Du 10 juillet 1975 au 7 janvier 1977	**Scorpion**
Du 28 septembre 1908 au 23 mars 1910	**Gémeaux**	Du 22 novembre 1942 au 11 mai 1944	**Lion**	Du 8 janvier 1977 au 5 juillet 1978	**Balance**
Du 24 mars 1910 au 8 décembre 1911	**Taureau**	Du 12 mai 1944 au 3 janvier 1946	**Cancer**	Du 6 juillet 1978 au 12 janvier 1980	**Vierge**
Du 9 décembre 1911 au 6 juin 1913	**Bélier**	Du 4 janvier 1946 au 2 août 1947	**Gémeaux**	Du 13 janvier 1980 au 24 septembre 1981	**Lion**
Du 7 juin 1913 au 3 décembre 1914	**Poissons**	Du 3 août 1947 au 26 janvier 1949	**Taureau**	Du 25 septembre 1981 au 16 mars 1983	**Cancer**
Du 4 décembre 1914 au 31 mai 1916	**Verseau**	Du 27 janvier 1949 au 26 juillet 1950	**Bélier**	Du 17 mars 1983 au 11 septembre 1984	**Gémeaux**
Du 1er juin 1916 au 13 février 1918	**Capricorne**	Du 27 juillet 1950 au 28 mars 1952	**Poissons**	Du 12 septembre 1984 au 6 avril 1986	**Taureau**
Du 14 février 1918 au 15 août 1919	**Sagittaire**	Du 29 mars 1952 au 9 octobre 1953	**Verseau**	Du 7 avril 1986 au 2 décembre 1987	**Bélier**
Du 16 août 1919 au 7 février 1921	**Scorpion**	Du 10 octobre 1953 au 2 avril 1955	**Capricorne**	Du 3 décembre 1987 au 22 mai 1989	**Poissons**
Du 8 février 1921 au 23 août 1922	**Balance**	Du 3 avril 1955 au 4 octobre 1956	**Sagittaire**	Du 23 mai 1989 au 18 novembre 1990	**Verseau**
Du 24 août 1922 au 22 avril 1924	**Vierge**	Du 5 octobre 1956 au 16 juin 1958	**Scorpion**	Du 19 novembre 1990 au 1er août 1992	**Capricorne**
Du 23 avril 1924 au 26 octobre 1925	**Lion**	Du 17 juin 1958 au 15 décembre 1959	**Balance**	Du 2 août 1992 au 1er février 1994	**Sagittaire**
Du 27 octobre 1925 au 16 avril 1927	**Cancer**	Du 16 décembre 1959 au 10 juin 1961	**Vierge**	Du 2 février 1994 au 31 juillet 1995	**Scorpion**
Du 17 avril 1927 au 28 décembre 1928	**Gémeaux**	Du 11 juin 1961 au 23 décembre 1962	**Lion**	Du 1er août 1995 au 24 janvier 1997	**Balance**
Du 29 décembre 1928 au 7 juillet 1930	**Taureau**	Du 24 décembre 1962 au 25 août 1964	**Cancer**	Du 25 janvier 1997 au 20 octobre 1998	**Vierge**
Du 8 juillet 1930 au 28 décembre 1931	**Bélier**	Du 26 août 1964 au 19 février 1966	**Gémeaux**	Du 21 octobre 1998 au 9 avril 2000	**Lion**
Du 29 décembre 1931 au 24 juin 1933	**Poissons**	Du 20 février 1966 au 19 août 1967	**Taureau**	Du 10 avril 2000 au 24 octobre 2001	**Cancer**
Du 25 juin 1933 au 8 mars 1935	**Verseau**	Du 20 août 1967 au 19 avril 1969	**Bélier**		

GRAVURE,
PREMIÈRE INCARNATION.
Dans l'astrologie karmique, les vies antérieures sont liées à la position des Nœuds lunaires, aux planètes rétrogrades et parfois, selon les écoles différentes, à la position de Saturne ou de Pluton. Sont considérés à la fois les positions en signe, en Maison et les différents aspects sur ces facteurs célestes, qui peuvent apporter des informations supplémentaires sur les incarnations précédentes. Il va sans dire qu'il s'agit là d'hypothèses qu'on ne peut vérifier, dans l'état actuel de nos connaissances.

La Lune Noire, talon d'Achille de la psyché

La Lune Noire n'existe pas concrètement et astronomiquement parlant. Ce n'est pas un astre. Et pourtant, les astrologues contemporains lui portent un intérêt accru. Qu'est–ce que la Lune Noire? Que signifie–t–elle? A–t–elle vraiment son importance dans l'interprétation d'un thème astral? Elle est diversement perçue, connue et pratiquée dans le monde des astrologues.

Point fictif et second foyer de l'orbite lunaire à son apogée (ci-contre). La Lune Noire, inséparable de la Lune, est un principe actif en chacun de nous, hommes et femmes. Le principe Lune Noire inhérent à la Lune concernera la fécondation spirituelle.

Ce sont nos facultés d'évolution à travers le quotidien, les difficultés et les défis qui sont concernés. La Lune Noire nous incite à aller plus bas ou plus haut. Elle n'interpelle pas les tièdes, mais les passionnés osant risquer dangereusement — elle représente la responsabilité face à notre destin. La Lune propose un objet de désir, la Lune Noire l'occulte et projette la personne vers un objectif apparemment inaccessible. Aussi est–elle essentielle et souvent mal vécue. La Lune Noire ne saurait être qu'"en-deçà" ou "au-delà". Criminelle, géniale ou mystique, son nom est subversion. Dans son aspect harmonique, la Lune Noire porte au dépassement de soi, à l'exemplarité, à l'exigence, à la pureté.

Chez l'homme et la femme, la Lune Noire représente la pulsion, la manifestation de l'instinct, du "Ça" cher aux psychanalystes. Vécue à son apogée, la Lune Noire représente la pulsion intellectuelle sublimée.

Dans un thème, la Lune Noire correspond à une tendance psychologique déterminant une attitude intérieure qui influence le comportement lorsque les circonstances de la vie appellent aux choix.

La Lune Noire ne peut être étudiée isolément. Elle est dominante aux quatre angles du thème — Ascendant — Descendant et Milieu–du–Ciel — Fond-du-Ciel —, et lorsqu'elle se trouve en conjonction avec les luminaires — Soleil et Lune —, ou avec d'autres planètes.

Il existe deux positions de l'apogée Lune Noire : l'une établie sur une moyenne donne toute l'orientation du système, rendant compte de l'avance progressive de l'axe de l'ellipse; l'autre position (corrigée), observe les rétrogradations autour de l'axe précédent. Les astrologues utilisent généralement la position moyenne qu'ils appellent Lilith.

LA LUNE NOIRE ET LA MYTHOLOGIE

Une ternarité : Lilith, Hécate, Licorne. À l'opposé : Priape, fils de Dionysos.

• *Lilith :* il existe deux versions de sa légende. Dans l'une, elle est la première femme créée comme Adam, avec le limon de la terre. Ainsi, se considérant comme l'égale de l'homme, elle refusera de lui être soumise. Adam ne supporta ni la lucité de son regard pénétrant, ni son silence méprisant. Il la renvoya. Dieu lui donna des ailes pour s'envoler du jardin d'Éden.

SITUATION DE LA LUNE NOIRE DANS LE CIEL

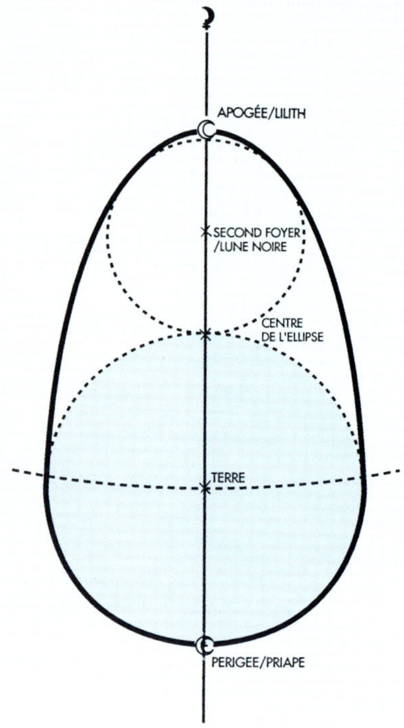

Accablé de solitude, Adam pria le Seigneur de lui rendre Lilith. Ayant refusé de retourner près du terrien, Lilith fut condamnée à perdre cent fils par jour sur sa nombreuse progéniture à venir. Elle préféra accepter cette effroyable épreuve et se jeter dans la mer Rouge plutôt que d'obéir. Une compensation lui fut accordée : elle aurait tout pouvoir sur les nouveau-nés du sexe masculin les huit premiers jours, sur ceux du sexe féminin les vingt premiers jours.

L'autre version est soutenue par le kabbaliste A.D. Grad. D'après lui, le premier homme a été créé par Dieu à son image, c'est-à-dire androgyne. Lilith serait la partie intérieure d'Adam. N'étant pas distinctes l'une de l'autre, comment les deux parties auraient–elles pu s'aimer? Afin d'inventer l'amour, l'Éternel aurait pris une côte d'Adam pour former Eve. Ainsi, l'homme et la femme purent se voir et se connaître, tandis que Lilith s'enfonçait dans les profondeurs marines de l'inconscient collectif. Elle en resurgit et s'impose dans les thèmes astrologiques en tant que facteur d'opposition à la séduction de la facilité.

Lilith trône parmi les grandes déesses archaïques représentant la Mère. Elles ont symbolisé les forces telluriques indomptables, comme "Anat", déesse de la guerre et du carnage. Chez ces femmes primordiales, la sexualité et la guerre sont complémentaires. Elles aiment le sang, l'amour, la fertilité : elles peuvent être à la fois vierges et prostituées. Ishtar, la déesse Vénus, fut appelée la courtisane compatissante. Au temps de la prostitution sacrée, le mot vierge signifiait célibataire. Déméter était à la fois vierge et mère de Proserpine. En authentique Lune Noire, Déméter n'aimait pas le mariage et présidait aux divorces.

La grande déesse phrygienne Cybèle, la Montagne Mère, la Lilith du Capricorne, symbolisait l'énergie enfermée dans la Terre. Elle fut adorée sous la forme d'une pierre tombée de la Lune ou d'une femme couronnée d'un croissant. Artémis, la Diane chasseresse, la vierge qui refusait l'amour et interdisait aux hommes de l'approcher, habitait les forêts.

À l'époque de l'hellénisation, Lilith, l'anima fascinante, sera représentée par les sirènes, monstres marins qui dévorent leurs amants. Circé l'enchanteresse est aussi un piège Lune Noire. Elle ne transforme pas les hommes en pourceaux, mais sa boisson magique éveille la part animale de l'homme qui s'abandonne à ses instincts. Elle représente la femme fatale, destructrice pour ceux qui refusent de voir "le cochon qui sommeille dans le ça" et avec lequel il faut apprendre à vivre en harmonie, sous peine de faire la bête en voulant faire l'ange.

• **Hécate,** magicienne aux pouvoirs redoutables, est la déesse lunaire des morts. Ses trois têtes symbolisent son aspect ternaire qui correspondrait aux trois états de la Lune : croissance, décroissance, disparition durant trois jours — aux trois étapes de la vie : naître, vivre, mourir — aux trois paliers du monde : l'enfer, la terre, le ciel, etc. Hécate, des torches à la main, des fouets autour de la taille, des louves et des chiens à ses côtés, symbolise aussi l'inconscient peuplé de monstres, le chaos de notre psychisme. Le nom d'Hécate signifie la centaine. Sous son aspect destructeur, elle correspond à l'hécatombe (sacrifice des cent bœufs), au génocide lorsque le temps de la purification exige le sacrifice.

Hécate est un des visages de l'insoumise Lilith, condamnée à perdre cent enfants nouveau–nés par jour. Déesse à trois têtes, vénérée dans les carrefours parce qu'elle voyait le passé, le présent et l'avenir. En ce lieu de convergence, la rencontre avec Hécate implique le choix de la route à prendre : celle de l'horizontalité liée au rationnel, à la satisfaction immédiate des besoins matériels. Celle de la verticalité liée à l'irrationnel, à l'intériorité, à la sublimation, qui seule conduit à la plénitude spirituelle.

• **Licorne :** Lilith a des ailes, Hécate a trois têtes, et la Licorne est un animal fabuleux ressemblant à la jument. Sa blancheur symbolise la pureté, son unique corne au milieu du front se dresse comme le phallus d'Osiris sculpté par Isis : verticalité figurant la sexualité transcendée. La Licorne, c'est aussi la Vierge fécondée par l'Esprit, l'amour spiritualisé, la rédemption du genre humain.

Le Christ est à la fois un Dieu solaire et un Dieu lunaire licornien. Par son appartenance au signe du Verseau, la Licorne symbolise l'aspiration à la pureté, la force spirituelle opposée à la force physique du Lion.

• **Priape :** à l'opposé de Lilith, il est son pôle complémentaire. Fils de Bacchus et de Vénus, dieu de la fécondité, des jardins et des vignes, Priape correspond au membre viril, il est en analogie avec le priapisme, érection douloureuse et persistante. Si Lilith est réduction à l'essentiel, Priape est amplification, envahissement, inondation, avalanche.

Lorsque la nécessité l'exige, Lilith consent au sacrifice. Elle prend alors le visage d'Hécate et commence l'hécatombe avec Priape qui fait déferler les eaux de l'anéantissement, le déluge biblique. Seuls les justes survivront à la furie des éléments. Représentant toujours le contraire de Lilith, Priape n'est pas indiqué dans tous les thèmes cités.

LA LUNE NOIRE DANS LES DOUZE MAISONS

• **La Lune Noire à l'Ascendant ou en Maison I** nous poussera à tourner le dos à tout comportement stéréotypé, à refuser d'être comme les autres, à voir les événements dans un enchaînement lucide, à exister en dehors des normes constitutionnelles, à nous démarquer par une attitude anticonformiste. Au niveau inférieur, le type Lune Noire voudra être le plus fort et imposer sa loi. À un niveau supérieur, il faudra, pour "faire avancer", bousculer l'ordre établi, le confort personnel, avec la volonté de crier la vérité, aussi déplaisante soit-elle. *Exemple :* Émile Zola a dénoncé l'injustice dans ses romans et dans son célèbre "J'accuse! "réclama la révision du procès de Dreyfus injustement condamné. Priape, à l'opposé, en Maison VII, montre le déchaînement de haine provoqué par l'engagement de l'écrivain.

• **La Lune Noire en Maison II** peut se traduire par un refus des possessions matérielles, le mépris de l'argent ou sa perte; si le Taureau domine, par le combat écologique pour la défense de la nature — un sens aiguisé des couleurs et des odeurs —, par une recherche sur la croissance des végétaux, le développement du corps humain. *Exemples :* Pierre Teilhard de Chardin, un natif du Taureau, (signe en analogie avec le secteur II où se trouve sa Lune Noire) a fait des fouilles au cours de nombreuses expéditions. L'étude du développement de l'homme domine dans son œuvre. "Il voit une spiritualisation de la matière" (Petit Robert). Charles Baudelaire (Bélier avec Priape, Jupiter-Vénus-Saturne-Soleil en opposition avec la Lune Noire en Balance) a vécu cette difficile configuration à travers sa révolte contre la bourgeoisie et le milieu familial, ce qui lui valut, à l'âge de 24 ans, d'être doté d'un conseil judiciaire. Sa sensibilité aux manifestations de la nature (secteur II en analogie avec le signe du Taureau, amoureux de la nature) lui fera écrire dans *Les Fleurs du mal :* "Les couleurs, les odeurs et les sons se répondent".

• **La Lune Noire en Maison III** risque de créer une tension dans les relations familiales. Dans l'enfance, il y a une probabilité de jalousie de la part d'un frère ou d'une sœur. Refus de faire des études traditionnelles. Exigence de style écrit et parlé. *Exemple :* Jacques Lacan, le célèbre psychanalyste, a ouvert la voie sur de nouvelles études sur la psychanalyse infantile. Il a montré l'importance de la parole, rapproché la psychanalyse de la linguistique : "La cure psychanalytique a dès lors pour but de faire retrouver au sujet cette partie du discours qui lui manque pour rétablir la continuité de son propre discours conscient".

• **La Lune Noire au Fond-du-Ciel ou en Maison IV** incitera au refus des traditions du passé et des préjugés parentaux. Parfois, l'enfant est refusé par ses parents, et vice versa. Cette position peut se traduire plus tard par l'absence de foyer, un détachement, ou une exigence absolue dans ce domaine. Pour peu que la Lune Noire soit en Cancer, et en conjonction avec le Soleil ou la Lune, il y a une forte probabilité de problème psychanalytique lié au père ou à la mère. Exemple : Franz Kafka : "De l'héritage juif, ce fantôme de judaïsme dans lequel il avait été élevé, il rejeta d'abord les traditions". " Mais l'existence de Kafka était menacée par une insécurité plus originelle et plus profonde qui pesa sur lui depuis son enfance. Toute sa vie, en effet, fut dominée par le conflit qui l'opposa à son père, comme en témoigne La Lettre au père, écrite en 1919 mais jamais envoyée" (Petit Robert). À l'opposé, Priape en Maison X correspond à la notoriété de l'écrivain après sa mort.

• **La Lune Noire en Maison V** se traduit par une grande exigence dans le domaine de la création artistique ou littéraire, le refus de l'amour par besoin d'absolu, une tendance à refuser la procréation. *Exemple :* Alexandra David-Neel qui a vécu tous les symboles de cette position. Actrice, elle écrit : "L'art, pensais-je, me ferait une vie aussi à côté de la vie, une existence aussi belle, aussi grande que l'autre est mesquine et basse." Contre l'amour physique, elle conseille : "Restez vierges, restez seules, restez libres." Elle dénonce la procréation : "Elle considérait la maternité comme une aberration" (1). Elle est la seule femme à être entrée dans la ville interdite de Lhassa. Son œuvre littéraire l'a rendue célèbre dans le monde entier.

JACQUES LACAN,
Bélier du 13 avril 1901, avec l'ascendant en Vierge et le MC en Gémeaux, et Mercure, maître des deux angles, sextil au MC, est un mental type. Qui dit Mercure dit langage, dit mots: "J'aime le langage, dit-il, le merveilleux langage, le délire du langage" — on reconnaît la fougue du Bélier ! Lilith, la Lune Noire, en Maison III, ajoute d'autre part la notion d'exigence au niveau intellectuel, de la pensée consciente; de plus, elle est symbolique d'idées non conformistes et d'une problématique au niveau de la communication. Le psychanalyste français J. Lacan a résolu pour sa part cette difficulté en ouvrant des voies nouvelles dans la psychanalyse, surtout en matière de psychologie infantile.

• **La Lune Noire en Maison VI** incitera au refus des habitudes et de la monotonie de la vie quotidienne. Tendance à vouloir servir : une cause, un amour. Besoin de se dévouer corps et âme. Perfectionnisme, travail méticuleux. Possible indépendance forcenée dans le travail quotidien. *Exemples :* Louis Aragon a éprouvé la nécessité de s'engager dans le parti communiste, et lui est demeuré fidèle contre vents et marées. Il avait une conception militante du rôle de l'intellectuel. Marguerite Yourcenar a été la traductrice de Virginia Woolf et de Henri James. Il y a chez elle une recherche de perfection artisanale. ("Les Yeux ouverts").

• **La Lune Noire au Descendant ou en Maison VII** concerne le rapport avec l'autre (mariage, association), avec la société, la difficulté de communication, l'absence de dialogue — subie ou voulue — le refus de s'adapter aux règles sociales. Cette attitude peut se retourner contre son auteur qui sera à son tour refusé par la multitude des gens normaux, en accord avec "les tabous rassurants". Si on renonce à sa vocation de célibataire, l'institution du mariage peut se traduire par la pire des solitudes, la solitude à deux. *Exemple :* Jacques London, alias Martin Eden dans son livre autobiographique, voit ses fiançailles rompues. Il restera célibataire. Il connaît la difficulté de se faire éditer et l'erreur de trop attendre d'autrui : "La vie est si courte que je veux de tout être le summum de ce qu'il peut donner". Écœuré par l'hypocrisie et la mesquinerie de son entourage, il se ralliera à la conception du "surhomme" chère à Nietzsche qui avait, lui aussi, la Lune Noire en Maison VII!...

• **La Lune Noire en Maison VIII** donne une nature angoissée, une tendance à avoir peur de la mort, et à la refuser pour les autres et pour soi-même, à dénoncer les intrigues, les mystifications. Goût du mystère. Personne passant par le pire pour aller

LOUIS ARAGON,
Balance du 3 octobre 1897, était à la fois un militant acharné et convaincu, et un perfectionniste amoureux du langage; or, la Lune Noire en Maison V est souvent présente dans les thèmes de personnes qui se battent pour une grande cause et/ou qui se montrent très exigeantes dans la qualité de leur travail. L. Aragon avait l'habitude, en effet, de réécrire sans cesse ses poèmes — jusqu'à plusieurs dizaines de versions différentes !

ALEXANDRA DAVID-NEEL.
Cette Scorpionne, ascendant Balance hors-série, cette aventurière type, née le 24 octobre 1868 à 5h à Paris, dont le bel Uranus en Maison IX (l'étranger) sextil à Vénus est le reflet de son irrésistible amour pour les explorations audacieuses, avait dans son thème la Lune Noire placée en Maison V, celle des enfants. D'où le refus de la maternité que cette incarnation de Lilith ("Restez vierges, restez seules, restez libres", conseillait-elle) considérait comme "une aberration".

vers le meilleur. Un côté suicidaire en période de crise. Relations passionnelles avec l'idée de la mort, avec l'au–delà. *Exemples :* Bernard Tapie reprend les affaires en faillite pour les remettre sur pied. Édith Piaf a perdu l'homme qu'elle aimait dans un accident d'avion (Marcel Cerdan). Brigitte Bardot a fait plusieurs tentatives de suicide.

• **La Lune Noire en Maison IX** se rapporte au refus des dogmes et des religions traditionnelles, d'un idéal frelaté. Nécessité d'une morale personnelle qui n'est pas dictée par la société, mais par l'âme. *Exemple :* Mozart, un adepte de la franc–maçonnerie, confrérie internationale de fraternité humaine et d'élévation spirituelle, qui lui a inspiré, entre autres "La flûte enchantée". À l'opposé, Priape a été vécu par l'ampleur et le nombre d'œuvres musicales créées par ce génie au cours de son existence très tot interrompue.

• **La Lune Noire au Milieu-du-Ciel ou en Maison X.** Dans ce lieu de l'élévation sociale, de la réussite professionnelle, de la notoriété et de la gloire, la Lune Noire marque surtout les destins hors du commun, permet aux créateurs de se singulariser par une œuvre originale, à un chef d'État de s'imposer par le magnétisme de sa personnalité. *Exemples :* le Général de Gaulle, homme d'État intègre, qui pratiqua à l'extérieur une politique de prestige : "Certain d'avoir été investi par l'Histoire d'une mission exceptionnelle" (Petit Robert), il écrira : "C'était à moi d'assumer la France". À l'opposé, Priape en Maison IV se rapportera à l'importante œuvre littéraire et politique écrite à Colombey-les-Deux-Églises. François Mitterrand, plus gaullien que les gaullistes, se présente comme arbitre au-dessus des partis politiques et de leurs querelles. À remarquer que dans le thème du Président François Mitterrand, la Lune Noire est conjointe à Saturne et à Neptune, qui n'est autre que le cycle du Socialisme (2). Georges Mathieu, le célèbre peintre de "l'abstraction lyrique", créateur d'une "esthétique de la vitesse", dénonce la peinture actuelle en ces termes : "Je suis l'avant-garde. Tous les autres, ceux qui font du pop'art, de l'hyperréalisme, du body art, de l'art conceptuel, ne comptent pas. Leur peinture est d'une totale nullité" (3). À l'opposé, Priape en Maison IV, correspond à l'atelier où l'artiste accomplit une œuvre picturale titanesque, et à son "musée de l'âme" où l'écrivain polémiste peut se déchaîner à loisir.

• **La Lune Noire en Maison XI** se traduit par une grande exigence dans le domaine des relations humaines, et en particulier de l'amitié. En cas de déception, la cassure est immédiate et définitive. *Exemples :* Sigmund Freud a provoqué une véritable fascination chez ses premiers collaborateurs et amis. Quatre d'entre eux se suicidèrent : Honneger, Otto Gross, Victor Kausk, Ernest von Fleish. Deux autres sombrèrent dans la folie. Rupture douloureuse avec Carl Gustav Jung. Le père de Foucauld fut d'abord explorateur, puis ermite missionnaire au Sahara. Son exigence intérieure, son ascendant sur les êtres ont provoqué la haine de son assassin. Là où, avec Lilith, se trouve le meilleur, le pire est sa contrepartie.

• **La Lune Noire en Maison XII** tend à refuser les grandes épreuves de la vie ou à connaître l'initiation spirituelle par la souffrance, à vouloir se libérer par l'ascèse de toute prison intérieure ou extérieure. Risque de maladie nécessitant une hospitalisation pour l'entourage ou pour soi–même. Parfois, cette position correspond à une fin tragique. *Exemples :* Marie Stuart, condamnée à mort et exécutée à la hache, instrument coupant en analogie avec la Lune Noire. Napoléon a fini son existence dans l'île de Sainte-Hélène où il est mort en exil. La Lune Noire repassait alors sur sa Lune Noire natale dans la Maison XII. Même scénario pour Bernadette Soubirous : le jour de sa mort, La Lune Noire se trouvait sur sa Lune Noire natale en Maison XII...

Les signes dans lesquels se trouve la Lune Noire vont donner la coloration particulière de la tendance profonde et marquer les différences du vécu de chacun. Exemples : en Bélier, le dynamisme vital fait exister en dehors des autres et des normes constitutionnelles. Handicap à surmonter. A l'opposé, en Balance, le dynamisme vital est amoindri, le sujet tend à exister par rapport à l'autre, à rechercher sa complémentarité dans le couple parfait. Risques de déceptions difficiles à surmonter. En Cancer, l'amour de la mère risque d'être refusé, d'où une difficulté à devenir adulte, et le refus, plus tard, de fonder un foyer. À l'opposé, en Capricorne : défense contre la sensibilité profonde, goût de la solitude, du silence. Tendance à se réfugier dans sa tour d'ivoire. Introspection.

Astronomiquement invisible, astrologiquement absente et silencieuse, l'intransigeante Lune Noire, alias Lilith, nous invite à traverser le désert, afin d'atteindre la lumière. **J. A.**

---

(1) Jean Chalon "Le lumineux destin d'Alexandra David Neel", Perrin.

(2) Il est intéressant de remarquer que le destin de l'Urss fut scandé par ce cycle de 36 ans.

(3) Véronique Prat *Le Figaro Magazine* du 30 septembre 1989.

Les Parts arabes

On dénombre 97 Parts arabes, dont la Part de Fortune est la plus en usage chez les astrologues. D'où viennent-elles? Quelle est leur signification? Bien qu'elles soient inhérentes à la culture et à l'astrologie traditionnelle arabes du Moyen Age, que peuvent-elles nous révéler encore aujourd'hui? De précieuses révélations, selon certains astrologues, elles font partie d'un grimoire poussiéreux pour d'autres.

L'utilisation des Parts dites "arabes" remonte à la nuit des temps et est restée à l'honneur dans nos régions, jusqu'au XVIIe siècle. Presque tombées dans l'oubli, seuls Eudes Picard (1), et Alexandre Volguine (2) s'attacheront à leur rendre, de façon éphémère, un peu de leur lustre. De nos jours, la plus célèbre, "la Part de Fortune", continue à figurer sur la plupart des cartes du ciel. Rien de semblable dans les pays anglo–saxons qui, parmi les différents modes de calculs propres à chaque astrologue et d'une modernisation adaptée à notre époque (qui tient compte des planètes transsaturniennes Uranus, Neptune et Pluton) dans le cadre d'un choix, ont retenu une cinquantaine de Parts, qu'ils considèrent comme les plus probantes.

QU'EST–CE QU'UNE PART ?

Elle repose sur le choix de deux significateurs symboliques, et d'un point d'appui qui est principalement l'Ascendant ou, plus rarement, une cuspide de Maison en liaison planétaire avec l'être ou les choses qui les désignent. La plus célèbre, déjà citée, est la Part de Fortune ou Fortuna, mais on retiendra aussi celle du mariage, du père, de la mère, des frères, des guerres, de mort, du règne et des actes, etc. parmi les parts chères aux Anciens. Aujourd'hui, il existe de nouvelles Parts davantage liées à l'évolution de notre société, comme celle de l'informatique, par exemple.

Avant de passer au mode de calcul de quelques-unes parmi les cinquante Parts plus ou moins utilisées, on retiendra que leur position dans le thème natal est souvent en étroite relation avec le climat psychologique, l'événement signifié par la Part en question, celle–ci étant susceptible d'être animée par les progressions, les révolutions solaires et les transits.

MODE DE CALCUL

(ajouter ou soustraire 360 degrés si nécessaire) :

Précédemment, on différenciait, dans le mode de calcul, une naissance nocturne d'une naissance diurne. Aujourd'hui, l'ensemble des astrologues encore attachés à cette technique ne tiennent compte que rarement de cette différenciation pour laquelle il existe deux méthodes de calcul pour un résultat identique. Pour faciliter le travail de chacun, et à titre de vérification, les lecteurs trouveront en regard de chaque part sa position dans le thème natal du président François Mitterrand, né le 26 octobre 1916 à 4 heures GMT à Jarnac, Charente — latitude : 45 N 41, longitude : 0°10 Ouest (Fig. 1).

Part de Fortune = 1 : Ascendant + Lune – Soleil ou Lune – Soleil + Ascendant.

Méthode 1 :

Ascendant à 3°03' en Balance =	183°03'
+ Lune à 23°43' en Balance =	203°43'
soit	386°46'
– Soleil à 2°25 en Scorpion =	212°25'
Part de Fortune ou Fortuna	174°21'
soit	24°21' en Vierge

Méthode 2 :

Lune à 23°43' en Balance = 203°43' + 360° = 563°43'

– Soleil à 2°25' en Scorpion =	212°25'
soit	351°08'
+ Ascendant à 3°03' en Balance =	183°03'
soit	534°21'
soustraire	360°
Part de Fortune ou Fortuna	174°21'
soit	24°21' en Vierge.

Certaines Parts ont deux significations et, pour celles dont le mode de calcul l'exige, la variation pour une naissance diurne (Soleil au–dessus de l'horizon) sera indiquée par la lettre D, et par la lettre N pour une naissance nocturne (Soleil en dessous de l'horizon).

– *Part de mariage ou des biens de la terre :* Ascendant + Saturne – Vénus; chez François Mitterrand = 12°38' en Lion.

– *Part du bonheur ou de Vénus et des sentiments :* Ascendant + Vénus – Lune; chez François Mitterrand = 0°05' en Vierge.

– *Part d'amour :* Ascendant + Soleil + Vénus; chez François Mitterrand = 3°43' en Scorpion.

– *Part des biens* : Ascendant + degré en longitude du maître de la Maison II – degré en longitude de la cuspide de la Maison II; chez François Mitterrand = 183°03' + 242°55' (° de Mars maître de II) – 280°27' (cuspide de II) = 7°31' en Scorpion.

– *Part d'esprit ou de génie :* Ascendant + Soleil – Lune; chez François Mitterrand = 11°45' en Balance.

– *Part du règne ou des actes du né :* Ascendant + Lune + Saturne; chez François Mitterrand = 26°26' en Sagittaire.

– *Part des œuvres du règne :* Ascendant + Soleil – Milieu–du–Ciel; chez François Mitterrand = 2°16' en Verseau.

– *Part royale ou de la puissance :* Ascendant + Lune – Mars; chez François Mitterrand = 25° en Lion.

– *Part de la noblesse du né ou des honneurs :*

a) pour une naissance diurne on tient compte du degré d'exaltation du Soleil à 19° en Bélier;

LES POSITIONS PLANÉTAIRES DANS LE THEME DE FRANÇOIS MITTERRAND

Nom : Mitterrand
Prénom : François
Lieu de naissance : Jarnac (Charente)
Date de naissance : 26/10/16
Heure officielle : 04 h 00
Zone : +00:00
000W10'00''
45N41'00''

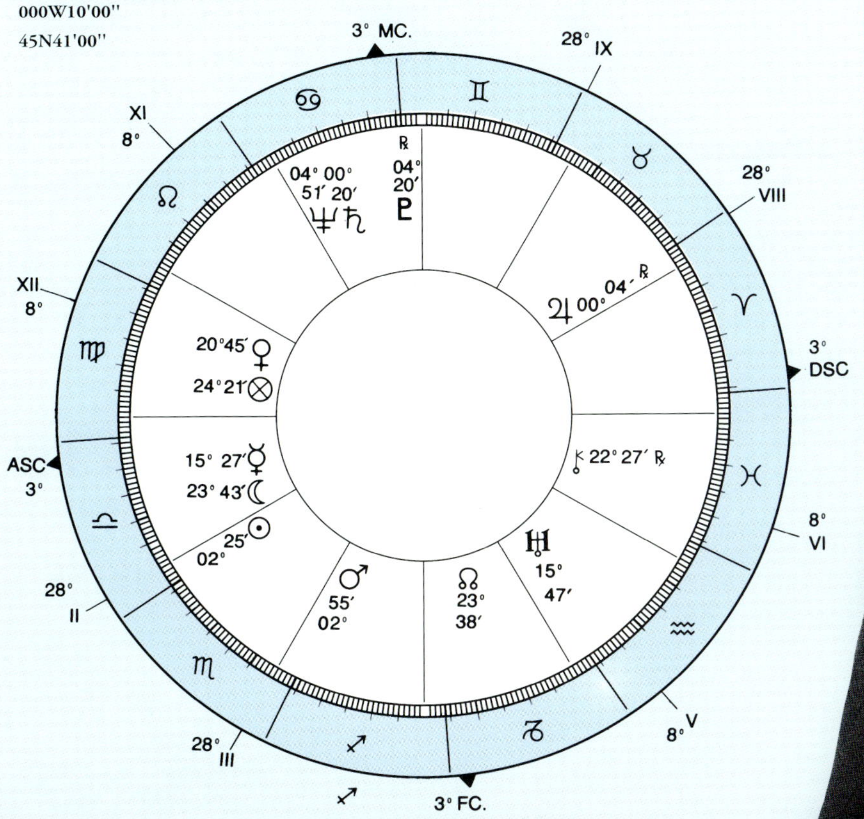

FRANÇOIS MITTERRAND, président des Français, reflet d'une grande ambition alliée au talent de stratège (Soleil en Scorpion), mais aussi de sa vocation de médiateur fondée sur un sens profond du dialogue (Ascendant Balance). N'est-il pas intéressant, voire amusant, de constater que sa Part de Fortune en Vierge se place sur le Neptune de Jack Lang, mais aussi sur l'Ascendant de Laurent Fabius, sur la Lune de Bernard Tapie ? (dont il fut ... la fortune, la chance politique !) Que sa Part d'Esprit ou de Génie (qui se confond avec sa Part des Amis ou des Serviteurs) se trouve conjointe à son propre Mercure, symbole du mental et, justement, de son talent d'intermédiaire, mais également exactement conjointe au Soleil de la Ve République ? (à 12° de la Balance). Que sa Part Royale et de la Puissance se situe à 25° du Lion, se confondant d'ailleurs avec sa Part des Ennemis cachés, mais aussi avec celle des Relations et de l'Appui des Grands ? Que le tout se superpose étrangement au Soleil de Michel Rocard et de Laurent Fabius, tandis que sa Part des Maladies et des Années dangereuses, à 5° degrés du Verseau, coïncide avec le Soleil natal d'Edith Cresson et de Bernard Tapie ?...

b) pour une naissance nocturne, on tient compte du degré d'exaltation de la Lune à 3° en Taureau, soit 33°. D = Ascendant + 19° – Soleil; N = Ascendant + 33° – Lune; chez François Mitterrand = N 12°20' en Bélier.
– *Part de la vie ou Part des enfants :* D = Ascendant + Jupiter – Saturne; N = Ascendant + Saturne – Jupiter; chez François Mitterrand = 3°19' en Capricorne.
– *Part des relations ou de l'appui des grands de ce monde :* Ascendant + Part de Fortune – Soleil; chez François Mitterrand = 24°59' en Lion.
– Part des amis ou des serviteurs : Ascendant + Lune – Mercure; chez François Mitterrand = 11°18' en Balance.
– *Part des ennemis déclarés ou des disputes :* Ascendant + Jupiter – Mars; chez François Mitterrand = 0°12' en Poissons.
– *Part des ennemis cachés :* Ascendant + degré de la longitude de la cuspide de la Maison XII – degré de la longitude du maître de XII; chez François Mitterrand = 183°03' + 158°15' – 195°27' = 145°51' soit 25°51' en Lion.
– *Part des guerres :* Ascendant + Saturne – Soleil; chez François Mitterrand = 0°40' en Cancer.
– *Part de mort :* cuspide de la maison VIII + Saturne – Lune; chez François Mitterrand = 5°12' en Verseau.
– *Part des maladies :* Ascendant + Mars – Saturne; chez François Mitterrand = 5°38' en Verseau.
– *Part de la planète qui tue :* D = Ascendant – Lune; N = Lune – Ascendant; chez François Mitterrand = 20°40' en Bélier.
– *Part des années dangereuses :* Ascendant + degré en longitude du maître de la Maison VIII – Saturne; chez François Mitterrand = 183°03' + 242°55' (° de Mars maître de la maison VIII) – 120°20' = 5°38' en Verseau.

QUELQUES AUTRES PARTS UTILES :

– *Part de malchance :* Ascendant + Soleil – Lune.
– *Part de religion :* Ascendant + Lune – Jupiter.
– *Part de profession :* Ascendant + Jupiter – Mars.
– *Part de pouvoir et de renommée :* Ascendant + Jupiter – Soleil.
– *Part du père :* Ascendant + Soleil – Saturne.
– *Part de la mère :* Ascendant + Lune – Vénus.
– *Part des héritages :* Ascendant + Saturne – Lune.
– *Part de littérature :* Ascendant + Mercure – Saturne.
– *Part des procès :* Ascendant + Jupiter – Mars.
– *Part des voyages :* Ascendant + Lune – Mercure; voyages par air : Ascendant + Lune – Uranus; voyages par mer : Ascendant + Lune – Neptune.
– *Part de l'occultisme :* Ascendant + Neptune – Uranus.
– *Part de l'informatique :* degré en longitude de la cuspide de la Maison III + Uranus – Mercure.

J. B.

---

(1) Eudes Picard, "Astrologie Judiciaire", aux Éditions Leymarie.
(2) Alexandre Volguine in "Cahiers Astrologiques", numéros 152 à 165.

PUBLICITÉ
POUR LA LOTERIE NATIONALE
EN 1907. Contrairement à ce que beaucoup pensent, l'astrologie est incapable de donner les numéros gagnants à la loterie. Les chiffres attachés traditionnellement aux signes du Zodiaque sont à prendre ... comme un jeu ! Ils ne reposent sur aucune expérimentation valable, sur aucun critère raisonnable. En revanche, l'astrologie est parfaitement capable de déterminer si le natif aura de la chance au jeu dans sa vie — et cela, généralement parlant — mais, plus précisément, elle peut dire, à coup sûr, si une période est faste ou néfaste aux gains par jeux de hasard; pour cela, l'astrologue analysera les influx planétaires sur la Maison V du sujet. A noter qu'une Part de Fortune très dissonnante dans un thème natal indiquera une lacune dans la chance pure et notamment dans le domaine lié à la Maison occupée par cette Part.

LA PART DE FORTUNE, LIEU D'ÉLECTION DE LA CHANCE

Si les points fictifs appelés Parts font partie de l'apport précieux des Arabes du Moyen Age à l'astrologie, on trouve déjà mention de la Part de Fortune dans le plus ancien traité d'astrologie occidentale, celui de Manilius, nommé "l'Astronomicon". Voici comment il décrit très clairement le moyen de trouver Fortuna : "Comptez combien il se trouve de degrés du Soleil à la Lune en suivant l'ordre des signes. Portez ces degrés à partir de l'Ascendant dans le même sens, sur le cercle des signes. Le point du cercle où vous arriverez sera le lieu de la fortune."
Plus d'un siècle auparavant, le grand Ptolémée en parle déjà, affirmant que ce point indique les richesses virtuelles du sujet. L'importance de ces dernières dépend bien sûr des dispositeurs de la Part des planètes qui régissent son signe, ainsi que des aspects reçus des autres planètes.
Une astrologie moderne nous dicte de ne pas prendre le mot "richesse" au sens littéral, mais d'y inclure les notions symboliques d'expansion, de succès, de facilité, bref de chance.
On la calcule ainsi : longitude de l'Ascendant + longitude de la Lune – longitude du Soleil.
L'expérience a démontré que ce point de chance virtuelle, s'il est très maléficié dans le thème, pointe alors au contraire sur une anti–chance, une vraie malchance. Exemple : les Parts de Fortune du couple Guillemin — dont le petit garçon fut sauvagement assassiné — se trouvent toutes deux dans le secteur V (celui de la progéniture), en carré l'une avec l'autre et très dissonantes dans les thèmes respectifs.
Comme ce point est lié à l'Ascendant — qui détermine les Maisons ou secteurs —, on conçoit que la situation de la Part de Fortune en Maison soit plus importante que celle en signes.
Voici un survol de leurs significations :
– En Maison I : le sujet lui–même est l'artisan de sa chance, attirée par sa propre assurance et la nature de sa personnalité. La naissance sous une nouvelle Lune implique une Part de Fortune située sur l'Ascendant, ce qui apporte une sorte de compensation à la difficulté d'être de la nouvelle Lune.
– En Maison II : une des meilleures positions pour ce point, puisque ce secteur est celui des biens et des acquisitions de richesses. Quelle que soit la provenance des gains, les hautes charges sont souvent l'apanage de cette position, dans la mesure où celles–ci vont de pair avec des gains importants. Mais il peut s'agir aussi d'une élévation autre que matérielle.
– En Maison III : la chance vient surtout à travers l'entourage, mais aussi à travers des professions d'intermédiaire, d'agent de toutes sortes. Le succès est lié aux communications, au journalisme et aux médias, à l'écriture — ou encore à travers les frères et sœurs.
– En Maison IV : c'est la position typique de l'héritier. Mais également de toute profession liée à la terre, aux origines, au passé, aux maisons : archéologue, décorateur, promoteur, archiviste, agriculteur. Le sujet peut travailler avec succès à son domicile... ou (ce secteur étant celui de la Nation) devenir Président de la République!
– En Maison V : la Part de Fortune dans le secteur du jeu peut laisser espérer des gains en ce domaine — spéculations, jeux de hasard, loterie, etc. C'est un des meilleurs emplacements de ce point, car il favorise l'expression heureuse, l'épanouissement par la création (de préférence artistique) du sujet; et souvent, la joie par les enfants.
– En Maison VI : le succès et l'épanouissement de la personnalité passent par le travail, indispensable, mais jamais effectué en pure perte. Des choix heureux caractérisent les subordonnés. Ce secteur étant aussi celui de la santé, une constitution robuste sera un facteur positif dans l'existence. On aime les bêtes, et celles–ci nous le rendent bien.
– En Maison VII : parce qu'on exerce un mélange d'autorité et de fascination sur autrui, le monde extérieur favorise l'éclosion, l'expression et le succès du sujet : excellente position pour un acteur ou un homme politique. Le mariage est une zone protégée du destin.
– En Maison VIII : la chance favorisera le sujet par l'intermédiaire d'une autre personne, et souvent par la mort de cette dernière. C'est donc la position type (avec la Maison IV) de l'héritage, mais également du succès possible dans toute activité liée à la mort, au sexe, à l'occultisme ou aux héritages : notaire, médecin légiste, psychanalyste, parapsychologue ou sexologue. Indique parfois une célébrité posthume.
– En Maison IX : aptitudes particulières de se réaliser heureusement à travers l'édition, la publicité, l'écriture, la politique, l'import–export, la diplomatie, le tourisme. Le sujet recherche en général les causes premières, a besoin d'une philosophie de l'existence qui le satisfasse (Charles–Quint abdiquant).
– En Maison X : ce secteur étant celui des honneurs et du succès, c'est là, avec la Part de Fortune en II et en V, une des positions les plus "réalisatrices" sur le plan matériel et social. Même s'il y a des revers dans l'existence, le sujet est capable de repartir à zéro et de refaire une réussite. Ambition et expansion caractérisent cette position.
– En Maison XI : une excellente position de ce point dans la mesure où elle garantit une popularité certaine dans le cercle d'amis, disposés dès lors à donner le coup de pouce nécessaire.
Ce domaine étant aussi celui des espérances, les aspirations profondes du sujet ont toutes les chances d'être réalisées — sauf si la Part de Fortune est dissonée : gare alors aux utopies et aux déceptions.
– En Maison XII : Ce n'est pas une position très exaltante, bien qu'elle puisse éventuellement agir comme paratonnerre contre les épreuves de l'existence. Mais elle peut également exprimer l'épanouissement de l'être dans la retraite, la recherche ou le sacerdoce... ou encore dans un métier impliquant le secret comme détective, espion ou diplomate. C'est la marque typique de l'occultisme productif (Nostradamus, par exemple). *E.T.*

9 – LA PRÉVISION : LES DIFFÉRENTES TECHNIQUES

Aujourd'hui, dans nos esprit troublés par des informations disparates relatives à une astrologie phénomène de mode, l'homme de la rue, influencé par des médias surtout préoccupés de satisfaire la soif d'avenir du public, assimile trop souvent l'astrologie, avant tout science du caractère et de la personnalité, aux prévisions. Or, l'horoscope, la carte du ciel ou thème astral sont une et même chose : on calcule, on établit, on monte, on érige, on interpète un thème natal, une carte du ciel ou un horoscope qui révèlera la structure de base d'une personnalité, ses tendances profondes. C'est seulement ensuite que l'on devrait se pencher sur l'étude prévisionnelle des climats à venir et des événements probables qui ponctueront la destinée de l'individu concerné. Les prévisions seront en quelque sorte le fil dévidé de la pelote constituée par l'horoscope de base qui, virtuellement, contient la totalité de la destinée. Il n'y a donc pas de solution de continuité entre l'analyse du thème statique et sa manifestation dynamique dans le temps, exprimée par les prévisions. En d'autres termes, quelque part, il ne nous "arrive" que ce que nous "sommes". "Deviens ce que tu es", a dit F. Nietzsche.

Les transits planétaires

Il s'agit du *passage* d'une planète sur un point sensible du thème de naissance (Soleil, Lune, AS, MC, Part de Fortune, Nœuds et les différents points en aspect avec ceux-ci) dont les énergies latentes se trouveront ainsi réactivées. Les transits correspondent donc aux périodes d'influence maximale des différentes planètes natales. Voici ce que dit le polytechnicien astrologue P. Choisnard : "L'analyse des périodes d'influence d'un thème de nativité a pour but de rechercher les époques de la vie où les puissances astrales, enregistrées à la naissance, auront leurs phases d'évolution les plus saillantes, par suite d'un état céleste favorable. Les énergies latentes donnant la Tonique de la destinée se convertissent en actes suivant des lois appropriées à l'éducation, au milieu, etc.

Les transits constituent en somme la preuve la plus accessible de l'influence planétaire sur les phases de la destinée humaine. Il est probable qu'avec les lois d'atavisme astral, celles des transits ont été, à l'origine, le point de départ de la science astrologique : les premières pour l'orientation innée des facultés, les secondes pour l'évolution de celles-ci à travers les âges de la vie."

Notons que cette méthode prévisionnelle est la seule à se fonder sur des mouvements astronomiques réels, que l'on peut suivre dans le ciel à travers les éphémérides ou les programmes d'ordinateur ; elle est donc la plus convaincante pour l'esprit expérimental ou scientifique.

Exemple de transit : en admettant que l'As d'un thème se situe à 10 degrés de la Vierge, lorsqu'une planète quelconque passera sur ce point du ciel — ou en aspect à ce point, à savoir à 10 degrés du Taureau, du Capricorne, du Scorpion ou du Cancer (aspects harmoniques) ou encore à 10 degrés des Gémeaux, du Sagittaire ou des Poissons (aspects dissonants) — ce point AS se trouvera réactivé dans ses potentialités natales, en rapport avec la nature de la planète transitante bien sûr. Ainsi, s'il s'agit de Saturne passant à 10 degrés de la Vierge (ce qui ne se reproduit que tous les 29 ans), ce transit par corps ou parconjonction apportera une période de repli sur soi, de fatigue, de doute et de remise en question, peut-être de solitude et/ou de déminéralisation ; idem si Saturne passe en carré ou en opposition à ce point zodiacal. Tandis que si la planète transite en aspect harmonique à ce point (sextile, trigone), le sujet vivra une phase de sérieux et d'organisation concrète, de moindre sociabilité mais de plus grande résistance physique et propice aux entreprises durables.

QUE PRÉVOIT UN TRANSIT ?

À coup sûr un *climat psychologique* (défini en fonction du rapport de la planète transitante avec la planète — ou les axes — ainsi que de la Maison transitée; parfois aussi un *événement concret,* mais ce dernier reste la plupart du temps du domaine du potentiel. Exemple : le transit d'Uranus (changements abrupts) sur un Soleil en Maison VII (partenaires, mariage) suscite un climat de déstabilisation, voire de rupture dans le couple ; il sera très difficile à l'astrologue de diagnostiquer un divorce, sauf si d'autres éléments corroborent ce verdict : un Soleil natal lui-même conjoint à Vénus (l'affect) et en double dissonance avec Saturne et Uranus, par exemple... Ce qui est certain, c'est que le sujet vivra le divorce sur le plan symbolique, assorti ou non de l'événement correspondant.

La *répétition,* en transit, *d'un aspect natal* implique toujours une efficacité maximale du passage planétaire. Dans l'exemple ci-dessus, le divorce aura toutes les chances de se produire lors du passage d'Uranus sur le Soleil natal, du fait qu'il y a déjà dans le thème natal une dissonance entre ces deux astres.

SIMULATION DE PLANÈTES.
Au milieu trône Saturne, nanti de ses anneaux décoratifs. Saturne, planète la plus éloignée du septenaire des Anciens, reste symbole du Temps (c'est le Cronos des Grecs), de l'incarnation dans le réel, de la politique, de la fatalité. C'est le Maître de l'Expérience qui, après nous avoir éprouvés — dans les deux sens du terme, de test et de malheur — nous récompense par la sagesse. Ses transits, d'une fréquence de vingt-neuf ans pour les conjonctions et de sept ans et quelque pour les carrés perturbateurs (ce sont les "sept ans de réflexion" de la vox populi) sont générateurs d'une prise de conscience du temps qui passe — souvent assombrie par des regrets nostalgiques — de face à face avec une réalité toute nue, incontournable. Sous ses aspects, on revient à l'essentiel, on fait le ménage des scories inutiles, on cesse de se (vous) dorer la pilule.

TEMPS D'EFFICACITÉ D'UN TRANSIT :

Évidemment, à l'instar des tolérances admises dans les aspects natals (orbes), un transit n'est pas seulement efficace au moment exact de la conjonction — ou du transit par aspect — mais un peu *avant* et un peu *après*. Suivant les écoles et la nature du transit, les orbes tolérés varient quelque peu, mais il semble que *deux à trois degrés* soient les limites d'action du transit. Dans notre exemple, le passage de Saturne sur l'AS commencera à se faire sentir dès 7 degrés de la Vierge pour perdurer en point d'orgue jusque vers 13 degrés. Bien sûr, plus la planète se rapproche de l'aspect exact et plus son effet sera sensible. Si une autre planète transitante joue le rôle de catalyseur, l'orbe d'action d'un transit peut être élargi. Par exemple, en septembre 1991, Uranus était à 9 et Neptune à 14 degrés du Capricorne, donc en conjonction dans le ciel. Il est certain que les natifs ayant un facteur de leur thème autour de 9 degrés de ce signe ont ressenti également l'influence dissolvante de Neptune et celle, énervante et déstabilisante d'Uranus, de même — et peut-être davantage encore — les natifs qui ont un point de leur thème à 9 degrés du Bélier, de la Balance ou du Cancer, qui sont en dissonance avec le premier (l'événement se réalise souvent au mi-point de deux transits concomitants).

Ainsi, sur un Soleil à 15 degrés du Capricorne, l'effet maximum d'un double transit d'Uranus et Neptune se fera sentir le plus vraisemblablement lorsque Uranus sera à 12 degrés et Jupiter à 18 degrés, car le mi-point de ces deux positions est 15. Il s'agit-là d'un exemple fictif.

Le temps réel d'efficacité d'un transit dépend du temps de révolution de cette dernière : plus une planète est lente, plus long est son temps d'influence puisque, par définition, elle restera plus longtemps sur un certain point du Zodiaque. Ainsi, les transits des planètes supérieures — de Mars à Pluton — sont non seulement les plus importants en puissance et en impact sur la destinée, mais aussi les plus durables. Par valeur décroissante :
– les transits de Pluton, Neptune et Uranus marquent les étapes majeures de l'existence et s'étendent respectivement sur trois ans à un an et demi;
– ceux de Saturne et Jupiter qui ponctuent des étapes importantes durent environ un an;
– ceux de Mars, Soleil, Vénus et Mercure, qui marquent les étapes mineures de la vie s'étalent de quelques semaines à quelques jours;
– enfin, les transits de la Lune, éphémères, sont de l'ordre de la journée. Mais ces derniers ont beaucoup d'importance dans l'évaluation d'un pronostic, car ils jouent souvent le rôle de relais ou de catalyseur qui concrétisent en quelque sorte l'influence latente plus importante.

En d'autres termes, si les *planètes lentes* représentent la grande aiguille de l'horloge cosmique, les *planètes rapides* symbolisent la petite aiguille.

Remarque : dans les cas de *rétrogradation,* non seulement la puissance du transit d'une planète rapide (Mercure, Vénus) est renforcée, mais sa durée également est multipliée jusqu'à plusieurs semaines voire, pour Mars, à plusieurs mois. À noter que les "boucles" de Mars (ses rétrogradations) sont particulièrement efficaces — dans le sens d'une stimulation physique et psychique, souvent excessive, et d'un effet déclencheur sur l'événement; celui-ci sera positif ou négatif suivant le contexte céleste du transit, suivant également l'aspect du transit (en conjonction, carré ou trigone, par exemple) et enfin suivant la situation, harmonique ou dissonante, de la planète transitée dans le thème.

La *rétrogradation* amplifie bien sûr aussi la puissance du transit d'une planète lente dont, en revanche, le passage simple en marche directe peut passer inaperçu — du moins sur le plan matériel des faits, même si son influence est perceptible sur le plan psychique.

Exemple : en 1991, Jupiter a traversé la zone comprise entre 3 degrés du Lion et 15 degrés de la Vierge. On peut affirmer que son impact aura été bien plus fort sur les natifs ayant un point de leur thème situé entre 3 et 14 degrés du Lion (étant donné que cette planète reviendra sur ses pas — vu de la Terre — après avoir déjà parcouru cette distance en 1990) que sur le reste de sa trajectoire zodiacale. Les pauvres Lions de la seconde moitié du signe auront donc été quelque peu frustrés, cette fois, du transit, en général très attendu, de cette planète bénéfique car, dès juillet, Jupiter a filé dans le ciel sans intention de rétrograder ; en revanche, les Vierges de la première moitié n'auront rien perdu pour attendre, puisque 1992 a vu la rétrogradation de cet astre d'expansion.

QUELLE EST LA COULEUR D'UN TRANSIT ?

Cette question nous amène à une autre considération : la nature d'un transit, sa signification, son message. Ce dernier dépend essentiellement de la *planète transitée,* ce que trop souvent une certaine presse astrologique, stéréotypée et simplificatrice à outrance, a tendance à oublier. Ainsi, le passage de Jupiter (qui parcourt environ un signe tous les ans) dans le signe de la Balance ne fera pas de tous ses natifs des élus de l'année, tant s'en faut. À certaines Balances, il apportera des débordements regrettables, de l'anarchie, parfois même des quasi-catastrophes, si leur Soleil natal est fortement dissonant.

D'où une règle essentielle : il n'y a pas de planète dont l'influx soit intangiblement bon ou mauvais : même Jupiter, alias le "Grand Bénéfique" des Anciens peut être porteur de vicissitudes si :
– son état céleste est dissonant;
– si la planète transitée est maléficiée (ou dissonée).

En revanche, Saturne, de mauvaise réputation, peut apporter consolidation et stabilisation, accroissement de résistance physique et concrétisation durable, s'il passe en bon aspect à un point du thème et même s'il passe en *transit direct*

sur un facteur récepteur très harmonique. Il en va de même pour les transits des autres *planètes dures* (Pluton, Uranus, Mars, Neptune) qui peuvent se révéler super-bénéfiques :
– si la planète transitée est très harmonique ou sans aucune dissonance ;
– si l'état céleste de la planète transitante est positif.
Par exemple, Saturne en transit sur un Soleil, qui est lui-même en trigone natal avec la même planète, apportera à coup sûr reconnaissance, voire consécration.

Mais Jupiter en transit sur un Soleil natal qui est déjà en carré à Saturne et/ou à Jupiter et/ou en opposition à Uranus ne sera guère porteur d'une phase enviable… Il mettra au contraire le feu aux poudres.

MODE D'ACTION DU TRANSIT :
Le transit d'une planète dominante dans le thème sera spécialement à considérer ; son impact sera valorisé.

Ainsi, pour un Scorpion, le passage de Pluton, pour un Capricorne celui de Saturne, sera plus important que pour un autre natif. Un natif AS Verseau avec, de surcroît, Uranus angulaire, sera bien plus sensible au passage de cette planète sur ledit AS, mais aussi sur n'importe quel autre facteur de son thème qu'un autre natif qui n'a aucune relation privilégiée avec elle. On peut comparer le thème à une fiche perforée programmée pour réagir préférentiellement aux influx qu'elle "connaît" déjà.

Dans un même ordre d'idées, un transit sera d'autant plus puissant que le rapport qu'il établit avec la planète transitée préexistait déjà dans le natal : Neptune passant sur ou en aspect sur Mercure natal sera bien plus sensible à un natif possédant déjà un aspect entre ces deux planètes. Si l'aspect natal était positif, le transit par conjonction aura tendance à susciter les valeurs positives de ce cocktail cosmique : inspiration, intuition, invention, contemplation ; affaires cosmopolites et voyages par mer… Si, au départ, il y avait un carré entre ces deux planètes, le transit par corps ou en opposition, par exemple, ne pourra que grossir les inconvénients de ces virtualités natales : distraction, fatalisme ou tendances pessimistes, tendance à tromper ou à être trompé, voyages — surtout par mer — décevants ou assortis de pertes ou de vol, etc.

Conclusion : l'intensité du transit sera d'autant plus forte qu'il y a *répétition d'un aspect natal;* elle sera aussi renforcée dans le cas d'un transit sur une position planétaire de la Révolution solaire.

On peut dire que les transits les plus sensibles seront ceux qui s'exerceront sur le Soleil, la Lune, le MC et l'AS du thème, de même que sur la(les) planète(s) dominante(s).

Dans le cas d'un transit sur un *amas planétaire,* l'effet en sera décuplé aussi bien en temps qu'en intensité. Si de surcroît il s'agit d'un transit de planète très lente comme Pluton ou Neptune, cela peut induire une phase qui semble interminable au natif qui, suivant les cas, se sentira pourchassé par la fatalité — lorsque la planète émettrice ou transitante et l'amas planétaire se trouvent en état médiocre ou carrément mauvais dans le ciel et à la naissance — ou alors, il évoluera pendant une période identique dans une phase de chance qui lui paraîtra indéfectible et définitive, puisqu'elle pourra atteindre la décennie. Pourtant, il aurait tort de croire que "c'est arrivé", car la roche tarpéienne est proche du Capitole et, lorsque, par exemple, Neptune en carré à Uranus passera sur cet amas, il devra s'accrocher pendant des lustres pour ne pas perdre le moral.

Notons qu'une planète transitante lorsqu'elle est *stationnaire* a tendance à réveiller avec un maximum d'intensité les virtualités du point transité.

Exemple : entre le 2 juin et la fin septembre 1992, Pluton a stationné à 20° du Scorpion, revenant à une position qu'il a déjà occupé en novembre-décembre 1991. Il commença donc par rétrograder insensiblement de 20°59' (début juin) jusqu'au 20°09' où il stationna entre le 25 et le 30 juillet, pour ensuite se remettre en marche directe et n'atteindre à nouveau les 21 degrés que le 4 septembre 1992. Alors que sa vitesse normale est de l'ordre de un degré environ par mois, il lui aura fallu en l'occurence quatre grands mois pour parcourir ce même écart de longitude, étant donné ce phénomène de rétrogradation. Inutile de dire que les sujets ayant un point de leur thème sur — ou en aspect de — ce point zodiacal de 20-21 degrés (en commençant par les Scorpions des 12-13 novembre) auront senti très fort ce transit unique, sur un mode gratifiant ou déstabilisant, qui dépend bien sûr du contexte de leur thème personnel. En revanche, les Cancers des 12-13 juillet ou les Poissons des 11-12 mars n'auront eu qu'à se féliciter de cette même rétrogradation.

LE CAS DES TRANSITS MULTIPLES :
lorsque deux ou plusieurs transits de valeurs opposées (un harmonique et un dissonant, par exemple) se produisent simultanément sur deux points différents du thème, ils ne s'annulent pas ; ils suscitent un climat ambigu et concernent en général des domaines différents du vécu, jouant sur des plans variés (professionnel et privé, santé et finances, etc). La prise en compte des Maisons est alors essentielle.

Lorsque les transits opèrent simultanément sur un même point du thème, ils suscitent un climat nuancé, souvent contradictoire — s'ils sont de valeur inverse — en tout cas enrichi par rapport à un transit simple. L'interprétation en sera rendue plus délicate.

Pour l'interpréter, il faudra tenir compte à la fois :
– de la nature de la planète transitante (surtout);
– de la nature de la planète transitée (surtout);
– de la Maison transitée (surtout);
– du signe de la planète transitée (secondairement).

Par exemple : Jupiter passant sur la Lune en Maison V (excellente phase pour envisager une progéniture, gagner au loto, rencontrer l'âme sœur ou écrire le roman de sa vie — puisque la Maison V est celle des enfants, des jeux et des spéculations, de l'amour et de la créativité), tandis que Saturne transite en même temps au carré de cette Lune, ce double transit risque fort de donner d'une main, si l'on peut dire, ce qu'il va ôter de l'autre, apportant en même temps que les opportunités des obstacles.

La symbolique de la planète transitée ou du point récepteur est essentielle pour l'interprétation. Les grandes orientations de l'existence se font sous les transits de planètes lentes sur le Soleil, la Lune, le MC, et même l'AS. Plus particulièrement, un transit sur :

– *l'AS : joue sur la destinée en général et la vitalité* (santé) en particulier, surtout lorsqu'il s'agit d'un transit de planète lente;parfois sur la vie affective;

– *le MC : joue sur la destinée,* mais avec l'*accent sur l'orientation* professionnelle, la carrière, les honneurs, la vie sociale; parfois sur la santé;

– *le Soleil : joue à la fois — ou séparément — sur l'image sociale*, la *conscience* individuelle du sujet, *ses grandes options* dans l'existence, *son prestige, sa réputation*, sur sa vie privée et sa vitalité. Les grands carrefours de l'existence se placent en général au moment des transits de planètes lentes (Pluton, Neptune, Uranus, Saturne et Jupiter) sur ce facteur fondamental du thème. Suivant la topographie céleste du moment et l'état natal du Soleil — harmonique ou dissonant — ces "moments de vérité" seront plus ou moins confortables, épanouissants ou éprouvants à vivre. C'est pourquoi il est impossible, dans la littérature astrologique collective et médiatique, d'opter pour le lecteur individuel — dont on ne connaît pas par définition le thème personnel — pour la manifestation positive ou négative du transit.

Depuis février 1988 — où Saturne et Uranus sont entrés en Capricorne — et jusqu'en janvier 1998 — où Neptune quitte ce signe — c'est la situation de ces natifs, dont la vie est perturbée, magnifiée, bousculée, illuminée ou saccagée suivant les cas. C'est aussi le cas des Scorpions dont le signe est traversé par Pluton, leur maître, depuis 1983, Pluton qui les touche au fur et à mesure de leur date de naissance jusqu'en novembre 1995 faisant basculer leur existence d'une façon ou d'une autre, les changeant en profondeur;

— *la Lune : ces transits jouent sur le psychisme de l'individu*, son inconscient (rêves), sa vie familiale et intime. Les transits puissants — planètes lentes — correspondent aux expériences affectives (idylles, mariage, enfant), mais peuvent concerner aussi la mère du sujet, et la femme pour l'homme. Les changements de domicile peuvent également être marqués par le passage d'Uranus ou de Pluton sur la Lune, surtout si elle se trouve en Maison IV, bien sûr, ou si celle-ci est en Cancer.

En accord avec le symbolisme général des planètes, on aura compris qu'un transit sur Mercure provoquera un climat ou un événement de l'ordre du mental, des affaires ou des voyages ; qu'un transit sur Vénus concernera avant tout la vie sentimentale — ou une fille du sujet ou sa mère, etc.

POUR INTERPRÉTER UN TRANSIT PLANÉTAIRE, IL FAUT ANALYSER SUCCESSIVEMENT :

1. Le symbolisme de la planète transitante.

— *Pluton positif :* (induit un temps de) transformation lente, irréversible et heureuse, intégration sociale, pouvoir ; régénération, redressement des situations boiteuses.

— *Pluton négatif :* volte-face, bouleversement, mutation, crise, angoisses, maladies psychosomatiques (tumeurs); sujet victime d'une situation collective (chômage).

— *Neptune positif :* ouvertures spirituelles, artistiques et mystiques, inspiration, intuition médiumnique (rêves prémonitoires), coups de chance, parfois célébrité, internationalisation ou cosmopolitisme; réussite et fortune.

— *Neptune négatif :* climat flou, situations peu nettes, désordre psychique et perplexité, doutes et interrogations, anxiété, phobies, attirance et vulnérabilité aux drogues, tendances dépressives, erreurs de tir, distraction, abus de confiance, déceptions, scandale, échecs parfois ruine, illusions, manque d'objectivité et de lucidité, maladies difficiles à diagnostiquer, intoxications, infections, anémies, leucémies.

— *Uranus positif :* changement abrupt et positif, imprévu et puissant, activation de l'intellect et des réflexes. Les grands bouleversements (promotions professionnelles, rencontres - coup de foudre...) se font sous l'égide d'Uranus; climat de désaliénation (divorce libératoire).

— *Uranus négatif :* climat d'irritabilité nerveuse (sommeil troublé), bouleversements imprévus et plus ou moins catastrophiques, accidents, divorces etc., mais aussi les changements heureux de l'existence, vécus dans le stress sur le moment; tendances hystéroïdes ou paranoïdes. Une mention spéciale est à accorder au transit d'Uranus sur Mars, particulièrement redoutable et violent : accident (souvent mécanique), mauvais réflexes (maladresse, précipitation), rupture, parfois mort violente.

— *Saturne positif :* consolidation de l'acquis, stabilisation de la situation, reconnaissance de ses mérites, récompense, distinction, travail de longue haleine, recherches, immobilier favorisé, résistance physique accrue (bonne minéralisation).

— *Saturne négatif :* grandes épreuves de l'existence, solitude, séparation, climat de frustration, distance avec l'entourage, chance absente, voire fatalité, maladies longues (chroniques), fractures (surtout sur Mars), problèmes de dents, d'os, décalcification, déminéralisation; climat dépressif; regrets.

— *Jupiter positif :* climat d'extraversion et d'expansion, de réussite, d'ouvertures sociales ; réussite, promotions, aubaines (surtout avec rétrogradation) ; optimisme vital, euphorie, confiance en soi, goût de la vie, finances en hausse, intervention de la chance pure, guérison facilitée.
— *Jupiter négatif :* désordre, anarchie, excès, négligence, excès de confiance en soi, surestimation des situations, problèmes avec les autorités, les collègues, les supérieurs hiérarchiques, ennuis administratifs (fisc) ; gourmandise, pléthore, embonpoint, excroissance, (tumeurs, kystes), problèmes hépatiques.

2. Le symbolisme de la planète transitée (cf. plus haut)

3. Le secteur ou Maison qu'elle occupe.
Exemple : Uranus transitant Vénus en Maison II apportera à coup sûr des surprises financières (heureuses ou douteuses suivant le cas), en rapport probable avec la vie sentimentale ou les plaisirs (Cf. figure 1);

4. La maîtrise de la planète transitée sur la ou les Maisons (ou Secteurs) du thème.

Dans l'exemple précédent, si le MC est en Balance, Vénus régit le MC et donc la carrière professionnelle : des changements financiers sont à attendre qui auront des sources - ou des répercussions - professionnelles.

5. Les aspects de la planète (cf. ci-dessus).

Dans l'exemple ci-dessus, les surprises financières seront réjouissantes (la manne qui tombe du ciel) si Vénus est intégralement harmonique, désastreuses si celle-ci est très dissonante et mitigées si Vénus est mixte (trigone + carré, par exemple). (Cf. figure)

Etant donné que Vénus régit aussi le Taureau, elle gouverne en l'occurrence aussi la Maison V, ainsi que la moitié de la Maison IV.

Conclusion : Uranus transitant sur Vénus (enfants, amours ...) peut aussi signifier un fait nouveau touchant à ces domaines : mariage d'une fille, rencontre coup de foudre ; quelle que soit la manifestation, elle coûtera des sous au sujet (Vénus est en II).

Autre exemple, moins anonyme, celui de *Jane Fonda, Sagittaire AS Cancer,* qui, avec Vénus en V et à 19 degrés du Sagittaire, a vécu ce transit d'Uranus, puis celui de Saturne entre fin 1986 et début 1987 : ce fut la séparation d'avec sa fille (Vénus en V et maîtresse de IV) qui quitta le *foyer familial* pour aller faire des études, départ qui lui fut très douloureux selon ses propres dires. L'astrologue eût pu également supputer une grande passion dévastatrice (Maison V).

6. Si l'on est perfectionniste — ou perplexe — on peut encore chercher *les planètes que, par Maison(s) interposée(s), Vénus régit dans le thème.* En l'occurrence, celle-ci gouvernant le secteur X (MC), si par exemple Jupiter y est conjoint à Saturne, cette conjonction se trouvera à son tour, et indirectement, secouée par le transit d'Uranus sur Vénus. Il s'agira alors de considérer les aspects qu'elle reçoit pour supputer l'évolution de la situation professionnelle — et financière — du sujet.

Nous avons pris pour exemple un transit direct, *par corps,* ou de conjonction. Mais, bien sûr, il existe des *transits par aspects* — angles privilégiés que va former la planète itinérante dans le ciel avec un point natal : 30, 45, 60, 90, 120, 135, 180 degrés. Or, il est intéressant de noter ici qu'en fonction de la notion de cycle planétaire, un phénomène ou un climat surgi au moment d'un transit de conjonction va entrer dans un processus d'évolution marqué par des *temps forts* qui correspondent justement à ces aspects en transit. Ce n'est qu'à la conjonction suivante que le processus sera achevé pour se renouveler, enrichi ou modifié par de nouvelles données.

En matière d'illustration générale, nous avons choisi *le thème du général de Gaulle* dont on peut suivre la trajectoire peu commune reflétée par les différents transits de son existence, jusqu'à sa mort, marquée par le transit — unique dans une vie — de Neptune-Soleil.

Contraints par l'espace limité de ces pages, nous ne pouvons que renvoyer le curieux en astrologie à des ouvrages spécialisés sur les transits — qui sont foison. Il nous est en effet impossible d'analyser ici toute la combinatoire planétaire afférente aux transits. Nous avons essayé d'indiquer la méthode d'interprétation qui consiste à fusionner la symbolique de la planète transitante avec celle de la planète transitée, sans oublier les aspects de l'une et de l'autre. La symbolique des Maisons sera à ajouter à la résultante afin de découvrir le(s)

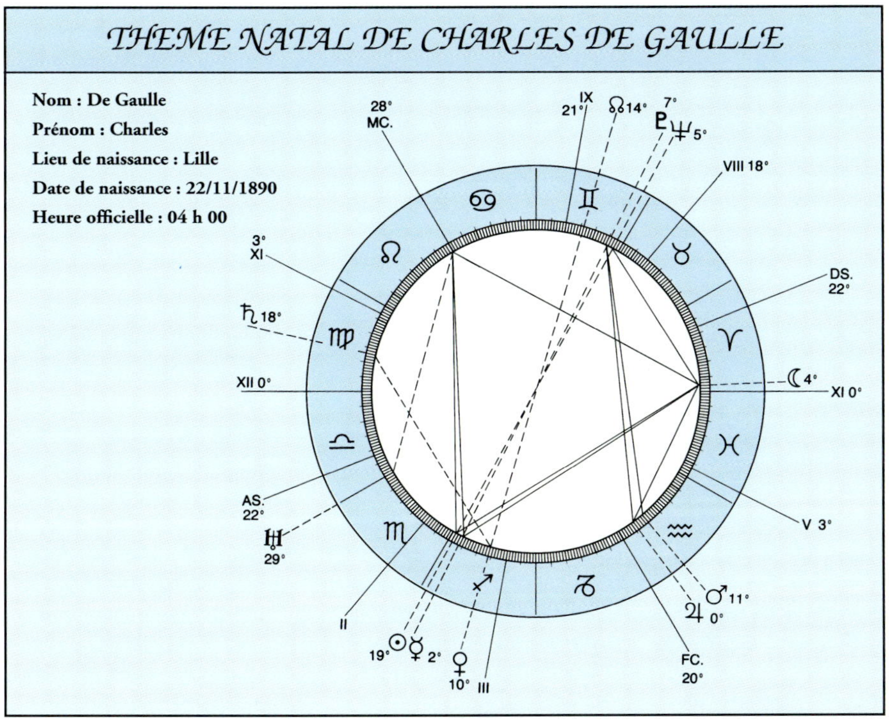

domaine(s) d'application, de manifestation dans la vie quotidienne de ces climats ou événements supputés. Ainsi, l'astrologue (amateur) s'appliquera à faire une synthèse cohérente et rigoureuse, sous forme de plusieurs variantes possibles comme on l'a déjà souligné, de ces multiples concepts qui doivent tous converger vers un pronostic vraisemblable et démontrable par la logique du langage astral. C'est tout l'art conjectural à propos duquel il faut redire qu'il ne fait qu'appréhender des *tendances* et saisir des *probabilités,* car la réalité est toujours plus riche que notre imaginaire ou notre savoir d'hommes limités.

Concluons ce bref aperçu en supposant que le lecteur se rendra compte de la subtilité et de la difficulté de la prévision et, surtout, du fait qu'à cause de la polyvalence du symbolisme planétaire, plusieurs scénarios sont toujours envisageables pour un transit; leur nombre, d'ailleurs, est fonction directe du nombre de facteurs "accrochés" au couple émetteur/récepteur — aspects (dans le ciel) du premier, aspects (dans le thème) du second, maîtrises des Maisons et des autres planètes, etc.

L'astrologie, si elle donne des règles de base à suivre, un certain code sémantique fondé sur la symbolique planétaire, ne peut fournir de recettes universelles et de formules toutes faites étant donné la structure unique (Maisons, donc maîtrises différentes...) de chaque thème. Le sur-mesure s'impose dans un domaine qui relève de la casuistique, si l'on cherche le pronostic le plus probable qui soit. Et encore faudra-t-il, si l'on est honnête et consciencieux, énumérer *plusieurs* manifestations, toutes dans les limbes du virtuel, mais qui ne se concrétiseront certainement pas toutes. Le plus souvent, l'astrologue scrupuleux devra se borner à évoquer un climat psychologique (induisant ou non un divorce, causé ou non par un deuil, une maladie, une séparation ou une déprime apportant ou non un changement de domicile) qui, éventuellement, restera dans les virtualités, qui sera *dans l'air :* on en sera affecté à coup sûr, mais ... la guerre de Troie aura-t-elle lieu? Comme une porte ne peut être qu'ouverte ou fermée, on entrevoit l'inconfort de l'astrologue, confronté à la grave question de la *manifestation.*

E. T.

LE GÉNÉRAL DE GAULLE PARLANT DE LONDRES À SES COMPATRIOTES FRANÇAIS.
L'astrologie nous démontre qu'il n'y a pas de hasard, même — et surtout ? — dans les moments les plus exceptionnels de l'Histoire qui correspondent à un apparent libre arbitre absolu et héroïque de ses protagonistes. Au moment de l'appel du 18 juin 1940, De Gaulle vit le grand et unique rendez-vous de son destin. Qu'on en juge : Pluton — planète du Scorpion qu'il est — vient de passer (pour la seule et unique fois de sa vie) sur son MC (destin), en trigone à sa conjonction Soleil/Mercure (ego, prestige) et arrive au trigone de sa Lune, symbole de popularité. Comme si ce n'était pas suffisant, le Nœud Nord qui a un cycle de quelque 19 ans, passe sur son ascendant, trigone à son propre Nœud Nord et sextil exact à sa Vénus Maître de l'AS et de la VII, l'action sociale): De Gaulle va prendre une décision qui va prolonger sa mémoire dans l'immortalité (N.N.). Mais le risque est là, le jeu de poker sous la forme d'un choix téméraire: c'est Jupiter qui, à 7° du Taureau, se trouve en double carré à sa conjonction Jupiter/Mars !

PORTRAIT DU GÉNÉRAL DE GAULLE.
Ce Scorpion-Ascendant Balance (comme François Mitterrand) était certes promis à une destinée hors-pair. Uranus sur l'Ascendant donna à ce personnage le talent d'improviser au pied levé des solutions aussi risquées que géniales, mais contribua certainement à le rendre imprévisible et parfois extravagant.

DE GAULLE ET SA FEMME EN IRLANDE ...
après sa démission du 28 avril 1969 : Saturne se trouvait sur son descendant (jetant une ombre sur son impact auprès de l'opinion publique, le mettant "en disgrâce"), en carré exact à son MC et opposé à son Uranus (limitation, séparation); Mars était sur sa Vénus et carré à son Saturne en XI, lui aliénant encore la sympathie de ses partisans ...

EXEMPLE DE TRANSIT PLANÉTAIRE : LE GÉNÉRAL DE GAULLE

Naissance le 22-11-1890 à Lille à 4 heures :

• Blessé le 15.9.1915 :
aspects { Neptune conjoint Milieu-du-Ciel ; Uranus conjoint Mars ; Jupiter carré Pluton ; Mars carré Neptune }

• Blessé et prisonnier le 2.3.1916 :
aspects { Neptune carré Uranus ; Mars opposé Mars ; Vénus opposé au Milieu-du-Ciel }
Sauvé probablement par la conjonction Jupiter-Lune ?

• Chef du gouvernement provisoire le 13.11.1945 :
aspects { Neptune trigone Jupiter ; Jupiter sexitile Vénus }

• Démission brusque et inattendue le 20.1.1946 (suivie d'une traversée du désert de 12 ans) :
aspects { Saturne carré Ascendant ; Jupiter carré Milieu-du-Ciel ; Mars carré Ascendant }

• Investiture le 1.6.1958 :
aspects { Jupiter conjoint Ascendant ; Saturne sextile Ascendant ; Mars trigone Soleil et Milieu-du-Ciel }

• Président de la République le 8. 1.1959 :
aspects { Jupiter trigone Milieu-du-Ciel ; Saturne sextile Uranus ; Vénus sextile Soleil-Mercure }

• Attentat Pont sur Seine le 8.9.1961 :
aspects { Uranus carré Soleil ; Saturne carré Ascendant ; Jupiter opposé au Milieu-du-Ciel }

• Attentat Petit-Clamart le 22.8.1962 (le plus sérieux) :
aspects { Neptune carré Mars ; Uranus carré Soleil-Mercure ; Jupiter carré Pluton ; Soleil carré Soleil }
Sauvé par Jupiter conjoint Saturne ?

On constate tout au long de cet exemple le grand nombre d'aspects négatifs (carrés, oppositions, conjonctions de planètes dures) liés à des événements funestes de la vie du général de Gaulle et inversement.

• Démission et départ à Colombey 28.4.1969 :
aspects { Saturne carré Milieu-du-Ciel opposé Uranus ; Mars carré Saturne }

• Décès brusque le 9.11.1970 :
aspects { Neptune conjoint Soleil, exact (Soleil = le Moi) ; Saturne en semi-carré Lune, exact }
(le semi-carré est un aspect néfaste).

On remarquera que les deux seuls aspects absolument exacts concernent l'événement majeur, c'est-à-dire la mort du général de Gaulle.

E. T.

La Révolution solaire et les Directions

La révolution solaire est une technique prévisionnelle très étonnante qui a fait ses preuves, n'en déplaise à certains astrologues qui lui reprochent un principe de base lié à un postulat étrange, "mythique" et, selon eux, non astronomique. Ce postulat repose sur l'idée que le moment exact du retour annuel du Soleil sur sa position natale contient en puissance le climat de la totalité de l'année à venir, y compris au niveau événementiel. Il s'agit en effet de dresser une nouvelle carte du ciel établie pour le jour, le lieu et l'heure de son anniversaire et de la comparer au thème natal. Ainsi, chaque année, en calculant et en établissant la carte du ciel de son anniversaire, on révèle à l'individu concerné les clés d'une authentique "renaissance". Au XXe siècle, Alexandre Volguine dans son "Traité des révolutions solaires" explique bien cette méthode, déjà abondamment exposée au XVIe siècle par Junctun de Florence dans une œuvre du même titre, et que l'on retrouve dans de nombreuses civilisations.

"L'astrologie donne la joie de l'anticipation, de même elle cuirasse contre le mal."
Lucien de Samosate (IIe siècle après Jésus–Christ)

L'astrologie établit les "correspondances" entre le Cosmos et l'Homme en prétendant que le cadre psycho-physique de tout individu est prédéterminé par son ciel de naissance. Mais elle va plus loin en affirmant que le passage successif des facteurs mobiles dans le ciel, de la naissance à la mort, en réactivant les planètes natales peut servir de base à un pronostic de la vie individuelle : c'est *l'astrologie prévisionnelle.*

Un thème natal n'est en somme qu'une carte d'identité reçue à la naissance et valable jusqu'à la mort, mais une carte qui n'est pas statique comme l'est une pièce légale ou une photo, puisque le facteur Temps va agir concurremment avec l'Espace.

Les astres qui évoluent, se nouent et se dénouent dans le ciel réel — et dont nous, astrologues, avons appris à lire le langage symbolique —, passent à des moments précis et prévisibles, vu la rigueur de la marche des planètes, sur certains endroits sensibles du ciel natal. Ils forment ce que nous appelons des aspects. Ce sont des rapports angulaires privilégiés et codifiés entre les planètes, soit dans leur position fixe soit par leur translation autour du Zodiaque, par rapport aux points fixes du ciel natal. C'est ce que nous appelons les "Transits".

LES TRANSITS

Un transit peut être défini par le passage réel d'une ou plusieurs planètes dans le ciel à un moment donné et qui, selon leur position sur l'écliptique, formeront un aspect précis avec les divers éléments du ciel natal.

Tout se passe comme si notre ciel natal — qui est une donnée fixe — opérait une sélection constante et précise parmi toutes les nombreuses possibilités du futur, à la manière d'un ordinateur préalablement programmé. Par conséquent, si les correspondances universelles aboutissent assez logiquement à la prévision de ce que peut être demain, c'est parce que les mouvements des astres qui se meuvent dans le temps et dans l'espace sont connus d'avance, qu'il sont parfaitement réglés et rigoureusement rythmés. Nous en avons une illustration édifiante avec les lunaisons et leurs diverses phases; sans cette précision, il eût été impossible de programmer le voyage Terre–Lune, ni le retour des astronautes américains.

C'est donc la connaissance de ces rythmes qui est à la base de l'astrologie prévisionnelle, qui consiste à établir dans le temps des rapports entre les influences variables et le potentiel exprimé par ce cliché indélébile qu'est le ciel de naissance.

Dès l'instant de la naissance, les planètes continuent de tourner dans le ciel, chacune avec sa vitesse propre, et vont ainsi former des aspects, autrement dit des angles variés (ci-dessous). On a pris l'habitude de les classer en bons (harmoniques) ou mauvais (dissonants) aspects. En réalité, il n'y a que des rapports de force ou d'équilibre engendrant des temps forts ou des temps faibles. Ainsi, par exemple, la conjonction de la Lune et du Soleil est une nouvelle Lune — angle de 0 degré —, tandis que leur opposition — angle de 180 degrés — est une Pleine Lune dont l'influence sur la terre se manifeste par le phénomène des plus grandes marées, surtout au moment des équinoxes (cf "Les Phases de la Lune"). En revanche, les quartiers de la Lune sont des rapports dits en carré — angle de 90 degrés —, et correspondent à la période où les marées sont les plus faibles. Les influences sont alors contrariées.

VITESSE & CYCLES DES PLANETES

PLANÈTES		CYCLES*	RÉVOLUTIONS	
			Sidérale	Synodique
MERCURE	☿	79 ans	88 jours	116 jours
VÉNUS	♀	8 ans	225 jours	1 an + 219 jours
TERRE	♁		1 an + 365 jours	
MARS	♂	79 ans	1 an + 322 jours	2 ans + 50 jours
ASTÉROÏDES			4 ans + 240 jours	
JUPITER	♃	83 ans	11 ans + 315 jours	1 an + 34 jours
SATURNE	♄	59 ans	29 ans + 167 jours	1 an + 13 jours
URANUS	♅	84 ans	84 ans + 7 jours	1 an + 4 j. 1/2
NEPTUNE	♆	165 ans	164 ans + 280 jours	1 an + 2 j. 1/4
PLUTON	♄		249 ans + 77 jours	1 an + 1 jour
LUNE	☽	19 ans	27 j. 7 h 43'	29 j. 12 h 44'
SOLEIL	☉	33 ans		

* Cycles = le Soleil et la planète se retrouvent au même moment au même point du Zodiaque

Il est évident que nous ne pouvons pas prévoir les climats ou les événements d'une vie, s'il n'existe pas une raison logique pour une succession des événements. Ainsi, par exemple, nous pouvons prédire, à midi, que la petite aiguille d'une montre sera à l'opposé un peu avant, pendant, ou un peu après — selon la saison — le coucher du Soleil. Toutefois, si la montre est déréglée, si elle tombe en panne, si elle n'a pas été remontée, ou si sa pile est défectueuse, notre prédiction ne se réalisera pas en ce qui la concerne. Le Soleil, quant à lui, se couchera bien à l'heure dite.

Nous pouvons poursuivre cette analogie en constatant que les aiguilles tournant sur un cadran dont les chiffres sont fixes suivent un rythme régulier. Or, il n'y a là rien d'arbitraire, puisque les mouvements des aiguilles d'une montre sont accordés au mouvement parfaitement invisible qu'est le déroulement du temps; celui–ci ne sera perceptible pour nous que par l'arrivée du jour et de la nuit et le déroulement des saisons. Cependant, cette coordination entre le temps invisible et la pendule visible n'a pu être réalisée que grâce à la coordination de deux autres éléments primordiaux : le rapport entre le temps écoulé, et les mouvements apparents — mais justes — vus de la Terre — du Soleil. C'est pourquoi le même principe que les aiguilles d'une montre se déplaçant sur un cadran s'applique à toute prévision, qui est d'établir un mécanisme sur un plan visible avec des forces invisibles.

Prenons l'exemple du ciel natal de *Valéry Giscard d'Estaing,* cliché céleste aux potentialités considérables. Si nous analysons dans le temps les transits des planètes de ce ciel natal plein de promesses (*cf.* thèmes p.105), nous pourrons constater qu'en 1974, Jupiter, planète de l'expansion dont la durée de révolution est de 12 ans, se trouve dans le signe des Poissons et forme un trigone, aspect harmonique, avec Pluton natal situé dans le haut du ciel, en Maison XI, celle des espoirs et des projets. Qui plus est, ce même Pluton se trouve, en transit, en relation heureuse avec Jupiter lui–même, et cette influence qui dure toute l'année ne peut se produire ainsi qu'une fois au cours de l'existence, puisque la révolution de Pluton est de 248 ans et quelques mois. C'est donc une phase unique, gratifiante à souhait, pour un homme politique aspirant au pouvoir. Il y a là un incontestable temps fort, d'autant plus que Saturne, planète en analogie avec la consécration et la politique, transite en Maison X, celle de la réussite sociale. Par ailleurs, Neptune — dont la révolution est de 164 ans — transite dans le signe du Sagittaire et forme un sextile, aspect harmonique, avec la Lune, symbole du peuple et de la collectivité, et située en Maison I, la Maison de la vie personnelle et du Moi. Enfin, Mars transite la Maison X et passe en culmination, où il rencontre Saturne qui s'y trouve aussi, et c'est la rencontre du Temps (Khronos) et de l'Action aboutissant à la réalisation.

Tous ces transits — qui ne doivent rien au hasard — permettent donc de dégager une période forte et heureuse pour le sujet du thème. C'est ainsi qu'au mois de mai 1974, Valéry Giscard d'Estaing fut élu président de la République (*cf.* tableau ci-contre).

TRANSIT 1974 : V.G.E.		**Direction secondaire 1974 : V.G.E.**	
Janvier	: ♃♂♀	Janvier	:
Février	: ♈△♃♃☍♆♃□♄△ Mc ♃⚹♂	Février	:
Mars	:	Mars	:
Avril	: ♅⚹♂♅△ Mc	Avril	:
Mai	: ♃△♈	Mai	:
Juin	: ♄□☽	Juin	: ☽△♅
Juillet	: ♆⚹☽	Juillet	:
Août	: ♄♂♈	Août	: ☽△♄
Septembre	: ♅△ Mc ♃△♈♅⚹♂♆⚹☽♈△♃	Septembre	: ☽⚹ As
Octobre	: ♈♂☽	Octobre	:
Novembre	:	Novembre	:
Décembre	:	Décembre	:

Sept ans plus tard, en 1981, les astres ayant évolué brouillèrent les cartes. Le bon aspect de Saturne transitant alors dans le signe de la Balance, et formant un bon aspect avec Jupiter, a pu faire croire à une réélection; mais Neptune, le faiseur de mirages, s'est trouvé toute l'année en quadrature avec Uranus (maître du Soleil en Verseau) : le climat de sympathie a disparu et Mars (l'action) s'est trouvé paralysé. Il eût fallu dissoudre l'Assemblée nationale en 1980 et procéder à une nouvelle élection présidentielle. Il y avait alors de bons soutiens cosmiques. C'est François Mitterrand, son aîné de 10 ans, qui l'emporta. La conjonction Jupiter–Saturne, dans le ciel, transitait alors son Ascendant (inaugurant un nouveau cycle), et se trouvait en sextile avec Mars natal et avec la conjonction naissante Saturne–Neptune du thème natal. Lorsque la conjonction Saturne–Uranus dans le ciel s'est trouvée en trigone avec son Jupiter natal en 1988 et que Mars a sensibilisé le trigone Uranus–Mercure natal, ce fut sa réélection. Par contre ses"creux" de popularité se situent respectivement en 1984 et 1991, lorsque Saturne affligea son Soleil natal.

LA RÉVOLUTION SOLAIRE

Il existe un transit supérieur que l'on appelle *révolution solaire.* Astronomiquement parlant, la révolution est le temps que met une planète

1974. PORTRAIT DE VALÉRY GISCARD D'ESTAING EN CAMPAGNE. **Ce Verseau du 2 février 1926, avec l'AS en Balance, fut élu Président de la République le 19 mai 1974, alors que Jupiter, planète d'expansion, se trouvait en trigone à son Pluton culminant et conjoint au MC (honneurs), Neptune en Sextil exact à son Jupiter et que Pluton était en trigone exact à son Mercure en IV, secteur de la Nation : un rendez-vous exceptionnel du destin ! ...**

pour parcourir son orbite. La révolution solaire est ainsi le temps que met le Soleil pour revenir exactement à la place qu'il occupait au moment de la naissance. Il s'ensuivra un nouveau ciel, qui sera comparé au thème natal pour en tirer des déductions et réflexions sur l'année à venir. Il est bien évident qu'il faut posséder tout le matériel nécessaire : éphémérides, tables de Maisons, tables de corrections... ou un ordinateur professionnel avec un logiciel contenant toutes ces informations.

La première opération à effectuer consiste à calculer le moment exact où le Soleil se trouve à la même position écliptique (en longitude) que dans le thème natal. Il existe pour cela plusieurs méthodes qui sont clairement expliquées dans des manuels spécialisés (1).

Il convient de rappeler que le thème de révolution solaire n'est pas une fin en soi, mais doit toujours être analysé en rapport avec le thème natal dont il dépend. Il indiquera en quelque sorte un climat existentiel pour l'année envisagée, de même que les grandes lignes de forces (2).

Les Maisons natales dans lesquelles tombent l'Ascendant et le Milieu-du-Ciel annuels révèlent très souvent les domaines du destin qui seront les plus concernés durant l'année à venir. La maison où se place le gouverneur de l'Ascendant annuel prend également un relief particulier, de même que la ou les Maisons les plus habitées de la révolution solaire.

LES DIRECTIONS ET LE FACTEUR TEMPS

Les transits représentent la méthode prévisionnelle la plus simple, dans la mesure où l'on possède des éphémérides astronomiques indiquant, dans le temps, la position des planètes. Il faut y ajouter de bonnes connaissances dans le symbolisme des signes du Zodiaque, des planètes et des Maisons ou secteurs. Par la combinaison subtile de ces facteurs, on peut ainsi se projeter dans le temps, rechercher les temps forts de l'avenir ou du passé sous la forme des aspects et démontrer leur incidence sur le destin.

Mais il existe aussi d'autres méthodes prévisionnelles, également basées sur le facteur temps, selon le rapport 1/360 : ce sont les *directions.*

Une direction est l'angle formé entre un point fixe de la carte natale et une planète en mouvement qui est dirigée vers ce point fixe pour former un aspect avec elle. On exprime alors cet angle ou aspect en valeur de temps civil. On voit immédiatement qu'une direction s'exprime à la fois dans l'espace et dans le temps, les deux coordonnées dans lesquelles s'inscrit la mouvance du destin.

LE RAPPORT 1/360 (*cf.* p. 109).

Pour l'homme, le temps est d'abord perçu sous son premier aspect quantitatif, selon les lois rythmiques... Or, qu'est–ce qu'une année, sinon 365 jours, ou 12 mois, qui se dérouleront selon l'axe des saisons (en passant par les points des équinoxes et des solstices, délimitant précisément ces saisons), en 24 heures de temps sidéral ? Le temps sidéral commence à 0 heure à 0 degré du signe du Bélier, le premier jour du printemps : il est 6 heures au solstice du Cancer, 12 heures à l'équinoxe d'automne de la Balance, et 18 heures au solstice d'hiver du Capricorne (*cf.* p. 109).

Vu de la Terre, l'ensemble Soleil-Zodiaque parcourt un cercle de 360 degrés en un jour, du fait de la rotation de la Terre sur elle-même en 24 heures; mais en réalité, il n'aura progressé que de un degré en moyenne sur l'écliptique pendant les 24 heures de notre temps civil de un jour. En fait, la valeur du jour sidéral est de 23 heures, 56 minutes et 4 secondes donc plus court que le jour solaire moyen. Cette différence de 3 minutes et 56 secondes représente le temps qu'il faut attendre lorsque, après avoir visé sur une seule ligne le Soleil et une étoile, on veut retrouver le lendemain ce même Soleil au bout de la lorgnette, près de cette même étoile. (*cf.* p. 110). (N'oublions pas que nous parcourons les 360 degrés de la circonférence de l'écliptique en 365 jours 1/4.) Toutes les directions sont basées sur ce même rapport 1/360, donc sur la valeur de un jour en temps civil, ou d'une année de 24 heures de temps sidéral. Il s'agit là d'une convention bâtie sur une analogie.

Les nombres ainsi donnés sont à la fois conventionnels et symboliques, tout en reposant sur une réalité astronomique : un jour de rotation de la Terre sur son axe, un an pour le parcours autour du Soleil, et progression journalière (c'est-à-dire apparente) du Soleil de un degré.

DIRECTIONS ASTRONOMIQUES ET NON ASTRONOMIQUES

Avec les directions, nous avons deux sortes de mesures à prendre, à calculer et à transformer en notre temps civil.

1. Les directions astronomiques comprennent les directions primaires et les directions secondaires.

VALÉRY GISCARD D'ESTAING SORTANT DE L'ÉLYSÉE EN 1981, LORS DE SON DÉPART, À LA FIN DE SON MANDAT PRÉSIDENTIEL. **Le 10 mai 1981, VGE est battu par son adversaire politique, François Mitterrand. Les étoiles expliquent : Saturne est conjoint à sa Lune angulaire sur l'AS (occultation de la popularité, surtout auprès des femmes); Neptune est carré à son Uranus (Maître de son Soleil); Pluton est carré aux Nœuds lunaires; Mars est en carré à sa conjonction Soleil/Jupiter; le Nœud Nord transite en opposition exacte avec Mercure/Jupiter.**

THEME NATAL DE VALERY GISCARD D'ESTAING

Nom : Giscard d'Estaing   Prénom : Valéry
Lieu de naissance ; Coblence (Allemagne)
Date de naissance : 02/02/1926
Heure officielle : 21 h 30
Longitude : 7°36'E
Latitude : 50°21'N

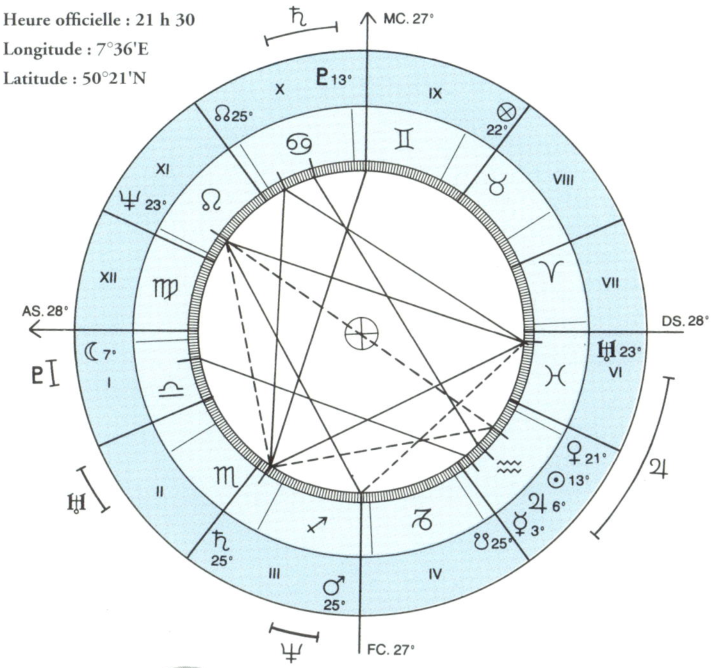

THEME PROGRESSÉ POUR LA DATE DE SON ÉLECTION (1974)

En progressé
(1 jour = 1 an après le jour de la naissance),
1974 correspond au 22 mars 1926, dont
voici le thème.

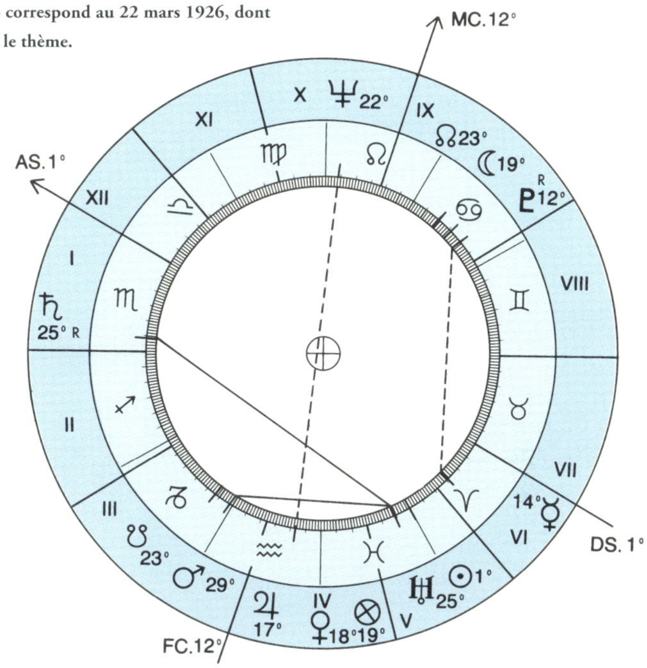

LE RAPPORT 1/360

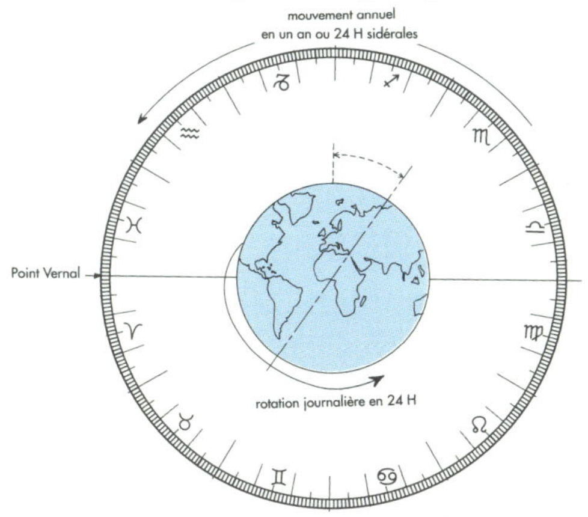

LA REPRÉSENTATION DU TEMPS SIDÉRAL

Angles	Signes	Heures Temps sidéral	Progression
0°	Bélier	0 h	1 h 51 mn 37 sec.
30°	Taureau	1 h 51 mm 37 sec.	1 h 59 mn 38 sec.
60°	Gémeaux	3 h 51 mn 15 sec.	2 h 08 mn 45 sec.
90°	Cancer	6 h 00mn	2 h 08 mn 45 sec.
120°	Lion	8 h 08 mn 45 sec.	1 h 59 mn 38 sec.
150°	Vierge	10 h 08 mn 23 sec.	1 h 51 mn 37 sec.
180°	Balance	12 h 00 mn	1 h 51 mn 37 sec.
210°	Scorpion	13 h 51 mn 37 sec.	1 h 59 mn 38 sec.
240°	Sagittaire	15 h 51 mn 15 sec.	2 h 08 mn 45 sec.
270°	Capricorne	18 h 00mn	2 h 08 mn 45 sec.
300°	Verseau	20 h 08 mn 45 sec.	1 h 59 mn 38 sec.
330°	Poissons	22 h 08 mn 23 sec.	1 h 51 mn 37 sec.

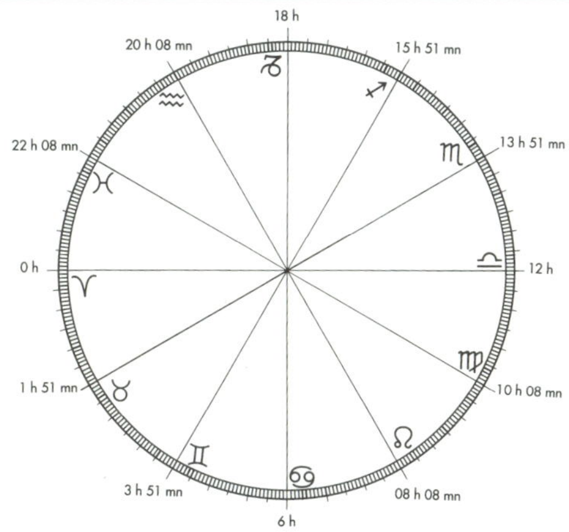

– ***Les directions primaires*** sont basées sur la rotation de la Terre sur son propre axe en 24 heures sidérales. Les planètes étant considérées comme fixées définitivement à leur place radicale ou natale sont entraînées avec le mouvement de la Terre qui, en tournant tous les jours une fois sur son axe, avance ainsi chaque jour de 4 minutes sur son orbite. Par suite de ce mouvement de rotation, le méridien du lieu considéré se déplace dans les sens des signes (c'est–à–dire : dans le sens contraire des aiguilles d'une montre), et toutes les 4 minutes après la naissance, un nouveau degré passe sur ce méridien, entraînant ainsi les planètes. On voit bien la correspondance 1/360, puisque 4 minutes font un degré, que un degré est égal à un jour, et que un jour solaire est aussi égal à un an.

Dans ce système, on admet donc que le ciel natal se dédouble : une partie reste fixe, et l'autre est entraînée par la rotation de la Terre. À un moment donné, il se formera un aspect entre un astre qui aura été entraîné et un autre resté fixe. Le temps sidéral correspondant à ce déplacement est alors converti en temps civil, selon une mesure de 4 minutes ou un degré pour un an et 5 jours (il existe, pour ce faire, des tables de conversion). On peut ainsi déterminer à quel âge se produit tel ou tel aspect.

C'est ainsi que deux heures après la naissance correspondent à 30 ans (120 minutes : 4 = 30), et qu'en 6 heures, on atteint 90 ans. Pratiquement, cela signifie que toutes les directions possibles dans la vie seront décelées dans un quart de journée. C'est pourquoi on les appelle "directions primaires", puisqu'elles font partie de la première journée de vie.

– ***Les directions secondaires :*** ce système prévisionnel s'appelle également "progressions", ou "thème progressé". il fonctionne toujours sur la même base de 1/360. Mais ici, chaque jour après la naissance correspond à une année de vie. Cela signifie que tous les points ou planètes en mouvement durant le premier jour de la vie vont correspondre aux positions de la première année. Par exemple, le trentième jour correspond à la trentième année, et ainsi de suite... Par conséquent, pour trouver la date d'établissement d'un thème progressé, il suffit d'ajouter à la date de naissance le nombre de jours correspondant à l'âge que l'on veut examiner. Le calcul se fera alors sur cette nouvelle date, avec la même heure et le même lieu qu'à la naissance. On comparera les positions de cette nouvelle carte avec le ciel natal pour en dégager les aspects ainsi formés et voir comment le destin a progressé par le passage des planètes progressées dans les Maisons du ciel natal.

L'horoscope progressé va, pour ainsi dire, faire éclater ou réactiver les positions du ciel natal au fur et à mesure, chaque jour pour chaque année, et indiquera ainsi dans quel climat se poursuit la progression du destin. On pourra ainsi saisir les temps forts, positifs ou négatifs et, dans la mesure du possible, se prémunir contre les influences difficiles.

Dans un thème progressé, c'est la Lune qui apparaît comme la grande aiguille de la montre. Dans l'exemple présenté ci–contre, pour l'anniversaire de 1974, on peut voir qu'elle traverse la Maison XI, celle des espoirs, des projets, des relations, etc. (*cf.* p.109). On peut d'ailleurs observer dans ce thème progressé qu'à la date de cet anniversaire, l'Ascendant change de signe et entre dans le Scorpion, passant ainsi sous la maîtrise de Pluton, le grand transformateur, qui formait cette année-là, en transit, un bon aspect sur Jupiter, tandis que ce même Jupiter — toujours en transit — se trouvait en relation heureuse avec Pluton en mai 1974. Les astres étaient bien au rendez–vous du destin, les promesses astrales allaient être tenues. En effet, les deux principales méthodes prévisionnelles l'annonçaient et le confirmaient. Il n'y avait plus, pour le natif, qu'à exploiter ces heureux augures.

LES DIRECTIONS SYMBOLIQUES

Les directions symboliques sont basées sur une valeur de un degré pour un an, et le système trouve symboliquement sa justification par la marche apparente du Soleil pendant un jour (un degré,

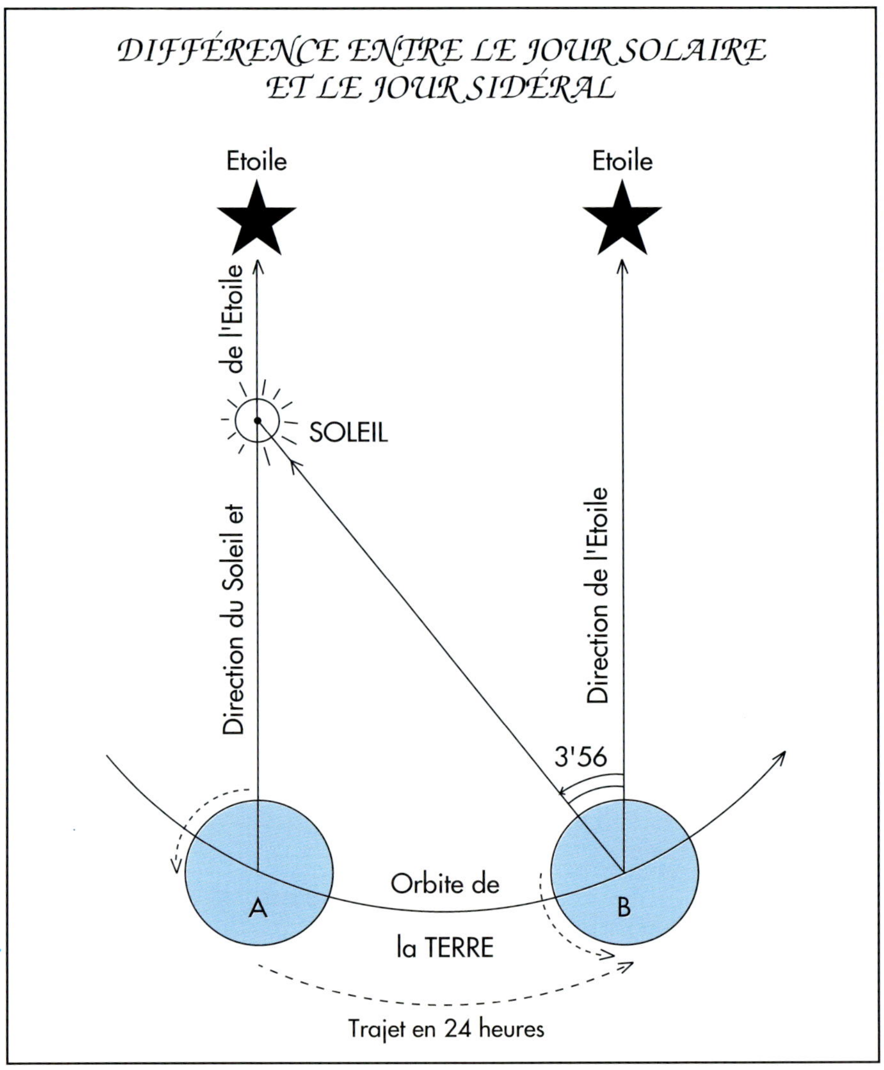

DIRECTIONS SYMBOLIQUES DE V.G.E. POUR L'ANNÉE DE SON ÉLECTION (48 ANS)					
Positions			Aspects	As-Pr. As Nat. 34°	210° 176° = 34° Rythme
	Natales	Symboliques + 48 i			
☉	313	(361) 1° ♉		347 17' ♓	
☽	187	235-25-25 ♏	△♄△☊	221-11 ♏	△ 120°
☿	307	355-25 ♓	△♄△♂	341-11 ♓	
♀	321	(369) 9 ♉		355-25 ♓	△♄△☊
♂	265	313 13 ♒	♂☉	299-21 1/4	
♃	306	354 24 ♓	♂♅ (+1')	340-10 ♓	
♄	235	283 13 ♑	☍♈	269-29 ♐	
♅	353	(401) 11 ♉		(387) 27 ♉	
♆	143	191 11 ♎		177-27 ♏	♂ As
♈	103	151 1 ♏		137-17 ♌	
Mc	85	133 13 ♌		119-29 ♋	
As	176	224 14 ♏	△♈ (+1')	210-0 ♏	
Fc	265	313 13 ♒	♂☉		

en moyenne). Nous retrouvons donc ici cette valeur de base de 1/360. C'est le plus classique et le plus simple des systèmes. Il suffit d'ajouter un degré par année à toutes les positions du thème natal. Pour l'âge de 48 ans, par exemple, on avance tous les points du thème de 48 degrés, sans tenir compte du mouvement réel des planètes. On recherche les aspects nouveaux formés — avec les planètes natales ou les axes du thème — pour en tirer les déductions qui s'imposent.

Selon cette méthode, dans le thème cité en exemple, on rencontre sept aspects directionnels très importants, ayant un rapport avec l'évolution favorable et modificatrice de la destinée : par exemple, être élu président de la République (cidessus). Les directions symboliques jouissent de la faveur des débutants en astrologie grâce à leur grande simplicité. Mais leur exactitude est sujette à caution (3). Il faut toutefois reconnaître que c'est une approche plutôt satisfaisante lorsqu'on souhaite débroussailler le destin assez rapidement. Il suffit ensuite d'affiner le travail en utilisant les méthodes précitées, et dont la fiabilité ne fait aucun doute.

En conclusion, il faut savoir que l'astrologie ne prédit pas mais formule des pronostics raisonnablement exprimés. Il convient également de ne pas oublier que la destinée est, le plus souvent, la résultante directe du développement dans le temps des plans physique et psychique indiqués dans le thème natal. C'est ainsi que bien des événements qui nous apparaissent comme étant le résultat de circonstances extérieures, sont presque toujours en relation directe avec des états psychiques. Une tendance à la distraction ou à l'irritabilité peut être à l'origine d'un accident, un survoltage du psychisme peut amener à prendre des décisions intempestives. On conçoit donc volontiers que les directions puissent parfois annoncer beaucoup plus des états d'âme ou d'esprit, des climats, que des événements concrets, bien qu'une pratique prolongée de l'astrologie diminue considérablement la marge entre l'état d'âme et l'événement lui–même.

Il est permis de penser que chaque mode de direction peut s'exercer sur un plan différent pour ce "Trinitaire" qu'est l'homme à la fois corps–âme–esprit. C'est ainsi que les transits directement en rapport avec une réalité astronomique, avec la Terre elle–même, seraient davantage liés au corps, et signifieraient par conséquent les manifestations objectives, annonçant ou réalisant les événements virtuels. Les progressions ou directions secondaires — dans lesquelles la Lune joue un rôle majeur — nous donnent à penser qu'indépendamment des autres zones d'intérêt, d'évolution ou de progression de la destinée, elles nous renseignent particulièrement sur tout ce qui est susceptible d'agir sur notre état d'âme, sur notre psychisme, nos pulsions ou nos impulsions du moment. La révolution solaire, à la fois astronomique et symbolique dans son principe, participerait des deux niveaux de manifestation.

Tout se tient en astrologie prévisionnelle, et l'astrologue se doit d'agir ici à la manière d'un organiste qui ne se contente pas de jouer sur un seul clavier, mais sur deux ou trois à la fois pour réaliser la meilleure harmonie. **Y. C.**

---

(1) L'astrologue A. Volguine, dans sa "Révolution solaire" a traité le sujet de manière approfondie. Les astrologues sont plus ou moins partisans de l'utilisation de cette méthode prévisionnelle qui, selon moi, donne des indications certaines et précises sur le climat et même sur les événements de l'année qui suit l'anniversaire.

(2) Pratiquement, il s'agit en somme de superposer les planètes et les Maisons du thème d'anniversaire sur les planètes et Maisons du thème natal et d'interpréter les combinaisons obtenues. Exemple : si la Maison IX annuelle "recouvre" la Maison VI natale, suivant les planètes et aspects de ces dernières, cela peut indiquer pour l'année, soit : 1) voyages lointains liés à la profession; 2) maladie en voyage ou à l'étranger; 3) activité liée à l'écriture, au tourisme, à la publicité, à la politique, etc. (Note de E. T.)

(3) Les avis, en l'occurrence, divergent parmi les astrologues. En ce qui me concerne, après vingt ans de pratique astrologique, je trouve au contraire qu'il n'y a pas d'approche plus simple, plus synthétique et plus exacte (à un an près) des grands rendez–vous du destin qui apparaissent immédiatement. De plus, en rapprochant les événements de la vie de la distance qui sépare les planètes des axes (Milieu-du-Ciel + Ascendant), on dispose d'un bon moyen pour rectifier l'heure de naissance. (Note de E. T.).

L'Astrologie horaire

Selon certains historiens de l'astrologie, l'astrologie horaire aurait été un stade intermédiaire, historiquement parlant, entre la mondiale et la généthliaque (ou judiciaire ou individuelle). Avec l'astrologie horaire, il s'agit moins de prévoir que de rechercher le moment le plus approprié pour agir ou entreprendre, ou interroger le destin sur l'origine ou la cause d'un événement. C'est là une astrologie plus onomantique que scientifique, méprisée ou délaissée par maint praticien moderne, mais qui reste, aux yeux de certains autres très utile dans la vie quotidienne pour nous aider à remettre les choses à leur place.

L'astrologie dite horaire est l'aspect le plus classique de l'antique science des astres. Elle se divise en deux aspects : les Élections et les Interrogations, et tire son nom même de l'importance donnée au gouverneur de l'heure considérée.

• **Élection,** du latin *electio,* qui signifie choix : cette méthode consiste à déterminer le moment précis le plus favorable pour le début de tout événement important. Ainsi, le lancement d'un navire, la pose de la première pierre d'un bâtiment, l'instant même d'une demande, etc., doivent être l'objet de la recherche préalable d'un ciel astrologique favorable, en vue de la détermination de cet instant.

• **Interrogations,** du latin *interrogatio, interrogare,* de *rogare,* qui signifie demander : cette partie de l'astrologie a trait à la recherche d'une personne disparue, d'un animal égaré, d'un objet perdu, à la description d'un voleur ou d'un meurtrier présumé, du nombre de ceux-ci, de l'issue même de cette recherche, etc.

En ce double aspect de l'astrologie traditionnelle, deux facteurs jouent un rôle très important. Ce sont les maîtres du jour, et les maîtres de l'heure. Nul n'ignore que les noms des sept jours de la semaine dérivent de ceux des sept planètes : dimanche et Soleil, lundi et Lune, mardi et Mars, mercredi et Mercure, jeudi et Jupiter, vendredi et Vénus, samedi et Saturne (les nouvelles planètes : Uranus, Neptune et Pluton, ne sont en effet que des octaves supérieures respectivement de Mercure, de la Lune et de Mars) Or, ces rythmes planétaires des jours se perdent dans la nuit des siècles. Les Juifs le conservent depuis leur captivité à Babylone en 586 avant Jésus–Christ, mais leur comput religieux (notamment la bénédiction du Soleil tous les 28 ans), emprunté alors aux Chaldéens, remonte en fait à plus de cinq millénaires. On aurait pu craindre que la réforme grégorienne de la fin du XVIe siècle ne perturbât ce rythme. Il n'en fut rien, et le jeudi 4 octobre 1582 fut suivi du vendredi 15 octobre 1582. L'humanité a, en sa majorité, admis depuis fort longtemps ce rythme des jours identiques partout, et imposé par ses usages religieux : samedi pour le judaïsme, dimanche pour le christianisme, et vendredi pour l'islamisme. Et ce rythme régulier est essentiel en astrologie horaire. Chaque jour planétaire se divise en vingt-quatre heures planétaires égales de soixante minutes chacune, à partir de minuit. Ainsi, déjà, avant toute observation, l'astrologie sait que le maître du jour d'une nativité ou d'une interrogation va représenter la société, et le maître de l'heure, le né ou le consultant. Leur aspect mutuel signifiera donc les rapports entre l'un et l'autre. Cette importance de chacune des vingt–quatre heures du jour est soulignée pour les croyants par l'Évangile selon saint Jean : Jésus veut retourner en Judée où il a failli être lapidé, et ses apôtres cherchent à l'en dissuader. Il leur rétorque alors : "N'y a-t-il pas douze heures au jour?" (Jean, XI,9).

L'aspect traditionnel de l'astrologie des Interrogations est souligné dès le second siècle par Ptolémée de Péluse, astronome et astrologue, en son "Centiloque" (cf 1, 4, 14, 59, 64, 83, 90, 94, 97). Cependant, elle se démarque de son climat moderne par certaines exigences spirituelles pour l'opérateur. Que disent les vieux maîtres à ce sujet? "Seules les personnes inspirées par la divinité peuvent annoncer les particularités d'un événement" (Ptolémée op. cit., 1).

"C'est de nous autant que d'eux–mêmes que procède le langage des astres" (*cf.* H.C. Agrippa : *Lettre de janvier 1524*). "Lorsque notre esprit se porte à quelque grand excès de passion, il prend souvent de lui–même l'heure où l'opportunité est la plus forte, la meilleure et la plus convenable" (H. C. Agrippa in *De occulta philosophia,* I, 47).

"Lorsque l'âme humaine s'élève au maximum de ses possibilités spirituelles, alors elle peut, dominant et contemplant la course des astres, en tirer de sages et véridiques conjectures" (William Lilly : "Christian astrology", Londres 1647).

"Par contre, il y a la véritable interrogation, c'est-à-dire celle causée par le moment propice du Ciel. On la reconnaît à ce qu'elle excite un grand désir, un grand mouvement, une vive envie dans l'esprit du questionnant de savoir ce qui doit arriver. Et cet appétit et ce mouvement intérieur sont, dans la partie sensitive de l'âme, une pulsion provoquée par le Ciel" (Cf manuscrit arabe sans nom d'auteur publié par nos soins dans "L'Astrologie des Interrogations", époque probable : XVIIe siècle, Laffont, 1984).

On le voit par ce qui précède, c'est lorsque nous sentons un irrésistible besoin de les interroger, que les astres nous répondent! D'où l'intérêt de ne pas remettre le déchiffrement du thème à un autre moment.

D'autre part, le montage d'un thème d'interrogation a des règles assez différentes de celles régissant l'astrologie contemporaine et dite scientifique, moins marquée d'ésotérisme et même d'hermétisme. C'est ainsi qu'il faut se souvenir que si l'astrologie courante (nativités et révolutions solaires annuelles) est une astrologie "statique" (le thème est considéré comme "fixé"), l'astrologie horaire est

Les règles de base de l'astrologie horaire

Une fois la carte du ciel dressée pour le moment et le lieu exacts où s'impose la question à l'esprit du questionnant, il y a plusieurs règles à observer.

• Avant tout, il faut marquer nettement la Maison concernée par la question posée (par exemple la VI pour un problème de santé, la V ou la VII pour un problème sentimental, la X pour une question concernant la carrière etc.) en négligeant le reste du thème.
- l'AS et la 1re Maison représentent celui qui pose la question.
- la VII est significatrice de celui qui répond (en général l'astrologue).
- un horoscope horaire n'est pas valable sous certaines conditions :
1 - si l'As tombe dans les 2 premiers ou 3 derniers degrés d'un signe;
2 - lorsque Saturne est conjoint à l'AS ou à la pointe de la maison VII (ou rétrograde);
3 - lorsque la Lune est "void of course" (c'est-à-dire qu'elle ne formera plus d'aspect avant de quitter le signe où elle se trouve);
4 - lorsque le Nœud Sud se trouve dans la Maison I du thème horaire.

• Quelques règles générales pour l'interprétation :
- la Lune est toujours co-significatrice dans un thème horaire;
- lorsque les significateurs du questionnant sont en bon aspect avec les significateurs de la chose demandée, la réussite est probable (le significateur est la planète qui gouverne le signe placé à la pointe de l'AS ou de la Maison qui est l'objet de la demande);
- si les principaux significateurs sont dans leurs dignités et forment des bons aspects, la réponse est favorable;
- dans toute question, il faut considérer, pour la Maison concernée (la II pour les gains, la VII pour le partenaire, etc.) après l'état du maître de cette Maison, les planètes présentes et ensuite les bons ou les mauvais aspects qu'elle reçoit;
- quand toutes les planètes se trouvent au-dessus de l'horizon, on peut dire avant tout autre examen, qu'il y a bien des chances pour que le consultant obtienne satisfaction;
- lorsque la Lune est angulaire et reçoit de bons aspects de toutes les planètes, la réussite est probable;
- lorsque toutes les planètes sont hors de leurs dignités, on ne peut donner une réponse satisfaisante à la question posée;
- la Part de Fortune est également un élément essentiel et il faut tenir compte de sa position et des aspects qu'elle fait;
- lorsque toutes les planètes sont rétrogrades ou sous l'horizon, la réponse n'est guère favorable, quels que soient les aspects formés entre les significateurs;
- les signes interceptés dans la Maison concernée annonce toujours troubles ou retards dans les choses signifiées par elle;
- une question horaire posée entre 10 h et 12 h a beaucoup de chances d'obtenir une réponse favorable par suite de l'heureuse position du Soleil dans le thème — sous nos latitudes — (sauf si le Soleil est mal aspecté par ailleurs);
- l'application de deux planètes signifie ce qui va se passer, et la séparation ce qui s'est passé.

Pour de plus amples détails, voir les livres suivants :
Alan Leo : "Horary Astrology"
Robert Ambelain : "L'Astrologie des interrogations" (Laffont, 1984) *E.T.*

une astrologie "cinétique" — dans le thème établi, les planètes évoluent comme des petits personnages. La représentation géocentrique du ciel en astrologie conduit à considérer des mouvements planétaires très divers : rétrogradation, état stationnaire, retour à la marche directe, phénomènes que ne peut évidemment connaître la représentation héliocentrique du ciel. Ces mouvements divers offrent à l'astrologue un champ fécond de pronostics.

En astrologie horaire, on utilise souvent le thème à douze Maisons égales du système antique. Le Milieu-du-Ciel se situe alors à 90 degrés au–dessus de l'Ascendant, les Maisons couvrant chacune trente degrés, chacun d'entre eux ayant sa signification. Le Milieu–du–Ciel et les cuspides des domifications de l'astrologie moderne classique, Placidus, Campanus, Regiomontanus (cf."Calcul du thème astologique"), peuvent être notés eu égard aux étoiles fixes pour être retenus en certains cas particuliers (lancement d'un navire notamment). En général, on n'utilise que les sept planètes classiques, les deux Nœuds lunaires et la Part de Fortune, car les traités de cette astrologie particulière ne tiennent pas compte d'Uranus, Neptune et Pluton, comme encore à notre époque l'astrologie moderne. Certains praticiens actuels de l'astrologie horaire les ajoutent toutefois en leurs thèmes. Mais il ne saurait être question d'y faire figurer certaines nouvelles venues, telles Lilith, Cérès ou Chiron.

On ne doit jamais interroger un thème d'astrologie horaire lorsqu'en la Maison VII, c'est–à–dire à l'angle ouest du ciel, se trouve une planète maléfique : Saturne ou Mars. Elle est alors face à l'Ascendant, représentant le consultant, et s'oppose ainsi à son désir de connaître. Cet usage dérive de la règle qui veut que l'Autre, voire l'adversaire, soit régi par la Maison VII.

Les astrologues médiévaux utilisaient un rituel d'interrogation du thème qui était placé sur un plateau carré de bois précieux, entouré de quatre flambeaux de cire allumés. Ce rituel s'est perdu, mais il existait encore à l'époque de Rembrandt (1606—1669), puisqu'une eau-forte de cet artiste représente une telle scène. Ces règles demeurèrent impératives longtemps, tant que seule était pratiquée l'astrologie horaire. Il faut préciser qu'il y a relativement peu de temps qu'en France nos actes d'état civil mentionnent la date de naissance en place de celle du baptême, qui avait lieu parfois bien après la nativité. Il ne restait alors que le thème astrologique monté pour l'instant de la question lorsque le client pénétrait chez l'astrologue. Ce fut de cette loi que naquirent les règles de l'interprétation en astrologie ancienne, règles précisant toutes les correspondances analogiques d'une symbolique unissant les quatre règnes de la nature : hominal, animal, végétal, minéral.

Mais là, s'imposait la règle rappelée par Ptolémée : "Tout jugement établi par un astrologue doit être le résultat de son intuition et de sa science". **R. A.**

L'Astro-Carto-Graphie

L'"Astro–Carto–Graphie" est une technique très récente qui permet, à l'aide du thème natal d'un individu, de situer les lieux géographiques qui focaliseront les climats contenus dans ce thème et où, selon toute probabilité, certains événements marquants de son existence pourront se manifester. En d'autres termes, il s'agit de pointer sur les lieux du globe où seront cristallisées les tendances profondes du ciel natal, aussi bien "positives" que "négatives".

Contrairement aux techniques géodésiques, qui font une relation directe entre la géographie et les sphères célestes, L'"Astro-Carto-Graphie" est élaborée à partir de la naissance d'un individu. Compte tenu du fait que le thème astral de naissance est le produit à la fois du moment (évidemment invariable) et du lieu de naissance, on comprend qu'une modification théorique de ces données de base aille de pair avec un changement de lieu du sujet. Ce principe est comparable à celui d'un voyageur réglant sa montre après avoir traversé des fuseaux horaires.

L'"A-C-G" cherche à déterminer les lieux du globe où les dix planètes étaient dans des positions angulaires par rapport à la Terre, au moment de la naissance d'un individu. Elle définit ainsi les lieux où chacune d'elles était située à l'Ascendant, au Descendant, au MC ou au FC Les lignes marquant chacun de ces lieux peuvent ainsi être repérées sur une carte du monde. Une carte d'"A-C-G", constituée de dix planètes et de quatre positions angulaires, sera traversée de quarante lignes.

L'interprétation de cette carte s'avère alors très simple : les climats et événements, symbolisés par une planète ainsi positionnée, et donc activée (parce qu'angulaire), seront en exergue dans la vie d'un individu se trouvant à cet endroit. Ces recherches — et ces cartes — sont effectuées par ordinateur.

Les cartes d'"A-C-G" permettent d'identifier, pour chaque personne, les zones géographiques où certaines énergies planétaires sont marquantes. La qualité planétaire d'un emplacement semble se révéler toujours exacte, même indirectement; par exemple, par le truchement de personnes qui viennent de cet endroit, par divers investissements, ou bien d'autres implications indirectes. On possède de nombreux témoignages de personnes ayant eu un partenaire amoureux né près d'une zone où Vénus était angulaire, ou l'ayant rencontré dans cette zone.

Les lignes (qui, chez l'individu courant, marquent accidents, conflits ou, en positif, activité à haut risque et constructive) de Mars ont été de nombreuses fois associées à des hauts faits militaires des Présidents des États-Unis, ainsi qu'à des événements de politique étrangère. Par exemple, la carte d'"A-C-G" d'Harry Truman, qui fut Président des États–Unis de 1945 à 1952, révèle la présence de Mars en Corée ainsi qu'en Iran — c'est Harry Truman qui, en secret, a réprimé le mouvement populiste Mossadegh, et fait remonter le Shah sur le trône. À Washington, Jupiter était sur son MC, ce qui correspond à la prospérité des États–Unis à cette époque, et à la domination qu'ils exerçaient sur le monde au moment où Truman était à la tête du gouvernement américain. Hiroshima, qu'il a fait bombarder, était influencée par la ligne de Pluton (le nucléaire !) sur son Ascendant. Qui plus est, la ligne de Pluton au MC du thème des États–Unis passe au–dessus d'Hiroshima, illustrant de ce fait un principe important : le thème d'une nation peut être dans "l'attente" d'un leader (en l'occurrence Harry Truman) dont le ciel natal reproduit les mêmes forces virtuelles, et dont la présence déclenchera la mise en œuvre de ses propres potentiels.

Signalons que le point de section de deux lignes sur une carte d'"A-C-G" marque l'endroit où deux planètes occupent simultanément une position angulaire à la naissance (par exemple : l'une ascendante, et l'autre au MC). Il y a interpénétration en un "paran" sur une latitude particulière, quelque part sur le globe des deux énergies planétaires. Exemple : la carte "A-C-G" de J.F. Kennedy où 4 intersections de ce genre (parans) affectent la latitude de Dallas : Mars-Uranus, Uranus-Mars, Mars-Neptune et Uranus-Soleil (symboliques de violence et de perfidie).

Il semble qu'on puisse appliquer aux cartes d'"A-C-G" les méthodes prévisionnelles courantes. Ainsi, les progressions secondaires, par exemple, semblent très bien fonctionner.Sur la carte des États-Unis, la ligne de Mars sur le MC de Berlin en natal, avait progressé jusqu'à rejoindre la ligne de Pluton au MC sur Hiroshima, à l'époque de la bombe A, et de la fin de la Seconde Guerre mondiale. Autres exemples : les transits peuvent déterminer l'heure de manifestation de certains potentiels, et les thèmes de révolution solaire ont également permis d'obtenir des résultats intéressants.

Une carte d'"A-C-G" peut être considérée comme étant la projection des potentialités natales d'une planète sur un endroit précis de la Terre. À une époque où les individus se déplacent de plus en plus souvent, à des distances de plus en plus éloignées, et où leurs occupations, leur curiosité, leur goût de l'exotisme ou du dépaysement les poussent à voyager, cette conception doit retenir de plus en plus notre attention.

J. L.

USA : DECLARATION DE GUERRE

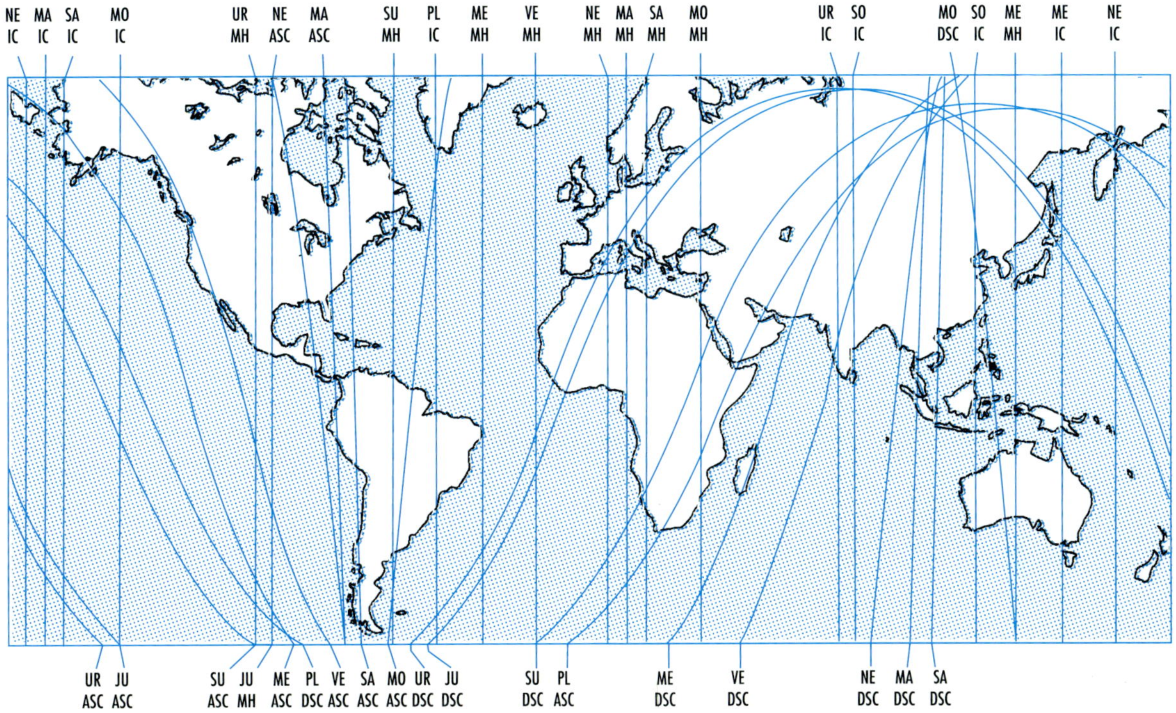

Grâce à la collaboration de Jim Lewis avec Matrix Software - leader mondial d'Astrologie informatisée, nous disposons d'un logiciel graphique complet sur L'ASTRO/LOCALISATION et ses deux principales approches complémentaires : L'Astro-Carto-Graphy et Local Space (directions planétaires par rapport à l'horizon local. ASTROMAP nous permet d'explorer toutes ces dimensions spatiales, intégrant une infinité de données astrologiques, astronomiques et astrophysiques dans une cartographies explicite. La question est ici de situer sur le globe, les endroits "propices" à une résonnance planétaire. Comment ? Sur votre écran, en visualisant ces lignes de force sur une carte géographique mondiale, nationale ou céleste (choix parmi une centaine). Chaque Européen (anglo / franco-phone), peut ainsi expérimenter et vérifier les subtiles interactions de son thème avec l'espace - au moins à travres l'Europe ! Votre premier pas ? Il suffit d'un ordinateur compatible PC et de contacter Isabel AUTRAN, à MAISONSEL, 45240 St-Aubin - France Tél. : (33) 38 76 05 59.

-1958. HARRY TRUMAN. Le destin de ce Taureau, né le 8 mai 1884, avec l'Ascendant en Balance — le même cocktail astrologique qu'Hitler ! — est lié presque tragiquement à celui des États-Unis : l'AS d'Harry Truman est en carré exact avec le Soleil des États-Unis, tandis que son Soleil est en carré avec le MC et la Lune du pays ! Mais la convergence des deux entités se fait à travers le MC (honneurs, destin) de Truman qui se place sur le Soleil des États-Unis. De plus, l'AS de Truman se superpose au Saturne des États-Unis, et ce n'est pas un hasard si son "règne" tomba dans une des périodes les plus critiques : la fin de la Seconde Guerre mondiale qui poussa Truman à prendre la terrible décision concernant l'usage des armes nucléaires sur Hiroshima et Nagasaki ... sans compter la guerre de Corée.

HARRY TRUMAN

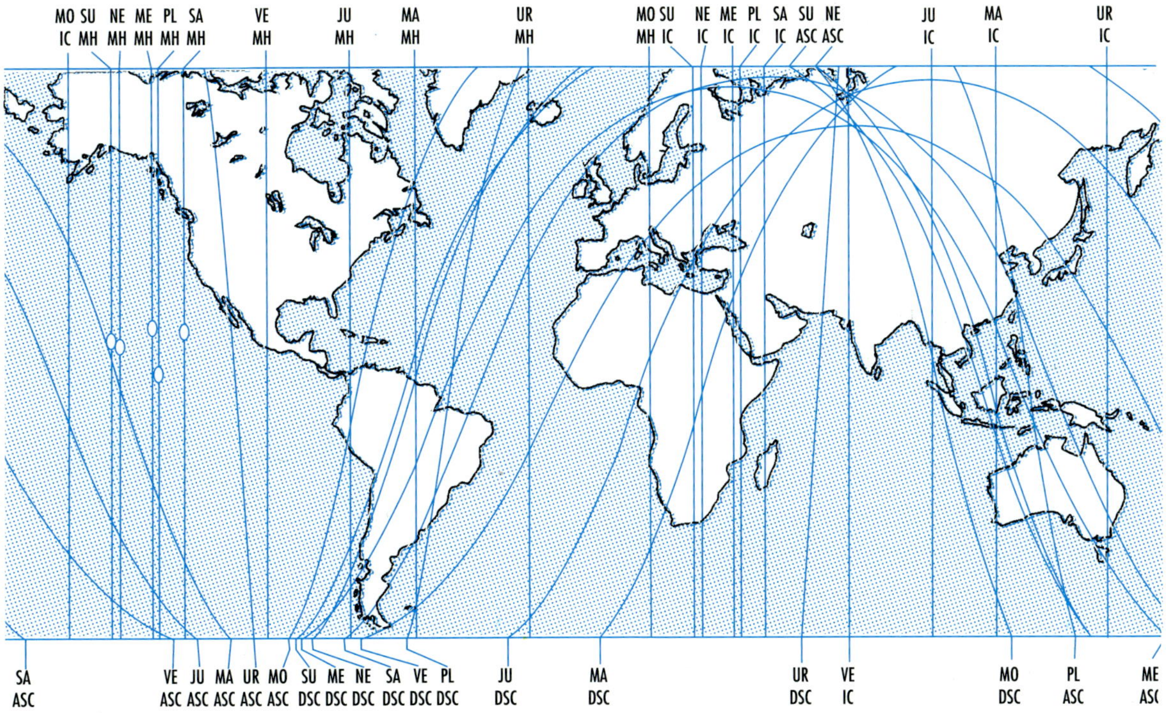

2. Les origines et l'histoire de l'Astrologie

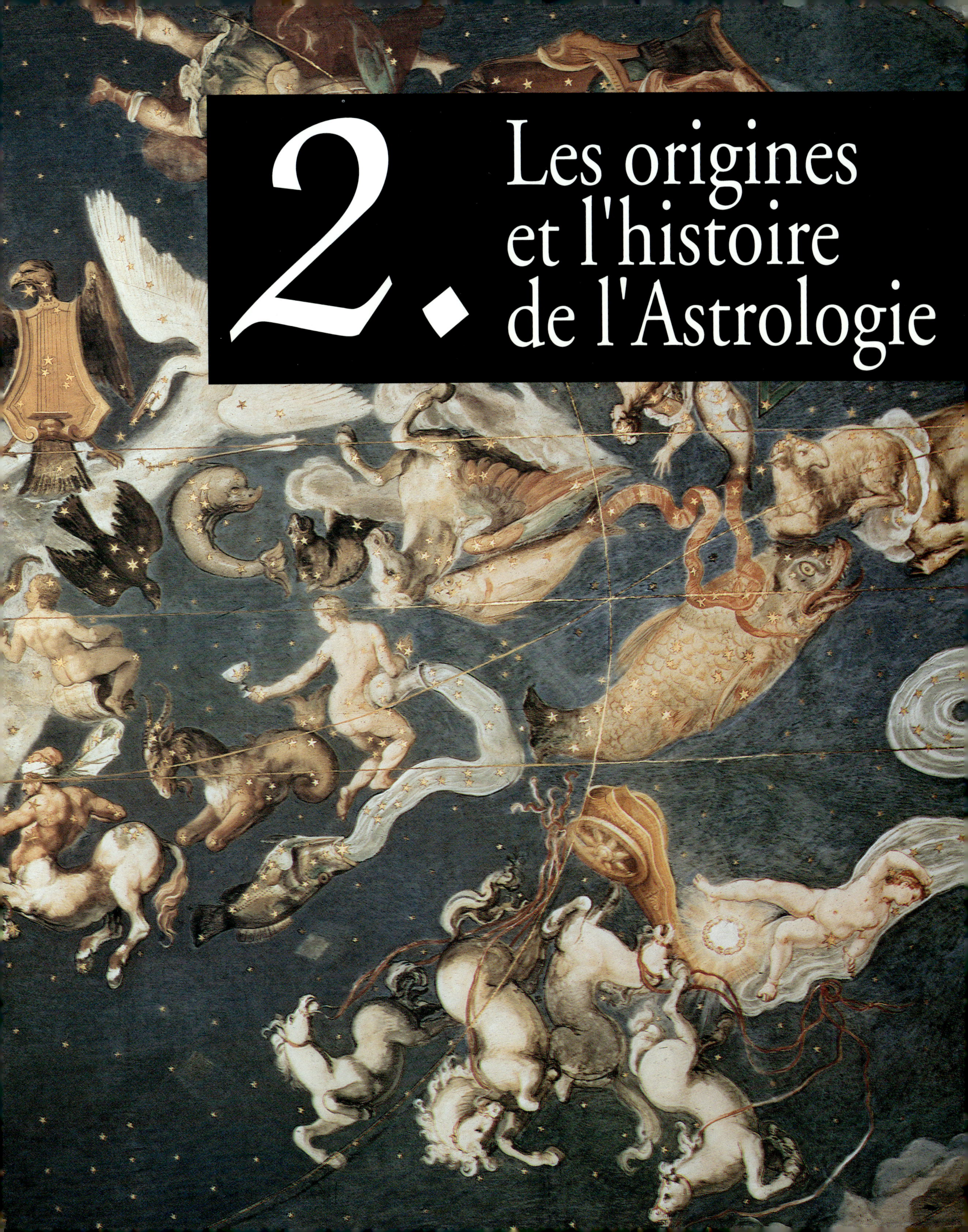

Le ciel est un livre ouvert dans lequel est écrite l'Histoire des hommes. Selon toutes probabilités, la coïncidence entre les noms des signes et des constellations remonterait à près de 25 000 ans avant Jésus–Christ, soit à la période de la naissance des peintures rupestres paléolithiques. Bien plus près de nous, une nouvelle rencontre entre signes et constellations eut lieu au début du second millénaire, à peu près à l'époque de Ptolémée. Mais l'astrologie, on le sait, est bien plus ancienne. Il n'est pas interdit d'imaginer sa naissance en synchronisation avec l'art primitif par excellence, tous deux étant les témoins différents d'une même prise de conscience originelle. L'homme semble posséder un "instinct astrologique", comme le révèle L. Watson, sous forme d'une sorte de tropisme universel vers les étoiles et le firmament.

On va découvrir, dans ce chapitre, l'histoire de l'astrologie et les grandes figures qui l'ont marquée au fil des siècles. Car l'astrologie, plus vieille science de l'humanité, antérieure même à l'écriture, a, elle aussi, ses classiques et ses lettres de noblesse.

Double-page précédente :
LE SPLENDIDE ZODIAQUE DU PALAIS FARNESE.
Zuccari Taddeo (1529-1566).

1 – AUX SOURCES DE L'ASTROLOGIE

L'Astrologie est un dialogue qui s'est établi entre l'homme et le ciel dont on retrouve la marque partout, dans l'espace et dans le temps, dans l'histoire des hommes.

ZIGGURAT D'UR (IRAK).
Pour observer le ciel étoilé, on construisit depuis la nuit des temps des observatoires en forme de tours ou de pyramides. Pour les Babyloniens, le ciel était une entité divine nommée Anu, composée de la triade Soleil, Lune, Vénus. Ce sont les Chaldéens qui, au VIIe siècle av. J.-C., découvrirent les planètes Jupiter, Mercure, Mars et Vénus. Le dieu solaire Shamash était considéré comme le fils du dieu lunaire Sin, et Ishtar (Vénus), la fille de Sin, fut la divinité la plus vénérée. Cette ziggurat qui mesure à la base 61m sur 45m fut en partie détruite (2113-2096 av. J.-C.). On pense que la ziggurat de Babylone (600 av. J.-C., détruite) et qui se composait de sept terrasses superposées pourrait être la fameuse Tour de Babel.

SPHERE TERRESTRE. Gravé d'après Picart (1643). (ci-contre)

Omniprésence de l'Astrologie

dans le temps et dans l'espace

Vers quelque azimut que l'on se tourne, quelle que soit la civilisation ou l'époque considérée, on a toutes les chances d'y rencontrer des vestiges de ce dialogue entre le ciel et l'homme qu'on allait appeler l'astrologie.

Dès l'aube de l'humanité, des sites mégalithiques et des observatoires très perfectionnés témoignent du don d'ubiquité de ce que L. Watson désignera "l'instinct astrologique" :
– ***les ziggourats,*** ces formidables pyramides à sept étages (comme celle d'Our, construite vers 2 050 av. J.-C. ou celle de Lagash), qui faisaient office d'observatoires pour les prêtres-astronomes chaldéens d'où ils suivaient les mouvements célestes avec une remarquable exactitude (on a retrouvé des éphémérides gravées sur des stèles qui remontent à 8 000 ans av. J.-C.) — ou le temple de Belus, à Babylone, destiné à l'observation des corps célestes;
– ***les alignements de Carnac*** en Bretagne (3 000 menhirs), liés aux solstices et au culte solaire;
– ***les pierres de Stonehenge,*** représentation circulaire de la marche des planètes qui permettait de prévoir les éclipses de Lune et de Soleil;
– ***l'observatoire Caracol*** (escargot : l'escalier intérieur était en spirale) au Mexique, dans l'ancienne ville maya Chichen Itza, impressionnant témoin de la science des astres précolombienne;
– ***les pyramides,*** dont les couloirs en pente servaient de poste d'observation permettant d'effectuer de savants calculs astronomiques.

"L'instinct astrologique" est tellement inscrit dans la mémoire de l'humanité qu'il précéda l'écriture primitive cunéiforme. Les Chinois, quant à eux, utilisaient le gnomon (cadran solaire primitif) pour mesurer la hauteur du soleil dès 2 300 av. J.-C., sous le règne de l'empereur Yao.

Née à Sumer et en Chaldée, il y a quelque 10 000 ans, ce qui était au départ "astrolâtrie" — adoration des astres, ces *dieux planétaires* dont on guettait les signes, des messages indiquant leur volonté — chez les Babyloniens et les Assyriens se retrouve partout dans le globe. Et ce, en des lieux qui n'avaient pu être en contact, sous forme de mythes semblables engendrant des cosmogonies similaires. Il y a donc une même projection de l'inconscient collectif de l'homme primitif sur le ciel, ce livre d'images qui, partout et sous toutes les latitudes, se révèle comme l'expression de son vécu affectif, de sa condition humaine. **E. T.**

Le Zodiaque, projection universelle de l'humanité

Définissons tout d'abord la notion de *Zodiaque,* notion essentiellement astronomique, puisqu'elle correspond à la ceinture d'environ 17 degrés qui entoure le parcours apparent du soleil, appelé *écliptique.* Du grec *zôdiakos* qui signifie (cercle) d'*animaux* (parce que les constellations ont des noms d'animaux, à l'exception de trois signes humains : les Gémeaux, la Vierge et le Verseau). Cette bande abrite la course du Soleil, de la Lune et des planètes (ou astres errants), hormis Pluton à la trajectoire excentrique. Le Zodiaque est divisé en douze sections de 30 degrés appelées signes zodiacaux qui délimitent le parcours apparent du Soleil en un mois. Ces signes prirent les noms des constellations qu'ils recouvraient à l'époque (durant l'ère du Bélier qui, grosso modo, dura de 2 000 av. J.-C. aux débuts de l'ère chrétienne).

L'idée naquit spontanément en Chine, en Égypte et à Babylone, de subdiviser le Zodiaque en 360 degrés, que le Soleil parcourt à la vitesse moyenne d'un degré par jour; les solstices, équinoxes et autres fêtes absorbaient les quatre ou cinq jours restants. Le Zodiaque fut donc certainement à l'origine un moyen de mesurer le temps, les astronomes assyriens marquant par exemple la saison des labours par l'apparition de la pleine Lune dans le Taureau (Gud-anna, le Taureau du Ciel). Les Égyptiens, quant à eux, et contrairement aux Assyriens, ne s'intéressaient pas à la divination par les astres. En dehors du fait que les étoiles leur permettaient de connaître l'heure durant la nuit et de délimiter les saisons de l'année, ils voyaient surtout en elles le guide des âmes à travers le ciel, jusqu'à la barque du Soleil. Pourtant, ils croyaient à des jours fastes et néfastes et dédiaient les heures du jour à des esprits tutélaires. Cependant, le cercle du Zodiaque, comme tout cercle, exigeait que l'on définît un commencement.

Les premiers Zodiaques furent établis à partir des étoiles fixes — Aldébaran ou l'Œil du Taureau, Antarès au cœur du Scorpion, Régulus au début du Lion et Spica — ou Épi de la Vierge, à la fin de ce signe, toutes étoiles qui à la faveur de la précession des équinoxes se sont déplacées sur le Zodiaque tropique. Si, plus tard, les Babyloniens placèrent le point de référence à 8 ou 10 degrés du Bélier, Eudoxe de Cnide plaça ce point équinoxial au milieu du signe, à 15 degrés du Bélier; mais ce fut la position de Ptolémée qui prima, qui plaçait ce même point (point vernal) à zéro degré du premier signe (signe qui, soit dit en passant, n'existait pas dans le Zodiaque babylonien et que l'on doit à l'Égypte où il joua un rôle si important).

Que dit le grand théoricien Ptolémée? “Le Zodiaque étant un cercle n'a, par sa nature, ni commencement ni fin, c'est donc le signe du Bélier qui *commence avec l'équinoxe de printemps* que l'on choisit comme le premier des douze. Et, comme si le Zodiaque était un être vivant, on lui attribue les caractéristiques des saisons...” (in “Tétrabible”, I, 10). Cet être vivant qu'est le Zodiaque est tout empreint de l'anthropomorphisme de l'homme primitif qui se projette sur la voûte céleste.

Est-ce la raison de l'uniformité que l'on observe de par le monde, d'un Zodiaque équilibré presque exclusivement en base *douze,* ce chiffre sacré (4 x 3; 2 x 6; 3 x 4) que l'on retrouve partout et qui n'est pas dû uniquement au nombre, presque constant, des nouvelles Lunes dans l'année ? Citons, bien sûr, les douze dieux de l'Olympe qui, après Aristote, perdirent leur essence divine platonicienne pour s'incarner dans des planètes sources d'une influence physique : le mythe devenait logos et la métaphysique s'alliait à la géométrie grecque pour donner naissance à la somme d'un savoir codifié. Citons également les douze apôtres, les douze tribus d'Israël, les douze travaux d'Hercule, les douze imams de la tradition chiite, les douze mois de l'année. Toutes les traditions ont refusé le treize, ce nombre pre-

ZODIAQUE MINIATURE de GIOVALLI BATTISTA (XVIe siècle, Venise).
On est sûr que le Zodiaque, cette bande de 8,5 qui se situe de part et d'autre de l'écliptique, était connu des Chaldéens du XIIe siècle av. J.-C., mais il l'était probablement bien avant. Ici, une représentation géocentrique de l'univers, toujours utilisée, aujourd'hui encore, par les astrologues, puisqu'il s'agit d'estimer les influx planétaires par rapport à la Terre et non au Soleil.

mier — sauf le Mexique qui a conçu un treizième dieu exceptionnel, celui de la pluie, si rare ! — alors que le 12 est divisible (4 saisons de 3 signes, 4 points cardinaux). Dans toutes les astrologies, (chaldéenne, égyptienne, chinoise, hindoue...), le Zodiaque comprend toujours douze signes. Étonnante convergence ! (1)

Par ailleurs, les noms des constellations se retrouvent un peu partout : "Babylone et la Chine avaient les mêmes noms pour la Grande et la Petite Ourse, le Dragon, la Chevelure de Bérénice, d'Orion et d'Andromède" dit R. Gleadow dans son intéressant ouvrage sur "Les origines du Zodiaque". En Chine, d'ailleurs, quels sont les douze animaux traditionnels qui servaient aux Chinois il n'y a pas si longtemps encore à indiquer leur âge suivant l'année de leur naissance : Rat, Bœuf, Tigre, Lièvre, Dragon, Serpent, Cheval, Mouton, Singe, Coq, Chien, Sanglier. On remarque que, comme dans le Zodiaque occidental, le Bœuf est le deuxième signe; quant à l'Épi de la Vierge ou Spica, il se nomme Kio; le Serpent prend la place du Scorpion, tandis que le Cheval remplace le Sagittaire, le Mouton le Capricorne... et le Singe, l'Homme : logique, en somme... à peu de choses près! Quant au Crabe (le Cancer est babylonien), il a deux origines, avec son pendant sous la forme de la Tortue en Égypte (également à carapace dure), tandis que le Lion, égyptien, remonte comme le Bélier au IIIe millénaire av. J.-C.; son homonyme babylonien était le Grand Chien. D'un autre côté, si l'on souligne les similitudes, observées par A. von Humboldt à son retour du Mexique entre le Zodiaque tibétain et précolombien et si l'on considère l'universalité des symboles utilisés (en particulier en ce qui concerne certains dieux planétaires comme Vénus, l'Astarté des Phéniciens, l'Ishtar des Assyriens et l'Aphrodite des Grecs, que l'on retrouve sous la forme d'Isis en Égypte, l'étoile du Berger régissant partout la Beauté et l'Amour; ou les dieux solaires comme Râ, Shamash ou Apollon, ou encore l'idée de la Déesse-Mère omniprésente chez les Anciens), on ne peut que constater avec Jung que les archétypes de l'inconscient collectif — ces schèmes dynamiques de pensée — ont définitivement et universellement marqué l'âme humaine depuis l'aube de l'humanité. Comme dans une sorte de génération spontanée, guidé par une sublime intuition ou une sorte de précognition — ou les deux — l'homme a été poussé, partout et toujours, dans un mouvement curieux d'interaction, à la fois à écrire, et à lire cet alphabet céleste qui est son histoire sur le Zodiaque, ce cercle parfait qui contient les douze fenêtres ouvertes sur le monde : les douze signes partiels et partiaux qui à eux tous constituent l'absolu de l'Etre, la perfection ontologique, que l'on pourrait appeler Dieu. C'est ce qui se dégage du célèbre "Timée" de Platon, après que le Créateur eut chargé les dieux inférieurs, qui l'assistaient, de créer les hommes, afin que ceux-ci ne soient pas entièrement immortels : "Quand il eut composé le tout, il le partagea en autant d'âmes qu'il y a d'astres, il assigna chacune d'elles à un astre et il leur fit connaître les lois de la destinée... ".

Le Zodiaque, cette ceinture d'Eurydice, est certainement le cordon ombilical qui nous relie (*cf.* le mot religion) non seulement à l'Absolu, au Sacré, mais, avant tout à nous-mêmes, à notre Moi. Les nombreuses rosaces des cathédrales (celle de Chartres, par exemple), les Zodiaques du Pérou, du Tibet, de l'Inde et d'Égypte (songeons au superbe Zodiaque de Dendérah dont les experts se demandent aujourd'hui encore s'il fut construit en 150 av. J.-C. ou s'il a 12 000 ans) ! sont là pour en témoigner. **E. T.**

(1) Ce chiffre sacré peut être considéré comme le mariage des 4 points cardinaux et des 3 plans du monde. En symbolique pythagoricienne, le 4 correspond à la création, à l'incarnation, tandis que le 3 reflète la Trinité mystique. Le résultat est le monde incarné, le monde achevé. Le 12 est également le produit des 4 éléments (air, terre, feu, eau) par les 3 principes chimiques essentiels chers à Paracelse : soufre, sel, mercure. Depuis la plus haute Antiquité, la coupole du firmament se divise en ce nombre sacré et universel : les 12 signes du Zodiaque; mais ce nombre s'illustre également à travers les 12 apôtres, les 12 tribus d'Israël, les 12 mois, les 12 étoiles sur la couronne qui coiffe la tête de la femme de l'Apocalypse. Entre autres...

Les dates limites des signes zodiacaux

On peut s'étonner de trouver dans la presse des dates limites variant quelque peu, ce qui peut nourrir le reproche d'absence de rigueur scientifique fait souvent à l'encontre de l'astrologie. Mais il y a une explication à cela : les dates mentionnées sont des moyennes, étant donné qu'à cause du décalage entre l'année solaire et l'année civile, le Soleil entre chaque année à un moment légèrement différent dans un signe donné. De sorte qu'une personne du 19 février peut encore être Verseau, née telle année et déjà Poissons, née telle autre. Le signe zodiacal dépend donc du jour — et de l'instant — de la naissance. C'est pourquoi nous avons choisi des dates se chevauchant d'un mois sur l'autre.

Bélier : 0° à 29° 59' d'arc sur l'écliptique	*21 mars-20 avril*
Taureau : 30° à 59° 59'	*20 avril-21 mai*
Gémeaux : 60° à 89° 59'	*21 mai- 21 juin*
Cancer : 90° à 119° 59'	*21 juin-22 juillet*
Lion : 120° à 149° 59'	*22 juillet-23 août*
Vierge : 150° à 179° 59'	*23 août-23 septembre*
Balance : 180° à 209° 59'	*23 sept.-23 octobre*
Scorpion : 210° à 239° 59'	*23 oct.-23 novembre*
Sagittaire : 240° à 269° 59'	*23 nov.-21 décembre.*
Capricorne : 270° à 299° 59'	*21 déc.-20 janvier*
Verseau : 300° à 329° 59'	*20 janvier.-19 février*
Poissons : 330° à 359° 59'	*19 février-21 mars*

E. T.

Ésotérisme du thème dit "en carré"

Aujourd'hui, on a coutume d'établir une carte du ciel, ou thème astral, sous la forme d'un cercle divisé en douze angles de 30 degrés chacun : les signes du Zodiaque. Or, cette représentation du ciel astral est relativement récente, puisqu'elle n'est apparue qu'au XVIIe siècle. En effet, avant cela, le thème astral était représenté en "carré"...

En son "Centiloque", Ptolémée nous parle d'une figure horoscopique à seize côtés : *"Super grotis criticos dies inspice, ac Lunae peregrationem in angulis figurae sexdecim latorum"* (op. cit. : LX), soit : "En cas de maladie, observez les jours critiques et la progression de la Lune dans les angles d'une figure à seize côtés."

Il est évident qu'il s'agit là du célèbre thème "en carré" de l'ancienne astrologie. Et comme nous nous sommes ralliés à lui depuis plusieurs années, doublant ainsi les figures habituelles circulaires en notre collection, nous devons au lecteur la justification de ce retour à une tradition aussi ancienne.

Tout d'abord, son tracé est extrêmement rapide; montre en main et à main levée, on dessine le schéma en douze secondes au plus, alors qu'il nous faudra requérir un compas et un rapporteur pour ériger le thème circulaire moderne. Car nous excluons l'usage des figures imprimées, avec des Ascendants et des Milieux–du–Ciel tourbillonnant autour d'un Zodiaque fixe et immuable.

Le thème "en carré" comporte effectivement *seize lignes* de construction, et *douze angles* ou cuspides mansales. Si Paul Choisnard, avec esprit, compare ce schéma à un "miroir du Diable", c'est qu'effectivement, il "frappe" instantanément le psychisme de qui le contemple par sa structure géométrique parfaite, et aussi par "autre chose" de difficilement exprimable. Il s'en dégage incontestablement un rayonnement mystérieux, alors qu'il n'en est rien des divers schémas horoscopiques de type *circulaire,* et tout autant du thème carré de l'astrologie indienne qui n'est constitué que de douze carrés posés en carré général.

Par conséquent, le thème "en carré" de l'ancienne astrologie possède un caractère occulte que n'ont pas les autres schémas. C'est très certainement pour cela, perçu intuitivement ou consciemment, que les anciens astrologues l'ont utilisé jusqu'à la fin du XVIIIe siècle. Citons ces noms illustres : Pierre d'Ailly, Junctun de Florence, Johannes Müller alias Regiomontanus, Luc Gauric, Paracelse, Jérôme Cardan, Scaliger, Auger Ferrier, Tycho Brahé, Kepler, Morin de Villefranche, le Kircher, Placide de Titis, Campanus, Henri de Boulainvilliers, etc.

Ce fut avec William Lilly que nous voyons énoncées dans son "Astrologie chrétienne" parue en 1647, de nouvelles figures généralement circulaires, mêlées à ce type de thème astrologique. Il se peut que Lilly ait cédé à une certaine crainte de sentir le fagot aux yeux de la sourcilleuse Église anglicane et de ses rivales protestantes, tout aussi — sinon plus — redoutables. Et Lilly demeurera le seul à user de ces thèmes circulaires pendant fort longtemps.

Or, le thème "en carré" comporte des Maisons égales, tout en respectant la domification astronomique mentionnée sur ses cuspides. La raison en est double : les Maisons égales imposent le seul usage des aspects cosmiques, c'est–à–dire de Maison à Maison, laissant les aspects partiels à l'astrologie mondiale. Le calcul des Chances ou des Parts en est simplifié puisque fait de Maison à Maison. Aujourd'hui encore, la très importante école anglo–saxonne utilise des thèmes "en carré" (1) aux Maisons égales, mais conserve cette domification intérieure pour les cuspides, permettant ainsi le calcul exact des étoiles fixes à retenir dans un thème. Ici nous citerons Fomalhaut, pseudonyme d'un abbé du nom de Charles Nicoullaud et savant mathématicien, en son "Manuel d'Astrologie sphérique et judiciaire" : "Représentées en même temps sur un graphique droit (Nicoullaud sous–entend un graphique plan), il est impossible que les deux lignes ne soient pas perpendiculaires entre elles, car l'horizon et le méridien donnent deux lignes qui se coupent à angle droit! Tout système qui arrive à un résultat contraire est faux et doit être rejeté." (Paris 1897, Vigot éditeur).

Le thème "en carré" des anciens astrologues permet en outre, *en astrologie horaire,* l'utilisation de la règle attribuée à Albohazen Haly, et que celui–ci avait déduite des pratiques de la géomancie (dont il laissa un traité), et qui traite de la *réponse formelle* à une question horaire, par la détermination de quatre Maisons complémentaires du thème à douze Demeures, portant ainsi ce dernier à seize Maisons. Nous en verrons l'application pratique dans un autre chapitre.

Sur ce schéma carré mystérieux s'il en fut, Henri–Corneille Agrippa nous dit ceci en son *"De occulta Philosophia"* (De la philosophie occulte) : "Le nombre seize, composé d'un carré parfait (4 x 4) et renfermant le dixième est, pour cela même, appelé par les pythagoriciens le *nombre heureux.* C'est aussi le nombre des prophètes de l'Ancien Testament, et des apôtres et évangélistes du Nouveau Testament." (*op. cit. :* Livre II, chapitre XV). C'est donc pour Agrippa le chiffre de la prophétie, exprimé par les seize lignes constitutives de ce schéma énigmatique.

PORTRAIT D'UN ASTRONOME PAR BASSANO.
Le thème en carré fut utilisé par les astrologues jusqu'à la fin du XVIIIe siècle; en particulier par Paracelse, Morin de Villefranche, Jérôme Cardan, Tycho Brahé et Johannes Kepler.

Et la perfection de ce nombre s'exprimait pour les pythagoriciens par sa décomposition parfaite : 16, 8, 4, 2, 1, avec le retour à l'unité. D'ailleurs, Paul Choisnard, savant polytechnicien, nous dit dans son livre "Langage astral, Traité sommaire d'astrologie scientifique" : "Un traité d'astrologie, acceptable sur le terrain scientifique, ne peut donc être fondé que sur deux bases essentielles : 1) – une représentation du Ciel sous la forme qu'on voudra, opération purement astronomique, 2) – l'interprétation astrologique de ces données, etc.". "Le schéma classique, aux douze triangles groupés en un carré, semble difficile à comprendre par son allure cabalistique, mais il est au fond très simple. Il correspond à une réalité qu'on va exposer." "Au lieu de la figure circulaire, les anciens astrologues employaient la figure carrée aux douze triangles qui n'est qu'un mode graphique différent. La comparaison des figures à elle seule devrait dispenser d'explication pour choisir le procédé le plus clair. Cette figure ancienne a une expression peu scientifique; son principal défaut est d'attacher aux Maisons la première importance."

Mais c'est justement l'intérêt de la domification : canaliser des influx planétaires dans un cadre propre à un être vivant. Et ce que recherchait alors Paul Choisnard, c'était la matière de statistiques démontrant simplement l'importance de l'Ascendant et du Milieu–du–Ciel en divers domaines. C'est pourquoi il n'attacha jamais d'importance au problème des divers types de domication, car, selon lui toujours : "L'astrologie pouvant exister sans cela..." Ce qui est vrai d'ailleurs, les Chaldéens ignoraient la domification. Mais ils ne savaient pas non plus tout ce que nous avons découvert depuis la fin de Babylone...

Sur l'ésotérisme du thème "en carré", nous pouvons ajouter ses rapports avec ce que nous avons dénommé jadis la "géométrie philosophale". Au British Museum de Londres, dans son département de la médecine et de la magie, on peut voir un dodécaèdre de cristal de roche, associé à un manuscrit du XIIIe siècle relatif à ses propriétés occultes. Ils proviennent des archives de sir John Dee, magicien de la reine Élisabeth, qui dut se réfugier à Prague auprès de l'empereur Rodolphe, protecteur des alchimistes, afin d'échapper au bûcher. Ce dodécaèdre de cristal de roche était, dans le monde des volumes et des solides pythagoriciens, l'équivalent de la sphère de cristal utilisée comme support de clairvoyance encore à notre époque, mais également dans des expériences évocatoires, rappelées par sir Francis Barrett dans son ouvrage "The Magus or Celestial Intelligence bearing a complet system of occult philosophy" (1801). Mais si nous passons du monde des *volumes* à celui des surfaces, nous rencontrons le thème "en carré", qui est un dodécagone, équivalent en cette dimension à ce que le dodécaèdre est dans la précédente. C'est dire que les propriétés métagnomoniques sont les mêmes, quoique s'exerçant dans des "dimensions différentes". Et en effet, cela justifie le caractère évocatoire du thème "en carré". Car si nous pouvons enfermer un être à trois dimensions (hauteur, largeur, épaisseur) dans un volume, nous pourrons le faire pour un être à deux dimensions seulement : hauteur et largeur, mais dans une surface. Ce qui justifie le rôle évocatoire du cercle en magie, et du carré long de la franc–maçonnerie du XVIIIe siècle, schéma que l'on traçait et effaçait à chaque cérémonie rituelle. On ne pouvait marcher dessus une fois tracé, mais on y couchait le compagnon candidat à la maîtrise, afin qu'il s'imprégnât pendant la durée de sa mort apparente de l'âme d'Hiram ainsi invoquée.

On voit, par tout ce qui précède, combien le thème "en carré" domine tout l'ésotérisme astrologique. Son avantage réside dans ce "jaillissement" au sein du mental de l'astrologue. Son inconvénient : il ne permet pas d'apprécier instantanément l'évolution des éléments d'un thème, car il est statique. Le thème circulaire n'offre pas ce "jaillissement" instantané dans le mental de l'astrologue; il exige une analyse assez longue. Par contre, il est évolutif. On peut y percevoir très rapidement les directions secondaires (un degré par an).

Sur les dimensions à donner au schéma "en carré", nous dirons après analyse des données métriques concernant la coudée(2), le pied, la palme, la demi–palme, le pouce, toutes mesures tirées involontairement du mètre selon une certaine règle des proportions, que onze centimètres de côté (0,11 mètre) constituent un carré parfaitement adapté à l'optique humaine courante. **R. A.**

(1) "L'Almanach Raphaël" de 1927 publiait le thème de Mussolini de cette manière (Londres 1927). Raphaël fut un illustre astrologue anglais.

(2) La *coudée sacrée* faisait environ 0,635 mètre; la coudée ordinaire était de 0,50 mètre environ. La *toise* était de 1,949 mètre environ, car ces dimensions varièrent en temps et lieux.

Le culte de Mithra

Selon la légende, Mithra, le Dieu–Soleil invaincu, comme on le surnommait, naquit un 25 décembre. Son culte impliquait le sacrifice du taureau que l'on égorgeait en signe d'une renaissance à une nouvelle vie éternelle. Il était aussi chargé de symboles astrologiques.

Le développement de ce culte a duré mille ans. A l'origine, Mithra, dieu des Traités et de la paix, occupait une place très importante. Plus tard, sous l'influence de Babylone, il apparaît comme l'envoyé du dieu du Soleil, qui lui avait donné pour mission d'accomplir un acte de salut : donner la vie et la végétation sur la Terre.

La légende raconte que des bergers ont assisté à la naissance de Mithra. Nu, uniquement vêtu d'un bonnet phrygien, et armé d'un poignard, il jaillit d'un rocher. Mithra pourchasse et capture le taureau, animal–symbole; il le traîne dans une grotte et le tue, afin que s'accomplisse le miracle de la végétation. Le taureau meurt pour que son corps libère la force vitale qui donnera naissance aux plantes, à la verdure, et surtout aux plantes bienfaitrices. Mais dans la lutte qui emporta le taureau, des forces ennemies sont apparues. Ce sont les envoyés d'Ahriman, le dieu du mal, l'adversaire d'Ahura Mazda, le sage. Mithra se bat pour le droit, le bien. Ses initiés se rallient à Ahura Mazda et, ensemble, ils remporteront la victoire finale lorsque le tribunal du monde apportera la vengeance suprême. Ainsi, le culte de Mithra reprend–il la doctrine du bien et du mal de Zarathoustra.

L'initiation mithriaque comportait sept planètes très vénérées. Zervan, dieu à tête de lion (le lion est le signe du Soleil) qui représentait le temps infini, devait guider les pensées des croyants. Sur sa tête s'enroulait un serpent, symbolisant l'écliptique (le chemin parcouru par le Soleil en un an dans le Zodiaque). Sur les images des autels mithriaques, on retrouve souvent la bande zodiacale comme en ancienne Égypte. Chaque journée et chaque heure étaient consacrées à une planète déterminée. Le croyant devait vivre en tant que partie d'un tout et par conséquent reconnaître l'identité du microcosme humain et celle du macrocosme (l'univers).

Les saisons étaient également fêtées. Au début du printemps, on préparait les cérémonies de consécration, dotées d'une grande signification. Mais la fête principale, appelée "Mithracana", était célébrée au solstice d'hiver. On offrait aux êtres humains la lumière du jour qui symbolisait le renouveau. On fêtait la naissance de Mithra, l'anniversaire et la réapparition du dieu de la Lumière. Ce jour était celui du Soleil invincible.

FRESQUE REPRÉSENTANT MITHRA ÉGORGEANT LE TAUREAU.
Le culte de Mithra, d'origine iranienne, est initiatique comme les cultes d'Isis ou de Baal : on vénérait Mithra, le dieu du Soleil, vainqueur du Mal; ce dernier s'était rendu maître du taureau primitif qu'il avait égorgé. La religion mithriaque a pour base le manichéisme et la certitude d'un au-delà; c'est à sa doctrine rédemptrice qu'elle dut son succès dans l'Empire romain pendant les premiers siècles de notre ère. Ce culte païen utilisait un grand nombre de symboles astrologiques, comme Hermès-Mercure, Jupiter ou Saturne. Il fut combattu à l'aube du christianisme au même titre que l'astrologie: la fin du règne de Mithra coïncida avec Constantin le Grand en 312 et le Concile de Laodicée en 381 interdit aux ecclésiastiques de s'occuper d'astrologie.

Le grade le plus bas parmi les sept grades de l'initiation était celui du corbeau; il était consacré à Mercure. L'homme qui devait être initié était revêtu d'un déguisement qui évoquait le corbeau. Le grade suivant était celui du fiancé, Nymphus, et consacré à Vénus. Le troisième grade, consacré à Mars, était celui du soldat. Le quatrième grade était à l'origine consacré au Soleil (c'était le grade du lion); plus tard, il fut consacré à Jupiter. Puis venait le grade du Perse, consacré à la Lune. Le grade suivant était Héliodromos (le courrier du Soleil). Il était sous la protection du Soleil. Le grade le plus haut, celui du Père, était placé sous l'autorité de Saturne. Vêtu d'un habit rouge et orné du bonnet phrygien, le Père présidait la communauté. C'était un sage, initié aux sept grades du secret de la foi, un être totalement dévoué à Mithra. Sur une inscription, il est dénommé "maître des choses sacrées" et "étudiant d'astrologie" *(studiosus astrologiae).*

♉ ♊ ♋ ♌ ♍ ♎ ♏ ♐ ♑ ♒ ♓ ♂

La victoire de Constantin le Grand, en 312, mit fin au pouvoir mithriaque. L'animosité de la chrétienté envers l'astrologie remonte d'ailleurs partiellement à cette période, où régnait la rivalité entre chrétiens et mithraïstes dont l'issue semblait incertaine jusqu'au IVe siècle. Cette doctrine resta néanmoins influente pendant mille ans grâce à l'enseignement de Mani, le dernier artisan du paganisme de l'Antiquité. Celui–ci fut crucifié en 277.

Au Moyen Age, le culte de Mithra fit encore parler de lui par le biais des cathares, branche dissidente de la chrétienté d'alors. Ceux que l'on appela les albigeois ne disparurent vraiment qu'en 1330, après avoir été persécutés par l'Inquisition. **A. v. P.**

D'Alexander von Pronay : "Mithra et les cultes secrets des Romains", Aurum Verlag Freiburg 1989.

2 – LA MESURE DU TEMPS

LE GRAND GUIDON ET TRÉSOR JOURNALIER DES ASTRES, par Jean Oursel (Rouen 1680 Paris, Musée des Arts et des Traditions populaires).

Se situer dans l'espace et dans le temps a toujours été une préoccupation essentielle chez l'homme, dès l'instant où son regard a scruté l'horizon et qu'il a pris conscience de sa condition mortelle, donc éphémère. Il a donc donné une mesure au temps, et il s'est donné les instruments de cette mesure... L'observation du ciel dans le but d'y repérer des retours cycliques de planètes fut, depuis la nuit des temps, liée à ce besoin de l'homme de codifier le temps, d'établir, au travers des retours de Nouvelles et Pleines Lunes et d'autres conjonctions, un calendrier de ses activités saisonnières — semer, planter, récolter, ou fêter, prier...

Gnomons, astrolabes, calendriers et almanachs

Le philosophe Bergson faisait la différence entre le temps, notion objective et homogène et la durée, notion essentiellement subjective; différence entre une mesure abstraite, quantitative, du temps objectif et le vécu, empreint d'affectivité et non objectivable. L'homme primitif qui, il y a des millénaires, observa le retour cyclique du jour et de la nuit, des phases lunaires et des saisons, fit l'apprentissage de cette différence, à travers la répétition des phénomènes célestes. Les premiers calendriers précis apparaissent au troisième millénaire avant Jésus-Christ, mais de récentes découvertes en situeraient la pratique à l'époque des Sumériens (5000 av. J.-C.). Quoi qu'il en soit, il est clair que dans toutes les grandes civilisations la division du temps a rapidement pris un caractère divinatoire. C'est ainsi que, de la Chine qui, dès le troisième millénaire avant Jésus-Christ, éditait un calendrier annuel indiquant les jours fastes et les jours néfastes, à l'Amérique pré-colombienne où Mayas, Aztèques et Incas ont développé des systèmes très proches des pratiques égyptiennes, chaque grand peuple a érigé des schémas qui, bien que revêtant des caractéristiques différentes, concouraient au même but : se fonder sur l'écoulement du temps pour présager de l'avenir.

Après Sumer et la Chaldée, berceau de l'astrologie, les prêtres-astrologues-astronomes babyloniens montaient sur les *ziggourats* pour observer le ciel et fixer ainsi, par le retour de certaines conjonctions, les cérémonies et les dates importantes en fonction des différentes activités saisonnières. “La science des calendriers, la plus ancienne de toutes, écrit l'historien-astrologue W. Knappich, était gardée secrète.” On considérait le caractère faste ou néfaste des jours, d'où la notion sacrée du temps et le développement de la *chronomancie* (divination par le calendrier, le temps), ou *hémérologie,* que l'on rencontre en Égypte, en Chine, chez les Aztèques et les Mayas. “Le calendrier devenait ainsi le livre du destin des hommes”, conclut Knappich.

En Égypte, les douze mois se plaçaient sous l'égide des douze dieux — le premier mois étant dévolu au dieu-scribe *Thot,* (Hermès). Un mois — 30 jours — se divisait en trois décades ou semaines de 10 jours, appelées *décans;* c'étaient des constellations qui se levaient pendant une période de 10 jours, un peu avant le Soleil.

On trouve encore des vestiges de ces constellations décanaires dans le tombeau de Senemnout (1600 av. J.-C.), montrant celles d'Orion, Andromède ou Sirius. Le jour fut divisé en 24 heures inégales, dont la durée dépendait de la hauteur du Soleil, en fonction de la saison et du lieu géographique et mesurées par des *gnomons,* cadrans solaires primitifs, composés d'une tige verticale faisant ombre sur une surface plane ou d'une plaque percée d'un trou, projetant une image elliptique du Soleil.

Par l'utilisation, dans l'Antiquité, des gnomons, et plus tard des cadrans solaires, l'homme montra qu'il avait inventé la notion du temps astronomiquement mesurable — et cela notamment par le truchement de la Lune (Mond en allemand, mens, meno, menstrues ont pour racine le mot sanscrit qui signifie “mesurer”).

Le *calendrier thébaïque,* composé de 360 symboles reliés aux 360 degrés du Zodiaque, reproduit par Ibn Ezra au Moyen Age, fut attribué aux astrologues égyptiens.

Au XVe siècle, on trouvait des calendriers donnant des indications astronomiques, astrologiques et liturgiques qui exposaient dans un

CALENDRIER UNIVERSEL ET PERPÉTUEL, "contenant les calendriers julien, grec, russe, égyptien, français, grégorien et copte, arabe, turc, persan ou l'Hégire."

Les jours de la semaine portent, dans un très grand nombre de langues, des noms liés aux planètes: lundi-Lune (anglais: monday, Moon; italien: lunedi; allemand: Montag; ...); mardi-Mars; mercredi-Mercure; jeudi-Jupiter; vendredi-Vénus; samedi-Saturne; dimanche-Soleil (sunday en anglais, Sonntag en allemand ...); exception en français: du latin dies dominica, jour du Seigneur.

langage simple des notions astrologiques — symbolisme des planètes et des signes. Ils ajoutaient des conseils pour l'agriculture et la vie quotidienne. Les premiers almanachs de ce genre furent imprimés en allemand et en latin à Nuremberg en 1475 par Regiomontanus, puis, apparut en France dès 1493, le fameux *calendrier des Bergers.* Ces almanachs, souvent exploités, hélas, par de "viles canailles" et charlatans mercantiles qui en dramatisaient les prédictions de façon éhontée pour frapper les esprits, furent fustigés par un Rabelais ou un Kepler — qui en rédigea lui-même de nombreux. La mode de ces calendriers se perpétua jusqu'au XIXe siècle à travers toute l'Europe. En Angleterre, on peut citer *The Shepherd's calender* au XVe, *Vox stellarum* au XVIIe-XVIIIe siècle, The prophetic messenger ou le *Zadkiel almanac* au XIXe siècle.

PLANÉTARIUM MONTRANT LE SYSTÈME PLANÉTAIRE en vue héliocentrique (1766, musée de Berlin), avec le Soleil pour centre. La révolution copernicienne avait déjà un siècle et demi ...

LES DIFFÉRENTS CALENDRIERS

On ne peut omettre dans cet article d'évoquer l'historique des calendriers, en tant que division de l'année civile. Le calendrier *julien,* se basant sur l'année tropique, fut fixé par Jules César en l'an 46 av. J.-C., et resta en usage jusqu'au 4 octobre 1582, date de la réforme grégorienne (ordonnée par le Pape Grégoire XIII). À cette date, on décida de la suppression de dix jours pour compenser le retard accumulé depuis le concile de Nicée (en 325), où l'on avait constaté la coïncidence du 21 mars avec l'équinoxe de printemps : dix jours pour une période d'environ douze siècles (1 257 ans d'écart exactement). Le lendemain du 4 octobre 1582, on passa donc directement au 15 octobre (début du calendrier grégorien). Remarquons en passant une difficulté pour les astrologues, résidant dans le fait que tous les pays d'Europe n'adoptèrent pas cette réforme en même temps. D'un autre côté, cette correction donna une plus grande précision à leurs calculs.

"Le *calendrier républicain* fut instauré par décret du *6 octobre 1793 (15 vendémiaire),* mais le départ s'en situa environ un an plus tôt, le *22 septembre 1792,* jour de la proclamation de la République — et, par hasard, de l'équinoxe d'automne. Il fut décidé que le début de l'année correspondrait avec le passage du Soleil à zéro degré de la Balance... une année républicaine est ainsi à cheval sur deux années grégoriennes..." (H.-J. Gouchon : "Dictionnaire astrologique".) À retenir, l'ordre des mois à partir du 22-23 septembre: vendémiaire, brumaire, frimaire, nivôse, pluviôse, ventôse, germinal, floréal, prairial, messidor, thermidor, fructidor. E. T.

La théorie des ères

Cette notion est un corollaire de la *précession des équinoxes* (*cf.* : "Astrologie et astronomie", "Les preuves scientifiques") : le point vernal bouge à raison de 50 secondes d'arc par an, soit d'*un degré en 72 ans;* d'où, en 2 000 ans, une rétrogradation de 27° environ, ce qui a pour effet que ce point se situe actuellement dans le début de la constellation des Poissons (Pisces) et est sur le point de passer sur les étoiles limitrophes de celle du Verseau (Aquarius). C'est là l'explication astronomique de la fameuse théorie *des ères de l'humanité,* qui, chacune, durent quelque 2 160 ans (le douzième de 25 920, cycle de la précession, déjà connue des Anciens et en particulier de Platon, qui l'avait baptisée la "grande année").

Il s'agit de véritables *périodes de civilisation* dont celle agricole du **Bœuf** Apis, taureau sacré, du Minotaure, du culte de Mithra du sacrifice du taureau céleste dans l'épopée de Gilgamesh, (roi babylonien du IIIe millénaire av. J.-C. ou du Veau d'Or de l'Ancien Testament est évidemment en relation avec l'ère du Taureau. Elle s'étend plus ou moins entre 4320 et 2160 av. J.-C. On a retrouvé des têtes de taureaux, vestiges tauriques multimillénaires, comme par exemple celle en or, ornée d'une barbe en lapis-lazuli, découverte en 1927 près d'Our, qui remonte à 3 500 ans avant J.-C. Le culte taurique semble devoir être associé à l'idée de la mort qu'il s'agit de surmonter (signe vital — de jour et fécond — opposé au Scorpion, signe stérile, de mort et nocturne). A la fin du néolithique (3 000 ans avant Jésus-Christ environ), les éleveurs nomades avaient pour emblème sacré un animal puissant, en l'occurence souvent un taureau.

Après celle du Taureau, **l'ère du Bélier**, qui allait durer jusqu'à l'aube du christianisme, né avec l'ère des Poissons : c'est l'ère du dieu solaire Amon-Râ, auquel était associé le bélier et l'oie blanche, celle du sacrifice symbolique d'Abraham, égorgeant un bélier en lieu et place de son fils Isaac. C'est l'ère du Dieu de combat et de foi, du Dieu jaloux et impitoyable, celui qui se manifesta à Moïse sous la forme d'un buisson ardent (le feu n'est-il pas l'élément du Bélier ?).

Avec **les Poissons,** on assiste à l'avènement de l'ordre de la charité et de l'amour, en remplacement de l'ordre de la justice. On trouve nombre de vestiges du symbolisme aquatique et mystique des Poissons dans des mosaïques, ou comme emblèmes sur les murs des catacombes des premiers chrétiens. D'où, aussi, la mention très fréquente dans les Évangiles, de pêches miraculeuses, d'apôtres pêcheurs, etc. A noter que depuis Kepler, on sait qu'en l'an 7 av. J.-C., il y eut une triple conjonction Jupiter-Saturne-Mars en Poissons, près du point vernal. Or, ce signe étant relié à l'idée de sacrifice et d'humanité accomplie — c'est la fin du cycle cosmique — il n'est pas exclu que des mages astrologues et astronomes aient conclu à la venue du Messie, le Sauveur de l'Humanité.

Et **l'ère du Verseau ?** A-t-elle déjà commencé, et quand ? Il y a certainement lors de chaque changement d'ère une zone de transition, où les prémisses de l'ère nouvelle apparaissent alors que subsiste encore longtemps l'image rémanente de l'ère qui s'évanouit. Ainsi les juifs ont-ils apparemment perpétué le Dieu Yahvé, de l'ère du Bélier et les chrétiens continueront-ils longtemps encore d'incarner — fût-ce à travers des luttes in extremis contre l'ère à venir — les caractéristiques du christianisme. Selon une certaine école, les premières manifestations de l'ère nouvelle auraient eu lieu vers 1914. Une autre école, en la personne de Davidson, plaide pour la date de 1844 comme début de l'ère du Verseau, en prenant pour référence la formule de la précession des équinoxes de la Grande Pyramide.

"Le Manifeste" de Karl Marx date de 1848 et reflète bien — lui-même était Ascendant Verseau — ce nouvel esprit universaliste et révolutionnaire qui souffle alors. D'un autre côté, il est possible aussi que les signes avant-coureurs de la nouvelle ère soient apparus avec la Révolution française, concomitante avec la découverte de la planète Uranus, en 1781, par Herschel (planète qui fut dévolue au Verseau). Car Uranus, c'est le changement, l'innovation et la rupture avec le passé, c'est la modernité, c'est l'esprit prométhéen qui s'affranchit des servitudes de toutes sortes pour servir l'Homme. C'est aussi la révolte et l'insurrection au nom des droits de l'Homme, avec le risque paradoxal de négliger la valeur concrète d'une vie humaine en vertu d'une idée ou d'une idéologie (politique ou religieuse). D'où le danger du fanatisme qui rime avec terrorisme. Le XIe signe est d'air, donc cérébral, idéaliste. Le Verseau ? Ce sont les mutations, l'éveil de la conscience universelle (*cf.* 1968), l'anticonformisme et l'émancipation (*cf.* celle de la femme — avec le M.L.F. —, celle des nations et des entités ethniques; l'union libre, etc.). C'est également le progrès technique, notamment dans tout ce qui touche aux ondes (cinéma, radio, télévision) ou à l'électronique; ce sont les techniques de pointe de plus en plus sophistiquées. L'emblème du Verseau, en effet, plus que deux vagues aquatiques, symbolise deux ondes superposées. Uranus, c'est aussi la conquête de l'espace au moyen de l'aéronautique et de l'aérospatiale, parallèlement à une ouverture et à une hyperconscience individuelle au sein d'une collectivité plus solidaire.

E. T.

ÈRE DU TAUREAU :
RESTAURATION
DE LA TOMBE DE NÉFERTITI.
TAUREAU APIS.

ÈRE DES POISSONS :
SCULPTURE COPTE -
Ve siècle.La croix chrétienne est portée par un dauphin.

ÈRE DU BÉLIER :
SACRIFICE D'ABRAHAM
(MANTEGNA, Musée d'Art et d'Histoire de Vienne).

ÈRE DU VERSEAU :
MICROPROCESSEURS.
L'ère nouvelle est celle, entre autres, de la haute technologie et de l'électronique.

3 – LES ASTROLOGIES

L'Astrologie de la Mésopotamie à Rome

L'histoire de l'Astrologie suit, elle aussi, un itinéraire dans l'espace et dans le temps. On en retrouve des empreintes de la Mésopotamie à Rome, en passant par l'Égypte et la Grèce. Mais ailleurs, successivement ou simultanément, d'autres traces, d'autres formes, d'autres cultures astrologiques se manifestent en Inde, en Chine, au Mexique et un peu partout sur le globe et dans l'histoire des hommes.

L'ASTROLOGIE CHALDÉENNE

Dans l'Antiquité, parmi les peuples installés en Mésopotamie, les Chaldéens étaient les tenants de l'astrologie. Ils accordaient en effet une importance particulière aux mouvements des planètes et aux phénomènes météorologiques tels que le tonnerre ou la pluie. Ils étaient en outre fins observateurs des éclipses.

Au cours de l'Akitou, la fête du Nouvel An à Babylone, étaient organisées de grandioses cérémonies. Dans l'une d'entre elles, le souverain au pouvoir entre dans le temple après avoir quitté ses vêtements et attributs royaux. Il est en effet tenu de se présenter aux divinités dépourvu de ses habits et ce n'est qu'après une série de rituels que le doyen des prêtres lui permet de se parer à nouveau des insignes propres à son rang.

Avant de quitter le temple, le grand prêtre giflait le roi, et si ce dernier pleurait sous l'effet de la douleur, cela était le signe d'un présage favorable pour le royaume, la récolte et le sort à venir. Si au contraire il ne pleurait pas, cela était considéré comme une offense à Mardouk, le dieu auquel était dédié le temple, et le présage s'avérait néfaste.

C'est justement à Babylone — *Chaldée* selon une appellation qui remonte à la Grèce antique — que vit le jour l'art de la divination. Dans la mentalité analytique des Babyloniens, rien n'était dû au hasard. Tonnerre, pluie, éclipses, malformations congénitales du nouveau-né ou des organes internes de l'animal… tout était observé et étudié attentivement. Le principe de cause à effet régissait le système religieux polythéiste. On considérait que chacun était en relation avec les dieux et qu'on se devait d'interpréter correctement le message divin. De cette façon, même les affections physiques étaient interprétées comme l'expression de la volonté d'un mauvais démon.

Contrairement aux Sumériens qui les avaient précédés à Babylone et accordaient aux seuls rêves des valeurs divinatoires, les Babyloniens-Chaldéens utilisaient plusieurs méthodes pour chercher à pénétrer les mystères de l'avenir : à titre d'exemple, l'observation du foie des ovins immolés aux divinités, ou celle des volutes de la fumée d'encens, ou encore des gouttes d'huile jetées dans l'eau. Les tablettes à écriture cunéiforme témoignent d'une interprétation précise à partir de ces mantiques aujourd'hui désuètes.

Mais la méthode de divination la plus courante chez les Chaldéens fut sans doute l'astrologie. Au fil des fouilles archéologiques de Ninive et de Babylone ont été retrouvées de nombreuses tablettes sur lesquelles sont reportées les observations de la voûte céleste réalisées par plusieurs générations de prêtres-astronomes-astrologues chaldéens. La série connue sous le nom d' "Enuma Anu Enlil" est constituée de 70 tablettes, chacune correspondant à un chapitre. Bérose, prêtre d'origine chaldéenne (voir plus haut), est l'auteur d'un ouvrage, "Babiloniaka", dans lequel il établit une relation entre astrologie et météorologie.

Depuis combien de temps les Chaldéens observaient-ils le ciel? Cela reste pour nous un mystère et bien qu'eux-mêmes indiquent plusieurs centaines de milliers d'années, il s'agit de toute évidence d'une exagération — ces données sont d'ailleurs contestées par Cicéron et Pline.

Les études actuelles font preuve d'un profond respect pour les observations des Chaldéens : ceux-ci plaçaient en effet le Soleil au centre de l'Univers, et ils ont de plus été les premiers à établir une relation entre le mouvement lunaire et le phénomène des marées. Ils ont en outre remarqué et observé le passage de la comète de Halley. Pour eux, la réalité n'était que la constante expression d'une volonté divine et, par conséquent, les éclipses et les comètes autant de signes à interpréter. Dans la bibliothèque de Ninive sont conservés des écrits dans lequels des souverains tels Assurbanipal ou Assarhaddon cherchent à savoir si les éclipses et les mouvements des planètes seront des présages néfastes ou favorables à leur royaume. Il y quelques années encore, on pensait que les Chaldéens n'établissaient pas d'horoscopes individuels, mais des études plus récentes démentent cette hypothèse. Voici le contenu de l'un des horoscopes déchiffrés récemment :

"Aristocrate naquit en l'an 77 de l'ère Séleucide, au quatrième jour du mois Siman et au cours de la dernière partie de la nuit. En ce jour, la Lune était en Lion, le Soleil à 12°30 des Gémeaux et la Lune tournait sa face vers le haut... Jupiter était à 18° du Sagittaire. La configuration de Jupiter indique que le sujet jouira d'une bonne santé; qu'il sera riche, qu'il deviendra vieux et que sa vie comptera de nombreux jours. Vénus était à 4° du Taureau et sa position signifie : où qu'il aille, tout lui sera favorable; il aura des enfants, des garçons et des filles. Mercure en Gémeaux avec le Soleil : celui qui est le premier sera le meilleur — il sera donc plus important que ses frères." La nature du Zodiaque, comme ses caractéristiques, nous viennent également des Chaldéens et ce sont eux qui ont transmis ce savoir aux Grecs anciens. Le nom de certaines constellations provient de la traduction grecque de l'ancienne appellation chaldéenne.

A côté des horoscopes individuels ont été retrouvés des écrits relatant l'observation de phénomènes célestes survenus au moment de la naissance du sujet. L'un de ces écrits contient par exemple des observations astronomiques concernant la Lune dans le Zodiaque et ses diverses configurations. Dans une partie ultérieure on trouve à la fois un horoscope général basé sur les signes du Zodiaque, un horoscope plus détaillé faisant référence aux configurations des sept planètes de la tradition, et enfin un horoscope-anniversaire relatif aux différentes constellations.

Jupiter à l'horizon était signe de richesse, Vénus de chance et Mercure de distinction; Mars indiquait en revanche un mauvais présage, et Saturne était considéré comme encore plus néfaste — les Chaldéens prêtaient un effet particulier aux planètes qui se levaient au moment de la naissance. Ils analysaient en outre la combinaison de plusieurs éléments. Par exemple, si Vénus est au lever et Jupiter au coucher au moment de la naissance... alors, la tablette affirme que le sujet se laissera dominer par sa femme.

Ce sont ces observations qui ont constitué les bases tout d'abord de l'astrologie classique, puis par la suite de l'astrologie moderne.

STÈLE ANTIQUE DE MÉSOPOTAMIE
(Musée de Bagdad). On reconnaît en haut de la stèle la fameuse triade mésopotamienne : le croissant de Sin (Lune), le disque de Shamash (Soleil) et l'étoile du Berger Ishtar (Vénus), les trois divinités les plus vénérées à l'aurore de notre civilisation.

L'ASTROLOGIE EN MÉSOPOTAMIE

Anu était le nom du ciel plein de lumière, compagne d'Enlil, puissance de la tempête, et d'Éa, l'immensité de la mer. Soleil, Lune, Vénus, les trois corps célestes les plus puissants produisaient la vie, la lumière et la chaleur. Le dieu lunaire des végétations était dépositaire du destin humain. Ishtar était la déesse la plus vénérée, capable de s'exprimer dans l'étoile du matin et du soir.

Le ciel des étoiles fixes et les autres planètes constituaient un simple fond. À travers Jupiter, se manifestait la force créatrice de Mardouk. Son fils Nabou, maître de la science et de la connaissance, correspondait à l'actuel Mercure. En Mésopotamie comme en Chine, Saturne était le symbole de la stabilité, de l'ordre et de la justice. La religion était étroitement liée aux présages, comme on peut le déduire des 25 000 tablettes cunéiformes — la plus ancienne bibliothèque du monde — qui constituaient la collection du roi Assurbanipal (669 – 626 av. J.-C.).

L'étude des constellations remonte à l'époque d'Hammourabi (environ 1 700 av. J.-C.). Un texte cunéiforme de 419 avant Jésus–Christ codifie pour la première fois les 12 signes du Zodiaque. Les premières éphémérides remontent au IVe siècle avant Jésus–Christ.

La foi dans les astres, typique des Chaldéens, fut profondément influencée par la doctrine de Zarathoustra et des philosophies inhérentes à l'évolution du monde. Du fatalisme astral qui en résulta, naquit l'astrologie individuelle, point d'arrivée d'une astrologie successivement mondiale, collective, puis horaire. Le plus ancien thème remonte à 410 avant Jésus–Christ.

Vitruvius (1) raconte que le prêtre et astrologue Bérose s'inspira des concepts fondamentaux de l'astrologie chaldéenne. En l'espace d'environ un siècle, on arriva à l'élaboration des cases, et à une version évoluée du thème astral.

L'ASTROLOGIE EN ÉGYPTE

Dans l'Égypte antique, de nombreuses expressions religieuses se superposaient, dérivées de divinités profondément impliquées dans le monde visible. Le Soleil naturellement en constituait le centre vital, objet de grande vénération de la part d'une population essentiellement agricole. Aux alentours de 2 400 avant

(1) Vitruvius ou Vitruve (Marcus Vitrivius Pollio), architecte latin contemporain de Jules César et d'Auguste (Ier siècle avant Jésus–Christ), auteur d'un traité "les Dix Livres d'Architecture" et inventeur, entre autres, du module quinaire dans la construction des aqueducs.

LE ZODIAQUE DE DENDÉRAH en grès sculpté, art égyptien (Temple de Dendérah, Palais du Louvre à Paris). Il provient du temple de Hathor, déesse du Ciel et de l'Amour. Long de plus de 18 mètres et d'une largeur de 4 mètres, le temple de Dendérah fut construit sous le règne de l'empereur romain Tibère (17 ap. J.-C.). Au centre du dessin se trouvent les constellations circumpolaires.

Jésus–Christ, durant la IVe dynastie, le Pharaon, venu du Soleil, et identifié à lui, retournait vers lui après sa mort terrestre. Le temps avait un caractère réel, vivant et vital. Le lever, le midi, le coucher et le minuit du Soleil étaient en analogie avec les quatre âges fondamentaux de la vie : enfance, maturité, vieillesse, mort. En outre, on croyait que le Soleil et les autres divinités cosmiques perdaient une partie de leur corps astral — le Ka — en suivant leurs orbites célestes. Le calendrier égyptien survécut jusqu'à la réforme de Jules César. Les 12 mois étaient mis sous la tutelle des 12 divinités. De cette période datent les répartitions des mois en décans, chacun lié aux références célestes particulières, comme les constellations de Sirius, Andromède, Orion. Les 36 répartitions de l'année (3 décans par mois) étaient étroitement liées dans le cadre de la religion, de la magie et de la médecine. Ce n'est pas par hasard que l'Égypte était divisée en 36 régions. Chaque heure de la journée avait une durée proportionnelle à la hauteur du Soleil et était sous la tutelle d'un dieu céleste, mesurée à travers les gnomons, et adaptée à des rites particuliers.

On a pensé pendant longtemps que certains Zodiaques retrouvés en Égypte étaient d'origine très ancienne (celui de Dendérah est particulièrement célèbre), mais en réalité ils sont d'époque hellénistique tardive, souvent de datation romaine. C'est seulement dans la période grecque que la série des décans se superpose à la bande zodiacale babylonienne avec des influences babyloniennes évidentes. Jusqu'au Ve siècle avant Jésus–Christ, l'astrologie en Égypte ne se basait pas sur l'observation effective et directe du ciel, mais sur l'interprétation symbolique de chaque unité de mesure de temps, de l'oracle quotidien aux trente prédictions mensuelles basées sur l'interprétation synodique de la Lune. À l'époque de Ptolémée, on célébrait la résurrection d'Osiris le 25 décembre, l'ancêtre lointain du Noël moderne. Il y avait les présages périodiques (dix ou cinq jours) tirés des décans. Le calendrier thébaïque recueille une série de tels oracles.

— L'ASTROLOGIE EN GRECE —

Aristote (384 - 322 av. J.-C.) remarque dans la "Physique" que tout ce qui est dans le temps est aussi dans la sphère du monde. Contrairement à ce que l'on peut penser, entre le IVe et le Ve siècle avant Jésus–Christ à Athènes, l'observation du ciel et l'enseignement de l'astronomie constituaient un délit susceptible d'entraîner des poursuites, dont fut victime, entre autres, Socrate. L'antagonisme Soleil–Lune se résolut par la prédominance du culte solaire apollinien sur la religion des dieux lunaires, de ses manifestations agraires et ses prémices orientales archaïques. "Et pourtant, nous dit Hérodote, l'oracle lunaire de Sparte avait retenu l'armée en partance pour Marathon jusqu'au jour de la pleine Lune." La prédominance des prêtres du Soleil d'origine égyptienne détermina la diffusion du culte du Soleil en Grèce, et de là vint l'importance attribuée au signe Ascendant. Il existait en Grèce des temples et des cultes particuliers dédiés aux douze signes du Zodiaque. Platon nous décrit Socrate priant le Soleil à l'aube. Ptolémée analysa les thèses astrologiques qui étaient parvenues jusqu'à lui. Il affirma que l'astrologie était une science naturelle, fondée sur la qualité de la matière. La base de sa conception astrologique repose sur l'approfondissement aristotélicien des rapports physiques entre corps et corps : chaud - froid, sec - humide, ainsi que les natures des planètes et des signes du Zodiaque. Il refusait les spéculations astrales des stoïciens et des néo–platoniciens. Un siècle plus tard, Plotin fit coïncider le concept gnostique et judaïque de l'existence. Entre la Terre et la Lune des infinis, êtres considérées comme des intermédiaires, dérivaient d'anciennes théories astrologiques, celles des décans. L'astrologie hellénistique était isolée par rapport à la spéculation philosophique qui analysait le principe vital de l'univers.

L'ASTROLOGIE HELLÉNISTIQUE : — BASE DE L'ASTROLOGIE — TRADITIONNELLE

La civilisation hellénistique correspond à cette période qui, historiquement, s'étend des conquêtes d'Alexandre le Grand au début de l'Empire romain, et pendant laquelle la civilisation grecque exerça une profonde influence sur tous les pays, notamment orientaux, qu'elle avait sous sa gouverne. C'est donc une période qui fut particulièrement riche sur le plan culturel, puisque le rationalisme grec rencontra le mysticisme oriental. L'astrologie sortit grandie de cette confrontation, comme l'a justement observé Bouché–Leclerc, un adversaire rationaliste de l'astrologie, dans son ouvrage "La Philosophie en Orient" (Puf) : "L'astrologie est une religion orientale qui, transplantée en Grèce, un pays de physiciens et de raisonneurs, y a pris les allures d'une science. Intelligible en tant que religion, elle a emprunté à l'astronomie des principes, des mesures, des spéculations arithmétiques et géométriques, intelligibles aussi mais procédant de la raison pure, et non plus du mélange complexe de sentiments qui est la raison pratique des religions." Néanmoins, l'astrologie indienne, sœur de la chaldéenne dont la nôtre est issue, qui n'a pas subi l'influence grecque, n'est pas pour autant marquée par un "mélange complexe de sentiments", mais basée sur une astronomie très ancienne et très précise (*cf.* B.V. Raman : "Manuel élémentaire d'astrologie hindoue", éditions Traditionnelles ou P.E.A. Gillet : "Manuel d'astrologie hindoue à l'usage des Occidentaux", éditions des Cahiers astrologiques).

Il est clair que, même avant la conquête de la Chaldée par Alexandre le Grand, les Grecs avaient montré un attrait pour le céleste et le divin. Par ailleurs, de nombreux philosophes entreprirent de longs voyages vers l'Orient afin d'y trouver de nouvelles lumières qu'ils importèrent et diffusèrent dans la mère–patrie. Les Grecs avaient donc une connaissance approximative de l'astrologie avant même que leurs armées n'entament leurs glorieuses conquêtes.

LE SOLEIL ET LES SIGNES. Bois gravé populaire grec. XVIIIe siècle. Trois par trois, en commençant en haut à gauche avec le Bélier, les douze signes sont représentés dans l'ordre, à l'intérieur des petits cercles. On notera l'importance de l'astre solaire dans la cosmogonie occidentale, par opposition à l'astrologie chinoise qui privilégie le rôle de la Lune.

Mais tous les historiens s'accordent sur le fait qu'aucun prêtre, aucun devin, ne fut jamais chargé de scruter le ciel. Il faut attendre 280 avant Jésus–Christ pour que l'astrologie connaisse un réel écho en Grèce, sous l'impulsion de Bérose, grand prêtre astrologue babylonien venu fonder une école dans l'île de Cos. C'est à partir de cette époque que l'ensemble des philosophes commencèrent à s'intéresser à l'influence des astres et à développer des thèses relatives à ce culte plurimillénaire. Ainsi, dans le "Timée" de Platon, les dieux planétaires deviennent des puissances individuelles chargées de veiller sur les hommes... Tandis que les stoïciens, notamment Chrysippe, développent la thèse du destin prédéterminé. Peu à peu, toute la Grèce va voir fleurir des traités d'astrologie et d'astronomie.

Sur le plan dogmatique, les Hellènes ont posé les bases d'un principe encore défendu aujourd'hui : celui d'une interaction complète existant entre toutes les parties de l'Univers, des plus grandes aux plus petites, des plus lointaines aux plus proches. Le monde était conçu comme un gigantesque organisme vivant dont les éléments sont tous interdépendants. Ce système fut couronné par le philosophe Posidonius (IIe avant Jésus–Christ), qui l'adapta à l'astrologie et dont les thèses furent reprises plus tard à Rome par Cicéron, Sénèque, Manilius. Dans sa philosphie, Posidonius remplace la structure atomiste de l'Univers par un organisme énergétique. Ainsi, du fait de l'interaction cosmique et de leur appartenance au même univers, les astres agissent sur tout ce qui est terrestre... Mais, ils agissent également en tant que représentants des puissances divines et sont les instruments de leur volonté. Posidonius, en développant cette thèse scientifico–religieuse, propose un système assez révélateur de toute la pensée grecque, mélange de rationalisme et de mysticisme, de sciences et de croyances.

Malgré cette coloration religieuse, force est de reconnaître que c'est aux Grecs que l'on doit les premiers fondements scientifiques de l'astrologie. Du traité de géométrie d'Euclide, au catalogue des étoiles fixes et à la découverte de la précession des équinoxes par Hipparque, l'astronomie ne cessa de se préciser et, dès le IIe siècle avant Jésus–Christ, la publication d'almanachs et d'éphémérides précis permettait à l'astrologue de puiser des renseignements astronomiques, sans se livrer à une fastidieuse observation du ciel, et à ériger un système assez perfectionné, relativement proche de l'astrologie traditionnelle telle qu'on la connaît aujourd'hui.

Les Grecs établirent ainsi le Zodiaque, partage d'un cercle en douze arcs de 30 degrés chacun. Il fut divisé, d'une part, en quatre signes cardinaux, quatre signes fixes et quatre signes mutables, d'autre part, en quatre *triplicités* (trois signes) en fonction des 4 éléments : feu, terre, air, eau. (voir "Les éléments"). Par ailleurs, la tradition voulant que certaines planètes et certains signes se trouvent en affinités, le catalogue des dignités et des débilités des planètes fut dressé. Il est encore valable aujourd'hui, bien que précisé. En fait, tous les fondements de l'astrologie, telle qu'elle sera pratiquée durant des siècles, remontent à la période hellénistique. Les différences entre le passé et le présent s'expriment essentiellement, non sur les éléments de l'horoscope (les Grecs prenaient en compte le Zodiaque, les planètes, les Maisons, les aspects), mais sur les méthodes d'interprétation.

En ce qui concerne l'astrologie mondiale, les prévisions annuelles s'établissaient selon deux systèmes. Les astrologues amateurs utilisaient une planète maîtresse de l'année (les sept planètes connues à l'époque intervenant à tour de rôle), qui donnait des indications sur l'année à venir selon sa position par rapport à la Lune et aux signes. Les astrologues savants s'attachaient, quant à eux, à étudier la première nouvelle Lune qui suivait l'équinoxe de printemps. Quel qu'ait été le système employé, l'astrologie collective connut une grande popularité auprès des Hellènes : on retrouve des prédictions relatives aux conditions météorologiques, à l'état des récoltes, aux dangers de guerre, voire à la situation politique, dans de nombreux almanachs. On note d'ailleurs que l'opposition astrologie savante — astrologie vulgaire, voire dévoyée et charlatane existait déjà à cette époque.

Pour l'interprétation des thèmes individuels, deux méthodes principales existaient aussi. L'une s'attachait esentiellement à l'étude du Zodiaque, et donc à la position des planètes dans les signes, tandis que l'autre mettait l'accent sur les aspects, c'est–à–dire la position des planètes les unes par rapport aux autres (méthode qui reprend les conceptions de Posidonius, et que développera plus tard Ptolémée...).

On ne peut ici dresser le catalogue de toutes les découvertes et de tous les apports des Hellènes à l'astrologie, mais il convient de savoir qu'ils sont également à l'origine de l'astrologie médicale, de l'astrologie horaire, de l'astrologie politique, etc. Toutes techniques que les Romains adopteront (le nom des planètes n'est pas grec, mais romain) et développeront.

L'ASTROLOGIE À ROME : GRANDEUR ET DÉCADENCE

Arnobe l'Ancien, écrivain latin chrétien du début du IVe siècle, releva à Rome 3 expressions différentes de Jupiter, 5 du Soleil, 5 de Mercure qui provenaient de l'Égypte, de la Mésopotamie, des Phéniciens, mais aussi des populations du Nord (Bretons, Celtes, Germains) dont les cultes religieux et les dieux émigrèrent à Rome, créant mélanges et superstition.

L'ancien culte de Mithra suivait les modèles astraux : ses sept degrés correspondaient aux sept planètes. Les rites magiques avaient un contenu astrologique. Cronos se superpose au débonnaire Saturne agricole des premiers siècles, en conseillant les amulettes de plomb. Tite–Live (2) dit que Hécate, déesse de la magie, exprimait la synthèse d'Artémis, Sélênê et Hékatê. Liée aux éclipses lunaires, elle aimait la nuit, acceptait volontiers les sacrifices, y compris humains.

L'astrologie à Rome est tout d'abord populaire et plébéïenne comme le montre la fête des saturnales, au cours de laquelle les esclaves prenaient la place des patrons et élisaient un "rex bibendi". Eunous et Athénion, les chefs de la révolte des esclaves en Sicile, employèrent l'astrologie comme méthode de propagande. C'est le stoïcien Posidonius (*cf.* "L'astrologie en Grèce"), d'origine grecque, qui introduisit l'astrologie comme vision philosophique cosmique dans la culture romaine. Saint Augustin raconte avoir appris l'astrologie dans ses livres. Le stoïcisme apprécia beaucoup l'astrologie. Sénèque écrivit : "Le destin des peuples dépend des lents mouvements des cinq astres errants." Les plus illustres des astrologues latins furent Nigidius — qualifié par Suétone de "pythagoricien et mage" —, Vettius Valente et Marcus Manilius.

À plusieurs reprises, les astrologues et les mages furent chassés de Rome. Auguste interdit les divinations de mort. L'œuvre de Nechepso et Petosiridus qui traitait des degrés zodiacaux pleins et vides, de la Part de Fortune, de la progression de l'Ascendant, et surtout de l'état atmosphérique du ciel, connut un grand succès. Du concept de l'empereur "cosmocrator" (empereur divinisé), véritable adoration du Soleil, et des empereurs eux–mêmes astrologues tels Hadrien ou Trajan, la décadence de l'astrologie à Rome sonna le glas de l'astrologie à travers des décrets de plus en plus sévères interdisant sa pratique, notamment de Dioclétien à Constantin, puis à Constant II. En 409, un édit établissait que les évêques brûleraient tous les livres des "mathématiciens". Le principe de l'empereur considéré comme "*Sol Invictus*" sanctionné par l'empereur Aurélien, se transforma plus tard en Noël chrétien.

De récentes études ont révélé l'architecture et le style de vie des Romains en fonction de l'astrologie. Il en résulte des notations importantes sur la course des chars en tant que représentation du mouvement des planètes dans le ciel.

G. M.

L'ASTROLOGIE HINDOUE

n'est apparue que très récemment en occident. Dommage, car elle est d'une très grande richesse, usant de méthodes qui nous sont totalement étrangères – et fort efficaces en matière prévisionnelle surtout. Pourtant les nombreux points communs avec l'Astrologie Chaldéenne – dont nous avons hérité – nous prouvent que notre astrologie et l'astrologie Hindoue ont la même origine.

Cette dernière utilise toujours le thème en carré qui fut en usage chez nous, mais les Maisons n'y sont pas indiquées, et d'autre part les signes qui suivent un ordre inverse du nôtre.

Enfin, les Hindous tiennent compte du décalage précessionnel... ou Ayanamsa.

(*cf.* précession des équinoxes, de M. Duval).

(2) Tite–Live, né à Padoue en 64 ou 59 avant Jésus–Christ, mort en 17 après Jésus–Christ à Rome, historien romain, auteur d'une "Histoire de Rome" en 142 livres, dont 35 seulement sont parvenus jusqu'à nous.

L'Astrologie hindoue

L'astrologie hindoue est basée sur le "darshanam", mot sanscrit qui a le sens d'angle de vision ou d'éclairage sous lequel on observe tel ou tel aspect de la réalité. Selon ce principe, l'astrologie hindoue admet aussi bien que la personnalité est révélée par son destin ou que c'est ce dernier qui est révélé par la nature de la personnalité. Seul change le "point de vue" ou "darshanam"...

L'astrologie prévisionnelle hindoue est constituée de trois systèmes différents, tous complets et relativement indépendants les uns des autres. On les appelle Parasara, Jaimini et Tajak.

La *Parasara* est de loin le système le plus largement répandu. Ses méthodes de prévision sont très riches et permettent de couvrir tous les aspects de la vie humaine.

Le sage *Jaimini* est l'auteur du système qui porte son nom. Même sur le fond, sa technique d'approche est différente de celle de *Parasara.*

Le *Tajak,* quant à lui, est d'apparition plus tardive, traitant essentiellement d'horoscopes progressés.

Chacun de ces systèmes offre la possibilité d'établir des horoscopes, à condition bien sûr que l'astrologue soit tout à fait familiarisé avec celui qu'il emploie. Mais en ce qui concerne la détermination de la durée de vie, le système Jaimini présente certains avantages particuliers.

Selon l'astrologie hindoue, le Zodiaque sidéral est divisé en 12 signes de 30 degrés chacun ou en 27 parties ou constellations *(Nakshatras)* de 13°20 chacune, commençant à partir de Aswini (ß Arietis). Une des caractéristiques importantes de l'astrologie hindoue est, de manière à ce que le Zodiaque soit définitivement et à chaque fois identique, la détermination de son point d'origine. En l'occurrence, la fin de la constellation Revati (Zeta Piscium).

L'astrologie hindoue ne tient pas compte des planètes situées au-delà de Saturne, c'est-à-dire Uranus, Neptune et Pluton. Une grande importance est accordée aux nœuds de la Lune Rahu et Ketu, ainsi qu'au Soleil, à la Lune, à Mars, Mercure, Jupiter, Vénus et Saturne.

Mis à part certains points délicats pris en compte pour la rectification de l'heure de naissance, etc., l'astrologie hindoue s'appuie principalement sur les 27 constellations, 12 signes et 9 planètes mentionnés ci-dessus.

La compatibilité, psychologique, émotionnelle, sexuelle, etc., entre individus, s'articule dans son ensemble autour de la constellation de naissance, ainsi qu'autour du groupe d'étoiles dans lequel se trouve la Lune à ce moment.

La création d'astrologie d'élection *(Muhurta)* se fonde sur les constellations utilisées pour d'importantes prédictions, telles que les grandes transitions de la vie, le nombre d'enfants, etc.

Dans ces constellations, la naissance a des conséquences différentes selon que le sujet est de sexe masculin ou féminin.

Il existe quatre types de relations : le domicile, l'exaltation, la chute et Moolarikona. Selon l'astrologie hindoue, les domiciles des signes sont identiques à ceux utilisés en astrologie occidentale, mais étant donné que le système hindou exclut les planètes transsaturniennes, Jupiter régit le Sagittaire, les Poissons, de même que Saturne régit le Capricorne et le Verseau. Aux planètes, on attribue des *Moolathrikonas,* points bénéfiques sur le Zodiaque. Lorsqu'elles les occupent, elles y acquièrent une force particulière.

Lorsque l'exaltation est maximale, l'intensité des influences est de 60 unités, et de zéro dans le cas de débilité maximale. ces valeurs sont augmentées ou diminuées selon que les aspects subis par la planète concernée proviennent d'autres planètes bénéfiques ou maléfiques.

Un taux élevé de force d'exaltation *(Ucchabala)* pour le Soleil, la Lune et Mars dénote une grande énergie employée dans le but d'être reconnu. La personne sera extrêmement intelligente, aura bonne réputation et sera célèbre. Elle ne fera cependant pas fortune et aura tendance à souffrir de maladies liées au sang. Une faible valeur du Soleil favorisera une vie de frustation. Frottement ambitieux, le sujet sera large d'esprit et fort dans l'épreuve. Ce sera un homme de pouvoir montant haut comme la vague, solide en amitié et heureux ans le milieu et la fin de sa vie. Une valeur lunaire faible révèle un individu sans scrupule, ne se souciant pas du prestige ou de la renommée.

Une valeur saturnienne élevée révèle celui qui deviendra un meneur de foules. Vénus et Mercure, en valeur élevée, donnent des sujets dont la vie est généralement insouciante. Musiciens, chanteurs, artistes, comédiens appartiennent habituellement à cette catégorie. La distinction intellectuelle, l'intégrité, une noble disposition et de grandes réalisations requièrent l'intervention de Jupiter.

Dans tous les cas, le genre précis de distinctions ou de réalisations dépend de ce que la planète en question aura ou n'aura pas acquis comme autres éléments nécessaires, tels qu'une propriété particulière, etc. Dans les horoscopes indiquant une distinction politique, les effets des planètes rétrogrades devraient être minutieusement exa-

ART HINDOU. TANTRISME (XVIIe SIÈCLE). Le tantrisme est un ensemble de pratiques ésotériques en usage dans l'hindouisme, le bouddhisme tibétain et le jaïnisme qui visent à parvenir à l'accomplissement spirituel en même temps qu'à la satisfaction des désirs "terrestres" de l'homme.

DELHI. JANTAR MANTAR (début du XVIIIe siècle). Le maharadja de Jaipur, Sawait Jai Singh, fit construire plusieurs observatoires autour de Jaipur et celui-ci est considéré, aujourd'hui encore, comme un chef d'œuvre futuriste en pierre. Le maharadja étant passionné d'astronomie et d'astrologie, cet observatoire fut construit de telle façon que le soleil touche uniquement l'une des deux grandes surfaces circulaires en hiver, et l'autre en été. Au moment exact des équinoxes — le 21 mars et le 22 septembre — le Soleil passe d'un

minés. Une planète en rétrogression est capable de produire des effets très prononcés, bons comme mauvais. Toute planète rétrograde maléfique, occupant la 10e maison, jettera à coup sûr à terre une personne dans sa période d'exception *(Dasa).*

Les planètes, de même manière que la maison, signifient des événements. Ainsi, tandis que la 5e maison dans un horoscope est celle des enfants, Jupiter est l'indicateur d'une descendance *(karaka).* Le significateur d'un événement, qui se trouve dans la maison exprimant le même événement, exercera une action contraire au déroulement de l'événement en question : par exemple, Jupiter dans la 5e maison ne sera pas favorable à la naissance d'enfants. Saturne présente une exception : s'il se situe dans la 8e maison (longévité), la personne vivra jusqu'à un âge avancé.

Les carrés *(kendras)* et les trigones *(trikonas)* sont des points communs à l'astrologie hindoue et occidentale, mais leur interprétation diffère.

Selon le système occidental, le carré est toujours un symbole négatif exprimant des conflits ou des obstacles, tandis que les trigones sont constructifs, souvent porteurs de chance. L'astrologie hindoue, pour sa part, interprète ces aspects en tenant compte de la nature de la planète impliquée. Par exemple, un carré ou une opposition entre la Lune et Jupiter est, suivant le Yoga Gaja-Kesari, un aspect bénéfique et susceptible de porter une personne aux sommets de la gloire et de la puissance. Par exemple, dans l'horoscope de Rajendra Prasad, ancien président de l'Inde, la Lune et Jupiter forment un carré impliquant l'Ascendant et la 9e maison, ce qui indique un statut élevé, une forte volonté et une vision idéaliste du monde. Les planètes et Maisons procèdent de 6 sources de force qui peuvent être mesurées et chiffrées. Nous considérons que le milieu de la Maison en est l'endroit le plus puissant, contrairement à la corne, son début. Si une planète se trouve en début d'une Maison, son effet vient à peine de commencer. Si elle se trouve au milieu, celui-ci est complet. Si elle se trouve à la fin, la planète ne peut produire les effets correspondant à la Maison.

Les planètes se divisent en naturellement "bénéfiques"et naturellement "maléfiques". Ainsi, le Soleil et Mars sont naturellement maléfiques, Jupiter et Vénus bénéfiques, mais un naturel bénéfique peut devenir temporellement maléfique et réciproquement.

Les maîtres des trigones sont toujours de bon augure et apportent le bien. Quand les naturels bénéfiques sont domiciliés dans des quadrants, ils deviennent maléfiques et apportent le mal. Quand les naturels maléfiques sont domiciliés dans des signes nagulaires, ils deviennent bénéfiques et apportent le bien.

En général, les planètes domiciliées dans les 3e, 6e, 8e et 11e maisons sont toujours pernicieuses. Les maîtres des 2e et 12e maisons donnent de bons résultats s'ils sont en conjonction avec des planètes naturellement bénéfiques. Le maître de la 8e maison perd sa négativité s'il se trouve être également le maître de l'Ascendant. Les nœuds *(Rahu et Ketu)* se partagent les caractéristiques des maîtres des signes ou constellations dans lesquels ils se trouvent.

Dans l'astrologie hindoue, la durée de vie d'une personne se divise en quatre parties, suivant que le décès survient avant la 8e année *(Balarishta),* avant la 32e année (Alparishta), avant la 75e année (Madhyarishta) ou enfin s'étendant au-delà de la 75e année *(Poornayu, ou longue vie).*

D'une manière générale, ce sont les dispositions du maître de l'Ascendant ou de la 8e maison, en fonction de leurs puissances respectives, qui déterminent si la vie sera longue, moyenne ou courte, selon que le maître se situe dans une maison occupant une position angulaire, cadente ou succédente. Dans le cas du professeur Rao, un astrologue réputé des années trente aujourd'hui décédé, le maître d'Ascendant Vénus avait une force de 90 unités, tandis que celui de Jupiter, maître de la 8e maison, était de 135 unités. Jupiter occupait une position angulaire; Monsieur Rao a vécu une période complète.

Lorsque la période de vie est définie de façon sûre, on peut, sur la base des périodes majeures et mineures, déterminer la durée exacte de vie. En général, la mort survient : a) lorsque les planètes occupent les 2e et 7e Maisons au cours de leurs périodes, b) lorsque c'est le maître qui occupe ces Maisons, c) lorsque à la fois le maîtres et les planètes sont associés dans ces mêmes Maisons, etc. Il existe toutes sortes de combinaisons et de permutations possibles impliquant ces maîtres, leurs associés, etc.

Ce sont les planètes occupant la 8e maison ou son aspect qui jugent de ce que sera la fin de la vie. Ainsi, un nœud occupant la 8e Maison dénote en général le danger ou une longue souffrance ainsi qu'une mort simulée. Chaque décanat (drekkana) signifie des conditions particulières. Le décanat dans lequel tombe la 8e Maison donne un indice sur la nature de la mort. Si ce décanat se trouve être l'ophite *(le Sarpa)* ou l'arme *(Ayudha)* où est celui de Mars ou de Saturne, la mort surviendra par pendaison, noyade, empoisonnement, etc. Le maître dans la 8e maison dans l'horoscope du meurtrier du Mahatma Gandhi est dans ce qu'on appelle le décanat Ayudha (arme). Il a été pendu.

Les sages sont entrés dans les moindres détails, comme l'endroit de la mort, la position dans laquelle sera retrouvé le cadavre, si on sera ou non conscient au moment de la mort..., de telle sorte qu'on peut obtenir une vision précise de sa propre fin. Dans la description des différentes maisons, la nature du signe, son propriétaire et le significateur (Karaka) sont tous pris en compte.

Un autre aspect important de l'astrologie hindoue est la 9e de division *(Navamsa).*

côté à l'autre. Le cadran solaire donne l'heure locale de Jaipur à la minute près. De plus, un espace particulier est réservé à chaque signe du Zodiaque. Rappelons que l'astrologie joue un rôle éminent dans la vie quotidienne en Inde.

Chaque signe est divisé en 9 parties et chaque partie se voit assigner une certaine maîtrise. Les dispositions des planètes dans ses subdivisions ainsi que les maîtres de ces dernières jouent un rôle-clé en ce qui concerne les moyens d'existence, la stabilité financière et le nombre de frères et sœurs. Les divisions du Navamsa ont des usages multiples : le statut, le rang, etc., doivent être appréciés à la fois par rapport au thème du signe et à celui du Navamsa.

Deux traits caractérisent l'astrologie hindoue : les Yogas et les Dasas. Lorsqu'on demande un horoscope à un astrologue hindou, après avoir étudié la durée de vie, il observe l'ensemble du thème pour repérer les Yogas.

Les *Yogas* représentent des combinaisons planétaires particulières, se traduisant par un grand pouvoir politique, une belle situation sociale, l'acquisition de biens, la philanthropue, l'ascétisme, la souffrance, des dettes et la corruption.

Les *Yogas* importants contribuent à faire ou à défaire une personne car, si des combinaisons défavorables particulières *(aristas)* sont présentes dans un horoscope, l'individu sera toujours maheureux, même si, selon des règles astrologiques traditionnelles, un tel horoscope peut être favorable.

Les *Yogas* peuvent être soit des *Rajayogas,* conduisant à une grande puissance politique, soit des *Dhanayogas,* signes d'une grande richesse, soit des *Gnanayogas* révélant un profond savoir spirituel et un renoncement aux choses de ce monde, soit des *Sanyasayogas* pour devenir un ascète; enfin des *Aristayogas,* enchaînements de malheurs de la nature la plus funeste.

S'il se trouve un *Sanyasayoga* dans l'horoscope d'un Hindou, cela le fera revêtir la robe jaune des prêtres avec pour but d'apporter un soulagement aux souffrances de l'humanité, pourvoyant à leurs besoins moraux et spirituels en insistant sur le caractère transitoire de l'existence humaine. Dans l'horoscope d'un millionnaire occidental, une telle combinaison peut indiquer une action sociale, de la philanthropie, une aide à des causes humanitaires ou la création de fondations pour l'étude de sujets philosophiques.

Les résulats attribués à chaque *Yoga* deviendront manifestes si les planètes produisant de tels *Yogas (Yogakarakas)* ne sont pas affectées.

Parmi les innombrables *Yogas* avec lesquels l'astrologie indienne est généralement familière, une place de choix est consacrée à ce qu'on appelle les cinq combinaisons ou *Pancha Mahapurusha.* Elles émanent des vertus propres à Mars, Mercure, Jupiter, Vénus ou Saturne lorsque ces planètes occupent un quadrant identique à leur propre exaltation ou à leur Maison. Ainsi, si la Balance est l'Ascendant et si Mars est dans le Capricorne ou le Bélier, cela provoque, dans les deux cas, un quadrant, *Ruchaka Yoga,* faisant intervenir la 4e Maison si Mars est dans le Capricorne ou la 7e si elle est dans le Bélier. Les résultats attribués à ce *Yoga* sont de devenir célèbre, un maître ou son égal, voire le chef d'une armée.

Ce n'est pas un hasard si ce *Yoga* est présent dans l'horoscope d'Hitler. Mars y exerce une très forte influence. Par conséquent, c'est ce *Yoga* qui a fait de lui une personne audacieuse, agressive, douée de très grandes qualités de meneur d'hommes, voire un tyran. Dans son cas, Mars est touchée par l'influence du nœud ascendant de la Lune *(Rahu),* d'où la présence très marquée d'un élément de destruction dans son horoscope.

On retrouve une combinaison similaire, à savoir un *Yoga Ruchaka* dans l'horoscope de Staline. Lorsque cette combinaison affecte la 7e Maison, on est en présence non seulement d'un instinct de domination, mais aussi d'une nature agressive. Les personnes moins éminentes ayant un *Yoga* semblable pourront se comporter comme de petits Hitler dans leurs propres sphères d'influence.

Si Jupiter se trouve dans un angle identique à celui de son domicile ou de son lieu d'exaltation, cela donne alors lieu à un autre grand *Yoga, Hamsa. Hamsa,* le cygne, qui est le symbole de la pureté. On trouve ce *Yoga* dans l'horoscope du roi britannique George VI, faisant intervenir la 10e Maison. *Hamsa Yoga* est pour beaucoup à l'origine du fait que George VI se soit trouvé à la tête d'un empire dans des circonstances rarement observées au cours de l'histoire anglaise.

Il faut aussi mentionner les *Neechanbhanga Rajayogas,* groupes particuliers de planètes susceptibles de projeter une personne de médiocre naissance jusqu'aux sommets de la puissance, ainsi que les *Rajabhanga Neechavogas,* combinaisons qui précipitent le plus puissant des dictateurs dans une chute vertigineuse.

De telles combinaisons peuvent sans difficultés être reconnues et permettre d'anticiper la stature qu'on pourrait atteindre dans la vie.

Dans l'horoscope de Roosevelt, l'Ascendant est le Lion. Jupiter, maître de la 5e Maison, trigonale, et Saturne, Maître de la 7e, quadrangulaire, s'associent au Bélier, 9e Maison à partir de l'ascendant. C'est un *Raja Yoga.* Cette combinaison particulière est accentuée par l'annihilation de la chute de Saturne, de telle sorte que la carrière politique de Roosevelt fut d'une très grande envergure. Ce fut à la fin d'une des périodes majeures de Saturne que Roosevelt eut une attaque de paralysie. Une planète capable de favoriser l'ascension d'un homme dans sa vie peut aussi avoir une influence néfaste sur sa santé.

Semblablement, des horoscopes mettant en avant une prédisposition à l'illumination spirituelle peuvent être révélés par l'étude attentive de la présence de *Gnanayogas,* comme dans le cas de *Bouddha, d'Ali Sankarachaya* ou de *Jésus-Christ.*

Ce sont ces *Yogas*-mêmes qui confèrent à l'astrologie hindoue son originalité. Il existe une infinité de *Yogas* couvrant tous les aspects de la vie humaine. Un astrologue hindou sera en mesure d'établir sans ambiguïté les grandes lignes de l'ave-

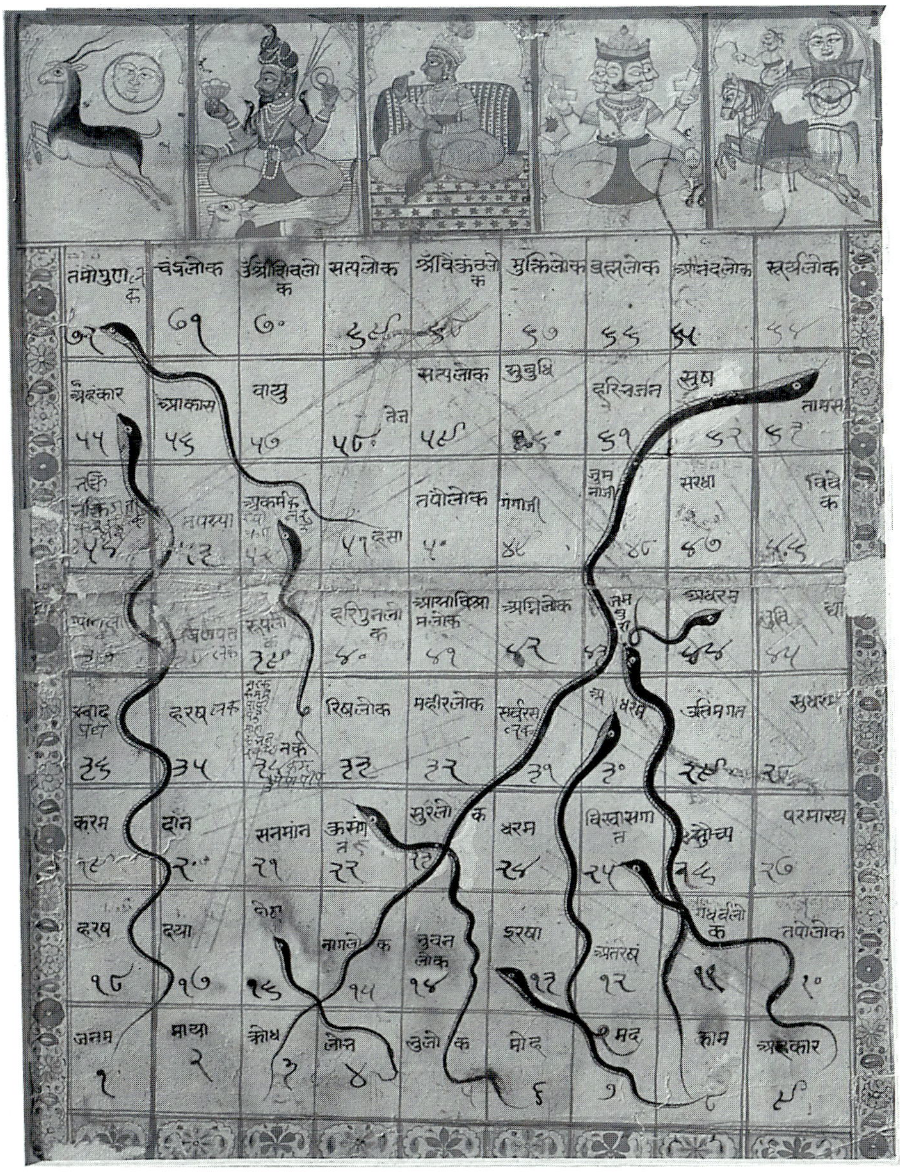

CALENDRIER TANTRISTE (JAIPUR; XVIIIe SIÈCLE).
À l'instar de l'astrologie occidentale, l'astrologie hindoue considère Vénus et la Lune comme des entités féminines — alors que tous les dieux planétaires sont de sexe masculin, comme le Soleil, Jupiter ou Mars. En revanche, Mercure est hermaphrodite (comme en Occident), mais Saturne aussi. Comme chez nous, Soleil et Mars sont liés à l'élément feu, Mercure à la Terre, et la Lune à l'eau, mais cet élément connote aussi Vénus. L'air caractérise Saturne (chez nous de nature terre), et Jupiter ... l'éther.

nir d'une personne, sans cependant mentionner la période où les événements se produiront.

Selon l'astrologie occidentale, l'importance de la profession d'une personne est en général déterminée par la puissance, l'élévation et les aspects de la planète dominante selon leurs positions angulaires ou orientées par rapport au Soleil ou à la Lune. Dans la pratique, il peut être malaisé de distinguer entre le temporel et le spirituel; mais cela est possible selon l'astrologie hindoue, grâce à l'utilisation de la théorie des *Yogas* qui permet de déchiffrer ces thèmes. Les points sensibles de la constellation de naissance d'une personne, ainsi que la relation réciproque entre les maîtres de ces points et ceux qui produisent des *Yogas,* définissent la nature, l'ampleur et la durée des objectifs de cet individu, sociaux, politiques ou religieux, etc. Par exemple, une personne née sous l'étoile *Moola (Scorpii),* en particulier lorsque la Lune est à 53' 20" du Sagittaire, perdra son père dans les neuf années à venir.

Le système hindou s'attaque au problème de la datation des événements de deux façons distinctes : l'une est fondée sur l'horoscope de naissance, les périodes majeures ou principales *(Dasas),* et l'autre sur la position effective des planètes au moment de l'événement, le transit *(Gochara).* Il existe près de 42 sortes de *Dasas,* c'est-à-dire autant de méthodes utilisables pour d'orienter. Le système de *Dasa* le plus important est le *Vimshottari.*

La durée de vie normale, fixée à 120 ans, se divise en 9 périodes majeures *(Dasas),* chacune ayant son propre maître. L'ordre des *Dasas,* ou périodes de domination est : le Soleil, la Lune, Mars, *Rahu* (nœud ascendant), Jupiter, Saturne, Mercure, *Ketu* (nœud descendant) et Vénus. Les durées allouées à chacun d'eux sont respectivement 6, 10, 7, 18, 16, 19, 17, 7 et 20 années.

Le premier *Dasa* ou période dominante appartient à la planète maître de la constellation de naissance, c'est-à-dire la constellation occupée par la Lune au moment de la naissance. Prenons, par exemple, la position de la Lune à 27° dans le Bélier. Cela correspond à la 3e constellation, autrement dit *Krittika* (ou la Pléiade), la Lune ayant parcouru un arc de 20' dans cette constellation. Krittika se rattache au Soleil. En conséquence, le *Dasa* dominant est celui du Soleil, et cela pour une durée de 6 ans à compter du jour de la naissance, si la Lune se trouvait au début de *Krittika* à ce moment-là. Comme il a déjà parcouru 20' d'arc, la période de *Dasa* restante correspond à l'arc que la Lune doit encore traverser dans cette étoile. Le *Dasa* suivant serait celui de la Lune pendant 10 ans, suivi par celui de Mars pendant 7 ans et ainsi de suite.

Chacune des principales périodes majeures *(Dasa)* est divisée en neuf périodes mineures *(Bhukthi),* lesquelles sont à leur tour partagées en périodes intermédiaires *(Antara),* etc. Le système des Dasas permet de dater un événement sur plusieurs mois. Les résultats généraux fournis par une planète doivent être étudiés avec grand soin afin d'éviter les incohérences à quelque niveau que ce soit. Il faut considérer les relations entre les maîtres des périodes majeures et ceux des périodes mineures pour prédire des événements. Les conclusions que l'on en tire doivent tenir compte de la force et de la tendance de la planète. Pendant son *Dasa,* une planète donne en général des résultats en rapport avec la maison gouvernée, aspectée ou occupée, ainsi qu'avec le *Yoga* impliqué. Si le maître est bien positionné, il donnera des résultats satisfaisants pendant son *Dasa.* Ainsi, lorsque le maître de l'Ascendant est fort, le natif sera préservé de maladies et favorisé pendant toute la période de ce maître. Sa prospérité ira en augmentant. Si le maître de l'Ascendant est en chute s'il est associé aux maîtres des 3e, 6e ou 11e maisons, le natif souffrira de maladies pendant la période du maître de l'Ascendant; il sera malheureux ou dans le besoin. Des *Rajayoga* peuvent se manifester pendant les périodes des planètes et produire des *Yogas.*

MINIATURE ASTROLOGIQUE (INDE; XIXe SIÈCLE). DEUX HOMMES TORTURÉS PAR DES SCORPIONS ET DES BÉLIERS.
Ce n'est certes pas un hasard si ce sont là les deux seuls signes — Scorpion et Bélier — régis par la planète Mars, symbole de violence et d'agressivité.

Il dépend, pour une très large part, du talent et de l'expérience de celui qui se penche sur ce qui résulte des *Dasas* d'en tirer ou non une interprétation correcte. Les indications de base révélées par les *Dasas* (périodes majeures) et les *Bhuktis* (périodes mineures) sont stimulées par les transits. La combinaison des directions et des transits permet de prédire des événements avec une grande exactitude. D'innombrables prévisions ayant trait aux affaires internationales ont été réalisées dans les colonnes de *The astrological magazine* et la plupart d'entre elles se sont révélées exactes.

Le système du *Dasa* est une caractéristique unique, propre au génie hindou. Il existe également un autre système appelé *Kala-chakra Dasa* selon lequel les 27 constellations se divisent en 2 groupes : le *Savya* (sens des aiguilles d'une montre) et *l'Apasavya* (sens contraire). Celui qui est né dans une constellation du groupe tournant dans le sens des aiguilles d'une montre aura des périodes s'échelonnant dans l'ordre à partir du Bélier. Si la naissance a lieu dans une constellation appartenant au groupe de sens contraire, la succession des *Dasas* se déroulera en sens inverse à partir du Scorpion. La particularité de ce système est qu'il s'y produit certains "sauts": du Poisson au Scorpion, de la Vierge au gémeau, du Lion au Cancer, etc. Les périodes correspondant à ces sauts produisent des résultats bien déterminés, comme morts de parents, ruines, maladies et grands revers de fortune.

Muhurta, ou astrologie d'élection, occupe une place très importante dans le système hindou. En effet, l'horoscope est la transcription de ce qui est indiqué par les positions des planètes au moment de la naissance, autrement dit la résultante du *Karma* antérieur. L'horoscope doit déboucher sur un diagnostic. D'autre part, le *Muhurta* peut être ausi bien préventif que curatif.

Il nous dit comment entreprendre certaines actions au moment opportun, afin de se prémunir contre le mal et, jusqu'à un certain point, s'assurer le succès.

L'astrologie d'élection touche à tous les aspects imaginables de la vie, y compris le mariage, la crémation, l'association avec d'autres personnes, l'agriculture, etc. Aujourd'hui encore, les Indiens se plient aux indications de l'astrologie sélective pour toutes leurs activités.

Il y a encore le *Prasna* ou l'astrologie horaire, celle des femmes, entièrement destinée à prédire les événements particuliers à ce sexe; *Nashta Jataka,* pour deviner une date et une heure de naissance; et finalement le grand système du Nadi qui fournit des milliers d'horoscopes prêts à l'usage qui sont des modèles applicables à des millions de personnes vivant aujourd'hui, ou encore à naître. Selon le *Nadi* le plus important, c'est-à-dire le *Nadi Sukra,* tous les signes sont divisés en 150 *Amsas* ou points sensibles, chacun portant un nom particulier.

L'astrologie hindoue n'a pas une approche fataliste de l'avenir. Elle donne des indications et laisse une marge de manœuvre suffisamment large à chacun pour développer l'énergie qui lui permettra de surmonter une étape difficile qui le menace.

Nous n'avons donné ici qu'un résumé des caractéristiques essentielles de cette astrologie. L'astrologie hindoue, avec ses méthodes de prédiction éprouvées depuis des siècles, serait une grande source d'enrichissement pour les systèmes occidentaux. Toutefois, il faudrait passer par une adaptation adéquate du système hindou aux différentes conditions sociales, culturelles et économiques de l'occident.

B.V. R.

L'Astrologie chinoise

L'Astrologie chinoise est un des aspects des techniques divinatoires traditionnelles chinoises, lesquelles rassemblent l'horoscope, l'almanach impérial, l'interrogation du sort et l'art du vent et des eaux. En effet, ces techniques divinatoires traditionnelles ne peuvent être considérées que comme un tout cohérent et indivisible.

Il est impossible de résumer en quelques lignes des techniques qui ont été pratiquées assidûment pendant une période de plus de quatre mille ans par près d'un tiers de l'humanité. La concision nécessaire risque de faire paraître cet exposé aride, et un peu trop dogmatique. Notre tâche est rendue d'autant plus difficile que l'astrologie chinoise a été popularisée en Occident par des publications trop souvent parfaitement fantaisistes. Sans vouloir entamer une polémique, je me contenterai de signaler que mes explications ne doivent rien à ces ouvrages, mais s'appuient sur la lecture directe de textes chinois originaux et sur plus de cinquante ans de contact étroit avec la Chine. Au cours des siècles, les procédés divinatoires ont quelque peu varié, mais l'esprit et les principes en sont restés rigoureusement constants.

LE ZODIAQUE CHINOIS (papier découpé contemporain, collection particulière). On reconnaît autour de la représentation centrale du yin et du Yang, les signes chinois : le rat, le buffle, le tigre, le lièvre, le dragon, le serpent, le cheval, la chèvre, le singe, le coq, le chien et le cochon.

L'HOMME ET L'UNIVERS

Dans la perspective chinoise, l'homme, placé entre le Ciel et la Terre, a en quelque sorte la charge d'assurer l'harmonie de leurs relations : il est le garant responsable de l'ordre qui doit régner dans la nature, dont les lois rendent possibles la survie et la prospérité de la race humaine. Notre notion quelque peu manichéenne du Bien et du Mal, est remplacée par celle d'Ordre et de Désordre, et d'Idéal de vie par la notion de l'Harmonie précaire et sans cesse en devenir. Mais ces lois de la nature et leurs dictats, il nous faut les connaître. C'est là qu'interviennent les pratiques divinatoires. Elles constituent l'acte moral par excellence, bien qu'elles ne soient fondées sur aucun credo ni décalogue révélé, mais sur une tradition venue du fond des âges. Le but essentiel de ces pratiques est de nous permettre de mieux définir nos relations avec le monde qui nous entoure. Loin de le prédéterminer, elles éclairent notre libre arbitre qui reste le juge en dernier ressort.

Un important corollaire est qu'à l'encontre de notre astrologie l'horoscope chinois ne donne pas la primauté à notre destinée individuelle; ce qui est normal dans une culture où l'homme ne compte pas tellement comme individu, mais par ses relations à une famille, cellule essentielle, et par elle à un milieu social, et à une nation. Il paraîtrait ridicule de chercher à connaître la part de bonheur que l'avenir réserve à chacun de nous, de même qu'il serait outrecuidant de poser une question directe demandant une réponse par oui ou par non. Ce qu'il faut demander à l'oracle, c'est essentiellement de nous aider à y voir clair, face à une décision à prendre. Le sage est celui qui, tenant compte de sa nature, est capable de réfléchir sur son action, afin d'être à même de se décider en pleine connaissance de cause. Bref, de même que toutes les vertus définies par le confucianisme n'ont pas en vue le salut individuel, mais l'amélioration de la vie en société, les pratiques divinatoires ont pour objet non la définition du bonheur d'un individu mais, en lui rendant possible une meilleure insertion dans son milieu, l'amélioration de l'ordre familial et social.

Ainsi conçue, la divination ne fait appel ni à un au–delà, ni à des valeurs surnaturelles, mais aux seules lois de la nature. Certes, il existe en Chine des milliers de techniques divinatoires : elles n'ont qu'un intérêt purement folklorique, et témoignent de la fertilité de l'imagination populaire, et de la crédulité de la clientèle qui entoure les devins dans les foires, et sur le parvis des temples. En Chine continentale, les efforts du gouvernement n'ont pas réussi à faire vraiment disparaître ces superstitions enracinées. Il serait aussi injuste de les confondre avec la divination traditionnelle que de juger les religions en fonction des superstitions qui les accompagnent abusivement.

LES TECHNIQUES DIVINATOIRES TRADITIONNELLES

Trois formes de divination sont universellement pratiquées et constituent comme trois volets complémentaires. C'est d'abord l'horoscope établi dès la naissance et appelé les "huit caractères", ou les "quatre piliers du destin"; il a la même importance en Chine que pour nous l'acte de naissance. La consultation de l'almanach impérial (encore publié de nos jours) nous permet de prendre conscience des clignotants verts ou rouges qui s'allument sur le chemin quotidien de notre existence : jours et heures fastes ou néfastes, activités conseillées ou déconseillées, etc. Enfin, le tirage des hexagrammes du "Livre des mutations" *(Yi–king)* permet de mûrir une décision importante.

L'HOROSCOPE

Je n'aime pas beaucoup le terme astrologie qu'on lui attribue parfois, car les Chinois n'ont jamais considéré que les astres avaient sur notre destin une quelconque influence. Selon eux, ils ne servent qu'à calculer le temps dont l'écoulement est le fondement de l'horoscope, le terme de "chronomancie" (divination par le temps) serait sans doute plus exact. L'horoscope chinois s'apparente à un biorythme, car il s'appuie sur l'étude de la valeur de l'énergie qui existait au moment de notre naissance mais, à la différence de nos biorythmes qui étudient l'évolution d'un individu pris isolément, l'horoscope cherche essentiellement à définir chaque être dans ses relations. Les Chinois ne croient pas à la substance, et on trouve chez Confucius l'écho de la pensée d'Héraclite : *"Tout s'écoule."* L'étude d'un destin sera donc d'abord celle des formes d'énergie qui influencent un individu : notre destin, c'est en fait notre nature. Le destin n'est donc pas une prédétermination aveugle, mais le potentiel énergétique propre à chacun d'entre nous. Comme dans une partie de cartes, c'est une "donne" faite à la naissance, et dont il faudra toute notre vie tenir compte, afin de réaliser notre destin. Notre thème est donc comme une radiographie à laquelle il nous faut nous référer à chaque décision importante : mariage, contrat d'association, etc. Un médecin y aura recours pour mieux nous comprendre lors d'une consultation. Mais c'est lors de la naissance, où se déroule un rite d'acceptation de l'enfant, qu'il a le plus d'importance. Il faut savoir si, dans sa relation au milieu familial, l'enfant est faste ou néfaste. Dans le cas d'un fils, une adoption fictive permettra peut–être de sauver l'enfant en "conflit" avec sa famille; dans le cas d'une fille, l'abandon est la solution la plus fréquente.

• ***La définition du temps :*** il semble qu'à l'origine ce fut la contemplation du ciel nocturne qui fonda tous les calculs calendériques. Le fait qu'Alpha du Dragon soit sous le nom d' "étoile pourpre", l'étoile Polaire, fait remonter à quatre millénaires l'origine de ces calculs, ce qui confirme également le choix des 28 constellations zodiacales (demeures lunaires pour les Chinois) qui se réfèrent à une écliptique datant de la même époque. L'observation de Jupiter fit trouver un cycle régulier de douze ans (à un centième près). Ce cycle devint la base essentielle de référence, et Jupiter reçut le nom de "Grande année". En combinant ce cycle de douze — nommé par douze caractères cycliques appelés "rameaux terrestres" — , au cycle naturel des dix — qui représentent dix caractères cycliques appelés les "troncs célestes" —, (10, environ un tiers du mois, était le chiffre de la période qui, en Chine ancienne, jouait le même rôle que notre semaine), on obtient le cycle sexagésimal, dont les binômes servent d'appellation à chaque instant du temps qui passe : respectivement 1 pour l'année, 1 pour le mois, 1 pour le jour, et 1 pour l'heure. Chaque instant sera ainsi nommé par quatre binômes ou "piliers du destin".

L'année astrologique se fondera comme pour nous sur les solstices et équinoxes, à la différence que pour les Chinois ces termes ne constituaient pas le point de départ, mais le point culminant de la saison. Cette année — que les Chinois au début de notre ère avaient calculée comme de 365 jours —, fut divisée en 24 termes qui, deux par deux, définissaient les mois astrologiques, avec cette différence, là encore, que les termes qui correspondent à nos signes du Zodiaque sont le point culminant, et non le début d'une période astrologique.

La population de la Chine étant avant tout constituée de paysans, les phases de la Lune sont la référence la plus normale pour constituer un calendrier pratique, d'où0, en parallèle avec le calendrier astrologique, a toujours existé un calendrier populaire fondé sur les lunaisons. La définition du temps avait une telle importance qu'une des fonctions essentielles de l'empereur de Chine était de promulguer chaque année le calendrier, afin que l'ordre puisse régner dans l'empire. Le calendrier astrologique était défini chaque année par deux cérémonies solennelles au temple du Ciel, dans le faubourg sud de la capitale. Le temple du Ciel se compose essentiellement de deux autels de marbre de forme circulaire, situés au nord et au sud d'une vaste enceinte. C'est sur l'autel du Sud, simple tertre de marbre sans aucune superstructure, qu'avait lieu, au solstice d'hiver, à une heure soigneusement calculée par les astronomes, le sacrifice où l'empereur venait cérémonieusement remercier le ciel pour les bienfaits de l'année écoulée. Comme minuit dans le cercle journalier, le solstice d'hiver marque l'arrêt et le point zéro dans

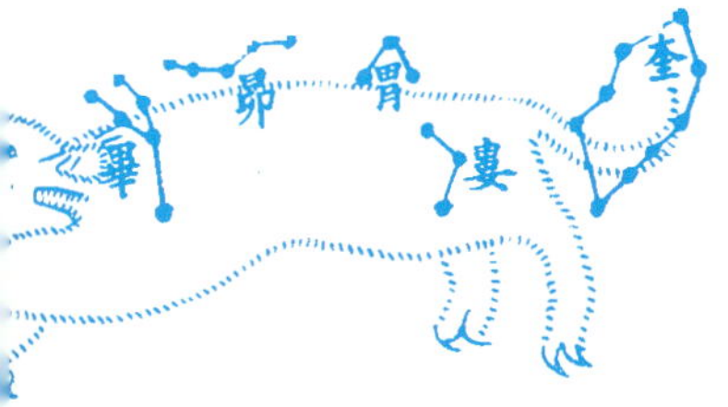

ASTROLOGIE CHINOISE : Ciel de printemps. Le Dragon Vert représente le printemps et l'est, le Phénix, l'été et le sud, le Tigre, l'automne et l'ouest et enfin la Tortue, l'hiver et le nord.

le cycle du temps. Sur le tertre du Nord, au début du printemps à une date située entre le solstice d'hiver et l'équinoxe de printemps, vers le 4 ou le 5 février, l'empereur venait demander la bénédiction du ciel pour l'année à venir, et comme la bénédiction souhaitée était avant tout la pluie, le tertre était couvert d'une importante superstructure circulaire aux tuiles bleues vernissées. Il est possible que dans les temps anciens, ce culte se soit adressé à un dieu suprême personnalisé. A l'époque classique, il semble bien que ce n'était plus que des rites vides de contenu religieux, et de référence à une divinité reconnue.

• ***L'établissement de l'horoscope :*** nous avons vu qu'un groupe de huit caractères combinés deux par deux en quatre binômes ou "piliers du destin" dénomment chaque heure. Ces mêmes piliers constituent en fait un nom personnel pour chaque individu à sa naissance. (Dès la dynastie *Shang,* il y a plus de 3 500 ans, les rois étaient dénommés par le caractère décimal de leur heure de naissance). C'est la raison pour laquelle, à l'exception des signes annuels, les trois autres piliers — de même que le nom faste donné par la famille à la naissance —, étaient tenus secrets, pour éviter toute action maléfique. Quand, pour un contrat de mariage ou d'affaires, la comparaison de deux horoscopes devenait nécessaire, on les confiait à une personne sûre qui ne pouvait les révéler qu'aux intéressés, et dans le seul cas où le contrat était possible. Devins et médecins étaient tenus au secret professionnel en cette matière.

La construction d'un thème consiste essentiellement en l'étude des quatre piliers, chacun des 60 piliers possibles ayant traditionnellement une qualité propre. Puis aux relations dans le thème des piliers entre eux qui, par leurs rapports harmonieux ou conflictuels, révèlent les failles ou les harmonies d'un tempérament. Chaque pilier a un aspect yin pair — le yin associé au féminin représente une concentration énergétique, et est primordial — ou yang d'ordre impair — le yang associé au masculin indique l'expansion et la dépense d'énergie. Aucun terme d'horoscope ne doit être pris isolément, seule la relation en définit le rôle ou la valeur; on admet qu'une prédominance de yin est préférable chez la femme et de yang chez l'homme.

À chacun des huit caractères, comme à chacun des quatre piliers pris comme un tout, est associé un agent (bois, feu, terre, métal, eau) qui lui donne couleur et vie. Le terme utilisé pour ces agents signifie "marche, action". Ce ne sont pas là des substances, mais des forces, en dépit de l'habitude des sinologues de les traduire par éléments, comme s'il s'agissait d'une vision grecque architecturale du monde!

• ***Les douze animaux :*** une tradition vietnamienne voudrait que la liste des animaux et leur ordre de préséance aient été définis par le Bouddha, ce qui ferait remonter leur origine vers le IVe siècle, époque où l'influence du bouddhisme commença à se faire sentir en Chine, mais la pratique d'associer un emblème animal à un caractère duodécimal est attestée par des écrits bien antérieurs à cette époque. Il semble que ces symboles aient été utilisés d'abord pour les heures et la rose des vents, avant d'être associée aux années. Le succès de ces appellations vient de ce qu'un nom d'animal parle plus à l'imagination qu'un caractère abstrait. Les douze animaux sont dans l'ordre : le Rat, le Buffle, le Tigre, le Lièvre, le Dragon, le Serpent, le Cheval, le Bélier, le Singe, le Coq, le Chien et le Cochon. Ce n'est pas exactement la liste habituellement donnée en France, mais je me base sur des documents anciens et sur des sculptures datant des IIIe et IVe siècles. Si on les étudie en fonction de la tradition folklorique chinoise, on s'aperçoit que le choix de ces emblèmes est judicieux, bien que leur emploi donne parfois lieu à des interprétations naturalistes qui en faussent l'usage au point que plusieurs empereurs ont essayé, sans y parvenir, de les interdire. Il faut dire que ces emblèmes donnent à l'horoscope un aspect folklorique dont le public peut difficilement se passer. Il reste qu'en Chine aucun praticien n'utilise les animaux quand il monte un thème. Sur près de deux cents livres d'astrologie qui sont en ma possession, deux ou trois seulement mentionnent les animaux.

L'ALMANACH IMPÉRIAL

Nous avons vu que l'empereur définissait chaque année le début et la fin du cycle astrologique par des cérémonies solennelles. C'est également sur son ordre que le tribunal des rites publiait chaque année l'almanach impérial. Cet almanach — qui est encore publié actuellement —, établit pour chaque jour la concordance entre le calendrier universel, le calendrier lunaire, et le calendrier astrologique. Comme des bulletins météorologiques qui annoncent la pluie et le beau temps, ils indiquent journellement les aspects énergétiques généraux, les heures fastes ou néfastes, les actions conseillées ou déconseillées, et que chacun doit interpréter en fonction de son horoscope. Cette comparaison à la météorologie est attestée dans un des plus anciens manuels d'acupuncture, le *"Huangdi Neijing"* (entretiens de l'Empereur jaune avec son conseiller). Aujourd'hui encore, les Chinois tiennent compte des indications données quand il faut préciser une date pour prendre un rendez–vous, donner une réception, célébrer un mariage... C'est ainsi qu'à Hong–Kong ou à Singapour, la plupart des hommes d'affaires ayant constaté que, trop polis pour refuser un rendez–vous, leurs clients ne se déplaçaient pas si l'heure choisie était néfaste, prirent l'habitude de se faire traduire chaque jour de l'almanach par leur interprète. Dans les familles chinoises traditionnelles à Taiwan et outre–mer, l'almanach figure en bonne place. Dans la Chine continentale, il circule sous le manteau. Il est encore consulté pour toutes les occasions importantes : célébration d'un mariage, date d'ouverture d'un commerce, de signature d'un contrat, et quand il s'agit d'établir un programme ou de prévoir un emploi du temps.

L'INTERROGATION DU SORT

C'est la divination proprement dite qui complète les deux opérations que nous venons de définir. En apportant un support matériel à notre réflexion, la consultation des sorts permet, dans un cas précis, de donner un éclairage qui nous aide à juger lucidement quand il s'agit de prendre un décision importante, ou de commencer une activité. C'est de la même manière que les moines tibétains ou mongols dessinent avec des poudres de couleur des figures du nom de *mandalas* sur lesquelles ils fixent leur regard pour les aider à trouver la concentration nécessaire à la contemplation. C'est ainsi que les sages insistent sur l'importance de respecter les rites pour permettre le calme et le recueillement nécessaires à la bonne compréhension des réponses obtenues. Réponses qui ne sont jamais formelles, mais qui nous aident en toute lucidité à prendre notre propre décision. Une fois encore, la divination éclaire notre libre arbitre sans prétendre le forcer. Le contenu religieux ne sera que celui que voudra bien y mettre le consultant.

• ***Le Livre des mutations** (Yi–king)* (1) : c'est le livre classique et sacré essentiel des Chinois. C'est le seul qui ait échappé à l'autodafé décidé par le premier empereur qui fit détruire tous les livres classiques, en même temps qu'il fit exterminer la plupart des lettrés. Ce livre divinatoire étudie les 64 hexagrammes formés de six traits superposés continus *(yang)* ou brisés *(yin)*. Ce livre fut traduit par les premiers jésuites qui en occultèrent la valeur divinatoire. Notons que c'est à partir des figures du *Yi–king* que Leibniz conçut le calcul binaire, fondement de notre informatique. Des savants chinois actuels commencent à étudier la valeur scientifique de ces hexagrammes et de leurs mutations et à en entrevoir l'importance fondamentale jusqu'à présent méconnue. Comme les mandalas, ils sont un moyen de concentration mentale, à la différence qu'il ne faut pas les considérer comme statiques, mais comme dynamiques. Qu'on utilise les baguettes d'achillée, plante à feuilles découpées (50 moins une mise de côté), ou trois sapèques, pièces de monnaie chinoises très anciennes, l'opération préliminaire aboutit à un jeu de chiffre 7 ou 9 pour les traits impairs (continus : *yang*), 6 ou 8 pour les traits pairs (brisés : *yin*), traits qui sont appelés jeunes (7 ou 8) ou vieux (6 ou 9). Les traits vieux ou mutants sont les seuls intéressants en divination, car ils se muent en leur contraire, un vieux *yang* (continu) se transforme en trait brisé *yin,* un vieux *yin* en un trait continu *yang,* ce qui donne à partir d'un premier hexagramme un second où tous les traits mutants auront été changés. Le sens général des deux hexagrammes donnés éclaire la question posée, mais seules les mutations ont une portée divinatoire. Même si l'adage est conçu en termes généraux, la réponse ne doit être considérée qu'en fonction de la question posée. Il serait irrespectueux de poser plusieurs fois de suite la même question. On peut toutefois la modifier, si la réponse ne nous paraît pas satisfaisante. On ne doit pas consulter l'oracle plus de trois fois dans la même journée. Le calendrier indique d'ailleurs qu'à certains jours, il est déconseillé de le consulter.

L'ART DU VENT ET DES EAUX

C'est la traduction littéraire du terme désignant la géomancie chinoise, c'est–à–dire l'art d'utiliser l'espace. J'indique ici pour mémoire cette forme de divination complémentaire de l'astrologie, art d'organiser le temps. De même qu'il définissait le temps, l'empereur avait pour mission de mesurer l'espace. C'est pourquoi, à l'entrée de la salle du trône, figurait à l'Est un cadran solaire, symbole de la régulation du temps, et à l'Ouest, un boisseau, symbole du contrôle de l'espace. Bien que basé sur les mêmes données que l'horoscope, l'art géomantique est plus difficile, car il nécessite l'usage d'une boussole très complexe, dont aucun document ne donne vraiment le mode d'emploi. La raison de ce silence est que l'art du géomancien est extrêmement rémunérateur, et ne doit pas être divulgué. Ne dit–on pas à Hong Kong, paradis des entrepreneurs, où les buildings sont bâtis, détruits puis reconstruits à un rythme incroyable, que les géomanciens parviennent à gagner autant d'argent que les architectes? Outre les indications fournies sur les plans d'une maison ou d'un tombeau, d'innombrables détails entrent en ligne de compte : l'emplacement d'une porte ou d'une cloison, l'orientation d'un lit ou d'un bureau, etc.

En conclusion, rappelons que l'astrologie chinoise n'attribue aux astres aucune influence sur notre destin. Ils ne sont pas des causes, mais un écho. Les cataclysmes et les météores sont de même une révélation d'un désordre auquel il faut remédier. Les arts divinatoires cherchent à permettre à l'individu de mieux s'adapter à son milieu. Loin de prétendre le déterminer, ils n'ont pour but que d'éclairer notre libre arbitre. Comme le dit Confucius : "Celui qui ne connaît pas sa nature, ne réalisera pas sa destinée." **J.-M. H. de K.**

---

(1) On pourrait citer le *"Yi–king,* le Livre des Transformations" traduit du chinois en allemand par Richard Wilhem, et de l'allemand en français par Étienne Perrot, éditions Librairie de Médicis.

L'Astrologie arabe

On le sait, la culture arabe contribua énomément à la création des fondements et au développement des mathématiques. Mais on sait moins qu'elle fut aussi une véritable pépinière d'astrologues, dont Omar Khayyam, le grand poète soufi persan, également astronome et astrologue, Albumasar et Albohazen Haly, que l'on surnomma en son temps, c'est–à–dire au XIe siècle, "l'autre Ptolémée", ne furent pas des moindres !

Coupe décorée d'un Zodiaque musulman (Bagdad, coll. privée).

Si nous consacrons une rubrique particulière aux astrologues arabes, c'est en raison du rôle important qu'ils on joué en tant qu'astronomes. En effet, ils nous ont laissé un catalogue d'étoiles dont Camille Flammarion a tenu à souligner l'excellence des observations. Ces astrologues arabes possédaient les connaissances générales à la pratique de l'astronomie et de l'astrologie : latitudes, longitudes, ascensions droites et déclinaisons (héritées de Hipparque, astronome grec du IIe siècle), degrés, minutes et secondes d'arc de cercle, heures, minutes et secondes de temps, etc., sans omettre une certaine forme d'optique. En effet, comme l'observe l'abbé Moreux en "La science mystérieuse des Pharaons", on a découvert au cours des fouilles en Chaldée des lentilles de verre et de cristal et, grossièrement stylisé, le schéma d'un télescope. Ce qui explique que les anciens astronomes avaient connaissance de l'anneau de Saturne, inobservable à l'œil nu alors que Saturne l'est.

Certaines de ces connaissances étaient héritées des Chaldéens qui connurent de bonne heure les éléments de base de l'astrologie horaire en sa partie dite des "élections". En effet, sur toutes les briques (fort nombreuses) qui font mention de l'érection d'un temple ou d'un palais par un souverain d'Assyrie ou de Chaldée, on rencontre cette inscription en caractères cunéiformes : "Moi, N..., roi de..., j'ai érigé ce temple en l'honneur de mon Seigneur, à l'heure propice et au jour favorable à tout..." Ce qui indique que des règles d'observations avaient été respectées quant aux influences sidérales. Rappelons que les Assyriens et les Chaldéens avaient déjà établi la tonalité planétaire de chacun des sept jours de la semaine, tonalité et succession qui nous sont parvenues inchangées depuis plus de cinq mille ans, et continuent d'être l'élément de base des trois religions issues d'Abraham (judaïsme, christianisme et islam) quant à leur jour du repos religieux, respectivement samedi, dimanche et vendredi.

Vers l'an 900 de notre ère, un des descendants des anciennes familles babyloniennes réfugiées en Iraq près de Bassora, nommé Ibn-Wahsehiyah al Kasdami, dit "le Chaldéen", réussit à sauvegarder des autodafés des intégristes religieux, un certain nombre d'écrits relatifs à l'influence des astres, tels que : *le Livre de l'agriculture nabatéenne, le Livre des Poissons, le Livre de Tenkéluscha le Babylonien,* et — malheureusement incomplet — *le Livre des secrets du Soleil et de la Lune,* ouvrages que nous connaissons par Thomas d'Aquin, qui les cita au Moyen Age dans ses propres écrits. On fixe la date de rédaction de ces écrits vers 1 300 avant notre ère. L'auteur initial présumé serait un Babylonien du nom de Koutani.

Parmi les astrologues arabes, un certain nombre nous sont connus. Nous citerons : Mashalla, Aalam ou Ebno–al–Ham, Ahmed ben Israël, Albumasar ou Aboassar, Al Meon Almanzor, Anvari, Abou Rihon surnommé Ali Kovarezmi, Alckinde. Mais un nom domine dans la chaîne des astrologues arabes, c'est celui d'Ouloug–Beg, petit-fils de Tamerlan, qui nous a conservé le thème astrologique de son aïeul. Ainsi, Samarkand, la Maracanda antique, abrite les vestiges de l'observatoire d'Ouloug-Beg, observatoire qui fut, en son temps, unique au monde.

Il est bien évident que, nonobstant un ensemble de connaissances identiques aux nôtres,

ART ARABE : TRAITÉ SUR LES ÉTOILES FIXES D'AL SOUFI LE DANSEUR (1224). Nombre d'étoiles fixes encore utilisées aujourd'hui sont d'origine arabe: ALGOL, RIGEL, DENEB ADIGE, BETELGEUSE, ACHERNAR ...
Entre le IXe et le XVe siècle, les astrologues arabes ont profondément influencé la vie intellectuelle en Europe ... et l'astrologie occidentale, qui s'enrichit alors des nombreuses traductions des textes arabes d'une part, de la tradition traduite par leurs soins d'autre part. Mentionnons que le Coran ne contient aucune interdiction expresse de l'astrologie, à condition de ne considérer les astres que comme des signes de la volonté divine.

l'ignorance de l'heure, du jour, voire du mois et de l'an d'une naissance, écartait pour les astrologues arabes l'exercice d'une astrologie comme la conçoive les astrologues contemporains. Les clepsydres, les cadrans solaires (très régionalisés) étaient l'apanage de hauts et riches personnages. Le sablier ne s'imposait que chez les artisans où il pouvait avoir son importance dans l'exercice du métier. Pour les autres, les trois stations du Soleil réglaient toute la journée : lever, zénith, coucher. Les astrologues arabes eurent donc recours en priorité à l'astrologie horaire, le consultant étant analysé en rapport avec l'instant de sa venue chez l'astrologue. Toutefois, lorsque le consultant disposait de certains éléments précisant sa naissance, les astrologues usaient alors de divers documents. Il y avait d'abord les pronostics découlant du mois de nativité, mais dans le cadre du calendrier islamique spécifiquement lunaire. Il fallait donc ramener la lunaison à un signe du Zodiaque. Si les données étaient plus précises, il y avait ensuite l'analyse du décan qui leur était venue d'Iran. Puis pouvait entrer en ligne de compte un cercle contenant 360 symboles reliés aux 360 degrés du Zodiaque. Ahmed ben Israël ou Ibn Ezra les a attribués aux astrologues égyptiens et reproduits sous le nom de calendrier thébaïque. Venait ensuite l'étude des présages tirés d'une combinaison de deux facteurs : l'analyse des présages issus de la position de la Lune dans une de ses 28 demeures zodiacales, et celle tirée du jour de la lunaison où avait lieu la naissance, soit du premier au vingt–huitième jour. Une tradition parallèle, attribuée aux Touaregs, compte vingt–neuf jours, le dernier ne faisant qu'aggraver les présages néfastes du vingt–huitième.

Lorsque le jour de la nativité était connu, on érigeait simplement un thème pour l'instant précis du lever du Soleil, compte tenu de la latitude et de la longitude du lieu, que les astrologues arabes étaient à même d'évaluer. Nous avons en nos archives la photographie d'un petit astrolabe plat, utilisé par les astrologues iraniens itinérants du XVIIIe siècle, et qui comporte ces indications pour la Perse. Cet objet en cuivre,

PIERRE AZTÈQUE DU SOLEIL (Mexico).
Le calendrier des Mayas et des Aztèques avait pour base le chiffre 20 — ils utilisaient d'ailleurs le ZÉRO bien avant nous ! Or, le cycle de 20 ans correspond au cycle Jupiter/ Saturne.
Un mois comptait 20 jours et il y avait 18 mois dans une année, ce qui faisait 360 jours, auxquels ils ajoutaient 5 ou 6 jours pour arriver avec une précision étonnante à une année solaire de 365,24 jours.

composé de plaques s'emboitant les unes dans les autres et, pas plus grand que la main, était porté pendu à un cordon sur la poitrine, dissimulable sous la djellaba. L'ignorance des données exactes d'une naissance leur interdisait tout calcul relatif aux directions diverses, permettant de situer les événements. Aussi avaient–ils, suite à de nombreuses observations, établi des tables chronologiques synoptiques où les 120 années d'âge précisées par la "Genèse" (VI, 3) s'associaient aux grandes conjonctions des sept planètes.

Il n'est pas jusqu'au système de domification des astrologues arabes dont notre astrologie moderne ne soit redevable. En effet, les célèbres Tables alphonsines, attribuées à Alphonse X de Castille, reprises par Jehan de Saxe — commentateur d'Alcabitius, autre astrologue arabe célèbre —, utilisées par Ouloug–Beg à Samarkand, sont en réalité d'origine arabe, et il est fort difficile d'identifier leur auteur initial, car elles sont noyées dans la tradition propre à ce courant. Un autre système de domification est encore attribué aux astrologues arabes, celui dit Regiomontanus, puisqu'il a à l'origine pour auteur Ahmed ben Israël, alias Ibn Ezra, que l'on dit avoir été un savant rabbin astronome. Ce qui est fort douteux, car la pratique astrologique était susceptible de lui faire infliger le "herem", la terrible excommunication judaïque. Peut–être, pour éviter cela, se convertit–il à l'islam, d'où son association à la tradition arabe.

Signalons enfin un dernier élément d'interprétation du thème astrologique que l'on doit à l'astrologie arabe : le calcul des Parts ou Chances (*cf.* "Les Parts arabes" et "La Part de Fortune, lieu d'élection de la chance"). C'est surtout à Albumasar que nous sommes redevables du calcul de leurs positions. Elles font encore partie de la tradition astrologique arabe. On peut monter sur la Part de Fortune un thème à douze demeures, en la prenant comme Ascendant lunaire. **R. A.**

L'ASTROLOGIE AZTEQUE

Dans l'ancien Mexique et dans l'Amérique précolombienne, le niveau des connaissances astronomiques était étonnant. Le principe du calendrier aztèque se base sur trois cycles chronologiques: un rituel, un solaire et un vénusien. Le calendrier rituel, le Tonalmalt, qui se compose de 20 périodes de 13 jours, servait aux prêtres à fixer les dates des manifestations rituelles diverses et on peut supposer qu'ils se basaient sur 9 cycles lunaires, ce qui donne à peu près 260 jours. Les chiffres 13 et surtout 20 jouaient un rôle important. Le 13 était le chiffre excentrique par excellence, marqué par l'imprévisible et l'insolite, ce qui sort de la norme (y compris la mort).

Le calendrier solaire, le Xihuitl, comprenait 365 jours :18 mois à 20 jours, plus 5 jours intercalés, (qui étaient d'ailleurs considérés comme néfastes). Après quatre années, on ajoutait un jour supplémentaire pour l'année bissextile. Ce Xihuitl servait surtout aux semailles, aux plantations et autres activités de la vie quotidienne.

Les Aztèques connaissaient aussi le cycle vénusien : une année vénusienne de 584 jours existait et 5 années vénusiennes correspondaient à 8 années solaires. Toutes les 52 années (après exactement 18 980 jours ou 4 x 13 années), une nouvelle période commençait.

Les 20 périodes ou "signes" s'appelaient dans l'ordre : Crocodile, Vent, Maison, Lézard, Serpent, Mort, Cerf, Lapin, Eau, Chien, Singe, Herbe, Roseau, Jaguar, Aigle, Vautour, Mouvement, Silex, Pluie et Fleur. Ces 20 symboles, multipliés par 13 nombres, donnent 260 combinaisons différentes. Toujours dans leur suite logique, ce cycle commence par Un-Crocodile, suivi par Deux-Vent, Trois-Maison, etc., jusqu'à Treize-Roseau, pour recommencer avec Un-Jaguar, Deux-Aigle, Trois-Vautour, etc. et se termine avec Treize-Fleur. À ceci s'ajoutaient les différentes divinités du jour et de la nuit, ainsi que les quatre directions Est-Nord-Ouest-Sud : un amalgame de facteurs qui nous apparaît comme un système difficile à embrasser d'un seul coup d'œil!

Après la conquête par les Espagnols au début du XVIe siècle, la plupart des écrits furent brûlés ou détruits et seulement quelques-unes des sources furent préservées, comme le codex Borgia, le codex Fejerman-Mayer, ou le codex Borbonicus. Les autres sources actuelles sont les chroniqueurs espagnols, comme le frère dominicain Diego Duran, ou le franciscain Bernadino de Sahagun qui a écrit une monumentale "Historia general de las cosas de Nueva Espana". Remarquable aussi le livre de l'astrologue A. Volguine "L'Astrologie chez les Mayas et les Aztèques" (Nice, 1946).

E. T.

4 - APOGEE ET DECLIN DE L'ASTROLOGIE

L'Astrologie, qui se préoccupe essentiellement de cycles, ne fait pas exception à la loi du flux et du reflux; elle fut elle-même marquée d'une évolution en sinusoïde, à la splendeur de la Renaissance succcédant une traversée du dé&sert qui allait durer quelque trois siècles...
Bien sûr, l'histoire de l'astrologie ne serait rien sans les astrologues! Nous allons découvrir à présent les grandes figures qui, au fil des siècles, ont contribué à faire de l'astrologie une science éternellement moderne et vivante. En effet, aux croisements des cultures, des religions et des idéologies qui ont forgé l'histoire de l'humanité, les astrologues ont perpétué le langage symbolique de l'art royal des astres en le codifiant et en le réactualisant, en affinant et en développant ses règles, son système et sa pratique...

Moyen Age et Renaissance : l'âge d'or de l'Art royal des astres

En 529, l'empereur Justinien ferme l'École d'Athènes où l'on pratiquait encore l'astrologie savante; tous les *mathematici* sont une fois de plus — et cette fois définitivement — chassés et se réfugient notamment en Perse, d'où, bien plus tard, l'astrologie allait revenir par le biais de l'Espagne et de la Sicile, transmise par les Arabes.

Malgré une certaine résistance de l'Église refusant un déterminisme absolu, et sa condamnation au concile de Tolède (Ve siècle), l'astrologie se répandit partout en Europe.

La science des astres était à ce point à la mode qu'elle touchait à tous les secteurs de la vie quotidienne et sociale : Abélard et Héloïse ne nommèrent-ils pas symptomatiquement leur fils Astrolabe, en hommage à cette petite merveille d'instrument arabe qui faisait fureur à l'époque? Devant le pouvoir temporel de plus en plus considérable que prenait l'astrologie, (tout personnage politique important avait son astrologue qui jouait aussi le rôle de conseiller), l'Église combattit de plus en plus durement toute forme de divination et notamment les personnes s'occupant de magie et d'astrologie. Une effigie de ***Pierre d'Abano*** (1) fut brûlée après sa mort et Cecco d'Ascoli fut brûlé vif en 1327. Les ecclésiastiques pratiquant l'astrologie veillaient à insister sur la notion de libre arbitre de l'homme face à l'influence astrale, comme par exemple le cardinal universitaire Pierre d'Ailly. Nombre d'analyses de "nativités" commençaient ainsi : "les étoiles gouvernent l'homme, mais le sage domine les astres", selon l'antique adage.

En réalité, pour échapper à l'objection de l'Église quant à la perte du sens de la responsabilité humaine dans le péché, si la prédiction était possible, on faisait appel, depuis le XIe siècle, à un distingo subtil opéré par Abélard entre les *naturalia,* concernant les phénomènes naturels et donc prévisibles (maladie, récoltes, tempêtes, sécheresse...) et les *contingentia,* non prévisibles parce que dépendant de la providence divine et liées au libre arbitre de l'homme : une façon sage d'échapper aux foudres de la religion hostile au déterminisme astral.

Saint Albert de Bollstädt, connu comme ***Albert le Grand*** (1200-1280), le maître de saint Thomas d'Aquin, établit une correspondance étroite entre les influences planétaires et le caractère des hommes.

Saint Thomas d'Aquin (1225-1274) admit lui aussi la réalité d'une influence astrale, mais réfuta en même temps un déterminisme absolu. Dans sa "Somme Théologique", il dit ceci : "Les corps célestes sont la cause de tout ce qui se produit dans ce monde sublunaire; ils agissent indirectement sur les actions des hommes, mais tous leurs effets ne sont pas inévitables." Le père du thomisme, pierre angulaire de la scholastique du Moyen Age, influença beaucoup Dante, qui écrit dans la "Divine comédie" (14e chant du Purgatoire) :

---

(1) : "Pierre d'Abano ou Apono (connu aussi sous le nom latinisé de *Patavinus*) (1257–1315), résida longtemps (de 1270 à 1298) à Constantinople où il eut certainement des contacts avec des mages et des initiés byzantins; on le retrouve à Paris, où il restera jusqu'en 1307, y nouant des contacts avec Guillaume de Nogaret et d'autres légistes de Philippe IV le Bel, avant d'enseigner à l'université de Padoue. Pierre d'Abano, grand adversaire du pouvoir pontifical, fut aussi l'un des théoriciens qui poussèrent le déterminisme astrologique jusqu'à la négation expresse du libre arbitre de l'homme (d'où, du même coup, négation des miracles de la Providence) : tous les événements qui se déroulent ici–bas ne sont–ils pas provoqués par la révolution des sphères célestes? Pierre d'Abano s'efforça de développer toute une vision cyclique de l'Histoire, en partant des bases astronomiques de son art divinatoire. Chacune des sept sphères planétaires régirait, selon lui, 354 années, plus quatre mois lunaires. Quant à la huitième sphère céleste (celle des étoiles fixes) qui se meut d'un degré tous les soixante–dix ans, elle aurait le pouvoir de "transformer la terre en mer" (c'est ce qui permettait de rendre compte de l'engloutissement du légendaire continent des Atlantes)." Extrait de "Histoire de l'Astrologie" de Serge Hutin, éditions Marabout.

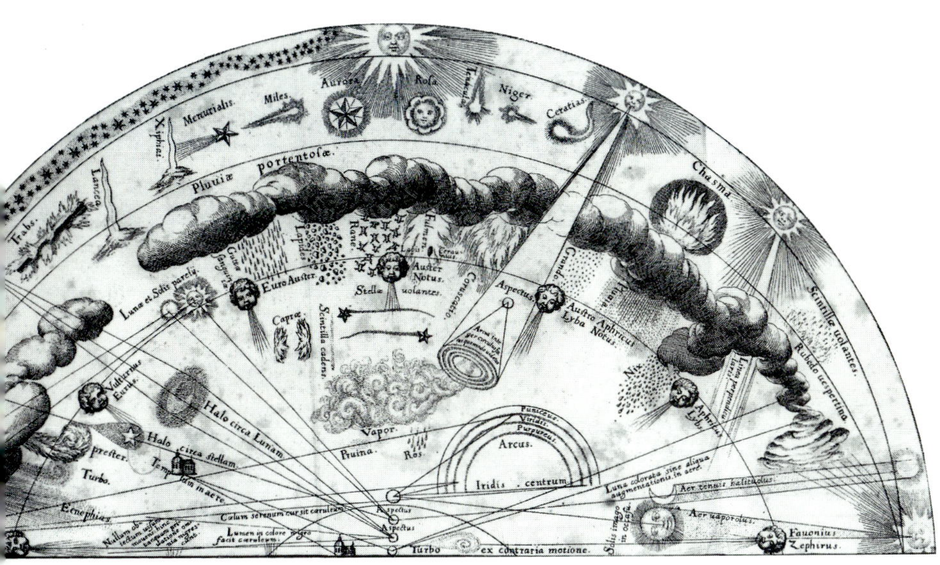

ROBERT FLUDD
METEOROLOGIA COSMICA
(Francfort, 1626; Bibl. Nationale).
L'astrologie se pencha beaucoup sur les pronostics météorologiques, dès lors qu'elle considérait qu'il y avait une corrélation manifeste entre les cycles planétaires et les phénomènes physiques, tels que les tempêtes, les récoltes, la sécheresse, etc.; elle était donc en cette matière totalement déterministe, contrairement à l'attitude par rapport à l'individu, doté d'un libre arbitre lui permettant d'opter entre le bien et le mal. Fludd, médecin alchimiste et Rose-Croix (1574-1637), considérait que Dieu était habité de deux forces contraires, un peu à la manière des Manichéens : le vouloir et le non-vouloir, ces deux tendances antinomiques étant en lutte constante, l'une étant responsable du Bien ici-bas (la lumière), l'autre du Mal (les ténèbres). Kepler n'avait guère d'estime pour ce "radoteur fielleux" qui le plagiait grossièrement selon lui. Apparemment, le premier était déjà un esprit moderne, dont les croyances exigeaient des bases rationnelles et démontrables.

"Quoique libres, vous êtes soumis à une influence supérieure et à une nature plus élevée et cette autre puissance crée en vous l'esprit que les cieux ne peuvent dominer."

Partout en Europe, les grands penseurs pratiquaient l'astrologie : Roger Bacon (1214-1292), surnommé le Docteur admirable, fut non seulement un grand érudit (il parlait l'hébreu, le grec et l'arabe), mais aussi un philosophe naturaliste, pour qui l'alchimie, l'astrologie et la magie constituaient les bases des sciences naturelles. Il fut le conseiller du roi Jacques Ier.

L'âge d'or de l'astrologie fut à son apogée à la Renaissance qui donna une impulsion neuve à l'humanisme des Anciens que l'on redécouvrait. Cela contribua à étendre une vision du monde qui ne se limitait plus à Aristote et à son disciple Averroès. À côté de l'astrologie populaire, incarnée par les almanachs, se développait une astrologie philosophique et savante. L'invention de l'imprimerie, et en particulier l'impression des éphémérides allait, dès la seconde partie du XVe.siècle, favoriser encore le rayonnement de l'Art royal des astres. Celui-ci était si considérable que chaque université européenne compta, entre 1450 et 1650, une chaire d'astrologie ou de médecine astrologique, à commencer par la Sorbonne, et qu'une chaire papale fut instaurée à Rome en 1520; sans oublier les chaires de Padoue, Florence, Bologne, Ferrare, Vienne, Louvain, Leyde ou Königsberg... on ne saurait les citer toutes. On observa un engouement pour les grandes conjonctions planétaires, (par opposition à l'astrologie judiciaire), principalement reflété par le "Traité des Révolutions" du grand astrologue juif Ibn Ezra, qui permettait une ouverture plus grande sur l'avenir et l'évolution politico-religieuse. Si M. Luther fut favorable à l'astrologie — il préfaça le livre de Lichtenberg sur l'astrologie — Calvin, lui, répandit l'idée que la science des astres était inspirée par le diable et fit brûler vif le médecin astrologue Michel Servet, accusé d'hérésie. Pourtant, ce réformateur était adepte de la doctrine de la grâce et partisan de la prédestination : la problématique du libre arbitre ne pouvait donc guère le gêner. En revanche, Ph. Melanchthon, un théologien protestant, s'enflamma pour l'astrologie, qu'il considérait comme la couronne de l'humanité. Avec un troisième réformateur, le Suisse Zwingli, il prêcha pour la réconciliation de la religion avec l'Art royal des astres.

Beaucoup d'astrologues du XVIe siècle furent astronomes (Copernic, Tycho Brahé, Kepler, Newton), ou médecins, comme la plupart, et notamment Paracelse, qui réveilla la doctrine hermétiste des *signatures,* fondée sur la loi d'analogie ainsi que la notion d'*Homme zodiacal* des Anciens dont, selon Rupert Gleadow ("Les origines du zodiaque"). Les premières représentations médiévales apparaissent au XIe siècle. C'est, dit-on, Paracelse (qui s'appelait en réalité Théophraste Bombast von Hohenheim) qui suggéra aux médecins l'étude des astres, car, ainsi que l'avait écrit Manilius (dont on découvrit les œuvres en 1418 à St. Gall) dans une formule percutante, "Notre fin dépend de notre commencement". Esprit universel et très original, mystérieux — on ne sait pas grand chose de lui, sauf qu'il était d'origine suisse —, ce pionnier de la médecine moderne (il pressentit l'importance du moment dans l'administration d'un remède, ce que confirme la chronobiologie d'aujourd'hui), inventeur des trois substances qui constituent l'homme — le sel, le soufre et le mercure —, était un spiritualiste inspiré. Il considérait que l'*astronomia* permettait, par la connaissance des configurations célestes, de connaître le "ciel intérieur", sur lequel la sagesse humaine avait plein pouvoir... "car elle est au-dessus de tous les astres, du firmament et de tout le ciel". Bien que relativement rares dans ce consensus culturel très favorable à l'Art royal des astres, il y avait tout de même des opposants farouches, tels que le comte bolognais Pic de La Mirandole — Kepler répondit à ses objections dans son livre IV de l'"Harmonie du monde" —, le pape Sixte Quint, dont la bulle Constitution Cœli et Terrae condamnait l'art conjectural des astres... ou encore, à la suite d'un édit de François Ier, les États généraux de diverses villes françaises (Orléans, Bordeaux, Blois...) qui interdirent les almanachs, dans la seconde moitié du XVIe siècle. Mais, en général, ces mesures s'adressaient davantage à ceux qui pratiquaient magie et sorcellerie.

Parmi les grands personnages de cette époque qui, quasiment tous pratiquaient l'astrologie ou du moins l'avaient en haute estime, citons : Cardan, Ronsard, Gassendi le sensualiste, Campanella, Montaigne, Shakespeare, car toutes ses pièces, sans exception, contiennent des références astrologiques, R. Fludd l'Écossais Rose-Croix et alchimiste, le cordonnier mystique Jacob Bœhme, Giordano Bruno qui fut brûlé vif pour avoir prétendu l'univers infini — il n'eut pas la même chance que Galilée car il se refusa à abjurer — Johannes Müller alias Regiomontanus, Placidus et j'en passe... L'un des plus éminents fut certainement le médecin et astrologue Nostradamus, esprit encyclopédique, polyglotte, kabbaliste entre autres, et voyant de surcroît, qui au péril de sa vie soigna de nombreux malades lors de l'épidémie de peste qui sévissait alors et inventa un remède efficace à base de plantes. Catherine de Médicis, apprenant l'existence de son fameux quatrain annonçant la mort très particulière d'Henri II (à la suite d'un tournoi où on lui crèverait un œil), lui confia, après que cette prédiction se fût réalisée, la charge de médecin et astrologue du roi, qui avait été instituée au début du XVIe siècle par les Valois et qui n'allait être supprimée qu'en 1682 par Louis XIV sous l'influence de Madame de Maintenon. Plus tard, lorsque Nostradamus se retira en Provence, la Reine s'attacha les services de Cosme Ruggieri qui eut certainement sur la politique de l'époque une grande influence. Il en alla de même avec John Dee, conseiller de la reine Elisabeth ou Morin de Villefranche, astrologue de Richelieu qui fut chargé, guettant derrière les rideaux la naissance de Louis XIV, de noter l'instant précis de cet événement insigne, afin de dresser l'horoscope du futur roi de France. N'oublions pas non plus Th. de Pisan, conseiller de Charles V, le fameux Simon de Phares, astrologue en titre de Charles VIII, ou Kepler, astrologue attaché au duc de Wallenstein ou encore Junctun de Florence, auteur du fameux "*Speculum astrologiae*", conseil du Duc d'Alençon. Même François Ier, pourtant hostile à l'invasion de l'astrologie populaire, fit venir un astrologue célèbre de Milan, F. Vimercato. Avec Charles Quint qui anoblit son maître en astrologie Pater Apianus, Laurent le Magnifique, l'empereur allemand Frédéric III, le pape Sylvestre II et Alphonse de Castille, de même qu'Henri III sont d'autres exemples historiques de l'hégémonie temporelle de l'astrologie à cette époque.

Mais la roche tarpéienne est proche du Capitole, pour les êtres comme pour les idées et les modes; après le flux, le reflux. Et pourtant, les astrologues étaient les esprits les plus accomplis de leur temps, érudits, savants, mathématiciens (on les appelait les *mathematici* depuis Rome), ce qui ne pouvait qu'être une garantie de valeur de leurs analyses ou pronostics, leur champ de conscience et de connaissances étant plus vaste. Hélas, cela n'allait pas rester une constante historique, et dès l'instant où l'astrologie allait entrer dans l'*underground* et favoriser le charlatanisme, leur pouvoir, réel, contribua certainement à attirer l'hostilité ou l'envie.

À la mort de Morin de Villefranche, en 1659, le déclin s'amorça : en 1666, Colbert bannit l'enseignement de l'astrologie des universités françaises : l'astrologie commençait sa traversée du désert.

E. T.

Les raisons du déclin de l'Astrologie

"C'est la maladie la plus longue qui ait affligé la raison humaine; on lui connaît une durée de près de cinquante siècles; ce n'est point la maladie de tous les temps, ni de tous les esprits, mais elle est incurable. Ses accès ne passent que pour renaître, elle s'affaiblit par les progrès de la lumière, elle disparaît quand la lumière est universelle. Mais si la lumière souffre quelqu'éclipse, l'astrologie se remontre aussi hardie à débiter ses impostures, aussi heureuse à les accréditer".

Bailly

L'interdiction faite par Colbert aux astronomes de pratiquer l'astrologie allait, avec la suppression de son enseignement à la Sorbonne, donner le coup de grâce à l'Art royal des astres ... en tout cas pour quelque trois siècles . Les savants et les esprits cultivés n'ayant officiellement plus le droit de s'adonner à leur art, c'était la voie ouverte à l'astrologie "sauvage" et mercantile. Même Kepler qui faisait lui-même des almanachs et dressait des horoscopes, protestait contre "ces canailles de marchands d'horoscopes" dont l'objectif, trop souvent intéressé, perdait toute valeur scientifique ou simplement d'érudition.
Ce phénomène est certainement à l'origine de la perte de prestige et de statut social de l'astrologie, que l'on constate encore aujourd'hui : je veux parler de l'abîme qui allait se creuser de plus en plus profondément entre la vraie astrologie et celle des places de marché ou des foires.

Dès le milieu du XVIIe siècle, il n'est plus de bon ton de croire ou de s'adonner à l'astrologie, condamnée par un Hobbes, un Leibniz ... ou, bien sûr, un Descartes, père de la révolution intellectuelle et du Siècle des Lumières. Ce dernier, dans son fameux "Discours de la Méthode" fait "table rase de toutes les idées reçues" pour les soumettre à la Raison et fait l'amalgame entre l'alchimie, la magie ... et l'astrologie : "Pour les mauvaises doctrines, je pense déjà connaître assez ce qu'elles valent pour n'être plus sujet à être trompé ni par les promesses d'un alchimiste, ni par les impostures d'un magicien, ni par les artifices ou la vanterie d'aucun de ceux qui font profession de savoir plus qu'ils ne savent".

Les serviteurs de l'art d'Uranie ont mauvaise presse et les avatars de l'astrologie populaire nuisent grandement à l'astrologie savante.

OBSERVATOIRE ROYAL DE GREENWICH,
Télescope à laser permettant de mesurer la distance et la position d'un satellite par l'enregistrement de l'éclat et du reflet du rayon laser.

Parmi les causes de cette désaffection, le développement de l'astronomie scientifique, la découverte de l'héliocentrisme et l'invention du téléscope jouent certainement un rôle, qui relèguent, avec le rationalisme naissant, le monde de Ptolémée et d'Aristote dans un passé révolu.

Le schisme entre l'astrologie, *cette fille folle de l'astronomie* et cette dernière est consommé, lorsque les deux plus grands théoriciens du XVIIe siècle, Morin de Villefranche et Placidus de Titis, se refusent à épouser les découvertes de la nouvelle mécanique céleste. Le chant du cygne de l'union de ces deux disciplines est symbolisé par l'inauguration de l'Observatoire de Greenwich, fondé en 1675 par l'astronome royal, J. Flamstead. On dresse la carte du ciel de la pose de la première pierre qui eut lieu le 16 mai à 15h14. L'horoscope, tracé, dit-on de la main même de Flamstead, est conservé dans les archives de l'observatoire avec la mention griffonée: "*Risum, teneatis, amicis*" (gardez-vous de rire, amis).

Moins d'un siècle plus tard, en 1751, lorsque Diderot, dans l'"Encyclopédie", définira l'astrologie, seul son aspect prévisionnel sera retenu, limitation qui allait engendrer une déviation durable dans l'acception de ce concept, puisqu'au XXe siècle encore, cette définition allait perdurer : "L'astrologie, disait Diderot, est l'art de prédire des événements futurs par les aspects, les positions et les influences des corps célestes". Envolée, la caractérologie ! Sur trois pages, commente S. Fuzeau-Braesch (Que sais-je?) l'encyclopédiste "...réfute tout . Il parle de l'art prétendu d'annoncer les événements moraux avant qu'ils n'arrivent; j'entends événements moraux ceux qui dépendent de la volonté et des actions libres de l'homme, comme si les astres avaient quelque autorité sur lui ou qu'il en fût dirigé". Le ton des siècles à venir est donné, lorsque Diderot constate: "Nous avons été infestés de la même superstition dans les derniers siècles" et conclut : "Aujourd'hui, le nom d'astrologue est devenu si ridicule qu'à peine le bas peuple ajoute-t-il quelque foi aux prédictions des almanachs".

On est entré dans un consensus rationaliste (XVIIIe), puis matérialiste et positiviste (XIXe) qui met l'astrologie au ban de la culture et du savoir officiel .

Qu'ils s'appellent La Fontaine, P. Bayle, D'Alembert,Voltaire, Laplace, Bailly, Auguste Comte, Condillac ou Renan, ils identifient tous l'astrologie à une vieille chimère obscurantiste, c'est-à-dire à une connaissance hostile aux lumières, à une mentalité primitive et magique, à un mysticisme suspect, voire à une mystification : un opium du peuple, en quelque sorte.

Ce qui nuit énormément à la survivance d'une astrologie noble est certainement la suppression, dès 1710, de l'impression des éphémérides et des tables qui permettaient aux astrologues de dresser un horoscope sans avoir à effectuer de difficiles calculs de conversion à partir des annuaires astronomiques —en données équatoriales, alors que l'astrologue utilise des données écliptiques . Du même coup, il fallait désormais être un savant accompli pour monter un thème astrologique... or, les savants se détournaient presque unanimement de la science des astres ! C'était laisser la voie libre à une astrologie simpliste, populaire et vouée aux charlatans.

Ce sont alors les sectes ésotériques (Rose-Croix et Francs-Maçons en particulier, et, plus tard, la Société Théosophique de Mme Blavatsky) qui accueillent l'art royal des astres persécuté. Leurs œuvres hermétiques sont redécouvertes par le poète Gœthe qui, dans "Dichtung und Wahrheit" (Poésie et Vérité), commence ses Mémoires par la description de son thème natal (*cf.* p. 84). L'astrologie va survivre discrètement à travers le romantisme allemand, sensible à l'idée cosmique, à l'idée de nature.

Le seul pays où l'on n'observe pas de vraie solution de continuité dans la vogue de l'astrologie entre le XVIIe et le XXe siècle est l'Angleterre, encore que le débit des publications baisse là aussi; mais l'honnête homme anglais (educated people) continue de pratiquer cet art et les almanachs prospèrent. "Le célèbre almanach Vox Stellarum de F. Moore (1657-1715), cite S. Fuzeau-Braesch, fut publié jusqu'en 1896 ... On cite des chiffres de parution élevés : 393 000 en 1808, 560 000 en 1839". Des chiffres qui font concurrence et dépassent ceux d'aujourd'hui !... Cela peut s'expliquer partiellement par l'esprit avant tout empiriste de l'Anglosaxon, alors que le rationalisme — qui refuse tout phénomène, même constaté empiriquement, qu'il ne peut expliquer scientifiquement — est plus caractéristique de l'esprit français (Locke ou Hume étaient anglais...). En France, la désaffection, voire l'oubli de l'astrologie sont à peu près complets, à travers un XIXe siècle où le matérialisme scientiste triomphe.

On a une foi sans limites dans la science et la technique humaines et on explique tout par des théories mécanistes et linéairement causalistes. Condillac pense que "le cerveau sécrète la pensée" et le positivisme d'Auguste Comte relègue l'ésotérisme au niveau des vieilles lunes, dans les brumes de la "mentalité magique". On peut alors penser que la Raison a eu définitivement raison de ce que le rationaliste Bailly a appelé "la plus longue maladie de l'humanité".

E. T.

PTOLÉMÉE (100-170).
Astronome d'origine grecque ayant vécu en Égypte. Le système de Ptolémée tenait la Terre pour centre de l'univers, les planètes tournant autour. Cette conception prédomina jusqu'à Copernic. Ptolémée, à la vie très mystérieuse, était moins déterministe que la plupart de ses contemporains. Il était convaincu que toutes choses sur terre sont soumises à des transformations constantes et que de nombreux événements ne dépendent pas uniquement des astres et peuvent parfois être évités par des moyens appropriés.

Les grands astrologues

De Manilius et Ptolémée à H.J. Gouchon et Volguine, en passant par Nostradamus, Johann Kepler et Alan Léo, tous les astrologues ont apporté leur pierre à l'édifice astrologique, comme autant d'architectes qui, à travers le temps et l'histoire, se sont voués à la même passion des astres, dans une interrogation commune d'un ciel reflet d'ici-bas, tous curieux de cette mathématique céleste, clé du devenir de l'homme et du monde.

MANILIUS (1er siècle ap. J.-C.)

Comme Cicéron et Sénèque, il fut disciple de Posidonius (1), dont il diffusa largement la pensée philosophique naturaliste; ce poète latin, contemporain de l'empereur Auguste, fut l'un des premiers à diviser le Zodiaque — d'abord en huit puis en douze —, et à s'intéresser au cercle des Maisons. Mais il demeure surtout reconnu pour ses "Astronomiques", poème didactique en cinq livres, qu'il dédiera à l'empereur féru d'astrologie, dans lequel il expose sa théorie de la science astrale. Il avait ainsi fait sienne la pensée stoïcienne et, se fondant sur l'inviolabilité des lois de la nature, affirmait avec force et conviction la fatalité du destin, et l'influence inéluctable des planètes. Il fut également un fervent défenseur de l'astrologie "sérieuse", puisqu'il dénonça dès son second Livre les oracles abusifs et autres charlatans. Un sixième Livre devait achever son œuvre, mais qui ne vit jamais le jour. **M. D. M.**

CLAUDE PTOLÉMÉE (vers 90 – vers 168)

Astronome, géographe, mathématicien et physicien grec, Claude Ptolémée vécut à Alexandrie, où il composa le plus fameux traité d'astrologie écrit par un Grec à l'époque de la domination romaine : "Tétrabiblos", ou la "Trétrabible" (les Quatre Livres). Ce fut aussi un astronome réputé, dont le système cosmographique (le géocentrisme et la théorie des épicycles), devait pratiquement régner en maître en Europe jusqu'au XVIIIe siècle. Sans l'aide d'une lunette, il parvint à établir un catalogue de 1 022 étoiles. On lui doit la codification d'une astrologie classique, qui s'était déjà organisée bien avant lui. Après tous les développements sur l'influence des signes du Zodiaque, la théorie des Maisons, le calcul des aspects bénéfiques ou maléfiques, il établit aussi certaines combinaisons des principes astrologiques avec les 4 éléments (air, eau, feu, terre), et une classification des 4 qualités naturelles fondamentales (le chaud, le froid, le sec, l'humide). Les Grecs avaient donné aux sept planètes les noms des divinités principales de leur panthéon, connues de tous, peuple et lettrés. C'est ainsi que l'art astrologique grec se présente comme une science essentiellement fondée sur la géométrie, mais perpétue aussi les symboles mythologiques issus de vieilles croyances primitives. Le déterminisme astrologique de Ptolémée s'accordera avec la métaphysique des stoïciens, qui nient l'existence du libre arbitre. Traduit en latin vers 1150 par Platon de Tivoli, le "Tétrabiblos" eut en son temps et durant plusieurs siècles une immense influence. **M. D. M.**

ALBUMASAR, — OU AHMAD ABU MA'CHAR — (mort en 886)

A l'apogée de son rayonnement, Bagdad, construite sur un site assez proche de celui de l'ancienne Babylone, vit l'épanouissement de l'astrologie, et la construction d'un important observatoire où travaillèrent des astrologues dont le plus célèbre est Albumasar, surnommé le Prince des astrologues. Il adapta le "Catalogue des Étoiles Fixes" de Ptolémée, et beaucoup de noms d'étoiles donnés par les Arabes (Bételgeuse, Aldébaran, Agena, etc.) sont encore utilisés aujourd'hui. Son livre "Les Fleurs de l'Astrologie" fut un des premiers ouvrages imprimés par Gutenberg — c'est dire la renommée dont il bénéficiait en Europe ! Les traductions de l'arabe introduisent un nouvel élément dans l'astrologie occidentale : l'établissement d'une carte du ciel pour obtenir la réponse à une question, ou déterminer le moment le plus propice pour entreprendre quelque chose — c'est l'astrologie d'élection. Le principal traité d'Albumasar a pour titre : "Kitab al Madkhal" ou Introduction à l'astrologie. **M. D. M.**

ROGER BACON (1214-1292).
Philosophe et alchimiste anglais. Il étudia à Oxford et à Paris et rejoignit l'ordre des Franciscains. Ses travaux lui valurent 15 ans de prison. Il était hostile au fatalisme astral, en accord avec le fameux adage "*astris inclinant, non necessitant*".

ROGER BACON (1214- 1294)

Moine anglais, surnommé le "Docteur admirable" *(Doctor Mirabilis),* il cultiva les sciences médiévales de l'ésotérisme. Il a consacré divers passages de son *"Opus minus",* intitulés *"De notitia coelestium",* à l'astrologie. Il distinguait deux sortes d'astrologies : l'une légitime, l'autre pernicieuse, et réclama l'aide de l'Église pour qu'elle soutienne et encourage *l'"astrologia sana",* afin de ruiner l'autorité des astrologues païens, voués aux influences démoniaques. Il se préoccupa d'astrologie judiciaire (individuelle), mais soutint aussi le recours aux élections, c'est–à–dire à l'emploi de l'astrologie pour déterminer l'heure favorable à une entreprise. Visionnaire, il prédit l'invention du télescope et du microscope, de l'automobile, du sous–marin, du bateau à vapeur, et fut le premier à pressentir les capacités de destruction des armes modernes. Il découvrit que le calendrier julien n'était plus valable, et fut l'auteur d'un traité d'elliptique. Révolté par son époque, il annonça le proche avènement de l'Antéchrist. Accusé d'activités suspectes et subversives, il fut emprisonné pendant de longues années dans les cachots de l'Inquisition, et mourut peu de temps après sa libération.

M. D. M.

NICOLAS COPERNIC (1473 - 1543)

A l'époque de Copernic, les grands astronomes considéraient l'astrologie comme partie intégrante de leur discipline. Astronome polonais, Copernic, malgré ses découvertes, qui bouleversaient le système géocentrique de Ptolémée, ne renia jamais sa croyance aux influences planétaires — probablement parce qu'elles s'appliquent à la Terre, ce qui implique obligatoirement, et pour des raisons de relativité, le point de vue géocentrique.

Il possédait dans sa bibliothèque de nombreux ouvrages astrologiques, et c'est à son ami, l'astronome et astrologue Georg Jochim Rheticus qu'il confia la publication de son œuvre maîtresse :

NICOLAS COPERNIC (1473-1543).
Il était Poisson comme Galilée et plus tard Flammarion. À ce propos, on peut noter que les grands astronomes semblent surtout appartenir à ce signe et au signe du Capricorne, qui réunit à la fois Newton, Tycho Brahé et Kepler ...

DE REVOLUTIONIBUS ORBIUM COELESTIUM, LIBRI IV (1543). CRACOVIE, BIBL. DU COLLEGE MAIUS.

"*De revolutionibus orbium coelestium*" (Des révolutions des orbes célestes), en 1543. Dans cet ouvrage, il exposait son nouveau système cosmogonique : l'héliocentrisme. **M. D. M.**

PARACELSE (1493 - 1541)

Alchimiste et médecin suisse, né Theophrastus Bombastus von Hohenheim. On possède à son sujet peu d'éléments biographiques, mais la légende qui entoure ce médecin helvétique nourri d'un savoir aussi impressionnant qu'éclectique, est par contre si riche, qu'elle en a fait le symbole de tout ce qui touche à l'alchimie, à l'hermétisme et l'occultisme dans l'Europe du XVIe siècle. Par réaction contre la philosophie aristotélicienne en vigueur à son époque, Paracelse critique vivement les universités, et tourne le dos à l'héritage gréco–romain. Dans un monde où tout changement est un danger, il propose une vision dynamique, et fait de la nature un ensemble de forces dont il reconnaît la part de mystère. Il fait scandale en donnant ses cours en allemand, et non en latin, et doit écrire son œuvre immense pendant ses pérégrinations. Philosophe errant, il exerce son métier de médecin, et soigne Fromenius, l'éditeur d'Érasme, ainsi qu'un chanoine qui l'entraînera dans une suite de procès fâcheux.

Dans une conception chimique et alchimique de la nature, il établit les trois principes de la matière : sel, soufre, mercure. Personnage mystérieux, complexe, il a contribué à la science moderne par des observations médicales précises, estimant aussi que le médecin se doit de connaître l'horoscope de son malade, afin d'administrer les remèdes lorsque les influences astrales sont optimales. Il fut ainsi un pionnier de la moderne chronobiologie. Il laisse un héritage philosophique et mystique dont se réclament aujourd'hui encore, différents courants paracelsiens. **M. D. M.**

JÉROME CARDAN (1501 - 1576)

Astrologue, médecin et mathématicien italien, fils naturel du juriste et mathématicien milanais Fazio, ami de Léonard de Vinci, il vient lui–même suivre à l'Université de Paris des études très poussées, et devient à la fois médecin, mathématicien et astrologue. Après avoir enseigné les mathématiques à Paris jusqu'en 1523, il se rend en Italie. Tout d'abord professeur à Bologne, il s'établit ensuite à Rome, où il vivra jusqu'à sa mort. Il est néanmoins mandé à la cour d'Angleterre après la mort d'Henri VIII, pour dresser la carte du ciel de naissance d'Édouard VI. Il est l'un des premiers à développer l'idée d'un pouvoir politique occulte, une aristocratie du savoir, susceptible de conseiller les puissants, en se fondant sur la science et sur l'astrologie. **M. D .M.**

MICHEL DE NOSTRADAMUS. ASTROLOGUE FRANÇAIS. GRAVURE COLORIÉE DU XVIIe SIÈCLE (14 décembre 1503 - juillet 1566). Un des plus grands esprits de tous les temps dont l'image posthume a été — et continue d'être — "taillable et corvéable à merci": dans le degré de méconnaissance et de mésinterprétation, il bat certainement tous les records de l'Histoire. Les raisons de l'hermétisme — volontaire ! — de ses textes résidaient, on ne le dit pas assez, dans la crainte d'être poursuivi et de subir le sort d'un Jean Huss, d'un Giordano Bruno ou d'un Michel Servet, qui furent brûlés vif pour leurs convictions. Un seul exemple devait faire réfléchir les sceptiques: en 1555, Nostradamus écrivait ceci: "À l'an mil sept cens nonante deux, que l'on cuidera estre une renovation de siècle." Avec plus de deux siècles d'avance, il annonçait là — sans aucune ambiguité cette fois — la Révolution française.

NOSTRADAMUS OU — MICHEL DE NOSTRE–DAME — (1503 - 1566)

Dit médecin et astrologue français, Michel de Nostre-Dame est initié dès son plus jeune âge à l'herboristerie et à l'astrologie par ses deux grands-pères. Jehan de Saint-Rémy, son grand-père maternel, lui apprend qu'il descend de la tribu d'Issachar, le cinquième fils de Jacob, tribu qui possède, selon la tradition, le pouvoir de divination. Son père l'envoie faire ses études classiques en Avignon, puis à Montpellier. En 1529, il latinise son nom. En 1533, il passe sa thèse de doctorat et s'installe à Angers. Son ami, le poète et médecin Jules Scaliger le trahit en 1538, en le dénonçant au Grand Inquisiteur comme "juif maléfique, hérétique et vaurien". Nostradamus mène alors une vie errante qui le mène à Marseille. La ville d'Aix, que tous les médecins ont désertée, fait appel à lui pour combattre une épidémie de peste noire. Il assainit la ville avec des bénévoles, guérissant nombre de malades grâce à des herbes aux vertus curatives. En 1547, il épouse la fille d'un marchand de Salon et s'établit dans cette ville où il s'installe un laboratoire et un observatoire. Il se proclame "médecin astrophile" et rédige son premier almanach. En 1552, il écrit un

PORTRAIT DE TYCHO BRAHÉ (14 décembre 1546 - 24 octobre 1601). Astrologue danois. Comme Kepler, qui fut son disciple, il se passionna pour l'astrologie mondiale, convaincu que les grandes conjonctions de planètes et leurs cycles sont en corrélation avec des catastrophes naturelles et les événements collectifs. Les recherches modernes ne peuvent que lui donner raison.

ouvrage "Excellent et moult utile Opuscule des Fardemens", et surtout un long poème en alexandrins : "Les Centuries". Les cinquante-trois premiers quatrains sont imprimés. Le 14 juillet 1555, deux messagers viennent le chercher pour qu'il se rende à la cour de Catherine de Médicis. De retour à Salon, Nostradamus prédit dans un autre quatrain l'accident du tournoi qui sera fatal au jeune roi Henri II. C'est l'une des prédictions troublantes qui favoriseront l'engouement de la reine Catherine de Médicis pour l'astrologie. En 1564, elle rend visite à Nostradamus au cours du tour de France de Charles IX et l'interrroge sur l'avenir de son fils. Mais Nostradamus reste évasif. A l'insu de la Reine, il demande à contempler le jeune Henri de Béarn et prédit son accession au trône comme "Roy de France et de Navarre". Il s'éteint le 2 juillet 1566 en ayant annoncé, à son disciple Chavigny et à Catherine de Médicis, la date de sa mort - que l'on a retrouvée cochée dans ses éphémérides. **M. D. M.**

JOHN DEE (1527 - 1608)

Astrologue, alchimiste et magicien anglais, fils d'un domestique de la cour d'Henry VIII, il entre au St-John's college de Cambridge, où il se crée une réputation de magicien, en concevant, à l'occasion d'une représentation théâtrale, une machine volante qui fait sensation. Il gagne Louvain où il étudie la navigation, l'astronomie et les mathématiques, puis revient en Angleterre. Le roi Edouard VI lui accorde une pension. Marie Tudor lui commande les horoscopes conjoints d'elle–même et de son futur époux, Philippe d'Espagne. Mais Dee, qui désapprouve sa politique, envoie à Élisabeth, la sœur de Marie Tudor, l'horoscope de la reine. Accusé de trahison et de commerce avec un esprit, il est remis à l'évêque de Londres, Bonner, afin que sa foi soit éprouvée. Libéré, il contacte Élisabeth, et l'encourage à espérer le trône, tandis que Marie Tudor se meurt de maladie. En 1558, Élisabeth devient reine et demande à Dee de déterminer le jour le plus propice à son couronnement : le 15 janvier ! Dee fut pour Élisabeth plus qu'un astrologue, un conseiller. Néanmoins, la protection de la reine ne protégea pas Dee des attaques de ses ennemis, favorisées par la réputation discutable qu'il se forgea au cours des dernières années de sa vie. À l'aide d'un miroir magique, il affirmait entretenir des relations avec des entités angéliques, qui lui auraient dicté certaines révélations dans une écriture hiéroglyphique. **Ch. H.**

TYCHO BRAHÉ (1546 - 1601)

L'étoile très brillante qui apparut au firmament en novembre 1572 pousse cet astronome danois, natif du Capricorne (cf. le calendrier grégorien) — né 43 ans jour pour jour après Nostradamus — à de nombreuses spéculations astronomiques et astrologiques. Deux ans plus tard, il prononce une véritable apologie de l'astrologie à l'université de Copenhague. Frédéric II de Danemark fait construire à son intention un observatoire, Uraniborg, sur l'île

de Hveen. Tycho Brahé dresse les cartes du ciel des membres de la famille royale du Danemark, mais tombe en disgrâce. Il s'exile et se réfugie alors chez l'empereur Rodolphe II, qui l'installe au château de Benatek, près de Prague. C'est là qu'il rassemble de minutieuses observations, qui seront pour Kepler, un autre insigne natif du Capricorne, d'une si grande richesse. **M. D. M.**

TOMMASO CAMPANELLA (1568 - 1639)

Philosophe italien, il entre au couvent des dominicains de Placanica à l'âge de 15 ans. À 18 ans, il rencontre Abraham, devin et astrologue, qui lui prédit "une vocation de prophète et de monarque du monde", et l'initie aux cycles de l'Histoire, et à l'observation des astres. Ses idées se rapprochent de celles de Telesio, vieux philosophe combattu par l'Église, et il quitte le couvent avec Abraham pour gagner le royaume de Naples, occupé par l'Espagne catholique. Par ses propos sur la nature, Campanella favorise l'agitation chez les paysans, et engendre une volonté de changement. Il est alors accusé d'hérésie, doit abjurer ses idées pour obtenir sa libération. Mais l'Inquisition l'empêche à Florence, puis à Padoue, d'obtenir une chaire de philosophie. À la suite d'une cabale, il est à nouveau incarcéré. Il écrit alors un éloge du pape et des principes catholiques, qui permet sa libération. Agé de 30 ans, il rentre à Stilo. De l'observation des astres, il tire des théories astrologiques et des idées politiques. Il annonce des catastrophes naturelles et des invasions vérifiées par l'inondation du Tibre, des tremblements de terre, et l'invasion des Turcs en Sicile, puis à Naples. Sa grande prédiction sur l'an 1600 annonce la mort des empires et des républiques. Il pousse les moines, les paysans et le peuple à libérer la Calabre de la domination espagnole mais, dénoncé par deux conjurés, il est livré aux Espagnols le 6 septembre 1599. Pendant sa longue incarcération (vingt–sept ans), il subit des traitements iniques, mais écrit "la Citta del Sole" en 1602. Il fonde son utopie sur des données astrologiques, et espère un âge d'or. Puis il s'initie aux recherches de Galilée, et admet tant bien que mal la révélation de la rotation de la Terre. Libéré en 1626, il se compromet de nouveau en se proposant comme avocat et consultant de Galilée auprès du Saint–Office. Menacé, il s'embarque pour la France. Richelieu lui demande des prédictions. Il annonce au royaume de France une "naissance inespérée", et Anne d'Autriche, à 36 ans, met au monde le futur Roi Soleil. Campanella prévoit d'ailleurs la destinée glorieuse du petit prince. Huit mois plus tard, il observe une éclipse du soleil prévue pour le 1er juin 1639, dont il prédit qu'elle lui sera néfaste. Il meurt en effet le 22 mai 1639. **M. D. M.**

GRAVURE DE JOHANN KEPLER (1571-1630). **Astronome allemand. Kepler a formulé les 3 règles de base de l'astronomie, fondées sur les observations des planètes de Tycho Brahé. Ce Capricorne exigeant et rigoureux, avait une triste opinion des astrologues charlatans. Non sans humour, voici ce qu'il disait d'eux dans une langue imagée: "Nul ne devrait tenir pour incroyable que des sottises et blasphèmes des astrologues puissent sortir un savoir utile et sain, que de la vase impure puissent venir un coquillage, une huître, une moule, une anguille, bonnes nourritures, que d'un monceau de vers immondes puisse sortir un ver à soie, qu'enfin dans le fumier puant une poule industrieuse puisse trouver un grain de blé, voire une perle ou un grain d'or, si elle cherche et gratte assez longtemps." Cette phrase isolée de son contexte — la vie et les œuvres de Kepler lui-même qui faisait des horoscopes et écrivait des prévisions annuelles — est souvent citée à tort pour tenter de faire de cet immense astrologue un adversaire de son art. On oublie de citer ce qu'il affirma à la fin de sa vie: "Vingt années d'études pratiques ont convaincu mon esprit rebelle de la réalité de l'astrologie".**

JOHANN KEPLER (1571 - 1630)

Astronome et astrologue allemand il est né le 27 décembre 1571, à Wurtemberg, soit le 6 janvier 1572 au calendrier grégorien. Pendant ses années d'études, il tient son "Livre d'horoscopes", sorte de journal astrologique. En 1594, à Graz, il occupe un poste de professeur de mathématiques et d'astronomie, et publie le premier de quatre almanachs annuels. Tout en critiquant sévèrement ses errements, et en la considérant comme galvaudée par la vulgate, il pratique l'astrologie jusqu'à sa mort. Il tentera de la rénover, d'accroître sa cohérence, de lui redonner une crédibilité qu'elle est en train de perdre. Simultanément, il renforce les fondements de l'astronomie en approfondissant les observations de Tycho Brahé, son maître. En 1602, après sa rencontre avec ce dernier, il écrit "*De fundamentis astrologiae certioribus*" où il considère l'astrologie comme une science fondamentale de l'humanité. En 1603, il dédicace à l'empereur un traité sur une conjonction astrologique importante : "*Judicium de trigono igneo*". Il est certain que Kepler fut aussi bien un grand astronome et mathématicien (ses lois sur le mouvement des planètes ou sur certains phénomènes physiques ou optiques, par exemple, font encore référence aujourd'hui), comme il fut un immense astrologue. C'est à ce dernier que l'on doit en particulier la découverte des aspects mineurs dits kepleriens. En

OBSERVATOIRE DE TYCHO BRAHÉ en 1584 au Danemark. Gravure d'un atlas Blaev. XVIIIe siècle.

arrêtant ses prévisions pour l'année où le duc de Wallenstein fut assassiné — le 24 février 1634 — il prédit ainsi habilement la mort de ce dernier, ainsi que "d'épouvantables désordres dans le pays en mars 1634". Kepler fut sans conteste un des grands penseurs de notre civilisation occidentale, un des rares esprits qui tenta de réconcilier science et mystique dans une cosmogonie unique et inspirée qu'il élabora dans "Les Harmonies du Monde". **M. D. M. et E. T.**

JEAN-BAPTISTE MORIN DE VILLEFRANCHE (1583 - 1656)

Astronome et mathématicien français, arrivé à Paris en 1611, Jean-Baptiste Morin de Villefranche entre au service de l'évêque de Boulogne, Claude Dormy, qui l'envoie en Hongrie étudier la nature des métaux. Deux ans plus tard, il revient et s'initie à l'astrologie auprès de Davison, un astrologue écossais. Le 25 septembre 1630, on apprend à Paris que le roi se meurt à Lyon (l'armée occupait alors les États du duc de Savoie). Il laisse entendre qu'après consultation des astres, il peut affirmer que le roi ne mourra pas. La reine Marie de Médicis lui envoie alors l'heure de nativité du roi, et Morin prédit une maladie "grande mais non mortelle". Guéri, le roi rentre à Paris et confie à Morin une chaire de mathémathiques au Collège Royal. Richelieu — qui ne l'estime guère malgré son crédit à la Cour — sollicite pourtant ses services, et lui commande d'étudier les horoscopes de ses amis ou ennemis. Le 5 septembre 1638, jour de la naissance de Louis XIV, Morin établit l'horoscope du futur souverain, et annonce un règne belliqueux, triomphant, mais aussi funeste. Après la mort de Richelieu, Mazarin le pensionne richement, et il devient astrologue officiel. Mais son esprit trop traditionaliste l'empêche d'accepter les nouvelles découvertes cosmogoniques.

Morin employa sa vie universitaire à essayer de codifier l'astrologie, afin qu'elle soit considérée comme une science. Son grand ouvrage rédigé en latin, *"Astrologica gallica"*, donne une dimension politique de l'astrologie, en insistant sur l'influence des thèmes de naissance des puissants sur la destinée des peuples. **M. D. M.**

FOMALHAUT (1854 – 1923)

L'abbé Ch. Nicoullaud adopta ce pseudonyme en raison de la position de son Soleil sur l'étoile fixe de Fomalhaut qui se situe à 4 degrés des Poissons. Il publia le gros "Traité d'astrologie sphérique et judiciaire" en 1897, où l'on est stupéfait de constater que cet astrologue annonça la découverte de Pluton, en nommant, qui plus est, cette planète : "Au–delà de l'orbite de Neptune, il y a une planète dont le nom est Pluton." Comme on sait, celle–ci ne devait être découverte qu'en... 1930! Il tenta, mais en vain, de décrypter méthodiquement les "Centuries" de Nostradamus; il y trouva matière à espérer, en bon monarchiste qu'il était, l'avènement futur d'un "Grand monarque" destiné à venir sauver la France. En bon Poissons animé du goût du mystère et du secret, et convaincu de l'existence d'un "complot maçonnique universel", il fonda la "Revue internationale des Sociétés secrètes". **E. T.**

ALAN LÉO (1860 - 1917)

Astrologue britannique né William Frederick Allen, il fut certainement l'astrologue le plus important et le plus influent du début du siècle. C'est grâce à lui que cette science a connu un nouvel essor en Angleterre et en Europe. Son impact fut tel qu'aujourd'hui encore, toutes les organisations et écoles d'astrologie de Grande-Bretagne, ainsi que bon nombre d'autres situées en Europe ou aux États–Unis, se réfèrent toujours à ses travaux, directement ou indirectement. Au début de sa carrière, il exerça la profession de représentant de commerce. Au cours de ses déplacements à travers l'Angleterre, il fut amené à rencontrer des étudiants auxquels il enseignait l'astrologie. En 1890, il rejoignait la Société de théosophie *(Theosophical Society)*. Son grand esprit d'entreprise et d'organisation l'incitèrent, peu de temps après, en 1895, à publier en collaboration avec F. W. Lacey, le mensuel *"Astrologer's Magazine"* qui, en 1895, après son mariage avec la riche héritière Bessie, devint le *"Modern Astrology"*. Ce magazine, ainsi que la trentaine d'œuvres de Léo traduites en allemand et en français, contribuèrent à rassembler pendant les décennies suivantes tous ceux qui, en Angleterre et dans le monde entier, étudiaient l'astrologie avec conviction. Jusqu'à Alan Léo, l'astrologie était surtout orientée sur la prévision. L'impact de son magazine s'explique par l'accent mis sur l'aspect philosophique, psychologique et spirituel de sa démarche. Citons quelques-uns de ses ouvrages : *"How to judge a Nativity"*, *"Astrology for All"*, *"The Key to Your Own Nativity"*, *"Progressed Horoscope"*, et enfin *"Esoteric Astrology"*. Il fonda le 15 octobre 1915, avec sa femme Bessie, une loge astrologique dont il était le président, et qui est encore très active aujourd'hui. Celle–ci permit la création d'organismes très influents, tels que la Faculté des études astrologiques *(Faculty of Astrological Studies)* en 1948, et l'Association d'Astrologie *(Astrological Association)* en 1958. **Ch. H.**

EVANGELINA ADAMS (1865–1932)

Astrologue américaine, en prédisant l'incendie d'un grand hôtel new yorkais, elle se taille un franc succès et, durant trente années, anime de nombreuses émissions et publie de nombreux articles pour un très large public. Poursuivie en 1914 pour pratique de la divination, elle tire remarquablement son épingle du jeu en persuadant le juge chargé de l'affaire de ses réels dons pour l'interprétation d'horoscopes (il lui avait donné la date de naissance de son fils, sans lui dire de qui il s'agissait, et les révélations d'Evangelina s'avérèrent incroyablement judicieuses). Elle prédit également sa propre mort avec exactitude. Elle a introduit l'astrologie dans les médias d'outre–Atlantique. **M. D. M.**

PAUL CHOISNARD (1867–1930)

Il fut un des premiers chercheurs à tenter de réhabiliter l'astrologie en France au début du siècle, et reste de ce fait respectable, même si certaines de ses théories semblent aujourd'hui utopiques, parce que trop systématiques. Polytechnicien de formation, on le considère comme le fondateur d'une astrologie basée sur les statistiques et les calculs de probabilité, plus que sur la tradition. Il a ainsi abandonné les tentatives classiques de rationalisation et d'explication, et a publié, à partir de 1898, tout une série d'ouvrages dans lesquels il tente de démontrer le bien–fondé de la science astrale par l'analyse statistique. Mais sa démarche, guidée par un souci scientifique constant, l'a conduit à condamner un peu trop systématiquement l'exercice professionnel de l'astrologie, ainsi que le système des prévisions mondiales. À noter que comme la plupart des astrologues de l'époque, il était contraint d'écrire sous un pseudonyme, celui de Paul Flambar. **E. T.**

ELSBETH EBERTIN (1880–1944)

Astrologue allemande, née à Gorliz, elle fut d'abord graphologue, puis se tourna vers l'astrologie. Elle devint l'astrologue publiciste la plus renommée d'Allemagne. Au printemps de 1923, elle reçut une lettre d'une lectrice qui lui communiquait la date de naissance de Hitler, alors au tout début de sa carrière politique. Elsbeth Ebertin publia sa réponse, qui prophétisait l'ascension implacable d'un homme destiné à jouer le rôle de Führer, tout en soulignant les aspects dangereux de son thème. Elle influença fortement son mari qui allait devenir le père de la Cosmobiologie. **M. D. M.**

DOM NEROMAN (1884 - 1953)

De son vrai nom Maurice Rougié. Ingénieur des Mines, il fonda à Paris, entre les deux guerres, le "Collège astrologique de France". Pour lui, le temps vécu au cours de sa vie est "subjectif". À partir de cette notion, il établit une conception "évolutive" des directions, tout en supposant que le Pas directionnel, ni constant, ni uniforme, diminue progressivement avec l'âge. **M. D. M.**

CHARLES E. O. CARTER (1887 - 1968)

Astrologue britannique, il raviva, en 1920, la loge astrologique de la Société de théosophie (Theosophical Society) fondée par Alan Léo. En 1923, il créa le journal "Urania", qui devint en 1926 "Astrology : the Astrologer's Quarterly", et fut publié jusqu'en 1959. Ses nombreux essais et éditoriaux reflètent sa totale compréhension et son intérêt constant pour tous les aspects de l'astrologie. Il exerça la fonction de président de la loge de 1920 à 1952. En 1948, il collabora activement à la création de la Faculté des études astrologiques (Faculty of Astrological Studies), célèbre dans le monde entier, dont il fut tout d'abord le président, et ensuite l'un des bienfaiteurs. C'était un esprit brillant, doué d'un sens philosophique et mystique profond. Ses œuvres, caractérisées par un style lucide et direct, comprennent entre autres : "The Encyclopaedia of Psychological Astrology" (1924), "The principles of Astrology" (1925), "The Zodiac and the Soul" (1928), "Symbolic Directions" (1929), "The Astrological Aspects" (1930), publié en français chez Dervy-Livres, "The Astrology of Acci-dents" (1932), "Some Principles of Horos-copic Delineation" (1939), "Essays on the Foundations of Astrology" (1947), et enfin "An Introduction to Political Astrology" (1951). Il influença très fortement l'astrologie britannique, non seulement par ses ouvrages et ses conférences, mais aussi par l'enseignement qu'il donna à de nombreux astrologues, et notamment à John Addey. **Ch. H.**

GUSTAVE L. BRAHY (1894 - 1989)

Il était venu à l'astrologie en 1922 — par Alan Léo et Paul Choisnard —, avec toute la rigueur d'un expert-comptable. En 1926, il devient astrologue professionnel, et fonde "l'Institut d'astrologie scientifique", qui deviendra plus tard "Le Centre pour l'étude des influences astrales" (Cébésia), qu'il quitte définitivement en 1984, en se dissociant des nouveaux objectifs poursuivis. Gustave L. Brahy fut l'auteur de "Confidences d'un Astrologue", "Le mystère des influences astrales", "Sous quelle étoile êtes–vous né", "Soyez vous–même astrologue".

Mais son ouvrage capital reste "La Clef de la prévision des événements mondiaux et des fluctuations économiques et boursières", qui découle d'une thèse sur les corrélations sembla exister entre les cycles solaires, planétaires et les phénomènes économiques. Celle–ci fut présentée en 1932, lors d'un congrès organisé par l'Association française pour l'avancement des sciences. Grâce à la revue "Demain" (1930 – novembre 1984), et à son acharnement à défendre une astrologie traditionnelle basée sur des phénomènes astronomiquement vérifiables, Gustave L. Brahy a largement contribué à faire de Bruxelles un centre international d'astrologie très respecté. **J. B.**

KARL–ERNST KRAFFT (1900 - 1945)

Astrologue de nationalité suisse, il rejoint l'Allemagne, et se voit chargé par le ministère de la Propagande d'étudier les prédictions de Nostradamus, afin d'établir une interprétation favorable au régime hitlérien. En effet, Joseph Goebbels avait intégré dans son ministère un département appelé AMO (Astrologie, Métapsychologie et Occultisme).
Le 2 novembre 1939, Krafft envoie une lettre à une de ses relations, le docteur Fesel, dans laquelle il prédit l'attentat contre Hitler. Mais quand Rudolf Hess, le 10 mai 1941, s'envole en direction de l'Écosse, la presse officielle déclare qu'il a été influencé d'une façon désastreuse par les astrologues. Dès lors, le grand intérêt que portaient les dirigeants nazis à l'astrologie se mue en violente antipathie. C'est au cours d'une razzia de la Gestapo que des centaines d'astrologues, parmi lesquels Krafft, sont arrêtés. Il meurt pendant son transfert vers le camp de concentration de Buchenwald. Karl–Ernst Krafft a tenté de donner à l'astrologie des assises scientifiques en établissant un travail statistique. Selon toute vraisemblance, il ne fut pas directement, comme le dit la légende "l'astrologue d'Hitler". Cette réputation lui fut attribuée par Louis de Wohl, qui travaillait à l'époque pour les services secrets britanniques. **M. D. M.**

GEORGES ANTARES (1900 - 1988)

De son vrai nom Marcel Modaste, cet astrologue belge était venu à l'astrologie en 1926 — par le sculpteur Jef Strijmans, ami de feu Alan Léo —, avec sa foi inébranlable, et l'amour qu'il allait porter toute sa vie à l'étude des textes sacrés. Élève exceptionnellement doué, il publie, en 1927, des "Éphémérides Condensées" sous le pseudonyme d'Antarès. Tout en enseignant l'astrologie de 1935 à 1939 à "l'Institut d'astrologie scientifique", il fonde en 1936 le Cercle de recherches "La Vigie", toujours en activité aujourd'hui. Georges Antarès, qui parlait quatre langues, et dont l'ouvrage "Manuel pratique d'astrologie" reste, à ce jour, l'un des manuels les plus vendus en français et en espagnol, fut également l'auteur de : "L'Art de l'interprétation en astrologie", "Ce que peut l'astrologie pour vous" devenu "L'Astrologie et vous", "Transits planétaires et destinée", "Les Signes de votre couple — Astrologie, amour, sexualité", "Le sentier du Zodiaque". Sa revue "Le Verseau", publiée en février 1945, ne compte, par faute de moyens financiers, que sept numéros devenus précieux. Derrière l'astrologue réputé, se cachait un être délicieux — tour à tour pamphlétaire, humoriste et poète —, doté de cette simplicité qui signe l'authentique intelligence. **J. B.**

ALEXANDRE VOLGUINE (1903 -1976)

Le grand astrologue Alexandre Volguine fut connu pour son fameux traité des révolutions solaires "La technique des Révolutions solaires", son "Astrologie lunaire" et "Les significations des encadrements dans l'horoscope". Il édita dès 1938 ses "Cahiers Astrologiques", une des importantes revues françaises de l'art d'Uranie. D'un esprit très curieux et scientifique et ouvert à l'ésotérisme, il publia des traductions françaises (dans ses "Maîtres de l'Occultisme") de Crémone, de Junctun, du comte Rantzau, etc. **E. T.**

JOHN MICHAEL ADDEY (1920 - 1982)

Il fut l'un des plus grands astrologues anglais. À l'image de son maître Charles Carter, il fut également un mystique et un philosophe. Il avait une vision profonde et unificatrice de l'astrologie. Il la voyait destinée à jouer un rôle prépondérant dans le domaine de la science du futur, la plaçant sur le même plan que la philosophie ou la théologie. Ses principales contributions à l'astrologie sont :
– *la théorie des Harmonies,* qui envisage l'astrologie tout entière en termes de cercles et de nombres, et affirme que "tous les effets astrologiques peuvent être expliqués par les harmonies des périodes cosmiques". Cette théorie donne une vision globale de l'astrologie, la reliant à la fois à la pensée moderne et aux principes pythagoriciens;
– *ses nombreux travaux de recherche et d'analyse de l'œuvre des Gauquelin,* ainsi que ses ouvrages : "Astrology Reborn" (1972), "Harmonics in Astrology" (1976), "The Harmonics Anthology" (1976), "Selected Writings" (1976);
– *ses efforts pour donner un statut à l'astrologie britannique* à travers la création en 1958 d'une Association astrologique ("Astrological Association of Great Britain "), et, en 1970, de l'Association

"Urania" ("Urania Trist"), reconnue par l'État, et qui a maintenant un centre d'études permanent à Londres (Astrology Study Center);
– *sa participation à la création d'un journal,* "The Astrological Journal", et d'une revue consacrée à la recherche, "Correlation";
– enfin, sa collaboration avec la Faculté des études astrologiques (Faculty of Astrological Studies), qui continue aujourd'hui à inspirer un grand nombre de ses successeurs. **Ch. H.**

...ET BIEN D'AUTRES

Il ne serait pas équitable d'occulter l'apport à la Tradition fourni par des astrologues tels que M. Privat, G. Muchery ou E. Picard. Ni d'oublier les deux mathématiciens qui, sous les pseudonymes de Magi Zariel et Magi Aurélius, conçurent une impressionnante "Mathématiques des Astres". Notons encore de *J. Reverchon* (1909 - 1987) (les "Notions d'astrologie" qui mentionnent des "recettes" pratiques pour l'utilisation des cycles planétaires; sans oublier, bien sûr, le "Traité d'astrologie moderne" de Léon Lasson (1953), qui annonça avoir découvert deux nouvelles planètes, Proserpine et Vulcain.

Enfin, l'astrologie médicale fut pratiquée et enrichie par des médecins tels que Allendy, Émerit, Breteche. **E. T.**

(1) Posidonius D'apamée
fut un des esprits phares de l'Antiquité. A la fois astronome, mathématicien, il a également écrit un traité de géographie et de sciences naturelles.
Profondément religieux, il consigna dans la "Physique" sa croyance en un univers animé par un organisme énergétique, en opposition avec les principes atomistes et matérialistes de son époque. (Note E.T.)

H.-J. GOUCHON,
UN PIONNIER DE L'ASTROLOGIE SCIENTIFIQUE

Né le1er mars 1898, 7 h à Piquerel en Italie; mort le 5 octobre 1978, 11 h, Nantes.
Celui qui, au soir de sa vie, allait devenir mon maître (1), fut d'abord séminariste et se destinait à la prêtrise avant d'être mobilisé dans la guerre de 14-18. Il vint à l'astrologie vers 1925 à travers Alan Léo et Raphaël, s'intéressant à la fois à la physiognomonie, à la graphologie et à la chirologie, qu'il délaissa rapidement au profit unique de l'Art royal des astres.
Ce "double Poissons" est l'être le plus désintéressé et le plus étranger au monde que j'aie connu.
Son immense modestie frisait la dissolution de l'ego, ce qui est le propre du pur Neptunien. Comme disait de lui un de ses meilleurs amis, feu Henri-Robert Courand, qui lui succéda à la présidence de la Société française d'astrologie (qu'il assura de 1964 à 1971) : "Il était tellement exceptionnel de bonté, de tolérance, de générosité, qu'il laissa à tous ceux qui l'ont approché un souvenir impérissable."
Sous prétexte qu'il ne l'avait jamais fait parce que cela ne l'intéressait guère, H.-J. Gouchon refusa tout d'abord de me donner des cours, lorsque je vins l'en prier. Sur mon insistance, il dressa hic et nunc mon thème et, à mon grand bonheur, décida de faire une exception.
Son affection dévouée m'a mainte fois gênée, car il tenait à se déplacer lui-même en banlieue, où j'habitais, pour venir m'initier à son dada, les "directions primaires". Son affection dévouée et pudique complétait la manne intellectuelle qu'il prodiguait généreusement à son élève qui l'assiégeait de questions. Il guida mes premiers pas dans les médias, lors d'"Astralement Vôtre" en 1975; timide et admiratif, il venait me soutenir dans mes prestations télévisées, alors que c'était lui qui possédait un demi-siècle de savoir astrologique.
Ce savoir, il nous l'a légué principalement à travers sa découverte de l'"Indice cyclique de concentration des planètes lentes", qui allait être amplement repris par la suite — notamment par A. Barbault, qui le développa —, son fameux "Dictionnaire astrologique", qui reste une mine inépuisable pour tous les apprentis en astrologie, ainsi que son "Horoscope annuel simplifié" et les "Directions primaires simplifiées". À ces dernières, il accordait une importance plus grande qu'aux transits, affirmant que rien d'essentiel n'arrivait qui ne soit inscrit dans ces directions. Totalement déterministe, voire fataliste, il alliait l'intuition profonde des Poissons à l'esprit cartésien du Bélier (intercepté dans sa Maison I) ; mais, avec Saturne en IX, il ne se fiait qu'aux résultats d'une expérimentation multiple et sévère. Même en ce qui concerne les statistiques, il était d'une immense circonspection, insistant sur le facteur de fréquence astronomique, pour éviter les erreurs qu'avaient faites Krafft, pionnier, avec Choisnard, dans les statistiques astrologiques.

E. T.

(1) Dans ce long défilé des hautes figures de l'astrologie, après Kepler et Nostradamus qui brillent d'un éclat particulier dans le firmament de l'art royal des astres, je tenais à réserver une place singulière à la mémoire de mon vieux maître H.J. Gouchon, dont je fus, me dit-il, la seule élève. Il m'accepta comme telle... après avoir examiné mon thème astral! Ce fut lui qui me donna le goût de l'astrologie scientifique correspondant à mes exigences. Qu'il en soit ici remercié.

5 - L'ASTROLOGIE ET LA RELIGION

Contrairement aux idées reçues, l'astrologie et la religion furent rarement vraiment antinomiques ou incompatibles. Elles furent souvent confluentes, impliquant une démarche spirituelle analogue, dans la mesure où la première tente de codifier le rapport de l'homme au grand Tout, et où la seconde, dans une quête mystique d'absolu, tente de relier, (d'où le mot de religion) la créature à son créateur. Dès lors, induire que Dieu, créateur du grand Tout, grand Architecte et Domiurge de l'univers, a créé ce dernier intelligible et mathématique, laissant à sa créature la possibilité de soulever le voile sur les grandes forces cosmiques qui rythment son devenir et celui du monde, fut l'attitude souvent adoptée par la religion. A juste titre, semble-t-il.

L'Astrologie et les trois grandes religions monothéistes

Certaines personnes croient devoir condamner l'astrologie au nom de la religion. Or, la plupart des religions du monde occidental pratiquées au cours de l'ère pré–chrétienne, ainsi que les principales religions orientales, ont honoré l'astrologie comme une science sacrée.

ASTROLOGIE ET JUDAISME

En ce qui concerne la religion juive, les adeptes de la Kabbale, ces ésotériques religieux, ainsi que plusieurs rabbins, furent de remarquables astrologues. Le Talmud accorde une place importante à l'astrologie. Mentionnons entre autres la famille des Ibn Ezra, qui joua entre le Xe et le XIIe siècle un rôle important en Espagne, en propageant l'astrologie, en particulier à Séville, où elle faisait l'objet d'un enseignement dans plusieurs synagogues. Nostradamus, médecin, astrologue et voyant célèbre, a également hérité des connaissances astrologiques de ses ancêtres juifs. Néanmoins, à l'heure actuelle, certains chrétiens s'opposent à l'astrologie en invoquant quelques passages de l'Ancien Testament, entre autres celui du Deutéronome (XVIII/9), et de Jérémie (XXVII, 9 et 10), qui mettent en garde contre les astrologues et les devins.

Que peut–on répondre à cela ? On oublie trop souvent que les textes de l'Ancien Testament doivent être considérés à la lumière de leur époque, et qu'ils rapportent l'histoire du peuple juif. Or, le peuple élu était autrefois entouré de tribus païennes obéissant à leurs prêtres et à leurs astrologues. Par exemple, les Babyloniens attribuaient à plusieurs astres la divinité, alors que le peuple d'Israël, monothéiste, n'adorait qu'un seul Dieu. Cette multiplicité des dieux honorés par l'ennemi, leur discordance, et le fait de considérer les astres eux–mêmes comme des dieux, constituaient une erreur dangereuse pour les juifs, et c'est avec raison que les prophètes ont jeté l'anathème sur cette "astrolâtrie". Or, la situation a bien changé à notre époque : on ne prend plus les astres pour des dieux, et il serait aujourd'hui franchement ridicule d'invoquer les passages du Deutéronome et de Jérémie pour condamner à perpétuité la pratique de l'astrologie (1). D'ailleurs, la Bible contient de nombreuses allusions à l'astrologie.

ASTROLGIE ET CHRISTIANISME

Bien que les autorités des Églises chrétiennes s'efforcent de minimiser, ou même d'effacer le rôle exercé par l'astrologie sur les débuts du christianisme, les études historiques ainsi que les documents de l'époque de Jésus, découverts récemment, font clairement ressortir son importance.

Philon le Juif, défenseur de la Bible et contemporain de Jésus (2), appelle les astrologues les "mages scientifiques", pour qu'on ne les confonde pas avec les magiciens de mauvais aloi. La naissance du Christ, annoncée par les astres, était attendue depuis longtemps. Ainsi qu'il est rapporté dans l'Évangile de Matthieu (II – 1), "des mages d'Orient arrivèrent à Jérusalem pour adorer Jésus... ayant été avertis de sa naissance par son étoile." "Et voici que l'étoile qu'ils avaient vue en Orient allait devant eux, jusqu'au moment où, arrivée au–dessus du lieu où se trouvait le petit enfant, elle s'arrêta." (Matthieu II – 17)

Comment faut–il interpréter ce récit biblique quelque peu transposé pour le rendre compréhensible pour les personnes ignorantes de l'astronomie et de l'astrologie? Si l'Évangile de Matthieu parle de "son étoile", en faisant allusion au Christ, c'est parce que les croyances astrologiques de l'époque attribuaient aux signes visibles dans le ciel, par exemple à une conjonction planétaire coïncidant avec une naissance, une influence sur le natif, la conjonction signant en quelque sorte le destin du nouveau–né. Or, le phénomène céleste observé par les mages, c'est–à–dire par les astrologues, fut sans aucun doute possible une

LE LIVRE DES ŒUVRES DIVINES. HILDEGARDE VON BINGEN. MANUSCRIT EN LATIN DU XIIe SIÈCLE.
En dépit de l'interdiction faite aux ecclésiastiques de pratiquer l'astrologie, lors du Concile de Tolède (en l'an 400) celle-ci fut l'objet d'un réel regain au Moyen-Age : des esprits comme Albert-le-Grand, Saint-Thomas ou Hildegarde von Bingen le prouvent. Plus tard, le réformateur Martin Luther s'intéressera lui aussi à l'astrologie, avant son homologue suisse, Zwingli, qui plaidera en faveur d'une réconciliation entre la religion et l'astrologie. C'est le succès même, de plus en plus évident durant le Moyen-Age, de cette dernière, qui la mettait en position de concurrence par rapport à l'Église, qui allait lui être fatal: en 1631, le pape Urbain VIII condamnait l'abus de l'astrologie par la bulle Constitutio inscrutabilis — ce qui ne l'empêcha point d'avoir lui-même pour conseiller l'astrologue Campanella !...

conjonction exacte des planètes Jupiter et Saturne, si étroite qu'elle donnait l'illusion d'une étoile d'une grandeur exceptionnelle. Cette conjonction, qui se produit tous les vingt ans, eut lieu au moment de la naissance de Jésus, soit en l'an 7 avant notre ère (3). Comme on le sait, du fait de la rétrogradation apparente de la marche des planètes dans le ciel vu de la Terre, à laquelle sont soumises transitoirement les planètes, cette conjonction a pu se répéter trois fois pendant une période proche du moment de la naissance. Cela expliquerait le récit de la Bible, qui prétend que l'étoile, après avoir signalé une naissance exceptionnelle, s'est ensuite arrêtée au–dessus du lieu où se trouvait le petit enfant. On pourrait interpréter cela par le fait que les mages, parcourant le pays à la recherche de Jésus, sont arrivés sur le lieu où il se trouvait au moment exact où la conjonction Jupiter–Saturne s'est répétée pour la troisième fois (4). Il a aussi été prouvé que l'auteur de l'Apocalypse de saint Jean (5) possédait une connaissance parfaite de l'astrologie. En outre, selon les "Extraits de Théodote", si le nombre des apôtres a été fixé à douze, c'est à cause des douze signes du Zodiaque.

Que pensait Jésus lui–même de l'astrologie? Les investigations historiques sur la vie de Jésus sont actuellement suffisamment avancées, pour conclure que Jésus a vécu plusieurs années de sa jeunesse dans la communauté de Quoumram, chez les esséniens. Ainsi que le dit le cardinal Jean Daniélou dans son livre "Les manuscrits de la mer Morte et les origines du christianisme", les coïncidences entre l'enseignement du Christ et celui des esséniens sont trop nombreuses pour n'être le fait que du seul hasard. Si Jésus a bénéficié au cours de sa jeunesse d'une initiation secrète auprès des esséniens, il aura certainement acquis des connaissances en astrologie, car les esséniens la pratiquaient. On a retrouvé de nombreux horoscopes établis par eux. Voici d'ailleurs une preuve que Jésus s'est préoccupé d'astrologie. En effet, dans l'Évangile selon Thomas, qui fait partie des manuscrits en langue copte découverts en 1945, à Nag–Hammadi (Haute-Égypte), on trouve cette parole de Jésus : "Les disciples lui dirent : Dis–nous qui tu es, afin que nous croyions en toi. Jésus leur répondit : Celui qui est par–devant vous, vous ne le connaissez pas, et cette conjoncture–ci, vous ne savez pas comment l'interpréter!" (logion 91). "Conjoncture" se disait à l'époque pour signifier la configuration astrale ou les aspects astrologiques qu'il suffisait d'interpréter pour connaître un individu selon les règles de l'astrologie. Cet Évangile de Thomas faisant partie des enseignements des chrétiens gnostiques, découvert seulement en 1945, représente l'Évangile le plus fiable, parce qu'il n'a pas pu être brûlé ni manipulé par les adeptes de l'Église chrétienne des premiers siècles qui se considéraient comme les seuls vrais chrétiens (6). On sait aujourd'hui que les chrétiens gnostiques sont de vrais chrétiens, plus fidèles aux enseignements du Christ, mais opposés au système hiérarchique d'une Église autoritaire et codifiante. Or, les divers groupes de chrétiens gnostiques, rejetés comme hérétiques, honoraient tous l'astrologie, ce qui n'était pas le cas des chrétiens groupés autour de l'Église officielle.

Ce que l'Église du début du christianisme craignait avant tout, c'était qu'une astrologie mal comprise incite au fatalisme astral, absolument inconciliable avec les dogmes de la toute–puissance divine, et avec le libre arbitre humain. C'est pourquoi l'apôtre Paul s'est déclaré adversaire farouche de l'astrologie (9). Cependant, plusieurs Pères de l'Église, dont Origène (185–254), le plus savant et érudit d'entre eux, enseignait que les astres jouaient un rôle comme instruments de la volonté divine. L'évêque Clément a aussi prononcé l'adage souvent cité : "*Astra inclinant, non necessitant*" (les astres inclinent, ils n'obligent pas").

Il résulta de ces opinions divergentes des rapports souvent ambigus entre catholicisme et astrologie, et celle–ci fut tour à tour pratiquée et pronée, ou critiquée et interdite. Mais l'on ne s'étonnera pas si un nombre considérable d'éminents ecclésiastiques se ralliant à l'adage "Le sage domine les astres", pratiquèrent l'astrologie la conscience tranquille, en estimant que si les astres exercent sur l'homme une influence, il reste néanmoins capable d'agir par sa volonté propre (8).

Saint Thomas d'Aquin a aussi dit dans "la Somme contre les gentils" : "Les corps célestes sont la cause de tout ce qui se produit dans ce monde sublunaire; ils agissent indirectement sur les actions humaines, mais tous les effets qu'ils produisent ne sont pas inévitables." De nombreux papes se montrèrent favorables à l'astrologie. Mentionnons–en quelques–uns : Léon X (pape de 1513 à 1521) institua en 1520 une chaire d'astrologie à l'Université papale "Sapientia". Paul II (pape de 1464 à 1471) déclara sa foi dans la vérité des prédictions astrologiques. Paul III (pape de 1534 à 1549) réglait sa journée selon les influences astrologiques. Cependant, au cours de son règne, il demanda aux évêques de s'opposer aux prédictions des astrologues. Pie II (pape de 1458 à 1464) a fait l'éloge des prophéties de l'astrologue Blaise de Crémone. Sixte IV (pape de 1471 à 1484) demandait aux astrologues de choisir les dates favorables à ses réceptions. Alexandre VI (pape de 1592 à 1503) employait un astrologue pour régler ses affaires. Jules II (pape de 1503 à 1513) a choisi le moment de son intronisation selon le conseil de son astrologue, et il fit peindre au Vatican un tableau

CHANTS ROYAUX SUR LA CONCEPTION COURONNÉE DU PUY DE ROUEN (1519-1528).
Un astrologue tient une sphère avec la bande zodiacale. Au-dessus, on retrouve les signes du Zodiaque. La visitation de Jésus et Marie symbolise l'alliance de la divinité et de l'humanité. La nouvelle conception héliocentrique du monde, émise par Copernic au début du XVIe siècle, fut violemment combattue, aussi bien par les Catholiques que par les Protestants. Luther raillait ainsi Copernic: "L'imbécile veut mettre tout l'art de l'astronomie à l'envers, mais l'Écriture Sainte nous le dit: c'est au Soleil que Josué a commandé de s'arrêter et non à la Terre." On connaît par ailleurs la position conservatrice de l'Église face à Galilée, qu'elle obligea à se rétracter.

par Raphaël représentant l'union de l'astrologie avec la religion et la philosophie. Urbain VIII (pape de 1623 à 1644) confirma la bulle de Sixte V (pape de 1585 à 1590) exigeant de prendre des mesures contre les astrologues, ces mesures n'étant toutefois destinées qu'aux astrologues qui propageaient une astrologie fataliste. Parmi les autres papes et religieux intéressés par l'astrologie, citons encore Sylvestre II (pape de 999 à 1003), Honorius III (pape de 1216 à 1227), Urbain V (pape de 1362 à 1370), Eugène IV (pape de 1431 à 1447), Nicolas V (pape de 1447 à 1455), saint Denys (pape de 259 à 268), saint Malachie, saint Nicéphore, ainsi que les cardinaux Pierre d'Ailly et Nicolas de Cusa. Le cardinal de Richelieu, et le cardinal Mazarin avaient pour conseiller Morin de Villefranche, médecin et mathématicien du Collège de France, le plus grand astrologue de son temps.

Examinons maintenant ce que pensaient les protestants. Martin Luther, au début de la Réforme, pratiquait l'astrologie. Philippe Melanchthon estimait que l'astrologie, par sa sagesse, était une preuve de l'existence de Dieu, et il enseignait l'astrologie à ses fidèles en se référant aux Saintes Écritures (9). Le réformateur suisse Zwingli reconnaissait la valeur de l'astrologie, et œuvra pour sa réconciliation avec la religion. Le théologien et médecin Paracelse, pour guérir ses malades, se servait aussi avec succès de l'astrologie et, comme Nostradamus, fit de nombreuses prédictions souvent très hermétiques. En revanche, Calvin condamnait son emploi quant à ce qui se rapporte à l'homme, et fit brûler Michel Servet, également médecin et théologien, auteur d'une défense de l'astrologie. On pourrait s'étonner de cette attitude de Calvin, puisqu'il croyait à la prédestination de l'homme, ainsi que l'enseignait aussi saint Augustin à travers la théorie de la grâce. Selon plusieurs historiens, les autorités de l'Église catholique craignaient que l'astrologie ne conduise au déterminisme ou au fatalisme — et ainsi à l'annihiliation du libre arbitre qui choisit entre Bien et Mal —, précisément à cause de la doctrine de la prédestination.

Le franciscain Roger Bacon a cependant établi qu'aucun astrologue sérieux n'avait professé le fatalisme astral, et que si certains astrologues s'étaient prétendus capables de divination, c'est-à-dire de prédire avec certitude ce qu'un homme allait faire dans le futur, ce ne pouvait être que la cause d'un usage abusif de l'astrologie, par des astrologues commerciaux ou ignorants. L'astrologie vraie indique seulement des possibilités, et respecte le libre arbitre.

ASTROLOGIE ET ISLAMISME

En ce qui concerne la religion islamique, bien que Mahomet se soit opposé au culte des astres pris pour des dieux, le Coran considère les astres comme signes de la volonté de Dieu et, au cours de l'histoire de l'Islam, l'astrologie a été pratiquée par de nombreux musulmans. On compte parmi les Arabes des astrologues éminents, ayant su allier leurs connaissances astronomiques à leurs exceptionnels dons pour les mathématiques.

En définitive, la question de savoir si l'astrologie est conciliable avec la religion se résume à déterminer si elle présente les deux causes d'incompatibilité et de rejet suivantes, qui seraient incriminables :

— si elle prétend pouvoir connaître avec certitude les événements futurs qui touchent un individu, ce qui impliquerait une absence totale de libre arbitre humain,

— si l'astrologie n'est qu'une fausse science, dépourvue de tout fondement de vérité.

Les astrologues compétents et honnêtes ne font pas de divination, et ne prétendent jamais qu'un événement se produira avec certitude (10). C'est trop souvent le matérialisme ou l'orgueil scientifique qui poussent les contemporains à consulter un astrologue dans l'espoir d'en tirer un profit, ou d'éviter une épreuve. Dieu veille à ce que l'homme récolte toujours ce qu'il a semé. Seuls les astrologues mercantiles ou trop pragmatiques promettent à leurs clients d'échapper à cette règle. L'homme reste responsable de ses actes. Il est dépendant de ses efforts, et n'a pas de raison de devenir fataliste. Par conséquent, l'astrologie pratiquée correctement ne s'oppose nullement à la religion. Seul est critiquable un mauvais usage de l'astrologie (11).

Il n'est actuellement plus possible de douter du bien–fondé de l'astrologie. Sa valeur a été prouvée selon les méthodes statistiques les plus modernes, entre autres par l'astrologue suisse Krafft, et par le statisticien français Michel Gauquelin. Si elle ne consistait pas en une science valable, des savants parmi les plus grands ne l'auraient pas pratiquée avec tant de ferveur. Pour ne citer que les plus connus d'entre eux, mentionnons Galilée, Copernic, Kepler, Newton.

On pourrait rétorquer qu'il s'agit là d'intelligences géniales du passé, et qu'après les progrès réalisés par la science, l'astrologie ne se trouve aujourd'hui plus cultivée par de grands novateurs scientifiques. Il n'en est rien puisque ce sont également les plus grands découvreurs de la science ou de la psychologie contemporaines comme Einstein ou C.G. Jung qui font l'éloge de l'astrologie. Par exemple, Eisntein dit que l'astrologie est une science illuminatrice à laquelle il doit beaucoup, et Jung, psychologue éminent,. d'ailleurs fils de pasteur, m'a personnellement confirmé l'utilité remarquable de l'astrologie pour connaître le psychisme compliqué de certains de ses patients.

TRAITÉ DE LA SPHÈRE NICOLAS ORESME. MANUSCRIT EN FRANÇAIS DU XVIe SIÈCLE (BIBL. NATIONALE).
Les trois grandes religions monothéistes ont à maintes reprises condamné l'astrologie dans son aspect fataliste, refusant un déterminisme qui prive l'homme de son libre arbitre. D'où — peut-être aussi parfois pour des raisons de prophylaxie sociale ? — les nombreux adages qui limitent l'action des étoiles afin de préserver la responsabilité de l'individu: "sapiens dominatur astris" (le sage domine les astres), "les astres inclinent mais ne contraignent pas" ou la fameuse phrase de Saint-Thomas d'Aquin: "les corps célestes sont la cause de tout ce qui se produit dans ce monde sublunaire, ils agissent indirectement sur les actions humaines, mais tous leurs effets ne sont pas inévitables", sans oublier celle, imagée, d'un grand astrologue anglais du XVIIe siècle, Sir Thomas Brown : "Ne te décharge pas de tes fautes sur les dos du Bélier ou du Taureau ..."

• **En conclusion,** après avoir répondu aux deux objections qu'on pourrait formuler contre l'astrologie considérée du point de vue religieux, répétons ce qu'a dit l'abbé Blanchard de Chassenay dans son étude sur "l'Attitude du monde catholique devant le mouvement astrologique moderne" : "L'Église n'a jamais jeté l'interdit sur l'astrologie scientifiquement pratiquée." "L'astrologie, au cours de ses innombrables investigations, et la théologie dans son rôle de gardienne de la religion, se rejoignent sur un même point : les opérations intimes de notre conscience." "L'astrologie peut légitimement ambitionner d'aider les humains à une meilleure connaissance d'eux–mêmes et de leur milieu." Effectivement, l'astrologie apporte le moyen le plus sûr de se connaître et, qui plus est, en reliant l'Homme au Cosmos, elle suscite une foi vivante. On peut même prétendre que par la constatation des influences astrales, elle apporte à l'homme la meilleure preuve de l'intervention constante de Dieu sur terre, c'est–à–dire de la toute-puissance divine.

Relevons encore une caractéristique de l'attitude religieuse de nombreux astrologues : se fondant sur leur expérience de l'âme et des destinées humaines, ils croient à la *réincarnation.* En effet, comment expliquer que Dieu tout-puissant tolère la naissance d'enfants infirmes, ou dont les imperfections laissent entrevoir une existence douloureuse? En rétablissant le principe de la réincarnation, tout s'explique. Chaque humain évolue conformément à ses mérites et à ses fautes, accumulés au cours de ses incarnations passées, et l'horoscope révèle son programme de nouvelle vie, choisi en accord avec Dieu afin de progresser dans la voie de la perfection. Par conséquent, chaque être humain naît différent et s'est engagé, avant de naître, à suivre le programme qui lui est propre. S'il dévie trop du chemin fixé, il en subit les conséquences désagréables, et se trouve bientôt réintégré dans la voie de son destin. La contrainte ainsi subie par chacun démontre l'immense pouvoir de Dieu, mais ce pouvoir, ainsi devenu manifeste, a pour effet de tranquilliser l'homme, de dissiper sa solitude et son angoisse; cela d'une part parce que les décisions et les agissements de Dieu sont justes et bons, d'autre part parce que cette observation du contrat établi avec Dieu relie à lui, d'où un sentiment de réconfort résultant d'une participation (12). Le fait que Dieu attribue à chaque homme une mission à remplir, un destin, rejoint les conceptions de saint Augustin ainsi que celles de Calvin, tous deux prêchant la prédestination de l'homme. K. H.

(1) Il faut d'ailleurs prendre l'expression — qui revient souvent dans la Bible — de devins et astrologues comme une allusion péjorative aux charlatans, car — les nombreux prophètes en font foi — le don de prophétie en soi est toujours considéré comme un don divin, comme un moyen dont l'Éternel dispose pour communiquer avec son peuple. (Note d'E. T.)

(2) Philon d'Alexandrie, dit aussi Philon le Juif, né en Alexandrie vers 20 avant Jésus-Christ, philosophe et mystique grec, auteur, entre autres, de "Commentaire allégorique des saintes lois", de "Sur l'esclavage de l'insensé", "Sur la liberté du sage", et "Sur la providence".

(3) Plusieurs historiens et astronomes s'accordent pour fixer la date de naissance de Jésus en l'an 7 avant notre ère, au moment d'une conjonction étroite entre Jupiter et Saturne (laquelle se produit tous les vingt ans). Cela a été confirmé entre autres par Gérald Messadié dans le premier volume de son œuvre "l'Homme qui devint Dieu". Ce chercheur et historien français a ensuite publié, dans un deuxième volume intitulé "Les Sources", les documents historiques sur lesquels il s'est fondé dans le volume 1. On trouve la mention de la date de naissance de Jésus à la page 88 de ce deuxième volume.

(4) ... ou lorsqu'elle fut "stationnaire" (vu de la Terre), dans un état intermédiaire entre la "rétrogradation" et la "marche directe". (E. T.)

(5) L'auteur de l'Apocalypse selon saint Jean connaissait bien l'astrologie : A la page 105 de "l'Histoire de l'astrologie" de Wilhelm Knappich (édition Vernal/Philippe Lebaud, 1986), il est écrit : "...comme l'a prouvé Boll, l'Apocalypse de saint Jean montre que son auteur avait une connaissance approfondie de l'astrologie." En effet, dans sa vision de l'île de Patmos, Jean parle des sept étoiles comparables aux sept esprits de Dieu. Ces sept étoiles font allusion aux sept planètes traditionnelles. Au chapitre 4 de l'Apocalypse, Jean parle de quatre animaux situés autour du trône. Le premier animal ressemblait à un lion, le deuxième ressemblait à un taureau, le troisième à un homme (l'homme signe du Verseau), le quatrième à un aigle (autre symbole du signe du Scorpion) On reconnaît ici les signes fixes en croix du zodiaque, soit Lion, Taureau, Verseau et Scorpion.

(6) Dans le livre de Jean Doresse "Les paroles de Jésus — l'Évangile selon Thomas" (édition Plon, 1959), il est écrit à la page 204 : "...il faut relever une citation du gnostique Théodote conservée par Clément d'Alexandrie (Extraits de Théodote, 21,3)." Jean Doresse est un spécialiste des manuscrits gnostiques découverts en 1945 en Haute-Égypte. Il cite plusieurs fois les "Extraits de Théodote", cela aux pages 117, 182, 204, 211, 212, et 214 de son livre.

(7) On pourrait ajouter que la notion de "fatalisme" a été récupérée par le dogme de l'Église catholique et son "Jugement Dernier". Ainsi, la "Terre Promise" du peuple élu de l'Ancien Testament révèle, pour certains, un caractère terrestre et temporel. À l'inverse, selon le Nouveau Testament, le Paradis promis (ou l'enfer, selon le cas) est post-mortem, céleste et intemporel.

(8) "Les astres peuvent l'homme incliner, le sage les peut dominer" (Almanach perpétuel, 1774, cité dans le dictionnaire des proverbes et des dictons, Robert).

(9) Les réformateurs Luther et Melanchthon ont pratiqué l'astrologie. On le mentionne dans "l'Histoire de l'astrologie" de Wilhelm Knappich, aux pages 177 et 178 du livre déjà mentionné plus haut. (Note d'E.T.)

(10) Se fondant sur les règles de leur science, ils peuvent néanmoins faire de la prospective et envisager des situations ou des climats futurs qui seraient le reflet des configurations à venir, comme cela est le cas de toute science. Cela n'a rien à voir avec la divination. (Note d'E.T.)

(11)... comme est "critiquable" un mauvais usage de la religion!

(12) La religion est en effet ce qui nous "relie" à l'Esprit, à la Transcendance. E.T.

L'Église catholique et l'Astrologie

L'astrologie entra dans la tradition chrétienne avec l'affirmation de Matthieu dans son Évangile quant à ces "...Mages d'Orient qui arrivèrent à Jérusalem et demandèrent : où est le roi des Juifs qui vient de naître ? Nous avons vu son étoile en Orient..." (*cf.* Matthieu : II, 2). On aurait pu croire que, suite à ce texte, les premiers temps du christianisme seraient favorables à l'astrologie. Il n'en fut rien. Justifiant le sévère "Discours véritable" du philosophe Celse, les conciles d'Arles (314), Laodicée (366), Agde (505), Orléans (511), Auxerre (570) condamnèrent la pratique de cette science. Et au concile de Bragda, en 563, on déclara anathèmes tous les astrologues. C'était faire fi des déclarations de certains saints et Pères de l'Église naissante. En effet, nous pouvons citer saint Basile qui, dans son homélie sur l'Héxaméron (VI, 6) nous déclare : "Par l'observation des astres, le navigateur prévoit ce qu'il a à craindre des aquilons, et peut ainsi retenir son vaisseau au port. Les laboureurs occupés de la semence des grains et de la culture des plantes peuvent ainsi choisir les moments les plus favorables pour leurs travaux. "À la même époque, saint Jean Chrysostome va plus loin encore dans son "Discours sur la Création" : " Voulez–vous savoir ce qu'annoncent les astres ? Ils annoncent la pluie, le vent, les orages, le beau temps. Voilà ce qu'annoncent les étoiles, grâce aux bienfaits de la Providence. Et c'est encore un signe de paix ou de guerre... Tels sont donc les faits que l'on peut sans danger, conjecturer. Ils n'ont rien de contraire à la religion, ils dépendent de Dieu lui–même." Dans les mêmes années, Théodoret, évêque de Cyr, en Syrie, nous confirme le caractère orthodoxe de l'astrologie : "L'Écriture sainte les appelle des *signes*, car ils nous font connaître le temps des semailles et des plantations, le moment opportun pour prendre médecine, couper le bois destiné à la construction des navires et des maisons. Nous–mêmes, en voyant une comète, nous prévoyons soit une invasion des ennemis, soit une invasion des sauterelles, soit une grande mortalité des hommes et des bestiaux." (cf. "Discours sur la Providence" : LXXX, 95 – 96)

Conforté par cette unanimité des Pères, saint Thomas d'Aquin n'hésitera pas dans sa célèbre "Somme théologique" à prendre la défense de l'astrologie, comme il nous laissera d'ailleurs un traité d'alchimie : "Si quelqu'un s'autorise du jugement des astres pour prévoir des événements tels que tempête ou beau temps, santé ou maladie, abondance ou insuffisance des récoltes, et autres semblables qui dépendent des corps physiques et des causes naturelles, il ne commet aucun péché." (cf. "Somme contre les gentils" : III, 82 et "Sommes théologiques" : P. I. Q. 115, A 4). Il faut en effet bien retenir l'opinion de ces docteurs : les astres sont des signes, ils annoncent, mais ils ne suscitent pas. Ils sont ainsi présages, mais ils ne sont pas moteurs. Ce fut cette définition qui permit pendant des siècles à des papes, des cardinaux et des évêques de protéger, de faire appel à des astrologues, voire de pratiquer l'astrologie. Dans ce domaine, citons les papes Léon III, Sylvestre II, Honorius III, Urbain V, Pie II, Pie IV, Pie XI, Nicolas V, Innocent VII, Sixte V. Mieux encore, au XVIIe siècle, le pape Paul V fit réaliser par le révérend père J.B. Hepburne, écossais, bibliothécaire du Vatican, la célèbre Virga Aurea, composée de tableaux récapitulatifs de toutes les connaissances en astrologie et en magie! Pour les cardinaux et les évêques, nous citerons Jean de Müller, évêque de Ratisbonne, Léopold d'Autriche, évêque de Freyssing, le cardinal d'Ailly, chancelier de l'université de France (1), les cardinaux Cusa et Cajetan, Giovanni Ingegneri, évêque de Capo d'Istria, Bernard de la Mirandole, évêque de Caserte, Uldaric de Frosnperg, évêque de Trente, etc. Pour le clergé, citons les franciscains Raymond Lulle, Roger Bacon, Joachim de Célico, abbé cistercien de Corazzo, les jésuites Athanase Kircher, Guillaume Postel, Torrebianca de Villalpaude, et bien d'autres. Lorsque le roi Charles V le Sage fonda en 1370 le Collège dit de maître Gervais, où on enseignait les rapports entre l'astrologie et la médecine, le pape Urbain V, à la prière du roi, confirma par une bulle les privilèges de cet institut. Tous avaient d'avance un défenseur de classe : saint Jérôme lui–même, l'auteur de la "Vulgate", version officielle du Nouveau Testament pour l'Église romaine. Car saint Jérôme nous dit : "Je me tais sur les philosophes, les astronomes, les astrologues, dont la science, très utile aux hommes, s'affirme par le dogme, s'explique par la méthode, se vérifie par l'expérience." (*cf.* Taceo de philosophis, astronomis, astrologis, quorum scientia mortalibus utilissima est... etc. – prologus galeatus, in Bibl. sacr. Le pape Sixte V, créateur de la bibliothèque vaticane, annexa volontairement à la Bible ces paroles du docte Jérôme !).

(Double page précédente)
SABBATINI LORENZO.
APPARTEMENT DES BORGIA AU VATICAN :
Le splendide plafond est décoré en bordure des 12 signes du Zodiaque, à raison de 4 sur chaque longeur et 2 sur chaque largeur.

---

(1) Celui–là même qui prédit la Révolution française dans son "*Imago Mundi*" (l'Image du Monde), qui ne fut publiée que cinquante ans après sa mort, en 1470 : une prévision fantastique, faite d'après le calcul des cycles planétaires, probablement la plus "immense" dont nous avons connaissance, puisqu'elle enjamba presque quatre siècles d'histoire !... (note de E. T.)

VITRAIL DE LA VIERGE (CHARTRES) : LES SIGNES DU ZODIAQUE : les nombreux vitraux d'inspiration astrologique que l'on peut trouver dans les cathédrales occidentales, qui ont pour vocation d'inscrire l'homme en tant que créature de Dieu dans un monde cosmique créé par Dieu, témoignent abondamment, si cela était nécessaire, de l'harmonie implicite mais réelle qui relie astrologie et religion, et, en tout cas, de l'inexistence absolue d'un hiatus fondamental entre ces deux univers. Si la mathématique céleste s'adresse davantage à l'esprit et à la raison, alors que la religion vise le contentement de l'âme et se meut dans le domaine de la croyance, la première, en s'élevant, n'en est pas moins conduite à rencontrer les préoccupations spirituelles de la seconde. L'Église, la plupart du temps consciente de cette profonde affinité, institua une chaire papale d'astrologie à Rome en 1520 et Luther préfaça lui-même un ouvrage de l'astrologue Lichtenberg.

Sylvestre II, Gerbert d'Aurillac : pape de 999 à 1009. Le comte de Barcelone, Borel, l'emmena en Espagne où il s'initia aux sciences détenues alors par les Arabes : astrologie, géomancie, médecine hermétique, d'où sa réputation de pape magicien.

Le pape Grégoire XIII fit opérer en 1582 la réforme du calendrier auquel il a donné son nom, afin de rattraper les dix jours de retard du calendrier julien. Son astrologue, nommé Lilio, chargé de ce travail, sachant le rôle des jours planétaires en astrologie traditionnelle (ils justifient les *heures planétaires égales*), obtint du pape que le jeudi 4 octobre 1582 soit suivi du vendredi 15 octobre 1582, en place du lundi qui aurait été le 15 octobre sans cette mise au point.

Pierre d'Ailly : cardinal, surnommé l'Aigle des Docteurs de France. Confesseur de Charles VI, conseiller du Pape Benoît XIII, il joua un rôle important au Concile de Constance. En ses *Tablettes alphonsines,* rédigées en 1414, parlant des grandes conjonctions futures de Saturne et Jupiter, il déclare : "Si le monde vit jusque-là, ce que Dieu seul sait, il y aura alors de grandes et nombreuses vicissitudes et des révolutions étonnantes, surtout dans les lois." L'astronome Idler, analysant la première édition des *Tables alphonsines* de 1414, trouva qu'une de ces conjonctions jouait en l'année 1789.

Jean de Müller, évêque de Ratisbonne, né en 1436. Le roi de Hongrie se l'attacha comme astrologue. Sous le nom de Regiomontanus, il corrigea les *Tables alphonsines* et établit une *Table de domification* qui porte son nom; enfin, il publia pour la 1ère fois des *Éphémérides* valables pour 30 ans. Lui aussi annonça la grande révolution de 1789, en nous révélant qu'après "mille ans accomplis depuis l'enfantement de la Vierge, et que de plus sept cents ans seront écoulés, la 88e année sera bien étonnante et entraînera avec elle de tristes destinées. Tous les empires seront bouleversés et il y aura du grand deuil". Il s'agit de Louis XVI évidemment. **R.A.**

VITRAIL FRANÇAIS (XIIIe SIÈCLE). LES POISSONS, EMBLÈME CHRÉTIEN PAR EXCELLENCE ET REFLET DE LA THÉORIE DES ÈRES (VOIR CE THÈME). A noter que le culte de la Vierge n'est pas étranger à cette notion, ce signe se plaçant exactement à l'opposé des Poissons.

3. L'Astrologie aujourd'hui

ALBUMAZARIS LIBER. LA PRÉVISION DU TEMPS. MANUSCRIT XVe SIÈCLE.
Bien souvent, les sympathisants de l'astrologie eux-mêmes, s'ils admettent l'influence planétaire sur le caractère et le tempérament, la refusent au niveau du devenir. L'astrologie nous apprend cependant qu'il n'y a pas de solution de continuité entre les deux, que le thème natal reflète à la fois la structure de la personnalité et potentiellement son déploiement à travers le temps. Et sur le plan collectif, le langage astral, sorte de code établi empiriquement, nous permet de nous projeter sur le futur, dès lors que l'on connaît les positions planétaires à venir.

Dans le premier chapitre, nous avons découvert le système solaire — référentiel de l'Art royal des astres —, les règles et les techniques de base de l'astrologie. Dans le deuxième chapitre, nous sommes remontés aux sources de cette connaissance, révélant ainsi toutes ses richesses, toujours exploitées et renouvelées au fil des siècles. Nous allons maintenant faire le point sur l'astrologie aujourd'hui, et sur ses perspectives. C'est un truisme de parler d'avenir à propos d'astrologie et quelque part un paradoxe. En effet, l'astrologie est une science intemporelle embrassant le Temps; elle se réfère au passé et s'inspire de l'Histoire, pour nous aider à mieux vivre dans le présent et — pourquoi pas? —, à soulever un coin du voile sur l'avenir...

Un survol sociologique...

"Rien n'est aussi fort qu'une idée dont le temps est venu."

Victor Hugo

"C'est (l'astrologie) à mon égard une très grande dame, fort belle et venue de si loin qu'elle ne peut manquer de me tenir sous le charme. Dans le monde purement physique, je n'en vois pas dont les atours puissent rivaliser avec les siens. Elle me paraît, en outre, détenir un des plus hauts secrets du monde. Dommage qu'aujourd'hui, au moins pour le vulgaire, trône à sa place une prostituée. "

André Breton

D'aucuns trouveront cette séduisante allégorie de l'Art royal des astres, qui remonte à 1954 et que l'on doit à l'auteur visionnaire de "L'amour fou", totalement obsolète et caduque, invoquant son invasion tous azimuts dans les médias, la vie courante, voire la mentalité de notre époque. Impossible, en effet, d'ouvrir un magazine dans un quelconque pays européen sans être confronté à la lecture d'un article sur l'astrologie et la décoration, la mode, les voyages, la beauté, la gastronomie, que sais-je...? La vieille et *grande dame,* il est vrai, est mise à toutes les sauces. Dans une enquête menée par le *Figaro* qui, le 4 octobre 1984 titrait : "L'astrologie est-elle une science ? C'est en tout cas, un raz-de-marée ! Pourquoi ?", on pouvait lire que la littérature astrologique a fourni "entre dix et quinze millions d'ouvrages dans les dix dernières années... et qu'*Astroflash* (programme informatique) voit 350 clients défiler quotidiennement depuis seize ans... Quarante-cinq congrès dans les dix dernières années ont rassemblé ses adeptes et, aux États-Unis, elle s'organise en sociétés savantes... Votre thème astral sera un élément du diagnostic si vous allez consulter les docteurs Michaud, Broudic, Michelot, auteurs d'ouvrages sur les relations entre l'astrologie et la médecine." Psychiatre dans un hôpital parisien, le Dr Boucher s'est adjoint une astrologue depuis deux ans et affirme obtenir des résultats intéressants "même si, dit-il, je ne sais pas pourquoi ça marche"... Dans son entreprise qui emploie deux cents salariés, J. Goudeux s'est assuré les services d'une astrologue qui intervient, au même titre que le psychologue, dans les relations avec le personnel. Selon un sondage publié en 1983, 90% des Français connaissent leur signe, contre 30% en 1963... Depuis 1985, des programmes télématiques opèrent à travers d'innombrables services sur Minitel, avec plus ou moins de bonheur, car on y trouve, il faut le dire, le pire et le meilleur. Bref, il y a nettement pléthore.

POURQUOI DONC CETTE EXPANSION SPECTACULAIRE ?

L'affaiblissement du sentiment religieux vécu au quotidien d'une part, de l'idéal patriotique d'autre part, qui donnaient à l'individu sa place dans un ensemble social rassurant, la naissance, avec la psychanalyse, d'une nouvelle curiosité pour le Moi profond de même que la naissance de l'ère du Verseau et du New-Age ne sont probablement pas étrangers à ce que certains lobbies qualifient de **superstition de la préhistoire** ou de plus grande escroquerie de tous les temps. Cette cosmogonie a pour elle, en effet, qu'elle satisfait à la fois l'exigence intellectuelle et philosophique et le sens religieux inné à l'être humain, en le reliant à un grand Tout forcément conçu par un Esprit divin.

Hélas, lorsqu'on contemple ses avatars dans une certaine presse, la vieille et grande dame est trop souvent une vieille dame indigne. Normal : dès qu'il y a une mode, il y a inflation et débordements sauvages, surtout en l'absence d'une quelconque institution officielle dénonçant les abus !

En fait, il s'agit d'une réaction en chaîne ou plutôt d'un *cercle vicieux sociologique.* Pourquoi ? Le consensus social, l'*establishment* culturel étant hostiles et méprisants pour l'astrologie, les rédacteurs en chef des magazines ou les programmateurs de télévision la considèrent en général comme un *mal nécessaire* — car le public en est friand — et n'hésitent pas, dès lors, à puiser l'horoscope dans un numéro d'il y a six mois, en cas de panne, ou à faire appel, pour des raisons pécuniaires, au texte moins que scientifique d'une agence de presse ou aux pronostics approximatifs de la femme de tel collaborateur du journal, férue d'astrologie.

Comment s'étonner, dès lors, de la médiocrité de certaines rubriques et, surtout, de leur manque de convergence ? Il n'y a pas de miracle : le jour où l'on traitera l'astrologie comme on traite la médecine ou l'économie nous aurons franchi un grand pas. Pas étonnant non plus, les choses étant ce qu'elles sont, que certains esprits sérieux qui se préoccupent de la science des astres, voulant se démarquer de l'astrologie vulgaire et mercantile, aient recours au néologisme. L'astrologue suisse E. Krafft, s'attelant à des statistiques dans un esprit très scientifique il y a un demi-siècle, les précéda dans cette démarche. C'est ainsi que l'on trouve aujourd'hui une floraison de synonymes plus ou moins *sidéraux ou cosmiques :* astro-biologie, cosmobiologie, cosmophilosophie, typocosmie, biocosmologie... et j'en passe. Comme si l'emballage faisait accepter plus facilement le contenu; si ce dernier est valable, l'emballage traditionnel devrait pourtant suffire.

Le défi est énorme, cependant. Surtout lorsqu'on considère cette *Tour de Babel* qui rassemble des langages fort différents et qui enveloppe l'univers de l'ésotérisme d'un flou artistique, d'un halo aussi vague que sulfureux. Les médias les plus respectables (enquête de l'Express du 20 octobre 1989, intitulée "Les Français et le surnaturel", ou du *Nouvel Observateur* du 1er juin 1989, intitulée "La France surnaturelle") font systématiquement l'amalgame entre des sciences humaines respectables — parce que vérifiables — et des pratiques mystificatrices plus ou moins dangereuses comme la magie, la sorcellerie, les envoûtements, exercées par des faux prophètes et des gourous profiteurs, qui mettent dans un pot commun un savoir codifié et hérités d'une longue tradition et de regrettables avatars de la superstition la plus primaire, dont les motivations relèvent la plupart du temps d'un lamentable demi-savoir dangereux et des visées les plus vénales. On a de la peine à croire que certains journalistes enquêteurs soient aussi mal informés au point d'ignorer la différence. Ne serait-ce que celle qui existe entre voyance et astrologie.

Quelle différence au fait ? Celle qu'il y a entre un langage empirique, celui du symbole astrologique, d'une part, langage qu'il faut *apprendre* et dont il faut s'imprégner, entre une technique donc, une pratique qui implique des calculs rigoureux, de l'expérience et de l'intuition et, d'autre part, un phénomène psychique spontané et subjectif, en principe non soumis à la volonté, car fait de réceptivité passive, d'ouverture au *flash* — d'où les problèmes des voyants recevant aux heures ouvrables (mais cela est une autre histoire).

Il faut le constater, l'astrologie, victime parmi d'autres disciplines ésotériques, de ce que L. Pauwels appela le *génocide des temps modernes* est, aujourd'hui, trop souvent encore cette prostituée de Breton, cette demi-mondaine qui évolue dans un *no man's land* culturel, quelque part entre *l'establishment* et le ruisseau — ou le ghetto. Elle est invitée partout et de toutes les fêtes, mais doit se contenter d'être la pierre de scandale ou de jouer à *Back-street* quand un haut personnage politique fait appel à ses lumières. Éminence grise, elle ne peut avoir aucune exigence de reconnaissance au grand jour et doit même s'attendre à être désavouée — (une exception, cependant, que j'appréciai fort : le ministre des Affaires étrangères de RFA, Mr Genscher qui affirma dans un journal télévisé à Berlin qu'il croyait ferme en mes prévisions !). Elle produit des face-à-face télévisés explosifs, comme celui de *L'huile sur le feu,* en 1977, avec comme procureur E. Schatzman, président de l'Union rationaliste et astrophysicien et moi-même à la défense.

LE SCANDALE D'ASTRALEMENT VOTRE ET DE L'ASTRO-SHOW.

L'astrologie fait recette, le public en veut et en reveut, mais, en dépit de ce constat, la télévision est pusillanime : chat échaudé craint l'eau froide et on a peur des réactions des lobbies en place, qu'ils soient du côté des rationalistes, des marxistes (souvent les mêmes) ou du côté de l'Église. En France, il y eut le scandale d'*Astralement Vôtre,* premier horoscope télévisé en Europe (émission quotidienne d'une minute quarante-cinq), en 1975-76, et en RFA, celle de l'*Astro-Show* (émission mensuelle d'une heure et demie du samedi soir en *prime-time* — 20 h 15 —), entre 1981 et 1983. Deux séries à forte audience qui n'avaient aucune raison objective d'être supprimées dans la mesure où elles répondaient aux vœux d'une fraction importante de la population. Mais le consensus des personnages décisionnaires allait en sens inverse. D'où une fantastique levée des boucliers, disproportionnée par rapport à la modestie, en France, d'*Astralement Vôtre :* pas même deux minutes d'antenne !

Cela suffit pourtant pour faire titrer des quotidiens "L'inquiétant *Astralement Vôtre :* lettre ouverte à M. Jullian, directeur du Service public d'A2" *(Quotidien de Paris),* ou "Le scandale d'A2 : *Astralement Vôtre*" *(Le Monde);* cela suffit pour inciter un membre de l'énergie atomique à dire solennellement : "Ce sera *Astralement Vôtre*

UN SERMENT D'HIPPOCRATE POUR LES ASTROLOGUES

Voici les conseils que l'astrologue anglais W. Lilly (1602-1681) prodiguait à un jeune astrologue et que l'on donne aujourd'hui encore aux frais diplômés de la Faculté des études astrologiques de Londres, tant ils sont intemporels : "Alors que chaque jour tu converses avec le ciel, instruis et forme ton esprit à l'image de la Divinité; apprends tous les ornements de la vertu, sois assez instruit à ce sujet; sois humain, courtois, familier avec tout le monde, d'accès facile; n'afflige pas le misérable par la terreur d'un jugement sévère; oriente-le vers Dieu pour agir sur les jugements suspendus au-dessus de lui; sois civil, sobre; ne convoite aucun bien, donne largement aux pauvres, tant en argent qu'en conseils, qu'aucune richesse de ce bas-monde ne t'arrache un jugement erroné qui déshonorerait ton art."

ou moi !" "Un pas de plus est franchi dans l'avilissement des programmes" annonçait *Le Courrier rationaliste,* en octobre (ou était-ce l'inverse) : "un pas de plus est franchi dans la dégradation des programmes" (6/10/1975), qui continuait sur le même ton véhément : "cette fausse science (...), une agression insidieuse, une opération idéologique de diversion (!), vieille recette de sorcellerie misérabiliste, mise sous les prestiges d'une revendication para-scientifique (...), l'astrologie est une imposture".

Quant à mon expérience Outre-Rhin (qui du jour au lendemain fit ma célébrité : on me sacra grande prêtresse et on me prêta une *aura* sidérale et magique, à mon corps défendant), après une montée en flèche, les lobbies scientifique et chrétien rigoriste, m'accusèrent (dans *Welt am Sonntag)* d'être à la fois un suppôt du diable et un épiphénomène de l'astrologie hitlérienne ! Or, celle-ci avait laissé un souvenir sulfureux en Allemagne. Heureusement, ce ne fut là qu'un article ponctuel. Nonobstant, on continue de m'inviter régulièrement à la télévision allemande pour témoigner, prévoir, discuter. Une émission intéressante eut lieu à Baden-Baden, en février 1990 à laquelle on me convia en présence d'un membre du Soviet suprême de Lettonie et de l'ex-Secrétaire général de l'Otan, étant donné mes prévisions sur la mutation de l'Urss.

Cependant, en France, ce que les sociologues qualifient de *rationalisme militant antiastrologique* s'était déjà manifesté en décembre 1970 contre l'émission de Madame Soleil, par une lettre ouverte de l'Union rationaliste au directeur d'Europe I, qui dénonçait "les conséquences inquiétantes et dangereuses que représentent ces émissions". "L'antiastrologie rationaliste, écrit L. Pétrossan, est le fait de l'Union rationaliste. Cette organisation est plus ou moins contrôlée par la vieille école des universitaires communistes du groupe *La Pensée.* Fondée à l'origine contre la religion, et militant depuis le début du siècle dans ce sens, l'Union rationaliste a élargi et même converti ses activités contre les formes renaissantes de l'occultisme... et le renouveau astrologique." Selon Fischler (même étude), le "rationalisme positiviste" est le garde-fou de la "légitimité scientifique" et "s'érige péremptoirement en autorité épistémologique suprême", gardant le "silence sur certaines formes du délire politique, qui se réclament pourtant toujours, elles aussi, de la scientificité". Et le sociologue de conclure qu'il n'y a pas là "choc de la rationalité contre l'irrationnel, de la raison contre l'obscurantisme, mais collision de deux rationalismes contradictoires...". Possible, sauf si la Raison est forcément une !

Cette *allergie aux planètes,* cette rage anti-astrologique se retrouvent plus ou moins partout, que ce soit avec Carlson et B. Bok, ou, en France, avec les rationalistes J.-C. Pecker, astronome, (qui reconnait "un scepticisme à priori" dans "L'astrologie et la science" — *La Recherche*), ou E. Schatzman (qui affirme que "l'astrologie n'est pas du domaine de la preuve" — inutile donc qu'elle tente de se démontrer...), sans compter l'astronome Couderc, adversaire fanatique de la science des astres et dont l'opinion, négative bien sûr, prévalut pendant des décennies et fit référence. Il était l'auteur d'un petit ouvrage de référence sur "L'Astrologie", dans la célèbre collection *Que sais-je ?* (où il appelait le lecteur à partir en guerre sainte contre le sujet traité !). Heureusement, depuis, les choses ont progressé : le dernier auteur est plus objectif.

Via l'expérience de Carlson, on vit également apparaître la polémique antiastrologique en Angleterre (dans *Nature*) et en Suisse (dans *Experientia*) véhiculée par de sérieux magazines scientifiques. En France, *Science et Vie* joue ce rôle, transfuge des expériences malheureuses sur *Astroflash* et des tribulations de M. Gauquelin — qui attendit durant des années la réponse à ses travaux statistiques, (via ce journal) annoncée par le Comité Français en 1982...

Difficile dans un tel contexte sociologique, même si depuis une dizaine d'années les mentalités ont évolué vers une plus grande curiosité pour l'ésotérisme — qui, d'ailleurs, s'est mué en exotérisme en se vulgarisant — difficile, donc, de faire admettre par un directeur des programmes, un projet télévisuel où l'Art royal des astres ne serait plus cantonné au domaine ludique, traité en bouffon de la société, en fou du roi et amuseur public, mais dans une perspective plus sérieuse — ce qui n'implique pas forcément l'ennui, mais distraire et éduquer à la fois — par exemple à travers une émission purement caractérologique, sorte d'astroscopie qui permettrait d'aller plus loin dans l'exploration d'un personnage, célèbre ou non. Ce moment, pourtant, ne peut être très loin, si l'on en juge par le climat général.

OÙ EN EST-ON AUJOURD'HUI ?

L'enquête sociologique effectuée en 1971 par une équipe dirigée par E. Morin, comprenant C. Fischler, P. Defrance et L. Petrossan et remaniée en 1981, conclut : "Le courant astrologique n'est pas près de s'affaiblir." (Morin) "L'astrologie moderne n'est pas le résidu folklorique et superstitieux d'une société rurale non développée." (Fischler). "Elle se répand au contraire de manière privilégiée là précisément où se concentrent les caractères nouveaux de civilisation moderne et les crises contemporaines : dans les villes... Dans les villes, elle va profiter des affaiblissements simultanés de l'esprit religieux traditionnel et du courant rationaliste laïque, en même temps que des progrès du nouvel individualisme... C'est à cet individualisme que répond l'astrologie moderne : jadis aristocratique et princière, elle s'est démocratisée". (cité dans "L'Astrologie" de S. Fuzeau-Braesch, collection Que sais-je ? PUF). L'enquête conclut que parmi les causes de ce vent de psychologisme qui souffle depuis 1960, il faut compter une "confiance globale dans les sciences exactes qui semble quelque peu ébranlée"... phénomène peut-être en liaison avec la crise de la science elle-même?

La "croyance clignotante" dont fait état E. Morin dans cette enquête qui remonte à 1971, est toujours la caractéristique essentielle de l'attitude de l'homme de la rue face à l'astrologie; croyance "semi-lucide, indécise, tronquée, ambivalente" qui correspond à une position incohérente, inconsciemment hypocrite et confortable parce qu'elle ne nous oblige pas à choisir, reflet d'une forme de régression dans la mentalité magique ou l'enfance, où "les frontières entre la demi-croyance et la croyance d'une part, la demi-croyance et le scepticisme d'autre part sont très difficilement discernables".

Une attitude en somme qui nous permet de nous soumettre sans examen personnel au *sur-moi collectif et culturel* qui n'est autre que le consensus de notre société depuis 300 ans où il n'est plus de bon ton de croire à l'astrologie (comme si cette adhésion était du domaine de la foi) — et cela, tout en laissant une soupape à la part d'irrationnel qui sommeille en nous et dont ce consensus rationaliste nous a appris à nous méfier et à avoir honte.

Résultat : le scénario répétitif de ce rédacteur en chef d'un grand hebdomadaire français qui, jusqu'à récemment, se vantait de ne jamais faire appel à l'astrologie dans son journal (astrologie = opium du peuple, folklore superstitieux, billevesée pour débiles mentaux, et astrologues = sorciers bantous à peu de chose près !) qui, par la suite, dut capituler devant la *demande* du public et du reste de la rédaction et qui, tout rationaliste invétéré qu'il était, me demanda après une longue diatribe contre mon art, ce que disaient les étoiles de la prochaine sortie de son livre...

"Une porte doit être ouverte ou fermée", disait Musset et il faudra bien choisir un jour entre adhésion et refus si la société veut devenir adulte et pouvoir juger par elle-même au lieu de se laisser imposer des schémas et des modèles de pensée sans examen. C'est la seule façon d'être cartésien, et de faire table rase des idées reçues. Etre cartésien, ce n'est pas juger et condamner à priori et refuser l'expérience objective et honnête. Car, après tout, si l'astrologie est susceptible d'exploits extraordinaires liés à la prévision collective (*cf.* attentats contre le pape et R. Reagan, krach boursier de 1987, Tchernobyl, crise du Golfe...) et cela *sans intervention de la voyance* mais en appliquant strictement les lois de la symbolique planétaire, la conclusion logique minimale est qu'il y a là quelque chose qui doit intriguer la science. La conséquence logique devrait inclure, dès lors, des recherches systématiques, des subventions, la création de centres d'expérimentations et de statistiques. Cela, seul, permettra de séparer le bon grain de l'ivraie.

Une autre conclusion étant l'apport possible à la société que peut représenter cette connaissance, qui pourrait redevenir une conseillère au *grand jour* des actions humaines, comme elle le fut dans le passé : pour fixer la date optimale d'une rencontre au sommet, par exemple, qui aura tant d'incidences sur l'avenir des nations, celle d'une vaste manifestation de solidarité ou encore l'inauguration d'un musée, du lancement d'un paquebot. Il y a un temps (opportun) pour tout.

L'astrologie est lasse de jouer le rôle de parente pauvre dans l'intelligentsia occidentale, de paria dans *l'establishment* culturel, uniquement parce qu'elle implique une révolution philosophique et épistémologique et que les gens en place, les représentants de la science officielle ne veulent remettre en question ni leurs positions ni leurs croyances.

Heureusement, le temps qui passe, l'urgence imposée par une science en crise de trouver un nouveau paradigme épistémologique qui devra englober l'*inexplicable* d'aujourd'hui — qui deviendra le *scientifique* de demain — sonnant peut-être le glas de ce schisme, de cette anomalie culturelle, transformeront — qui sait ? — cette *croyance clignotante* en une lumière persistante. L'arrivée, en 1992-93, de la solennelle conjonction Uranus-Neptune (fréquence 173 ans) prémisse d'une société nouvelle, n'est sûrement pas étrangère à cette évolution, éclairée par l'aube de l'ère du Verseau. E. T.

1 - L'ASTROLOGIE FACE À LA SCIENCE

Comment se comporte l'astrologie face à la science ? Doit-on "la considérer avec les autres superstitions comme un caractère primitif, comme un reste de barbarie, que l'évolution de notre espèce n'a pas réussi à éliminer", comme l'affirmait Paul Couderc, l'un de ses plus fervents et fanatiques détracteurs (1), ou doit-on l'aborder comme "un fait de civilisation" auquel on doit "un certain respect, celui que l'on accorde à un très ancien et traditionnel savoir, perpétué à travers les âges par l'être humain", comme le suggère Suzel Fuzeau-Braesch (2) ? Doit-on comme Balzac la regarder comme la "science de plus haute intelligence", voire, comme Albert Einstein la considérer comme "une science en soi illuminatrice".

ZODIAQUE ET SYMBOLES CHIMIQUES.
C'est l'alliance du langage analogique, symbolique et de la pensée scientifique, rationnelle. "Aujourd'hui commence le dialogue le plus grave qu'ait connu l'humanité : le dialogue entre l'esprit scientifique et la signification de la vie". (A. Einstein)

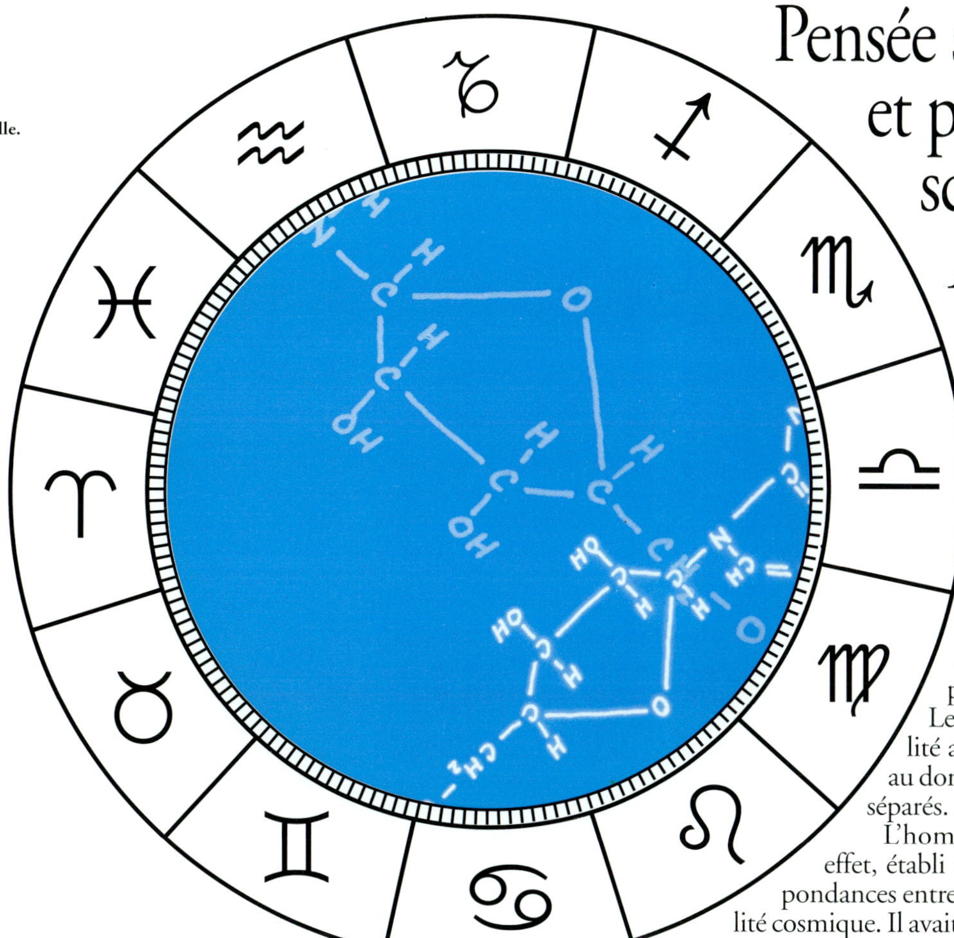

Pensée symbolique et pensée scientifique

Alors qu'Aristote (384-322) avait énoncé les prémisses d'une logique formelle et causaliste, ce n'est qu'au XIIe siècle (colloque de Cordoue) et véritablement au XVIIe, avec Descartes et Galilée, que ce que l'on nomme la pensée scientifique émergera en Occident. Jusque-là, l'approche du monde et la compréhension de l'homme au sein de l'Univers étaient régies par la pensée symbolique. Les différents niveaux de réalité allant du domaine matériel au domaine spirituel n'étaient pas séparés.

L'homme traditionnel avait, en effet, établi tout une chaîne de correspondances entre la réalité terrestre et la réalité cosmique. Il avait recherché les analogies, les marques semblables qui sont les "signatures" (Paracelse) d'une même force archétypique à partir de laquelle il avait organisé sa vie.

Pour la pensée symbolique : *1) le monde est un :* le monde est un être vivant et l'homme, minuscule partie de l'Univers, est la mesure de toute chose. *2) la partie est semblable au tout :* faisant partie de l'Univers, l'homme contient tous les caractères de l'Univers, il les condense en lui, de même qu'une cellule possède tous les attributs de l'organisme; l'homme est un cosmos en réduction, un microcosme, semblable au grand cosmos ou

"Il serait illusoire de croire que les sciences modernes ont banni le mythe. On a pu le penser au siècle des Lumières et des civilisations; qui le dira aujourd'hui des sciences actuelles? De mythes, les sciences se sont nourries et se nourrissent; elles en ont été et en demeurent les servantes." (Charles Morazé, "Les origines sacrées des sciences modernes", Fayard, 1986). Après environ deux siècles de séparation, la pensée symbolique et la pensée scientifique se retrouvent. Bien sûr, l'astrologie ne peut que se réjouir de ces retrouvailles.

(1) in "L'Astrologie", PUF, collection Que sais-je ? n° 508, 1974.
(2) in "L'Astrologie", PUF, collection Que saie-je ? n° 2481, 1992.

macrocosme. *3) la partie est solidaire du tout :* puisque l'homme est fait du tissu de l'Univers, il vit et vibre avec lui par nature; la partie et le tout sont pris dans une simultanéité globale et il y a coexistence ou concomitance d'un même cycle, d'une même vibration dans le ciel et dans l'homme qui, tous deux, constituent un être unique : l'Univers.

Mais à partir du XVIIe siècle, ce qui, jusque-là, était perçu intuitivement et avait un caractère synthétique, va s'expliciter causalement et de façon séparative. Aux termes "de la même manière", "comme", sont substitués les termes "parce que" ou "afin que". *Le principe d'analogie,* fondement de la pensée symbolique, fait place définitivement au *principe de causalité,* base de la pensée scientifique. C'est une formidable révolution dans l'histoire de l'humanité.

Mais l'astrologie, fruit de la tradition symbolique, s'appuie toujours sur le principe d'analogie qui peut s'exprimer de la façon suivante : si nous prenons l'exemple de la symbolique solaire dans un thème de naissance, celle-ci renvoie au moins à trois plans de manifestation (à partir de la position astronomique), qui sont les plans psychique, biologique et événementiel. Tout comme le Soleil est le centre de notre système planétaire (point de vue astronomique), il représente le centre de gravité de l'individu, l'idéal qu'il cherche à réaliser (plan psychique). Il représente aussi le centre de l'organisme, c'est-à-dire le cœur (plan biologique). Enfin, le Soleil dans un thème natal symbolise aussi les réalisations concrètes ou les obstacles qui nous permettent ou nous empêchent d'accomplir notre idéal (plan événementiel).

L'astrologie, par la voie du symbole, révèle à l'homme l'unité sous-jacente entre l'Univers et la créature et les liens qu'ils entretiennent. En s'appuyant sur la tradition, l'astrologie suppose que les plans psychique, biologique et événementiel d'un même symbole ne sont pas séparés mais structurés de la même façon. "Ce qui est comme" le Soleil, ce qui lui ressemble, participe des mêmes forces que lui, possède un même vécu archétypal. En revanche, la pensée scientifique sépare l'homme de l'Univers afin d'étudier la reproductibilité des phénomènes, considérant qu'ils ont lieu indépendamment de l'homme. Pour elle, les mêmes effets renvoient aux mêmes causes. Si on appliquait la pensée scientifique à l'astrologie, le soleil ou les planètes ne seraient en rapport qu'avec un seul plan de manifestation et il serait possible de prédire de façon précise. Pour la pensée symbolique, les planètes du thème natal représentent la signature de l'esprit des forces qui animent le monde et l'homme à un moment donné. Elles renvoient toujours à un faisceau de tendances convergentes qui ont ensemble un sens commun. Aussi est-il impossible de prédire de façon précise en astrologie, mais seulement de suggérer la qualité des événements possibles (1).

La pensée scientifique repose sur les principes d'objectivité, de séparabilité, de tiers exclu, d'identité et de déterminisme. La pensée symbolique, quant à elle, fait appel aux principes de non-séparabilité, de tiers inclu, d'interdépendance universelle et de recherche de cohérence entre l'homme et l'Univers. Elles ont deux approches qui sont aux antipodes l'une de l'autre : la première se fonde sur l'extériorité, la seconde s'enracine dans l'intériorité.

Il ne s'agit pas de porter un jugement de valeurs sur l'une ou l'autre, elles ne s'excluent pas mais sont complémentaires. Cependant, aujourd'hui, en microphysique notamment, le fait :
– *qu'on puisse de moins en moins séparer l'homme de l'Univers* pour comprendre les phénomènes,
– *que la causalité locale soit mise en échec au niveau subatomique* car il y a non-séparabilité entre les systèmes,
– *que certains scientifiques s'appuient d'abord sur le principe de cohérence entre les systèmes* pour mener leur recherche,
– *enfin, que l'on admette une identité de structure* entre différents plans de réalité,
nous amène à penser qu'une conversion est en train de se réaliser. Le fait que l'expérience intérieure de l'approche symbolique trouve un écho, un reflet dans le monde des phénomènes observés par la science et que, d'autre part, l'expérience scientifique portant sur les phénomènes quantiques tout particulièrement semble retrouver certains principes sur lesquels repose la pensée symbolique, laisse présager que pensée symbolique et pensée scientifique puissent converger ou plutôt se compléter au-delà de leur contradiction.

S. de M.-N.

---

(1) Cependant, il suffit dans nombre de cas de "suggérer la qualité des événements possibles" pour aboutir à une prévision précise; sinon, comment expliquer la multitude des prévisions justes réalisées dans l'histoire de l'astrologie... et presque quotidiennement de nos jours ? (*cf.* "Les prévisions mondiales"). (Note de E. T.)

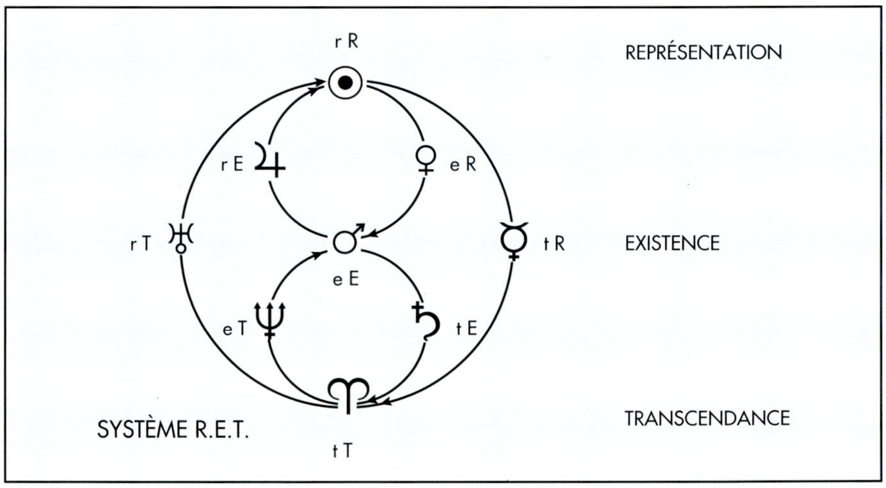

Les preuves scientifiques de l'influence astrale

ISAAC NEWTON. GRAVURE DE W. SHARP D'APRÈS G. K. NELLER. **Comme d'autres grands esprits de l'humanité (Shakespeare, Kepler, Dante, Gœthe, etc.), Newton pratiqua — et défendit — l'astrologie. Comme Halley, découvreur de la comète et astronome rationaliste, l'interrogeait avec étonnement sur sa passion, l'inventeur de la gravitation, lui répondit : "La différence entre vous et moi, Sir, c'est que je l'ai étudiée, et vous non."**

Peut–on prouver scientifiquement que les astres exercent une influence sur la personnalité? Existe-t–il des preuves de cette influence? Que font les astrologues pour démontrer scientifiquement les fondements de leur art? Et que font les hommes de science pour connaître et comprendre cette science qu'ils ont trop souvent tendance à juger, voire condamner, sans la connaître ?

"Douter systématiquement de tout et croire systématiquement en tout sont deux attitudes identiques qui nous dispensent de réfléchir."
Henri Poincaré

"Vingt années d'études pratiques ont convaincu mon esprit rebelle de la réalité de l'astrologie."
J. Kepler

Qui dit science, dit preuves. En effet, dès que l'on parle de science, y compris de sciences humaines, il faut être en mesure d'en démontrer le bien-fondé, les règles précises qui en font une discipline cohérente. Or, la notion de preuves est bien fragile, car la connaissance absolue nous est inaccessible, comme nous est inaccessible la parfaite objectivité. La physique quantique nous a démontré que l'expérience ne peut être totalement dissociée de la personnalité de l'expérimentateur qui, peu ou prou, encourage ou au contraire "fuit" certains résultats, en toute innocence. Bref, la notion de preuve est relative, voire subjective, teintée obligatoirement de certains modes de pensée, de rails intellectuels plus ou moins contraignants.

LES ARGUMENTS-TYPES

"Si les astrologues se mettent à prouver l'astre, je ne crois plus aux statistiques", disait J. Rostand. La vérité scientifique passe bien souvent après la bienséance ou l'*establishment* culturel.

Nonobstant la qualité élastique de la notion de preuve — acceptée, voire revendiquée par les uns, discutée, voire refusée par d'autres —, on peut tout de même faire confiance au bon sens, "la chose au monde la mieux partagée" selon Descartes, et invoquer la logique des faits. En voici quelques uns qui nous paraissent irréfutables.

"L'EFFET SOLEIL"

C'est ainsi que l'on pourrait appeler l'incidence, observée depuis des décennies, de l'activité solaire sur notre monde sublunaire, à la fois au niveau géophysique et biologique, voire psychologique. Dans l'article sur les "Rythmes biocosmiques" (chap. I), on en notera les nombreux effets, découverts notamment par Tchijewsky, Bortels, Reiter et Dull, se manifestant à la fois par une recrudescence des épidémies, guerres, migrations, crises économiques, mais aussi, sur

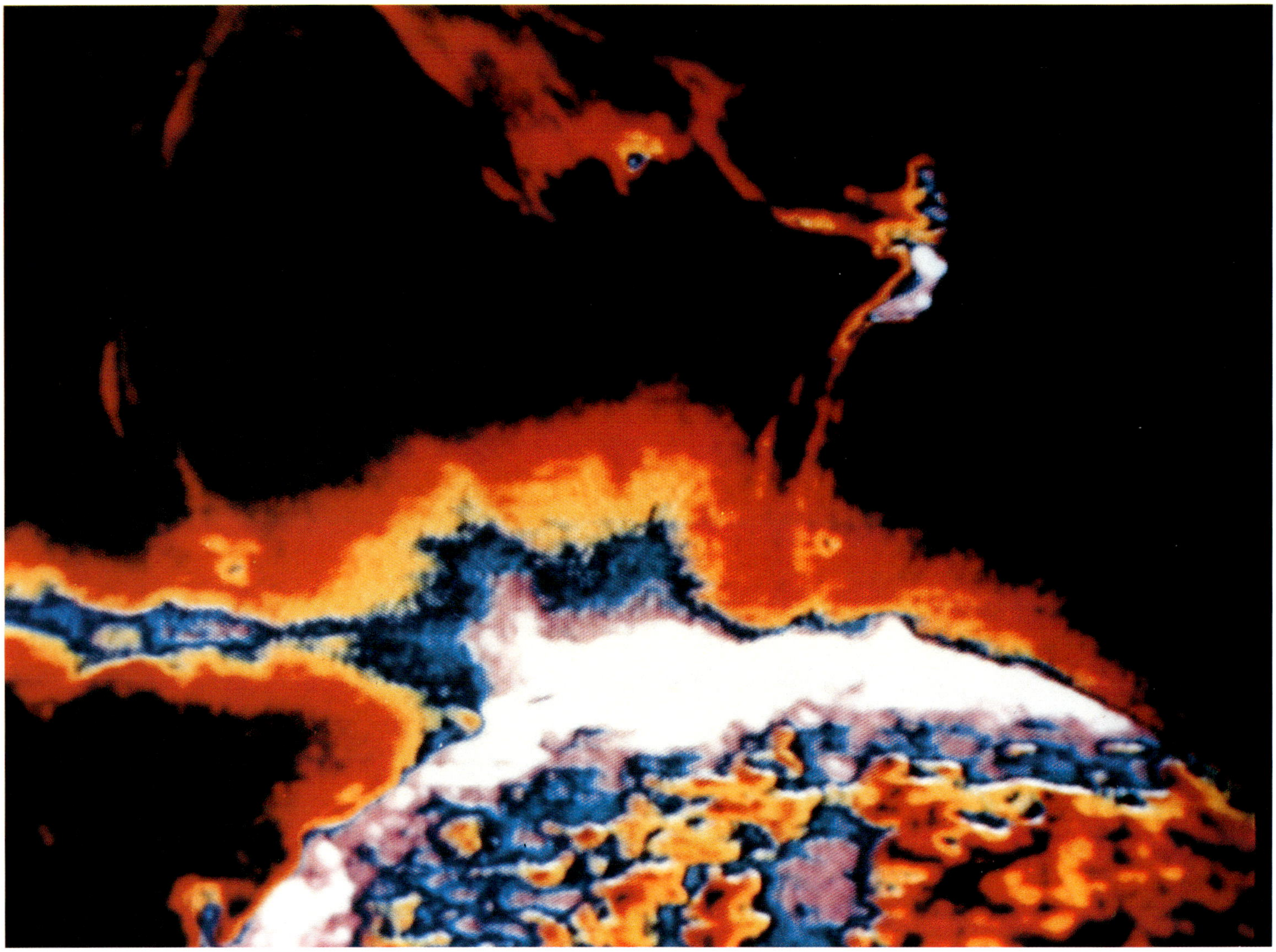

un plan individuel, des suicides et des éclampsies (accidents d'accouchements).

Selon le Dr Poumailloux et l'ingénieur Viart, les accidents cardiaques chutent spectaculairement lors des années de faible activité solaire; quant au professeur Romenski, il a constaté lui aussi, un maximum de ruptures d'anévrisme et d'attaques cardiaques mortelles lors des grandes tempêtes géomagnétiques. (Sur le plan symbolique, remarquons la corrélation traditionnelle du Soleil avec le cœur !) Quant aux révolutions, l'astronome B. Millet de l'Observatoire de Nice, observe : "Il est curieux que correspondent à des maxima d'activité solaire les années 1789, 1830, 1848, les révolutions russes de 1905 et 1917, ainsi que 1968 ! Malheureusement, ajoute-t-il, les terriens ne sont pas assez sages pour ne faire leurs révolutions que tous les onze ans. "Or, n'est-il pas intéressant que la périodicité de cette activité solaire maximale soit d'environ onze ans (11,1 ans), le temps d'une révolution de Jupiter (11,8 ans) ? "Cela ne semble être autre chose qu'une pure coïncidence..." commente Evry Schatzman, astrophysicien et président de l'Union rationaliste. Ce dernier, soit dit en passant, interrogé par S. Mailly-Nesle sur l'expérience du Dr Brown sur les huîtres — qui, transportées à 10 000 km de la côte continuent de s'ouvrir et de se refermer au rythme des phases lunaires (*cf.* "Rythmes biocosmiques") ou sur les travaux du professeur Piccardi et Mme Capel-Boute sur l'activité solaire, répond invariablement que les conclusions de ces autres chercheurs "reposent sur un protocole expérimental qui ne vaut rien (!)".

Dans la science officielle, comme ailleurs, il y aurait donc beaucoup d'appelés et peu d'élus ? Et puis, comme dit l'adage, "qui gardera les gardiens ?" Qui peut s'ériger en juge objectif et absolu en la matière ? "L'homme est un cadran solaire vivant", a dit le physicien Takata, en constatant que la composition du sang varie au cours de la journée en fonction du rayonnement du soleil.

Que faut-il de plus pour établir l'indiscutable *effet Soleil,* sans lequel toute vie sur terre serait impossible ?

EXPLOSION SOLAIRE.
Déjà Tichewsky observa, au début de notre siècle, que les tâches solaires, d'un rythme de 11 ans et quelque — comme le cycle de Jupiter — accompagnaient des phénomènes curieux, tels qu'une recrudescence dans les accidents cardiaques, les suicides et les éclampsies.

"L'EFFET LUNE"

Là aussi, reportons-nous aux "Rythmes biocosmiques", et au texte sur les "Phases lunaires", suffisamment éloquents sur l'impact indiscutable et "viscéral" de la Lune, notre satellite, sur notre psychisme (pensons à l'agitation typique des pleines et des nouvelles Lunes), mais également sur nos fonctions physiques, hormonales surtout (cycle menstruel de la femme, recrudescence des naissances). Sans oublier que l'action de cet astre fascinant et froid s'étend à toute la création, et jusqu'au rythme d'ouverture et de fermeture des huîtres, réglé sur ses phases ! Agissant puissamment sur le phénomène des marées, comment la Lune serait elle sans effet sur nous-autres hommes composés à 80% d'eau ?

Même le cycle de 28 jours des biorythmes — dont les découvreurs n'étaient point astrologues — qui se superpose à celui de la Lune et qui régit notre émotivité (à l'instar de cet astre, depuis toujours reflet de notre inconscient et de notre vie émotionnelle) est une confirmation indirecte. Différents témoignages scientifiques, notamment américains, sont en revanche des confirmations très directes, comme celui relaté dans Nature, la distinguée revue scientifique américaine qui fait état de recherches effectuées sur 28 000 cas d'entrées dans des hôpitaux psychiatriques, qu'on a pu relier à l'intensité du champ magnétique. "Le comportement humain dépend du champ magnétique terrestre, des conditions solaires et planétaires, ainsi que des rayons cosmiques de basse et de haute énergie." (Dr R. Becker dixit). De même, dans l'American Journal of Psychology (1964), la corrélation est établie entre suicides et assassinats et les phases lunaires, dont les effets sur les maladies mentales sont également constatés.

LES STATISTIQUES

Défriché par l'astrologue polytechnicien Choisnard et le Suisse Krafft qui tentèrent, il y a quelques cinquante ans, de mettre en relief certaines corrélations, mais sans résultats vraiment probants, ce domaine fut surtout exploré avec succès par M. Gauquelin. Celui-ci, paradoxalement, devint astrologue malgré lui, dans la mesure où il partit avec une motivation contraire à l'astrologie, voulant définitivement tordre le cou "à ces vieilles lunes". Son objectivité scientifique l'obligea à tenir compte des résultats de plus en plus troublants qui, finalement, constituèrent une confirmation éclatante du dogme traditionnel de l'Art royal des astres; et ce, même s'il y apporte certaines nuances, surtout au niveau de la terminologie — préférant, par exemple, le terme de cosmobiologie ou de rythmes biocosmiques à celui, trop éculé, d'astrologie (à l'instar de Krafft et d'Ebertin, d'ailleurs).

HÉRÉDITÉ ASTRALE ET HÉRÉDITÉ PLANÉTAIRE

L'hérédité astrale fut pressentie et découverte par J. Kepler, qui disait : "Il est un argument tout à fait clair (...) en faveur de l'authenticité de l'astrologie : c'est la communauté des thèmes natals entre parents et enfants".

Cette similitude n'avait pas échappé à sa perspicacité de Capricorne, qui ne prétendait pas que les enfants ont obligatoirement le même signe ou le même ascendant que leurs parents, pas plus que trois siècles plus tard, Michel et Françoise Gauquelin n'allaient postuler une similitude aussi grossière. (*Cf.* plus loin, "Le profil astrologique de la naissance", dans le chapitre "Astrologie et biologie"). Entre les deux, Paul Choisnard, au début de notre siècle démontra que les enfants tendent à naître dans une fréquence qui exclut le hasard sous des positions planétaires identiques à celles de leurs parents.

L'EFFET GUILLÉ OU LE PARADOXE DE L'INFINIMENT GRAND DANS L'INFINIMENT PETIT

Le biologiste E. Guillé a lui-même exposé un peu plus loin sa théorie révolutionnaire, fondée sur une expérience rigoureuse qui illustre de façon magistrale le principe de l'interdépendance universelle, tellement prisé actuellement par les scientifiques d'avant-garde. Ainsi, on trouverait des traces, dans les cellules d'ADN contenues dans les gènes, des métaux traditionnellement attribués aux sept planètes des Anciens ? Les molécules d'ADN seraient-elles donc capables de transmettre une information à distance, via des ondes particulières, ce qui revient à nier toute distinction de nature entre matière et esprit, dont simplement le taux vibratoire se révèle être différent ?

Comment, dès lors, l'homme pourrait-il se dissocier en quoi que ce soit de son cordon ombilical cosmique ? Le principe hermétique d'analogie et des correspondances universelles trouve là une confirmation vertigineuse. D'ailleurs, dans cet ordre d'idées, rappelons que l'aspect d'une cellule, avec son noyau, et de l'atome avec son mouvement brownien, rappelle étrangement celui du système solaire. L'homme, comme on l'a dit souvent, ne serait donc qu'un système solaire en miniature, et composé des mêmes matériaux que l'univers qui nous entoure. "Nous sommes de la poussière d'étoiles", dit l'astronome Haldane...

LA RADIO ET LES ASTRES

Parmi les expériences susceptibles d'étayer la théorie astrologique, les travaux de l'ingénieur-radio Nelson ont certainement leur place. Cet Américain a découvert que les parasites dans les transmissions radiophoniques se produisaient lorsque deux planètes — ou plus — se trouvaient en conjonction ou en aspect de 90 ou 180 degrés par rapport au Soleil. Or, ces aspects (respectivement quadrature — ou carré — et opposition) sont justement les aspects-types de la dissonance; ce sont traditionnellement les aspects de tension. Nelson constata à l'inverse que les conditions optimales se présentaient lorsque les planètes se plaçaient dans des angles, traditionnellement harmoniques pour l'astrologie, de 60 et 120 degrés par rapport au Soleil (sextile et trigone). On peut conclure de cette constatation un lien très intéressant entre météorologie et astrologie d'une part; mais d'autre part et surtout, cela confirme expérimentalement et, si l'on peut dire, techniquement, la doctrine des aspects planétaires, dont un esprit hermétique au symbolisme pythagoricien eût pu douter du bienfondé, la taxant d'arbitraire et de gratuité.

UNE EXPÉRIENCE COSMO-CHIMIQUE OU L'*EFFET SATURNE*

Voici une expérience remarquable dans ses implications et qui, malgré cela — ou à cause de ? — est encore trop ignorée. En 1927, à Berlin, une chimiste, Mme Kolisko, étudie les figures obtenues par l'absorption sur papier filtre de solutions de sulfate de fer, de nitrate d'argent et de sulfate de plomb. Non seulement, elle constate une différence d'absorption entre le jour et la nuit, mais elle observe que lors d'une occultation (conjonction parfaite) de Saturne par le Soleil — en l'occurrence celle du 21 novembre 1926 — se manifeste l'action, par défaut, de la planète Saturne.

En effet, si l'on procède à des expériences avant, pendant et après l'occultation, les images obtenues pendant l'occultation révèlent que l'influence du plomb a cessé de se manifester, comme si le Soleil avait, de par sa présence devant Saturne, éliminé ou neutralisé les radiations émises par la planète. N'est-ce pas là une preuve par l'absurde, éclatante et lumineuse, du fait qu'il y a effectivement influence de Saturne sur le sulfate de plomb ? Et, ce qui est peut-être encore plus troublant pour un esprit matérialiste, n'est-il pas étonnant de se rappeler que le plomb est attribué depuis les Anciens... à la planète Saturne (d'où également le "saturnisme", maladie bien connue qui va de pair avec un excès de plomb dans le sang...). Ajoutons qu'André Faussurier, directeur du Centre de réflexion et d'Études scientifiques sur l'environnement à l'Université libre de Lyon, conclut, après avoir refait la même expérience : "Je fus vite persuadé de l'existence de relations surprenantes entre le corps et la matière."

LES PLANÈTES DE L'AMOUR

Une expérience intéressante fut récemment effectuée par une psychologue/astrologue américaine, Leslie Furze-Morrish qui, à la suite de nombreuses recherches et études individuelles opérées par divers astrologues, notamment A. Barbault, qui s'est penché sur les affinités des couples royaux en France, a fait de fructueuses constatations qui corroborent entièrement la tradition astrologique. En effet, publiées dans le très sérieux magazine scientifique "In search", elle fit état de la corrélation, établie statistiquement, entre l'entente solide et durable des couples et une majorité d'aspects harmoniques reliant leurs thèmes. Cela, bien sûr, n'est pas une nouveauté pour les astrologues qui connaisssent les lois astrales de l'harmonie amoureuse (*cf.* plus loin, "Les affinités électives"), mais lorsque ces lois sont vérifiées dans la pratique et à travers des statistiques, cela n'en prend que plus de poids aux yeux d'un arbitre objectif.

Dans l'exemple donné, le fameux couple Burton/Taylor qui fit la joie des paparazzi durant tant d'années, on trouve les caractéristiques de l'attraction sexuelle entre des rapports croisés de Vénus et Mars (sextile dans un sens, opposition dans l'autre) responsables d'un piment irrésistible dans l'union. Les deux Soleils dans le même élément (l'eau), la Lune d'E. Taylor sur le Soleil de R. Burton réfléchissent une harmonie fondamentale, malgré des tensions évidentes entre d'autres planètes, responsables de leur relation mouvementée. D'ailleurs, soit dit en passant, l'expérience prouve que les dissonances entre partenaires sont indispensables, si l'on veut éviter l'ennui, l'ennemi numéro 1 de l'amour.

LE TEST INTROVERSION-EXTRAVERSION

Ce critère de la personnalité, qui est un des fondements de la caractérologie jungienne, fut utilisé par l'école anglaise en 1978 et en particu-

ÉLIZABETH TAYLOR ET RICHARD BURTON DANS LE FILM "LES COMÉDIENS" D'ARTHUR PENN...
En comparant les positions des planètes dans les deux thèmes natals d'un couple, on peut constater qu'il y a des convergences importantes (aussi bien des tensions que des harmonies planétaires), reflet des affinités ou problématiques potentielles et ce, aussi bien sur le plan physique, émotionnel que mental. L'attraction sexuelle se lit notamment dans les rapports entre Mars et Vénus : curieusement, la passion est souvent le résultat des tensions entre ces deux planètes. Ce couple célèbre est une parfaite illustration de cette loi.

lier par le professeur H.J. Eysenck pour tester le dogme astrologique. La tradition, en effet, considère les signes masculins (Bélier, Gémeaux, Lion, Balance, Sagittaire et Verseau) et les signes féminins (les autres). Les premiers sont actifs et extravertis tandis que les seconds sont introvertis, réceptifs et plus passifs. Eysenck, à l'aide de deux échantillons de population de 1407 femmes et 917 hommes, a trouvé des pics d'extraversion pour les signes impairs et masculins.

Cependant, d'autres expériences du même type n'ont pas donné les mêmes résultats. Cela s'explique par le fait que le Soleil n'est pas toujours — tant s'en faut ! — la dominante d'un thème. En revanche, et forts de ce fait, M. et F. Gauquelin et Eysenck ont recommencé l'expérience en appliquant le test EPI (Eysenck Personality Inventory) non aux signes solaires mais aux planètes angulaires (placées sur l'AS et le MC) révélées par les statistiques de M. Gauquelin, qui lient Saturne aux savants, Jupiter aux acteurs ou hommes politiques et Mars aux sportifs et chefs d'entreprise. Résultat : Saturne pour les introvertis et Mars et Jupiter pour les extravertis se lèvent et culminent plus souvent que ne le voudrait le hasard. L'expérience répétée avec un échantillonnage de professionnels américains donna les mêmes résultats.

LA PRÉVISION

Dans la mesure où elle est le fruit de l'application du langage astral à travers un raisonnement logique — utilisant néanmoins l'outil du symbolisme astral — la prévision reste encore la preuve expérimentale la plus spectaculaire qui soit. En effet, tant que la science n'aura pas réussi à mesurer et à expliquer le mode d'action de l'influence astrale, c'est l'application rigoureuse du symbolisme astrologique, du code astral vérifiant le principe scientifique sacro-saint de la reproductibilité d'un événement ou d'un climat psychologique qui reste l'argument-choc à opposer aux adversaires à priori de l'astrologie, même si cette reproductibilité est réduite à une forte probabilité. Car, en supposant, comme le font systématiquement et faute d'une explication plus valable, certains esprits atteints paradoxalement d'une "allergie aux planètes", que l'astrologie n'ait rien à voir avec une connaissance scientifique, quelle soit fondée non sur la raison ou la logique, mais sur une foi induisant une croyance, comment dès lors expliquer rationnellement, par exemple, que dix ou douze ans à l'avance, certains astrologues (parmi lesquels A. Barbault, L. Greene et moi-même...), se basant uniquement sur un cycle planétaire (en l'occurrence le cycle Saturne-Neptune), en corrélation supposée et observée avec le destin de l'Urss, aient annoncé une mutation de ce régime politique pour 1989 ?

L'explication de la coïncidence ne suffit certes pas en l'occurrence, surtout multipliée par X (le nombre d'astrologues, sûrement non négligeable qui ont fait ce pronostic à l'insu des médias et sans l'avoir publié) Or, les prévisions de ce genre abondent, si l'on se donne la peine de chercher de bonne foi.

Enfin, signalons au passage la logique simpliste qui caractérise un raisonnement antiastrologique classique, consistant à dire qu'une prévision juste est annulée par une erreur de pronostic. Un raisonnement similaire nous entraînerait à conclure qu'une grande découverte est annulée par un égarement de la science; ou, mieux encore, que, par exemple, celle de la gravitation est "annulée", escamotée par les écrits "mystiques" du grand Newton, le père de l'une et des autres !

— LES EXPÉRIENCES CONTRE —

SYSTÈME GÉOCENTRIQUE ET SYSTÈME HÉLIOCENTRIQUE

L'Antiquité — et en particulier les astronomies de Ptolémée sur laquelle se fonde encore l'astrologie moderne — plaçait l'homme, "mesure de toutes choses", au centre de l'Univers, dans une attitude foncièrement anthropomorphique ennemie de l'objectivité scientifique. Malgré le pressentiment d'Aristarque de Samos vers 270 ans avant J.-C., qui accordait au Soleil le rôle central dans le système solaire, cette théorie prévalut jusqu'au XVIe siècle, où par le biais de la révolution copernicienne, l'homme se trouvait soudain relativisé au sein de l'univers. L'ère scientifique, le siècle des Lumières avait remplacé l'ère de la Renaissance et son humanisme globaliste.

L'invention du téléscope semble condamner définitivement la cosmogonie ptolémaïque. Et pourtant, Newton, père de la gravitation, Kepler, découvreur des lois de l'attraction des planètes, et Copernic lui-même continuent de pratiquer l'astrologie géocentrique. Pourquoi ? Simplement parce que l'homme vit sur la terre et non sur le Soleil. Parce qu'en tant que symbolique de l'homme relatif et subjectif, l'astrologie prend pour critère et objet l'homme placé au sein du système solaire, d'où la prise en compte des positions planétaires par rapport à la terre — et cela n'a rien à voir avec la connaissance objective de l'univers, objet de l'astronomie.

Le géocentrisme implique une *réalité de l'essence intérieure à l'homme,* une réalité subjective, tandis que le système héliocentrique, objectif, considère une réalité d'existence extérieure à l'homme.

Dès lors, pourquoi prendre le Soleil pour référence des énergies planétaires *reçues sur la terre ?*

Voici ce que dit Kepler, lumineux et pragmatique, à ce sujet : "Il suffit que l'astrologue voie comment les rayons viennent de l'Orient, du Midi ou de l'Occident et disparaissent, il suffit que l'on sache si deux planètes sont conjointes, opposées (...) ce que les bons astronomes peuvent montrer de nuit avec leurs instruments. Est-ce que l'astrologue se demande comment cela se fait ? En vérité, il ne le fait pas plus que le paysan ne demande comment se forme l'été ou l'hiver, et pourtant il se règle sur les saisons." (in *Opera omnia*).

LA PRÉCESSION DES ÉQUINOXES OU ZODIAQUE DES SIGNES ET ZODIAQUE DES CONSTELLATIONS

C'est, avec le géocentrisme, le *casus belli* n° 1 que brandissent les adversaires de l'astrologie. Il repose toutefois sur un malentendu. Déjà au IIe siècle av. J.-C., Hipparque avait noté un décalage de 2 degrés en 150 ans entre certaines étoiles et le point vernal (zéro degré du Bélier) : il avait découvert le phénomène de la précession des équinoxes, lié à l'écart angulaire entre l'axe des pôles et l'axe de l'écliptique (23°27'). Celui-ci coupe l'équateur céleste en deux points : l'équinoxe de printemps et l'équinoxe d'automne, où la nuit égale le jour. L'axe de rotation de la terre étant lui-même animé d'un très lent mouvement d'une période de 26 920 ans, cela revient à dire que pour franchir un signe de 30 degrés, le point vernal (ou point gamma) met environ 2 160 ans, temps qui correspond à une ère (*cf.* Chap. I) et qu'il recule chaque année d'un arc de 50 secondes d'arc et d'un degré en 72 ans. D'un autre côté, dès la période babylonienne, l'astrologie divisa le Zodiaque en douze secteurs identiques de 30 degrés. Lorsque Manilius, puis Ptolémée codifièrent l'astrologie occidentale, il y avait coïncidence fortuite, accidentelle entre les signes et les constellations qui étaient placées derrière les premiers. Mais déjà alors, ces deux éminents astronomes astrologues signalèrent qu'il s'agissait bien de *signes tropiques,* liés aux saisons, et non de *constellations.* Plus tard, en 1659, le comte de Pagan dit dans son "Astrologie naturelle" : "Ne voit-on pas que les signes du Zodiaque de la huitième sphère sont maintenant si avancés que le Bélier de celui-ci est presque tout entier dans le Taureau de l'autre ?

D'où s'ensuit que les astrologues ont assez de raison d'établir deux Zodiaques dans le ciel : le premier, stable et permanent et le second, se mouvant avec les étoiles fixes; (...) le premier pour le Zodiaque de l'astrologue et le second pour le Zodiaque du globe céleste, dont les images sont en grand nombre mais plus encore les étoiles qui les occupent".

Voilà qui est clair : l'homme, être de rythme et de saison, n'est donc concerné que par un Zodiaque solaire et tropique. Comme le reconnaissait un astronome de l'Observatoire de Paris, qui écrivait en 1972 à A. Barbault : "Vous défendez une astrologie purement solaire et planétaire, et cette astrologie-là n'est évidemment pas sensible à la précession des équinoxes". Faux problème donc, s'il en fut, qui nourrit le dialogue de sourds qui oppose trop souvent astrologues et scientifiques et qui, au demeurant, est tout-à-fait superfétatoire dans la mesure où il en existe suffisamment de vrais.

LE MANIFESTE DES 186 SAVANTS

À l'issue d'un congrès qui avait réuni 186 savants, dont 18 Prix Nobel, et qui se terminait, le 3 septembre 1975, dans une euphorie conviviale, ses membres publièrent un communiqué de presse, paru dans *The Humanist,* qui avertissait le public des dangers de l'astrologie tout en condamnant cette dernière sans appel : "... Il est purement et simplement faux d'imaginer que les forces exercées par les étoiles et les planètes au moment de notre naissance peuvent en quelque manière modeler notre avenir. Il n'est pas davantage vrai que la position des corps célestes lointains rende certains jours ou certaines périodes plus favorables à certains types d'actions, ou que le signe sous lequel il est né détermine la compatibilité ou l'incompatibilité d'un individu avec d'autres. (...) Nous pensons que l'heure est venue de contester directement et avec force les affirmations prétentieuses des charlatans de l'astrologie. (...) Il faut qu'il soit clair que tout individu qui continue d'accorder foi à l'astrologie le fait en dépit de ce que sa croyance ne repose sur aucun fondement scientifique avéré et qu'il existe même de nombreux éléments de preuves contraires."

Ce verdict catégorique appellerait nombre de remarques, comme par exemple, le fait que ces astronomes semblent manifestement ignorer la vraie nature de l'astrologie — ils confondent *signe* et *thème astral,* l'astrologie sérieuse n'ayant jamais affirmé d'incompatibilité entre deux êtres en ne se basant que sur les signes solaires.

Newton, probablement, leur eût répondu ce qu'il répondit à Halley, qui lui demandait pourquoi un grand esprit comme lui s'adonnait à l'Art royal des astres : "La différence entre vous et moi, Mr Halley, c'est que moi, je l'ai étudié, pas vous." Ces savants mettent l'accent sur la prévision — fragile et aléatoire dans toute science humaine —, alors que la vocation de base de l'astrologie est la caractérologie et que le devenir n'en est qu'un corollaire. Ils évoquent des preuves contre, sans en citer une seule; ils jaugent l'astrologie avec des critères scientifiques quantitatifs, mécanistes, basés sur la loi causaliste, alors que l'astrologie fait usage d'une structure fondée sur l'inter-dépendance des phénomènes et des critères qualitatifs...

En outre, soit dit en passant, si l'on se réfère à P. Thuillier qui enseigne l'histoire des sciences à l'Université de Paris VII, l'astrologie "n'aurait jamais été réfutée, mais serait simplement tombée en désuétude".

Plutôt que de jeter l'anathème sur tous les astrologues — assimilés sans distinction à des charlatans prétentieux —, peut-être valait-il mieux partir à la recherche d'une vérité objective et scientifique, comme le firent l'Anglais H.J. Eysenck (*cf.* plus haut, expérience sur introversion-extraversion), M. Gauquelin et quelques autres.

LES EXPÉRIENCES DE B.-J. BOK

Professeur d'astronomie à l'université d'Arizona, aux États-Unis, B.-J. Bok est l'un des 186 savants signataires du Manifeste contre l'astrologie. Il a le mérite, lui, d'avoir tenté de vérifier l'astrologie au préalable avant de la condamner.

En effet, avec Farnsworth, Huntington et Gauquelin, B.-J. Bok chercha un rapport entre les signes du Zodiaque et des groupes, pris en bloc, d'artistes, de littéraires, de savants, pour déterminer si ces groupes humains se répartissaient électivement dans certains signes zodiacaux. Ils firent les mêmes expériences avec l'Ascendant. Ils recherchèrent si les artistes se recrutaient plus spécialement dans le signe de la Balance, signe vénusien et artistique d'après la tradition.

Hélas, comme l'on peut s'y attendre avec un critère statistique aussi simpliste qui nie le globalisme de l'astrologie, leurs bilans furent négatifs. Il est des tempéraments fort différents chez les artistes : la peinture du Saturnien Utrillo n'a absolument rien à voir avec celle du Vénusien Watteau ou celle, colorée et violente, d'un Delacroix, Martien — il était Bélier. De même, la musique gaie et spirituelle du Mercurien Offenbach n'a rien à voir avec celle, grandiose et Jupitérienne d'un Honegger — à rapprocher plutôt de la puissance d'un Rodin ou de l'autorité d'un Raimu, tous deux également Jupitériens; peu de similitude, aussi, avec l'œuvre imprévisible, révolutionnaire de l'Uranien Stravinsky...

Les classifications ne sont pas verticales et quantitatives; elles sont horizontales et qualitatives : l'astrologie est un art subtil qui manie des stuctures globales et non des facteurs séparés et isolables.

“Ainsi, dit A. Barbault, le mot *mort* est partout présent dans l'œuvre du Scorpion André Malraux (462 fois dans les 616 pages des “Antimémoires”!...), comme le mot *rêve* est partout répétitif dans celle du Poissons Hoelderlin ou le thème de la *mer* chez Victor Hugo, autre insigne natif de ce signe, ou de la *prison* chez Alfred de Vigny, Bélier à dominante Poissons...” (Or, on sait que le douzième signe du Zodiaque symbolise tout cela : l'évasion du rêve, la poésie, le secret, le sacrifice, l'exil, les prisons, la mer, en connexion avec Neptune qui gouverne le signe). “Il suffirait, propose Barbault, de dégager statistiquement les mots-clés ou mots-témoins qui constituent la thématique ou les obsessions d'images des créateurs, et de les comparer avec les portraits psychologiques des signes pour effectuer un contrôle tout à fait fondé.”

LES TESTS PSYCHOLOGIQUES ET L'EXPÉRIENCE DE CARLSON

Après le psychologue Clark (*cf.* expériences positives, p. 211), qui aboutit à une conclusion favorable à l'astrologie, mais qui mourut avant d'avoir achevé ses expériences, d'autres recherches furent faites au moyen de tests psychologiques divers, dont ceux de S. Carlson (“A double-blind test of astrology”, Nature, 1985). Il s'entoure d'astrologues, de statisticiens et de scientifiques qui ont l'approbation de l'une et de l'autre communauté. Il propose deux expériences en *double aveugle* sur l'affirmation que le *thème natal peut être utilisé pour décrire avec justesse la personnalité des sujets testés.*

1re expérience : des volontaires fournissent aux astrologues des données nécessaires à l'établissement de leur thème natal. Les thèmes analysés, on rend à chaque sujet son thème, accompagné de deux autres, choisis au hasard. Le sujet est appelé à trouver son analyse personnelle parmi les trois proposés et à noter de 1 à 10 la précision de son propre portrait. S'il "trouve" dans un cas sur trois, son choix est considéré, selon les lois de la probabilité, en accord avec le simple hasard.

Les astrologues estimèrent qu'ils allaient tomber juste au moins une fois sur deux (au lieu d'une fois sur trois).

2e expérience : on distribue aux astrologues la carte du ciel d'un des sujets pris au hasard, ainsi que “l'appréciation objective et reconnue de sa personnalité fournie par le C.P.I. (California Personality Inventory)”. On y ajoute deux autres portraits psychologiques du même respectable C.P.I., l'astrologue devant choisir parmi ces trois portraits celui qui correspond au thème donné.

Là encore, la probabilité due au hasard est de une sur trois; les astrologues avancèrent un pronostic de “une chance sur deux, au moins”, donc supérieure au hasard. Les sujets, des volontaires, furent choisis parmi des étudiants.

Résultats : ils sont décevants et ne dépassent pas les lois du hasard, conclut Carlson. Les étudiants ne reconnaissent ni leur thème, ni leur C.P.I., et les astrologues ne rapprochent pas non plus les thèmes des C.P.I. correspondants. Il est bien évident que si les sujets soumis aux tests ne reconnaissent pas plus leur thème que leur C.P.I., la tâche des astrologues est rendue ardue, sinon impossible. Il semble que les deux parties ne parlent pas le même langage, les critères du C.P.I. ne correspondant pas aux concepts du symbolisme astrologique.

Carlson avoue lui-même qu'“il n'existe actuellement aucune évidence scientifique d'où l'on pourrait conclure que les sujets peuvent sélectionner, de façon exacte, les descriptions d'eux-mêmes à un niveau significatif” (sic !).

Le bon sens nous dicte même que c'est là une certitude, car qui aimerait se reconnaître dans un miroir peu flatteur qui ne laisse pas pour autant d'être objectif, et d'accepter de se voir taxé de ladrerie, de complexé sexuel ou d'intelligence au-dessous de la moyenne ? Enfin, considérons le nombre restreint des sujets examinés, par rapport, par exemple, aux statistiques opérées par un Gauquelin : après élimination des sujets qui ne conviennent pas, il reste 83 personnes testées pour la première expérience et les 224 personnes inscrites au départ deviennent 116 à la fin, pour la seconde.

Si l'on ajoute à cela ce que Carlson nomme les *fluctuations statistiques,* on trouve sa conclusion pour le moins hâtive : "Les expériences réfutent clairement l'hypothèse astrologique". Le professeur H.J. Eysenck, de l'Université de Londres, (Critic of "A double-blind test of Astrology", 1986), se penchant sur ces tests, estime "qu'aucune conclusion ne peut en être tirée", tout en regrettant — à juste titre, semble-t-il —, l'absence de psychologues dans cette étude, étant donné que "tester l'astrologie est un domaine complexe et difficile, comme en vérité tous les domaines relevant de variables psychologiques". Signalons que ces tests étaient supervisés par un professeur de Physique (!) de Berkeley, A. Müller. Malgré l'avis objectif, et sceptique, d'un autre scientifique sur cette expérience qui, au demeurant, fit couler beaucoup d'encre, c'est la conclusion négative qui surnagea dans les médias et les cercles scientifiques, pertubation qui ancre les rationalistes adversaires de l'astrologie dans leur rejet, et n'est guère propice à une évolution ouverte et objective de la recherche dans ce domaine. "Calomniez, calomniez, il en restera toujours quelque chose"...

En somme, lorsque E. Schatzman, président de l'Union rationaliste et astrophysicien, dit l'astrologie matière de foi et non de science, lorsqu'il affirme catégoriquement que "l'astrologie n'est pas du domaine de la preuve" (*in* "L'être cosmique" de S. Mailly-Nesle), il se rapproche paradoxalement de l'avis du polytechnicien philosophe R. Abellio qui, connaissant la complexité du langage astrologique, sa polyvalence sémantique, affirme (dans "La fin de l'ésotérisme", Flammarion) : "Une statistique pourra toujours fournir des présomptions en faveur de l'astrologie, jamais de preuves contre." C'est le même qui écrit dans "La structure absolue" : "Il n'existe pas de faits purement objectifs, tout le problème des faits étant leur intégration, leur interprétation." (En somme, le premier juge l'astrologie en deçà ou au-dessous de la preuve, tandis que le second la place au-delà ou au-dessus !)

Ces remarques sont comme un parapluie étendu par un grand esprit philosophico-scientifique pour protéger l'astrologie, cette "structure absolue" de la personnalité, des condamnations expéditives.

Et puis, comme le disait déjà Pascal, "les preuves ne convainquent que l'esprit" : même chez les esprits qui se disent "purement scientifiques", la conviction profonde est conditionnée par tant de facteurs étrangers à la science — consensus intellectuel du moment, mode ou tabou culturels, soumission au principe d'autorité, adhésion à l'*establishment* intellectuel, peur du ridicule, rivalités professionnelles, héritage culturel, etc.! Pourtant, avec l'usage de plus en plus répandu de l'ordinateur aidé de budgets de recherches, les preuves doivent s'imposer comme telles, même si cela demande du temps. L'astrologie, intemporelle, a le temps. E. T.

Pensée rationnelle et pensée analogique, système mécaniste et système solidaire

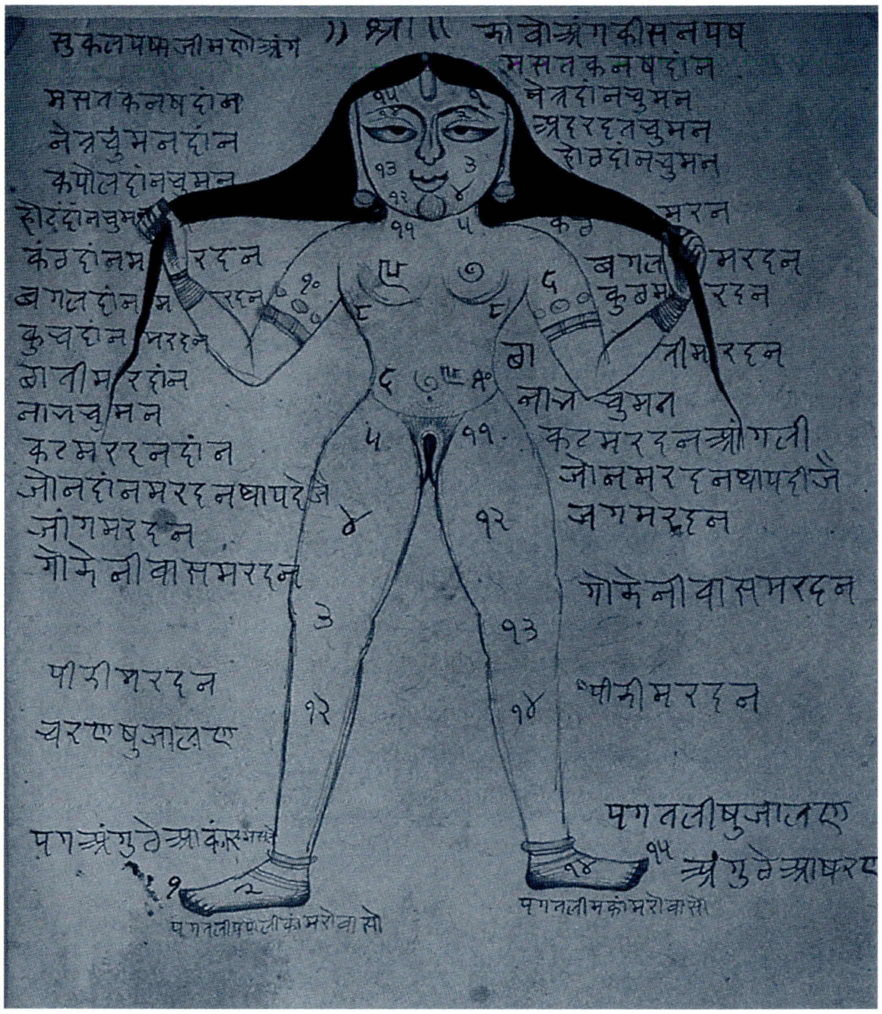

LES POINTS SENSIBLES DU CORPS FÉMININ SELON LE KAMA SUTRA, LESQUELS VARIENT AVEC LE CALENDRIER LUNAIRE (MINIATURE INDIENNE. XVIIIe SIÈCLE).
L'astrologie est avant tout une construction humaine, conçue depuis des millénaires, transmise et enrichie par des dizaines de générations, dans presque toutes les civilisations. Le langage des dieux sur lequel elle s'appuie — l'alphabet

Le débat que nourrissent entre elles l'astrologie et la science est représentatif de l'état de la réflexion moderne sur la réalité, ou du moins sur l'appréhension que les hommes et les femmes de notre temps en ont. Car qu'y voyons-nous?

D'un côté une technique aux racines millénaires, qui s'est récemment dépouillée de tout un fatras magique et pseudo-mystique hérité du passé, pour s'affiner et se préciser en adaptant son langage et ses méthodes aux dernières avancées des outils de l'informatique et de la psychologie moderne. De l'autre, une connaissance dont la rigueur dans sa recherche de l'exactitude et de l'universalité a été le moteur du développement matériel sans précédent de l'humanité pendant les deux derniers siècles, et qui découvre aujourd'hui, au travers de son exploration de l'infiniment petit, les limites de ses propres prémisses : alors qu'il est facile d'affirmer qu'un chat est un chat, il n'en est pas de même au niveau des composants de l'atome lui-même, ce qui conduit à une remise en cause radicale du déterminisme sur lequel reposait toute une vision du monde. D'un côté, l'astrologie, dont la popularité s'est construite sur ce qui peut être considéré comme une négation de l'essence même du genre humain — son libre arbitre —, en arrive aujourd'hui à devenir un outil fabuleux de conquête du seul véritable espace de liberté, la conscience; de l'autre, la science, dont les méthodes reposent sur un principe d'objectivisation des observations, aboutit aux conclusions récentes et encore contestées que l'on ne peut affirmer qu'il y a réalité sans subjectivisation.

Le résultat en est que ce qui était il y a encore peu de temps guerre de certitudes et affirmations définitives devient aujourd'hui le nœud potentiel d'une extraordinaire quête commune d'un sens qui soit à la croisée des chemins — celui, analytique, de la science, et celui, symbolique, de la perception globale et poétique. Le défi en est l'unification des entités en jeu — le sujet et l'objet — au sein d'une vision complète et réconciliatrice. Qu'on ne soit donc pas surpris si les images ou références qui viennent pour illustrer cette réconciliation sont issues des philosophies et mystiques orientales : la convergence de toutes les dualités sans réduction de leurs différences n'est-elle pas à la base de ces systèmes de pensée?

Le monde occidental moderne s'est construit sur l'assurance que l'universalité d'un discours reposait sur la rationalité de son propos. Tant que la mesure de cette rationalité fut exclusivement le respect de la logique aristotélicienne, il n'y eut aucune ambiguïté quant à l'hégémonie de la science sur toute autre tentative de discours prétendant à dire et décrire la réalité. Mais le développement des sciences humaines, c'est-à-dire la découverte de cette partie de la réalité qui fait le propre de l'espèce humaine — cet espace entre la matière brute et inanimée et la représentation que les hommes en ont — a conduit à la constatation du fait qu'il existe une autre forme de logique, dont on ne peut plus dire que les règles sont moins rigoureuses.

L'amour, le rêve, la poésie, la création, sur lesquels sont basées nombre des plus importantes réalisations du génie humain et de son aspiration à vivre, ne peuvent pas être mis en fiches binaires, même en multipliant les dimensions de référence comme savent le faire les mathématiciens et autres modélistes de la connaissance. Ou, plus précisément, le fait de les mettre en fiches ne permet pas d'en reproduire le fonctionnement, contrairement à ce qu'ont voulu faire les idéologies impérialistes nées au XIXe siècle, dont les aboutissements furent les folies criminelles du nazisme hitlérien et du communisme stalinien. Ce qui ne veut pas dire qu'il n'y ait pas de logique, mais simplement qu'il s'agit d'une autre logique, celle dont Paul Valéry postulait l'existence, comme étant une "logique imaginative" : des images, issues du plus profond de l'histoire comme de la conscience, et souvent rejetées comme faisant partie d'un univers "magique" à bannir du monde de la raison, ont su parvenir jusqu'à nous simplement parce qu'elles étaient porteuses de cette "autre" logique.

L'ethnologie, la psychanalyse, que l'on ne peut taxer d'irrationalisme, explorent ces images autour desquelles se sont bâtis et défaits des pans entiers de l'histoire humaine, et les résultats de leurs recherches font comprendre chaque jour un peu plus la logique particulière qui les lie et les fait vivre. Le point essentiel est le fait que ces images ont cette capacité étonnante de réunir éternellement deux aspects nettement contradictoires de la connaissance : un aspect lié à l'image elle-même, en général clairement défini, ce qu'elles "représentent" (un Bélier, un Scorpion, ...), et un aspect signifiant, non localisable car dépendant d'un contexte, d'une utilisation au sein d'une culture, d'une civilisation. Ce lien que ces images sont capables de créer entre leurs deux aspects leur confère la dénomination de "symboles", tel le témoin que partagent deux personnes qui se quittent dans l'espoir de retrouvailles futures. À ce titre, le symbole devient à la fois porteur de l'unité perdue, de la séparation du présent, et de la ré-union à venir : cette réunion n'est plus, ne peut plus être simple répétition du passé, car il ne saurait y avoir de retour sur le temps au niveau du vivant, mais une construction transcendante de l'avenir, par l'unification spirituelle de ce qui a dû se définir comme différent, autre, voire contradictoire.

Cette double évocation qu'unifie le symbole est à l'origine de la logique dont il est porteur, et du trouble qu'il engendre dans l'esprit rationnel, au sens de la raison traditionnelle. Il s'agit en effet d'une logique faite d'ambivalence, au sens où elle ne connaît pas le principe d'identité, ni celui du tiers exclu : du fait qu'il associe un élément figuratif, signifiant, unique, à une multitude d'interprétations possibles, en constant renouvellement au niveau du signifié, induit que d'une part le même symbole peut être le véhicule d'une grande variété — voire d'une infinité — de signifiés qui peuvent être contradictoires sous certains de leurs aspects, et que d'autre part des symboles de natures ou d'expressions très différentes servent à faire référence au même signifié. En découle la possibilité de créer des liens — d'ordre qualitatif — entre différents aspects de la réalité, apparemment étrangers les uns aux autres pour qui ne fait pas intervenir ce troisième terme qu'est le symbole auquel chacun des deux peut être relié. On trouve les effets

céleste — a permis d'établir des corrélations étonnantes entre les rythmes cosmiques et ceux qui animent notre corps, notre psychisme et, partant, notre érotisme ...

du fonctionnement de cette logique, en particulier par l'établissement de tels liens, que l'on qualifie de méthode "analogique", dans les rêves et tous les processus imaginaux : les neuro-physiologistes en situent le siège dans l'hémisphère droit du cerveau, dont les perceptions des termes différenciateurs que sont le temps et l'espace sont limitées, tandis que la logique déductive classique, celle qui est à l'œuvre dans le développement des sciences de la nature, est localisée dans l'hémisphère gauche.

Ajoutons qu'à cette ambivalence liée à la nature de cette logique s'en superpose une autre, liée au déficit fréquent de discernement de l'entendement humain, dès lors qu'un processus d'évolution temporelle est en jeu, et qui fait que, du fait de sa triple connotation passé-présent-avenir, le symbole peut être entendu — et l'est de fait — comme la nostalgie impossible, rétrograde, aliénante, d'un passé à jamais dépassé. Il faut alors, pour clarifier la cohérence du discours auquel il contribue, garder bien claire la finalité de la logique qui lui est propre : cette logique est celle du vivant, qui, à l'état fusionnel de l'enfant qui naît, fait succéder l'état de différenciation par la coupure d'avec l'autre, pour permettre une ré-intégration de la différence à un niveau supérieur et accompli, celui de la conscience. Et la tendance est toujours grande de confondre ce but ultime avec le fantasme du retour à l'impossible fusionnel, car la conscience ne saurait être paramétrable par une simple variable comme le temps. Chassé du jardin d'Eden, l'homme continue de rêver de l'impossible retour au paradis perdu, et ce rêve prend souvent la place de son projet.

L'astrologie participe de ces deux formes de logique : de la première pour l'observation et le calcul de son système de référence symbolique, son modèle — au sens mathématique —, à savoir les positions des planètes dans le ciel de naissance ; de la seconde, la logique symbolique, pour établir un lien entre les objets matériels et géométriques dont elle calcule les déplacements, et ce qu'elle a pour projet constant de comprendre et de décrire, les comportements humains. Mais un contresens courant doit être dénoncé : reposant sur le malentendu d'un terme utilisé comme métaphore, et dont le sens premier peut être perçu comme un vestige des conceptions magiques du passé, ce contresens nuit à une claire compréhension d'un art aussi noble en soi que la médecine. Il s'agit de l'"influence" des astres, ou des planètes. C'est un terme pratique car il permet de résumer une démarche intellectuelle complexe en une formulation destinée à une culture dominée par une conception linéaire du monde, limitée aux systèmes mécanistes qui fonctionnent sur un principe de causalité. Mais, compris dans son sens premier, il ne résiste pas à la rigueur qu'implique la référence à ces systèmes mécanistes : cela supposerait de dire, de décrire, de mesurer, de quantifier une telle influence, pour en prouver l'existence, en d'autres termes, "réifier" ce qui n'est que du domaine de la rhétorique.

Il faut revenir à la vraie nature des liens que décrit l'astrologie, ce qui fait la noblesse de ses propositions : l'astrologie est d'abord et avant tout une construction humaine. Conçue depuis des millénaires, transmise et enrichie par des dizaines de générations, son propos en soi n'est pas d'asservir celui qui lui prête ses oreilles, ni de lui faire subir un destin aveugle, mais d'ouvrir son esprit et d'éveiller sa conscience à une conception plus vaste : la solitude égocentrique du sujet face à un monde réduit à la mesure qu'il en fait laisse la place à l'appartenance à une globalité qu'enrichissent sa créativité et sa soif de liberté.

En fait, les "influences" auxquelles l'astrologie fait allusion sont de même nature que celles que pourraient prétendre avoir les aiguilles d'une montre sur des organismes humains qui vont tous se nourrir aux mêmes horaires, ou encore le chant de Chanteclerc sur le lever du soleil. À la différence des systèmes mécanistes décrits par la physique, au sein desquels chaque événement implique un autre par une relation de cause à effet, il faut replacer la démarche astrologique dans le contexte d'une vision basée sur le principe de systèmes solidaires ou coïncidants : le mouvement des aiguilles de la montre est — mécaniquement parlant — indépendant du métabolisme humain; en revanche, aiguilles et métabolisme étant deux éléments qui fonctionnent sur une périodicité commune de 24 heures, cela permet d'établir des correspondances entre les deux et de déduire des conclusions sur le deuxième à partir de la connaissance du premier, voire réciproquement.

Il convient naturellement de toujours se questionner sur la nature même de la coïncidence entre deux systèmes ainsi identifiés, sur l'existence d'un référentiel commun — le cycle diurne dans l'exemple cité —, pour en connaître les limites. Mais la méconnaissance du "pourquoi" deux systèmes coïncident ne doit pas empêcher l'analyse du "comment", pourvu que l'observation de la réalité reste la règle. "Ce qui est en bas est comme ce qui est en haut", dit Hermès Trismégiste, et si je ne sais pas dire "pourquoi", je ne sais pas non plus dire "pourquoi pas". Ceci posé comme un postulat, le seul impératif doit rester celui de la cohérence des conclusions avec la réalité.

Les exemples de telles démarches sont fréquents dans les sciences sociales, économiques, financières, et si les erreurs subsistent — ne sont-elles pas d'abord le moteur du progrès ? — l'efficacité de ces sciences n'est pas remise en question pour autant.

C'est ainsi que l'astrologie considère les planètes et le mouvement de la Terre autour du

L'INFLUENCE DE LA LUNE SUR LA TÊTE DES FEMMES (GRAVURE DÉBUT XVIIe SIÈCLE, PARIS, MUSÉE CARNAVALET) ...
Elle joue aussi sur la tête des hommes, dans la mesure où la Lune symbolise, après la femme et ses rythmes biologiques, l'âme, l'inconscient et le psychisme en général.

Soleil comme les gigantesques aiguilles d'une horloge immense, à la dimension du système solaire et de l'histoire humaine. La construction effectuée a été simplement la mise en correspondance de ces deux systèmes, par observations et calculs de l'un, et observations et analyse de l'autre — à l'aide de la logique symbolique, qui permet d'établir des correspondances entre les événements vécus ou les sentiments et émotions ressentis par les hommes et les femmes de tous les continents et de tous les temps.

L'astrologie ne dit pas, par exemple, que c'est la Lune qui détermine le cycle féminin, mais que, puisque la Lune et les femmes ont des cycles égaux ou très proches, celle-là est un indicateur, un symbole de tout ce qui est féminin, ce qui permet de le généraliser aux hommes eux-mêmes, à la partie féminine de leur personnalité. Il n'y a donc pas déchiffrage des "manigances" d'une puissance occulte et hypothétique, mais décomposition des éléments constitutifs des personnalités humaines selon des cycles et des périodes dont les mouvements des planètes sont les repères élémentaires, comme une série de Fourrier d'un type très particulier.

Le débat est là aujourd'hui, à la limite de deux mondes, dont l'un étouffe de la désespérance qu'engendre la platitude et le matérialisme confortable mais stérile d'un univers réduit à des équations mathématiques, et l'autre court en permanence le risque de se voir entraîné dans les délires incontrôlables de ceux qui détiennent l'art de la manipulation de ces images profondes qui nous habitent tous.

La réalité elle-même échappe sans cesse à l'un comme à l'autre, démontrant chaque jour un peu plus que la dualité est son essence, et que sa description ne peut être que le fait d'un dialogue basé sur le respect des enrichissements mutuels. L'unité profonde qu'elle révèle ne saurait être atteinte par la réduction à un seul de ses aspects, mais par une ré-unification à inventer dans le seul lieu où elle ne soit pas contrainte ni dogme : la conscience humaine.

B. H.

Les statistiques ou “l’effet Gauquelin”

Parmi les preuves en faveur de l’influence planétaire, celles, qui sans conteste, sont les plus irréfutables proviennent des travaux du statisticien M. Gauquelin (1).

M. Gauquelin a commencé dans les années cinquante une œuvre de très longue haleine, en se basant sur 6 000 données de naissance, dont la conclusion fut “une très grande corrélation entre l’heure de naissance de Français célèbres, et la position des planètes”. Il publia en 1955 ces résultats dans “L’influence des astres, étude critique et expérimentale”. Ses conclusions étaient absolument stupéfiantes — pour lui-même au premier chef, puis pour les nombreux organismes de contrôle auxquels il adressa ses travaux — à savoir qu’il y avait un rapport statistiquement démontré, par exemple, entre le lever ou la culmination de la planète Mars au moment de la naissance des grands champions sportifs : il s’agissait en l’occurence de “l’effet Mars” (*cf.* ci-contre).

“Admettons, dit M. Gauquelin, que l’on veuille examiner un point particulier du ciel : la position d’un astre déterminé. On notera la position de cet astre à chaque naisssance que l’on observe. Si l’on prend au hasard un grand nombre de naissances dans un registre d’état-civil, on peut noter pour chacune d’elles la position de l’astre considéré : on obtient ainsi un ensemble de positions qui formeront une répartition quelconque de l’astre. (...)

Notre hypothèse serait vérifiée si l’on observait, pour un astre déterminé, des anomalies à la naissance, par exemple, des hommes de science, qui ne se produisent pas sur la naissance de la population générale. On jugera de la différence grâce à des tests statistiques. (...) Si les tests statistiques permettent de constater qu’une difference existe, nous dirons qu’il y a liaison entre les positions de l’astre et le groupe de naissance choisi.

La question posée est : pour des personnes qui ont manifesté au cours de leur vie des tendances communes, peut-on observer à leur naissance des positions d’astres communes ? Pour y répondre, (...) nous avons choisi le concept de profession. C’est un critère social assez standardisé pour que chacun puisse tomber d’accord sur sa signification. De plus, la profession met en jeu des comportements humains. (...) Ceux qui parviennent à se faire un nom (dans une profession) manifestant plus nettement que les autres les tendances fondamentales qui se cachent derrière l’étiquette professionnelle. (...)

Ayant (...) circonscrit notre recherche aux pays du Marché Commun, nous avons réussi au fil des années, à collectionner plus de

Avec la réserve que fait le polytechnicien, philosophe et astrologue R. Abellio (dans "la Fin de l’ésotérisme", Flammarion) sur la valeur des statistiques appliquées à l’astrologie, domaine du qualitatif par excellence, lorsqu’il dit : "une statistique pourra toujours fournir des présomptions en faveur de l’astrologie, jamais de preuves contre", il reste indéniable que, selon l’adage bien connu "qui peut le plus peut le moins", la démonstration mathématique apportée à des corrélations astro-professionnelles par exemple, comme ce fut le cas des travaux de M. Gauquelin, ne peut que corroborer l’hypothèse astrologique — surtout lorsque la probabilité du hasard atteint une chance sur cinq millions!...

Les statistiques restent ainsi pour les esprits sensibles aux chiffres et aux démonstrations quantitatives un argument de choix pour promouvoir au rang de science humaine probante l’Art royal des astres. Malgré leur importance considérable et les années d’efforts tenaces qu’elles ont représentées pour leur auteur — tragiquement disparu durant l’élaboration de cet ouvrage collectif (les astrologues du monde entier lui expriment ici un hommage de reconnaissance) — restons conscients que les recherches systématiques à grande échelle n’en sont encore qu’aux balbutiements.

Espérons que les choses iront plus vite que dans le cas de la biologie moléculaire, issue des lois de Mendel sur les petits pois... après quelque cent ans de retard !

L’EFFET MARS À LA NAISSANCE
DE 570 CHAMPIONS DE SPORTS FRANÇAIS

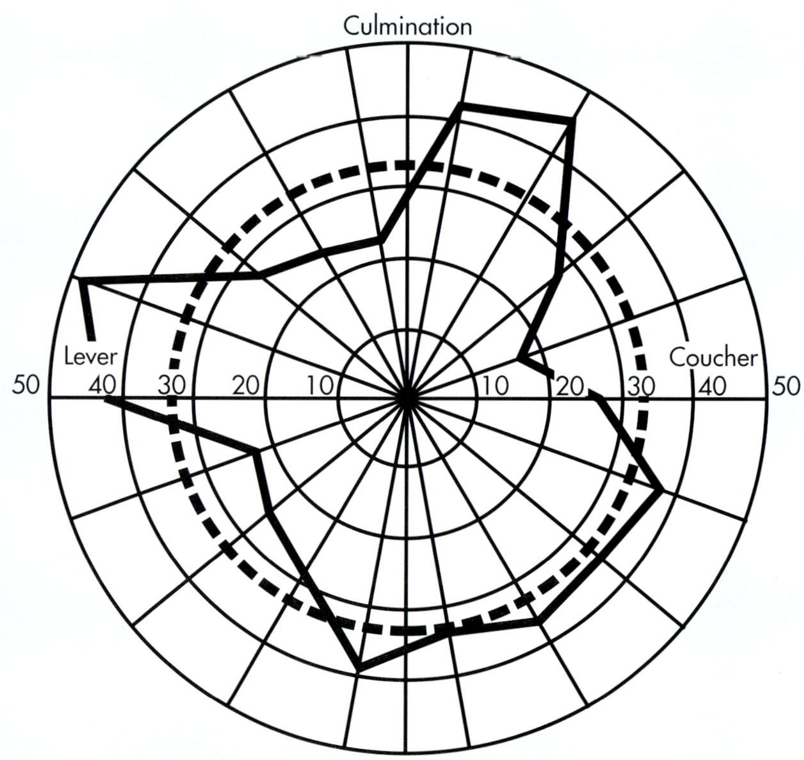

16 000 dates et heures de naissance de notabilités françaises, italiennes, allemandes (de l'Ouest), belges et hollandaises. Un second lot de 12 000 naissances devait servir de groupe-témoin. Il comportait des personnes de même nationalité, ayant exercé les mêmes professions, mais sans parvenir à percer l'anonymat. (...) Les naissances s'étendant de 1794 à 1945 : un siècle et demi d'observations.

Nous avons étudié dix catégories professionnelles : les hommes de science, les champions de sport, les hommes de guerre, les hommes politiques, les artistes — acteurs, peintres, musiciens —, les hommes de lettres, les personnalités, les chefs d'entreprise.

Nous avons calculé la position des astres à la naissance de chacun de nos sujets. A côté de résultats négatifs (normaux), nous avons enregistré une série ininterrompue d'observations anormales qui toutes se produisaient dans le même domaine astronomique : le mouvement diurne. (*cf.* : "Astrologie et astronomie"). (...)

"Quant aux observations normales, elles résidaient dans le fait que les notabilités ne suivaient pas le même horaire de naissance que le commun des mortels. Autrement dit, tout se passait comme si, selon les professions exercées, les célébrités avaient choisi, ou au contraire évité, de naître lors du passage d'astres après l'horizon et le méridien (Ascendant et Milieu-du-ciel).

Ces moments jouaient en quelque sorte le rôle de révélateurs de l'influence astrale. La tendance est si marquée, sa répétition si constante à travers tous les groupes examinés, que le hasard seul ne peut en être tenu pour responsable. Toutefois, cette observation fondamentale, n'a pu être faite que sur la Lune et les planètes Mars, Saturne et Jupiter. Tout se passait comme si, pour certains corps de métier, la présence d'une planète venant de passer à l'horizon ou au méridien au moment de la naissance, provoquait la réussite de l'individu" (in "L'astrologie" de M. Gauquelin et J. Sadoul).

Ainsi:

• "Chez 3 647 médecins et hommes de science, 724 au lieu de 626 (nombre théorique calculé) sont nés après le passage de Mars au lever ou à sa culmination supérieure. Il n'y a qu'une chance sur 500 000 pour que le hasard soit la cause d'un tel excédent de naissances. Chez les mêmes savants, 704 au lieu de 598 sont nés après le lever ou la culmination de Saturne. *Probabilité laissée au hasard : 1 sur 300 000.*

• Chez 2 088 champions de sport, Mars domine seul mais avec une netteté statistique surprenante. On le compte 452 fois au lieu de 358, levant ou culminant, *ce qui ne laisse au hasard qu'1 chance sur 5 millions.*

• Chez 3 438 hommes de guerre connus, Jupiter et Mars se trouvent en excédent dans les régions qui suivent le lever et la culmination. Jupiter : 703 fois au lieu de 572, et Mars 680 fois au lieu de 590. *Probabilité du hasard dans les deux cas : moins d'1 chance sur 1 million.*

• Chez 1 409 acteurs célèbres, Jupiter est compté 283 fois au lieu de 235 dans ces mêmes régions du ciel. *Probabilité laissée au hasard : 1 sur 100.*

• Chez 1 003 hommes politiques, Jupiter est compté 205 fois au lieu de 167. *Probabilité : 1 sur 100.*

• Chez 1 352 écrivains, la Lune est fréquente après le lever et sa culmination, puisqu'on l'observe 292 fois au lieu de 225. Affluence que le hasard ne peut se permettre qu'*1 fois toutes les 100 000 stastistiques.*

• Chez 903 journalistes, on retrouve Jupiter qui est 185 fois levant et culminant, au lieu de 150,5. *Chance du hasard : 1 sur 100.*

• Chez 202 chefs de grandes entreprises, enfin, Mars est présent après le lever et la culmination 49 fois au lieu de 34,6. *Probabilité : 1 sur 200...*

"Les résultats trouvés en France, nous dit M. Gauquelin, ont été répétés avec succès à l'étranger grâce à la récolte et au testing de 18 000 dates et heures de naissance de célébrités européennes. (Observation publiées dans "Les hommes et les astres" 1960.) (...) Plus récemment, une nouvelle enquête a été menée à bien par la récolte de dates et heures de naissance prises à l'état-civil de 1 400 Américains, dans le Report of American data (1982)".

Mais les recherches de Gauquelin vont plus loin et démontrent une *répugnance* de certaines planètes à se lever lors de la naissance de groupes professionnels particuliers, ce qui apporte encore de l'eau au moulin de l'astrologie, en démontrant par l'absurde à quel point un individu né par exemple lorsque Saturne (planète inhibitrice, d'introversion) se lève à l'horizon (et se place donc sur l'Ascendant), est comme empêché de se réaliser en tant qu'acteur, alors qu'il aura toutes les chances de se singulariser en tant qu'homme de science (les statistiques à ce niveau indiquent un creux).

"Comment tous ces résultats pouvaient-ils s'expliquer ?", s'interroge M. Gauquelin. "Dès la publication de ces corrélations entre les planètes et le succès professionnel, j'ai fait l'hypothèse que la vraie corrélation n'était pas entre planète et réussite, mais entre les planètes et les traits de caractère de mes sujets d'expérience." Et d'expliquer que ce qui faisait les grands sportifs, c'étaient leurs qualités d'endurance, de courage, d'énergie et d'agressivité, (toutes vertus martiennes, dit l'astrologue); et de spécifier que ce raisonnement pouvait s'appliquer à tous les groupes professionnels qui réquièrent et magnifient des qualités spécifiques. En somme, conclut-il, "ce que ces surprenantes influences planétaires révèleraient, ce ne serait pas la chance ou la destinée aveugle étrangère à l'homme, mais l'action de certains facteurs de personnalité qui seraient plus ou moins influencés par (ou plus ou moins associés avec) les planètes".

Sur le graphique, le cercle représente le mouvement diurne de Mars divisé en 18 secteurs. A gauche, le lever de la planète, en haut sa culmination supérieure, à droite son coucher, en base sa culmination inférieure. Le cercle discontinu représente la fréquence attendue pour chaque secteur. Entre chaque cercle concentrique, il y a 10 positions de Mars pour chaque secteur. Les rayons de la circonférence marquent le milieu des secteurs, le nombre effectivement observé de positions de Mars à la naissance des champions. Le graphique montre clairement que les champions de sports français sont nés plus souvent que le hasard après le lever de Mars, c'est-à-dire avec Mars en Maison XII ou à proximité, et après la culmination supérieure de Mars, ce qui correspond à peu près à Mars en Maison IX.

"Pour juger du bien-fondé de cette hypothèse, continue M. Gauquelin, j'ai mis au point, à partir de 1967, une technique scientifique que j'ai appelée la *méthode des traits de caractère.* Puis, aidé par Françoise Schneider-Gauquelin et d'autres collaborateurs, j'ai rassemblé les traits de caractère pris dans des milliers de textes biographiques consacrés aux personnes célèbres.

Le nombre "traits-unités" que nous avons collectionnés à ce jour dépasse les 50 000" (catalogue publié par le laboratoire de M. Gauquelin en 4 vol. consacrés à Mars, Jupiter, Saturne et la Lune, et récemment une autre publication consacrée à Vénus). Le matériel récolté a permis de démontrer, en accord avec mon hypothèse, que le lien *planètes-traits de caractère* est considérablement plus fort que celui qui unit la *planète au succès professionnel*". Le chercheur fait ainsi la corrélation astro-psychologique entre Mars et Pablo Picasso ou Eddy Merckx, entre Jupiter et Albert Einstein ou Paul Claudel, entre Saturne et Charlie Chaplin ou Jean Vilar, entre la Lune et André Gide, Paul Valéry ou Gustave Flaubert; enfin entre Vénus et Gregory Peck ou Jean Marais.

CONCLUSION, CONTRÔLES ET BILAN

Ces résultats constituent à n'en pas douter un monument en faveur de l'astrologie, quelle qu'ait été par la suite l'attitude souvent embarrassée du chercheur M. Gauquelin, le scientifique dépassé par ses découvertes et pris entre sa formation, un milieu globalement hostile à ses conclusions, étant donné la valeur explosive de ces dernières.

Ces résultats prouvent statistiquement, scientifiquement, ce que l'astrologie millénaire sait et pratique depuis toujours : "on notera, dit M. Gauquelin, que les *zones plus* (*cf.* ci-contre) (...) confirment la justesse de la loi astrologique qui veut que les "angles" de l'horoscope — soit AS, MC, DS et FC — possèdent une grande importance". Et, ajoute l'astrologue, le lien Milieu-du-Ciel/Profession est particulièrement concerné. Un problème se pose pourtant aux astrologues : le décalage observé entre les secteurs I et X, traditionnellement valorisés et ceux mis en exergue par les statistiques, en l'occurence les XII et IX (qui les précèdent dans le thème) — comme si la planète était plus active, plus puissante sur l'individu dans son effet rémanent, après le passage de l'horizon ou du méridien du lieu de naissance — et pourquoi pas, après tout ? D'autres recherches seraient les bienvenues pour clarifier cette question.

Au cours des trois décennies que durèrent les travaux de M. Gauquelin, ce dernier, bien évidemment évolua dans ses appréciations et son attitude envers l'astrologie. Par exemple, (*in* "L'Astrologie devant la Science", revue Planète 1965), il conclut de ses travaux : "Bien que nous ayons obtenu des faits positifs à partir d'un matériel d'apparence astrologique à l'origine, il est bien évident que ces résultats, aussi étonnants qu'ils soient, doivent s'expliquer en termes scientifiques, non en termes astrologiques"; alors qu'en 1972, il écrivait (*in L'astrologie*): "En faveur du fait astrologique, il y a tout d'abord la démonstration du postulat fondamental, le rôle joué par les influences astrales à la naissance (...) À partir de la position natale d'une planète, il est théoriquement possible d'établir un pronostic sur le tempérament et le comportement social futur de l'individu qui naît. Il y a mieux : l'ébauche d'une confirmation statistique du symbolisme astral pour Mars, Jupiter, Saturne et la Lune. La comparaison des types caractériels que nous avons définis empiriquement avec les mentalités que les Anciens avaient attribués à ces planètes, permet de conclure à une ressemblance non fortuite entre les deux. (...) On trouvera ailleurs une comparaison poussée entre nos expériences et le symbolisme astrologique". (Voir le tableau "Vingt traits pour décrire les types planétaires", extrait de "La vérité sur l'Astrologie", 1985). Les familiers de l'astrologie ne seront guère étonnés de ces correspondances établies empiriquement et qui corroborent pleinement la caractérologie traditionnelle de l'astrologie.

En 1990, M. Gauquelin fait pour nous le point sur la façon dont ont été accueillis ses travaux au fil des ans : "*L'effet Mars* que j'ai donné ici en exemple a été soumis pendant des années

Il y a quatre "zones" : quand la planète vient de se lever, quand elle vient de culminer (le "midi" de l'astre), quand elle se couche; et quand elle est à sa culmination inférieure, le point à distance égale entre le coucher et le lever suivant (le "minuit" de l'astre). Une personne, née avec une planète donnée dans l'une ou l'autre de ces quatre zones, a de bonnes chances de présenter un tempérament psychologique associé avec cette planète. Mais il faut considérer deux catégories de "zones plus". La corrélation la plus forte entre la planète et les traits de caractère existe quand elle vient de se lever ou de culminer.

LES "ZONES-PLUS GAUQUELIN" SUPERPOSÉES AUX 12 MAISONS ASTROLOGIQUES

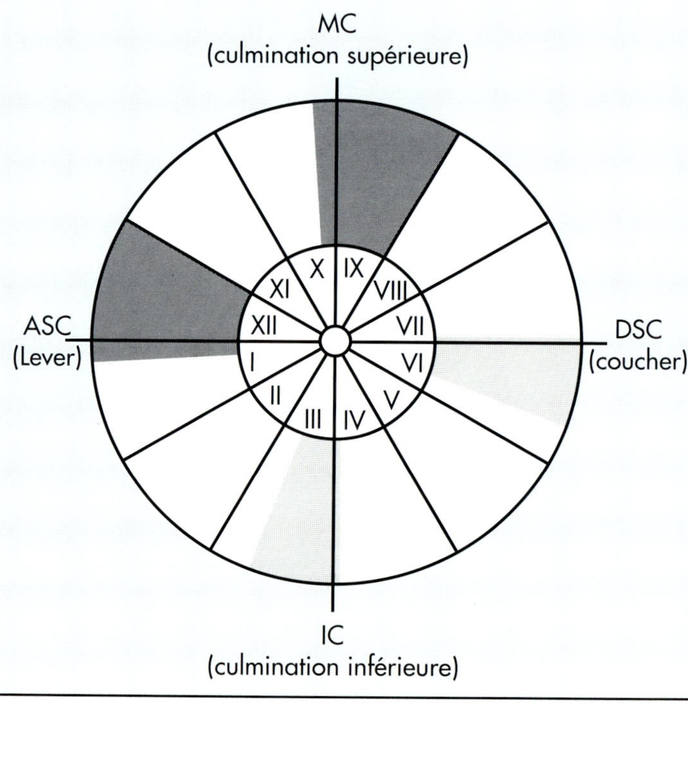

à la critique des hommes de science en place (2). Leur hostilité et leur scepticisme leur ont d'abord fait voir des erreurs partout dans mon travail. Mais cette polémique, souvent acerbe, s'est, après plus de dix années, terminée en ma faveur, et à la reconnaissance de l'exactitude de mes méthodes et résultats. C'est ainsi que l'astronome George Abell, de l'Université de Californie, le statisticien Marvin Zelen de Harvard et le chairman du redoutable Comité américain pour l'étude scientifique des phénomènes paranormaux, Paul Kurtz, de l'Université de New York, ont admis en 1983 (je cite) : "Gauquelin a su calculer de façon correcte les fréquences de Mars à la naissance, en tenant compte des facteurs démographiques et astronomiques du problème". Tout cela, notifié dans leur propre revue "The skeptical Inquirer" qui n'est d'ordinaire pas tendre envers les travaux astrologiques".

"En conclusion, dit M. Gauquelin, s'il est vrai que mes observations ne confirment pas *toute* l'astrologie (...), il n'en reste pas moins vrai que mes travaux apportent de l'eau au moulin des astrologues. Dans leur livre "The Case for Astrology", J.-A. West et J.-C. Toonder n'hésitent pas à écrire : "Le travail de Gauquelin prouve une fois pour toutes et sans aucun doute possible, qu'il y a quelque chose dans l'astrologie (...). Gauquelin a donné une expression quantitative à une croyance qualitative ancienne, à savoir que les planètes ont un sens".

Quant au professeur Eysenck, de l'Université de Londres, après s'être penché sur ces statistiques, il affirme : "Je n'ai pas été capable de trouver quoi que ce soit de vraiment mauvais dans les travaux de M. Gauquelin", et conclut : "si les réplications sont positives, Gauquelin devrait prendre rang parmi les grands scientifiques du passé qui ont changé notre conception de l'Univers". Dès à présent, l'astrologie se doit d'être reconnaissante à ce chercheur obstiné. **M. G. et E. T.**

(1) M. Gauquelin postula son admission au CNRS, mais celle-ci lui fut refusée, semble-t-il, parce qu'il s'occupait d'astrologie — alors qu'il partait dans ses recherches avec l'intention de tordre le cou à "ces vieilles lunes" ! Ses travaux constituent assurément une pierre angulaire dans la défense d'une astrologie scientifique et rationnelle.

(2) M. Gauquelin fait ici allusion aux innombrables et interminables démêlés qu'il eut avec les différents Comités de contrôle, belge et français *(Comité belge pour l'investigation scientifique des phénomènes réputés paranormaux,* créé en 1948 et le *Comité francais pour l'étude des phénomènes paranormaux (CFEPP),* et enfin américain (CSICOP), de même qu'avec la revue *Science et Vie,* mars 1975.) Après des vérifications sur plusieurs années, le Comité belge, en 1988, statue que la probabilité est effectivement telle que "l'effet Mars" ne soit pas un hasard; et le Comité français, lui, a annoncé via *"Science et Vie"* depuis 1982, une réponse dont on attend encore la publication à l'heure actuelle. Cette réplication fut annoncée par l'astronome rationaliste et hostile à l'astrologie, E. Schatzman qui, pour discréditer les résultats de l'effet Mars, va jusqu'à supposer que l'orientation professionnelle des dits champions ait été influencée par des consultations astrologiques (hypothétiques, bien sûr) !...

Vingt traits pour décrire les types planétaires*

Jupiter	Saturne	Mars	Vénus	Lune
aisance	compassé	actif	affable	aimable
ambitieux	concentré	ardent	agréable	amis (nombreux)
autoritaire	consciencieux	batailleur	ambigu	bonhomme
arriviste	froid	casse-cou	aimé	compagnie (de bonne)
bavard	méthodique	combatif	attrayant	cœur (bon)
besoin de se montrer	méticuleux	courageux	bienveillant	complaisant
comique (sens du)	modeste	dynamique	charmant	désordonné
communicatif	observateur	énergique	courtois	distrait
coquet	organisé	fougueux	élégant	généreux
dépensier	parle peu	infatigable	flatteur	imaginatif
gai	précis	lutteur	galant	influençable
gestes abondants	réfléchi	offensif	gentil	mode (à la)
humeur (bonne)	replié sur soi	peur de rien	gracieux	impulsif
indépendant	réservé	tout d'une pièce	juvénile	nonchalant
joyeux	sage	résistant	obligeant	primesautier
mondain	sombre	téméraire	plaisant	rêveur
prodigue	timide	vaillant	prévenant	serviable
railleur	travailleur	vitalité	poète	snob (un peu)
sympathique	taciturne	vif	poli	superficiel
vaniteux	triste	volontaire	séducteur	tolérant

* d'après Michel Gauquelin, "La Vérité sur l'astrologie", 1985, p. 121

ASTROLOGIE ET PHYSIQUE

La physique est une science qui se préoccupe essentiellement de la constitution et des propriétés de la matière. À partir de ses observations, des lois sont définies. Des lois qui sont intégrées dans des sytèmes qui se succèdent et parfois s'opposent. En quoi l'astrologie, avec son langage symbolique qui vient coiffer le langage rigoureux, mathématique et immuable de l'astronomie, peut-elle se rapprocher, voire s'harmoniser avec les principes d'une science aussi matérielle ? Pour la science d'aujourd'hui, science de la complexité et de la cybernétique, le dialogue avec l'astrologie est rendu de plus en plus possible.

Influence astrale ou synchronicité ?

Écoutons le grand maître Ptolémée, qui après Manilius et son premier traité "Astronomica" (poème en 5 livres) a codifié l'astrologie dans sa "Tétrabible" :

"C'est premièrement une chose très évidente et qui n'a pas besoin de paroles pour être confirmée, qu'il se répand une certaine vertu du ciel sur toutes les choses qui environnent la terre, et sur la nature sujette aux changements, à savoir sur les premiers éléments surhumains, sur le feu et sur l'air, qui sont mus par les mouvements célestes, comprennent en leur sphère le reste des choses inférieures, et donnent une disposition à la terre et à l'eau, aux plantes et aux animaux. Car le Soleil, avec le ciel, dispose diversement des choses terrestres, selon les quatre saisons de l'année, avec lesquelles s'accordent les générations des animaux, la fécondation des plantes, le cours des eaux et les mutations des corps, mais aussi par son circuit journalier, en échauffant, humectant, desséchant et rafraîchissant par un certain ordre et moyen qui s'accorde avec les autres astres et avec notre point vertical. Quant à la Lune, étant plus proche, il apparaît qu'elle influe sur les choses terrestres, du fait que la plupart des êtres, tant animés qu'inanimés, sentent le pouvoir de sa lumière et de son mouvement." (I,2)

Si Ptolémée est partisan d'une réelle influence astrale, qui nous détermine aussi bien dans notre corps que dans notre âme, induisant à la fois une apparence, une morphologie, un caractère, ainsi que tout ce qui fait notre destinée, il n'en va pas de même pour Plotin, favorable à des *astres-signes* plus qu'à des *astres-causes,* ce qui implique plutôt l'idée de synchronicité et de concomitance des phénomènes célestes et terrestres. "Les astres annoncent les événements; ils ne produisent point toutes choses, mais seulement les états passifs de l'Univers (...)", dit-il et évoque comme illustration l'image de danseurs qui se meuvent au son de la *musique des sphères.* Beaucoup plus tard, Dante, dans sa "Divine comédie", de même que Saint Thomas d'Aquin, considèreront les étoiles comme des intermédiaires entre Dieu et les hommes, dont elles gouvernent les corps terrestres. En réalité, et bien que Jung ait repris et développé l'idée de synchronicité au XXe siècle, plus favorable à l'idée d'une telle concomitance ("l'astre apparaît signe de l'homme comme l'homme est signe de l'astre", dira joliment A. Barbault), la discussion reste ouverte entre partisans de l'influence physique des astres et la notion d'astres, signes délivrés de toute idée de causalité, théories qui, au demeurant, ne s'excluent pas et sont susceptibles de coexister; car, après tout, si l'on supprime la musique des sphères, les danseurs disparaissent !

Par ailleurs, les innombrables expériences démontrant l'action des planètes sur nous — notamment du Soleil et de la Lune — interdisent de rejeter l'influence physique des corps célestes. La fille de C.G. Jung, Mme Baumann-Jung, astrologue expérimentée et familiarisée avec la psychologie des profondeurs, est partagée entre l'idée de projection de la psyché sur le Zodiaque et celle d'un réel influx planétaire, indéniable.

Il est bien probable que l'on ne possède pas encore d'instruments assez subtils, assez sophistiqués pour mesurer l'influx astral qui, certainement, est comme une sorte d'écho à la mécanique céleste. "Ce n'est pas parce que les physiciens n'ont pas trouvé l'instrument susceptible de capter une information venant de ce que l'on considère comme du bruit que le corps humain n'en possède pas, dit le physicien Ph. Leconte. De plus, les gens pensent en général de façon linéaire; or, l'instrument ou l'organe susceptible de capter ces signaux possède des éléments de détection non linéaires."

On peut comparer l'influence astrale à un vent (cosmique) qui souffle dans une certaine direction, induisant des climats et des événements probables, sans préjuger de la réaction de l'homme, appelé à subir... ou à réagir, suivant sa propre nature et son degré de conscience.

Cause ou reflet ? causalité ou synchronicité ? Après tout, est-ce si important, à partir du moment où le lien est constaté, établi, manifeste ? Que dit Kepler, père de l'astronomie moderne et seigneur en astrologie et qui, poète, savant et visionnaire panthéiste, sut réunir en un tryptique séduisant l'astronomie, l'astrologie et la musique des sphères : "L'âme naturelle de l'homme n'est pas plus grosse qu'un point; et, sur ce point, la forme et le caractère du ciel sont virtuellement gravés, même s'il est cent fois plus gros." On pense à l'harmonie préétablie d'un Leibniz, où chaque petite monade, même minérale ou végétale, est reliée à la grande monade, Dieu. L'homme serait-il semblable à une carte perforée, branchée par une fantastique énergie cosmique à un ordinateur central grandiose ? Et Louis Pasteur, cet autre Capricorne qui répond bien à la définition de l'austère chercheur saturnien, déclare : "Je crois à une influence cosmique"..., et : "les agents de la vie sont structurés en formes et arrangements nucléaires, en relation avec les mouvements de l'Univers." La physique moderne lui donne raison qui parle d'inséparabilité de phénomènes, de psychisme cosmique ou d'ordre impliqué (D. Böhm).

Cependant, à y bien réfléchir, s'il "est nécessaire qu'il y ait un ordre dans le rapport des parties", cela ne revient-il pas à introduire une préséance, donc un semblant de causalité, étant donné que ledit ordre ne peut être compris que dans un seul sens, celui des astres à l'homme ? En somme, cette solidarité, ce phénomène de miroir entre micro et macrocosme ne paraissent pas impensables à certains physiciens, comme, par exemple, B. d'Espagnat : "Selon cette hypothèse (la théorie du microcosme), on le sait, le cerveau et l'esprit humain, qui comptent parmi les composés les plus complexes de l'Univers, ont conservé quelques structures reflétant assez fidèlement celles de la réalité indépendante dont ils émergent. L'hypothèse est indémontrable. Elle est plausible cependant du fait qu'elle rend compte d'une manière schématique mais élémentaire de plusieurs choses, comme par exemple de la possibilité déjà discutée que possède l'homme d'appliquer ses mathématiques aux phénomènes."

E. T.

Dialogue entre Physique et Astrologie

L'univers manifesté doit être considéré comme l'unité organique d'un seul corps... dont chaque être humain serait un membre apparemment séparé."

Linssen (physicien)

L'astrologie nous met en présence de certaines réalités. On peut, sans les comprendre, en appliquer les recettes. On peut aussi, en progressant dans l'art, découvrir des repères de plus en plus précis dans le flot des destinées humaines. On peut encore vouloir soumettre cette expérience aux critères de la pensée scientifique. mais là, des difficultés surgissent : l'esprit moderne se refuse à imaginer une relation entre la vie quotidienne des hommes et la position des planètes. Et, l'écart au bon sens lui paraît impardonnable, quand il découvre combien l'interprétation de l'astrologie est subjective. L'astrologue voudrait prendre part au débat et répondre, par exemple, que la physique, toute reine des sciences qu'elle soit, n'est pas en reste en matière de surprises. Les paradoxes de la relativité ou l'inséparabilité quantique n'ont rien de moins étonnant que les principes de l'astrologie. De plus, ne dit-on pas que cette inséparabilité inclut l'expérimenteur? Alors, ne faudrait-il pas s'accommoder d'un minimum de subjectivité ?

Mais les institutions semblent avoir déjà tranché : la physique s'enseigne à l'université et l'astrologie est restée parmi les savoirs ésotériques. Pour qu'un dialogue soit possible, il faut bien s'entendre sur ce qu'est une science, puis définir clairement le domaine de réalité où évolue l'astrologie.

La force de la démarche scientifique réside dans son indépendance par rapport à toute révélation extérieure, à toute tradition, à toute autorité. Une affirmation n'est scientifique que si elle peut être vérifiée par tout individu qui s'en donne les moyens. Une science n'est vivante que si, à chaque génération, des personnes réactualisent et valident elles-mêmes les connaissances acquises. Pour un physicien, le processus se déroule en trois phases :

- Il observe des phénomènes et voit naître en lui les concepts correspondants.
- Il découvre les nécessités idéelles qui relient ces concepts entre eux. Les uns expliquent les autres. À la fin de l'analyse, émergent des phénomènes qui ne dépendent d'aucun autre. Leur description précise constitue l'énoncé des lois physiques.
- Il peut alors faire des prévisions et s'assurer que tous les phénomènes s'y conforment.

La naissance des concepts et leur mise en relation sont des phases totalement subjectives. Elles ne se déroulent que dans une conscience qui se met à penser. Et pourtant, elles ont la force de l'objectivité car elles ne dépendent pas d'un sujet particulier. Dans la démarche scientifique, chaque sujet est appelé, grâce à une pensée attentive, à surmonter les limites de sa propre subjectivité. L'expérience vient ensuite confirmer ce qui a été établi. Seul le risque d'une faute d'attention limite la valeur de la certitude atteinte dans la phase de pensée. Aussi le pouvoir d'attention est-il le bien le plus précieux de l'homme. Par elle, il voit grandir le noyau de ses vraies connaissances.

Autour de ce noyau s'épanouit en chaque homme une masse diffuse de savoirs moins certains : des savoirs appris, des croyances et des conjectures. Il s'efforce de rendre l'ensemble cohérent. les conjectures ou "théories" sont parfois présentées comme des vérités scientifiques. C'est dommage.

Un grand nombre de personnes peuvent s'accorder sur une vision du monde fondée sur des conjectures. Ainsi, l'idée de l'évolution est bien une évidence scientifique, la théorie du Big Bang ou le darwinisme sont des conjectures, des tentatives de rendre compte de manière cohérente et économe des évidences scientifiques. Plus qu'à leur indéniable intérêt scientifique, elles doivent leur intérêt au nombre de leurs partisans, à l'idéologie et à la sociologie. La plupart des scientifiques modernes se sont constitué une vision du monde qui n'intègre pas les faits astrologiques. Ils devront probablement en changer lorsqu'ils découvriront que l'astrologie est bien contradictoire avec leurs présupposés, mais qu'elle ne l'est pas avec leurs résultats.

Le scientifique ne doit pas rejeter ce qu'il ne comprend pas. Un discours peut lui paraître flou s'il ne possède pas les modes de pensée correspondant au domaine étudié. Le domaine de l'astrologie est avant tout le domaine de l'humain. Un bon astrologue est un fin connaisseur de l'âme humaine. Les signes du Zodiaque déploient une palette complète de nuances pour représenter les caractères et les dispositions des

UN ASTRONOME ANGLAIS EXPLIQUE L'INFLUENCE ASTRALE

"Tous les corps sont enveloppés d'un champ électromagnétique qui peut être détecté et mesuré. Ces champs électriques ou "champs de vie" (life fields) ordonnent et contrôlent la matière physique de la vie dont ils sont les moules." *Dr Burr (Université de Yale)*

Les travaux de Gauquelin sur "l'hérédité planétaire" ont montré que cet effet obéit aux lois bien connues sur l'hérédité, et qu'il est renforcé par les perturbations du champ magnétique terrestre. Mes recherches personnelles ont pour but d'établir une théorie visant à démontrer les effets des planètes sur l'héridité.

• *Pour une Théorie magnétique de l'Astrologie. Il y a quelques années, des biologistes ont montré que de nombreuses espèces vivantes, comme les bactéries, les oiseaux et les poissons, étaient capables de se diriger au moyen du champ magnétique, à l'exclusion de tout autre sorte de repère. Certains scientifiques ont constaté que l'être humain, dans une moindre mesure, pouvait également s'orienter en utilisant ce champ magnétique, mais sans pour autant imaginer qu'il porte en lui une sorte de "boussole".*

D'autres biologistes expliquent que les vibrations du champ magnétique ont des effets sur la plupart des êtres vivants, y compris l'homme. Tout se passe comme si le système nerveux se comportait de la même manière qu'une antenne permettant de capter certaines vibrations du champ terrestre. Il est de plus en plus certain que l'influence magnétique du Soleil est liée aux positions et aux mouvements relatifs des planètes. Sous l'effet des vents solaires, le champ magnétique terrestre est lié aux fluctuations magnétiques du Soleil. De plus, il a été établi que le champ magnétique de la Terre subit des variations liées aux mouvements et aux phases de la Lune. En d'autres termes, on peut dire que le système solaire tout entier compose la "symphonie" du champ magnétique terrestre. Selon ma théorie, nous sommes tous génétiquement programmés sur certaines "fréquences" qui nous disposent à capter une "gamme mélodique" différente dans la symphonie du système solaire. Nos organes des sens continuent de se développer tant que nous sommes dans le sein de notre mère : ils sont donc bien moins aptes à recevoir des informations qu'ils ne le seront après la naissance. Cependant, le ventre maternel ne nous isole pas du champ magnétique de la terre, car celui-ci peut tout pénétrer. Les "mélodies" de la symphonie que nous percevons à ce stade du développement peuvent devenir ensuite les éléments de nos tout premiers souvenirs. C'est un peu comme si la "musique magnétique des sphères" était gravée dans nos cerveaux. Le but principal de notre réponse particulière à cette musique est de nous fournir un signal qui nous permettra de faire notre entrée dans le monde. Lorsque, plus tard dans notre vie, le "grand orchestre" du système solaire rejouera "notre air" dans le champ magnétique terrestre, il rappellera ces souvenirs à notre mémoire (1). La façon dont nous le percevons peut influencer nos actes dans une situation donnée. Cela vient renforcer la valeur d'un très vieux dicton astrologique : "les astres incitent, mais ne nécessitent pas". Cette théorie anéantit toutes les objections élevées contre les précédents travaux scientifiques en astrologie, car elle introduit le concept de résonance (2) : résonance entre les forces d'attraction-répulsion des planètes dans cette interaction sur le champ magnétique du Soleil, et en conséquence, les effets de cette interaction sur le champ magnétique de la Terre; et résonance entre le champ magnétique terrestre et le système nerveux du fœtus en formation. *Dr P. S.*

(1) Ce signal, synchrone avec notre naissance, est schématisé par notre ciel de naissance. Les répétitions de la "musique céleste personnalisée" dont parle P. Seymour ne sont autres que ce que les astrologues nomment les transits planétaires qui viennent réactiver le thème natal. (Note de E.T.)

(2) À l'instar de Percy Seymour (qui vient de publier un ouvrage favorable à l'astrologie), le physicien Ph. Leconte est partisan lui aussi de ce phénomène de résonance : "Mon hypothèse est que le thème de naissance serait une structure de base — ayant ses propres dissonances et ses harmonies (...) _, qui s'engrammerait dans le cerveau et avec laquelle l'individu résonnerait : quand le Soleil joue à nouveau la même musique, se déclencherait quelque chose dans l'individu." (Note de E. T.)

hommes. Les planètes sont associées à des forces qui habitent vraiment l'âme tandis que les Maisons résument les diverses situations de la vie. Partant de ces repères, l'astrologue est bien équipé pour approcher la complexité des êtres humains et de leurs destins. Il peut d'élever audessus d'une pensée trop linéaire. L'exercice reste extrêmement difficile et tous ne sont pas à la hauteur. Mais il faut reconnaître un grand dynamisme dans cette discipline que l'on dit figée depuis deux mille ans. Les travaux des astrologues évoluent rapidement en parallèle avec les sciences humaines.

Arrivé à ce point, le physicien ne peut encore que s'incliner. Pour lui, le bât ne blessera que lorsque l'astrologue prétendra que les rythmes planétaires battent la mesure des vécus humains. Il souffre mal d'entendre que le ciel de naissance soit en rapport avec la personnalité. Il lui est presque imposible d'imaginer que des transits planétaires particuliers puissent être reliés à des phases sensibles de l'évolution d'un homme, d'un pays ou de la terre entière. Il s'étonne d'une apparente causalité dont il ne peut découvrir la justification.

S'agit-il de faits établis ou de délires fondés sur une tradition passée ? Une bonne corrélation statistique objective serait bien utile pour inciter les incrédules à faire l'effort nécessaire pour juger par eux-mêmes. Mais des faits troublants ne fondent pas une science. Il n'y a de connaissance que si ces faits s'intègrent dans une vision cohérente qui est encore à créer, malgré tous les efforts en cours.

Les mathématiques, la logique, sont les éléments de la pensée qui ont permis de fonder la physique, la chimie, la biologie moléculaire, etc. La conscience humaine découvre avec étonnement que la logique qui l'habite habite aussi le monde. Ainsi, Einstein dit-il : "Le mystère du monde le plus incompréhensible est qu'il soit compréhensible (1)." Je pense que ce mystère est parallèle à celui que cache l'astrologie. Des données autres que la logique habitent la conscience de l'homme. La logique ne sait rien des sentiments et des volontés. Que ces autres données habitent aussi les rythmes planétaires peut ne pas nous surprendre.

Aujourd'hui, le physicien se trouve en mal d'interprétation de ses propres théories. Un fossé profond sépare les connaissances scientifiques du reste des expériences humaines. J'ai commencé cette étude en partant d'une demande de l'astrologue au physicien pour le guider sur le chemin de la méthode scientifique. La situation pourrait très bien se retourner. Les astrologues, avec d'autres chercheurs dans d'autres disciplines, ne sont-ils pas en train de défricher un terrain capable de fournir plus tard des clés pour comprendre un monde matériel devenu bien obscur ? P. L.

(1) Cité dans "Einstein, le livre du centenaire", éditions Hier et demain, 1979, page 53.

Les hypothèses explicatives des correspondances cosmiques

Depuis l'Antiquité, il existe une explication physique des corrélations envisagées par l'astrologie en tant qu'influx émis par les étoiles et les planètes, c'est–à–dire de rayonnement provenant des astres. Galilée, de même que bien d'autres savants de la Renaissance, appuyait cette idée.

Une autre approche traditionnelle a été le "pan–psychisme" : les astres seraient des vrais êtres (estre = astre) dont le côté animique agirait sur l'âme et le destin de l'homme, soit directement, soit au moyen des harmonies (géométriques ou musicales) établies entre eux. Sans écarter son contenu mystique évident, c'est la conception qu'on trouve à la base de la théorie de Kepler, et qui reprenait dans une certaine mesure l'hypothèse de Plotin, selon laquelle les planètes incarneraient la personnalité des dieux, leur action étant soumise à la volonté de Dieu et à un certain libre arbitre de l'homme. Kepler exposa sa cosmologie dans un système grandiose et cohérent, basé sur les harmonies du monde ("*Astronomia nova*", Prague, 1609; "*Harmonices Mundi*" Libri V, Linz, 1619) (1).

LES HYPOTHESES INFLUENTIELLES

• **L'hypothèse luminique :** elle fait appel à la radiation électro–magnétique nous venant des astres, et notamment la lumière. Jadis prestigieuse, elle est devenue aujourd'hui malaisée à étayer en raison de l'absence presque complète de rayonnement lumineux des planètes transsaturniennes (Uranus, Neptune, Pluton), pourtant astrologiquement actives. Certes, si l'on élargit cette hypothèse au champ d'action du spectre électro–magnétique tout entier, il ressort l'évidence de l'existence des émissions énergétiques que nous recevons de la plupart des corps célestes. Mais ce groupe d'hypothèses doit faire face à une objection sérieuse : les sources radiantes terrestres devraient avoir des effets influentiels plus importants que celles qui proviennent du cosmos.

• **L'influence des forces gravitationnelles :** en se fondant sur la force gravitationnelle, on a proposé deux catégories d'hypothèses :

1. Hypothèse géocentrique : à l'image de la Lune et du Soleil, n'importe quelle planète doit avoir un effet analogue sur la vie terrestre. L'agent intermédiaire pourrait notamment être l'eau, qui compose notre organisme à 80%. Il s'agit bien sûr d'une théorie valable si elle se limite aux luminaires (c'est–à–dire la Lune et le Soleil). Elle

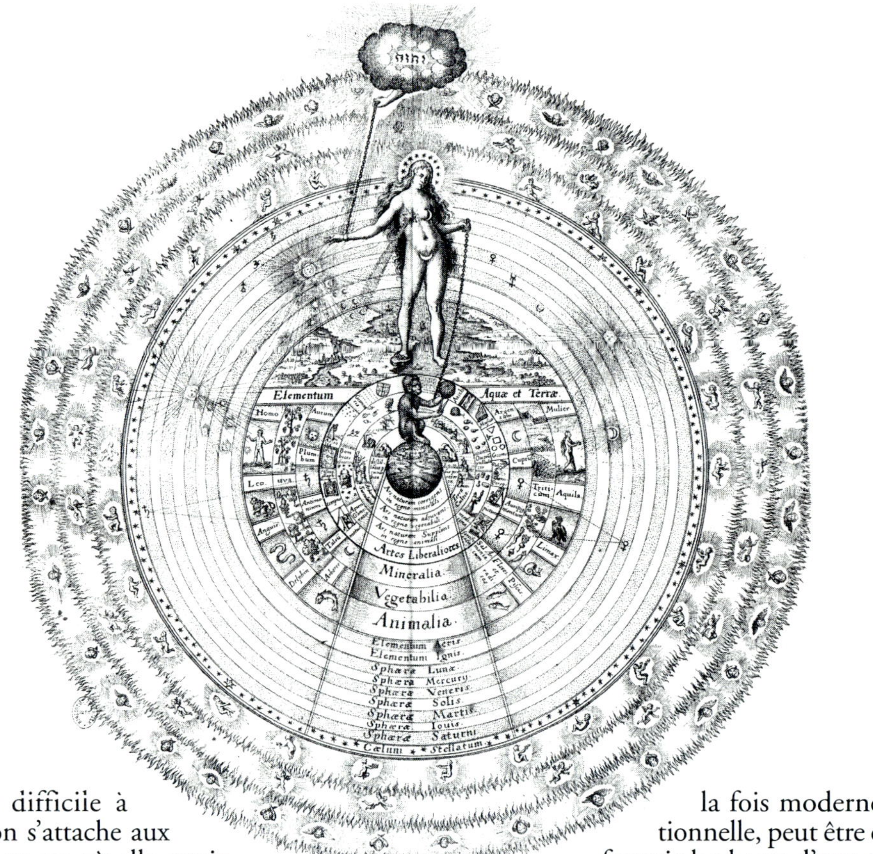

ROBERT FLUDD. LA VIERGE AU CENTRE DU MONDE. **Ce médecin alchimiste anglais du XVIe siècle nous expose ici sa cosmogonie, les règnes minéral, animal et humain, les éléments se trouvant inscrits dans le système solaire qui comprend les différentes "sphères" planétaires, depuis la Lune jusqu'à Saturne. La Vierge symbolise l'idée que Dieu tient toute la création dans ses mains, assujettissant les étoiles à sa puissance. Plotin, comme plus tard Jung, furent partisans de la synchronicité plutôt que de l'influence planétaire. Plotin nous comparait à des danseurs qui dansent sur la "musique des sphères", à savoir les rythmes cosmiques.**

devient plus difficiie à soutenir si l'on s'attache aux planètes, car au cas où elle serait opérative, les astrologues devraient noter des différences accusées quant à l'incidence des planètes en fonction de leur variation de distance par rapport à la Terre, ce qui n'est pas le cas.

2. *Hypothèse héliocentrique :* les planètes influencent le Soleil, de par leur force gravitationnelle, et les effets qu'elles produisent sur l'astre central peuvent avoir des répercussions sur la Terre et ses habitants. Cette théorie a connu de nombreux échos scientifiques (nous avons déjà vu que Nelson avait mis en évidence que les transmissions radios étaient perturbées lorsque les planètes sont disposées en aspect dissonant au Soleil) (voir encadré ci–contre : Les hypothèses de deux polytechniciens) (2).

LES HYPOTHÈSES SYNCHRONIQUES

On doit la notion de synchronicité à C. G. Jung, au début de ce siècle (3) : elle présuppose l'apparition de coïncidences significatives entre des phénomènes sans rapport causal. Appliquée à l'astrologie, elle est à l'origine de plusieurs essais d'explication du fait astrologique. Dans le cas d'une théorisation de l'astrologie sur les bases de la synchronicité, la notion d'une projection originelle de l'inconscient collectif devient fondamentale. L'homme a projeté ses songes, qui étaient en fait le reflet de la condition humaine... c'est–à–dire les mythes primordiaux. D'où les valeurs symboliques planétaires et zodiacales.

En dépassant les contradictions qui opposent les théories influentielles et celles qui se fondent sur la synchronicité, la "vision systématique", à la fois moderne et traditionnelle, peut être capable de fournir les bases d'une théorie de l'astrologie. On relève notamment un remarquable isomorphisme structurel entre, d'une part, les êtres vivants, et notamment le genre humain, et, d'autre part, les entités–systèmes astronomiques. En voici trois traits particulièrement évidents :

– tous ces systèmes ont un centre (gravitationnel, organique ou psychique);
– l'existence de cycles et de rythmes;
– la géométrie fournit une formule adéquate pour la description tant des états psychiques (harmonie, équilibre, tension, blocage, etc.), que de l'ordonnancement des corps du système solaire.

L'astrologie ne serait donc en fait rien d'autre que l'étude détaillée des lois de résonance entre systèmes isomorphes, c'est–à–dire identiquement constitués : ainsi, du fait de leur identité de constitution, tout phénomène astral a nécessairement une influence, un écho sur la Terre et ses habitants, tous ces systèmes étant interdépendants les uns des autres. **J.-L. S. M. de P.**

---

(1) Cependant, Kepler envisageait aussi l'éventualité d'une influence à distance, du type résonance, qu'implique la vibration musicale (théorie de "l'harmonie des sphères").

(2) Notons que Newton, le père de la gravitation, qui pratiquait l'astrologie, n'a pas cessé de se poser des questions à ce sujet.

(3) Mais l'idée des astres–signes, et non astres–causes, remonte à Plotin, et fut reprise par Kepler. A noter que les deux théories — influentielle et synchronique — ne s'excluent pas, et peuvent coexister, dans la mesure où la créature vibre aux mêmes rythmes que la Création dont elle est une parcelle.

PHOTO À L'INFRAROUGE DE VÉNUS, obtenue depuis l'observatoire de Mont Hopkins dans l'Arizona. **Cette image montre le rayonnement de la planète avec des parties rouges plus chaudes que les parties bleues. Les deux lignes blanches montrent l'orientation de la planète par rapport à l'axe polaire.**

LES HYPOTHESES DE DEUX POLYTECHNICIENS

En dehors de P. Choisnard qui, le premier, s'essaya aux statistiques, de R. Abellio, philosophe unique en son genre qui croyait en l'astrologie et la pratiquait (il me prévint lui-même de sa mort imminente, un jour au téléphone) et de Jean Barets ("L'astrologie rencontre la science", Dervy), d'autres polytechniciens se sont penchés sur la validité scientifique de l'"Art royal des astres". Voici l'opinion de deux d'entre eux, M. Auphan et D. Verney.

Le polytechnicien Michel Auphan considère que l'astrologie est une science, et nous propose un modèle physico-mathématique qu'il construit à partir de deux hypothèses simples :

- *L'influence des astres est propagée par un rayonnement vibratoire qui obéit aux lois mathématiques de propagation des ondes — lois communes à tous les rayonnements actuellement connus.*
- *La source de ce rayonnement est le Soleil; les ondes sont en partie réfléchies, c'est-à-dire réémises par les planètes, même celles qui pénètrent (qu'elles proviennent directement du Soleil ou, par réflexion, des autres planètes), formant à l'intérieur de chaque planète divers systèmes d'ondes stationnaires qui interagissent pour former un ensemble plus ou moins complexe de vibrations. La Terre, en particulier, considérée en première approximation comme un résonateur sphérique parfait, est le siège de deux systèmes principaux centrés l'un sur l'axe de l'écliptique, l'autre sur l'axe des pôles terrestres. L'homme perçoit le rayonnement solaire-planétaire par l'intermédiaire de la Terre; c'est-à-dire qu'il reçoit en fait, en fonction du moment et de sa position à la surface de la Terre, la résultante des systèmes d'ondes stationnaires qui y sont établis. Le calcul — qui est très proche de celui des harmoniques sphériques, classique en physique — met en évidence des systèmes d'ondes, ainsi que leur allure dans le temps à la surface de la Terre... En conclusion, le fondement de l'astrologie serait donc — on s'en doute — à chercher dans la réalité physique astronomique.*

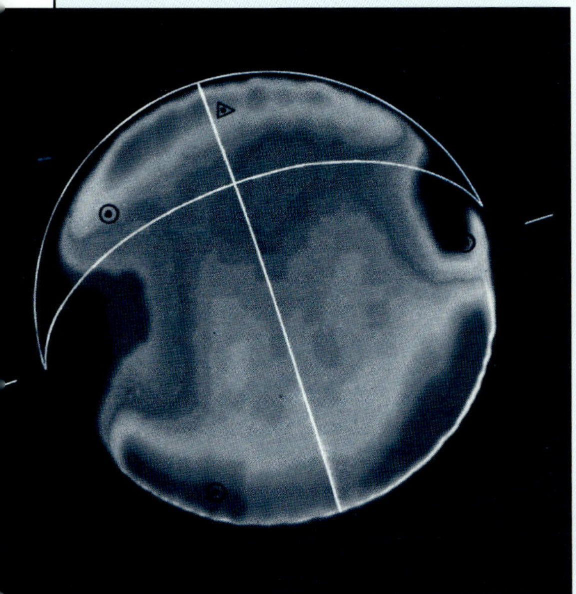

Daniel Verney est un autre polytechnicien astrologue qui, lui aussi, a sa vision de l'astrologie et des principes qui peuvent la soutendre. Dans un entretien qu'il eut avec S. de Mailly-Nesle ("L'être cosmique"), il s'exprime ainsi : "Le thème natal représente, de façon schématique, la forme du système solaire telle qu'elle est vue de la Terre, et même d'un certain lieu de la Terre, au moment de la naissance d'un individu. Cette forme, y compris la place de la Terre dans le système solaire à ce moment-là, est fondamentalement la résultante globale des interactions dont l'élément premier est le Soleil, qui contient plus de 99% de la masse de tout le système solaire; mais les autres planètes, tous les corps du système solaire, jouent un rôle dans le champ gravitationnel global. (...) Newton ou Einstein régnant, il y a eu rapport direct, essentiel, quasiment causal, entre le champ de gravitation et le thème astrologique. Si le thème a un sens, mon hypothèse est que le champ de gravitation est le support physique de ce sens (...) Comme le champ de gravitation a une intensité très faible, ma deuxième hypothèse est que ce champ est le support d'une information. Ma troisième hypothèse est que cette information n'a pas grand-chose à voir avec l'information contenue dans un télégramme : c'est une information d'ordre psychique et structurel, qui n'est pas une information de type stimulus-réponse, mais quelque chose de plus global, de plus qualitatif. Reste à savoir comment, par quels processus physiques, chimiques, biologiques, le corps humain lit et enregistre cette information."

En commentant cette hypothèse d'une densité psychique inhérente à l'Univers, propre à Daniel Verney, "mais aussi, dit Solange de Mailly-Nesle, à de nombreuses traditions", celle-ci conclut : "Nous pourrions considérer qu'il existe des liens entre le psychisme cosmique et le psychisme humain et envisager le fait que le cosmos ne soit pas réductible aux seules lois de la macrophysique. Il répondrait aussi aux lois de la matière biologique et de la matière psychique. (...) Ne serait-il pas logique, dès lors, que le cosmos soit lui aussi constitué de trois matières, nous mettant en présence d'une astrophysique, d'une astrobiotique et d'une astropsychique?

Le génie visionnaire de Kepler, à la fois scientifique et mystique, avait pressenti la nature psychique de la Terre, à laquelle il prêtait une âme, homologue de celle de l'homme, et dans laquelle s'inscrivait également la mémoire des différentes configurations. Les aspects planétaires — ces angles privilégiés de l'horoscope — lui posaient problème : "Comment une ratio geometrica ou harmonica peut-elle agir?" Selon lui, l'âme répondait aux rapports angulaires comme elle réagit aux harmonies ou dissonances musicales. "Les astres n'y sont pour rien et n'en savent rien, de la même façon que le tuyau d'orgue est étranger au chant qu'il contribue à produire", écrit l'historien Knappich à son sujet. "L'âme de la Terre, semblable à une flamme, serait douée d'un instinctus geometricus, à l'instar des plantes et des animaux, "qui lui permettrait de percevoir les configurations et les rapports angulaires à l'intérieur du cercle (zodiacal)". Astropsychisme, là aussi? Ne peut-on imaginer que la créature, humaine, animale ou végétale, soit sensible, non pas à des constellations infiniment plus éloignées de la terre que les planètes qui se promènent sur la bande zodiacale, mais justement aux signes, ces douze portions géométriques de trente degrés du Zodiaque, en particulier lorsqu'ils sont traversés par des énergies planétaires particulières? À chaque division correspondrait un système vibratoire, un champ électromagnétique défini, qui marquerait de son énergie spécifique un Bélier ou un Cancer, en fonction du moment et du lieu qui l'a vu naître — comme Jung le concevait, en anologie avec un vin marqué par son terroir? Gageons, à l'instar du professeur Tomaschek qui, dans une brochure de 1958, intitulée "Champ de forces cosmiques et influences astrales", énumérait toutes les formes d'énergie et tous les champs de forces pouvant entrer en ligne de compte pour fournir une explication physique de l'astrologie, et en concluait que la doctrine des influences astrales n'était pas encore une science mais seulement l'espoir d'une science, et laissait ainsi penser qu'elle pouvait en devenir une (in W. Knappich).

La science, en cette fin du XXe siècle, est à l'aube de résoudre cette insigne énigme; ce qui, pour les esprits rationalistes que nous sommes, serait une ébauche de réponse à la grande question du "pourquoi?", alors que pour l'instant, l'empirisme de l'astrologie ne peut guère qu'avancer un "comment", puisque, quoi qu'on en dise, l'astrologie, "ça marche". *E. T.*

ASTROLOGIE ET BIOLOGIE

Aujourd'hui, la biologie, en se penchant sur les comportements et les phénomènes particuliers aux êtres vivants, se préoccupe de plus en plus de l'origine de la vie; elle nous affirme qu'il n'y a pas deux feuilles d'un même arbre qui se ressemblent, que chaque être humain est, lui aussi, unique. Ce parcours du général au particulier, du "commun" à "l'unique", en passant par l'hérédité, souligne les profondes affinités qui peuvent exister entre l'astrologie et la biologie.

Les sept planètes traditionnelles de l'ADN

Les données scientifiques récentes permettraient–elles d'établir un pont avec les sciences traditionnelles telles que l'astrologie, l'alchimie et la magie? Un tel dialogue paraît possible lorsque nous confrontons les apports respectifs des disciplines étudiant les propriétés des colloïdes cellulaires qui sont les constituants de base de la matière vivante (acides nucléiques, protéines, etc.), et l'intégration de leurs données à l'aide d'une méthodologie à la mesure de la complexité de la matière vivante : la méthode générale d'analyse des systèmes.

Grâce à ces deux apports, nous avons pu élaborer un modèle de fonctionnement de la matière vivante qui rend compte des différences fondamentales existant entre elle et la matière inerte. La matière vivante peut être conçue comme un système ouvert échangeant de la matière, de l'énergie et de l'information avec son environnement. Elle est constituée de macromolécules (les colloïdes), qui sont susceptibles de réaliser des formes caractéristiques dans l'espace (conformation), rendant compte de leurs capacités de Supports Vibratoires (SV). Ces formes–signatures de l'être vivant sont induites par l'action d'Énergies Vibratoires spécifiques (EV) d'origines multiples. L'ensemble Support Vibratoire + Énergie Vibratoire (SV + EV) donne naissance à un système émergeant caractérisé par des propriétés nouvelles qui ne sont pas détectables en faisant la simple somme des propriétés de ces éléments SV + EV. Nous vérifions que le Tout est supérieur en complexité à la somme de ses parties.

Un tel modèle rend compte notamment de la faculté unique de la matière vivante à créer de l'ordre (négentropie), par opposition avec la matière inerte qui ne peut évoluer que par accroissement de son désordre (entropie); de l'essence de l'être vivant se manifestant dans son existence, et éle-

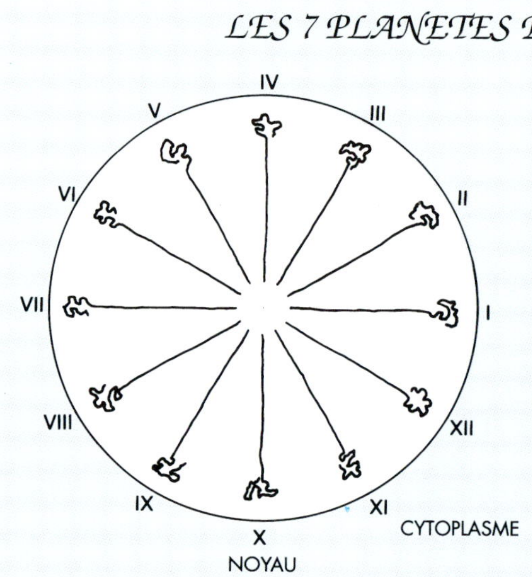

Illustration schématique du minizodiaque susceptible d'être présent dans chacune de nos cellules. Les séquences de réception sont symbolisées par des formes repliées numérotées de I à XII : ce sont celles qui sont reconnues par des métaux spécifiques qui vont induire en elles des changements caractéristiques de conformation. Les séquences de transmission sont symbolisées par des traits rejoignant le centre du noyau.

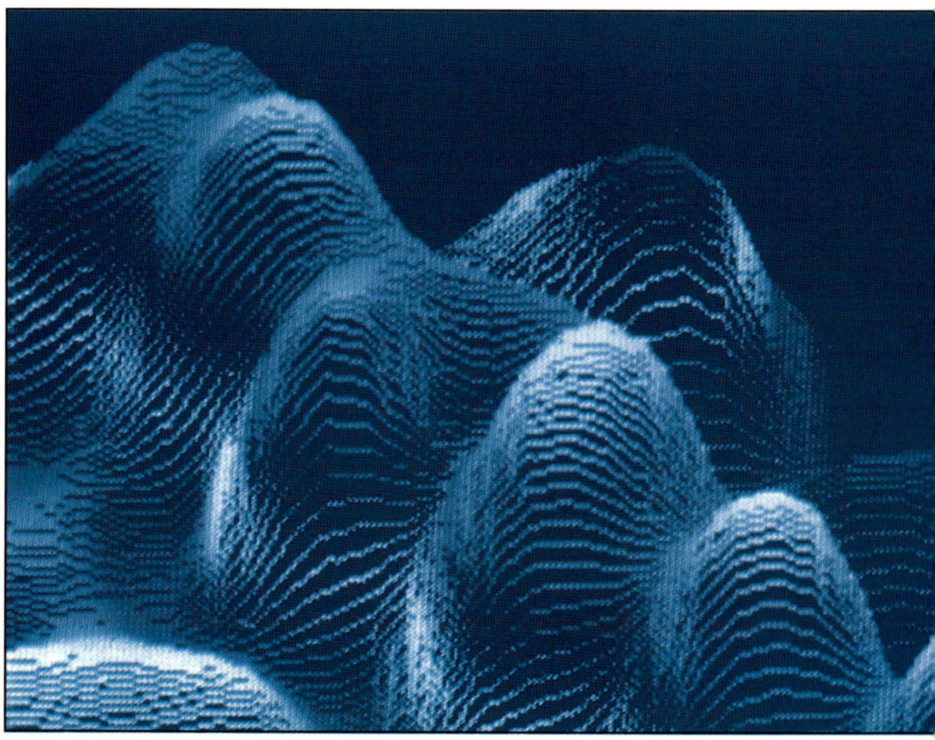

vant sa conscience. Cet ensemble unique peut être décrit par la tripartition esprit/âme/corps qu'aucun modèle de type mécaniste n'est capable d'appréhender rationnellement.

L'application d'un tel modèle aux propriétés élémentaires des colloïdes cellulaires nous a permis de trouver un support matériel et vibratoire pour les données astrologiques.

• **La découverte des métaux dans la molécule d'ADN, et les liens avec les données astrologiques :** l'étude des propriétés d'un des colloïdes fondamentaux de la matière vivante, l'acide désoxyribonucléique (ADN), porteur du code génétique, nous a permis de mettre en évidence que cette molécule avait la capacité de fixer des métaux en des sites spécifiques le long de sa double hélice. Ces métaux ont la capacité de modifier la forme de la molécule dans l'espace, et cette modification sera différente suivant qu'ils se fixeront à l'extérieur de la molécule (sur les phosphates), ou à l'intérieur de la molécule (sur les bases). Et, dans chaque cas, cette fixation se traduira par des modifications énergétiques tout aussi caractéristiques : stabilisation ou déstabilisation de la double hélice d'ADN. Nous avons aussi découvert que les sept métaux de la tradition alchimique, c'est-à-dire : l'or, l'argent, le plomb, le mercure; l'étain, le cuivre et le fer, produisaient des variations de conformation très carcatéristiques dans la molécule D'ADN. Il faut noter que la spécificité d'interaction métal/fraction de la molécule d'ADN a précédé la confrontation avec les données traditionnelles. Ce décalage est facile à comprendre. Compte tenu des méthodes scientifiques rationnelles : les métaux décelables dans les molécules d'ADN isolées des êtres vivants ne sont pas nécessairement présents dans l'état originel, c'est-à-dire in vivo. Dans les conditions physiologiques, il n'est donc pas nécessaire qu'il y ait des atomes d'or, d'argent, de plomb, de mercure, d'étain, de cuivre ou de fer liés à la molécule d'ADN, pour provoquer les variations de conformation caractéristiques : il suffit qu'il y ait leurs énergies vibratoires spécifiques susceptibles d'être transmises, notamment par les arrangements des molécules d'eau (*cf.* les données récentes de l'homéopathie).

Dans l'alchimie, sept métaux étaient reliés aux sept planètes : or-Soleil, argent-Lune, plomb-Saturne, mercure-Mercure, étain-Jupiter, cuivre-Vénus, fer-Mars. Les données moléculaires et vibratoires récentes nous permettent d'étendre cette attribution aux trois planètes découvertes plus récemment : zinc-Uranus, manganèse-Neptune, et cobalt-Pluton. Il est même possible d'attribuer l'antimoine à la Terre et le nickel aux petites planètes — dont Cérès — situées entre Mars et Jupiter.

• **La loi de Résonance vibratoire :** un lieu, un état, un moment; quelles conséquences pouvons-nous tirer d'une telle corrélation entre la présence de métaux ou des énergies vibratoires qui leur correspondent dans la molécule d'ADN, et les planètes qui leur sont attribuées symboliquement dans le système solaire? Les propriétés actuellement connues des séquences d'ADN, et en particulier celles des séquences répétées susceptibles de contenir les métaux qui sont donc les supports vibratoires spécifiques pour tel ou tel métak, et les énergies vibratoires émises par les métaux corresponants, nous ont permis de proposer une corrélation de couples duels : métaux/séquences répétées de l'ADN et planètes/constellations du Zodiaque. Les séquences d'ADN, par leur nature et leur place, jouent le rôle énergétique des signes du Zodiaque, c'est-à-dire de milieux actifs qui, en fonction du microenvironnement, pourront prendre telle ou telle conformation dans l'espace. Les métaux jouent le rôle des planètes qui peuvent être considérées comme des sources indifférenciées de l'énergies. la fixation d'un métal ur une base (un site spécifique de la molécule), va modifier la conformation de tout une séquence de l'ADN : il en résultera la spécificité d'une forme déterminée d'énergie, qui poura être transmise à distance (par le processus de téléaction) jusqu'aux gènes, en fonction de la nature et de l'organisation des séquences voisines. Nous pouvons dire que le métal et la séquence ADN sur laquelle le métal est fixé définissent la qualité de l'énergie susceptible d'être transmise à distance. Nous aboutissons ainsi à une véritable génétique vibratoire qui est complémentaire de la génétique matérielle basée sur le code génétique classique.

Il est clair que cette corrélation n'est pas causale. En ce sens, il est impossible d'imaginer une action directe entre la planète Vénus et l'atome de cuivre situé sur telle ou telle séquence répétée de nos molécules d'ADN. Par contre, il est tout à fait possible de concevoir une relation systématique entre le système planétaire/zodiacal, et le système constitué de l'ADN, et dont le cuivre fait partie. Nous arrivons ainsi graduellement à la conception d'une loi de résonance vibratoire symbolisée par trois termes : un lieu, un moment, un état où l'être humain devient un lien essentiel entre le Ciel et la terre en tant que récepteur et transformateur d'énergies cosmiques qui deviennent ainsi cosmoétriques par retournement dans son organisme (cosmoétrique : être cosmique retourné). Cet être, alimenté par quatre sources d'énergies provenant de la nutrition, de la respiration, de son patrimoine génétique et du cosmos, devient à son tour un émetteur cosmoétrique. Il assume alors pleinement son essence. Il devient libre et responsable.

Cette organisation systématique de l'être humain par rapport aux composants de l'Univers, peut être concrétisée simplement par la présence de milliers d'infimes diapasons dans chacune de nos miliards de cellules, diapasons susceptibles de vibrer en harmonie avec d'autres diapasons dispersés dans l'Univers, de la Terre aux étoiles. la musique des sphères, les orgues de cristal deviennent des réalités tangibles accessibles à nos sens cachés. **E. G.**

IMAGE AU SCANNER DE L'ADN. REPRÉSENTATION D'UNE MOLÉCULE.
Plus nous progressons dans la recherche vers l'infiniment petit, plus nous aurons des chances de découvrir dans un futur (proche ?) une preuve irréfutable des influences planétaires sur les molécules de notre cerveau. L'infiniment petit est à l'image de l'infiniment grand; ne peut-on pas comparer un atome à un système solaire en miniature, avec le Soleil pour noyau ?

L'hérédité planétaire

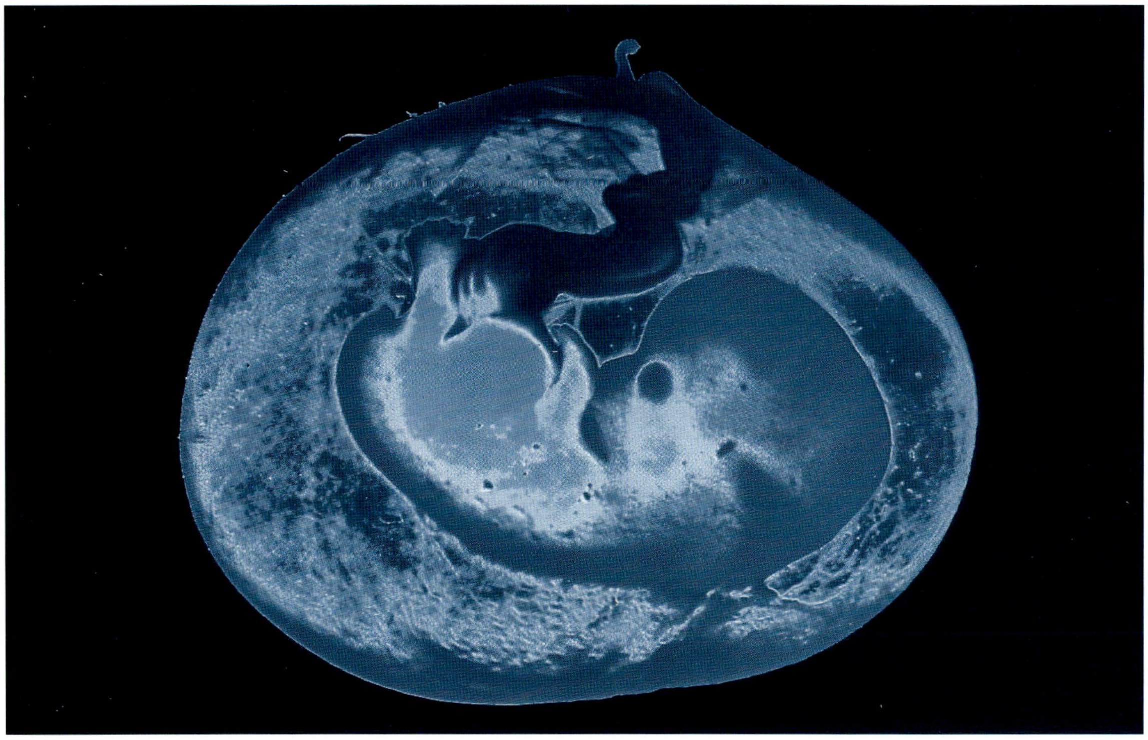

FŒTUS DE 6 SEMAINES.
L'hérédité planétaire a pu être démontrée par des statistiques sur plusieurs milliers de dates de naissances, excluant tout hasard : dans le thème d'un enfant, on trouve toujours d'étonnantes superpositions planétaires avec les astres de ses parents (par exemple la Lune de l'enfant se trouve au même endroit, sur le Zodiaque, que l'ascendant de la mère, tandis que le Soleil, lui, est en conjonction avec le MC du père; etc.)

"Après que le fruit (embryon) est parfait, la nature le meut afin qu'il sorte du ventre (de la mère) en une telle position du ciel qui réponde à cette constitution première où il était au temps de sa conception."

Ptolémée

A LA RECHERCHE D'UNE EXPLICATION : L'HÉRÉDITÉ PLANÉTAIRE

Quel que soit le nom que l'on donne aux effets planétaires que nous avons observés depuis une quarantaine d'années, il est nécessaire de les expliquer. Or, les influences planétaires sont difficiles à expliquer dans l'état de notre savoir actuel. La personnalité de l'enfant peut–elle être déterminée par des rayons astraux provenant des planètes, et qui marqueraient cet enfant d'un sceau indélébile ?

Lorsque l'enfant vient au monde, il est entièrement formé, et tous les éléments génétiques qu'il a hérités de ses parents sont déjà en lui. Dans l'état de nos connaissances actuelles, on ne peut guère accepter que la planète ait un effet sur la structure chromosomique des cellules de l'enfant, au point de les modifier et de les redistribuer jusqu'à modifier un changement dans son tempérament. Les planètes semblent incapables d'ajouter quelque chose à l'enfant à la naissance qu'il n'aurait déjà en lui. C'est pourquoi les effets des planètes semblent plus acceptables, si on associe leur rôle à celui de l'hérédité (1).

Les travaux des biologistes et des psychologues E. Kretschmer de l'Université de Tübingen, Allemagne, et de W. Sheldon de l'Université de Harvard, États-Unis, en particulier, ont montré qu'il y a une base héréditaire aux prédispositions tempéramentales. Ce domaine de recherche a aussi été approché par Hans Eysenck, de l'Université de Londres, dans ses travaux sur la base biologique de la personnalité.

On parle maintenant d'une biochomie du comportement liée au bagage héréditaire depuis les découvertes effectuées par deux équipes indépendantes de chercheurs, l'une à l'Institut du Michagan (États-Unis), l'autre à l'Université d'Édimbourg (Écosse) : le niveau d'acide urique mesuré dans le sang est en relation avec certains types de personnalité et de comportement. Comme la position d'un corps céleste est un indicateur des tendances du caractère, ces tendances doivent être héritées. L'enfant doit venir au monde sous des conditions cosmiques semblables à celles de ses parents.

Il ne m'a pas été possible de confirmer cette hypothèse en exécutant une expérience portant sur 30 000 heures de naissance d'enfants et de leurs parents, pris dans les registres d'état-civil de Paris et autres communes de France. Les enfants ont tendance à naître avec une planète en "zones plus" du lever ou de la culmination (voir supra), si cette même planète se trouvait dans les mêmes zones du ciel à la naissance de leurs parents. L'effet planétaire en hérédité est certainement un effet assez faible en valeur absolue. Mais compte tenu du très grand nombre de naissances considérées, la probabilité pour que le hasard ait produit cet effet est inférieure à une chance sur 500 000. On doit également ajouter que l'effet planétaire d'hérédité est doublé à la naissance de l'enfant, lorsque ses deux parents sont nés avec la même planète dans les "zones plus" du lever et de la culmination supérieure. Il faut noter cependant que cette tendance héréditaire n'est observable qu'avec les planètes du système solaire les plus proches de la Terre ou les plus massives : la Lune, Vénus, Mars, Jupiter et Saturne, toutes aisément visibles à l'œil nu. Aucun résultat d'hérédité n'a pu être observé pour les planètes les plus lointaines Uranus, Neptune et Pluton, pas plus que pour Mercure, la plus petite planète du système solaire, souvent prise dans les rayons du Soleil.

L'enfant semble donc doué d'une "sensibilité planétaire" qui agit à la naissance pendant le mouvement diurne de la planète. La planète, de ce fait, ne peut modifier la structure chromosomique de l'enfant. Elle agit plutôt comme un déclencheur de la naissance, et la position de l'astre dans le ciel serait juste un témoin du tempérament psychobiologique du nouveau-né. Il reste à expliquer cette hypothèse, et à résoudre le double problème de l'inconnue biologique (comment l'enfant est sensible aux messages des planètes) et de l'inconnue astrophysique (les influences planétaires sont considérées comme parfaitement négligeables dans l'état des connaissances actuelles de la science officielle) (2).

Un résultat tend à indiquer cependant que les planètes pourraient jouer un rôle de catalyseur ou d'écran dans le champ solaire pendant la naissance : une expérience menée par l'auteur a permis de démontrer que l'effet planétaire en hérédité est deux fois plus marqué chez les enfants nés un jour d'activité solaire forte — évaluée par le degré d'agitation magnétique terrestre — que chez les enfants nés un jour d'activité faible. Ce genre de résultat laisse espérer que la réalisation d'un modèle scientifique des effets astrologiques est possible dans un avenir relativement proche. Depuis une trentaine d'années, de nombreux chercheurs reconnaissent que les rythmes biologiques et psychologiques de l'homme sont indissociablement liés au cosmos par des fils invisibles.

Les anciens astrologues avaient eu intuitivement la notion de ce réseau d'influences. Maintenant que ces influences sont établies, il reste à la science à les intégrer dans la conception de l'Univers. C'est un changement de paradigme qui est nécessaire, et l'on comprend qu'une telle révolution dans les idées demande du temps et des efforts pour se réaliser pleinement.

M. G.

(1) C'est là l'opinion — quelque peu frileuse ? — de l'auteur qui se trouva toujours dans une position inconfortable entre la science officielle et ses découvertes statistiques. D'autres scientifiques, dont l'astronome Percy Seymour, ou le biologiste Etienne Guillé (Cf. leurs articles) sont d'un avis différent. Et moi aussi. Car l'hérédité étant la même dans une même famille, comment expliquer en dehors des planètes les différences souvent considérables que l'on observe entre frères et sœurs ? (Note de E. T.)

(2) Sauf en ce qui concerne le Soleil et la Lune, voire Saturne, dont physiciens, astronomes et biologistes ont pu constater l'action sur la Terre et/ou ses habitants. (Note de E. T.)

LE PROFIL ASTROLOGIQUE DE LA NAISSANCE

Une expérience décisive portant sur 238 paires de jumeaux biologiques a permis de démontrer scientifiquement la validité de l'astrologie. Elle est publiée dans le livre "Astrologie : la preuve par deux" (éd. Robert Laffont, 1992). Elle consiste à définir, tout d'abord, le profil astrologique de chaque jumeau sur la base de son ciel de naissance en fonction de son heure précise. Les règles utilisées sont les plus courantes en astrologie : valorisation des planètes aux angles, significations de ces planètes, significations des signes angulaires. Une règle nouvelle a été ajoutée, nécessaire pour discriminer deux naissances proches : la "tendance" de chaque jumeau. C'est ainsi que les 476 profils psychologiques ont été extraits et traduits en quelques mots-clés rassemblés dans une formule simple, compréhensible par tout le monde, de 2 à 10 mots au maximum, utilisant toujours, pour chaque jumeau respectivement, "plus" et "moins", par exemple : "plus énergiques, moins affectif" pour l'un et "moins énergique et plus affectif" pour l'autre.

Si les profils psychologiques ne correspondent à rien de réel — si donc l'astrologie n'a aucune validité —, les familles refuseront de répondre, ou bien elles répondront au hasard : soit 50% de réponses justes, et 50% de réponses inverses. C'est précisément là qu'intervient l'analyse statistique fondamentale : le nombre de réponses justes est nettement supérieur à celui que donnerait le hasard, et le test statistique de comparaison de proportions utilisé montre que quelque chose d'autre que le hasard préside aux réponses des familles. L'astrologie a donc bien fonctionné, du moins dans les quelques règles de base utilisées, et cela dans le cas le plus délicat qui consiste à différencier deux naissances de jumeaux proches l'un de l'autre. Si ces règles se trouvent ainsi validées, à plus forte raison le sont-elles pour des personnes nées ordinairement. De plus, une remarque importante peut être faite en ce qui concerne le déterminisme astrologique : en effet, que les "jumeaux soient nés par accouchement naturel, provoqué, accéléré, avec anesthésie péridurale ou même par césarienne, dans tous les cas les familles répondent majoritairement par des réponses justes qui prouvent qu'elles savent reconnaître, plus souvent que le hasard ne le veut, le profil psychologique que nous avons proposé. Les statistiques sont ici formelles. (...) Tout se passe comme si le bébé ne choisissait pas son heure de naissance, mais qu'il subissait quelque influence." Cette influence est de nature totalement inconnue, mais seul l'avancement de nos connaissances scientifiques pourra nous la faire découvrir, à condition toutefois qu'on la recherche...

S. F.-B.

Les jumeaux cosmiques

Le thème astral commun des jumeaux fut longtemps la tarte à la crème de l'astrologie. Mais aujourd'hui, on commence à étudier sérieusement ce phénomène. On a maintes fois constaté, par exemple, des similitudes psychologiques et physiques, de même que des parallèles dans les destinées étonnants, même lorsque les jumeaux étaient séparés dès leur naissance. Inversement, les psychologues expliquent par un besoin de se différencier l'un de l'autre, à la recherche d'une individualité particulière, les différences qui peuvent se présenter dans les caractères et comportements de jumeaux vivant côte à côte. Enfin notons que les jumeaux biologiques naissent avec un certain décalage dans le temps; celui-ci peut être supérieur à une demi-heure. Or, on sait que 4 minutes d'écart changent déjà d'un degré l'Ascendant! Des observations ont été faites qui, loin de desservir l'astrologie, la corroborent et soulignent bien son caractère scientifique.

"L'homme réagit différemment aux mêmes configurations selon qu'il est prince ou berger." *Ptolémée, Antigone*

Si l'astrologie est fondée, il doit en résulter que deux personnes nées le même jour de la même année doivent avoir des similitudes au point de vue caractère, des tendances et peut–être même des événements similaires de la vie. Cela explique que les astrologues se sont penchés depuis longtemps sur des cas de jumeaux astrologiques que nous préférons appeler jumeaux cosmiques. Il va de soi que deux personnes nées le même jour peuvent être nées à 24 heures d'intervalle, et que deux personnes nées deux jours consécutifs peuvent être nées à dix minutes d'intervalle. Pour des raisons pratiques, nous avons donc défini comme jumeaux cosmiques les personnes nées le même jour de la même année. Selon le même principe, des personnes nées à quelques jours d'intervalle ont des positions astrologiques proches. Quelques exemples parmi les personnalités : plutôt que de reproduire de longues et fastidieuses listes, nous avons préféré reprendre quelques cas, en y ajoutant des éléments biographiques. Afin d'assurer l'objectivité de ces éléments, nous les avons empruntés à des livres de référence.

LES ÉCRIVAINS ARTHUR RIMBAUD, ALPHONSE ALLAIS ET OSCAR WILDE

Arthur Rimbaud est né à Charleville le 20 octobre 1854 à six heures. Alphonse Allais est né à Honfleur le 20 octobre 1854 à quinze heures. Oscar Wilde est né le 16 octobre 1854, soit quatre jours plus tôt. Rimbaud a traversé la littérature française comme un météore, de 16 à 19 ans. Son influence fut lente à se manifester, et certains de ses textes capitaux ont été publiés très tard. Rimbaud établit la poésie véritable comme une recréation de tout ce qui existe, une connaissance du monde et de soi–même. Sa relation homosexuelle avec Verlaine se termine mal. Verlaine tire un coup de pistolet sur Rimbaud et le blesse. Cette algarade conduit Verlaine en prison. Paul Verlaine écrit en 1895 : "Rimbaud fut un poète... vierge de toute platitude ou décadence." Il parle de son "vœu formulé d'indépendance et de haut dédain de n'importe quelle adhésion à ce qu'il ne lui plaisait pas de faire ni d'être. " On peut comparer une des dernières lettres d'Alphonse Allais à sa mère, à une des dernières lettres d'Arthur Rimbaud à sa sœur. Toutes deux décrivent de graves problèmes à la jambe, mal soignés, et qui entraîneront la mort. Allais parle de phlébite; Rimbaud parle de douleur arthritique. Le 23 octobre 1905, Alphonse Allais écrit à sa mère, cinq jours avant de mourir : "Te souviens–tu, (...) que je me plaignais d'un mal au mollet ? (...) cette douleur n'a fait que croître

RIMBAUD À 17 ANS PAR CARJAT (MUSÉE RIMBAUD; CHARLEVILLE).

et embellir, et est devenue tout à fait intolérable (...) c'était une belle phlébite! (...) Bref, je viens de passer ces quarante jours sur le dos (...) j'ai très peu mangé et rien bu du tout, de sorte que je me retrouve mince comme un roseau et frais comme une rose." De Marseille, le 15 juillet 1891, Arthur Rimbaud écrit à sa sœur Isabelle, quatre mois avant de mourir : "Je crois qu'il a dû se développer dans le genou une douleur arthritique causée par la fatigue et le chaud et le froid (...) la douleur dans le milieu du genou a augmenté (...) à chaque pas comme un clou enfoncé de côté (...) le dessus du genou a gonflé, la rotule s'est empâtée, le jarret aussi s'est trouvé pris. La circulation devenait pénible, et la douleur secouait les nerfs (...) Je faiblissais et maigrissais beaucoup. (...) La rotule devenait immobile (...) toute la jambe devint raide, complètement raide, en huit jours." Oscar Wilde avait un charme personnel et une conversation éblouissante, pleine de boutades et de paradoxes. Ses essais offraient un feu d'artifices de formules séduisantes. Par exemple : "Chaque homme tue les choses qu'il aime", ce qui aurait pu être dit ou écrit par Rimbaud. Wilde défia ouvertement le rigorisme et le conformisme de l'époque victorienne avec son unique roman : "Le portrait de Dorian Gray". Ses comédies restent parmi les chefs–d'œuvre de l'humour anglais. Marié et père de famille, Wilde était connu pour ses mœurs homosexuelles. En mai 1895, il est condamné à deux ans de prison pour outrage

OSCAR WILDE À OXFORD. DESSIN OSCAR WILDE EN 1891 PAR ALBERT C. STERNER (COLL. GUILLOT DE SAIX).

DESSIN DE RIMBAUD (PAR VERLAINE).
Rimbaud, Allais et Oscar Wilde sont des "jumeaux cosmiques": les deux premiers étant nés le même jour de la même année et le poète anglais quatre jours plus tôt. Évidemment, les trois écrivains n'ont pas le même ascendant. Ils ont par contre tous les trois le Soleil carré à Jupiter — ce qui donne un côté non-conformiste et expose aux problèmes avec la loi et les autorités.

DESSIN PORTRAIT ALPHONSE ALLAIS (1855-1905) PAR SACHA GUITRY. PORTRAIT ALPHONSE ALLAIS.

aux mœurs. Il purge sa peine à la prison de Reading, où il écrit ses deux plus grandes œuvres. Après sa libération en 1897, Wilde passa sur le continent, et mourut à Paris en 1900.

Le point commun entre Rimbaud, Allais et Wilde est leur anti–conformisme au plus haut niveau. En reprenant l'expression de Verlaine à propos de Rimbaud, ils ont en commun une indépendance et un haut dédain de n'importe quelle adhésion. Il s'agit de trois écrivains les plus corrosifs de leur époque. Ils ont emprunté des voies littéraires parfois similaires, parfois différentes, pour remettre en question des principes considérés comme établis.

HERMANN GÖRING ET ALFRED ROSENBERG, DEUX DES PLUS HAUTS DIGNITAIRES NAZIS

Leurs destins sont à la fois parallèles et contradictoires. Hermann Göring est né le 12 janvier 1893 à Rosenheim, en Bavière. Aviateur, il fut un des as des ailes allemandes durant la Première Guerre mondiale. Sa rencontre avec Hitler en octobre 1922 l'impressionne profondément, et il devient tout entier acquis au national–socialisme. Il participe au putsch manqué de Münich, le 9 novembre 1923, où il fut blessé. Il se constitue une fabuleuse collection d'œuvres d'art volées aux victimes du nazisme. Traduit devant le tribunal de Nüremberg, il est condamné à mort, mais se suicide dans sa cellule en absorbant du poison le 15 octobre 1946, la veille de la date prévue pour son exécution. Et son cadavre fut pendu. Alfred Rosenberg est né à Reval, en Estonie, le 12 janvier 1893. Il fait ses études d'ingénieur–architecte. À Münich, à la fin de 1918, il fréquente une société secrète et se rallie aux théories racistes, et est présenté à Hitler. Comme Göring, il participe aux côtés d'Hitler au coup d'État manqué de Münich le 9 novembre 1923. Il accepte en 1940 de diriger la confiscation des œuvres d'art appartenant aux juifs. En 1941, il est nommé ministre pour les territoires occupés à l'Est, ce qui le rendit responsable des exactions commises en Russie, et lui valut d'être condamné à mort devant le tribunal de Nüremberg, et d'être pendu le 16 octobre 1946.

LES ACTEURS GÉRARD PHILIPE ET DEANNA DURBIN

Gérard Philipe, né à Cannes le 4 décembre 1922, qui fut l'idole des Français, et Deanna Durbin, née à Winnipeg, au Canada, qui fut la petite chérie des Américains, sont nés tous deux le même jour. Gérard Philipe est mort en pleine gloire le 25 novembre 1959, tandis que Deanna Durbin disparut des écrans pour vivre en dehors de la gloire à partir de 1948. Deanna Durbin commença sa carrière cinématographique à 14 ans, et la termina à 26 ans. Pendant ces douze années, elle fut une des vedettes les plus populaires de Hollywood, interprétant une série de films musicaux conçus pour elle, et dont sa fraîcheur, son entrain, et sa jolie voix étaient les atouts essentiels. Elle abandonna toute activité cinématographique après 1948. Gérard Philipe a débuté au théâtre en 1942, et y a fait une remarquable carrière, en parallèle à son activité de cinéma. Il fut un des plus populaires comédiens français. Il incarnait l'inquiétude, le romantisme larvé de la jeunesse, mais aussi son énergie et ses élans vers l'idéal. Il était l'image de l'homme de son temps, mais une image exemplaire et tonique.

CONCLUSION

En 1965, un peu plus de quatre millions de personnes naissaient aux États–Unis, ce qui correspond à environ 11 000 naissances par jour. C'est dire si le phénomène des "jumeaux cosmiques" est très banal. Pour certaines dates, nous avons d'ailleurs des éléments d'informations sur une vingtaine de personnes nées le même jour. Sur le nombre, des coïncidences doivent exister sans que l'on puisse en tirer de conclusions. Seul l'outil statistique permet d'en savoir plus, mais on ne peut faire des statistiques que sur des groupes, et non sur des cas individuels. Si l'on ne peut tirer de conclusions d'une seule coïncidence, on peut, en revanche, commencer à s'interroger lorsque l'on relève des centaines de coïncidences. Pour nous, le thème astrologique indique des potentialités et un devenir inéluctable. Cependant, il y a des choix qui dépendent du libre arbitre ou de l'environnement. Ce qui rend l'investigation statistique encore plus périlleuse. Les jumeaux cosmiques sont le point de départ d'une investigation. Un esprit curieux ne peut balayer ces coïncidences trop nombreuses. Et si rien n'est prouvé par des comparaisons de nature littéraire, il en ressort qu'une recherche plus poussée s'impose. **G. L. C.**

PORTRAIT MICHEL JASPES.

PORTRAIT ALAIN PROST.
Ces "jumeaux cosmiques" sont nés le même jour de la même année, avec seulement quelques minutes de différence et les deux thèmes astraux sont quasiment identiques (leurs lieux de naissance étant éloignés de plusieurs centaines de kilomètres, cela "neutralise" pratiquement la différence de quelques minutes entre les deux naissances).
Les jumeaux cosmiques posent avec acuité la question du déterminisme et du libre arbitre.

COINCIDENCE HASARDEUSE...

Deux jeunes hommes nés le même jour dans la même ville sont morts le 16.1.92 à la même heure dans un accident de voiture alors qu'ils venaient de fêter leur première rencontre. Nés le 25.6.73 à Taifung, ils ont péri lorsque leur voiture s'est écrasée contre un camion." *("Le Quotidien" - Genève)*
Coïncidence pour le journal, pas pour l'astrologue! Le thème commun, hormis les axes et Maisons des deux jeunes gens, montrait à travers un carré exact entre Soleil/Nœud Sud et Mars une propension grave aux accidents. Le thème du jour de la mort indique que Mars, planète de violence et considérée comme mortifère par les Anciens, passait sur cette dissonance, en même temps que les Nœuds Lunaires (destin) et Mercure (transports).
Tout le monde connaît la fameuse anecdote selon laquelle sont nés, le 4.7.1738 à 7 h 30 du matin, deux enfants dans une même paroisse anglaise. Tous deux succèdent le même mois à leur père, se marient le même jour — le 8.9.1761 — ont le même nombre d'enfants, garçons et filles, tombent malades en même temps, ont les mêmes accidents; enfin, ils meurent le même jour à une heure d'intervalle. Chute de l'histoire : l'un était le quincailler Samuel Hennings, l'autre le roi George III !
Toute la richesse et le mystère de l'astrologie résident dans cette histoire, ses ressources et ses limites. *E.T.*

ALAIN PROST ET SON JUMEAU COSMIQUE

Michel Jaspes
à Nantes à 11 h GMT

Nés le 24.02.1955

Alain Prost
*à St-Étienne à 10 h 47 GMT **

- Passionnés de course automobile dès l'adolescence

- *Gagnant du Prix Automobile-Club de l'Ouest*
- *Karting dès 14 ans*

- Issus tous deux d'une famille d'artisans qui ne pouvait soutenir financièrement leur passion
- Grand amour à 17 ans pour tous deux
- Mariage la même année
- Mêmes réponses, parfois mot pour mot, au fameux questionnaire de Proust
- Mêmes idées et échelle de valeurs sur les grands thèmes de l'amour, les femmes, la mort, la vieillesse, l'argent, la pauvreté, la politique
- La poésie est leur violon d'Ingres
- Démêlés avec le fisc ou les autorités au même moment

- *Après l'abandon de la course automobile, pour raisons financières travaille dans la publcité*
- *Possède une agence de publicité*

- Très sportifs (font chaque jour une séance de jogging)

Fin 1985 - Trigone de Pluton au Soleil :

- *Chance professionnelle exceptionnelle*
- *Champion du monde de Formule 1*

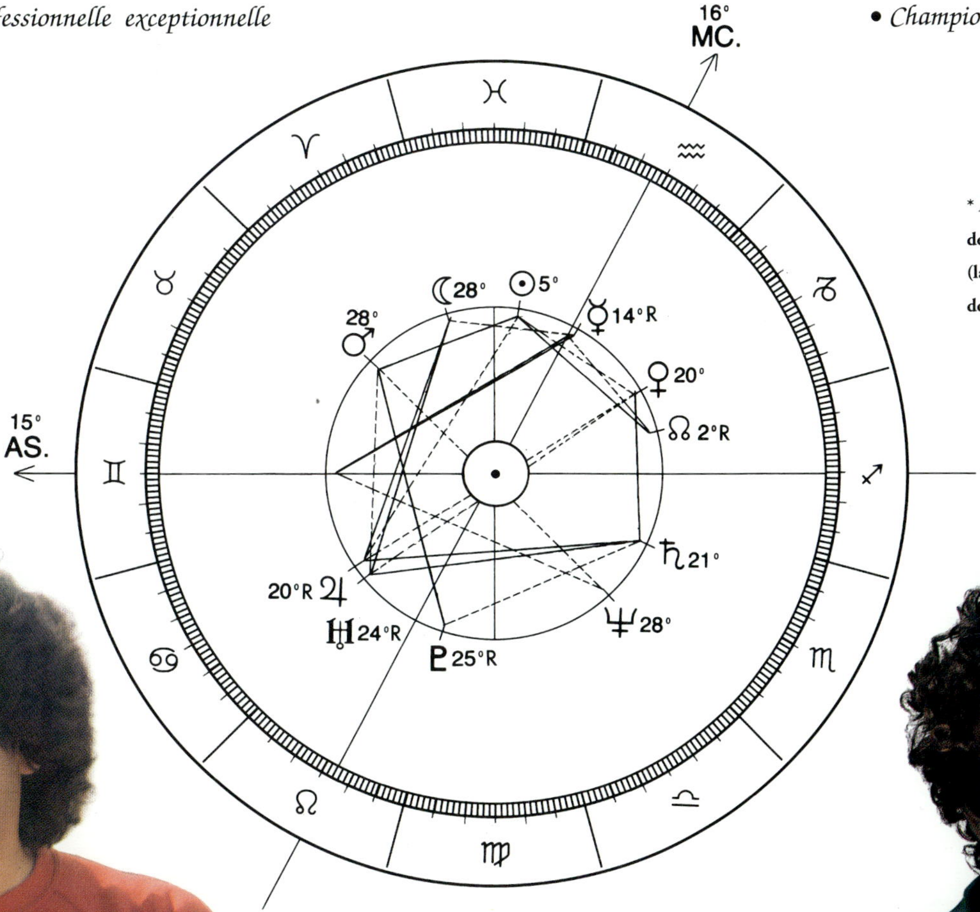

*** À noter que l'interpolation des heures (moments précis) et lieux (latitudes et longitudes) de naissance donne un thème astral identique.**

ASTROLOGIE ET MEDECINE

Les liens entre l'astrologie et la médecine reposent sur une très ancienne tradition qui considérait l'homme comme un tout. L'homme global recevait à sa naissance une "signature astrale", marque céleste qui lui donnait des caractéristiques précises, aussi bien psychiques que physiques. Après avoir été indissolublement liées jusqu'au XVIIe siècle (les médecins étaient toujours astrologues et l'inverse était souvent vrai), après une phase "scientiste" et matérialiste où la médecine réduisait l'homme à la matière ("le cerveau secrète la pensée", écrivait Condillac au XIXe siècle), l'astrologie rend aujourd'hui à nouveau de grands services à la médecine dans les diagnostics difficiles, l'analyse du terrain et la recherche de périodes critiques. Il est de l'intérêt de l'homme moderne que l'astrologie, "médecine de l'âme", apporte à la médecine somatique et psychosomatique ses lumières très particulières.

L'astrologie médicale

Depuis les premiers écrits concernant l'astrologie médicale d'Hippocrate et de l'école de Kos et du Moyen Age (Paracelse, Nostradamus et la plupart des astrologues étaient médecins), l'astrologie établit des correspondances entre les signes et le corps humain ("L'Homme Zodiacal"): au Bélier la tête, au Taureau la gorge et les organes du cou, aux Gémeaux les bras, les mains et les poumons, au Cancer l'estomac, au Lion l'appareil cardio-vasculaire, à la Vierge les intestins et l'appareil digestif, à la Balance les reins, au Scorpion le bas-ventre et les organes génitaux, au Sagittaire le bassin, les cuisses et le foie, au Capricorne les genoux et le système osseux, au Verseau les jambes (surtout les chevilles), la circulation et le système nerveux et aux Poissons les pieds.
L'Ascendant reflète le tempérament d'un individu et les planètes dominantes donnent des indications précieuses sur sa santé. Les travaux de M. et F. Gauquelin ont apporté sur ce sujet la confirmation des règles astrologiques traditionnelles : il apparaît que la planète qui se trouve en conjonction avec l'Ascendant ou le Milieu-du-Ciel joue un rôle prédominant pour le caractère et le tempérament d'un individu. Suivant que cette planète est Mercure, la Lune ou Saturne, il y aura donc des sujets "mercuriens", "lunaires" ou "saturniens". Il en va de même des autres planètes.
La typologie ancienne d'Hippocrate divisait déjà les tempéraments en quatre grandes familles, basée sur les quatre éléments : l'eau : tempérament lymphatique, l'air : tempérament sanguin, le feu : tempérament bilieux, la terre : tempérament nerveux.
Les aspects entre les planètes sont un autre facteur important, surtout ceux du Soleil, de la Lune, de Mercure, de Vénus et de l'Ascendant. De même, le signe dans lequel tombe l'aspect orientera vers l'organe qui sera affecté. Si les dissonances planétaires sont l'indice de conflits, il n'est pas à priori facile de discerner si c'est sur un plan psychologique ou somatique. Le cercle zodiacal est divisé en douze secteurs (Maisons). Les Maisons VI, VIII et XII sont à étudier avec attention : la Maison VIII concerne les crises de l'existence en général et tout particulièrement les crises aiguës de santé si elle est mal aspectée. L'axe VI-XII est à considérer dans le cas de maladies chroniques. Les Lunimaires, Mercure ou Vénus, mal aspectés, annoncent souvent des problèmes de santé, soit par effet psychosomatique, soit par un dérèglement fonctionnel d'origine accidentelle ou génétique. Les dissonances de Saturne, Uranus, Neptune ou Pluton tombant en Maison VI ou XII sont à redouter. En cas d'absence de planètes dans ces secteurs, il faudra considérer les aspects touchant l'Ascendant, les Luminaires et le Milieu-du-Ciel.

Dans un thème où les Luminaires sont touchés par des dissonances, mais hors des Maisons VI, VIII ou XII, on peut penser que les crises seront d'ordre psychologique, mais sans maladies graves. Par contre, des Luminaires mal aspectés en Maisons VI, VIII ou XII, ou l'Ascendant touché par des dissonances (de Saturne ou Neptune particulièrement), feront craindre des maladies graves ou chroniques.
Grâce aux transits planétaires, on peut situer avec une grande précision le "timing" des crises de santé. Si les transits de planètes "rapides" pointent souvent sur une baisse de forme ou des problèmes mineurs, le passage des planètes lentes est tout spécialement à observer, surtout celui d'Uranus, Saturne et Neptune.

Thérapeutique astrale

Aux sept planètes, Paracelse opposait les sept métaux : au Soleil correspondait l'or, à la Lune l'argent, à Mercure le mercure, à Vénus le cuivre, à Mars le fer, à Jupiter l'étain, à Saturne le plomb. Par ailleurs, les plantes correspondaient aux planètes. Dans son ouvrage, "Méthode astrologique de la médecine hermétique" (éd. Traditionnelles), Terestchenko a tenté d'établir un répertoire entre les planètes, les plantes, les métaux et les sels chimiques qui leur correspondent. Ainsi Aurum metallicum, préparation homéopathique faite avec de l'or, correspond au Soleil et au signe du Lion. Comme les pratiquants de l'oligo-métallothérapie, Terestchenko se base aussi sur la mesure du pH sanguin pour déterminer le tempérament d'un patient et prescrire régime et médicaments adéquats.
Si l'astrologie peut fournir des éléments d'appréciation au médecin allopathe en ce qui concerne les "points faibles" de son patient, elle ouvre à l'homéopathe des voies vers la thérapeutique comme nous venons de le voir.
Dans son "Traité d'astrologie médicale" (éditions Flandres-Artois), Boris Paque évoque le traitement par les sels chimiques du docteur Schüssler. Si on carbonise le corps humain, on trouve dans les restes douze sels chimiques. Ces sels ont des fonctions essentielles pour le bon fonctionnement de l'organisme et chacun correspond à un signe du Zodiaque. Le principe de la thérapeutique consiste à donner le sel correspondant au signe où se trouve le Soleil lorsque celui-ci est affecté par une dissonance qui l'affaiblit (renforcement de terrain).

Bélier	: phosphate de potassium	– Kali-Phosphoricum
Taureau	: sulfate de soude	– Natrum-Sulfuricum
Gémeaux	: chlorure de potassium	– Kali-Muriaticum
Cancer	: fluorure de calcium	– Calcarea-Fluorocum
Lion	: phosphate de magnésium	– Magnesia-Phosphoricum
Vierge	: sulfate de potassium	– Kali-Sulfuricum
Balance	: phosphate de soude	– Natrum–Phosphoricum
Scorpion	: sulfate de calcium	– Calcarea-Sulfuricum
Sagittaire	: silice	– Silicea
Capricorne	: phosphate de chaux	– Calcalrea-Phosphoricum
Verseau	: chlorure de sodium	– Natrum-Muriaticum
Poissons	: phosphate de fer	– Ferrum-Phosphoricum

Dans le domaine de la thérapeutique, il reste beaucoup à faire pour établir des correspondances indiscutables. Le développement de l'informatique, en permettant d'analyser un grand nombre de fiches médicales, devrait permettre de faire progresser l'astrologie médicale. *Dr C. M.*

ASTROLOGIE ET PSYCHOLOGIE

L'astrologie a toujours traité de psychologie sans le savoir, et cela bien avant que cette science humaine prenne la place que l'on sait dans nos sociétés modernes. Mais où se situe l'astrologie aujourd'hui parmi les différents aspects de la psychologie actuelle, en quoi s'enrichissent–elles et se complètent–elles? Quel est l'apport original de l'Art royal des astres à la science de la psyché ? Voilà des questions qui ne manquent pas d'intérêt, et auxquelles nous allons tenter de répondre en démontrant qu'une fois encore, à condition d'être utilisée dans les règles, l'astrologie résiste bien à l'expérimentation scientifique.

"Dans les premières synthèses qu'ébauchent les types astrologiques, ils sont plus près, en tout cas, d'une caractérologie véritable qu'une psychologie catégorielle qui, au siècle dernie, a encombré la connaissance concrète de l'Homme de ses systèmes de facultés mythiques."

Emmanuel Mounier ("Traité du caractère")

LES TESTS — ASTRO-PSYCHOLOGIQUES — DE VERNON CLARK

Sous la direction de Vernon Clark, un psychologue qui s'intéresse à l'astrologie, sont organisées trois expériences différentes destinées à prouver ou à infirmer certains postulats de l'astrologie... Vingt-trois astrologues de pays différents collaborent à cette entreprise (Etats-Unis, Angleterre, Autriche, Allemagne, Hollande, Australie), supervisés par une équipe de scientifiques qui contrôlent les résultats. Voici la nature de ces tests :

TEST N°1

Il est destiné à poser la question de la prétention de l'astrologie ou des astrologues à découvrir des capacités ou talents futurs directement d'après une carte du ciel.

Clark réunit dix différentes dates de naissance de cinq femmes et de cinq hommes correspondant aux professions suivantes : vétérinaire, musicien, bibliothécaire, critique d'art, prostituée, libraire, marionnettiste, pédiatre, professeur d'art, herpétologiste. Leurs dates de naissance furent distribuées à vingt astrologues, en même temps qu'une liste séparée des professions, et on leur demanda de rétablir la correspondance entre date de naissance et profession. On composa un groupe de contrôle de vingt psychologues qui ne connaissaient rien à l'astrologie et à qui furent distribuées les mêmes données. Les résultats furent extrêmement concluants : le groupe témoin ne rendit que des résultats conformes aux lois du hasard. Par contre, dix-sept sur vingt des astrologues réussirent avec une probabilité de cent chances contre une! "Ce test, déclara Vernon Clark dans le magazine "In Search" en 1961, fut supervisé par deux huissiers afin d'attester que toutes les expériences eurent bien lieu telles que je les ai décrites. L'analyse des résultats fut établie par un statisticien professionnel qui ignorait tout de l'astrologie, ainsi d'ailleurs que de l'expérience en cours."

Clark en tira lui-même la conclusion : "De ce test, il fut possible de conclure que les caractères humains étaient influencés ou déterminés par la position des planètes à la naissance et que, à partir des seules données de nativité, les astrologues pouvaient distinguer et deviner des caractères."

TEST N°2

Aux mêmes astrologues, Clark donna dix paires d'horoscopes; à chacune d'elles était attachée une liste de dates et d'événements importants concernant l'un des deux thèmes (mariage, accidents, enfants, nouvelles situations professionnelles, mort). On signala aux astrologues que l'un des horoscopes de la paire était celui qui correspondait à la liste et que l'autre appartenait à une autre personne, née à peu près au même moment et au même endroit, du même sexe, mais dont la vie avait été différente (alors que ce deuxième horoscope était fictif, fait au hasard). Il s'agissait, bien entendu, d'attribuer le bon horoscope à la liste d'événements jointe.

Voilà ce qu'en dit Vernon Clark : "Ils (les résultats) furent tels qu'il existait moins d'une chance sur mille pour qu'ils puissent être arrivés par hasard. Trois astrologues réussirent à 100 %, dix-huit réussirent nettement au-dessus de la loi du hasard, deux astrologues au niveau du hasard, aucun au-dessous." Pour faire taire les critiques partiales des représentants de la science officielle, Vernon Clark résolut alors de tenter une troisième série d'expériences.

TEST N°3

Cette fois, il donna encore moins d'indices aux astrologues. Point de liste d'événements, point de renseignements personnels d'aucune sorte, sinon qu'un natif de chaque paire était affligé de paralysie cérébrale, l'autre étant d'une intelligence supérieure et n'ayant jamais été atteint de graves maladies, en-dehors de celles de l'enfance. Ce furent les médecins et psychologues qui avaient été en contact avec les natifs des deux groupes qui fournirent leurs dates de naissance, elles-mêmes vérifiées sur les registres d'état civil.

Les dix personnes malades choisies furent tirées au sort parmi les nombreux cas proposés par les médecins. Les dates, heures et lieux de naissance furent envoyés à un astrologue qui n'avait pas participé aux tests précédents et qui était connu pour être particulièrement méticuleux dans l'élaboration d'un thème. Il dressa les vingt cartes du ciel sans connaître le contexte de toute l'opération et, bien entendu, il ne fit aucune interprétation des thèmes. Des photocopies furent envoyées aux différents astrologues participant à cette expérience.

Ceux-ci réussirent à identifier les thèmes des malades du cerveau dans une probabilité d'une chance sur cent pour que leurs résultats soient obtenus par hasard. Vingt astrologues avaient réussi au-dessus des lois du hasard, dix au niveau du hasard ou moins.

V. Clark tira les conclusions suivantes de ces expériences : "La possibilité, démontrée par les astrologues, de distinguer entre de vraies et de fausses dates de naissance, est extrêmement intéressante pour la critique de l'astrologie. Ses adversaires prétendent, par exemple, qu'il n'y a aucune relation entre l'état des cieux et l'être humain, ce qui entraîne qu'un horoscope doit être aussi bon qu'un autre (ou aussi dénué de valeur) pour donner des informations sur telle ou telle personne. Le fait que les astrologues aient été capables de discerner les fausses dates de naissance a bien l'air d'en finir avec cette position sceptique."

Hélas, Vernon Clark ne put aller plus loin dans ses expériences puisqu'il mourut. **E. T.**

212

Modèles astro-psychologiques et astrothérapie

L'étude du thème astral nous aide à mieux comprendre les rouages et les mécanismes psychologiques de la personnalité. Voici comment et pourquoi, à travers quelques scénarios très simples, mais exemplaires.

Le thème astral est un instrument privilégié pour comprendre les mécanismes de ce que l'on appelle en psychologie "l'automatisme de répétition". Or, la pratique de l'astrologie amène le praticien à remarquer, dans le discours tenu par ceux qui viennent le consulter, certaines phrases–clés, qui sont l'expression inconsciente de la problématique du sujet. Cette observation commence souvent par la réaction de chaque personne face à l'interprétation de son thème, et l'approche de vérités très personnelles. Ainsi le Verseau qui s'exclame : "mais tout le monde est comme ça, non?", le Scorpion qui dit, sur la défensive : "mais je me connais très bien, vous savez", la Balance qui hoche la tête : "oui, mais...", le Capricorne qui observe un silence sceptique, ponctué de "pas vraiment"... ou le Cancer qui, lui, ne dit rien du tout, mais s'épanouit dès que l'on aborde l'importance de ses états d'âme ! Ainsi, les principaux aspects planétaires déterminables (sauf la Lune) à partir de la date de naissance, amènent une verbalisation très symptomatique aussi bien chez le sujet, que chez son entourage. Ces "phrases–clés" sont plus facilement observables lorsqu'il s'agit d'aspects dissonants engendrant une difficulté à surmonter. Mais quelles sont ces phrases que nous répétons, chaque fois que nous parlons de nous, et qui finissent par faire partie de notre langage sans que nous le réalisions vraiment ? Lisez ce qui suit, et voyez si certaines de ces verbalisations ne correspondent pas à votre discours personnel...

L'AFFIRMATION PERSONNELLE

• **1er scénario :** Le sujet dit : "c'est normal que je ne sois pas arrivé le premier. Untel est meilleur." Ses proches disent : "il manque de confiance en lui". *Aspect probable en cause :* dissonance Soleil/Saturne. *Diagnostic :* complexe d'infériorité ou d'échec.

À l'origine, une absence de soutien réel et authentique venant de l'image paternelle, ou une identification à un père faible conduisent l'être à douter de lui. Dans un thème féminin, le doute est directement lié à l'image de l'homme, et cela peut aboutir à cette pessimiste — et, heureusement, fausse — conclusion : "J'aime des hommes qui ne m'aiment pas" (sous–entendu : ils ne

CARL-GUSTAV JUNG (1875-1961).
Avec les travaux du psychologue et médecin suisse, l'astrologie médicale renaît de ses cendres. Jung utilisait couramment les thèmes astraux de ses patients pour établir ses diagnostics. Il comparait l'influence du terroir et de la saison qui nous voit naître à celle que subissent les cépages d'un vignoble, chaque vin étant le produit d'un lieu et d'un moment bien définis qui lui donnent ses particularités.

m'aiment pas parce que je ne suis pas aimable; parce que sinon, mon père m'aurait aimée).

Poussé à l'extrême, ce scénario aboutit, de la part du sujet, au : "chaque fois que je suis sur le point de réussir, il se passe quelque chose qui fait que ça rate." Découragé, l'entourage confirme : "il rate tout ce qu'il entreprend." C'est le cas, par exemple, des maladies qui se déclarent à la veille d'un examen... elles sont les manifestations psychosomatiques du complexe d'échec. Évolution : cet aspect, à moins qu'il n'existe dans un contexte zodiacal particulièrement fragile et inhibé, se résout en général aisément à travers la prise de conscience, et surtout par l'accession à une maturité psychique. Mais la personne concernée ne sera jamais à l'aise dans les "rôles solaires", et leur préférera une affirmation basée sur le respect d'une éthique et d'une authenticité.

• **2e scénario :** Le sujet dit : "Je me décourage tout de suite, je suis vite fatigué." Son entourage — pas très amical — commente : "Il trouve toujours de bonnes raisons pour ne rien faire." *Aspect en cause :* dissonance Mars/Saturne. *Diagnostic :* cyclothymie. La personne passe par des alternances d'enthousiasme et de découragement qui nuisent à son efficacité. À force d'appuyer en même temps sur le frein et sur l'accélérateur, elle n'avance pas et, qui plus est, elle abîme son moteur. Poussé à l'extrême, ce comportement aboutit à la psychose maniaco–dépressive. Sans en arriver là, c'est une attitude très répandue. Évolution : une activité variée, enrichissante aide l'individu à "plonger" moins souvent. Mais il demeure instable.

• **3e scénario :** Le sujet dit : "Si je ne réussis pas, c'est parce que personne n'est capable de m'apprécier à ma juste valeur." Ceux qui l'aiment disent : "Il n'a pas de chance." Ceux qui le critiquent, disent : "Il se prend trop au sérieux!" *Aspect en cause :* dissonance Soleil/Jupiter. *Diagnostic :* insatisfaction systématique. L'être a un ego boursouflé qui lui donne un désir irrépressible d'être au premier plan, mais sa susceptibilité extrême et sa tendance à revendiquer ce qu'il n'obtient pas naturellement peuvent lui barrer la route de la réussite. Au lieu de se remettre en question, il se plaint ou revendique. De toute façon, il n'est jamais content. Évolution : immédiate, si le sujet accepte de se remettre en question.

• **4e scénario :** Le sujet dit : " Réussir est une simple question de volonté." Son entourage confirme : "Pour lui, il n'y a pas de problèmes, il n'y a que des solutions." *Aspect en cause :* harmonie Soleil/Jupiter ou Mars/Jupiter. Importance de l'élément feu. *Diagnostic :* le sujet est animé d'un optimisme dynamique et simplificateur qui prend souvent racine dans un environnement familial encourageant. Il ne doute jamais de l'heureuse issue de ses entreprises, se comporte avec aisance, et s'organise très bien; ainsi, la chance lui sourit. Son défaut? Il peut lui arriver de se montrer autoritaire ou de ne pas aller suffisamment au fond des choses.

L'ÉPANOUISSEMENT AFFECTIF

• **1er scénario :** Le sujet dit : "Ma vie amoureuse est toujours totalement frustrante." Son entourage dit : "Il est pessimiste." *Aspect en cause :* dissonance Vénus/Saturne. *Diagnostic :* peur de l'abandon. Souvent confronté dans l'enfance à une situation de traumatisme affectif, l'être craint toujours que cela ne se reproduise, et que la personne aimée ne le quitte, ou que des circonstances contraires mettent un terme à son bonheur fragile. Cela le conduit à une revendication affective permanente, et à des crises d'angoisse cycliques (lorsque Saturne ou une autre planète lente en transit forme une dissonance à Vénus et à Saturne). À noter qu'en général il choisit inconsciemment de partager la vie de personnes indépendantes, et peu démonstratives qui "entretiennent" ce climat frustrant. Évolution : positive vers l'âge de 30 ans, mais le sujet doit apprendre à relativiser, et à moins dépendre émotionnellement de l'autre.

• **2e scénario :** Le sujet dit : "Ma vie amoureuse est un échec; ça ne marche jamais, soit que ceux que j'aime ne m'aiment pas, soit qu'ils ne sont pas libres. C'est une fatalité." Son entourage dit : "Il, ou elle, rencontre toujours des gens impossibles." *Aspect en cause :* dissonance Vénus/Neptune. *Diagnostic :* le sujet est marqué par l'idée de l'impossible ou de l'inaccessible qui, seul, lui semble digne d'intérêt. L'amour au quotidien l'angoisse, même s'il ne se l'avoue pas; parfois, il a vraiment très peur de s'engager tout en ayant des aspirations romanesques, idéalistes et passionnées. Aussi priviligie–t–il dans ses rencontres ceux dont la personnalité ou la situation empêchent toute réalisation. Évolution : soit le sujet choisit de se stabiliser et demeure la proie d'une secrète insatisfaction; soit il choisit de vivre ses passions au prix d'expériences douloureuses. Lorsque; en transit, Neptune aspecte harmonieusement Vénus, il peut résoudre son problème en essayant de s'engager à fond, ou en effectuant une sublimation artistique ou spirituelle.

• **3e scénario :** Le sujet dit : "J'ai l'impression d'être la victime d'une malédiction sur le plan sentimental." Son entourage hoche la tête : "... si seulement il ne se mettait pas dans des situations aussi invraisemblables!" Aspect en cause : dissonance Vénus/Pluton. Diagnostic : le sujet est incapable d'éprouver des sentiments tièdes; il ne les accepte qu'exceptionnels ou excessifs, équivoques ou passionnels. La rivalité affective le stimule, le drame le nourrit. Aussi vit–il plus souvent qu'à son tour des relations orageuses, parfois ponctuées de vraies catastrophes. Au bout d'un certain temps, il fatigue. Mais ses choix antérieurs l'emprisonnent d'autant plus qu'il est rarement assez lucide pour analyser ses pulsions les plus secrètes. Évolution : le sujet a souvent besoin d'une aide extérieure pour décoder son comportement, et dépassionner sa situation.

• **4e scénario :** Le sujet dit... il ne dit rien du tout. Il va très bien, merci ! Son entourage dit : "Il a de la chance en amour." *Aspect en cause :* harmonique Vénus/Jupiter. *Diagnostic :* le sujet a une capacité innée à se fixer des buts accessibles, et à se satisfaire des résultats obtenus. Il ressent une sorte d'optimisme tranquille, et considère que le bonheur lui est dû. Pour éviter les désillusions, il choisit bien ses partenaires et ne tombe jamais dans le piège des amours non partagées. Généreux, il sait donner, il est bienfaisant. En général, sa vie sentimentale est heureuse, et lorsqu'il a des déceptions, il s'empresse de les oublier pour réaliser à nouveau son rêve de félicité. La plupart du temps, il a grandi dans un foyer uni qui lui a donné l'exemple d'une réussite paisible, voire "bourgeoise". Ceux qui ne l'aiment pas disent qu'il est inconscient, ou qu'il se satisfait des apparences. Qu'importe ! Lui, il va bien.

• **5e scénario :** Le sujet dit : "Dans la vie il faut être raisonnable." Son entourage dit : "Il est raisonnable." Les autres disent : "Il est agaçant avec sa morale." *Aspect en cause :* conjonction ou harmonique Vénus/Saturne. *Diagnostic :* soit naturellement, soit à la suite d'une éducation un peu rigide, cet être a appris à maîtriser ses pulsions. Il est froid et détaché, soit en surface — et c'est alors une façon de se protéger contre la souffrance —, soit en profondeur, et sa sensibilité est réellement inhibée. La raison et le sentiment navigant de pair, il fait rarement des sottises, et jamais de folies. Cela lui donne un excellent potentiel de résistance aux tentations, aussi est–il, en général, très fidèle. Exclusif aussi, car il attend de l'autre une honnêteté identique à la sienne, et les manquements éventuels du partenaire réveillent son angoisse secrète : être débordé par ses sentiments.

LA PSYCHOLOGIE PROFONDE

• **1er scénario :** Le sujet dit : "Si seulement ma mère ..." (sous-entendu : avait été plus présente, moins autoritaire, plus autoritaire, plus compréhensive, plus affectueuse, etc.). *Aspect en cause :* dissonance Lune/Saturne. *Diagnostic :* le sujet a mal vécu l'image maternelle. Trop présente ou pas assez, elle n'a pas rempli le contrat que l'enfant, inconsciemment, attendait d'elle. Il est déçu. Il lui en veut. S'il s'agit d'une coupure affective, on appelle cela le complexe de sevrage : la rupture de l'état d'osmose avec la mère est douloureusement ressentie. Plus tard, l'homme concerné par cet aspect va projeter sur les femmes tous les sentiments ressentis pour sa mère : peur d'être étouffé — donc refus de s'engager —, ou peur d'être abandonné, donc, revendications et soupçons. La même problématique existe par rapport au père dans le cas de dissonances Soleil/Saturne.

• **2e scénario :** Le sujet dit : "Dieu, que les gens sont agressifs ! Pourtant, je n'ai rien fait pour les contrarier." Son entourage dit : "Il est trop agressif." *Aspect en cause :* dissonances du Soleil, de la Lune ou de Vénus avec Mars. *Diagnostic :* agressivité plus ou moins exprimée. Pour une raison quelconque, l'être craint souvent les conséquences que pourrait avoir une manifestation de son agressivité. Aussi l'étouffe–t–il sous une apparence conciliante, ou bien l'exprime–t–il à contretemps. Mais il n'empêche qu'il s'agit de l'un de ses modes de fonctionnement privilégiés... Alors il se débrouille de façon très inconsciente pour provoquer l'agressivité d'autrui. De toute façon, son entourage sent chez lui une tension qui empêche les relations d'être détendues. Évolution : le sujet doit prendre conscience du fait qu'il a sans doute dans son enfance eu à supporter un climat agressif qu'il a tendance à recréer. Puis, apprendre à exprimer positivement son agressivité (sport ou profession de battant) ou à la sublimer (expression artistique).

Nous ne traitons ici que des principaux aspects susceptibles d'amener une verbalisation particulière. D'autres existent, moins nets mais également significatifs. À quoi sert–il de les connaître? Essentiellement à comprendre qu'en cas de malaise ou de réussite dans notre vie, la chance et la malchance ne sont pas à incriminer : l'homme n'est pas le jouet des planètes. Celles–ci induisent simplement une réaction particulière, et parfois systématique, qu'il nous appartient de prendre en compte. Lorsque nous prenons conscience de ces réactions, nous réalisons que ce qui nous arrive dépend en majeure partie de nos choix et attitudes conscients ou inconscients. En le sachant, nous comprenons mieux notre vie, nous maîtrisons mieux les événements, nous nous transformons positivement (1), et surtout, nous allons mieux. Enfin, et c'est sans doute le plus important, nous faisons un pas de géant vers une utilisation intelligente et responsable de l'astrologie, car, comme le dit l'adage : "Les étoiles gouvernent l'homme, mais le sage domine les astres."

C. A.

---

(1) ...ou bien nous transcendons nos tensions, notre mal–être (souvent reflets de saines exigences intérieures qui se heurtent à un consensus socio–culturel normalisateur) à travers la création qu'elle soit artistique, humanitaire, intellectuelle. Car tensions et complexes montrent une inadaptation, une inadéquation profondes.

L'astrologie est aussi très précise — et précieuse — lorsqu'il s'agit de révéler ce qui, spontanément, et parfois simultanément, rapproche ou oppose les êtres. Par un jeu complexe de comparaisons d'angles entre les facteurs planétaires des intéressés, elle est alors l'instrument révélateur des affinités électives, mais aussi des incompatibilités.

Les affinités électives

"**Synastrie**" désigne l'analyse d'une relation par l'astrologie. Le mot, que l'on entend ici comme "comparaison de thèmes", a pour origine une racine grecque signifiant : "la rencontre des étoiles" (1), et recouvre un grand nombre de techniques différentes, dont l'objectif premier commun est de parvenir à une explication de la dynamique existant entre deux individus. La synastrie est sans doute la plus fascinante des nombreuses applications de l'astrologie. En effet, ce sont le plus souvent les problèmes relationnels qui nous poussent à consulter un astrologue, et constituent le principal moteur de notre vie. Bien qu'aucune technique de synastrie, quel que soit son degré de perfectionnement, ne puisse déterminer avec certitude le devenir d'une relation (car les efforts des personnes concernées, et leur conscience des faits sont au moins aussi importants que la convergence des étoiles), elle permet néanmoins d'évaluer la façon dont les diverses personnalités de chacun sont plus ou moins bien perçues par l'autre, de trouver les points hauts et bas d'harmonie et de discorde, de déterminer enfin les moments cruciaux pour la remise en cause d'une relation, sa transformation ou son terme. Cependant, même lorsqu'elles nous permettent de découvrir de tels détails sur la relation de deux individus, les techniques de synastrie contribuent parfois plus à épaissir le mystère du ballet psychologique auquel se livrent ces derniers, qu'à le résoudre.

CHIMIE NATURELLE

L'une des théories fondamentales de la synastrie est celle qui étudie la chimie naturelle entre deux caractères. Puisqu'il est nécessaire en synastrie de considérer le thème natal dans son ensemble et non pas pour la seule position du Soleil dans le signe, il faudra commencer par analyser l'équilibre général des "éléments" dans chacun des horoscopes, ainsi que leurs compatibilités et leurs incompatibilités. Dans l'astrologie traditionnelle, le signe de terre s'accorde avec le signe d'eau, et le signe de feu, avec le signe d'air (2). Ainsi, par exemple, un thème ayant le Soleil en Cancer, et un Ascendant Capricorne pourra–t–il se lier harmonieusement à un thème ayant la Lune et plusieurs planètes en Vierge et Scorpion : la stabilité et le pragmatisme de la terre soutiennent le caractère affectueux et imaginatif de l'eau, qui de son côté les réchauffe. Le feu est habituellement considéré comme un peu trop volage pour la nature plus flegmatique de la terre, et un peu trop expansif pour la sensibilité introvertie de l'eau; quant à l'air, il paraît d'une part insouciant et trop analytique à l'eau, et irrite d'autre part la terre avec ses envolées dans des raisonnements abstraits. Mais le feu anime de sa fougue l'air qui, mû par son amour des idées et son goût des principes, offre au sens dramatique du premier un vase rigide, mais accueillant.

Ces principes de base sur la compatibilité et l'incompatibilité des éléments se vérifient tant qu'il ne s'agit que de théorie. Une certaine complémentarité contribue à produire le sentiment de sympathie que l'on éprouve pour quelqu'un. Mais les individus n'aspirent pas forcément tous à la paix et à la quiétude dans leurs relations; de plus, comme nous recherchons plus souvent ce qui nous fait défaut, que ce qui se fond avec notre propre nature, il nous arrive fréquemment d'être attirés par ceux qui passent aux yeux de l'astrologie traditionnelle pour les moins "adéquats", et même de vivre avec eux nos expériences les plus enrichissantes. Il est donc indispensable, avant de poursuivre l'évaluation de l'interdépendance naturelle, de commencer par examiner le thème natal d'un individu donné, afin de connaître ses besoins et ses valeurs dans ses relations avec les autres.

BESOINS RELATIONNELS DE L'INDIVIDU

L'évaluation des besoins relationnels d'un individu exige de l'astrologue qu'il admette la diversité des caractères et des valeurs des autres. L'idée que l'on se fait soi–même d'une bonne relation peut ne pas du tout rendre heureux un autre individu. La toute première chose à étudier dans le thème natal est la position du Soleil, de la Lune, de Vénus et de Mars dans les signes et les Maisons, ainsi que leurs aspects avec les autres planètes. Il faut ensuite examiner le signe à la pointe des Maisons V, VII et VIII, ainsi que toutes les planètes occupant ces Maisons. Cela nous révèlera respectivement l'idéal de grand amour de la personne, le caractère complémentaire du sien, et le type d'expérience qui, enfouie

---

(1) Étymologiquement, synastrie, composée des racines grecques *sun* et *astron*, signifie : avec les étoiles.

(2) Parmi les facteurs d'harmonie, il faut ajouter les dominantes de même nature. Ainsi, un individu de signature vénusienne-mercurienne (par exemple : Taureau Ascendant Gémeaux) sera attiré par le même cocktail astral, par exemple : une Balance avec Mercure sur l'Ascendant, ou Vierge avec Vénus valorisée.

au plus profond de son inconscient, déclenchera une émotion sexuelle et affective intense. Les relations ne sont bien sûr pas toutes érotiques; mais pris dans son sens le plus large, ce terme pourra recouvrir des notions d'énergie et de fascination, qui animeront même de vie et de dynamisme une collaboration professionnelle. Les thèmes donnent une image habituellement complexe, souvent contradictoire, et très rarement cohérente, des besoins relationnels d'un individu. En revanche, il existe généralement une dominante, reflétée dans le thème par un facteur astrologique récurrent, le trigone Vénus/Saturne, le Capricorne à la pointe de la Maison VII, et Saturne dans la Maison VIII, par exemple.

Une personne dotée d'une forte dominante eau — le Soleil en Poissons, et plusieurs autres planètes situées en Cancer et Scorpion par exemple —, ayant une conjonction Vénus–Uranus, et le Verseau à la pointe de la Maison VII, pourra très bien être fascinée par l'imprévisibilité et le charme frais de l'air, alors qu'elle restera indifférente au partenaire terrien classique. Et ce, même au prix des tensions incessantes qui doivent en résulter dans la relation. Cette personne qui, de façon consciente, demande chaleur et intimité aux autres, est irrésistiblement attirée par des relations enclines à précipiter la maturité de son Moi, et le développement de sa conscience, au travers d'une remise en cause constante, provoquée par un partenaire avide d'espace et de limites claires. Cette évaluation des besoins relationnels de l'individu a pour véritable objectif de découvrir si l'autre personne "colle" à la représentation intérieure que l'on a du partenaire, aussi incompatible avec le caractère de base qu'elle puisse sembler. Si cette correspondance n'existe pas, la personne cherchera peut–être sans cesse à modifier la personnalité de son partenaire, oubliant d'en apprécier les qualités, et ce, même si des éléments en harmonie traduisent l'entente des deux caractères.

ASPECTS DES THÈMES SUPERPOSÉS

L'évaluation des aspects des planètes à l'Ascendant dans chacun des deux thèmes constitue l'une des dimensions les plus riches et les plus intéressantes de la synastrie. Les planètes symbolisent les besoins et les pulsions psychologiques de l'individu. Or, les planètes aspectantes qui, au sein du thème natal d'un individu, exercent sur les planètes ascendantes des influences positives ou négatives sont, de la même manière, stimulées ou inhibées par les planètes du thème de l'autre. Traditionnellement, les positions dissonantes telles que le carré, le semi–carré, le sesqui–carré, l'opposition, le quinconce, ainsi que certaines conjonctions, indiquent normalement la discorde. Par contre, les positions harmoniques telles que le sextile, le semi–sextile, le trigone, le quintile, ainsi que certaines autres conjonctions, indiquent l'harmonie et la compatibilité.

Mais, une fois encore, rappelons que les goûts des hommes diffèrent et qu'un aspect dissonant entre deux thèmes peut parfois engendrer un antagonisme créatif à la fois stimulant, excitant et attrayant pour les deux parternaires. Il est peut–être plus sage de prendre en compte la nature des planètes elles–mêmes, que la qualité "bonne" ou "mauvaise" des aspects. N'oublions pas non plus que l'absence de tout aspect dans le thème d'un individu a des significations aussi importantes que le Soleil ou la Lune dans celui de l'autre, et est le signe d'un manque de communication, autrement dit d'absence de relation. Ce genre d'expérience est parfois bien plus pénible qu'un conflit ouvert, où la relation existe malgré tout, puisqu'aucun des deux partenaires n'est indifférent à l'autre.

Dans la tradition, les aspects — notamment la conjonction, le trigone et le sextile — au Soleil d'un thème, et à la Lune de l'autre témoignent d'un degré d'harmonie permanent qui suggère la constance dans l'amitié, le mariage ou le travail. De même, les aspects harmoniques entre les luminaires (le Soleil et la Lune) dans l'un des thèmes et l'Ascendant, Vénus et Jupiter dans l'autre, révèlent une sympathie, une compréhension, une générosité et une affection spontanées. Quant aux aspects dissonants entre ces planètes "amicales", ils sont plus intéressants que maléfiques, surtout, d'ailleurs, l'opposition qui attire aussi souvent qu'elle ne repousse. L'orbe, habituel en synastrie, des aspects superposés, est petit (4 degrés environ), mais on a remarqué que des orbes plus larges fonctionnent également. Seulement, ils sont moins contraignants ou apparents au commencement d'une relation. Les aspects de Mercure indiquent la difficulté ou la facilité de communication dans la relation; quant aux aspects de Vénus et de Mars d'une part, au Soleil, à la Lune et à l'Ascendant d'autre part, ils reflètent généralement une certaine attirance sexuelle. Quelle que soit la planète influencée dans un thème donné, elle reflète l'expérience vécue par l'individu dans la relation; à l'inverse, toute planète aspectante de l'autre thème renseigne sur le trait de caractère de l'autre individu, qui frappe avec tant de force. En d'autres mots, je me sens aimée, appréciée, belle et valorisée du fait de sa façon de me courtiser, tandis que lui se sent fort (Mars), puissant et fringant du fait de ma façon de réagir.

C'est pourquoi, si l'on raisonne de façon traditionnelle, toute personne présentant une conjonction de son Soleil à notre Lune (entente humaine), ou de son Mars à notre Vénus (attraction sexuelle), et un trigone de son Jupiter à notre Mercure (entente intellectuelle), devrait correspondre à notre idéal. Cela équivaudrait en théorie, au partenaire de rêve. Malheureusement, il est impossible de trouver des aspects aussi harmoniques dans deux thèmes, sans que des aspects dissonants apparaissent aussi. Cela dépend de notre bonne volonté à accepter les côtés difficiles d'une personne de nature différente, et de la bonne compréhension que nous sommes prêts à lui accorder. Enfin, une chose sans doute encore plus importante : les raisons qui poussent les individus dans une relation sont souvent plus profondes. Il peut s'agir de complexes familiaux dont nous héritons inconsciemment : par exemple la reproduction, à chaque nouvelle renconte de notre vie d'adulte, d'un modèle de relations difficiles avec père et mère, ou un désir plus profond et souvent inconscient de dépasser ses limites, et de privilégier ainsi les rencontres qui nous tranforment, mais risquent aussi de nous blesser. Ces problèmes relationnels plus profonds se traduisent dans les aspects superposés par des conjonctions de positions personnelles du premier thème : Ascendant, Lune, Soleil, Mercure, Vénus, Mars et Jupiter avec Saturne, Chrion, Uranus, Neptune ou Pluton du second.

SUPERPOSITION DES PLANÈTES LOURDES EN ASPECT

La présence de Saturne dans une Maison, un signe ou en aspect du thème d'un individu, révèle toujours un aspect particulièrement vulnérable et défensif de la personnalité. Lorsque votre Saturne superposé au thème d'une autre personne est en aspect à ses planètes — par exemple, sa Lune en opposition avec votre Saturne —, c'est que vous opposez à cette personne une attitude relativement contraignante, inhibitrice, souvent à l'insu du contrôle d'une personne d'un degré de conscience moyen. La plupart des querelles et des blessures les plus douloureuses impliquent des oppositions à Saturne, le maître de l'Expérience. Deux adultes peuvent faire l'effort de discuter à cœur ouvert de ce qui se passe lors de tels échanges; mais dans les relations parents/enfants, c'est aux parents qu'incombe la responsabilité de comprendre, et de tenter d'arranger la situation, que Saturne soit en cause chez le parent ou chez l'enfant. Saturne est la porte par laquelle les autres peuvent accéder aux couches les plus profondes de notre psychisme. C'est pourquoi toute relation importante dont nous ressortirons modifiés ou transformés, comportera des oppositions de Saturne. Elles n'indiquent pas nécessairement que la relation est mauvaise ou non viable, et peuvent même, en fait, être révélatrices de durabilité et de compassion, ce qu'une analyse moins fouillée et plus facile entre les thèmes ne pourra jamais dire. Mais de tels aspects demandent du travail, parce qu'ils requièrent un réel effort d'honnêteté affective dans un domaine où nous aimons bien mieux projeter nos propres insuffisances sur l'autre personne en prétendant que c'est sa faute.

Les aspects superposés qui impliquent des planètes supérieures (Chiron, Uranus, Neptune et Pluton) reflètent de même un effet transformateur puissant de la relation. Comme ces planètes semblent décrire des pulsions et des tendances moins faciles à dominer, l'impact du partenaire peut induire un changement profond chez le sujet. Un individu, dont le Soleil se trouve en conjonction avec Pluton chez un autre, risque par exemple au cours de la relation, de provoquer l'effondrement des objectifs et des valeurs échafaudés par ce dernier, et d'estimer parfois lui–même envahissantes les fortes réactions émotionnelles qu'il a suscitées chez le plutonien (3).

Les aspects dissonants entre les planètes supérieures lentes d'un autre comportent quelque chose de coercitif qui conduit souvent les gens à utiliser le mot "destinée" pour qualifier la rencontre. Mais l'astrologie n'a rien à voir avec le hasard; elle décrit la destinée comme linéaire par rapport au caractère et à l'âme, et elle nous guide dans les situations nécessaires à l'accomplissement d'un modèle interne de développement. Quelque chose en nous exige un catalyseur pour élargir et modifier les limites actuelles de notre conscience; c'est donc l'individu le plus apte à le faire qui nous attirera et que nous attirerons, parfois bien involontairement.

LA COMPARAISON DES ASPECTS PROGRESSÉS

Aucun individu n'est statique. De même que les planètes qui se meuvent depuis la date de naissance selon un cycle et un rythme caractéristiques, l'homme évolue dans le temps selon les rythmes et les cycles impliqués par les planètes de son thème natal. Et c'est justement parce que les deux partenaires d'une relation évoluent et changent que la relation ne peut rester statique. Les aspects formés par les directions ou progressions des planètes par rapport aux planètes et aux directions d'un autre thème, reflètent les modifications et les évolutions qui se produisent à divers moments au cœur d'une relation. Le procédé le plus utile pour faire diriger les thèmes en synastrie semble être celui des directions secondaires (un jour de déplacement des planètes après la naissance compte pour une année de vie).

Il existe presque toujours dans un thème un aspect dominant ou flagrant d'une ou de plusieurs directions, vers les positions natales ou les directions d'une autre thème. Cela correspond au besoin ou à l'attirance qu'éprouve, pour une autre, une personne ayant atteint un stade de développement

(3) Pluton symbolisant la volonté de puissance, le pouvoir, et particulièrement le pouvoir occulte, on observera plus souvent un impact puissant — allant jusqu'à la mainmise totale — sur le partenaire ayant son Soleil sur le Pluton de l'autre.

THEME NATAL DE LA PRINCESSE DIANA

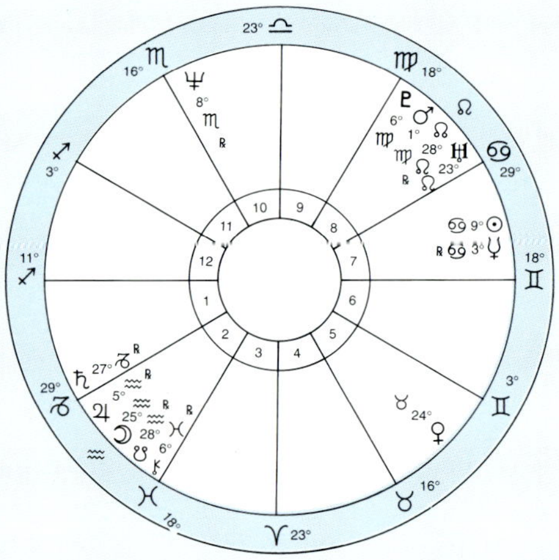

Princesse Diana
01 juillet 1961
Sandringham (Angleterre)
18 h 45 GMT
Lat. : 52°50'N
Long. : 0°30'E

THEME NATAL DU PRINCE CHARLES

Prince Charles
14 novembre 1948
Londres (Angleterre)
21 h 14 GMT
Lat. : 51°30'N
Long. : 0°10'O

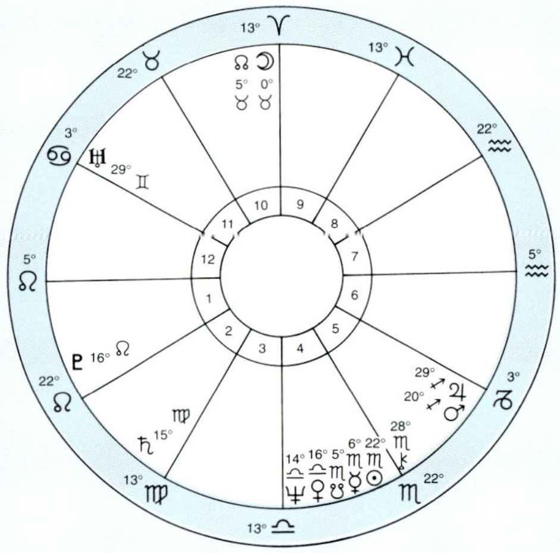

THEME NATAL PROGRESSÉ (DIRECTIONS SECONDAIRES) DE LA PRINCESSE DIANA

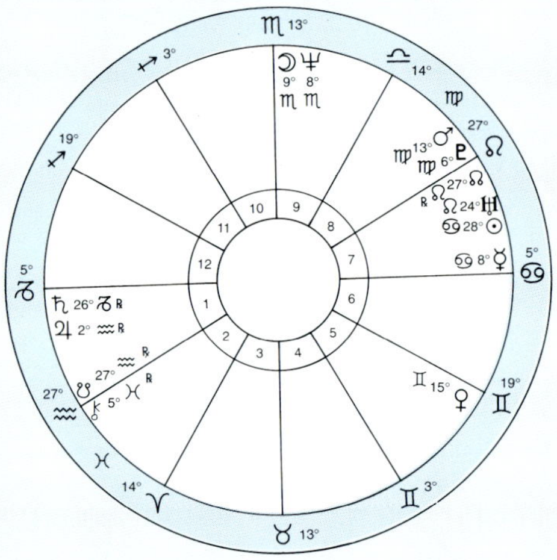

Princesse Diana
date du mariage
29 juillet 1981
10 h 00 GMT
Lat. : 51°30'N
Long. : 0°10'W

THEME NATAL PROGRESSÉ (DIRECTIONS SECONDAIRES) DU PRINCE CHARLES

Prince Charles
date du mariage
29 juillet 1981
10 h 00 GMT
Lat. : 52°50'N
Long. : 0°30'O

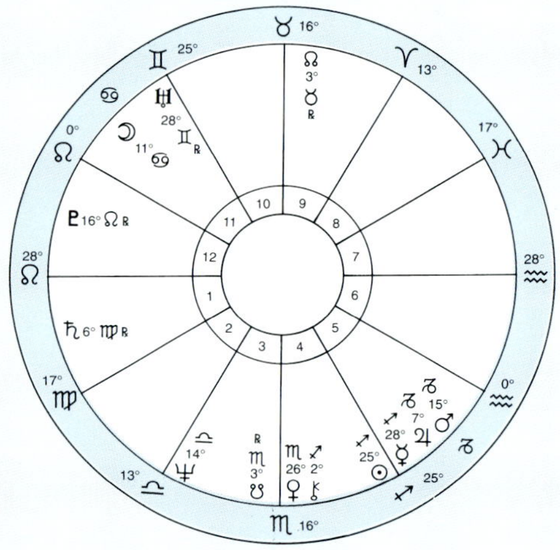

THEME COMPOSITE ENTRE LA PRINCESSE DIANA ET LE PRINCE CHARLES

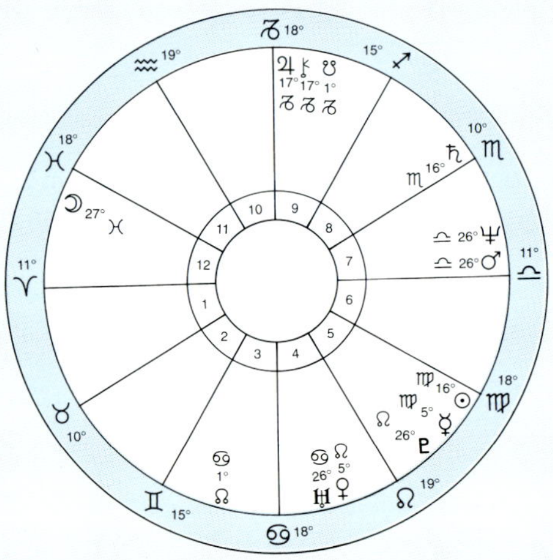

THEME COMPOSITE PROGRESSÉ ENTRE LA PRINCESSE DIANA ET LE PRINCE CHARLES

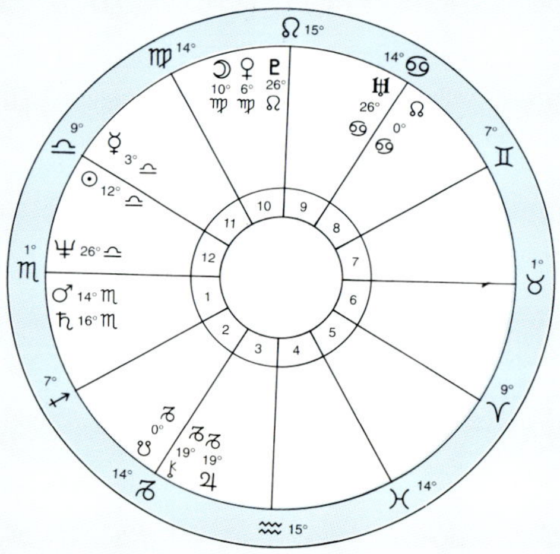

psychologique donné, et fournit de ce fait une "justification" (ou en tout cas une explication) au commencement d'une relation. Ces configurations impliquent souvent les combinaisons de synastrie classiques. Par exemple, un homme dont la direction de Vénus rencontre le Soleil, la Lune, l'Ascendant ou le Milieu–du–Ciel (natal ou en direction) d'une femme, pourra voir en elle un incarnation de son idéal de beauté et d'amour. Il existe souvent un aspect réciproque. Ainsi, une direction d'opposition du Soleil chez la femme, et de Mars chez l'homme suggère que l'idéal masculin de la première est en harmonie avec la façon dont le second exprime sa masculinité à cet instant de sa vie. De la même façon, lorsqu'une relation bat de l'aile, la confrontation des thèmes révèle des aspects dissonants : par exemple la Vénus progressée de l'homme qui arrive à la conjonction du Saturne natal de la femme suggère un blocage ou le sentiment de rejet du premier par la seconde.

Si la comparaison des aspects progressés ne permet pas de prévoir la longétivité d'une relation, en revanche, celle des interaspects des thèmes de naissance peut en donner une idée, puisque ceux–ci sont permanents, dans le sens où ils représentent la dynamique relationnelle interne des deux individus. Les sentiments de deux personnes, dont seule la comparaison des thèmes progressés est prometteuse, pourront tout à fait s'étioler avec la disparition de ces directions. Cependant, l'investigation des thèmes progressés demeure riche d'enseignements sur les causes d'émotion et de conflit des gens à des instants donnés de leur vie. De plus, elle peut aider les gens à comprendre que l'expérience qu'ils vivent ensemble peut être gérée de façon créative.

LE THÈME COMPOSITE

La synastrie dispose d'un outil récent et extrêmement perfectionné : le thème composite. Il résulte du calcul des mi–points (ou demi–sommes) exacts entre chaque paire de points des deux thèmes natals. Le mi–point entre les positions natales du Soleil de deux personnes devient le Soleil composite, celui du Milieu–du–Ciel devient le Milieu–du–Ciel composite, etc. Certains astrologues calculent le mi–point pour chaque paire de cuspides, Ascendant inclus; d'autres se limitent aux paires de planètes et, après avoir trouvé le mi–point des deux Milieux–du–Ciel, utilisent la table des Maisons pour déterminer un Ascendant composite à la latitude où vit le couple. Ces deux procédés soulèvent de nombreuses controverses, et seule l'expérimentation permettra à l'apprenti–astrologue de se forger sa propre opinion. Le thème composite présente la relation comme une sorte d'entité autonome, une chose indépendante de la confrontation dynamique des thèmes des deux individus. Utilisé seul, il semble raconter une histoire inachevée, mais en association avec les techniques de synastrie plus classiques citées ci–dessus, il dévoile des perspectives significatives. Il arrive souvent que les configurations des deux thèmes natals, séparés ou confrontés, se retrouvent dans le thème composite; de plus, il existe de fréquentes connexions entre les positions composites et les positions natales ou directionnelles des deux personnes, indiquant qu'une relation dans son entité peut affecter chaque personne indépendamment de leurs interactions. La compagnie d'une personne nous sera par exemple agréable si notre Jupiter est en conjonction avec son Soleil; mais la relation elle–même risque de paralyser l'expression de notre Moi si le Saturne composite est en conjonction avec notre Soleil natal. Il ne s'agit pas ici du blocage d'un individu par l'autre; les limites imposées par Saturne composite à notre Soleil sont un pur produit de la relation, et sont donc de ce fait beaucoup plus difficiles à modifier. Comme le thème composite ne représente pas une personne, il est ressenti de façon beaucoup plus déterministe, arbitraire ou mécanique, et certains astrologues n'aiment pas l'utiliser.

EXEMPLE D'APPLICATION DES TECHNIQUES DE SYNASTRIE

Commençons par les besoins relationnels individuels. Le thème de la princesse de Galles montre immédiatement le Soleil et Mercure dans la Maison VII : elle recherche un homme différent, original et puissant, puisque la présence du Soleil dans la Maison des relations indique que le sens donné à sa propre vie tend à dépendre de l'importance de son partenaire. Il est manifeste que ce besoin a été satisfait par son alliance avec le prince Charles, du simple fait de sa situation sociale. De plus, les qualités solaires brillantes et individualistes décrites par la présence du Soleil dans sa Maison VII sont reflétées par l'Ascendant Lion du prince. En d'autres termes, ce dernier correspond exactement à son idéal, à la fois par sa position sociale, et par sa forte personnalité. Les Gémeaux sont à la pointe de sa Maison VII, suggérant qu'elle aurait également besoin de quelqu'un qui la domine intellectuellement et puisse lui faire découvrir le monde des idées. Bien que ne présentant aucune répartition particulière en Gémeaux dans son thème natal, le prince Charles est un homme cultivé et intelligent, connu pour son intérêt pour la philosophie, et sa contribution active dans le domaine de l'art, de l'architecture et de l'écologie. Le thème du prince ne comporte aucune planète dans la Maison VII, dont le signe, à la cuspide, est le Verseau. Il recherche donc une partenaire plus sociable et plus extravertie que lui, capable de le mettre à l'aise avec une grande variété de gens.

La princesse Diana a la Lune et Jupiter dans le Verseau, et peut de ce fait lui offrir ce qu'il recherche, notamment éveiller son intérêt pour les questions humanitaires. En témoignent son engagement actif dans les campagnes d'aide aux malades du sida, et ses amitiés parfois controversées avec des personnalités du monde du spectacle... Quant aux éléments de base, aucun des quatre ne manque dans leurs thèmes natals respectifs. Le prince et la princesse ont tous deux le Soleil dans un signe d'eau, et l'Ascendant dans un signe de feu. Il en découle respectivement une affinité de caractère personnel (tous deux sont attachés à la tradition, ont le sens de la famille, sont sensibles et jaloux de leur foyer et de leur vie privée aux yeux de la presse) et de conception du monde extérieur (tous deux sont entourés d'une aura de prestige mais sont capables de se montrer extrêmement directs lorsqu'il s'agit d'exprimer leurs convictions, ce qui est caractéristique d'Ascendants en signes de feu. Les aspects sont trop nombreux pour pouvoir être tous évoqués dans cet article; il est cependant intéressant d'en noter un ou deux qui frappent par leur précision. Jupiter à 5 degrés du Verseau dans le thème de la princesse Diana, est situé exactement à la cuspide de la Maison VII, à 5 degrés du Verseau, dans celui du prince Charles : quels que soient les conflits susceptibles de surgir entre eux, elle possède le don inné et instinctif qui lui permet d'élargir l'esprit et la conception du monde de Charles, en lui donnant le sentiment d'appartenir à la classe des gens ordinaires. Quant à lui, il a Mars à 21 degrés du Sagittaire, en conjonction avec l'Ascendant de la princesse à 18 degrés du Sagittaire. Cela suggère que sa vitalité, son enthousiasme et sa tendance à s'impliquer aussi bien dans des questions d'ordre philosophique que dans le sport sont bien accueillis par elle. Elle a ainsi l'impression d'être elle–même plus active et plus vivante en animant sa vie de l'aventure et du mouvement dont elle a besoin, mais qu'elle aurait sans doute du mal à extérioriser toute seule du fait de sa timidité naturelle. Cette configuration d'aspects dénote également la forte attraction qu'ils exercent l'un sur l'autre, et permet de penser qu'il fut vraiment amoureux d'elle lorqu'il contracta ce mariage.

Pour sa part, la princesse a Vénus à 24 degrés du Taureau en opposition au Soleil du Prince : l'opposition marque une attirance complémentaire, en ce que le sens commun fondamental, le pragmatisme et la chaleur de lady Diana apportent la stabilité à la nature Scorpion plus complexe, secrète et parfois tourmentée du prince. On trouve également quelques aspects dissonants avec Saturne dans la confrontation des thèmes du couple : la relation, profonde et durable, n'empêche pas les époux d'activer des zones de doute et de sensibilité chez l'autre. La princesse a Saturne à 28 degrés du Capricorne, en carré avec la Lune à O degré du Taureau : elle est parfois trop critique vis–à–vis des humeurs et des sentiments du prince, dont le sens profond du respect de la tradition et des structures familiales lui pèsent parfois. De son côté, il peut la trouver trop distante par rapport au protocole, et pas assez convaincue de leur rôle en tant que personnes publiques. Le prince Charles a Saturne à 5 degrés de la Vierge, en conjonction avec Mars à 1 degré de la Vierge, et Pluton à 6 degrés de la Vierge de la princesse. Cela indique qu'il trouve parfois menaçants son extraordinaire force de caractère, et son refus d'être manipulée, tandis qu'elle risque de n'en faire qu'à sa tête, là où il attend une autre réaction de sa part, et de finalement éprouver un sentiment de colère et de frustration sous l'effet glacial de son esprit critique sans appel. Ces aspects impliquant Saturne ne signifient pas une mauvaise relation; ils montrent qu'elle est bien plus profonde et bien plus formatrice pour les époux qu'un simple mariage de raison, et qu'ils devront

PRINCE CHARLES D'ANGLETERRE ET LADY DIANA.
Charles est Scorpion, Ascendant Lion, et Lady Diana, Cancer, Ascendant Sagittaire, ce qui donne au départ des affinités certaines entre les signes solaires et les ascendants respectifs. Voilà pour l'attraction de base ...

travailler ensemble à en tirer le meilleur parti.

Les directions sont établies pour le moment précis du mariage du prince et de la princesse. La Lune progressée du prince Charles est alors à 11 degrés du Cancer, en conjonction avec le Soleil natal, à 10 degrés du Cancer, de la princesse Diana. C'est là la configuration typique et idéalement souhaitable de l'union ou du mariage des hommes et des femmes. La Vénus progressée de la princesse à 16 degrés des Gémeaux, trigone à la conjonction de Vénus/Neptune en Balance du prince, traduisant ainsi tout à la fois son réel amour pour le prince et sa satisfaction de l'aura romantique qu'il projette.

Dans le thème composite de la relation, le Soleil — centre de gravité de tout thème composite — est à 16 degrés de la Vierge dans la Maison V, la Maison traditionnelle des amours et des enfants, trigone à Jupiter, à 17 degrés du Capricorne, du Milieu–du–Ciel composite. Traditionnellement, la position du Soleil composite dans cette Maison V indique un mariage contracté en vue de descendance, ce qui justifie indéniablement, pour une certaine part, les mariages royaux. Le trigone Soleil/Jupiter, avec Jupiter dans le Capricorne, laisse aussi présager un mariage profitable pour les deux époux, surtout d'un point de vue social et matériel. Le Soleil composite est également sextile à Saturne à 16 degrés du Scorpion, suggérant la durabilité de la relation, et ce, malgré l'argument qui impute cette durabilité à leur position sociale, parce qu'il implique la longévité et la stabilité dans tout thème composite quels que soient les facteurs extérieurs. La Lune composite à 28 degrés des Poissons est trigone à Uranus composite à 27 degrés du Cancer, entre la Maison XII et la Maison IV, ce qui indique, sur le plan affectif, des moments marqués par un besoin profond d'indépendance, et la faculté de le satisfaire dans le calme et la courtoisie. Cet aspect se retrouve dans la conjonction Uranus composite — Vénus composite, qui exprime également le besoin d'espace et de distance au sein du mariage, se traduisant par des amis et des contacts sociaux radicalement différents. Leur rôle de personnes publiques, qui voyagent séparément et développent des intérêts variés, est un excellent véhicule pour parvenir à satisfaire ce besoin mutuel au sein de la relation. Du côté des dissonances, un carré de Mars composite à Uranus composite laisse présager un mariage où tout ne sera pas d'un calme plat, et où pourront naître occasionnellement des éclats et des querelles issus de l'affrontement de deux volontés puissantes. Enfin, un rapide coup d'œil au thème composite progressé au moment exact du mariage, montre que la direction progressée du Soleil composite a atteint la conjonction exacte avec la cuspide de la Maison VII composite, nouvelle attestation traditionnelle d'un mariage concrétisé dans le monde extérieur. Vénus composite est à son tour en conjonction au Saturne natal du prince Charles dans le thème composite progressé pour la date du mariage, ce qui révèle un lien profond et permanent ayant des répercussions durables sur sa vie. Entre temps, Vénus composite progressée avait aussi atteint la conjonction Mars/Pluton de la princesse Diana, reflétant un puissant éveil émotionnel et sexuel au travers du mariage.

Bien que de nombreuses dimensions de la dynamique de la relation aient dû être laissées de côté, les brèves observations ci–dessus permettent d'éclairer le ballet complexe d'une relation quelle qu'elle soit. Elle comporte des aspects harmonieux et dissonants, des avantages et des inconvénients, et sans la garantie de longévité fournie par le caractère royal du mariage, nous serions dans l'incapacité de dire si ce mariage marchera ou non. C'est pourquoi, même si les rois et les reines de ce monde optent généralement pour une séparation courtoise lorsqu'ils ne parviennent plus à se supporter, nous ne pouvons absolument pas dire si le prince Charles et la princesse Diana sauront préserver et approfondir leur lien affectif au sein de la structure formelle du mariage. Nous ne pouvons que comprendre un grand nombre de choses sur eux, sur ce qu'ils veulent l'un de l'autre, sur la façon dont ils s'influencent et celle dont ils peuvent gérer leur relation.

L. G.

LES AFFINITÉS ASTRO-ÉLECTIVES

	amitié amoureuse	*harmonie parfaite*	*possibilité d'attraction physique mais divergences fondamentales*	*complémentarité ou totale opposition*
Bélier	Gémeaux Verseau	Lion Sagittaire	Cancer Capricorne	Balance
Taureau	Cancer Poissons	Capricorne Vierge	Lion Verseau	Scorpion
Gémeaux	Lion Bélier	Balance Verseau	Vierge Poissons	Sagittaire
Cancer	Vierge Taureau	Poissons Scorpion	Bélier Balance	Capricorne
Lion	Gémeaux Balance	Sagittaire Bélier	Scorpion Taureau	Verseau
Vierge	Scorpion Cancer	Capricorne Taureau	Sagittaire Gémeaux	Poissons
Balance	Sagittaire Lion	Verseau Gémeaux	Capricorne Cancer	Bélier
Scorpion	Capricorne Vierge	Poissons Cancer	Lion Verseau	Taureau
Sagittaire	Verseau Balance	Lion Bélier	Poissons Vierge	Gémeaux
Capricorne	Scorpion Poissons	Taureau Vierge	Balance Bélier	Cancer
Verseau	Bélier Sagittaire	Balance Gémeaux	Taureau Scorpion	Lion
Poissons	Taureau Capricorne	Cancer Scorpion	Sagittaire Gémeaux	Vierge

E.T.

Astrologie et morphopsychologie

Par le fait que l'un et l'autre expriment le même être, ce qui est inscrit dans un thème natal l'est aussi sur le visage. Dans l'un et l'autre, on retrouve la "signature astrale" du sujet, reflet d'une psychologie et d'un comportement particuliers qui constituent sa personnalité.

La morphopsychologie est une discipline des sciences humaines qui interprète en termes de psychologie les traits et les formes du visage, ainsi que la structure de l'ossature crânienne. Pour ce faire, elle s'appuie sur une démarche scientifique. Elle pose ses postulats, ses lois basées sur celles de la biologie, puis ses méthodes communes aux autres sciences de l'Homme. La morphopsychologie est issue de la rencontre entre biologie et psychologie. Elle ne se réfère à aucune typologie, même si elle peut s'en servir ou s'y confronter, car sa démarche est originale. Elle s'intéresse essentiellement au visage, tout en démontrant qu'il renvoie au reste du corps, au conscient, à l'inconscient, et à l'intelligence. Elle partage "le principe du parallèlisme du psychique et du physique, comme manifestation d'une unité fondamentale de l'être" (A. Étienne). Elle est à l'interface entre la psychologie et le somatique et intéresse toutes les professions médicales et psychologiques, ainsi que celles qui touchent aux domaines de la communication et aux relations humaines par sa vision globale, systémique et évolutive de l'individu.

LES RACINES PLANÉTAIRES DE LA MORPHOPYCHOLOGIE

De tout temps, certains hommes, de par leur nature curieuse de la singularité et de la diversité des tempéraments et des réactions humaines, ont cherché à codifier et prévoir le caractère. L'astrologie et la physiognomonie (étude des traits du visage, ancêtre de la moderne et scientifique morphopsychologie) ont dû naître de cette préoccupation. Quelles sont les énergies intérieures qui meuvent l'homme, et comment s'allient–elles ou s'opposent–elles en lui? Deux courants d'explication se sont rejoints en astrologie : celui des énergies (feu, terre, air, eau), et celui de la personnalisation de ces énergies par les dieux de l'Antiquité, représentés par les luminaires et les planètes : le Soleil et la Lune, Mercure, Vénus, Mars, Jupiter et Saturne. En personnalisant ces planètes, en leur apportant une histoire, et des petites histoires, l'on peut dire que l'homme inventait la psychologie au moins 6 000 ans avant Freud. Des traits physiques se sont rapidement ajoutés à ces personnalités, en accord avec ce que Carl Gustav Jung devait appeler des archétypes issus de l'inconscient collectif (1). Une immense connaissance empirique s'est élaborée dans le temps, d'où est née la physiognomonie. On peut citer une longue liste de descriptions physiognomoniques à travers les âges depuis les descriptions sur des tablettes chaldéennes, et les papyrus égyptiens ("The Edwin Smith Surgical Papyrus", 3000 – 2500 avant Jésus–Christ). Puis, en 400 avant J.–C., Hippocrate établit la base d'une typologie toujours utilisée, qui reprend la théorie de Pytagore sur les humeurs, et en reconnaît quatre qui, par leur prédominance, engendrent quatre tempéraments : le sanguin, le lymphatique, le bilieux et l'atrabilaire. Aristote reste le plus célèbre pour le premier traité de physiognomonie connu. Plus tard, en Europe, Coclès, au XVIe siècle, Charles Brun, au XVIIe siècle, et Lavater, au XVIIIe siècle, travaillèrent ardemment sur ce sujet. Au XIXe siècle, Gall et ses "bosses" laisse un nom injustement ridiculisé, puisque ses théories sont à la base de la neuropsychologie actuelle. Claude Bernard, l'inventeur de la méthode scientifique, s'y est aussi intéressé. Au XIXe siècle, il faut citer Pende et Viola en Italie, Kretschmer en France, le docteur Sigaud qui ouvrit la voie sur le plan médical aux travaux du docteur Corman, inventeur de la morphopsychologie. C'est vers 1925 que le docteur Corman commença à s'intéresser à la physiognomonie en travaillant dans un groupe de recherche des élèves du docteur Sigaud qui avait remarqué que les êtres robustes ne ressentaient que très peu les attaques de la maladie. Ils y étaient hyposensibles, alors que les êtres plus chétifs réagissaient aux premiers et plus légers symptômes. Cette théorie, appliquée au visage, devenait la loi de dilatation–rétraction, fondement de la théorie morphopsychologique.

ASTROLOGIE ET MORPHOPSYCHOLOGIE

Les deux disciplines ont en commun une recherche d'explication psychologique de l'être humain avec une vision globale dans le temps. La morphopsychologie sous–tend une philosophie d'évolution de l'être, de complémentarité des êtres humains, une apologie de la différence. Elle apporte un soin particulier à sa déontologie et au respect humain (aucune étude n'est remise à un tiers avant la lecture

(1) "Les archétypes sont des formes de comportement typiques qui, lorsqu'elles deviennent conscientes, apparaissent comme des représentations." Carl Gustav Jung, *Les Racines de la Conscience*, édition Buchet–Chastel, page 555.

et l'accord de la personne étudiée). Elle doit être un outil d'épanouissement de l'homme, de mise en valeur de ses talents (que parfois aucune autre étude, plus culturelle ou ethnique n'avait pu déterminer). Elle professe comme devise non pas juger, mais comprendre, et qu'un défaut n'est qu'une qualité mal orientée ou mal employée. Par contre, elle est impuissante à prévoir l'avenir (sauf établir des lignes logiques de probabilité), et elle ne veut non plus remplacer l'astrologie dans sa plus grande valeur : celle de donner un sens à l'existence !

LA DÉMARCHE DE LA MORPHOPSYCHOLOGIE

Chaque discipline se forge un vocabulaire propre qui a sa cohérence interne, sa logique, et qui permet à ses utilisateurs de parler le même langage avec précision. Les lois de la morphopsychologie s'appliquent aux trois éléments constitutifs du visage :

• **L'ossature,** avec sa particularité de comporter aussi des parties aériennes, la musculature et la peau, et les organes sensoriels. Par commodité, nous nommerons l'ossature, le cadre, (en y adjoignant les muscles temporaux et les masséters qui achèvent de donner leur forme au crâne). Il indique par son volume et son épaisseur, les forces pulsionnelles inconscientes de la personne, sa vitalité.

• **Le modelé,** qui est le volume de muscle et de peau qui s'interpose entre le cadre et le milieu extérieur, point de rencontre entre la vitalité profonde et les forces du milieu, par sa sculpture plus ou moins heurtée, son épaisseur et sa tonicité, va nous renseigner sur l'attitude superficielle de la personne dans ses contacts humains, sa façon de prendre les choses et la vie.

• **Les récepteurs,** c'est–à–dire les vestibules sensoriels, que nous pourrions aussi bien appeler les émetteurs–récepteurs ou les communicateurs, puisqu'ils sont responsables de la prise d'information, et qu'ils sont les moyens par lesquels nous émettons ce que nous pensons et ressentons, (cela étant déjà orienté par leur forme, position et constitution).

LES QUATRE LOIS DE LA MORPHOPSYCHOLOGIE

Elles sont communes à la biologie :

1. Loi de dilatation–rétraction : tout organe vivant se dilate dans les conditions optimales, et se rétracte dans des conditions défavorables. A la dilatation, on peut associer l'expansion des volumes, l'adaptation facile au milieu ambiant, l'ouverture et le plaisir dans un sentiment de sécurité qui entraîne une hyposensibilité physique et psychologique. A la rétraction, on peut associer la contraction des volumes, la priorité des systèmes de défense, la fermeture et la méfiance envers le milieu considéré comme dangereux, et des possibilités d'ouverture dans un milieu d'élection sécurisant. Ces deux mouvements en volume sont complétés par deux mouvements d'avant en arrière : la projection aérodynamique de profil — rétraction latérale — qui donne le dynamisme et le besoin d'action; et le recul et redressement de la face — rétraction frontale — qui apporte régulation, contrôle, et parfois inhibition des pulsions.

2. Loi de tonicité : la tonicité indique l'intensité avec laquelle l'individu exprime ses fonctions vitales, de l'activité à la passivité. La tonicité indique la "santé", la vitalité d'une personne dans son désir d'emprise sur la réalité. On peut y associer les termes de désir, d'activité, d'ardeur et d'excitation maniaque; à son extrême, ce serait le *yang* oriental. L'atonie indique le lâcher–prise par rapport à cette réalité, la réceptivité et la passivité, la fatigue, la tristesse et, à la limite, la dépression : c'est le yin. On va repérer la tonicité à la compacité du cadre, à l'aspect tendu, "lifté" des traits du visage (le modelé), à l'obliquité remontante des récepteurs, et à leur vibration ou à leur vivacité.

3. Loi d'équilibre et d'harmonie : la vie implique la recherche permanente d'un équilibre jamais atteint, et la vie est dans ce mouvement. C'est cette différence de potentiel que nous étudions avec cette loi. Les disharmonies entre les différentes parties du visage : comment les déséquilibres qu'elles impliquent s'intègrent dans celles–ci, la dynamisent ou l'inhibent, et même la paralysent.

4. Loi de mouvement et d'évolution : la vie implique aussi une évolution des formes au cours du temps, une adaptation permanente à l'environnement, un processus de maturation, puis de vieillissement que nous repérons sur le visage, dans sa mimique et son évolution du bébé au vieillard.

La morphopsychologie n'ayant pas besoin de support écrit, pouvant s'exercer sur des personnes éloignées dans l'espace ou le temps, de langues différentes, est un apport précieux dans de nombreuses disciplines. Chaque fois, elle est une aide à la compréhension de l'autre, dans sa globalité et son évolution. Alors que de nombreuses techniques d'évaluation donnent un instantané de la personne, la morphopsychologie permet de repérer à la fois cet instantané, et ses lignes d'évolutions possibles. La morphopsychologie est, comme toutes les sciences, une science ouverte. Il y a tellement de domaines de recherches passionnants à explorer qui vont du conseil psychologique et médical à l'histoire et la paléontologie, en passant par les professions juridiques, de la communication et de l'entreprise.

LES TYPES PLANÉTAIRES

Comme nous l'avons dit, les Anciens avaient repéré qu'aux tempéraments des dieux se rapprochaient certains types physiques. C'est ainsi qu'il définirent huit types : Terre, Lune, Mercure, Vénus, Mars, Jupiter, Saturne et Soleil, c'est–à–dire les 7 planètes et luminaires connus dans l'Antiquité, plus la Terre. Il est évident qu'il ne peut y avoir de typologie planétaire sur Uranus, Neptune et Pluton, découverts récemment, et qui, de plus, en astrologie, s'appliquent davantage à des facteurs transpersonnels, et non individuels comme ces huit premiers types (1).

• **Le type Terre** (modèle 1) a un cadre large et puissant, un modelé épais et tonique, et des récepteurs lourds, charnus, et peu dessinés. Donc des caractéristiques de puissance physique, de rusticité, de résistance, de peu de sensibilité, et de subtilité aussi.

• **Le type Lune** (modèle 2) est un dilaté atone, mou et rond comme un bébé qui dort, avec un cadre large, un modelé souple et des récepteurs tombants. Nous avons donc là une personnalité réceptive, passive, influençable, à la recherche du paradis perdu enfantin, avec un besoin de protection tendre et douce. C'est cette réceptivité qui donne le tempérament artistique.

• **Le type Mercure** (modèle 3) a un cadre fin, rétracté, léger, un modelé sec et très tonique, des récepteurs grands, fins et toniques aussi. Son caractère est très personnel, c'est–à–dire que c'est un grand communiquant, mais sans chaleur ni tendresse. C'est l'électricité des échanges qui l'intéresse. Cette froideur rapide et leste repose sur une fermeture à la profondeur des échanges.

• **Le type Vénus** (modèle 4) a un cadre moyen et rond, un modelé tendre et moyennement tonique, des récepteurs grands, ouverts, charnus et pulpeux aux traits bien dessinés. Elle est la femme donneuse de chaleur et de vie, le centre autour duquel tournent les enfants et les hommes. Elle s'arrange avec goût, et fait la même chose pour son foyer, et tout ce qui l'intéresse. Elle attire à elle le type Mars.

• **Le type Mars** (modèle 5) est le rétracté latéral (modèle 4), profil en éperon, expansion affective, respiratoire, taillé pour la course et la chasse, il est émetteur, va vers..., c'est un conquérant, un être d'action et de mouvement.

• **Le type Jupiter** (modèle 6) est un dilaté au cadre puissant, au modelé épais et rond, un peu atone dans la partie mandibulaire, avec une expansion cérébrale. C'est la personne qui "a réussi" autant par son intelligence que par son savoir–faire, qui est entourée et qui aime paraître, d'apparence opulente.

• **Le type Saturne** (modèle 7) est le grand rétracté au cadre étroit, comme atrophié, au modelé creux, la peau sur les os et les récepteurs fins, petits, encavés dans la face, comme au fond des grottes. Son caractère très introverti, froid et sec l'entraîne à se défendre en permanence d'un milieu perçu comme dangereux. C'est le grand vieillard qui survit par sa vigilance permanente, son attention à tous les détails qui pourraient se révéler des dangers en puissance.

• **Le type Soleil** (modèle 8) est une illustration de la loi d'harmonie, un être humain qui réussit l'équilibre entre les forces de dilatation et de rétraction, de dynamisme (rétraction latérale) et de contrôle (rétraction frontale), avec un cadre, un modelé et des récepteurs allégés d'une chair trop "Terre", mais sans ascétisme, disons plutôt qu'ils reflètent une intégration harmonieuse des différents stades psychologiques. L'expansion est cérébrale (sur un bon équilibre des trois étages) avec un front finement sculpté, et une grande zone ronde dans le haut du front, ce qui est toujours corrélatif d'une recherche spirituelle, d'un besoin de transcendance.

Ces différents types peuvent aussi s'allier en des mélanges subtils, comme par exemple : Terre – Mars, ou Jupiter – Vénus – Lune. Il y a une correspondance certaine entre les énergies attribuées aux planètes, et les éléments psychologiques que l'on retrouve dans la morphopsychologie. Le type terre n'existe pas en astrologie. On va le chercher dans les éléments. Le feu va être donné par la rétraction latérale et la tonicité, l'air par la finesse et l'allégement des traits (la rétraction et la tendance réagissante), et l'eau par les éléments d'atonie.

L'étude des types planétaires peut permettre à l'étudiant en morphopsychologie, une vision globale de la personnalité, quand il a du mal à synthétiser les éléments morphopsychologiques après en avoir fait l'analyse. Mais elle peut aussi l'induire en erreur, car elle manque de rigueur. C'est plutôt du "feeling" qu'une étude systématique de la personnalité. **C. B.**

---

(1) Cela ne nous paraît pas évident du tout pour deux raisons : 1) les transsaturniennes sont des planètes — et donnent des types — parfaitement spécifiques et originales, et méritent d'être illustrées, elles aussi, par des types humains correspondants (l'Uranien, par exemple, est très reconnaissable); 2) dans les Maisons I et V qui expriment l'être, et lorsqu'elles sont valorisées aux axes du thème, elles deviennent facteurs d'expression très personnels. (note d'E.T.)

1

2

3

4

5

6

modèle 1 : Jean-Baptiste Doumeng

modèle 2 : Jacques Villeret

modèle 3 : David Bowie

modèle 4 : Gina Lollobrigida

modèle 5 : Boris Becker

modèle 6 : Karl Otto Pöhl

modèle 7 : Louis de Funès

modèle 8 : Meryl Streep

7

8

La graphologie planétaire

Les astres "écrivent" et "signent" la personnalité de l'être sur sa carte du ciel ou thème astral. Mais l'écriture de l'individu en question marqué par les signes et par les astres, en tant qu'émanation de sa personnalité profonde, révèle aussi les rouages de sa psychologie profonde. L'astrologie et la graphologie ont ainsi beaucoup de choses en commun : la découverte de la personnalité, justement.

La graphologie planétaire est une méthode symbolique d'appréhension de l'écriture en fonction des planètes situées dans les Quartes hippocratiques : eau, air, feu et terre, en relation avec les tempéraments : lymphatique, sanguin, bilieux et nerveux, selon le schéma suivant. Il est bien entendu qu'une écriture peut être en même temps Mercure – Soleil – Uranus ou Lune – Pluton, par exemple. Il est rare qu'elle relève d'une seule typologie.

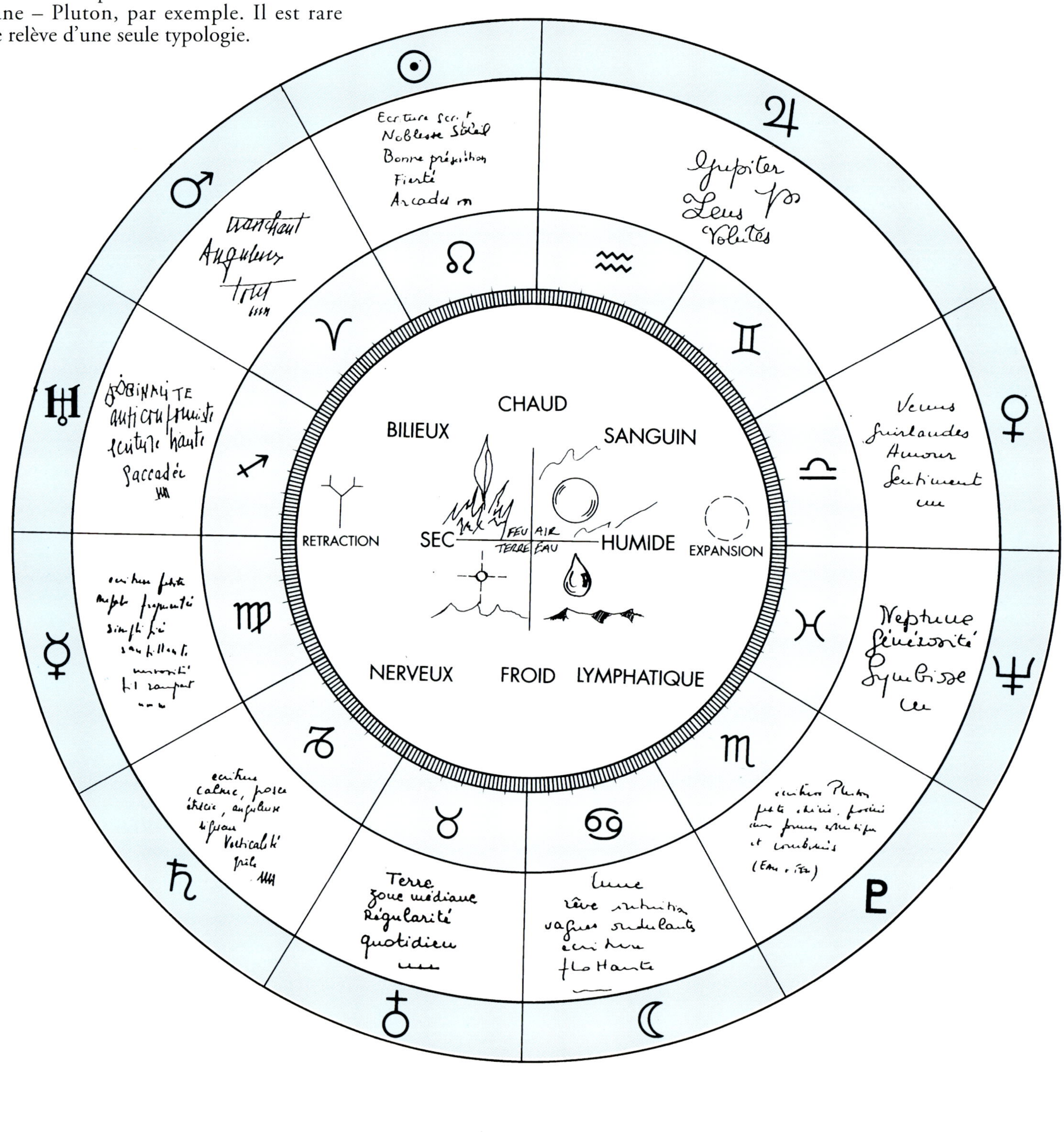

EXEMPLES D'ÉCRITURE SOLEIL

- Ecriture montante au trait ferme, aux majuscules amples, homogène.
  Autorité, ambition.
- Ecriture grande, anguleuse, envahissant la page.
  Autoritarisme, despotisme.
- Ecriture sobre, simple, calligraphique.
  Clarté, objectivité, honnêteté.
- Graphisme petit, régulier de direction, d'inclinaison et de formes, entouré de blancs.
  Sélectivité, introversion.
- Ecriture grande, basse (peu de hampes et de jambages), aux formes arrondies et dessinées.
  Recherche de la forme, narcissisme, vanité.

EXEMPLES D'ÉCRITURES TERRE

- Ecriture posée, au trait épais, à la zone médiane importante, régulière de direction, de formes, de dimension.
  Régularité, calme, organisation, sens pratique.
- Ecriture ronde, lente, lourde sur la ligne, au trait pâteux et au niveau médiocre.
  Matérialisme, lourdeur, grossièreté.
- Ecriture liée, aux jambages gonflés, à la pression épaisse ou fuselée.
  Sens de la continuité dans l'effort, sensualité.

EXEMPLES D'ÉCRITURES LUNE

- Ecriture au trait léger, coulante sur la ligne, régulière de direction, de dimension et de formes.
  Sens maternel, sensibilité, créativité.
- Ecriture lâchée, floue, inégale.
  Impressionnabilité, vulnérabilité.
- Ecriture inégale, à l'ordonnance négligée.
  Fantaisie, instabilité.
- Ecriture lente, arrondie, au trait appuyé.
  Tempérament lymphatique, sédentarité.
- Ecriture prolongée en haut et en bas.
  Imaginaire important.
- Ecriture trouée (trop de blancs).
  Envahissement de l'inconscient.

EXEMPLES D'ÉCRITURES PLUTON

- Ecriture petite, noire, pochée (les e, a, o, remplis d'encre) et rétrécie ("anal sale").
  Forte énergie intériorisée pouvant donner angoisse ou créativité, calme apparent.
- Ecriture petite, rétrécie, pochée, mais régulière et plus aérée que la précédente + bonne présentation ("anal propre")
  Fortes pulsions + contrôle = anxiété + créativité, calme apparent.
- Ecriture grande, anguleuse, pochée mais aux barres de t lancées + décharges spasmodiques ("sado anal").
  Agressivité s'extériorisant par à coups.
- Ecriture coulante (eau), noire, pochée mais aux formes esthétiques et combinées.
  Perspicacité, flair, dépassement de l'angoisse dans la créativité.

EXEMPLES D'ÉCRITURES NEPTUNE

- Ecriture aux larges volutes et aux formes régulières + trait léger.
  Désir de syntonie avec le milieu ambiant, sens du groupe.
- Ecriture ronde, molle, floue, aux formes confuses et lâchées.
  Impressionnabilité, mollesse, diversité des impressions.
- Hampes hautes, jambages importants, et trop de blancs (Ecriture "trouée").
  Imaginaire trop fort, importance de l'inconscient.

EXEMPLES D'ÉCRITURES VÉNUS

- Courbes esthétiques + volutes + inclinaison à droite.
  Sens esthétique, sens des proportions, désir de sociabilité.
- Guirlande (m et n faits comme des u) + trait chaud + ovales bien développées.
  Souplesse, générosité.
- Ecriture étalée + trait pâteux + fioritures.
  Vie instinctive prépondérante + séduction.

EXEMPLES D'ÉCRITURES JUPITER

- Graphisme grand aux courbes majestueuses et majuscules importantes + lignes montantes.
  Ambition, sociabilité, optimiste.
- Ecriture grande à la pression chaude, régulière de direction, de dimension et de formes.
  Bonté, sens de la protection, cordialité.
- Graphisme gonflé, étalé, surélevé + lassos + amplifications + fioritures.
  Exubérance, vanité, séduction.

EXEMPLES D'ÉCRITURES MARS

- Ecriture grande, anguleuse, aux barres de t appuyées et lancées (ressemblent à des épées), jambages importants et en triangle.
  Agressivité, violence, maîtrise difficile.
- Graphisme dynamogénié (propulsé en avant), grand, ferme et résolu, traits centrifuges (vers la droite).
  Dynamisme, courage.

EXEMPLES D'ÉCRITURES D'URANUS

- Graphisme grand, semi-anguleux aux formes originales.
  Personnalité, originalité, indépendance d'esprit.
- Ecriture grande, semi-anguleuse, dépouillée, au trait sec.
  Esprit inventif, anticonventionnel, sens de l'essentiel.
- Ecriture aux formes originales et exagérées; graphisme redressé (vers la gauche), rigide, anguleux, aux mouvements systématiques et mécanisés.
  Rigidité, esprit contestataire et systématique, manque d'adaptation.

EXEMPLES D'ÉCRITURES MERCURE

- Ecriture petite, fine, combinée, à la zone médiane inégale et peu importante, semi-anguleuse, aux antennes percutantes et aux traits acérés
  Cérébralité, finesse, ingéniosité, sens critique, esprit caustique.
- Graphisme petit, sautillant, inégal de direction, de dimension et de formes.
  Changements d'humeur, contradictions intérieures.
- Ecriture filiforme (ressemblant à un fil), au trait pâteux.
  Ruse, mensonge.

EXEMPLES D'ÉCRITURES SATURNE

- Ecriture verticale, étrécie, calligraphique (selon le modèle scolaire), régulière, semi-anguleuse, au trait sec.
  Sens du devoir, esprit conservateur, cérébralité, prudence.
- Graphisme petit, étréci, au trait sec, anguleux et redressé vers la gauche.
  Sécheresse, raideur, refoulement.
- Ecriture descendante, monotone, anguleuse, au trait sec, aux finales suspendues.
  Pessimisme, scrupule, inquiétude, méfiance.

F. C.

Douze portraits - types d'enfants

Potentiellement, chaque enfant est habité par des tendances de base relatives à son signe natal, qui se révéleront surtout à l'âge adulte. Connaître ces tendances peut aider les parents à mieux comprendre qui sont leurs enfants, et à les orienter dans l'existence. Voici douze portraits-types d'enfants natifs des douze signes du Zodiaque.

BÉLIER

Son caractère est pareil à son élément : le feu. Semblable à l'éclosion du printemps, plein d'ardeur, bouillonnant d'énergie, il découvre le monde et, déjà, son impulsivité guide ses premiers pas. Non pas qu'il soit incapable de réfléchir, mais pour lui, penser et agir ne font qu'un. Rebelle à toute autorité, il ne la supporte que gantée de velours, et surtout parfaitement justifiée. Véritable tourbillon, passionné et naïf, il idéalise ses parents. Si sa mère le contrarie, elle devient à ses yeux aussi méchante que Cruella; si elle l'aide à ranger ses jouets, elle se transforme en Mary Poppins. Démonstratif, chaleureux, il aime de tout son cœur. En retour, il ne demande pas grand–chose : simplement que ses parents deviennent ses héros préférés, et partagent sans restriction ses rêves de justice.

Doué d'une sensibilité vindicative, sans cause à défendre, il aurait l'impression de ne pas avoir sa place dans ce monde. Ce n'est pas tant la gloire qui l'attire, que d'être le premier, et il sera également le premier grâce à son intuition à démêler les situations inextriquables. Vous l'avez compris, il aime les débuts, les hauts faits et il laisse, comme les vrais chefs, le soin et l'intendance à son entourage. Brutal dans ses jeux, s'il se blesse, c'est souvent à la tête, mais ses bobos sont bien vite oubliés. En grandissant, ses parents lui apprendront à finir ce qu'il entreprend, et à tenir compte de la réalité. Enfin, raisonnable? certainement pas! Simple stratégie pour arriver en tete du peloton.

TAUREAU

C'est avec tous ses sens qu'il aborde la vie : sa planète est Vénus! Elle lui transmet son goût pour la beauté, et celui des plaisirs concrets. Pour les goûter, il aime prendre son temps, et c'est avec volupté qu'il savoure la vie, les deux pieds sur terre, son élément. Très tôt, il se pose des questions sur le pourquoi des choses : Comment poussent les fleurs? Comment naissent les enfants?, etc. Il a besoin de vraies réponses sur les mystères de la vie. Ce goût pour élaborer des constructions universelles est le propre de ses pères : Freud ou Marx vous le confirmeront. Il est sensuel, mais il aime le chant, les gâteaux, les tissus soyeux... Il apprend très vite que seuls la persévérance et le travail permettront d'accéder aux bonnes choses que le monde offre. Rassuré par les valeurs matérielles, l'affection solide et stable, il porte à ses parents une tendresse charnelle et robuste. Il n'apprécie ni les changements d'humeurs, ni les regards portés sur d'autres que lui. Sa jalousie est couleur corrida; lorsqu'elle le ronge, il boude, et s'enferme dans des ruminations sans fin. Pour lui, l'amour est le fruit d'un très lent processus. À l'école, il a besoin que le maître tienne compte de son rythme : il est lent, et il a besoin de temps pour assimiler et comprendre (1). Il compense son manque de rapidité par une grande capacité de travail, une mémoire éléphantesque, une persévérance que beaucoup lui envient. S'il pense que l'activité physique peut lui être utile, en bon petit Taureau, il creusera son sillon jusqu'à la première place. Mais, en vrai vénusien, il aime se prélasser, savourer le temps qui passe, humer une fleur, fredonner un air. Après l'école, ce sont les marches dans la campagne qui le régénéreront, mais il peut éventuellement prendre plaisir à la gymnastique sur fond sonore de danse qui fait appel à son sens du beau et de la musique.

GÉMEAUX

À l'heure de sa naissance, le printemps était déjà bien avancé. Dans le ciel, Castor et Pollux se tenaient par la main. Castor l'artiste tenait la lyre, Apollon agitait la masse d'Hercule. Il est un signe double : en lui, on trouve l'harmonie et la force, l'esprit et la matière. Autant de facettes qui lui donnent une personnalité spirituelle et angoissée, épidermique et cynique. Comme Mercure, sa planète, il est mutin et précoce. Comme lui, il a des ailes aux pieds. Léger comme un souffle, il vole et virevolte comme l'air, son élément. Touche–à–tout, drôle, futé, curieux, il a besoin de centres d'intérêts divers et multiples.Tout l'intéresse. Il passe d'un sujet à un autre, et il comprend si vite, alors n'est–ce pas, pourquoi approfondir ? Il n'arrive pas toujours à fixer son attention sur un sujet à la fois, mais cela ne l'empêchera pas de parler de tout avec justesse et brio, suffisamment en tout cas pour décontenancer ses interlocuteurs.

À l'école, pas de discipline trop rigide. Il apprend sans effort, mais s'il comprend vite, il a aussi du mal à se concentrer. Il lui faut des limites qui ne soient pas pesantes. C'est en bouquinant qu'il accumule des connaissances et qu'il peut devenir le crack de la classe. Avec lui, vous ne vous ennuierez pas! Sous vos yeux, il parlera de tout et vous verrez qu'au fond, rien n'est vraiment sérieux. Pour calmer ses nerfs, emmenez–le en balade à la campagne. Il y apprendra que sa volubilité ne change pas le cours des saisons. Les sports l'ennuient

(1) Sauf s'il a Mercure en Bélier ou en Gémeaux!

L'enfant Bélier, plein d'ardeur et d'énergie, est un fonceur...

L'enfant Lion s'épanouit au soleil, dans la chaleur de l'été...

L'enfant Vierge est intelligent, appliqué, minutieux...

L'enfant Cancer, tourné vers le assé, a du mal à abandonner ses eluches...

L'enfant Taureau, paisible et stable, savoure le temps qui passe...

L'enfant Gémeaux est léger comme un souffle d'air...

beaucoup, mais il peut se montrer performant dans les jeux où la rapidité est essentielle : ping–pong, tennis et, bien sûr, tous les jeux qui requièrent astuce et intelligence. Ses points sensibles : mains, bras, épaules, son système nerveux et respiratoire.

CANCER

La Lune, sa planète, tantôt croissant d'argent, tantôt citrouille blanche, le rend changeant, et colore ses émotions comme ses rêves. Son imagination est débordante. Il parle aux étoiles. Ses parents doivent comprendre que son langage ne se traduit ni avec des mots, ni avec des codes, mais au travers de symboles et d'images. Le monde lui fait peur. Il se réfugie sous sa carapace. Il vit au passé. L'avenir l'effraie : tout paraît si difficile! Heureusement, ses parents sont là qui le tiennent par la main, l'aidant à marcher vers le monde du réel. Il n'oubliera d'ailleurs jamais le pouvoir des caresses maternelles et, en grandissant, il gardera la nostalgie de son sein. Ne croyez pas qu'il soit mou, paresseux et passif. Il sait aussi se servir de ses petites pinces. Avec de gentils parents, attentifs et aimants, il développera une ténacité à toute épreuve, une force d'inertie que tous les autres signes lui envieront, sans compter que sous ses airs de bébé, il cache une ambition secrète.

L'école va l'aider à lâcher ses peluches, lui apprendre à affronter les autres, tout en lui procurant les outils nécessaires à la réalisation de ses rêves. Tout dépendra, bien sûr, de son maître, qui a intérêt à l'aimer, à tenir compte de son hypersensibilité, tout autant que de son intelligence intuitive, de son imagination. Les jeux créatifs auront sa préférence. Si son maître est rigide et dogmatique, il dormira sur son banc et rêvassera en jouant avec les mouches. Si ses parents veulent qu'il fasse du sport, qu'ils pensent à la natation pour qu'il joue au poisson, l'eau étant son élément, à la boxe, pour qu'il apprenne à se défendre, aux arts martiaux, et bien sûr à la danse.

LION

C'est au cours de l'été qu'il vient au monde, dans la chaleur d'une nature triomphante. Son signe est gouverné par le Soleil, représenté par Apollon qui sillonne le ciel sur son char en brandissant des flèches de lumière semblables aux rayons solaires. Bon sang ne saurait mentir : en grandissant, il sera l'égal de son ancêtre céleste, courageux et orgueilleux, redoutable et généreux, dynamique et égocentrique. En fait, il faut qu'il soit toujours le numéro 1. Il ne veut pas rester un bébé, et veut grandir très vite. Il aime qu'on le traite en grande personne. Idéaliste, comme tous les signes de feu, il croit aux mythes et aux princesses. Il a besoin de s'accomplir, et saura se battre pour atteindre ses objectifs. Il a le sens de l'honneur. Il est comme ces chevaliers sans peur et sans reproche, détestant le mensonge, la mesquinerie, la malhonnêteté. La franchise est sa devise, et le courage sa vertu. Alors, ne mentez jamais, car il a assez de force pour tout entendre. Comme le Lion règne sur les animaux, il règne sur sa famille. Il sera pour elle l'enfant cadeau, courtois, loyal, généreux. Il a besoin d'aimer, d'être aimé, et un monde sans amour le terrifie. Dans les activités porteuses de créativité, il magnifie et dramatise les sentiments jaloux. Il ne supporte aucun rival. Quant à ses parents, il se battrait en duel pour les défendre, les protéger.

À l'école, il a bien sûr besoin d'un maître à la hauteur de ses ambitions. Il veut réussir, et il y parviendra. Il participera volontiers à la classe et, le mercredi, il organisera des sorties ou des pièces de théâtre. Il aime avoir des responsabilités. Il a besoin d'être utile et reconnu. Il a une passion pour le sport et les grands champions lui en imposent. Le sport d'équipe lui permettra de développer ses dons d'organisateur, et il conduira ses coéquipiers à la victoire. Le contact avec les autres lui apprendra à s'adapter à des gens différents de lui.

VIERGE

Le jour de sa naissance, dans les campagnes, le temps est venu de faire les moissons, de récolter les fruits du printemps et de l'été. Son élément terre la pousse à engranger des richesses : des billes, des poupées, des livres merveilleux. En fourmi intelligente, industrieuse et sans illusion, elle sait que l'hiver existe, et elle est prête à affronter les intempéries. Mercure, sa planète, symbolise l'esprit. Elle la rend intelligente, agile et curieuse. Ces dons, elle les utilisera en perfectionniste. Elle analyse et elle trie. Elle apprend vite à ranger chaque chose, car l'imprévu et le désordre l'angoissent. Méticuleuse, elle aimera que ses parents développent en elle le sens de l'humour, car cela lui ferait le plus grand bien. Réservée, sensible, écorchée vive, elle a du mal à exprimer les émotions qu'elle enfouit au plus profond d'elle–même. Son amour pour ses parents, elle le manifeste par des services rendus et par mille attentions. Elle n'oublie jamais un anniversaire, ni les lettres à écrire à ses grands–parents.

Il lui faut de l'attention, de la tendresse, et des caresses dès qu'elle a peur. Rassurée, elle se laissera aller à la confiance, et ronronnera paisiblement.

À l'école, elle travaillera bien. N'oubliez pas que c'est un des signes les plus intelligents. Ses cahiers sont tenus impeccablement, aussi rigoureusement que des feuilles de route pour opérations militaires. Elle aimera beaucoup avoir un maître qui lui apprendra la géographie à travers les voyages de Marco Polo ou de Paul–Émile Victor. Cela l'aidera à se développer, et surtout à débloquer son imagination. Elle a aussi besoin d'encouragements et de félicitations qui la stimulent : une parole gentille lui donne confiance en elle. Elle ne court pas après le sport, qui n'est certes pas sa folle passion. Par contre, étant signe de terre, elle aime courir dans la campagne, faire du vélo. Pour elle, qui est tendre et angoissée, faire du yoga, de la relaxation, et même de la danse l'aidera à se détendre, à découvrir son corps, la rendra peut-être même un peu paresseuse, et c'est tant mieux.

BALANCE

Ses yeux se sont ouverts dans la douce lumière de l'automne. Il ne faisait pas très chaud ni trop froid non plus. Jour et nuit étaient en équilibre. En tout, régnaient la mesure et l'harmonie. Voilà le pourquoi de son goût pour ce qui est beau, de son sens du juste équilibre. Vénus lui a donné le goût des belles choses, le besoin d'être aimée, une sociabilité quasi légendaire. Saturne la suit de son regard grave et rigide, lui apprenant à ne pas se laisser aller. Il n'est pas facile de maintenir l'équilibre entre les deux plateaux de la balance, quand dans l'un se trouve le charme, la joie, la beauté et, dans l'autre, la morale, l'ascétisme, l'abstinence. L'air, symbole de la vie mentale, est son élément. Elle est un être civilisé, condamné à privilégier la logique et la réflexion. Parfois, entre diverses influences, elle hésitera longuement sur le chemin à prendre. Sa vie affective est très importante, et elle a un besoin vital de l'amour de ses parents. Elle est tendre, attentionnée, fondant toute relation sur le respect des concessions et la tendresse. La moindre violence la bouleverse. Le moindre conflit la désarçonne.

À l'école, elle s'entendra parfaitement bien avec un maître équitable et juste. C'est par le biais des tableaux et des monuments qu'elle apprendra l'histoire. Les récits de voyage l'initieront à la géographie. Malgré une certaine réticence à l'effort, elle ramassera tous les lauriers. Après l'école, elle aimera faire de la bicyclette dans la campagne, jardiner dans un petit jardinet chatoyant de mille fleurs. Elle aimera beaucoup la musique, le chant et, bien sûr, la danse qui peut devenir son passe-temps favori.

SCORPION

À la fin de l'automne, les feuilles détrempées se mêlent à la pluie. La nuit prend le pas sur le jour. Le Scorpion ouvre ses yeux au moment où la vie s'endort. Mars et Pluton sont ses planètes. Elles signent les lutteurs et les justiciers. Pluton symbolise le monde souterrain, le royaume des choses cachées. Avec un tel mentor comme maître, dès les premières tétées il sait si on lui offre du lait maternel ou du lait en boîte. Perspicace et psychologue dès l'enfance, il reconnaît les menteurs et les hypocrites. Il possède le don rare de deviner les sentiments les plus profonds. Mais, le dieu de la guerre s'est aussi penché sur son berceau. Il symbolise l'énergie, le courage et l'agressivité qui lui permettront de se mesurer aux forces obscures qui sont en lui. Avec ce terrible duo, comme camarades de jeux, ne comptez pas sur lui pour prendre du plaisir à la tapisserie ou aux jeux de patience. Ses parents peuvent bien garder pour eux leurs conseils, car il se sent assez grand pour expérimenter seul ce qui est à sa portée. Sa soif de vérité ne peut s'étancher avec un bol d'eau de rose. C'est en se mesurant aux autres qu'il découvre qui il est, et il est toujours prêt à se colleter à de plus grands que lui. C'est à cela que l'on reconnaît un Scorpion bon teint. Son amour pour ses parents est inconditionnel. Il les aime avec passion. Si le moindre souffle tiède souffle sur ses sentiments ardents, il se sent trahi et n'a plus en lui que désir de vengeance. Il compte sur des parents qui le respectent, lui disent la vérité, font appel à son intelligence.

À l'école, pour affronter son regard, le maître a intérêt à lui en imposer par sa présence. Il aime qu'il sache vraiment de quoi il parle, car il sait que les guerres ne sont pas affaire de courage, mais de mort. Après l'école, un petit combat lui ferait du bien, et il adore, pour se détendre, se rouler dans la boue. Il est fait pour les arts martiaux qui disciplinent son énergie.

SAGITTAIRE

L'automne s'achève. La nature se dénude. Ni branchage, ni feuillage n'obstrue le regard. Et lui, petit centaure, il ouvre ses yeux, prêt à conquérir ces espaces infinis. Il ne vient pas au monde les mains vides. Il est occupé à tendre un arc. Armé de ses flèches, il vise les étoiles, car c'est au plus haut que s'élèvent ses ambitions. Grand comme le petit Poucet, il part au triple galop dans toutes les directions. Il se peut que, tremblant d'émotion, ses flèches passent un peu à côté de la cible, mais peu importe, car rien n'altère la noblesse de ses idéaux. Jupiter lui insuffle ordre et sagesse. Le feu, son élément, lui donne courage et fougue, mais aussi naïveté. Son papa et sa maman, il les aime très fort, mais ce n'est pas assez pour un petit Sagittaire. Sa maman devient à ses yeux une princesse de légende, et son papa le roi de l'Univers. Démonstratif à l'extrême, ceux qu'il aime, il les couvre de câlins. Sincère, il l'est chaque fois, malgré les promesses qu'il distribue à foison. Il voit loin, mais toujours avec précision. Le discernement n'est pas toujours son fort. Le romantisme à fleur de peau, il vibre et idéalise. Il peut répéter avec constance ses erreurs de jugement. Son naturel le porte à la confiance, son optimisme au beau fixe. Il voit la vie en rose. Ses rêves d'unité sont bien peu raisonnables, et il a besoin que ses parents le ramènent à la réalité, et l'aident à faire preuve de discernement, à viser dans le mille.

Il ne piaffe pas pour aller à l'école, car c'est un lieu de rencontres, d'échanges. Si l'on veut que son intérêt soit soutenu, que les cours soient vivants, il faut lui permettre de s'exprimer, de discuter, de bouger. Il aime que ses devoirs soient récompensés. En langues étrangères, il raffle tous les lauriers. Le sport lui est indispensable, car il a besoin d'air

L'enfant Verseau, sensible à la beauté de la vie, est un mélomane...

L'enfant Scorpion est fait pour les arts martiaux qui disciplinent son énergie...

L'enfant Sagittaire aime les animaux. Il a besoin d'air et de mouvement...

et de mouvement. A lui les scouts, les sacs à dos, les randonnées, et bien sûr l'équitation...

CAPRICORNE

L'hiver s'installe. La terre est au repos, mais sous la terre gelée, les graines se préparent à germer. C'est en cette saison empreinte de silence qu'il pose son regard sur le monde. Son père mythologique s'appelle Saturne, le mangeur d'enfants, et il ne passe pas spécialement pour un fan de la jeunesse. Il symbolise le surmoi, le parent qui corrige, châtie et inflige le réel à coup de leçons de morale. Il lui apprendra à aller vers l'essentiel, lui déclarant surtout : "Prends ton temps, et n'oublie jamais que les grandes œuvres se façonnent avec obstination et travail." Pour l'instant, il colorie son album jusqu'à la dernière page, avec un soin minutieux. Soucieux de se taire pour mieux observer, il avance d'un pas mesuré sur sa route. Il évalue les difficultés. Patience! Il les surmontera. Déjà il se prépare, il s'initie à la vie, il observe, il réfléchit. Il veut un jour réaliser ce qu'il a dans la tête, et gouverner le monde. Il est viscéralement convaincu que le mal existe. Pour justifier son pessimisme, il aura besoin de s'imposer sa cargaison de grisaille, et il se précipitera pour garder les jumeaux de sa voisine, ou le chien le plus teigneux de l'immeuble, satisfait de se sentir coupable de ne jamais pouvoir se fier aux autres. Ses parents devront lui apprendre le jeu social qui lui permettra de quadriller solidement le réel, et de s'affirmer pour dominer en douce les copains. Ils devront, pour le rendre plus spontané, plus léger, le traiter comme un enfant, et non comme un adulte. Des mouvements de son cœur, il ne laisse rien paraître. L'amour de ses parents fera du cabri têtu une chèvre sautillante.

À l'école, il a besoin que l'on respecte son rythme de travail, lenteur et calme. Son ambition et sa ténacité le prédisposent à la réussite. Pour retrouver ses racines, il a besoin de longues marches en forêt, d'escalades, de montagne, de silence, et d'air pur.

L'enfant Capricorne dessine et colorie toujours avec un soin minutieux...

L'enfant Poissons s'épanouit dans l'eau, son élément...

L'enfant Balance, signe d'équilibre et d'harmonie, peut faire de la danse son passe-temps favori...

VERSEAU

Enveloppée dans la quiétude de l'hiver, la nature semble paisible, mais les eaux dormantes ne le seront pas longtemps, car lui, l'enfant Verseau, vient à la vie, prêt à révolutionner le courant de l'histoire. Son signe est bien complexe. Dans le ciel, deux planètes s'époumonnent au–dessus de son berceau : Uranus, qui symbolise le bouleversement, l'indépendance, l'imprévu, le progrès, et Saturne qui, lui, symbolise structure et convention, et se donne bien du mal pour mettre de l'ordre. Son signe est un signe idéaliste. Il cherchera à rendre les autres plus libres. Il se battra contre les superstitions et les dogmes. Pour faire jaillir la vérité, il n'hésitera pas à piétiner tabous et lois. Sous ses airs d'angelot raffiné, il cache un tempérament anxieux. Sensible à la beauté des choses de la vie, il vit avec son âme. Son esprit et ses pensées l'emportent sur les concepts matériels. Pour lui, le futur prévaut sur le passé et le présent. Il croit à un monde de liberté, d'égalité et de fraternité. Manger, dormir, se laver, s'habiller n'est pas son pain quotidien. Dans la réalité, il est maladroit et, pour plaire, en grandissant, il fera preuve de beaucoup d'excentricité. Comme chez tous les signes d'air, la vie mentale est importante pour lui. Son intelligence est intuitive, originale, créative et visionnaire. Curieux, il fatigue ses parents avec la question : "Pourquoi tous les hommes ne parlent–ils pas la même langue?" Leurs réponses vont l'aider à réfléchir, et à s'adapter à la réalité de la vie quotidienne. Sensible, léger, tendre, bon et gentil, il n'aime pas les manifestations trop pesantes. Les marques d'affection le mettent mal à l'aise, si bien qu'à l'heure de l'amour, il le réinventera, et pour qu'il soit totalement libre, il lui dessinera des ailes.

A l'école, brillant ou totalement absent tour à tour, il cumule les zéros pointés et les prix d'excellence. Seul un maître sensible et moderne lui donnera le goût d'apprendre. Enfant délicat, il se fatigue facilement, aussi déteste–t–il les sports violents. Pour calmer son anxiété, il lui faut des marches à la campagne, de la gymnastique.

POISSONS

Sous les brumes de la fin de l'hiver, la nature prépare silencieusement le renouveau des saisons. Au moment où la terre et l'eau se confondent, lui, l'enfant Poissons, se faufile vers les lumières de la vie. La planète Neptune gouverne son signe. Dieu des mers, il dirige son empire avec un calme serein, sans ignorer pour autant ce qui se passe à la surface des ondes. Elle le rend intuitif, créatif, cahotique et réceptif. Comme son élément, l'eau, il ne laisse paraître que ses reflets, il devient caméléon, il s'identifie aux autres au point qu'il ne sait parfois plus qui il est. C'est compliqué de vivre sur terre. Sa réalité n'est pas la vôtre, car elle puise ses sources dans le rêve et l'imaginaire. Son intuition l'aidera à baliser son parcours. Sa grande force sera de percevoir les motivations profondes et les secrets des autres. Brouillon et génial, il a besoin que ses parents lui apprennent le langage des terriens. Une parole bienveillante et sensée éclaire son esprit confus, et la tendresse des autres lui permet de frétiller, délivré de ses invisibles filets.

A l'école, à la moindre feuille qui vole, son esprit s'évade. Il lui faudra un maître dynamique qui l'envoûtera par ce qu'il lui apprendra. Il faudra aussi qu'il l'aide à analyser ce qu'il ressent. Il se moque bien d'être le premier. S'il le veut, il sera génial et, grâce à son intuition, il répondra avant même que l'on ne lui pose une question. Pour le contraindre à poser les pieds sur terre, il lui faudra des sports de réflexe : ping–pong, tennis, par exemple, et la danse, bien sûr, mais aussi la natation, cela va sans dire. **D. de C.**

2 - L'ASTROLOGIE, PHÉNOMÈNE DE SOCIÉTÉ

Vocation et orientation professionnelle

Une orientation réussie sert aussi bien l'individu que la société. L'apport de l'astrologie est ici précieux, car il permet de déterminer la ou les orientations les plus souhaitables pour chacun, les forces et les faiblesses en présence. Mais c'est un diagnostic délicat, qui s'établit sur un grand nombre de données et demande beaucoup d'attention.

Aujourd'hui, reflet de son extraordinaire essor populaire en cette fin de XXe siècle, l'astrologie fait quasiment partie de notre vie quotidienne. À ce titre, elle est un phénomène de société. Nous nous devions donc de faire le point sur le rôle qu'elle exerce — ou qu'elle peut exercer — dans l'entreprise, dans les médias, la mode et dans bien d'autres secteurs de la société actuelle.

SPÉCIALISATION OU ÉCLECTISME ?

La façon dont les planètes sont réparties autour du thème astral donne une première indication : si elles sont regroupées dans une zone de moins de 180 degrés, la personne va éprouver spontanément le besoin de choisir une voie; ses motivations seront nettes. Et plus l'angle dans lequel sont contenues les planètes s'étrécit (jusqu'à moins de 90 degrés), plus la personne est apte à la spécialisation. En revanche, lorsque les planètes se répartissent très régulièrement autour du thème sans laisser de zone vide, la personne a des capacités très variées; elle peut donc faire des choses différentes ou s'épanouir dans un métier à facettes, mais il lui est plus difficile de faire un choix.

INTROVERTI OU EXTRAVERTI ?

Cette détermination est importante dans l'analyse générale, car il est évident qu'un introverti (Saturne ou Pluton parmi les planètes dominantes, majorité de planètes dans la zone est du thème) (1) ne se sentira pas attiré par le même genre de profession qu'un type extraverti (Jupiter parmi les dominantes, majorité de planètes dans la zone ouest du thème) (2). Le premier aura besoin d'indépendance; le second aura davantage besoin de travailler en équipe.

ÉLÉMENTS ET MOTIVATIONS

La détermination de l'élément dominant du thème donne en général une idée précise de la motivation principale de l'individu. Par exemple : si l'élément qui domine est le feu (signes du Bélier, Lion et Sagittaire), le mot-clé est : entreprendre. L'être signé par le feu a besoin d'agir, de commencer, de créer. Si l'élément qui domine est la terre (signes du Taureau, Vierge et Capricorne), le mot-clé est : réaliser. Cet être a besoin d'une continuité dans l'action et dans l'effort aboutissant à une construction réelle. Si l'élément qui domine est l'air (signes des Gémeaux, Balance et Verseau), le mot-clé est : échanger. La personne a besoin de communiquer, de donner et de recevoir des informations. Si l'élément qui domine est l'eau (Cancer, Scorpion, Poissons), le mot-clé est : ressentir. L'être signé par l'eau a besoin de comprendre, d'imaginer, de se sentir concerné par une ambiance.

Peu d'individus, au demeurant, sont dominés par un seul élément; ce qui peut aboutir à un déséquilibre. Il convient donc de faire une synthèse des indices; par exemple : air + feu = un actif qui communique, eau + terre = un être qui a besoin de concrétiser ce qu'il sent, feu + terre = un réalisateur enthousiaste et pragmatique, etc.

LES VOCATIONS DES SIGNES

Chaque signe du Zodiaque, en fonction de ses caractéristiques, est attiré par certains types de métiers, variables sur le plan quantitatif, en fonction, bien sûr, du niveau intellectuel de la personne... et souvent aussi de l'environnement culturel, favorable ou non à son expansion.

BÉLIER : c'est l'être des commencements. Il aime entraîner, guider, mais vit dans le présent. La prospection à long terme l'ennuie. Il a besoin de résultats immédiats. Le risque et la lutte l'attirent, la dépense physique aussi.

Possibilités : l'industrie métallurgique ou sidérurgique (Mars : le fer); boucher, charcutier, pompier; sportif, moniteur de sports, pilote d'engins, cascadeur; militaire; policier; avocat.

(1) sauf avec une planète d'extraversion (Vénus, Mars, ou Jupiter...) sur l'Ascendant. (Note de E. T.)

(2) sauf avec une planète d'introversion (Saturne, Pluton) sur le Descendant. (Note de E.T.)

TAUREAU : il a besoin de sentir, de palper ce qu'il fait, d'être en contact avec la réalité, ou avec la nature. C'est un constructeur sensoriel.
Possibilités : agriculteur, horticulteur, jardinier, paysagiste, agronome, éleveur; entrepreneur, maçon, architecte, peintre, sculpteur; tous les métiers de la finance (Taureau, deuxième signe du Zodiaque en analogie avec la Maison II) : employé de banque, gestionnaire ou expert en placements. N'oublions pas la musique (c'est un vénusien), surtout chanteur, et les métiers en liaison avec la restauration : cuisinier.
GÉMEAUX : il a besoin de bouger, de s'exprimer dans une multiplicité de contacts, intellectuels ou commerciaux. La routine et la régularité lui sont insupportables.
Possibilités : journaliste, éditeur, libraire, parolier, rédacteur; agent de toute sorte, représentant de commerce, vendeur; comédien, chansonnier, prestidigitateur.
CANCER : il y en a deux sortes; le vagabond et le sédentaire, le second vivant souvent en rêve ce que réalise le premier. Le goût des traditions, le besoin de sécurité et la sensibilité à l'ambiance de travail sont des motivations dominantes dans le second cas; dans le premier, il s'agit de vivre un rêve.
Possibilités : historien, géologue, conservateur de musée, antiquaire; métiers d'accueil ou liés à l'enfance comme, par exemple, instituteur, pédiatre, puéricultrice, etc.; hôtelier, restaurateur, commerces liés à l'alimentation; métiers de l'administration (pour la sécurité); illustrateur, photographe, écrivain.
LION : il aspire avant tout autre chose à atteindre une réussite sociale indéniable, à se faire une place au soleil, de façon à mériter l'estime ou l'admiration des autres et à pouvoir être fier de lui. Il a le goût du beau dans tous les sens du terme.
Possibilités : tous les métiers qui commencent par chef, depuis chef de bureau à chef d'État ou, pourquoi pas, empereur ou dictateur, comme Napoléon ou Mussolini.; administrateur, ambassadeur, président directeur général, professeur, leader politique, syndical ou religieux; metteur en scène, chef d'orchestre, directeur de galerie d'art, décorateur; tous les commerces de luxe.
VIERGE : elle a besoin d'ordre et de précision, de savoir où elle va, de contrôler son emploi du temps, et surtout, de savoir se sentir utile. En effet, c'est là sa motivation essentielle. Elle se met rarement en vedette, mais sait se rendre indispensable.
Possibilités : médecin, pharmacien, vétérinaire, infirmière, aide–soignante, assistante sociale, éducateur; dessinateur industriel; horloger; serrurier; opticien; informaticien, statisticien, ingénieur; employé de laboratoire, chimiste; comptable, documentaliste, secrétaire, employé administratif, fonctionnaire, archiviste; et les fonctions d'éminence grise.
BALANCE : éprise d'équilibre, de beauté et d'harmonie, elle réussit très bien dans les métiers nécessitant adaptabilité, sociabilité et entregent, mais supporte mal les conflits de pouvoir.
Possibilités : coiffeur, esthéticien, maquilleur, étalagiste, danseur, décorateur, fleuriste, parfumeur, couturier, chanteur, commerces de mode ou d'objets d'art; diplomate, avocat, juge, expert, expert juridique; relations publiques, conseiller conjugal, hôtesse, et les métiers liés à la politique.
SCORPION : sa motivation principale est de satisfaire sa curiosité qui le pousse à s'intéresser à tout ce qui est caché. D'autres orientations sont possibles, en analogie avec la Maison VIII.
Possibilités : psychiatre, psychologue, psychanalyste, médecin légiste, chirurgien, anatomiste, graphologue, astrologue; détective, policier, criminologue; vulcanologue, spéléologue, plongeur; chercheur scientifique; assureur; employé des pompes funèbres et, dans tous les domaines, éminence grise.
SAGITTAIRE : il a un sens aigu de l'association, qu'elle soit idéologique ou guidée par l'intérêt. Il réussit donc à merveille dans les professions qui visent à rassembler, grouper, organiser. Son goût du lointain lui facilite l'accès à tout ce qui est dans le domaine des voyages, du corps ou de l'esprit.
Possibilités : relations publiques, attaché de presse; responsable de mouvements, groupes ou associations; interprète, import–export; explorateur, aviateur, guide touristique; juriste; professeur; financier; ecclésiastique, philosophe.
CAPRICORNE : son principal souci est l'authenticité. Il agit et travaille avec rigueur, patience et honnêteté. C'est un ambitieux qui se cache de l'être, et aime souvent travailler en solitaire.
Possibilités : chercheur, mathématicien, biologiste, archiviste, bibliothécaire, archéologue, astrologue; comptable, expert fiscal, contrôleur de gestion; architecte, entrepreneur, maçon, mineur; paysagiste, spéléologue.
VERSEAU : c'est le progrès qui l'intéresse. Il est donc doué pour tous les métiers permettant une évolution des structures sociales et scientifiques, ou mettant en œuvre ses dons d'inventeur.
Possibilités : ingénieur, pilote, astronaute, chercheur, météorologue, radiologue, électronicien; cinéaste, technicien, inventeur; éducateur, animateur, psychothérapeute; speaker, journaliste ou technicien de l'audiovisuel; constructeur ou réparateur d'appareils électroménagers, technicien d'effets spéciaux.
POISSONS : il a avant tout besoin de se dévouer, ou bien de vivre dans une structure lâche, n'impliquant pas trop de contraintes et lui permettant d'exercer son imagination.
Possibilités : médecin, infirmier, ambulancier, secouriste; aumonier; kinésithérapeute, manucure, podologue, pédicure (ce signe est en analogie avec les pieds); océanographe, marin, astronome; photographe; enfin, par compensation à la confusion typique du signe, beaucoup de natifs choisissent l'Administration publique : sécurité sociale, Trésor public, Caisse d'épargne, etc.

Ces vocations liées au symbolisme des signes peuvent également être utilisées en ce qui concerne la position en signe du Milieu–du–Ciel, qui représente la situation sociale de l'être et ses capacités de réussite. De même, ce symbolisme ne doit pas être réduit au seul signe solaire, mais également à celui qui contient un amas planétaire.

— L'INFLUENCE DES PLANÈTES —

Lorsqu'une planète se trouve conjointe au Milieu–du–Ciel du thème natal, elle indique la vocation et le domaine dans lequel l'être va se réaliser. De même, une planète située dans la Maison VI natale, en analogie avec le travail quotidien, donnera des indications sur l'ambiance présidant à celui–ci, sur les habitudes et sur le travail effectivement accompli, parfois en contradiction, hélas! avec la vocation.

Soleil au Milieu–du–Ciel (MC) : besoin de valorisation et de réussite personnelle. La personne souhaite être en vue, et a toutes les chances de réussir, de briller.

Lune au MC : contacts avec la foule, le public, métiers d'imagination (poète, écrivain : *cf.* statistiques de M. Gauquelin).

Mercure au MC : profession en rapport avec le verbe, l'écriture, la communication, le commerce.

Vénus au MC : travail lié à l'art, au confort, à la beauté, au bien–être ou à la séduction.

Mars au MC : travail concret, besoin d'expérimenter les choses, de défendre une cause; le contraire du théoricien. Rivalités éventuelles servant de tremplin à la réussite.

Jupiter au MC : la personne cherche à exercer son autorité à travers une fonction politique ou religieuse, la puissance financière ou l'impact public de l'acteur (*cf.* Statistiques de M. Gauquelin).

Saturne au MC : rigueur et sérieux sont indispensables à la réussite souvent difficile et tardive. Cette position est souvent nocive aux personnes qui choisissent un métier public (non saturnien), et peut impliquer une chute finale. Dans tous les cas, le poids des influences parentales et le surmoi conditionnent énormément l'exercice d'une activité. L'être se sent souvent obligé d'agir dans une certaine direction (fatalité).

Uranus au MC : besoin d'exercer une profession originale et indépendante, souvent médiatique, et instable, avec des coups du sort possibles.

Neptune au MC : la notion d'idéal est déterminante. Au positif il peut s'agir d'une vocation spirituelle ou humanitaire; au négatif, d'une illusion ou d'un choix douteux, d'une destinée trouble.

Pluton au MC : l'être cherche sa voie dans l'exercice d'un pouvoir plus ou moins légitime (harmonique ou dissonant). Les médias, la politique, les (pseudo?) gourous sont de fréquents exutoires.

La position des planètes conjointes à l'Ascendant est à considérer indirectement puisqu'elle donne des indications sur le tempérament de l'individu, mais il s'agit là davantage d'analyse psychologique, que d'orientation personnelle — encore que les statistiques de M. Gauquelin montrent une corrélation entre type planétaire (reflété par planète ascendante), tempérament et profession.

— PLANÈTES EN MAISON VI —

Soleil : mise en valeur personnelle dans le travail.

Lune : contact direct avec le public.

Mercure : travail varié, lié aux échanges.

Vénus : la séduction personnelle joue dans le travail. La personne aime son métier.

Mars : ambiance de confrontations dans le travail.

Jupiter : ambiance agréable et gratifiante.

Saturne : travail pesant, de longue haleine. Ambiance rigide ou contraignante.

Uranus : ambiance originale sortant des sentiers battus.

Neptune : ambiance floue, travail lié à l'inspiration.

Pluton : beaucoup de remises en question liées au travail.

— IMPORTANCE DE LA DOMINANTE —

D'une façon générale, on peut dire que l'être dont le thème est dominé par des planètes telles que Soleil, Vénus ou Jupiter, va rechercher à travers son travail un certain confort, une réussite extérieure, ou une renaissance sociale. Si Mars domine, il y a besoin de conquête et de confrontation, de compétition. Si Mercure ou Uranus dominent, il va s'agir d'une recherche, de communication particulière ou originale, d'un goût de l'innovation. Enfin, si les planètes dominantes sont Saturne, Neptune ou Pluton, l'être recherchera des moyens d'expression plus subtils (3).

— LE RÔLE DES MAISONS —

Lorsqu'une des Maisons du thème natal contient plusieurs planètes (trois ou quatre, au moins), cela donnera des indications fondamentales puisque c'est dans ce domaine régi par cette Maison que l'être manifestera concrètement la plupart de ses capacités.

Amas planétaire en Maison I : cette position implique soit un métier très indépendant, soit un tempérament très personnel, plus intéressé par lui–même que par son travail.

Amas planétaire en Maison II : orientations financières, sciences économiques, gestion, banques, comptabilité, chef d'entreprise.

Amas planétaire en Maison III : représentation, commerce, transmissions, déplacements, journalisme.

---

(3) ...liés à la recherche scientifique pour Saturne (cf. les statistiques de M. Gauquelin : corrélation Saturne valorisé/savants), à l'action humanitaire ou idéaliste pour Neptune, à une créativité supérieure, associée ou non au goût du pouvoir, avec Pluton. (Note de E. T.)

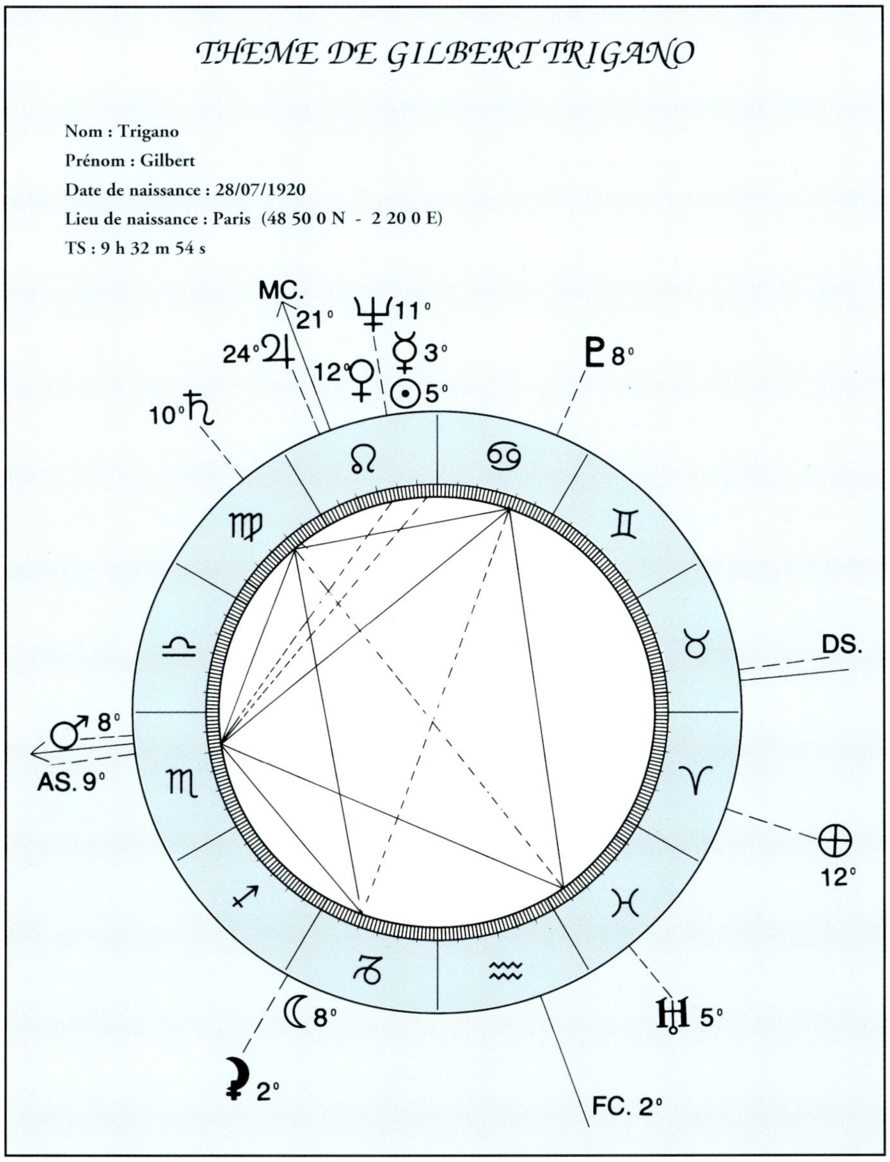

Amas planétaire en Maison IV : toute profession exercée à domicile ou en rapport avec la maison (décoration, architecture, hôtellerie, immobilier).

Amas planétaire en Maison V : métiers en rapport avec ce qui est artistique, créatif ou ludique. L'enseignement et les professions liées aux enfants.

Amas planétaire en Maison VI : orientations liées au service d'autrui : médicales, paramédicales, sociales ou d'accueil; ou simplement primauté de l'activité professionnelle dans l'existence.

Amas planétaire en Maison VII : met en général l'accent sur l'importance de l'autre, ou des autres. Métiers associatifs, liés aux contrats ou au public (politique).

Amas planétaire en Maison VIII : professions en rapport avec la mort, la sexualité et l'au–delà, depuis assureur jusqu'à occultiste ou sexologue, en passant par les activités liées à la transmission des biens (notaire).

Amas planétaire en Maison IX : métiers liés au voyage, tourisme, puis enseignement supérieur, langues, religion, publicité.

Amas planétaire en Maison X : tous les métiers qui visent à l'obtention d'une notoriété. Importance de la carrière, souvent politique.

Amas planétaire en Maison XI : profession liée à l'existence d'une clientèle personnelle, à des groupes ou associations, ou fondée sur l'étude de projets.

Amas planétaire en Maison XII : métiers pratiqués dans les lieux retirés (hôpitaux, prisons), ou liés à un dévouement, voire à un sacrifice; ou encore, fonction d'éminence grise (diplomate), ou activité en retrait de la vie (chercheur, occultiste, religieux).

LES FACTEURS COMPLÉMENTAIRES

L'analyse établie en tenant compte de tous les éléments sus–indiqués doit être complétée par une étude annexe. L'étude de la position et des aspects de Mars, qui donnera des indications sur le mode et les capacités d'action de l'individu. L'étude de la position et des aspects de Mercure, qui donnera les mêmes indications sur le plan du mental. Enfin, il faut signaler l'importance de la Part de Fortune : la Maison où elle se trouve semble être celle où la personne rencontre chance, épanouissement et réussite.

Exemple : la théorie n'étant en rien séparée de la pratique, voici l'exemple d'une orientation professionnelle. Il s'agit d'une personne de sexe masculin, née à Paris le 28 juillet 1920, à 14 heures.

1. Ce n'est ni un spécialiste, ni un touche–à–tout. Les planètes ne sont pas exagérément regroupées, et une large zone du thème (d'Uranus à Pluton) est vide. Il est donc capable d'ouverture sans éparpillement.

2. C'est un extraverti, un être sociable. Jupiter en co–dominante, et il y a davantage de planètes à droite du méridien, dans la zone ouest du thème. Il a besoin de se réaliser par ou pour un public.

3. L'élément qui domine est le feu : besoin d'entreprendre. En second lieu, vient l'eau : sensibilité à l'ambiance professionnelle; il agit beaucoup en fonction de ce qu'il sent. Puis vient la terre (la Lune est en Capricorne), qui témoigne du goût des réalisations concrètes, à long terme, et d'un tempérament farouche.

4. Le signe dominant du thème est le Lion qui contient quatre planètes et le MC : ambition, besoin de conquérir, de jouer un rôle de leader.

5. Jupiter est conjoint au MC : cela confirme les tendances ci–dessus évoquées : besoin de réussite, d'autorité, d'expansion (4).

(4) ...et de réussite financière! (Note de E. T.)

6. Mars est conjoint à l'Ascendant en Scorpion : c'est donc un tempérament énergique, volontaire, et combatif qui aime les défis. Mars et Jupiter, planètes dominantes, indiquent que cet être est porté vers des expérimentations concrètes permettant une mise en valeur, et n'excluant pas les conflits ou les rivalités.

7. La Maison dominante est la Maison IX, qui contient quatre planètes : Soleil, Mercure, Vénus et Neptune. Sphère concernée : les voyages. Seront–ils du corps ou de l'esprit? L'ambiance générale, ambitieuse et réalisatrice, du thème, fait penser davantage à des voyages du corps qu'à des études religieuses ou scientifiques.

8. Nous avons déjà parlé de Mars. Ajoutons qu'il forme de nombreux aspects : grand trigone avec Pluton (action stratégique, grande volonté), et Uranus (originalité, action innovatrice), sextile avec la Lune (action par et pour le public), carrés aux planètes en Lion : le comportement parfois brusque et autoritaire peut engendrer des conflits. Indiquons également que par sa conjonction étroite au Soleil, Mercure, très fort, (intelligence synthétique) peut parfois occulter l'objectivité. La Part de Fortune, enfin, est en Maison V : les enfants, les distractions ou l'art.

Sans connaître son identité, un astrologue aurait orienté ce sujet vers un métier de tourisme ou d'animation, en lui précisant qu'il avait intérêt à créer ses propres structures d'emploi dès que possible, afin de pouvoir manifester son autorité et ses capacités de leader. En fait, il s'agit du thème natal de Gilbert Trigano, fondateur et P.-D.G. du Club Méditerranée. Petite anecdote : il est tentant de faire un rapprochement entre le trident, symbole du Club et la planète conjointe au Soleil, à savoir Neptune. **C. A.**

L'Astrologie et l'économie

On l'a vu, l'astrologie peut favoriser une meilleure orientation professionnelle. Elle peut être également utile à la dynamique de l'entreprise, en soulignant des paramètres qui ne reposent pas toujours sur des facteurs quantitatifs, voire quantifiables, mais qui, bien que d'ordre qualitatif, n'en sont pas moins rationnels et surtout éclairants.

Nombreux furent les savants qui se sont occupés des relations entre l'astrologie et l'économie. De Ptolémée à Copernic, auteur d'un traité sur la monnaie; de Kepler, auteur des célèbres lois mathématiques sur la gestion de la monnaie de l'État, à

Newton qui sut totalement assainir cette dernière. Morin de Villefranche aussi augura de la prospérité et de la richesse du règne de Louis XIV, liées à la présence d'importantes planètes dans la Maison II de son thème natal. D'ailleurs, les connexions entre les indices de la Bourse couramment utilisés et les cycles lunaires ont été mis en évidence à la fin des années 70, par J. Welles Wilder, auteur d'un ouvrage technique intitulé : "New Concepts in Technical Trade Systems". Deux importants systèmes se vérifiaient alors : l'explosion des contrats à terme, et la naissance de l'ordinateur personnel. C'est ainsi que les méthodes de Wilder, nées pour les cotations des biens essentiellement agricoles réglés par les lois naturelles, finirent par être utilisées dans le domaine financier. Le plus connu est le RSI (Relative Strength Index), ou l'indice de tenue relative. Il prend comme référence 14 clôtures avec les prix en hausse, et 14 avec les prix en baisse. Une sorte de balancier qui peut osciller entre 0 et 100 (plus on est proche de 0, plus le marché domine le vendeur, et l'on peut s'attendre à une hausse; plus on est proche de 100, plus le marché est acheteur, et une correction vers le bas est probable). L'adoption des 14 valeurs se réfère aux cycles lunaires, et la moitié du cycle, 14 jours, constitue elle–même une unité temporelle de mesure de temps fondée sur la production agricole (1).

CYCLES COSMIQUES, CYCLES ÉCONOMIQUES

Parmi toutes les théories astrologiques, celle liée aux cycles a toujours eu la faveur des savants. Aujourd'hui, grâce notamment aux supports des éphémérides précises et informatisées, il est possible d'interroger les tendances de milliers d'années en analysant en parallèle les événements historiques les plus significatifs de l'humanité. Celui qui s'intéresse à l'économie sait bien que souvent les guerres de conquête et de religion dissimulent des objectifs de recherche de nouvelles ressources, ou d'expansion pure et simple. Les moyens de dissuasion sont nombreux à chaque époque. La monnaie, le taux de change, le profit, les mécanismes de l'économie ont toujours été essentiels à chaque période de l'Histoire, dans chaque pays. Les rapports entre les cycles de planètes et la marche de l'économie ne sont pas une idée nouvelle, au contraire. L'objection selon laquelle les événements qui ont lieu dans un endroit ne coïncident pas avec ceux ayant lieu ailleurs, attire l'attention sur le plus court des cycles, le cycle lunaire. Si l'on monte le thème de la même nouvelle Lune dans des villes très éloignées, comme New York et Londres, ce qui implique une domification tenant compte des fuseaux horaires, on voit que les mêmes planètes se placent dans des Maisons très différentes. Dans la brève histoire de l'analyse des cycles économico–financiers liés aux planètes, la recherche effectuée en 1875 par un célèbre économiste anglais, Stanley Jevons, mérite une étude particulière. En 1867, après une analyse considérable, Jevons trouva des relations précises entre les taches solaires et les cycles économiques. Rien d'étonnant, donc, si l'on découvre que Sir William Herschel, le premier observateur d'Uranus, note dans ses "Transactions philosophiques" publiées en 1801, un lien entre le prix du blé et la variation périodique de l'activité des taches solaires. En 1934, quelques chercheurs de Harvard furent très étonnés de retrouver une relation précise entre les taches solaires et l'indice de la Bourse. Il faut remonter aux premières années de notre siècle pour retrouver des études qui se sont intéressées aux rapports entre les cycles économiques et les cycles astrologiques. L. Kohn, en 1912, publia une étude liant les aspects de Jupiter, Saturne et Uranus, et les crises commerciales en Angleterre. Le plus connu, Sépharial, examina et publia en 1913 d'autres corrélations. Parmi ceux qui ont étudié ce problème en profondeur, on compte, dans les années trente, le Belge G.L. Brahy, et l'Américain J.M. Langham. Brahy analysa les aspects Jupiter, Saturne, Uranus, Neptune, à travers un siècle de marché américain. Il compte aussi des parallèles de déclinaison, particulièrement entre Mars et Jupiter. Il analysa 128 parallèles et contre–parallèles entre 1900 et 1989, et en nota l'efficacité pendant la période des guerres mondiales. Langham remarqua en 1932 que les sextiles et les trigones entre Jupiter, Saturne, et Uranus coïncident avec les périodes de croissance et de prospérité aux États–Unis, alors que les carrés et les oppositions coïncident avec les périodes de récession et de déclin. Selon lui, les aspects les plus significatifs sont ceux liant Jupiter et Uranus, et ceux liant Saturne et Uranus. K.E. Krafft, le célèbre astrologue suisse-allemand, arriva aux mêmes conclusions en analysant, en 1930, les recherches de lord Beveridge sur les prix du blé en Europe entre 1500 et 1922. Sur les 20 différents cycles repérés par Beveridge, Krafft en détermina 14 qui coïncidèrent précisément avec les différents cycles de Jupiter, Saturne, Uranus et Neptune. Quand il expérimenta sa théorie dans un but spéculatif, il n'obtint hélas! aucun résultat. T. T. Rieder analysa l'indice industriel Dow Jones entre 1899 et 1971 en mettant en évidence les aspects Mars/Pluton. M.P. Munkasey construisit un indice astrologique assez proche du Dow Jones, à l'aide d'une méthode très complexe de poids joints aux aspects héliocentriques, en utilisant l'étoile Arcturus, qui se trouve à environ 24 degrés de la Balance, les parallèles et la rétrogradation. Il tint compte aussi des périodes pendant lesquelles la Lune n'a pas d'aspect.

Ces quelques études montrent un effort accompli sur environ un siècle. Chacune d'elles conduit à des résultats significatifs. Mais les variables sont si nombreuses qu'il faut s'interroger sur la réelle possibilité d'une synthèse systé-

LA CORBEILLE DE LA BOURSE DE PARIS EN 1857. PHOTO CONTEMPORAINE DU MATIF À PARIS.
Les fluctuations boursières sont liées aux influences de Jupiter, Uranus et Pluton, l'inflation étant reflétée par des dissonances de Neptune ou de Jupiter, et les changements brutaux par Uranus. mais pour faire des prévisions précises, il faudrait surtout prendre en compte la date de naissance exacte de la Bourse concernée ou, pour des valeurs côtées en Bourse, le thème de l'entreprise elle-même.

matique et rigoureuse. Il ne convient guère à l'astrologie d'être enfermée dans les lois mécanistes d'une science exacte.

LES BOURSES INTERNATIONALES

Il est très utile, pour vérifier les théories astrologiques se référant à la marche de l'économie, de connaître les dates de naissance des principales Bourses. On pourra ainsi contrôler les transits, et confronter les périodes de prospérité et de crise.

Nous allons commencer notre analyse par la Bourse de New York, aujourd'hui au premier plan de l'économie mondiale. Selon les initiés, elle naquit le 17 mai 1792 à 8 heures 52 minutes (2). Une structure astrologique fortement marquée par le signe du Taureau, l'Ascendant en Cancer, la Lune en Bélier en dissonance avec Jupiter. Mars en Maison II dans le signe de la Vierge soutient le Soleil en Taureau. La Maison VI est occupée par le signe du Capricorne, symbolisant le travail constant et le concept calviniste du profit, si important pour les Américains. C'est une Bourse qui porte Uranus à l'Orient, et qui est née peu d'années après la découverte de cette planète, à l'aube de la révolution industrielle. Le Taureau montre les composantes agricoles à l'origine des biens cotés à la Bourse, ainsi que celles, financières des holdings modernes.

La Bourse de Londres est, elle aussi, née sous le signe financier du Taureau, puisqu'elle fut créée le 18 mai 1801 à 13 heures 38, avec un Ascendant significatif dans la Vierge. Deux solides signes de Terre, outre Vénus en Gémeaux, non éloigné du MC, favorisent les rapports intenses avec les colonies et l'étranger. La Lune en Lion, signe de la noblesse et de l'élite, est en étroite communication avec Jupiter, d'où l'importance de la classe sociale des contractants. Uranus, à l'est du thème, confirme la mobilité des échanges, et le processus déjà engagé de la révolution industrielle. En outre, presque toutes les planètes se trouvent au nord, signifiant l'affirmation sociale.

Quelques semaines plus tard, naissait la Bourse de Bruxelles, le 8 juillet 1801. Elle est fortement caractérisée par les vertus du Lion et des Gémeaux. La Lune et Vénus font penser à l'intensité de la circulation, au signe qui, traditionnellement, indique une ville commerciale et dynamique. Les vertus du Lion indiquent le marché d'or typique de l'époque à laquelle la Bourse fut fondée, quand les transactions internationales étaient souvent réglées avec le métal pur, et non pas avec les devises. En outre, Bruxelles était proche des grands marchés hollandais des pierres précieuses. L'échange monétaire à l'aide de papier–monnaie était pratiquement inexistant dans les premières décennies du XIXe siècle. N'oublions pas que le signe des Gémeaux correspond au rendement de l'argent, typique pour celui qui travaille à la Bourse, et qui caractérise de nombreux économistes célèbres.

Diverses sources indiquent la date de naissance de la Bourse de Paris née, selon certains, le 15 novembre 1823 et, selon d'autres, le 6 novembre 1826. Quoi qu'il en soit, nous nous trouvons dans le signe du Scorpion. Brahy préfère la première date. La désinvolture des investissements du Scorpion révélée par le Soleil dans ce signe, est freinée par la sagesse de Saturne en Taureau qui s'oppose au Soleil. Mars en Vierge, comme pour la Bourse de New York, confirme le caractère entreprenant qui préside à la création de cette Bourse. Les aspects sont forts : dissonances Vénus/Lune, Uranus/Jupiter; mais aussi le sextile Mars/Soleil, les trigones Jupiter/Mercure, Mars/Uranus/Neptune. Des aspects qui peuvent apparaître très significatifs si on les intègre dans les théories des cycles analysés ci–dessus.

LES CÉLÈBRES CRISES INTERNATIONALES

En octobre 1929, débuta la plus grande crise financière jamais vue aux États–Unis. Elle n'arriva naturellement pas à l'improviste. L'excès de la production ne pouvait être écoulé. Déjà, au printemps de 1929, plusieurs aspects discordants apparurent dans le ciel : Mars/Jupiter, Jupiter/Neptune, Uranus/Pluton. Particulièrement significatifs, apparaissent les cycles Uranus/Pluton (l'expression probable, dans le ciel, du capitalisme industriel, né avec la conjonction des deux planètes en 1851), et Neptune/Pluton (symboles de nouvelles énergies employées dans l'industrie, cycle commencé en 1891). Les aspects discordants de 1929, d'abord imprécis, apparaissent plus exacts dans la période cruciale. Il est intéressant de noter que la nouvelle Lune domiciliée sur New York pour octobre 1929, va tomber en dissonance avec Uranus, Mars sur Neptune/Jupiter en formation, tous les deux en opposition à Saturne dans le Bélier.

Tous ces aspects se répétèrent dans les années suivantes, entraînant des conséquences catastrophiques bien connues dans l'économie américaine et internationale. N'oublions pas les effets du long exil de Neptune dans la Vierge pendant les années 30 ! C'est seulement dans les années 50 que l'indice Dow Jones retrouve les niveaux de 1929. Un sextile Neptune/Pluton se forme en 1959, et se répète une dizaine de fois dans les années suivantes. En été 1987, les actions, poussées par la spéculation qui a débuté en 1983, atteignent un sommet. En octobre, l'indice s'écroule, et la vague de ventes emporte toutes les Bourses (à New York, en peu d'heures, l'indice s'effondre de 2356 à 1738). Une crise courte, peut–être parce que non accompagnée de discordances précises entre Pluton et Neptune. On ne peut pas ne pas être frappé par la présence constante de Mars, soit en 1929, soit en 1987, soit plus récemment en 1989, toujours en Balance. À la fin des années 80, il faut noter le renouveau d'un grand cycle Uranus/Neptune, avec la conjonction de deux planètes en Capricorne (ce qui n'est pas arrivé depuis 1821!). Des temps nouveaux vont en découler, comme on peut le constater avec le renouveau désormais irrésistible dans les pays de l'Est, l'ouverture progressive des frontières, résultat des éclatements typiquement uraniens. Bien sûr, la crise du 13 octobre 1989 attire notamment l'attention sur les aspects violents Balance/Bélier, et sur les graves discordances entre Jupiter en Cancer, et Saturne/Uranus/Neptune en Capricorne.

— SÉLECTION DU PERSONNEL —

L'astrologie peut être d'une aide particulièrement intéressante pour étudier la compatibilité entre les associés, les dirigeants d'une entreprise, et les nouveaux employés. On peut procéder en utilisant le thème astral du dirigeant avec lequel il aura à collaborer. On peut, dans la première phase, examiner les attitudes du candidat et, successivement, prendre en considération les compatibilités à travers une ou plusieurs "synastries" ou comparaisons. Un poste de représentant sera sans aucun doute plus adapté à un mercurien (Gémeaux ou Vierge); un poste de directeur du personnel exige un Jupiter angulaire, en harmonie avec les autres planètes. Un poste de technicien exige que l'on étudie la position de Mars et d'Uranus. Un chimiste devra avoir Neptune important, un chercheur de nouvelles énergies devra jouir d'un Pluton angulaire, alors qu'un uranien sera porté aux technologies de pointe ou à l'informatique, etc. Celui qui est caractérisé par des planètes en signes de terre apparaît plus apte pour les tâches administratives et comptables. Celui qui est marqué par les signes d'air sera mobile, adaptable, éclectique, diplomate et dynamique. La prépondérance des signes de feu souligne l'enthousiasme, la détermination, l'esprit d'entreprise, l'impulsivité. Les signes d'eau révèlent intuition, esprit méditatif, aptitude au raisonnement par induction, habileté stratégique.

Un futur patron s'harmonise avec le thème de l'entreprise, comme les étoiles d'un chef d'État, avec celles de son pays. Cela se démontre dans beaucoup de cas, et explique pourquoi, parfois, les héritiers ne parviennent pas à poursuivre l'activité de leur père avec le même succès.

Giovanni Agnelli, le patron de Fiat, est le fils aîné d'une longue série de frères et sœurs. Il appartient à la troisième génération d'une famille liée à l'industrie automobile. Il est le seul du signe des Poissons, appartenant ainsi au même signe que sa société qui, née longtemps avant lui, démontre de remarquables facteurs de synastrie avec lui. La compatibilité avec le supérieur direct est un problème qui peut être brillamment résolu à l'aide de l'astrologie. Une parfaite secrétaire devient irritante avec Saturne sur le Mercure du directeur. Un coursier idéal a Jupiter, Mercure ou la Lune dans la Maison III (Maison de la communication) du thème de la société. Un styliste y aura Vénus, et le rapport réciproque deviendra quelque chose d'unique.

En observant le thème astral du styliste Gian–Franco Ferré, on ne s'étonne point qu'il puisse s'intégrer parfaitement dans le monde parisien, étant donné la forte composante Lion/Vierge qui le caractérise.

On peut être un être exceptionnel, mais inadapté à l'entreprise ou aux missions que l'on se voit confier. Une analyse astrologique comparée peut offrir beaucoup d'indications dans ce sens. Ainsi, ayant à choisir un candidat parmi tant d'autres, il sera opportun d'en établir tout d'abord les qualités, et ensuite seulement d'analyser ses planètes en fonction des objectifs qu'il aura à atteindre. Il est nécessaire en tout cas pour celui qui procède à la sélection à l'aide de l'astrologie, d'en posséder de bonnes notions et beaucoup d'expérience.

LES SOCIÉTÉS DE CONSULTANTS

Le thème astral de l'entreprise peut être opportunément utilisé pour indiquer les objectifs à l'entrepreneur, examiner les tendances de production ou de commercialisation, suggérer les opportunités d'introduction de nouveaux associés, ou acquérir de nouvelles participations (argument en vogue aujourd'hui en Europe, qui attend une nouvelle législation supranationale qui entrera en vigueur en 1992). Comme pour la médecine, pour l'astrologie aussi, le fait de posséder plusieurs rapports (dans ce cas, outre le thème astral une série de thèmes de l'Administrateur et des principaux dirigeants) permet une plus grande décision dans la rédaction des analyses. Les transits sont à leur tour la clé d'une vision dynamique de l'ensemble : un transit de Jupiter dans la Maison IV pourra suggérer, par exemple, le choix de nouveaux locaux, alors que celui d'Uranus, le renouvellement de l'installation électrique ou l'informatisation des bureaux. Le transit de Saturne sur le MC permet un changement de visée des objectifs de la société. Les planètes rapides sont plus importantes quant aux fins quotidiennes.

Les résultats de ce type d'enquête astrologique sont garantis, à condition d'être préparés dans les champs économique, juridique et financier. Une prémisse indispensable pour permettre de différencier, entre les formes juridiques, la responsabilité de l'entrepreneur, les rapports avec les banques et les organismes financiers. **G. M.**

(1) Bien que le cycle lunaire soit certainement un facteur à prendre en considération, il me semble qu'il agit surtout comme élément déclenchant, ou catalyseur d'autres influences concomitantes.

(2) En réalité, cette date est celle de la rencontre de 24 courtiers américains, qui organisèrent un marché de valeurs à New York, sous un arbre qui aurait été à l'emplacement du 68, Wall Street.

L'Astrologie et l'ordinateur

Les relations entre l'astrologie et l'ordinateur ne se résument pas aux études de personnalité et prévisionnelles réalisées pour le grand public, ou aux banques de données mises à la disposition des adeptes du Minitel (en France). L'ordinateur est aussi un outil qui peut permettre aux astrologues de réaliser de précieuses et probantes statistiques. Et cela, malgré la complexité de la tâche, qui implique de quantifier des phénomènes qualitatifs d'une part, de réussir une synthèse subtile d'un très grand nombre de facteurs, souvent contradictoires, d'autre part.

Dans la brève histoire de l'informatique appliquée à l'astrologie, il est difficile d'établir des primautés absolues. Cela ne nous empêche pas, cependant, de reconnaître toute la valeur de certains spécialistes qui, les premiers, ont essayé l'aventure informatique. La place d'honneur parmi tous revient sans aucun doute à Neil F. Nichelsen qui, déjà dans les années 60, travaillait à des recherches statistiques avec Michel Gauquelin sur des machines de la classe "mainframe". Michel et Margaret Erlewine, de la Matrix, aux États-Unis, ont été aussi parmi les pionniers dans ce domaine. En Europe, se sont distingués le Suisse Weiss, à Zurich, et Ciro Discepolo en Italie.

Il est bien évident que la première grande application de l'ordinateur à l'art d'Uranie consiste à libérer l'astrologie du fardeau lourd et manuel de tous les calculs et du dessin, des graphiques nécessaires à son travail. Avec des ordinateurs personnels de moyenne vitesse, il est possible d'élaborer, en peu de minutes, des douzaines de calculs de thèmes de naissance (horoscopes), révolutions solaires et lunaires, directions primaires, etc. Le spécialiste peut ainsi consacrer tout son temps à l'interprétation des thèmes, et non plus à leur établissement. On peut affirmer, à ce propos, qu'on a obtenu un progrès important avec les éphémérides et les tables des Maisons imprimées. Dans ce domaine, se place aussi l'utilisation des nouvelles techniques astrologiques, comme par exemple l'horoscope composite, dont les calculs arithmétiques sont assez longs et ennuyeux. Au contraire, avec l'ordinateur, on peut dessiner des douzaines de graphiques en peu de minutes.

Des perspectives énormes de recherche et d'étude se sont ouvertes. Aujourd'hui, on peut analyser des familles d'échantillons de plusieurs milliers de données de naissances. L'ordinateur nous permet d'extrapoler en temps très réduit, et avec les programmes opportuns, les valeurs communes, qui peuvent être des facteurs d'héritage planétaire ou d'appartenance à une catégorie professionnelle, pathologique, psychologique ou autre. Les merveilleux travaux de Michel et Françoise Gauquelin sont, à ce sujet, un exemple. Les deux spécialistes français qui agissaient — il y environ 20 ans — dans l'intention de "démolir" l'astrologie, lui ont finalement donné les plus grandes preuves historiques jamais obtenues auparavant. La situation est aujourd'hui telle que même les astrologues hostiles à la recherche se sont rendus à l'évidence de l'énorme importance de cette connexion avec la science. Ainsi, nous avons vu naître de soudaines et insoupçonnées sympathies pour la recherche statistique en astrologie.

Un jour, à l'aide des banques de données, il sera possible d'élaborer des dizaines de milliers de dates de naissance, à la recherche de tendances spécifiques par rapport à des formes pathologiques ou des dispositions pour les accidents aériens, etc. Ainsi, on pourra faire de la prévention sociale, et l'astrologie sera alors encore plus précieuse pour l'humanité, comme la psychologie, la sociologie et la médecine.

Pour terminer, signalons une application à propos de laquelle on a obtenu des avis en désaccord avec les spécialistes de l'interprétation. C'est l'application, faite par l'ordinateur, du thème de naissance d'un sujet. Nous savons tous que le pionnier dans ce domaine fut André Barbault qui, dans les années 60, signa le fameux *Astroflash,* sur machines IBM. Cependant, le grand astrologue français n'utilisa qu'une technologie simple, et son projet initial fut tronqué par les exigences commerciales de ceux qui avaient financé l'entreprise (1).

Actuellement, les conditions n'existent pas encore pour réaliser cet ambitieux projet. Sa réalisation sera possible dès l'apparition des ordinateurs de la cinquième génération, et de l'intelligence artificielle. Quand les mémoires optiques de lecture et d'écriture se seront solidement installées sur le marché du hardware permettant des volumes bien plus grands qu'un gigabyte (un milliard de caractères), et lorsque la vitesse des microprocesseurs sera bien plus élevée, on pourra alors envisager de concevoir un mégaprogramme élaboré par un groupe d'astrologues, capable de définir exactement et exhaustivement les valeurs d'un horoscope. Mais, là encore, gageons que cet exploit mécanique ne pourra jamais rivaliser avec l'interprétation d'un véritable astrologue... **C. D.**

---

(1) On se souviendra du test effectué par *Science et Vie* sur des cas de criminels, comme le docteur Petiot, et dont l'ordinateur fit apparaître des facettes un peu trop positives, du genre "bourgeois tranquille", défaut inhérent au principe de l'ordinateur, bon outil statistique, mais qui semble incapable de réaliser une synthèse subtile... à moins d'un programme sophistiqué et laborieux à réaliser. Mais là encore, rien ne saurait remplacer l'appréhension globale et immédiate de l'astrologue très compétent, son intuition. (Note de E. T.)

L'Astrologie et la mode

"La mode, disait Jean Cocteau, c'est ce qui se démode." Chacun son style, chacun sa mode, ainsi est-on sûr de n'être jamais démodé. Et l'astrologie peut nous aider à découvrir ou à mieux comprendre, en éclairant notre personnalité, quel est notre style, quelle est notre mode...

MODE CERRUTI EN BLANC.
Chaque signe a des affinités avec un certain style et certaines couleurs. Le Cancer par exemple aime les tons argentés et blancs, le Bélier le rouge etc. Mais comme nous sommes un mélange planétaire complexe, nous sommes attirés par les tons et les couleurs qui correspondent à notre "cocktail" astrologique particulier, notamment aux plantes qui régissent nos Soleil, Lune, MC et AS.

Voici les styles associés traditionnellement à chacun des douze signes :

Bélier
Style : sportif, dynamique, près du corps.
Matières : cuir et jean.
Couleur : rouge.
Accessoires : bijoux "barbares".

Taureau
Style : confortable et naturel. Assez sophistiqué pour elle.
Matière : la laine.
Couleurs : bruns, verts, pastel.
Accessoires : bijoux de famille.

Gémeaux
Style : décontracté, mutin, androgyne.
Matières : coton, jean.
Couleurs : fraîches, acidulées, gris métallisé.
Accessoires : casquette, lunettes fantaisie.

Cancer
Style : un négligé élégant, un flou artistique.
Matières : coton, velours, dentelles romantiques.
Couleurs : gris perle et blanc.
Accessoire : collier de perles.

Lion
Style : classique, élégant, spectaculaire.
Matières : soie, brocarts, cachemire.
Couleurs : jaune d'or, orange.
Accessoires : montre de grande marque, bijoux sophistiqués, beaucoup d'or.

Vierge
Style : pratique, discret, confortable, passe-partout.
Matières : tweed, velours.
Couleurs : gris, ocre.
Accessoires : classiques et discrets, porte-documents.

Balance
Style : sophistiqué, raffiné.
Matières : soie, jersey.
Couleurs : beige, rose et tous les tons pastel.
Accessoire : bijou très fin et précieux (diamant).

Scorpion
Style : étrange, provocant, sensuel.
Matières : velours, cuir.
Couleurs : rouge et noir, vert et bleu-vert, havane.
Accessoire : talisman.

Sagittaire
Style : sportif et décontracté.
Matières : cachemire, jean.
Couleurs : pourpre, bordeaux, bleu marine.
Accessoire : foulard de soie.

Capricorne
Style : dépouillé, classique, pratique.
Matières : lin, coton, laine, cuir.
Couleurs : noir, gris, brun.
Accessoire : le minimum, et ultra-sobre.

Verseau
Style : moderne, raffiné, audacieux.
Matières : coton, cuir, plastique.
Couleurs : beige, brun, noir.
Accessoire : bijou futuriste ou "barbare".

Poissons
Style : flou, bohème, changeant.
Matières : coton, laine naturelle.
Couleurs : violet, bleu agathe.
Accessoire : colifichet.

M.D.M.

L'Astrologie et les médias

Dans les journaux, dans les magazines, à la radio et à la télévision, l'astrologie est présente le plus souvent sous la forme d'horoscopes délivrés périodiquement. Sceptique, curieux, ou convaincu, qui peut dire aujourd'hui qu'il n'a pas lu ou écouté attentivement ou distraitement "son horoscope"? Et quelle est la valeur objective et scientifique d'une telle démarche qui a pour ambition, semble-t-il, de faire découvrir son destin à un douzième de l'humanité — ou même à un 36e, dans les cas où l'analyse collective tient compte des décans ?

Une dame voilée et un bateau furent à l'origine des horoscopes dans les journaux. Haldemar Bankhofer écrit dans son grand livre de l'astrologie des bateaux et des marins comment madame Evangelina Adams, célèbre astrologue américaine qui conseillait les personnalités new–yorkaises, reçut un jour la visite d'une dame voilée qui refusait de décliner son identité. Après avoir donné sa date de naissance à l'astrologue, elle voulut savoir si elle pouvait épouser un capitaine au long cours. Dans un premier temps, l'astrologue fut tout à fait favorable à ce projet, prétendant que sa cliente ferait un mariage heureux. Mais elle voulut se pencher un peu plus longuement sur le thème natal de la mystérieuse dame, et lui demanda son adresse afin de lui communiquer les résultats définitifs de son étude. C'est alors que la dame en question se leva sans dire un mot, et disparut en laissant une grosse somme d'argent. Après avoir attentivement étudié le thème de sa cliente, l'astrologue découvrit qu'une inquiétante configuration céleste planait sur la future mariée, menacée d'un accident mortel en haute mer. Afin de mettre sa cliente en garde contre cet éventuel voyage mortel, la célèbre astrologue prit une initiative audacieuse. Elle fit paraître dans le Sunday Express l'annonce suivante: "Evangelina Adams prévient la dame voilée qui est venue la consulter de ce qui suit : ne vous mariez pas dans les jours qui viennent, et ne partez pas en mer car vous êtes en danger de mort !"

Depuis ce jour, personne ne sut ce qu'il advint de la dame voilée. Mais cette annonce eut des conséquences. En la voyant, l'éditeur du *Sunday Express* demanda : "Pourquoi ne pas offrir à nos lecteurs des indications sur les douze signes du Zodiaque pour la vie de tous les jours ?" On engagea bientôt R.H. Naylor, un astrologue écrivain, et, en 1936, on lui réserva un espace pour inaugurer une rubrique horoscope. Cela n'a guère changé de nos jours. Avec son horoscope mensuel, le *Münchner Abendzeitung* vend facilement 30 000 exemplaires de plus que d'ordinaire. Les horoscopes annuels font régulièrement augmenter les ventes des illustrés et des magazines féminins, non seulement en Allemagne, mais dans le monde entier.

Aujourd'hui, rares sont les journaux et les hebdomadaires qui renoncent à leur horoscope. En ex-RFA, 15 millions de personnes avouaient lire régulièrement leurs prévisions astrologiques (Sample Institut 1987). Il ne faut donc pas s'étonner de voir les radios et les télévisions, surtout privées, diffuser des météos astrales quotidiennes, hebdomadaires et mensuelles. Pourtant,

TABLEAU DES DATES-LIMITES MOYENNES DES SIGNES

Bélier	*premier décan : du 21 mars au 31 mars.* *deuxième décan : du 1er avril au 10 avril.* *troisième décan : du 11 avril au 20 avril.*
Taureau	*premier décan : du 20 avril au 30 avril.* *deuxième décan : du 1er mai au 10 mai.* *troisième décan : du 11 mai au 21 mai.*
Gémeaux	*premier décan : du 21 mai au 31 mai.* *deuxième décan : du 1er juin au 11 juin.* *troisième décan : du 12 juin au 21 juin.*
Cancer	*premier décan : du 21 juin au 1er juillet.* *deuxième décan : du 2 juillet au 12 juillet.* *troisième décan : du 13 juillet au 22 juillet.*
Lion	*premier décan : du 22 juillet au 2 août.* *deuxième décan : du 3 août au 12 août.* *troisième décan : du 13 août au 23 août.*
Vierge	*premier décan : du 23 août au 2 septembre.* *deuxième décan : du 3 septembre au 12 septembre.* *troisième décan : du 13 septembre au 23 septembre.*
Balance	*premier décan : du 23 septembre au 3 octobre.* *deuxième décan : du 4 octobre au 13 octobre.* *troisième décan : du 14 octobre au 23 octobre.*
Scorpion	*premier décan : du 23 octobre au 2 novembre.* *deuxième décan : du 3 novembre au 12 novembre.* *troisième décan : du 13 novembre au 22 novembre.*
Sagittaire	*premier décan : du 22 novembre au 2 décembre.* *deuxième décan : du 3 décembre au 12 décembre.* *troisème décan : du 13 décembre au 22 décembre.*
Capricorne	*premier décan : du 22 décembre au 31 décembre.* *deuxième décan : du 1er janvier au 10 janvier.* *troisième décan : du 11 janvier au 20 janvier.*
Verseau	*premier décan : du 20 janvier au 30 janvier.* *deuxième décan : du 31 janvier au 9 février.* *troisième décan : du 10 février au 19 février.*
Poissons	*premier décan : du 19 février au 29 février.* *deuxième décan : du 1er mars au 10 mars.* *troisième décan : du 11 mars au 21 mars.*

NB : Les chevauchements entre les signes sont volontaires. Ils sont dus à l'irrégularité de l'entrée du Soleil dans les signes du Zodiaque, d'une année sur l'autre. En effet, celle-ci peut varier d'une journée. Ainsi, une personne née un 19 février peut être Verseau une certaine année, ou Poissons, une autre. *E. T.*

FAITES VOTRE HOROSCOPE. (ALMANACH DU XIXe SIÈCLE). ALMANACH ASTROLOGIQUE 1856.
Un sondage de la SOFRES en 1989 démontre que le groupe d'âge entre 18 et 24 ans est le plus intéressé par l'astrologie. Les professions les plus "branchées" sont les étudiants, les cadres, les hommes d'affaires et les enseignants, les plus sceptiques étant les agriculteurs et les ouvriers. En 1960, seulement 30% de la population connaît son signe, tandis qu'en 1990, ce pourcentage atteint plus de 90% ...

tout cela est bien différent de l'horoscope qui, pris au sens strict, est l'instrument de mesure de l'astrologue qui lui permet de calculer l'heure. Le mot horoscope est composé du latin *hora :* heure, et du grec *skopein* : regarder, observer, soit, littéralement : observer l'heure. Quant aux médias, le plus souvent, ils publient des sortes d'indications psychologiques et pratiques qui n'ont que très peu de choses en commun avec l'horoscope individualisé. Bien sûr, l'astrologie avec ses douze signes et ses planètes, demeure bien la base des horoscopes réalisés dans les médias, pour autant que ceux–ci proviennent d'un auteur initié à la science des astres, ce qui, hélas! est loin d'être toujours le cas.

L'astrologue calcule sur les 30 degrés d'un signe solaire (1) les transits planétaires et il établit ensuite des rapports. Par exemple, un passage positif de Mercure créera des conditions favorables pour la signature d'un contrat ou un voyage d'affaires. Plus l'astrologue disposera de place dans le journal, plus ses propos seront exacts.

On peut également invoquer une date de naissance bien précise concernée par les transits des planètes lentes (Jupiter,Saturne, Uranus, Neptune, Pluton), qui ont une action profonde et durable parfois sur plusieurs mois. Dans ce cas, les prévisions ont une signification particulièrement forte, le Soleil représentant dans un thème natal un facteur essentiel, probablement l'élément le plus important. L'horoscope des journaux est possible, étant donné que le trajet du Soleil dans le Zodiaque correspond à peu de choses près à une année du calendrier. Ainsi, chaque année, le Soleil revient au même point quasiment à la même date. Ce qui signifie qu'un natif né par exemple un 26 avril, quelle que soit son année de naissance, aura son Soleil natal placé à 6 degrés environ du signe du Taureau, ce qui permet de faire des pronostics par rapport à ce point précis du Zodiaque. La légère différence de temps qui existe entre l'année solaire et l'année du calendrier est corrigée par l'adjonction d'une journée tous les quatre ans lors de l'année bisextile. De cette manière, tous les gens nés fin mars appartiennent au premier décan du Bélier. Tous ceux qui fêtent leur anniversaire fin septembre sont du premier décan de la Balance. Ceux de la fin décembre, sont du premier décan du Capricorne, etc. Pour le journaliste, c'est une magnifique possibilité de s'adresser individuellement à ses lecteurs.

Grâce aux horoscopes des journaux, l'astrologie a fait un pas en avant considérable (2). Après la Seconde Guerre mondiale, dans les années quarante, moins de la moitié des habitants de l'Allemagne de l'Ouest connaissaient leur signe du Zodiaque. En 1987, ils sont plus de 97% à le connaître. Plus de 22 millions des habitants de RFA, à partir de 14 ans, croient que les astres exercent une influence sur leur destinée. 15 millions avouent lire régulièrement leur horoscope dans le journal. Près de 6 millions se fient à leur horoscope pour prendre des décisions. Près de 4 millions se sont fait dresser leur thème de naissance moyennant finances, et près de 3 millions disent avoir calculé eux–mêmes un thème natal (Sample Institut 1987). Pas étonnant, dès lors, que l'on vende 500 000 calendriers astrologiques par an en RFA (3). Depuis décembre 1988, il existe en Allemagne le mensuel *Jupiter*, qui vend plus de 100 000 exemplaires, et ne traite que de question astrologiques. Cette astrologie vulgarisatrice et médiatique donne au lecteur un sentiment de sécurité. Il a l'impression d'être englobé dans un ordre supérieur, ce qui prend une signification considérable à une époque où les points de repère font de plus en plus défaut.

On peut présenter à un large public les possibilités offertes par l'horoscope individuel (le thème de naissance), ce qui peut éveiller l'intérêt du lecteur pour l'Art royal des astres. Les médias, ce ne sont pas uniquement les journaux et les illustrés. On trouve également la radio et la télévision qui offrent la possibilité d'entrer directement en contact avec l'auditeur ou le télespectateur, de lui donner des conseils d'après ses coordonnées natales. A côté de l'aide qu'elles apportent, ces émissions ont aussi une valeur de divertissement, car même les personnes non concernées s'intéressent au destin des autres. Les enquêtes réalisées par le magazine *Jupiter* sur l'ensemble de ses lecteurs, révèlent que 64% des personnes qui croient à l'astrologie sont des femmes et des jeunes, et que 64% encore ont moins de 39 ans. Ce sont des personnes instruites, puisque 59% suivent des études, sont titulaires du bac, ou sont diplômées de l'université. 52% disposent d'un revenu mensuel de 3000 marks ou plus. Ce sont en majorité des employés ou des fonctionnaires qui vivent seuls, ou avec un partenaire sans enfants (68%).

W. N.

---

(1) ...mieux, sur les 10 degrés d'un décan, ce qui multiplie la précision d'un horoscope collectif par 3 par rapport à l'horoscope global.

(2) La popularité de l'astrologie s'est révélée avec l'apparition des horoscopes dans les médias, soit! Mais l'astrologie a toujours été populaire, même lorsqu'elle fut décriée, contestée ou interdite. Reste à savoir si l'horoscope médiatisé sert ou dessert l'astrologie. En effet, si demain, telle personnalité (tout particulièrement de la télévision) fait des prédictions, celles-ci seront attendues, lues et écoutées. Sera-t-elle pour autant forcément une astrologue compétente ?

(3) La France n'est pas en reste, 35% des Français croient à l'astrologie, et 73% des Français avouent consulter leur horoscope au moins une fois par semaine, selon un sondage CSA–Le Parisien réalisé en février 1988. Le chiffre d'affaires annuel de l'ésotérisme en France est de 21 milliards de francs en moyenne, soit 3 fois plus que les consultations des médecins généralistes, selon une enquête parue dans les *Cahiers de la Chirurgie*, et citée par *L'Expansion* dans son numéro du 19 février 1988. (Notes E. T.)

3 – LES PRÉVISIONS MONDIALES

L'astrologie est toujours préoccupée de prévoir. Aujourd'hui, elle peut être une branche précieuse de la prospective, voire de la futurologie. Car au–delà des prévisions qui concernent l'avenir probable d'un individu, l'astrologie permet aussi, à la lumière des cycles planétaires, de réaliser des prévisions à l'échelle mondiale, qui concernent des groupes d'individus : ce sont les prévisions mondiales.

ASTROLOGIE COLLECTIVE OU ASTROLOGIE MONDIALE

L'astrologie mondiale est associée aux cycles planétaires qui s'imbriquent les uns dans les autres dans un mouvement cosmique d'horlogerie. Cette branche de l'astrologie en est encore au stade expérimental; son étude couvre l'apparition et l'évolution cyclique des guerres, des épidémies, des tremblements de terre, des catastrophes naturelles de pollution, la météorologie, la politique ou les fluctuations économiques ; "J'ai lentement mûri la conviction que toutes les lois d'évolution particulière des peuples, des nations, des classes et de leurs combats sont subordonnées à de plus grandes lois cosmiques qui régissent l'évolution générale de l'humanité", dit Romain Rolland. Ce sont les cycles planétaires entre planètes lentes qui marquent les événements mondiaux les plus notables.
Morin de Villefranche, grand théoricien moderne (XVIIe siècle) de l'astrologie, recommandait déjà l'étude des cycles : "La conjonction des luminaires ou des planètes est un commencement particulier de l'action du ciel sur ce bas monde dont l'influence dure jusqu'à la conjonction suivante".
La "Mondiale", comme on l'appelle, est une branche très particulière de l'astrologie qui étudie les répercussions générales des rythmes planétaires sur la terre, ou — si l'on est partisan d'une relation non causale, mais corrélative entre le ciel et la terre — des corrélations cosmo-terrestres que l'on peut observer ou même prévoir.
Pour localiser les événements ou trouver les correspondances zodiacales par rapport au globe terrestre, l'"Astro-Carto-Graphie" (cf. p. 114) paraît fort intéressante. Les thèmes d'Etats furent déjà calculés par les Arabes au Moyen-Age, mais ce sont les Anglais qio ont véritablement développé cette notion, en vue de prévisions politiques — toujours le pragmatisme britannique ! On tenait aussi compte des lunaisons et des "ingrès" (entrée du Soleil dans un signe cardinal, Bélier, Balance, Cancer ou Capricorne).
Le seul procédé qui nous semble donner de bons résultats sur le plan de la prévision (meilleure vérification d'une théorie) est celui qui tient compte de la date de constitution d'un Etat, avec heure et lieu. Il est évident que si pour certains Etats, il n'y a pas d'ambiguité, pour certains autres (la France, par exemple), c'est plus problématique. On utilise alors, dans ce cas, la date de la dernière République : 6. 10. 1958 — 18h20 — Paris).

E. T.

Les grandes prévisions du passé

"Lorsque Laplace, en 1780, imagina dans sa "Théorie analytique des probabilités" un être universellement informé qui connaîtrait à un instant donné la totalité des caractéristiques de tous les corps du monde, jusqu'aux plus infimes, il en déduisit que cet être pourrait alors embrasser d'un seul regard tout l'avenir..."

R. Abellio : "La fin de l'ésotérisme"

En dehors des prophéties bibliques et des autres prédictions de quelques grands visionnaires (comme par exemple *Edgar Cayce* au XXe siècle), il y eut de nombreuses prévisions faites par des astrologues. Au IIIe siècle av. J.-C., le prêtre babylonien *Bérose* fit connaître aux Grecs l'astrologie chaldéenne. Ses prévisions impressionnèrent tellement les Athéniens par leur justesse, que ceux-ci lui élevèrent une statue avec une langue d'or.

On relate aussi qu'en 45, *Octavianius Augustus* alla consulter l'astrologue Théogène qui lui prédit la dignité impériale. Suétone, qui raconte cette anecdote, dit qu'après cette entrevue, Auguste, devenu Empereur, fit frapper une monnaie à son effigie.

Jules César fut averti par l'astrologue Spurinna en 44 de se méfier des Ides de mars, mais César ne voulait pas y croire. Il mourut le jour prédit (le 15 mars 44), sous les coups de poignard de Brutus et de ses acolytes...

Michael Scot, astrologue et confident de Frédéric II (1194-1250), lui annonça qu'il mourrait le crâne fracassé par un objet tombé du ciel. Frédéric II prit l'habitude de se méfier des stuctures branlantes, des briques, etc., mais il mourut en 1250 pendant sa prière dans une cathédrale où il reçut en plein front une pierre tombée de la balustrade, et il périt sur le coup.

La victoire du roi de France Charles VI à Rozebeke, le 27 novembre 1382, avait été prévue par l'astrologue *Marc de Gênes...*

Nostradamus, un des plus grands prophètes, qui était à la fois astrologue et voyant, fit de nombreuses prédictions justes : entre autres, il cita les noms de Hitler, Napoléon, Franco, etc., et il connaissait au milieu du XVIe siècle les trois planètes transsaturniennes Uranus, Neptune et Pluton, qui furent découvertes respectivement en 1781, 1846 et 1930. Il prédit aussi quantité d'événements pour ses contemporains, comme la mort d'Henri II au cours d'un tournoi, mais surtout il annonça la Révolution française et la fuite de Louis XVI à Varennes, nom qu'il cita en toutes lettres.

Le grand astronome-astrologue Johannes Kepler dressa l'horoscope de Wallenstein et arrêta ses prévisions pour le moment exact de la mort de celui-ci. Kepler a prédit aussi en 1634 les voyages dans l'espace et sur la Lune, et en 1610 il annonça la mort de l'empereur Mathias pour 1619.

Le fameux *Théophraste Bombast von Hohenheim,* connu sous le nom de *Paracelse,* prédit, comme son contemporain Nostradamus, la date exacte de sa propre mort.

L'astrologue anglais *John Dee* annonça quatre ans avant son exécution la mort de Marie Stuart et un autre grand astrologue anglais, *William Lilly,* annonça l'incendie de Londres de 1666 une année auparavant.

L'Américaine *Evangelina Adams,* qui introduisit les horoscopes collectifs dans les médias et qui était très connue grâce à ses émissions radio, avait aussi prévu la date de sa propre mort.

L'astrologue suisse *Krafft,* à qui Hitler demanda souvent des conseils, prévoyait au début des années 40 la fin du troisième Reich, ce qui lui valut d'être jeté dans un camp de concentration où il mourut avant la fin de la guerre.

En ce qui concerne les prévisions de notre époque, il faut citer notre éminent ami et confrère *André Barbault,* qui fit plusieurs analyses étonnantes de l'avenir : ainsi, il écrivait déjà en 1973 dans son livre "Le pronostic expérimental en astrologie", que l'année 1989 serait un grand tournant en Union soviétique. Son analyse systématique des cycles planétaires lui permit également de relier les conjonctions Soleil-Jupiter à des périodes d'accalmie, de cessez-le-feu, d'armistices et d'accords diplomatiques dans le monde.

L'Américaine *Jeane Dixon,* astrologue et voyante, avertit le Président Kennedy qu'il risquait la mort à Dallas...

Se basant sur la conjonction Saturne-Neptune, j'annonçai pour ma part, dans un livre paru en 1982 ainsi que dans une interview donnée en 1980 au *Figaro Magazine,* "un tournant décisif dans le communisme et en Urss pour l'année 1989", qui allait être "le théâtre d'un bouleversement mondial".

Dans mon "Horoscope 1986" (Ed. N°1) paru en octobre 1985, je prévoyai "pour les alentours du 22 avril des risques de catastrophes par gaz ou liquide toxique"; ce fut, le jour même, la catastrophe de Tchernobyl. A un jour près, j'annonçai aussi le krach boursier du 19 octobre 1987.

Il y aurait encore d'innombrables exemples à citer qui confirment, non seulement la possibilité de faire des prévisions justes pour un individu, mais aussi sur le plan de l'astrologie mondiale.

E. T

La grande année

Selon une tradition oubliée ou délaissée par les astrologues, on nomme Grande Année du retour du retour d'une très grande conjonction de tous les astres au même point équinoxial ou solsticial, qui se serait déjà produite au commencement des temps. Dans L'astronomie populaire de Camille Flammarion (1881), l'auteur cherche le laps de temps qu'il faudrait pour "ramener les planètes à la même position relative". Écoutons-le : "Les Anciens s'étaient figuré que l'état politique du globe était aussi périodique, et que ce qu'ils nommaient la grande année devait ramener sur la Terre les mêmes peuples, les mêmes faits, la même histoire, comme dans le ciel la suite des siècles ramène les mêmes aspects des astres. On prend en général trente mille ans pour cette grande année : sans doute la période des équinoxes, que l'on croyait de cette durée, a donné naissance à cette fixation postérieure. Comme on admettait que les destinées humaines dépendaient des influences planétaires, il était naturel de croire que les mêmes configurations de ces astres devaient reproduire les mêmes événements. Mais, pour ramener les planètes à la même position relative il ne suffirait pas de trente mille ans, à beaucoup près. Pour ramener la Lune, Saturne, Jupiter, Mars, Vénus et Mercure au même degré du Zodiaque, "il faudrait deux cent cinquante mille siècles !" Que serait-ce si nous ajoutions à ce calcul les planètes Uranus et Neptune." Sans parler, bien sûr, de Pluton qui n'allait être découvert qu'en 1930 !... Il est facile dès lors de comprendre la difficulté gigantesque de la prévision, puisqu'une configuration ne se reproduit jamais totalement identique à elle-même. *E.T.*

L'astrologie mondiale est héritière de cette haute tradition qui remonte aux premières grandes conceptions de l'esprit humain interrogeant le monde, et dont la trame majeure, fidèlement retransmise ou continuellement réenfantée, inspire encore — confusément ou explicitement — l'esprit du praticien d'aujourd'hui. Il s'agit donc de la doctrine de la "Grande Année" qui constitue le dogme le plus éminent de l'astrologie.

LES RACINES HISTORIQUES

C'est une cosmologie qui traverse l'ensemble des civilisations de l'humanité antique, son thème ayant dominé leurs divers courants de philosophie, au point même d'avoir constitué la grande parenté spirituelle des hommes sur la terre. Il s'agit d'une conception du monde reposant sur le principe d'un déroulement rythmé répétitif, sa thématique archétypique étant un système de destin cyclique de l'humanité, ordonné dans l'espace-temps.

Ce dogme fondamental est le suivant : notre monde d'ici-bas, sujet à la génération et à la corruption, suit une marche rythmée par la durée d'une période cosmique, mesurée par le temps que mettent les astres du système solaire à reprendre toutes les positions respectives qu'ils avaient initialement au commencement antérieur. C'est cette grandiose théorie qui est devenue l'objet d'un consensus universel, allant de la Chine à l'Amérique précolombienne à travers la civilisation indo-européenne, puisqu'elle fut traitée avec attention par les plus grands penseurs de l'humanité. On la voit émerger chez Anaximandre, Anaximène, Héraclite et Empédocle. Pythagore lui octroie une place majeure dans sa vision sociologique. Platon lui consacre de longs développements et lui donne son nom (attention à la confusion qui assimile la "grande année platonicienne" à la précession des équinoxes). Aristote en rattache l'idée générale à son système rationnel de physique. Les stoïciens en poussent les conséquences à l'excès, tandis que les néo-platoniciens les assouplissent. Au bout de cette chaîne, on trouve même les pères de l'Église : saint Clément d'Alexandrie, Minicius Félix, Arnobe et même Origène, ce même courant passant par les Juifs et les Arabes, tandis qu'un thème parallèle se perçoit chez les Mayas du Yucatan et les Aztèques du Mexique. Dans notre Occident chrétien, un coup d'arrêt est donné par saint Augustin : le dogme stoïcien figé dans le moule de la plus rigoureuse "palingénésie" (la répétition du même évoquée par Flammarion), cette fatalité du retour éternel ne pouvait qu'être rejetée. Mais l'astrologie n'en demandait pas tant.

Voilà donc la Grande Année devenue une hérésie condamnée par l'Église; sa caricature, il est vrai. Au XIIIe siècle, il faudra encore insister pour la combattre en menaçant d'excommunication ceux qui la soutiendraient ; cela n'empêchera nullement un Guillaume d'Occam de risquer les foudres des autorités religieuses.

Ce n'était là pourtant qu'un refoulement : tôt ou tard, sa part de vérité ne pouvait que refrapper à la porte de la conscience humaine. En revenant à l'abondante somme de textes anciens conservés, se rapportant à elle — de Platon, Aristote, Cicéron, Sénèque, Varron, Virgile, Plotin, Porphyre, Proclus, Maïmonide... — et en brassant à pleine expérience la pratique de l'astrologie mondiale, l'on ne pouvait que renouer avec l'idée-force prodigieuse qui la porte; aventure qui est celle de quelques astrologues de ce siècle.

L'IDÉE MAITRESSE

Rappelons-en le schème fondamental : notre monde serait né d'une conjonction intégrale des astres du système solaire, tous alignés sur un même rayon, et tendrait à disparaître au retour de cette complète conjonction au même point de départ. Avec ce phénomène est ainsi conçue une périodicité de l'Univers, une unité rythmique du temps basée sur la redistribution des mêmes positions astrales successives, sa durée étant ce qui sépare deux retours au même état de l'univers. Dans l'intervalle, son parcours est fait de l'écoulement des configurations jusqu'à l'épuisement de leurs combinaisons, lorsque les planètes se retrouvent à nouveau dans une configuration générale antérieure identique.

LE TEMPS CYCLIQUE

Tout le phénomène de conjoncture repose sur l'état du système solaire avec un noyau central, le Soleil, autour duquel gravitent les planètes sur des orbites successives, aux trajectoires d'autant plus longues qu'éloignées de lui. De là leurs respectives "révolutions sidérales" : si Mercure et Vénus y font leurs rotations plus rapidement encore que la Terre en un an, et Mars en presque deux, Jupiter fait le tour du ciel en 12 ans, Saturne en 29 ans, Uranus en 84 ans, Neptune en 164 ans et Pluton en 2 siècles et demi.

La pensée cosmologique de cette Grande Année est que ce qui vit sur cette terre est soumis au Temps, lequel passe par une régénération périodique par la vertu de ses répétitions cycliques, un tel temps étant fait de périodes naturelles avec leurs durées propres, à l'instar du cycle annuel du Soleil, unité de compte diachronique universelle, comme du cycle mensuel lunaire et du cycle diurne terrestre.

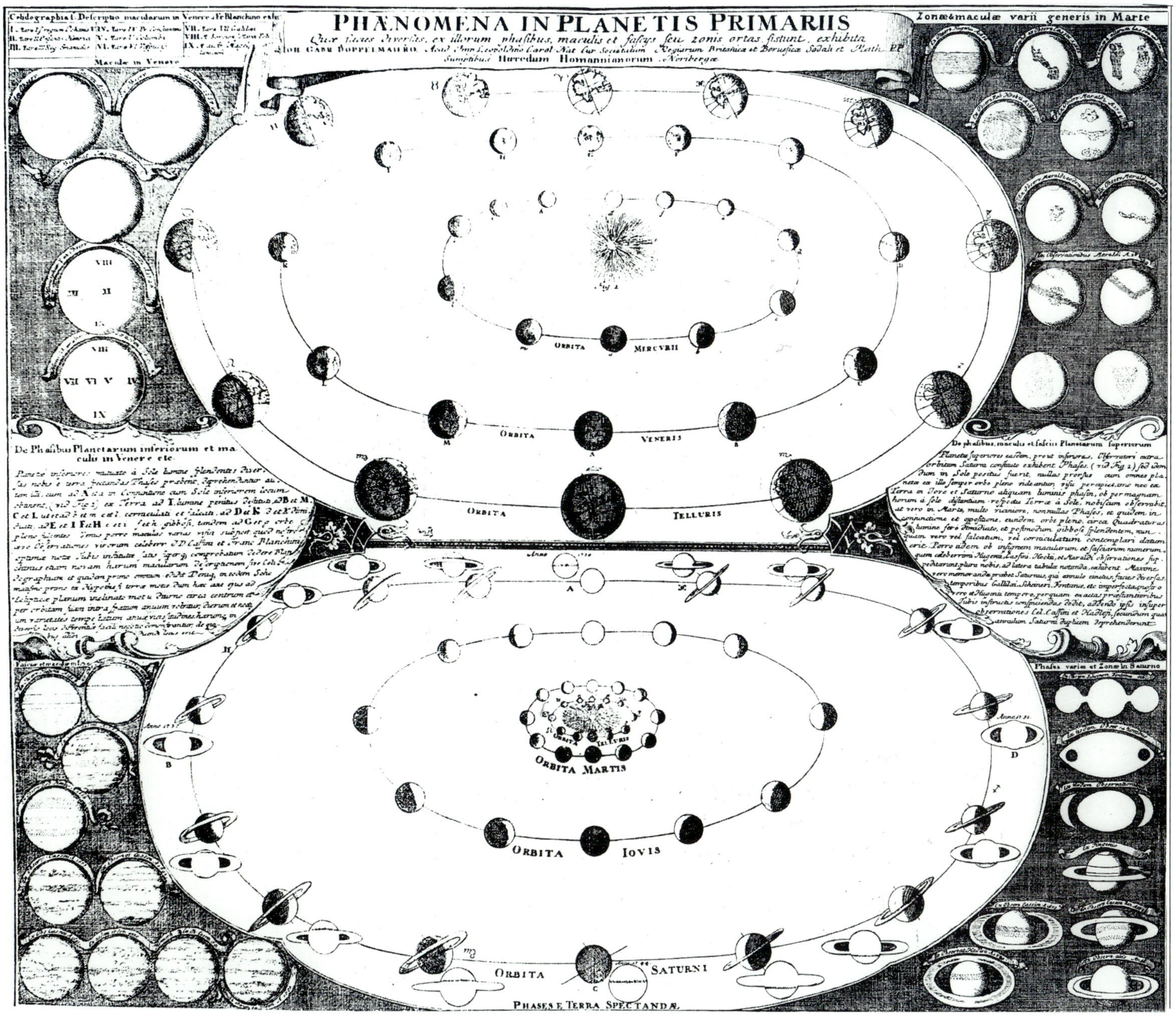

REPRÉSENTATION DES PLANÈTES D'APRÈS LES TRAVAUX DE L'ASTRONOME JOHN GABRIEL DOPPELMAIER
(gravure sur cuivre "PHYSICA SACRA"; 1733).
Le système solaire avant la découverte des planètes "trans-saturniennes" (Uranus fut découvert en 1781). Le cycle le plus important était alors celui de Saturne-Jupiter, d'une durée de 20 ans. Il continue de ponctuer des événements d'importance et semble notamment relié au destin de l'Europe - A. Barbault dixit.

Une valeur particulière et déterminante de renouveau s'attache aux commencements de ces durées. En découle cette règle générale : tout commencement ou tout renouveau dans le ciel engendre nécessairement, parallèlement à lui, un commencement ou un renouveau sur la Terre qui lui correspond. Or, cette durée cyclique s'instaure dans le processus de la "révolution synodique" qui s'effectue entre deux planètes, et son commencement est le point inaugural de leur conjonction. De là le "cycle planétaire" comme unité de base de la manifestation de la Grande Année et comme brique de l'édifice du devenir mondial.

LE CYCLE PLANÉTAIRE

Il est un cycle planétaire que tout le monde connaît : la révolution synodique luni-solaire, c'est-à-dire le phénomène mensuel de la "lunaison". La Lune se renouvelle chaque mois en se rencontrant avec le Soleil, montante ou croissante jusqu'au plein (lorsqu'elle passe à son opposition), pour devenir ensuite descendante ou décroissante. Le "cycle planétaire" est le circuit qui s'établit entre deux planètes, l'une étant plus rapide que l'autre, dans l'intervalle de deux conjonctions successives de ces deux astres.

Deux planètes se rencontrent au même degré de longitude sur la piste du Zodiaque,

EXEMPLE DE CYCLE
LE CYCLE JUPITER-NEPTUNE 1958-1971

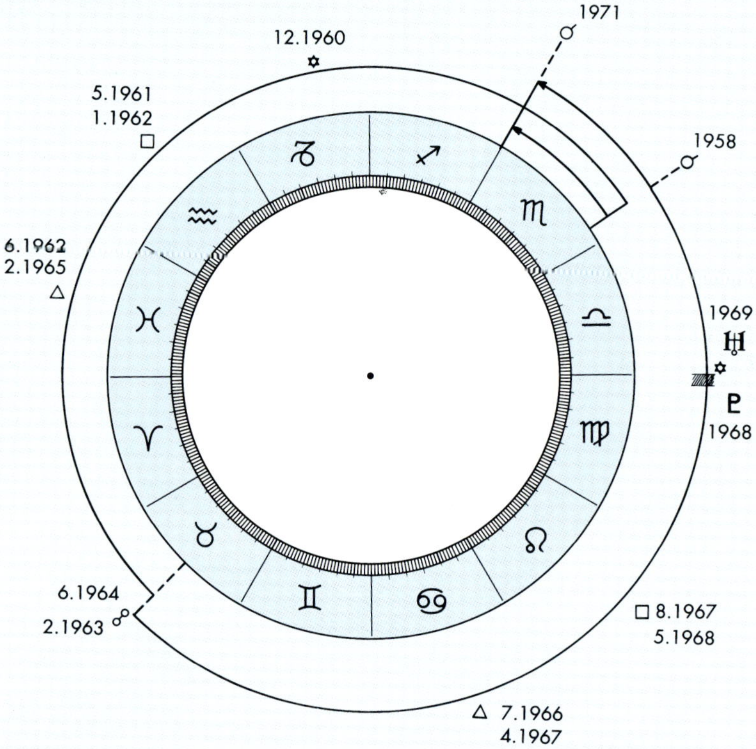

Pendant que Jupiter fait le tour du zodiaque en 12 ans (1 signe par an), Neptune avance d'un signe, si bien que c'est au bout de 13 années que les deux planètes se rencontrent.
La conjonction de 1958 a eu lieu à 2° du Scorpion (212°) et la suivante de 1971 à l'entrée du Sagittaire (270-272°).
Ce cycle se rapporte, notamment, à la Ve République française. Conjonction: naissance de celle-ci avec l'arrivée de de Gaulle au pouvoir et la création de l'UNR. Sextil: triomphe du <oui> au référendum du 8/1/1971; le régime s'enracine. Carré: le putsch d'Alger du 22 avril 1961. Trigone: paix algérienne et traité franco-allemand sous les succès électoraux de l'UNR. Opposition: constitution de la Fédération de la Gauche conduisant au ballotage de de Gaulle aux présidentielles de décembre 1965; les grands affrontements; crise du Marché Commun, retrait de l'Otan, affaire Ben Barka; le reflux du président. Trigone: remontée de l'UNR avec la grande diplomatie de de Gaulle à Moscou. Carré : la crise de mai 1968. Sextil: la continuité politique avec Pompidou. Conjonction: dégagement du <pompidolisme> instituant une nouvelle personnalisation du pouvoir. La IVe République avait traversé le cycle précédent de la conjonction de 1945 à celle de 1958.

comptée de 0° à 360° : c'est la conjonction, début du cycle. À partir de là, la plus rapide s'éloigne de la plus lente en passant, en particulier, par les distances angulaires d'aspect de sextile (60°), de carré (90°), de trigone (120°) et d'opposition (180°) : ainsi défile toute la phase montante ou ascendante du cycle. Sur le versant descendant se succèdent ensuite les phases involutives du trigone (retour à 120°), du carré (retour à 90°) et du sextil (retour à 60°), ceci jusqu'à la nouvelle rencontre des deux mêmes planètes à la conjonction suivante (0°), plus loin sur la piste zodiacale. Voilà comment se présente le parcours cyclique entier, de son commencement à sa fin. (*cf.* figure ci-dessus).

La signification qui en découle est la suivante : la trame d'un courant historique donné évolue parallèlement aux phases du cycle. Ce courant commence, naît, se crée ou se recrée, sous la conjonction ; il s'enracine dans la réalisation concrète sous le sextil ; il se transforme et dévie de sa base dans une crise interne sous le carré ; il s'affirme et s'épanouit dans l'essor sous le trigone. Le même courant historique se divise dans une crise majeure, combat ou est combattu sous l'opposition; étape médiane, soit de dépassement dans un débordement conflictuel, soit de déclin dans un affrontement ultime. Sous le second versant se présente une reconstitution de valeurs en accord harmonique sous le trigone, une remise en question de cet équilibre au carré, un rétablissement au sextile, jusqu'à l'arrivée de la conjonction nouvelle, fin ou recommencement dans une dimension nouvelle de ce courant historique.

Comme la note d'une gamme, chaque cycle a son registre propre, la spécificité de sa manifestation étant fonction de la nature des deux planètes en cause. La trame du temps astral, c'est l'ensemble des 45 cycles que forment entre eux les 10 astres majeurs de notre système solaire, créateurs des rythmes aux pulsations desquelles bat la vie de notre univers.

DU CYCLE AUX INTERCYCLES

Le cycle planétaire se présente donc par rapport à la Grande Année comme la brique d'un édifice ou comme la cellule pour l'organisme. Le processus global de la Grande Année se conçoit sur le modèle simple du cycle planétaire qui s'ouvre à la conjonction initiale et se ferme à la conjonction terminale, partant de sa propre unité qui est rassemblement de tous ses constituants (conjonction), puis déployant les ressources de leur combinatoire dans l'infinie variété de leurs mouvances, jusqu'à l'épuisement complet des formules, période au bout de laquelle un monde finit et un autre commence ou recommence.

La configuration primordiale est donc nécessairement la réunion ou conjonction unique de "toutes" les planètes, point d'origine commun et source de toutes les unités rythmiques en animation au sein du cosmos. Par sa naissance même, la Grande Année fournit donc un premier principe : le rassemblement de tous les astres en un même point. C'est la cellule-mère, la matrice de toutes les configurations, autant que le modèle transcendant de tout état de conjoncture. C'est une configuration de cosmogénèse par excellence, le prototype céleste d'un état premier du monde, souche initiale du départ commun de tous les rythmes du monde, puisque naissance simultanée des 45 cycles planétaires. Il s'agit ainsi du commencement de tous les commencements, du "grand commencement du ciel". Un tel alignement astral constitue un retour à l'unité primordiale et signifie une intégrale régénération cyclique du temps. Dans son double aspect de cycle finissant et de cycle commençant, il exprime à la fois un retour au chaos originel, la restauration ou la réactualisation du chaos primordial, et sa transformation, par l'acte cosmogonique de création, en un recommencement total de vie : mort et renaissance. Comme une marée qui monte derrière l'épuisement de la précédente et qui dépose sur le rivage des dépouilles cadavériques, parmi de fraîches éclosions de vie. Le devenir universel ressortissant du déroulement de la polycyclicité des révolutions des sphères célestes, par nécessité, toute configuration isolée qui passe en est un moment, fugitive manifestation, qui donne à cette unité supérieure son contenu interne.

Dans la grande période de la vie cyclique du monde, chaque cycle est une partie aliquote du temps total, un sous-multiple et diviseur commun de la Grande Année, le rythme de celle-ci étant le commun multiple de tous les cycles réunis dans la totalisation d'un mouvement général du système solaire. A considérer l'ampleur de l'étendue des diverses révolutions planétaires, on conçoit que le temps du mégacycle de cette Grande Année puisse se chiffrer à l'échelle de milliards d'années. Revenons à la mesure humaine en portant notre regard au niveau de la vision historique qui nous est habituelle.

LES MINI-GRANDES ANNÉES

Rendus à la dimension chronologique de notre histoire, nous ne pouvons saisir que des segments de Grande Année, aux parcours fort éloignés de l'absolu de la configuration mère. Si les astres rapides — Soleil, Lune, Mercure, Vénus, Mars — peuvent souvent se rencontrer en amas planétaire, il n'en est plus de même des cinq planètes lentes — Jupiter, Saturne, Uranus, Neptune et Pluton — qui forment entre elles dix cycles majeurs s'étendant d'une décennie à un demi-millénaire :

Jupiter-Saturne :	20 ans
Jupiter-Uranus :	14 ans
Jupiter-Neptune :	13 ans
Jupiter-Pluton :	12/13 ans
Saturne-Uranus :	45 ans
Saturne-Neptune :	36 ans
Saturne-Pluton :	33 ans
Uranus-Neptune :	171 ans
Uranus-Pluton :	120/140 ans
Neptune-Pluton :	5 siècles

Cet engrenage de rythmes nous conduit à un découpage semi-millénaire des configurations. C'est ainsi qu'un plus petit commun multiple approximatif des différentes révolutions tropiques des cinq planètes lentes se présente lorsque Pluton fait 2 tours du Zodiaque (497 ans), pendant que Neptune en fait 3 (494 ans), Uranus 6 (504 ans), Saturne 17 (501 ans) et Jupiter 42 (498 ans); soit autour d'une moyenne de 499 ans.

A défaut d'une ultra-rarissime triple conjonction Uranus-Neptune-Pluton, c'est le voisinage le plus serré de ces trois astres qui constitue le temps majeur s'approchant le plus de cet état de triple conjonction; ce qui se produit naturellement avec un retour groupé ou tout au moins rapproché, des super-grandes conjonctions Uranus-Neptune, Uranus-Pluton et Neptune-Pluton.

Nous appelons précisément "mini-Grande Année" cette séquence semi-millénaire qui scande le temps astral entre deux retours approximatifs des astres lents à leurs positions respectives. Son scénario se déroule sur les parcours de 4 cycles Uranus-Pluton, de 3 cycles Uranus-Neptune et d'un cycle Neptune-Pluton. Nous avons là, anneau après anneau, comme les maillons de la longue chaîne de la Grande Année. En ce creux de concentration astrale des trois supergrandes conjonctions d'Uranus, Neptune et Pluton, se situe la "coupure" d'une mini-Grande Année à l'autre; temps tendant à accompagner les grands sauts de l'histoire, les étapes ou ères nouvelles du destin de l'humanité.

DES ASTRALITÉS À L'HISTORICITÉ

Tel est le canevas céleste global sur lequel doit broder l'interprétation de l'astrologue. Sur une telle base, voit-il se rejoindre le ciel et la terre, au cœur de l'histoire du monde ? Avant de prendre le risque de s'engager dans la prévision, encore doit-il préalablement mettre ces corrélations à l'épreuve, c'est-à-dire rejoindre le passé au regard des récurrences cycliques. Seul un accord de périodisations parallèles largement obtenu permettra de cautionner une telle aventure, de la fonder rationnellement.

Il y a deux façons de s'y prendre pour tester de telles corrélations : partir de l'histoire pour aller aux astres ou cheminer du donné astral au vécu historique. Le chiffre astronomique se prête à l'adoption d'une chronologie rigoureuse, mais il est aussi des tournants cruciaux de l'humanité qui s'imposent.

Il est un temps historique capital sur l'importance duquel s'entendent tous les historiens qui reconnaissent en lui la genèse de la civilisation. Cette "période axiale", comme l'appelle Jaspers, remonte à la seconde moitié du VIe siècle avant notre ère et constitue la naissance de notre ère judéo-chrétienne. Plus largement encore, nous tombons au carrefour de rencontre des grands prophètes : Zarathoustra, Deutero-Isaïe, Pythagore, Bouddha et Confucius. C'est donc l'avènement quasi simultané des grandes religions dont la foi naissante est toujours vivante dans la plus vaste population mondiale d'aujourd'hui. Mais c'est aussi l'émergence de la raison chez les philosophes des cités ioniennes, véritable accouchement du rationalisme porteur de notre civilisation moderne. L'on ne saurait donc trouver plus grandiose engendrement de notre humanité.

Donnons-nous une redoutable épreuve d'entrée : la question la plus radicale qui soit est de savoir s'il est tombé autour du milieu de ce VIe siècle avant notre ère une configuration d'une ampleur exceptionnelle. A ne rien y observer de particulier, nous serions tenus d'en rester là, d'abandonner définitivement la partie, notre aventure ayant tourné court. Or, non seulement ce n'est pas le cas, mais, à l'inverse, l'on est immédiatement tenu en arrêt, grandiosement impressionné, car il s'y produit le seul phénomène observable du genre en remontant l'échelle du temps sur les millénaires. Ce phénomène primordial est précisément une triple conjonction Uranus-Neptune-Pluton survenue en -574 (date retenue poour la naissance de Rome), nœud majeur ou axe central autour duquel se rassemble le système solaire en une exceptionnelle concentration planétaire. Rarissime configuration qui, justement, se rapproche le plus de la configuration-mère de la Grande Année, point central du retour à l'unité primordiale exprimant une intégrale régénération cyclique du temps.

Cette épreuve d'entrée franchie, nous disposons d'un point d'ancrage astronomique unique, lié à cette naissance de notre civilisation. Prestigieuse corrélation, certes, mais qui doit être suivie, d'une façon non moins significative, par la répétition de cadences de l'histoire, parallèles aux grands renouvellements cycliques. Question aussi impérative : sur la base de ce point d'ancrage, allons-nous voir se succéder des séquences historiques au rythme de nos mini-grandes années ?

Maints historiens, notamment Burckhardt, ont repéré des récurrences majeures faisant apparaître, dans notre histoire occidentale, une succession de cycles ayant la même unité de mesure d'environ 500 ans chacun. Or, insigne réjouissance, ces "ères" se succèdent au même rythme que nos périodes astrales, scandées à partir du grand départ d'il y a 25 siècles.

La première grande concentration planétaire précède de peu l'an zéro (- 62) : le christianisme qui y naît — engendrement déjà bimillénaire — prend racine dans la religiosité des esséniens nouvellement installés à Jérusalem.

La seconde se situe au cœur du Ve siècle de notre ère (449) : la mort, ici, l'emporte sur la vie. Les invasions barbares provoquent l'écroulement de l'Empire d'Occident. C'est la fin de la civilisation romaine, l'entrée dans l'ère nouvelle du Moyen Age.

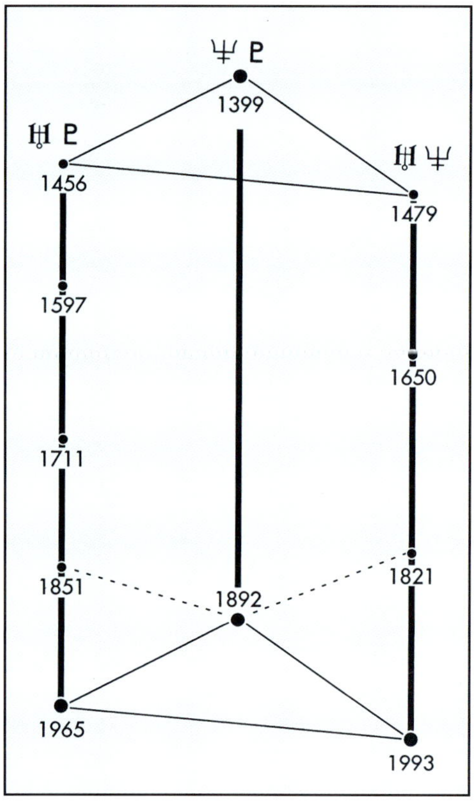

La troisième se présente au milieu du Xe siècle (948) : alors que sous le coup de nouvelles invasions (Vikings, Magyars, Normands, Musulmans), la chrétienté occidentale est au plus bas, une sortie de crise s'esquisse au tournant de l'an mil avec le jaillissement définitif de la grande croisade médiévale.

Avec la quatrième, sur le second versant du XVe siècle (1485), peu après la disparition de l'Empire d'Orient, nous sortons du Moyen Age, étalé sur le millénaire précédent, pour entrer dans la Renaissance.

Ce tableau dépouillé est simplificateur, mais c'est l'essentiel qu'il dégage au niveau de vision le plus élevé. Introduisons-nous maintenant dans l'espace de la mini-grande année en cours, dont voici la présentation graphique : (*cf.* ci-dessus)

Au centre se présente le parcours linéaire du cycle Neptune-Pluton, de la conjonction initiale de 1399 à la conjonction terminale de 1892. À gauche se succèdent les 4 cycles Uranus-Pluton, de la conjonction de 1456 à la dernière de 1965, à travers celles de 1597, 1711 et 1851. À droite se répartissent les 3 cycles Uranus-Neptune, de la conjonction de 1479 à celle de 1993, à travers celles de 1650 et 1821.

C'est dans le triangle supérieur des 3 conjonctions rapprochées de 1399-1456-1479 que prend place cette Renaissance qui renouvelle notre civilisation occidentale en lui conférant sa modernité. Mais la pointe de cette mutation tombe sur la concentration planétaire extrême de 1485. C'est effectivement dans les quinze dernières années du xve siècle que s'opère le grand tournant : Dias double le cap de Bonne-Espérance en 1487, Vasco de Gama débarque en Inde occidentale en 1498, Christophe Colomb a posé le pied sur le continent américain (1492). Cette conquête des océans inaugure l'expansion planétaire de l'Occident qui aboutit à l'européanisation du monde.

La figure montre que nous sommes à la fin de cette ère mondiale de cinq siècles. Une mutation gigantesque s'est emparée de notre société depuis les conjonctions de 1821 et 1850, insérées dans le triangle des trois dernières conjonctions de 1892-1965-1993. Jamais, au cours de toute l'histoire de l'humanité, le monde n'a changé autant que depuis un siècle et demi, ère du machinisme, de la technique et de l'énergie. La conjonction Uranus-Pluton de 1965 sonne déjà le glas de cette civilisation occidentale. C'est tout à la fois la fin du colonialisme et le début du déclin démographique de la population blanche en contraste avec le surpeuplement des autres populations, outre que 1968 constitue le tournant d'une crise profonde de la conscience occidentale. À cela s'est ajouté en la décennie quatre-vingt un déplacement du centre de gravité de la puissance économique mondiale de l'océan Atlantique à l'océan Pacifique.

Nous voici, maintenant, à l'échéance de la dernière grande conjonction, celle d'Uranus-Neptune. C'est là que devraient s'opérer les ultimes métamorphoses d'une société mondiale en complète mutation : il s'agit de l'accouchement d'une nouvelle ère de l'humanité d'une durée de cinq siècles. C'est à une telle hauteur de perspective que cette conjoncture cyclique nous invite à juger ce qui se passe dans notre monde d'aujourd'hui.

L'INDICE CYCLIQUE

De ces grands bonds historiques liés aux plus exceptionnelles concentrations planétaires, nous passons à la conjoncture courante que nous pouvons suivre à travers le double mouvement de dilatation et de rétraction du système solaire, par suite de l'étalement et du resserrement des planètes sur la piste zodiacale.

Un relevé d'interdistances fournit ce que nous appelons l'"indice cyclique", obtenu en additionnant les écarts angulaires de planète à planète, comptés de 0° à 180° pour l'aller de la "phase ascendante", et de 180° à 0° pour le retour de la "phase descendante", cela pour les 45 cycles. Mais pour se faire une idée générale de l'évolution de cet indice dans la succession des années, l'on ne retient que les 5 planètes lentes, seuls leurs 10 grands

POSITIONS ASTRALES
HÉLIOCENTRIQUE
DU 01/01/2000

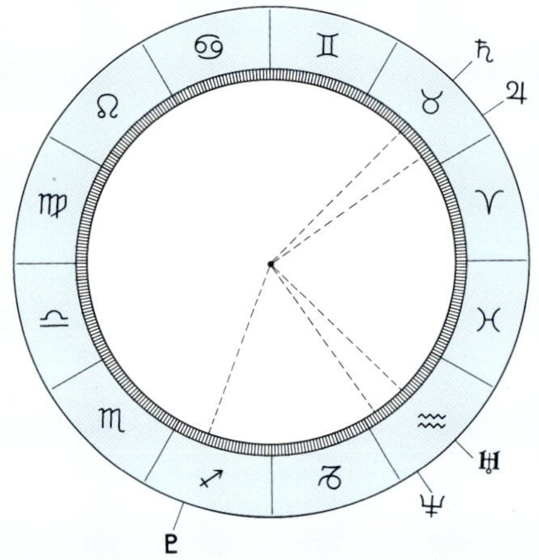

Voici la figure de l'indice cyclique pour le 1er janvier de l'an 2000, en données héliocentriques, selon les positions planétaires et les distances interplanétaires suivantes :

Jupiter	**036°0**
Saturne	**045°3**
Uranus	**316°4**
Neptune	**304°0**
Pluton	**250°3**

Jupiter-Saturne	**9°**
Jupiter-Uranus	**80°**
Jupiter-Neptune	**92°**
Jupiter-Pluton	**146°**
Saturne-Uranus	**89°**
Saturne-Neptune	**101°**
Saturne-Pluton	**155°**
Uranus-Neptune	**12°**
Uranus-Pluton	**66°**
Neptune-Pluton	**54°**
Ce qui fournit un indice de	**804°**

Ce chiffre représente un "moment" de la Grande Année dont la configuration-mére était de 0°. Pour en tirer une signification, il importe de le situer par rapport aux indications chiffrées qui précèdent et à celles qui suivent. Il convient donc de calculer cet indice d'année en année et de projeter la courbe de son évolution, sur un siècle par exemple. Les zigzags de la ligne de cet indice expriment la diastole-systole de l'alternance dispersion-concentration des planètes. L'indice grimpe lorsque dominent les cycles en phase ascendante, alors qu'il chute lorsque l'emportent les cycles en phase descendante. Les pics ou sommets représentent donc la condition de l'étalement ou éloignement interplanètaire maximum, généralement un temps d'oppositions; quant aux creux, ils situent un maximum de rapprochement interplanètaire un temps de conjonctions.

cycles fournissant des variations significatives de longue durée.

Il est d'autres façons de procéder pour traiter cette répartition des astres autour du cercle, divers confrères (Claude Ganeau, Pierre Julien, Claude Latrémouille, Max Duval) ayant proposé des versions qui ont chacune un intérêt particulier, toutes se rejoignant pour l'essentiel. (*cf.* page précédente).

CYCLICITÉ DU XXE SIÈCLE

La figure de l'indice cyclique du XXe siècle fait clairement apparaître l'association des périodes historiques constructives aux phases ascendantes de la courbe comme celle des périodes destructives à ses temps descendants, aux plus bas indices répondant les creux de vague de l'histoire. (cf. ci-contre).

Ainsi, la première grande chute va de 1911 à 1918, c'est-à-dire des premiers coups de canon de la première guerre balkanique à l'armistice de la Première Guerre mondiale qui s'est écoulée au bas de l'anse inférieure de cette phase descendante. Avec la remontée linéaire de 1919 à 1927 se place le temps de la reconstruction de l'après-guerre, qui culmine avec le pacte Briand-Kellogg, mettant la guerre hors la loi (août 1928). Une nouvelle baisse se produit de 1928 à 1933 : la grande crise économique éclate en 1929 et plonge au plus bas en 1933 (il y a disproportion entre la gravité de cette crise et le faible recul de l'indice). Ensuite, une grande chute s'étale de 1936 à 1945, allant des premières agressions d'Hitler contre la paix, accompagnées de guerres nouvelles (Éthiopie, Espagne, Mandchourie) à la fin de la Seconde Guerre mondiale.

C'est une nouvelle reconstruction d'après-guerre qui se présente sous la remontée de courbe de 1945 à 1950. Quand, cette année-là, la courbe redescend, la guerre de Corée éclate, temps fort de la "guerre froide" qui débouche sur les guerres de décolonisation, du Viet-nam à l'Algérie; outre que le bas de cette nouvelle anse inférieure tombe sur 1956, année particulièrement orageuse de l'intervention soviétique en Hongrie et de la guerre de Suez. C'est ensuite la plus forte hausse d'indice du siècle qui va jusqu'en 1964 et tombe sur l'euphorie de croissance et d'expansion des années 60, un plafond de la prospérité, devenu nostalgique. Redescente de courbe en 1965, l'année même où les États-Unis s'engagent militairement dans la guerre du Viet-nam ; outre que le bas de cette descente tombe juste sur 1968, l'année volcanique de l'intervention soviétique en Tchécoslovaquie et de la révolution contestataire de la jeunesse mondiale.

Après une légère remontée, la courbe opère une chute impressionnante qui commence en 1975 et finit en 1983 : à l'automne 1974 s'installe la seconde grande crise économique du siècle qui aboutira à une récession généralisée au monde entier au creux des années 1980-1981-1982, avec 31 millions de chômeurs à l'O.C.D.E. et un surendettement sans précédent, faisant planer la menace d'une catastrophe; sur fond de terrorisme, de délinquance, de drogue puis de sida. Parallèlement, c'est au tournant de 1975 que, rompant avec un certain équilibre de la coexistence pacifique, l'Union soviétique engage une politique de conquêtes en Afrique qui la conduira à l'intervention en Afghanistan (outre l'apparition de la crise polonaise). Les années 1980-1982 sont un retour à la guerre froide; tremblant d'inquiétude devant la tension et le surarmement, l'Europe est en proie au mouvement pacifiste et 1983 sera l'année de l'installation des euro-missiles, suprême état de tension internationale.

Une relève générale accompagne la remontée de l'indice qui suit. C'est en novembre 1982 que la concentration de toutes les planètes (en position géocentrique) a atteint son maximum : le fond du gouffre est touché et ce même mois, la reprise économique s'amorce, point de départ d'une remontée de la prospérité qui domi-

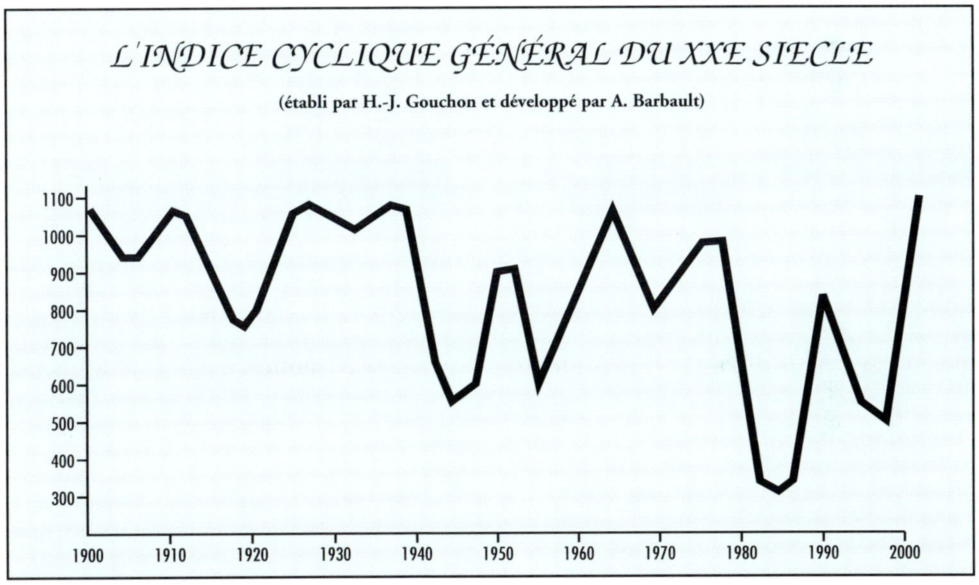

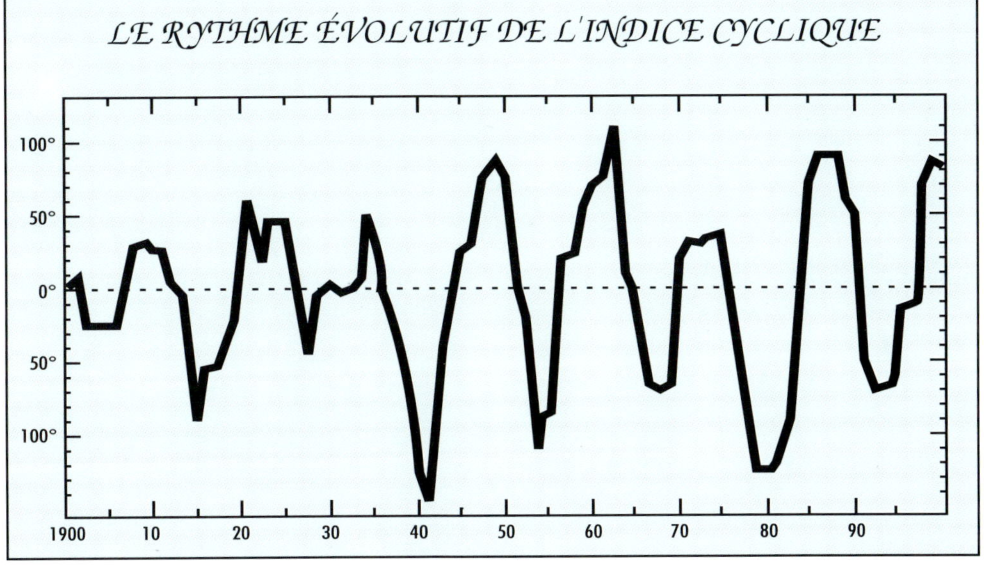

ne cette décennie. De même, à partir de 1984, un dégel diplomatique s'opère, qui conduira l'Est et l'Ouest à un désarmement effectif, la détente devenant entente.

RYTHMIQUE DE LA PULSATION CYCLIQUE

Nous allons faire subir un traitement à notre indice cyclique qui va nous apporter un résultat révélateur. Il s'agit d'en extraire le rythme, d'en suivre la cadence. Ainsi, l'indice du 1/1/1900 est de 1066°, celui du 1/1/1901 de 1069° et celui du 1/1/1902 de 1044°. Il a donc avancé de 3° au cours de la première année du siècle et reculé de 25° au cours de la seconde année. Or, il vaut d'observer l'allure générale de la variation du cheminement de cet indice au cours du siècle. (*cf.* page précédente).

1914 même — l'éclatement de la Première Guerre mondiale — accuse une première pointe de maximum de décroissance; cette année-là, l'indice, passant de 1001 à 911°, a reculé de 90°. Une seconde, mais moindre pointe d'accélération involutive se présente pour 1927, avec un recul de 57° : le boom économique tourne à l'orage annonciateur du krasch monétaire de la grande crise. Le record séculaire se présente avec la troisième pointe négative de 1940, c'est l'éclatement de la Seconde Guerre mondiale. Vient ensuite la pointe négative de 1952, le temps le plus critique de la guerre de Corée et celui de la folie nucléaire au cœur de la guerre froide. Puis celle de 1966-67 : la révolution culturelle chinoise et la guerre du Vietnam, accompagnées ensuite des révoltes estudiantines dans 25 pays en 1968. Un contraste à remarquer : le maximum de croissance de l'indice, son accélération positive la plus forte du siècle sur 1959-1962, années championnes de la prospérité, de l'expansion économique. L'avant-dernière pointe négative de 1978-1980 tombe sur le troisième choc pétrolier et la récession, l'Afghanistan et la Pologne. Quant à la dernière de 1990-1991, ne tombe-t-il pas sur un bouleversement historique ? Au bout de ces observations, il paraît difficile de douter que l'accélération du repli de l'indice cyclique soit un facteur déclencheur ou accélérateur de crise.

VARIATIONS CYCLIQUE

Une approche parallèle consiste à s'adresser directement à l'élément cyclique dans la succession de ses phases ascendantes et descendantes pour en situer les variations respectives. Il suffit de comptabiliser les cycles croissants et les cycles décroissants d'année en année. (*cf.* ci-dessous).

Ainsi, le 1/1/1900, il se présente 6 cycles croissants et 4 cycles décroissants; de même, le 1/1/1901; le 1/1/1902, on passe à 5 cycles décroissants, etc. Le glissement d'un rapport de phases ascendantes à phases descendantes d'une année à l'autre, est une autre manière, en fin de compte, de suivre la rythmique de l'indice cyclique.

Son tableau séculaire montre une pointe inférieure pour 1914, année où il n'y a que 2 cycles croissants contre 8 cycles décroissants et une autre pointre inférieure extrême pour 1940 avec, exceptionnellement, seulement 1 cycle croissant contre 9 cycles décroissants. Alors que l'extrême pointe supérieure du siècle tombe en 1961-1962 — années les plus euphoriques — avec 8 cycles ascendants contre 2 cycles descendants. De 1979 à 1981, l'on était revenu au rapport 2 cycles ascendants — 8 cycles descendants, tandis que de 1985 à 1989 — bonnes années économiques — l'on avait remonté à 7 cycles ascendants contre 3 descendants. On constate que l'on retombe au rapport 5-5 en 1990-91, pour finir sur un record séculaire en 1998-1999, inverse à celui de 1940, avec 9 cycles ascendants et 1 descendant!

On observe là le mouvement de balancier faisant alterner les temps d'ascension et de descente des 10 cycles, où l'on retrouve les pires moments de crise de la société mondiale aux années où la décroissance l'emportait au maximum sur la croissance.

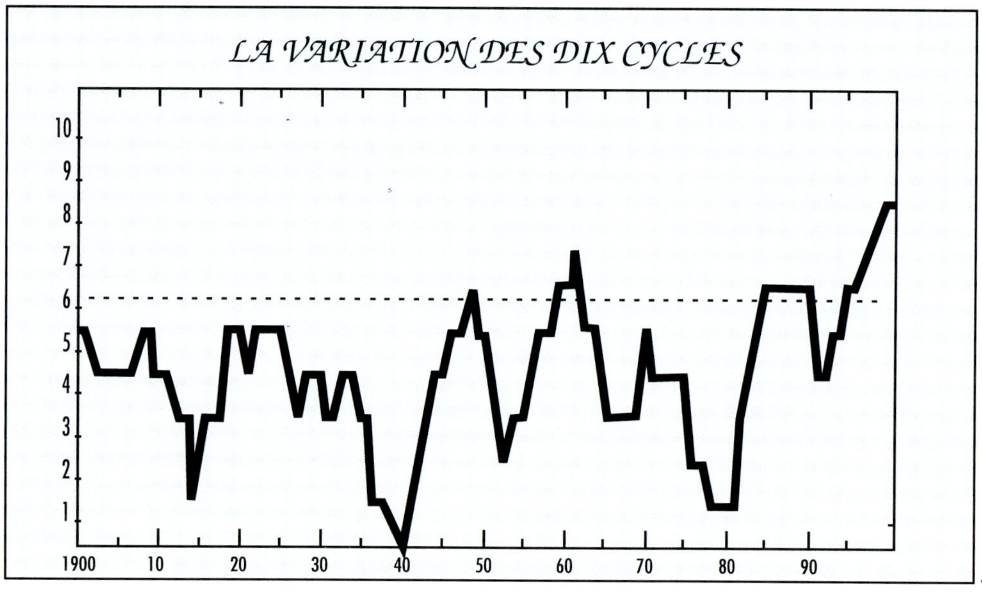

UN CYCLE RÉVOLUTIONNAIRE : SATURNE-NEPTUNE

Si la grappe qu'est l'ensemble cyclique ainsi perçu est porteuse d'information, c'est que le grain en est la source, chaque cycle ayant son propre registre de signification. Il est difficile pour un historien de ne pas reconnaître que depuis deux siècles (à l'exception de la Révolution française vécue sous une opposition Saturne-Neptune), les plus grands sauts révolutionnaires de notre histoire se sont présentés avec la révolte des colonies d'Amérique du Nord en 1773-1775, le soulèvement général des colonies d'Amérique latine en 1810, la naissance du mouvement communiste en 1847, accompagnée de la Révolution européenne de 1848, la constitution des divers partis socialistes-marxistes européens de 1880-1883, la Révolution russe en 1917, et l'apparition du tiers monde en révolte de nationalisme décolonisateur à partir de 1954 (Diên Biên Phu). Or, ces six bonds révolutionnaires successifs se sont échelonnés tous les 36 ans et ont coïncidé avec la chaîne des dernières conjonctions Saturne-Neptune de 1773, 1809, 1847, 1882, 1917 et 1953. Trente-six ans plus tard, nous avons 1989...

Ce qui cautionne la corrélation, c'est l'évolution interne du courant historique au rythme des phases de chaque cycle. Dans le cycle Saturne-Neptune 1917-1953, qui va de la révolution d'Octobre à la mort de Staline, par exemple, le sextile de 1922-1923 est le temps de l'ins-

CYCLE SATURNE-NEPTUNE : LES CONJONCTIONS SUCCESSIVES ET LE DESTIN DE L'URSS

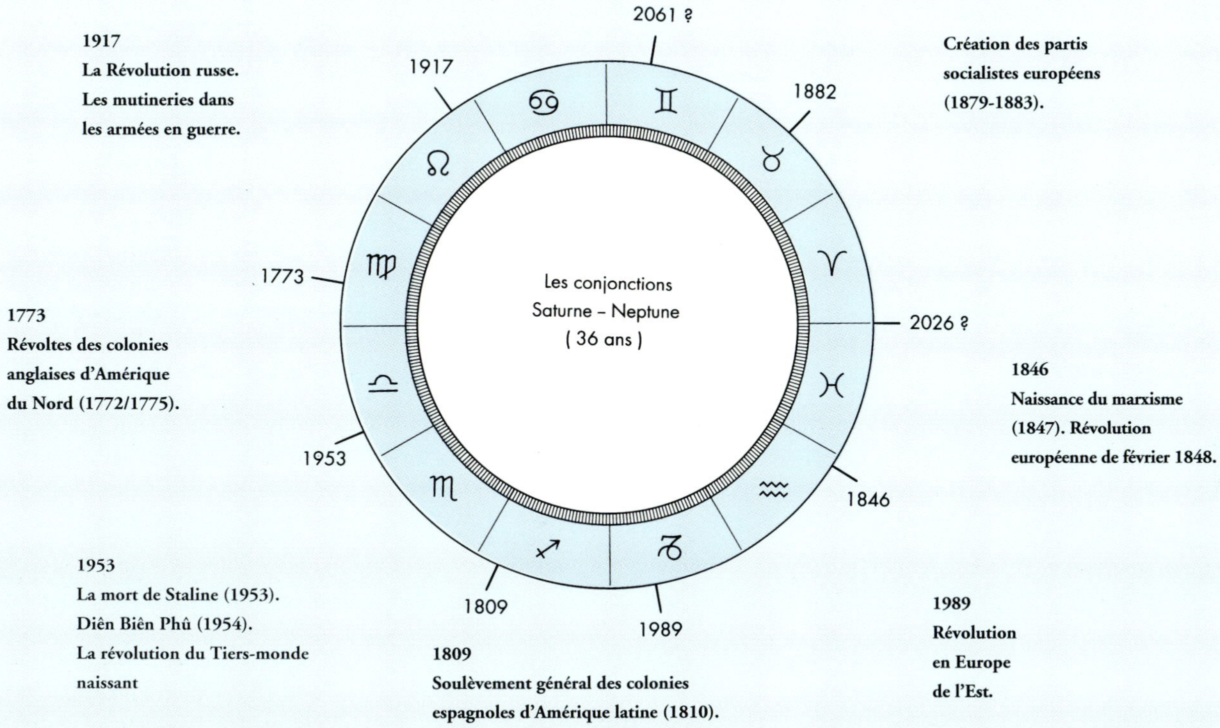

Autre configuration expressive de courant révolutionnaire: l'opposition Saturne-Neptune, sous laquelle, notamment, évolua la Révolution française.

tallation du régime : le carré de 1926, celui du grand conflit Trotsky-Staline finissant sur la dictature stalinienne; le trigone de 1929, celui du lancement de la construction de l'économie industrialisée du régime; tandis qu'à l'opposition de 1936 se dressent les barrages : procès de Moscou, pacte antikomintern et guerre d'Espagne... De même que dans le cycle suivant, le carré de 1962-1963 est celui de la scission Moscou-Pékin, comme l'opposition de 1971-1972 fait entendre la voix des dissidents, amorçant le recul général de la foi communiste en Occident...

Mieux qu'un simple relevé de rapprochement historique après coup, la prévision est davantage en mesure de porter témoignage de la validité de la corrélation. Voici donc deux textes prévisionnels concernant ce cycle Saturne-Neptune, et les interprétations faites sur ses deux dernières conjonctions.

La première prévision a été publiée dans le quotidien *L'Yonne républicaine* du 1er janvier 1953 : “Du fait que le parti communiste russe est né sous la conjonction de 1881 et qu'il a pris le pouvoir à celle de 1917, on doit penser que l'année 1953 sera capitale pour l'Urss En fait, le régime soviétique se trouve à une fin de cycle en même temps qu'à un renouveau de cycle. En tant que fin de cycle, on peut s'attendre à un remaniement intérieur, peut-être à une relève des hommes d'État au Kremlin. En tant que renouveau de cycle, il faut prévoir un rebondissement de la cause communiste dans le monde ou tout au moins de la cause révolutionnaire. La politique soviétique trouvera des échos dans des nations qui, jusque-là, lui étaient hostiles ou indifférentes”.

Nous avons rapporté cette prévision dans *Le Pronostic expérimental en astrologie,* Payot, 1973, en enchaînant sur le texte qui suit, nous donnant ainsi l'occasion de formuler la seconde prévision 16 ans à l'avance : “A la surprise du monde entier, Staline meurt le 5 mars 1953 : c'est l'inauguration d'une ère nouvelle pour l'U.R.S.S. et le communisme. D'un autre côté, Moscou se découvre une nouvelle vocation révolutionnaire en soutenant la cause de la décolonisation et des nationalismes afro-asiatiques; il brise son isolement en se dégageant une solidarité politique avec le "tiers monde" naissant.

Fort de cette réussite, nous accordera-t-on aussi le crédit d'avoir pris au sérieux la conjonction Saturne-Neptune de 1989, comme l'annonce d'une nouvelle "grande première" pour le destin de l'Union soviétique ou du communisme mondial?"

Dans L'Astrologue n° 85, 1er trimestre 1989, il était précisé que l'opposition de Jupiter à cette conjonction, de septembre 1989 à juillet 1990, signifiait "un temps d'extraversion de courants révolutionnaires jusqu'à l'éclatement, ce qui promettait des débordements populaires, massives descentes de rue avec risque de renversements de pouvoir. On songe à la possibilité de coups d'éclat de ce genre pour des pays qui étouffent comme la Roumanie, des pays d'Europe de l'Est maintenus sous la carcan comme la Tchécoslovaquie." (*cf.* ci-dessus).

La caractéristique historique de 1989 fut effectivement que l'on défila en masse un peu partout dans le monde, de l'Asie (Pékin, Canton, Shangai, Hongkong) à l'Europe à travers les mouvements nationalistes de l'empire soviétique et les pays du bloc de l'Est.

Et c'est à la suite de manifestations devenues régulières dans les autres grandes villes de la R.D.A., la descente dans la rue d'un million de Berlinois qui imposa la suppression du mur de Berlin le 9 novembre, la carte du ciel présente de cette journée montrant que Vénus, sortie de la conjonction d'Uranus, arrivait à celle de la conjonction Saturne-Neptune, outre que le Soleil et Mercure étaient en conjonction de Pluton.

Un temps exceptionnel de 9 conjonctions planétaires présidant à un événement considérable rendant la perestroïka désormais irréversible en changeant la face de l'Europe.
(*cf.* ci-dessous)

AU CARREFOUR D'UNE GRANDE TRIPLE CONJONCTION

Encore faut-il intégrer ce renouveau du cycle Saturne-Neptune à un ensemble configurationnel d'une signification capitale.

En effet, ce sont trois géants qui se rencontrent en quelques années en une triple conjonction, la conjonction de 1989 se situant entre une conjonction Saturne-Uranus en 1988 et une conjonction Uranus-Neptune en 1992-1993, qui redevient ici le centre de gravité de la conjoncture mondiale. Ces deux dernières planètes s'étaient rencontrées antérieurement en 1820, année charnière de deux décennies où s'installe la révolution industrielle qui bouleverse la société occidentale : ainsi commence l'ère du capitalisme moderne.

Autour des grands centres de production se forment deux classes sociales, représentées par les deux pôles planétaires du cycle : la puissance patronale (Uranus) et la force ouvrière (Neptune), comme s'allient ultérieurement entre eux États libéraux (Neptune) et États autoritaires (Uranus). Dès que Jupiter ou Saturne passe en conjonction de l'une ou de l'autre de ces planètes, le processus historique qu'elle représente devient l'objet d'un dynamisme particulier.
(*cf.* page suivante).

Dans leur propre cycle, Uranus et Neptune passent par leurs aspects successifs qui modulent diverses étapes de tension (carré et opposition) et de détente (trigone et sextile) entre les deux pôles de la société. Pour en rester à notre siècle où s'écoule la phase descendante du cycle, c'est sous l'opposition (1906-1910) que l'Europe se dresse en deux camps adverses (Triple Entente face à Triple Alliance) pour se jeter dans la Première Guerre mondiale (de la conjonction Jupiter-Uranus de 1914 à la conjonction Jupiter-Neptune de 1919).

Avec les aspects suivants, les significations données sont en quelque sorte cautionnées par des résultats d'interprétation : la prévision est allée au-devant de l'événement et l'a rencontré. Pour le trigone de 1939-1943, le rapprochement des contraires dans le double temps du Pacte germano-soviétique et de l'Accord anglo-américano-soviétique de la Seconde Guerre mondiale. Pour le carré de 1953-1956, les grandes années de la "guerre froide" entre l'Est et l'Ouest. Pour le sextile de 1965-1968, l'apparition de la "coexistence pacifique", et pour le semi-carré (aspect mineur de 45°) de 1973-1974, le réchauffement de la "guerre froide".

Cette série s'achève avec la conjonction de 1993 en donnant à cette configuration le sens d'une grande rencontre des deux mêmes pôles de la société mondiale. Outre que Saturne se joint à ce duo : le rapprochement de ces trois planètes lentes en triple conjonction ne symbolise-t-il pas déjà le mouvement vers l'union, la fusion, à quoi tend à répondre l'unité européenne de 1993 ?

Entrons maintenant à l'intérieur de cette triplice en nous introduisant dans le cheminement historique lié aux rapports de ces trois astres. La première fois que nous y avons fait allusion remonte à 1967 dans un exposé p. 173 de *Les Astres et l'Histoire,* éditions J.-J. Pauvert, 1967. L'approche interprétative faite à l'époque garde tout son sens : "On comprendra mieux toute la valeur de cette triple ren-

LA CONFIGURATION ASTRALE DU 9 NOVEMBRE 1989

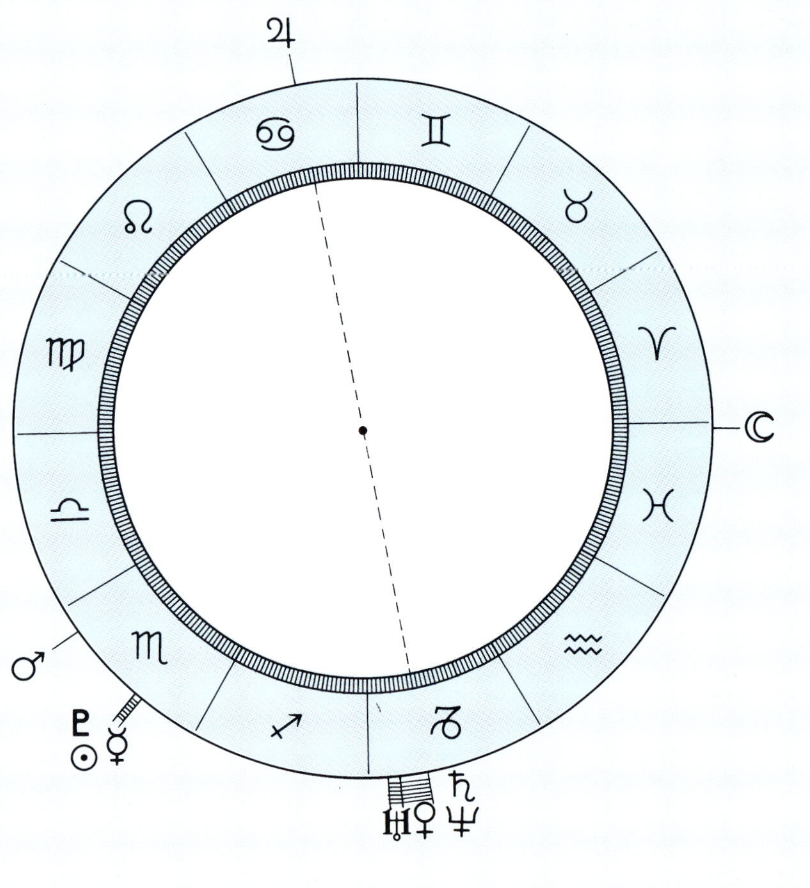

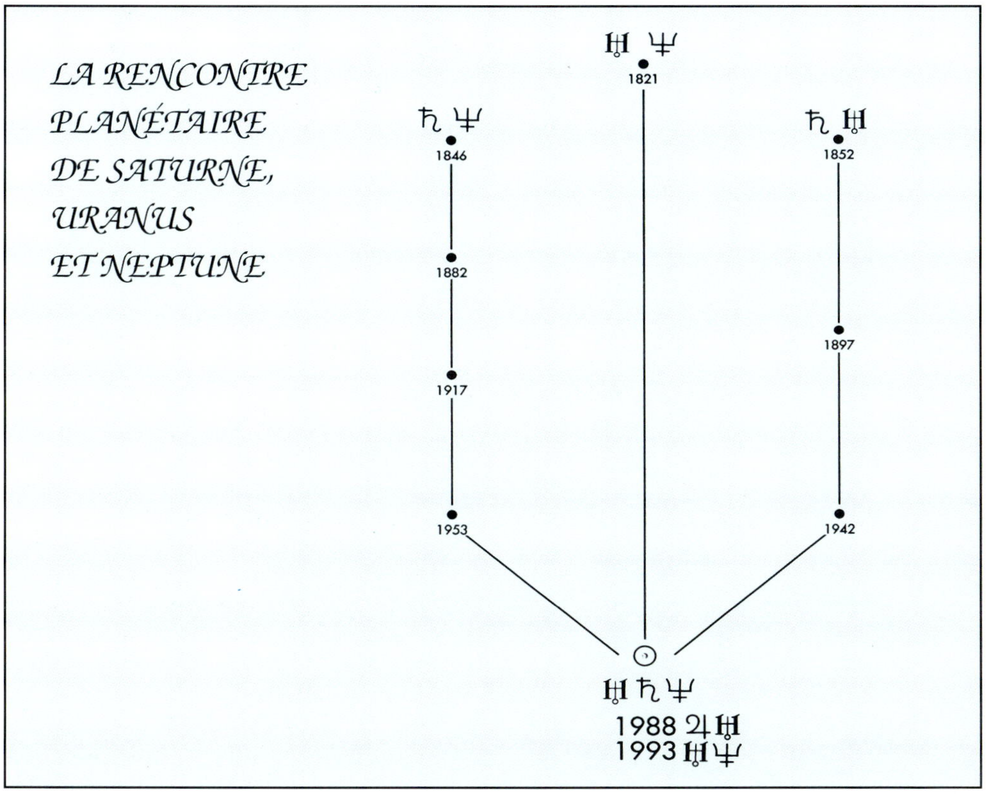

contre planétaire — la plus importante réunion astrale de tout le xxe siècle — en regardant le présent tableau qui nous ramène en arrière. Sous l'interférence antérieure des mêmes astres, correspondant aux conjonctions Saturne-Uranus de 1942 et Saturne-Neptune de 1953, nous avions déjà deux relancements historiques : ces deux "partants" ont donc ici une commune arrivée, et leurs aboutissements respectifs se font au même point de rencontre ! Or, ces deux "partants" sont connus : ce sont l'Américain et le Russe, sous les espèces du principe capitaliste et du principe communiste. L'un et l'autre en sont donc à parcourir chacun son dernier cycle saturnien dans le cadre du grand cycle Uranus-Neptune. Ils en sont arrivés là, comme on sait, au bout d'une série d'étapes saturniennes.

D'un côté, avec les cycles Saturne-Uranus, nous avons vu le capitalisme prendre son essor à la conjonction de 1852, ensuite l'impérialisme devenir roi (en particulier le panaméricanisme) à celle de 1897; enfin, les États-Unis prendre la relance des puissances européennes occidentales en entrant dans la guerre à la conjonction de 1942, engagement les menant sur la voie d'une certaine domination mondiale. De l'autre, avec les conjonctions Saturne-Neptune, nous avons vu surgir la doctrine communiste à la conjonction de 1847, se fonder les divers partis marxistes européens (le russe notamment) à celle de 1882, le communisme s'implanter en Russie à celle de 1917, et enfin, à la dernière de 1953, la puissance soviétique se renouveler à partir de la mort de Staline et se présenter également, surtout pour le tiers monde naissant, comme une solution mondiale. Or, on le voit, ces deux partants arrivent en fin de course, l'un et l'autre, pour la dernière destination de 1988-1989."

Pour l'essentiel, avec cette triple rencontre, c'est effectivement le rapport Est-Ouest — puissance soviétique et puissance américaine — qui est directement impliqué dans un moment existentiel commun d'une importance capitale. Sous l'aspect particulier d'une convergence de courants, analogue à la jetée de deux affluents dans un fleuve, fusion apparentée à un grand changement de la société mondiale où est remise en question d'une façon fondamentale la bipolarité capitalisme-communisme.

Tentant de pressentir la façon dont cette évolution était susceptible de se présenter, dans L'Astrologue n° 80 (4e trimestre 1987) nous nous risquions à évoquer "une refonte de la situation d'ensemble du rapport Est-Ouest, contribuant à l'effacement du monde en deux blocs hérités de la guerre et de Yalta. Il est difficile d'imaginer le visage que prendra cette nouvelle société mondiale. On peut admettre la perspective d'une intégration de l'économie du bloc soviétique (Comécon) dans le marché mondial, l'Union soviétique se transformant d'ennemi d'hier en "partnership", comme le sont entre eux les Grands du monde libéral."

Avec ce qui se passe à l'Est depuis cette année 1989, la voie vers une Europe "de l'Atlantique à l'Oural" n'est plus une utopie. Il n'en est pas moins vrai qu'on ne peut savoir exactement quelle sera la société mondiale de demain — si, à l'Est, le monde a déjà radicalement changé, quel changement non moins radical s'annonce-t-il chez nous? — et, de toute façon, l'information astrologique ne rend compte que d'un monde de tendances et de valeurs foncières sans s'adresser directement au fait lui-même.

Cette conjoncture exceptionnelle est naturellement porteuse d'un contenu bien plus large que celui de notre sphère d'exploration. On peut tout autant concevoir une révolution scientifique, artistique, culturelle, qu'un nouveau tournant spirituel de l'humanité. Il suffit, par exemple, de revenir au cycle du retour à l'état premier de conjonction commune de ces trois planètes, qui a lieu tous les 683 ans environ — 1305, Clément V transfère le siège de la papauté à Avignon; 622, naissance de l'Islam... — pour comprendre que nous puissions vivre un temps fort de crise religieuse ou d'exacerbation de la foi.

Si l'on en revient à notre monde présent, en tout cas, personne ne peut accuser l'astrologie de verser dans un pessimisme apocalyptique bi-millénariste. Car il suffit de revenir aux figures 4 et 5 pour retenir qu'après un nouveau fléchissement de 1990 à 1996, l'indice cyclique s'élance vers une pointe absolue en l'an 2000, et qu'en 1999, 9 cycles sur 10 seront en phase ascendante. L'an 2001 s'offrira même le rarissime privilège d'avoir ses 10 cycles ascendants! Comment mieux se représenter, pour cette entrée du XXIe siècle, l'élan intégral d'un monde renouvelé ?

Ne nous quittons pas sans nous rappeler la sagesse des nations qui situe si bien les limites de ce savoir conjoncturel. Elle ne s'est pas contentée de révéler que "l'histoire est un éternel recommencement"; encore a-t-elle eu soin de tempérer cette vérité par son contraire, non moins véritable, à savoir que "l'histoire ne se répète jamais". A. B.

Eléments de base de l'Astrologie mondiale

Les prêtres, qui gardaient et transmettaient le savoir, furent les premiers à réglementer ce que les dieux voulaient communiquer aux peuples. L'astrologie de l'Antiquité, dont nous connaissons les enseignements, n'était pas uniquement une croyance astrale; elle rendait des services pratiques, et plus particulièrement dans les domaines de l'économie et de la politique. Elle concernait le monde, et non l'individu. Les Grecs furent les premiers à développer les principes fondamentaux de l'astrologie mondiale. Depuis, ces principes restent en vigueur, et rien de nouveau n'a été inventé. Pourtant, le monde a considérablement changé. On constate donc qu'il existe de grandes lacunes dans l'astrologie mondiale. On pourrait dire, en quelque sorte, que l'on mesure l'époque actuelle avec d'anciennes règles (qui ne sont pas pour autant périmées) (1). Puisque l'astrologie mondiale ne traite pas d'un individu en particulier, mais de peuples, d'États, de villes, de partis ou de toutes autres institutions économiques, politico–financières, culturelles, sportives, etc., il devient difficile de préciser le moment de la naissance, et l'on se demande également si de tels organismes sont autonomes. Si, comme nous avons de bonnes raisons de le penser, la réponse est affirmative, on pourrait dresser l'horoscope et l'interpréter. Mais sur quel moment, même approximatif, va-t-on se baser ? Ptolémée connaissait déjà ce problème. Pour essayer de le résoudre, il attribua les caractéristiques des douze signes du Zodiaque aux traits essentiels (ou du moins ce que l'on considérait comme tels) des peuples de jadis. Aujourd'hui, on peut bien sûr émettre des doutes sur ces attributions arbitraires.

Dans l'Antiquité, les Jutes étaient considérés comme des guerriers agressifs et belliqueux. Un tel trait de caractère ne correspond plus aux Danois aujourd'hui. Un autre point de vue — qui a plus de valeur — était également représenté il y a deux mille ans : d'après sa nature propre, chaque signe du Zodiaque correspondait à un certain type de paysage. Les régions Bélier étaient considérées comme stériles. Le Danemark qui, selon un tel classement, dépendait du signe du Bélier, correspondrait plutôt au signe fertile du Taureau de nos jours. Depuis deux mille ans, le visage politique du monde s'est incontestablement transformé. Les peuples de jadis sont devenus des nations hautement civilisées, et même s'il existe encore tout une série d'États regroupant de nombreuses nationalités, ces États ont des frontières bien délimitées et bien surveillées. Il se pose, dès lors, une problématique croissante. Mais les astrologues arabes, au début du Moyen Age, donnèrent le ton et se mirent à dresser des thèmes de naissance pour les États. Cette pratique est toujours en vigueur, et dans un certain sens, elle peut être considérée comme un pis–aller.

Les premiers astrologues se préoccupèrent plutôt du devenir de la collectivité. Au fil des temps et de l'histoire des hommes, l'astrologie s'orienta vers l'étude de la personnalité. Aujourd'hui, les moyens de transport et les instruments de communication modernes raccourcissant toujours un peu plus les distances entre les peuples et leurs cultures, l'astrologie collective, voire planétaire, est plus que jamais d'actualité : il s'agit de l'astrologie mondiale.

Ces horoscopes des États ont fait leurs preuves, mais ils peuvent être sujets à controverse. Le problème réside dans l'heure de naissance de l'État. Connaissait–on l'heure exacte, en ce jour de Noël de l'an 1066, lorsque Guillaume le

(1) Notons toutefois l'apport essentiel — peut–être ignoré de l'auteur d'outre-Rhin — de deux grands astrologues modernes en astrologie mondiale : H. J. Gouchon et André Barbault, qui développèrent en particulier la notion de "cycle planétaire".

COURONNEMENT DE WILLIAM (1027-87) TIRÉ DES "ANCIENNES ET NOUVELLES CHRONIQUES D'ANGLETERRE" (VOL. I PAR JEAN BATARD DE WAVRIN, 1470-80).
Pour faire le thème d'un État en astrologie mondiale, on se base généralement sur la date de naissance d'un pays, souvent sur celui de la Constitution en cours. Pour les États-Unis par exemple le 4 juillet 1776, ou pour la France la signature de la Constitution de la Ve République. Il est par contre plus difficile de fixer l'Ascendant, car, pour cela, il faut de plus connaître l'heure — et si possible la minute — exactes de l'acte de la signature ...

Conquérant fut couronné roi d'Angleterre à Westminster? Les Anglais eux–mêmes se posent la question. Ils ont même calculé 4 thèmes pour leur État. Le premier pour l'an 1066; le deuxième est dressé pour Londres, le 18 mai 1660, lorsque, après le gouvernement Cromwell, le royaume fut de nouveau instauré; le troisième est calculé pour le 1er mai 1707 à 0 heure, quand l'Écosse se rallia à l'Angleterre; le quatrième, enfin, a pour base le 1er janvier 1801, à 0 heure, au moment où entra en vigueur l'union entre l'Angleterre, l'Écosse et l'Irlande. Et c'est seulement à ce moment là que naquit l'actuel Royaume–Uni.

Dans de nombreuses publications astrologiques paraissent des horoscopes de l'année ou du siècle. On se demande pourquoi une date aussi arbitraire que le 1er janvier à 0 heure servirait d'horoscope natal à tout un siècle. Il est bien plus judicieux de se référer au calendrier de la nature, celui qui représente la trajectoire du Soleil. Chacun sait que le Soleil entre dans le signe du Bélier le 21 mars, à un jour près. En raison des années bissextiles, cette date varie quelque peu.

L'année astrologique est en réalité fondée sur la nature. Le degré 0 du Bélier, et le degré 0 de la Balance (que le Soleil franchit au début de l'automne) correspondent à l'égalité entre les jours et les nuits (équinoxes). Les solstices ont tout autant d'importance : c'est à ces moments là que commencent l'hiver et l'été. Il existe donc 4 points cardinaux qui sont : 0 degré du Bélier, du Cancer, de la Balance et du Capricorne. Les horoscopes que l'on calcule pour de telles dates, et que l'on oriente pour n'importe quel point géographique, par exemple la capitale d'un pays, se nomment horoscopes trimestriels. En astrologie mondiale, ils ont une grande importance. Le thème dressé pour le jour du printemps — c'est *ingrès* —, est considéré par beaucoup d'astrologues comme le propre thème de l'année.

Dans l'Antiquité, on attribuait aux étoiles fixes une signification particulière. Aujourd'hui, dans l'astrologie individuelle, elles sont à peine prises en compte. En mondiale, elles semblent encore avoir une certaine autorité. Quoi qu'il en soit, les astrologues dans leurs traités ont toujours essayé d'en démontrer la valeur. Mais il faut avant tout savoir qu'en astrologie mondiale, les horoscopes des personnalités dirigeantes sont prédominants. En effet, la politique est faite par des hommes. Il est donc des plus légitime de dresser les horoscopes de ces hommes qui ont entre les mains les commandes du pouvoir. On recherchera, si le thème d'un homme politique est en harmonie avec celui d'un État (2), ou bien si ses astralités concordent avec d'autres hommes politiques, les collègues d'un même parti, les alliés ou les opposants.

LA SIGNIFICATION DES PLANETES EN ASTROLOGIE MONDIALE

En mondiale aussi on considère le Soleil et la Lune comme des planètes. Dans cette classification, il faut également prendre en compte les Nœuds lunaires. En astrologie mondiale, le Soleil représente les institutions en soi, par exemple l'État, et l'homme qui en est à la tête, qu'il soit monarque, président, ou tout autre représentant. La position dans le radix (ou thème de base) permet de déterminer la constitution interne, et les chances qu'ont les institutions de se développer. On saura si l'État en question jouira d'une bonne réputation (cela n'est possible que si le Milieu–du–Ciel reçoit de bons aspects), si les concitoyens peuvent espérer mener une vie paisible et heureuse. Mais la position du Soleil permettra aussi de juger l'appareil administratif, pour autant que celui–ci serve à exécuter les ordres du pouvoir, et à remplir les devoirs qui lui incombent pour renforcer l'État.

La Lune représente le peuple, les masses populaires, le public. Si le Soleil et la Lune sont en bons aspects, le peuple s'identifiera à son État. Il aura de la conscience civique. La position de la Lune exprime aussi les événements où l'impact de la démocratie est le plus immédiat. Une Lune favorable permet toujours de prévoir un climat économique satisfaisant. Dans des circonstances similaires, on jugera des mêmes choses d'après la position de la Lune en Maison et en signe. En destinée, les transits et les directions sur la position lunaire, la situation de la Lune dans les horoscopes trimestriels, et les thèmes d'éclipses permettront de tirer des conclusions sur les changements qu'engendre la politique, et dans quelle mesure la démocratie progressera ou subira des dommages.

Mercure symbolise la médiation et les intermédiaires. Il se rapporte en première ligne au commerce, mais aussi aux nouvelles, à la circulation, aux contacts internationaux, aux unions, aux alliances, aux conférences, aux voyages politiques, au travail administratif qui sert à mettre en marche la machine étatique. Mercure représente la jeunesse, mais c'est aussi le symbole de la diplomatie et de la propagande, de l'éducation publique, de l'école, des hautes études, de la littérature et des entreprises intellectuelles. Mercure permet donc de voir comment les choses sont mises en pratique et exploitées. Il permet, dans une moindre mesure, de juger la recherche et les préoccupations intellectuelles concernant les sciences.

Vénus régit plus particulièrement le domaine artistique, la créativité, les activités de loisirs et les initiatives culturelles d'un pays. Cette planète permettra de juger dans quelle mesure la population d'un État pourra mener une vie har-

(2) ...et c'est en général le cas, souvent de façon spectaculaire : Helmuth Kohl avait son Soleil sur le Descendant de l'ex-RFA; François Mitterrand a son Ascendant sur le Soleil de la Vème République (Note d'E. T.)

monieuse et facile. Vénus représente aussi l'amour de la paix et les relations amicales. Elle renseigne sur l'harmonie entre les différentes couches sociale d'un peuple en tenant compte du bien–être général. Mais Vénus est également importante pour pouvoir apprécier la prospérité et les tendances financières. Une Vénus bien placée dans le thème d'un État est de bon augure pour les citoyens de ce pays.

Mars englobe le potentiel des forces mises à la disposition de l'État, celles qui viennent de l'industrie lourde et de l'armée. Cette planète indique les ambitions et les chances que peut avoir un pays de devenir une puissance, mondiale. D'après la tradition, Mars renseigne sur la technique et sur l'ingénierie, ainsi que sur les employés de ces secteurs, qu'ils soient ouvriers sur des machines, techniciens, mécaniciens, ou ingénieurs.

Depuis toujours, Mars est la planète de l'énergie constructrice et destructrice — la planète de la guerre. Elle exprimera donc les dispositifs armés, et les capacités d'un État à se défendre. Dans le thème d'un État, la position de Mars renseigne sur la possible intervention des forces armées, et sur la nature heureuse ou bien risquée de cette intervention. Un Mars fort et défavorable signifie que le pays est prédisposé aux agressions. Mais Mars symbolise aussi la compétition à l'aide de moyens honnêtes, ainsi que le sport. En outre, elle est en rapport avec les révoltes, les actes de violence, la terreur et les revers. Mars indique la criminalité et les délits violents (Mercure indiquant surtout les vols, et Neptune, les tromperies et les intrigues). Lors des catastrophes naturelles (incendies, ouragans, explosions), Mars sera en position de force dans l'horoscope. Si elle est bien aspectée, Mars indiquera l'élan, l'esprit d'entreprise, la force et le courage pour trouver des solutions fermes, rapides, et des décisions précises.

Jupiter symbolise les hautes sphères de l'État, à condition qu'elles influencent la vie politique active. Jupiter représente le Premier ministre, mais aussi les grands fonctionnaires, managers dans l'économie, banquiers, magnats de la finance, et la haute noblesse. Jupiter symbolise les princes de l'Église et les représentants de la Justice, la situation de l'humanité, de la morale et de la prospérité dans un pays. En directions et transits, il signifie la paix et le bonheur, la prospérité, la croissance du capital, une situation alimentaire sûre, la signature des traités de paix, ou les mesures à longue portée en politique extérieure, celles qui assurent à un État sa reconnaissance et sa réputation.

D'après la tradition, **Saturne**, la "planète de la fatalité", caractérise aussi dans un thème mondial, quand elle est bien placée, la maturité et la sagesse, une structure pratique bien ordonnée, des lois strictes qui restreignent le champ d'action de l'individu et les libertés, mais qui permettent de mener une politique économique structurée, sans gros soucis. Un Saturne bien placé et bien aspecté représente, au meilleur sens du terme, une politique conservatrice, tournée vers une protection de ce qui est acquis. La planète incline beaucoup moins aux réformes. Saturne est en rapport avec l'agriculture, les mines et la production des matières premières, mais aussi avec tout ce qui concerne la sécurité de l'État et des citoyens. Par voie de conséquence, la planète signifiera aussi les assurances, les pensions, les rentes, etc. (3). Saturne concerne les citoyens les plus âgés (sur le plan politique). En mauvaise position, Saturne signifie la ruine, la stagnation économique, les crises dans l'État ou dans l'économie, la misère et les catastrophes qui peuvent en découler. En directions, Saturne peut symboliser les prisons et les camps de concentration de la police, qui fait cruellement pression sur les opposants. Selon sa position en Maison, Saturne peut aussi indiquer la ruine des finances ou de l'autorité de l'État par des moyens secrets ou détournés. Par ailleurs, Saturne liée à la Lune représente le prolétariat. Enfin, elle est en rapport avec les catastrophes naturelles (glace, tempêtes, froid, neige).

Uranus est le maître du Verseau. Il représente la dynamique idéologique, est en rapport avec la révolution ou les réformes. Uranus, c'est le progrès, l'innovation en politique, en économie et dans l'industrie de pointe. Cette planète représente les prouesses scientifiques, les résultats dans la recherche, les inventions qui servent le progrès. Dans les thèmes politiques, Uranus se rapporte aux syndicats, aux bouleversements sociaux, ou aux forces qui travaillent en vue d'atteindre un objectif progressif. Mais la planète est avant tout celle des grands changements dans la technique, dans tout ce qui touche à la communication (plus particulièrement si Uranus est liée à Mercure). Les ondes, la radio et la télévision dépendent aussi d'Uranus. Les directions et les transits de cette planète permettront de prévoir les attentats, les soulèvements, la terreur ou les catastrophes de la circulation (voir "Uranus et les catastrophes aériennes"). Enfin, Uranus est liée aux catastrophes naturelles (orages, intempéries, séismes, éruptions volcaniques).

Comme on ne permet pas aux fines entreprises de l'esprit de se réaliser dans la dure réalité politique, la planète Neptune exprimera avant tout les affaires humanitaires, l'aide aux déshérités ou bien les Arts. Neptune montrera en particulier les faiblesses d'une institution, la corruption, les fraudes, les escroqueries, les scandales, le chaos, les intrigues politiques, la démagogie et les duperies envers le peuple (surtout si Neptune est liée à la Lune). Sur le plan économique, Neptune renseigne sur les affaires de stupéfiants, la dépravation des mœurs, le rejet de l'État par les objecteurs de conscience, les luttes

(3) ...encore que, depuis la découverte de Pluton en 1930, ces derniers domaines soient plutôt l'apanage de cette planète (Note d'E. T.)

secrètes contre le pouvoir, les cabales ou les complots. Neptune exprime aussi la criminalité, les conspirations, les catastrophes naturelles dues à l'eau, au gaz ou à la pollution.

L'expression "pouvoir et masses" met Pluton en rapport avec les dictatures. Elle permet de juger des manifestations de masse, de la concentration du pouvoir dans l'économie, et surtout les relations avec les violences de l'atome, d'où son rôle dans les accidents nucléaires (4). Pluton est le significateur des grands bouleversements. En 1933, par exemple, sa position était très critique pour l'Allemagne.

Les Nœuds lunaires renseignent sur les entreprises communautaires, les efforts pour établir des contacts, et ils pourront indiquer quelle direction prendra un État pour se développer, surtout si cette direction se manifeste par des actions diplomatiques. Les Nœuds lunaires symbolisent l'activité des grands trusts économiques et tous les événements collectifs d'une manière générale. Ils activent l'importance des planètes avec lesquelles ils forment des aspects.

MAISONS ET SIGNES EN ASTROLOGIE MONDIALE

En astrologie mondiale, comme en astrologie judiciaire ou individuelle, la signification des signes et des Maisons est en analogie. La Maison I correspond au premier signe, le Bélier, la Maison II au deuxième signe, le Taureau, etc.

Maison I. Bélier : La première Maison renseignera sur le peuple d'un État, donc sur la nation qui porte en elle les caractéristiques d'un État, et qui s'identifie à lui. Cette Maison exprimera dans quelle situation se trouve l'État, et si éventuellement on tient compte des directions et des transits, on verra dans quel sens tend son développement. La Maison I permet de découvrir les avantages et les inconvénients de la situation géographique, et les relations avec les États voisins. On y voit aussi dans quelle mesure la volonté du peuple façonnera l'État. Une Maison I favorable permet de dire que l'État est en bonne santé, alors que des astres contraires en Maison I peuvent porter préjudice au pouvoir.

Maison II. Taureau : La deuxième Maison permet de porter des jugements sur les bases économiques de la communauté. Elle concerne surtout la monnaie, la banque et les finances, les biens du peuple, et les garanties financières de ses propriétés. La Maison II renseigne sur les mesures concernant l'épargne et les impôts comme sources de revenus du budget de l'État.

Maison III. Gémeaux : La troisième Maison renseigne sur les jeunes. En outre, cette Maison donne des indications sur la circulation sur terre, sur mer et dans les airs, surtout en ce qui concerne les contacts avec les autres pays. C'est le domaine du tourisme, des chemins de fer, de la poste, de la radio et de la télévision, de la littérature, des informations, de la presse. La Maison III concerne aussi les traités commerciaux, le commerce, les hommes d'affaires et l'économie.

Maison IV. Cancer : D'une certaine façon, elle complète les indications de la Maison II. Mais la Maison IV renseigne avant tout sur les bases économiques de l'État. Cette Maison se rapporte donc à l'économie au sens propre, à l'agriculture, au sol, à la terre, aux terrains, aux ressources en matières premières, et aux installations industrielles que celles–ci utilisent, mais aussi à tout ce qui concerne le secteur de l'immobilier et de la construction. Cette Maison symbolise aussi le pays natal, la patrie, dans le sens d'origine, de racines et de traditions, mais davantage comme idée que comme lieu géographique.

Maison V. Lion : C'est la Maison du sport. Par analogie avec la Maison V de l'horoscope natal, cette Maison signifie également les soins que l'on porte aux enfants et aux jeunes, leur éducation et l'enseignement en général. Enfin, on prend cette Maison en compte pour juger de la croissance de la population, la planification des naissances et, le cas échéant, les mesures prises pour contrôler ces naissances. La Maison V englobe des domaines apparemment aussi distincts que l'art, les loisirs, les spéculations (surtout à la bourse), mais encore la croissance économique au sens de croissance de la production.

Maison VI. Vierge : Elle permet de juger le vaste domaine du travail corporel et concret (attitudes au travail, situation de la classe ouvrière, etc.). Mais cette Maison signifie aussi toutes les organisations de la classe ouvrière, les associations de consommateurs, les syndicats, les représentants du patronat. Cette Maison donne aussi des renseignements sur les différentes classes sociales de l'État, et les problèmes qui en découlent. Aujourd'hui comme hier, les revenus résultant du travail jouent un grand rôle, d'autant plus qu'ils assurent la sécurité de l'existence. La Maison VI est en rapport avec les questions alimentaires, le statut de la Santé publique et de la Sécurité sociale. On y juge aussi les risques de maladies contagieuses, d'épidémies, le maintien des stocks et les rationnements obligatoires. Du temps des puissances coloniales, on y trouvait des renseignements sur les colonies.

Maison VII. Balance : C'est la Maison de la politique extérieure, et plus particulièrement des relations internationales (5). On y jugera aussi bien des alliances, des ententes fraternelles que des discussions se rapportant à la guerre ou bien aux actions militaires. Cette Maison symbolise les représentations diplomatiques, les ambassades et leur personnel, les affaires consulaires.

(4) Tchernobyl, le 22 avril 1986, de même que la catastrophe de Sandoz, le 31 octobre 1986, apparurent sous une dissonance Soleil–Pluton (Note d'E. T.)

(5) Certains astrologues, dont E. Teissier, affectent la politique extérieure et les relations internationales plutôt à la Maison IX.

Maison VIII. Scorpion : C'est une Maison "sombre" qui donne des renseignements sur les crises d'un État, sur les dangers qui le menacent à cause de conspirateurs, d'ennemis secrets. Mais la Maison VIII représente aussi les mesures qui permettront de lutter contre de telles menaces : les services secrets, l'espionnage pour assurer la sécurité intérieure, les mesures qui ne sont jamais rendues publiques, la diplomatie secrète. Dans les événements en rapport avec les guerres, cette Maison (par les aspects qu'elle reçoit) permettra de porter un jugement sur les gains et les pertes en territoires, et en outre sur la moralité et les signes avant–coureurs d'un écroulement de l'État. La Maison VIII exprime aussi les assurances, les pensions, les emprunts, les rentes et les problèmes sociaux–politiques correspondants.

Maison IX. Sagittaire : Elle représente les grands intérêts à l'étranger et les relations qui concernent les échanges culturels, l'aide au développement, et le large écho que de telles mesures peuvent provoquer. C'est la Maison des grandes questions philosophiques, culturelles ou religieuses, toujours importantes pour un État. Il peut s'agir aussi des relations avec l'Église ou des questions idéologiques.

Maison X. Capricorne : Elle symbolise le pouvoir et l'autorité de l'État, et exprime ainsi l'image de cet État et le crédit dont il jouit. Par le jeu des directions et des transits, la Maison X renseignera sur les plus hauts représentants : président, monarque, etc. On y juge aussi des services qui sont subordonnés à l'autorité de l'État (administration publique), et qui ont pour tâche d'exécuter la volonté du chef de l'État.

Maison XI. Verseau : C'est la Maison du Parlement et des représentants du peuple, celle du parti leader, des alliés politiques, des amis et des appuis. Cette Maison permet de voir la politique intérieure, et dans quelle mesure l'économie et la technique accélèrent la prospérité. On considère la Maison XI comme un domaine "heureux". Des planètes favorables dans cette Maison symbolisent un destin chanceux, les possibilités d'expansion et d'ascension.

Maison XII. Poissons : Cette Maison, située juste au–dessus de l'horizon oriental, a de tout temps posé problème aux astrologues les plus zélés. En astrologie mondiale, c'est aussi une Maison "sombre" à laquelle, d'ailleurs, dans la pratique, on attribue des tendances négatives. Si cette Maison est occupée par des astres favorables, on peut y juger du bien–être du peuple, et l'on peut compter sur une bonne assistance médicale. Les faibles et les déshérités recevront des avantages. Les préoccupations humanitaires et les mesures préventives sur le plan santé seront jugées d'après cette Maison. Mais d'un autre côté, cette Maison est aussi en rapport avec la criminalité, les délits, les ennemis cachés, les crises, les scandales, les cabales ou les complots qui peuvent affaiblir une nation. **A. v. P.**

Nostradamus

Dans le cortège qui traverse les siècles, Nostradamus occupe une place à part parmi les astrologues, une place dominante : médecin de culture encyclopédique, prophète, voyant et astrologue génial, il a bien souvent été victime de son génie, ou des folles spéculations de ceux, innombrables exégètes, sérieux ou farfelus, qui ont cherché à percer le mystère de ses prédictions. On n'a jamais pu raisonnablement douter que Nostradamus fût astrologue. à son époque, l'astrologie était à son apogée, et les astronomes étaient aussi astrologues. Même au siècle suivant, Kepler jouera un rôle d'astrologue, et considéra le cosmos tel un organisme doué de proportions, d'harmonies et de qualités spécifiques aux êtres vivants, ayant donc une conception systémique, organiciste, reliant l'Homme à l'Unnivers, conformément à la pensée traditionnelle. Jusqu'au début du siècle des Lumières, quand l'astronomie s'est coupée de sa mère naturelle, un penseur et véritable homme de science tel que Newton aimait encore. Bon nombre d'auteurs ont d'ailleurs mis en doute la part d'astrologue chez Nostradamus et on cite souvent le fameux quatrain rédigé en latin, à la fin de la VIème CENTURIE : « Omnesque Astrologi, Blenni Barbari proculsunto » (« Arrière tous les astrologues, les niais et les barbares »). Mais il me paraît évident, que Nostradamus condamne ici justement « les astrologues niais et barbares » (il suffit d'enlever la virgule après le mot astrologues !), car dans sa « Préface... » (adressée à son fils Caesar) et dans la lettre à Henri II (en introduction de VIIIème Centurie), il indique plusieurs fois clairement que ses prophéties sont basées sur « le mouvement des astres » :

Dans la préface : « ...tout est régi et gouverné par Astronomiques assertions... »

- « Dieu le créateur aye voulu révéler... quelques secrets de l'advenir accorde à l'Astrologie judicielle... ».

- « ...au personnage lui-même qui prédit par la doctrine des astres, et prophétise par inspirée révélation... ».

- « ...car les astres s'accordent à la révolution... ». (ce mot est à prendre dans son acceptation astronomique).

Et dans sa lettre à Henry II :

- « ...le tout a esté calculé par le cours célèste... »

- « ...et durant icelle supputation Astrologique, conférée aux sacrées lettres... ».

Et Nostradamus termine son message en écrivant : « Que toutes ces figures sont justement adaptées par les divines lettres aux choses célèstes visibles... ».

Ces exemples (il y en a d'autres !) me semblent d'une clarté indiscutable... Vlaicu Ionescu est certainement le spécialiste contemporain le plus éminent de Nostradamus, s'étant consacré, des années durant, à décrypter les fameuses Centuries du maître, il rend à Nostradamus ce qui appartient à Michel de Nostre–Dame : la part du génie visionnaire astrologique !

On n'a jamais pu raisonnablement douter que Nostradamus fût astrologue. À son époque, l'astrologie était à son apogée, et les astronomes étaient aussi astrologues. Même au siècle suivant, Kepler jouera un rôle d'astrologue. Jusqu'au début du siècle des Lumières, quand l'astronomie s'est coupée de sa mère naturelle, un penseur et véritable homme de science tel que Newton aimait encore l'astrologie, et avait le courage de donner à son ami Halley — le découvreur de la fameuse comète qui porte son nom —, qui niait les fondements de l'astrologie, la courte et décisive réponse : "Monsieur, je l'ai étudiée, et vous, non !"

La personnalité de Nostradamus occupe une position unique dans l'histoire de l'astrologie, par laquelle, déclare–t–il dans la préface, il avait "supputé" les dates de ses prophéties. Mais il évite de s'attribuer le titre d'astrologue, comme s'il tenait à faire la distinction entre l'astrologie commune, et sa science des astres. Il forge le titre d' "astrophile" pour lui–même, comme on peut le voir dans son testament. Comme d'habitude, le mot peut cacher une amphibologie. Il se dit un "amoureux des astres", mais aussi un "*astrorum filius*" (fils des astres), comme si les génies ou les dieux des astres étaient ses parents réels.

Le caractère unique du phénomène nostradamien réside dans le fait qu'il joint la prophétie à l'astronomie et à l'astrologie dans un tout unitaire. S'il arrive à voyager dans le temps, et à voir l'histoire comme dans un film, sa science astrale n'est qu'un accessoire, nécessaire à nous faire connaître par des positions planétaires, les dates des événements qu'il verrait "comme dans un miroir ardent, comme par vision obnubiliée". Ou bien : "Qu'on vient à recevoir par le subtil esprit du feu qui, quelquefois, par l'entendement agité, contemplant le plus haut des astres, comme étant vigilant, mesme qu'aux prononciations" (Préf.18).

Beaucoup de quatrains contiennent des positions planétaires. Mais, à la différence des astrologues qui cherchent à déduire de certaines conjonctures astrales, transits, directions, les événements qui pourraient arriver, Nostradamus saisit auparavant l'événement, et seulement ensuite va–t–il déterminer les positions planétaires correspondantes. C'est dans cette étape secondaire qu'on peut dire qu'il fait des calculs, et use de ses connaissances astronomiques et astrologiques. Il le fait seulement afin de montrer aux futurs interprètes qu'il connaissait aussi les dates des événements écrits (1).

Au cours des siècles, on s'est toujours interrogé sur la technique de ses visions prophétiques, et spécialement sur leur accord avec une chronologie à base astronomique. S'agirait–il d'une faculté que certains médiums possèdent dans leur transe ? Ce don serait–il une certaine participation à un plan transcendant, intemporel, à une "invisible éternité", selon les propres termes de Nostradamus (Pref. 22), ou à une initiation selon une tradition "johannite" basée sur la régénération de notre substance, par la vision du "Verbe en éternité", comme l'indique le quatrain II – 13 ? Serait–il le résultat d'un rituel similaire à celui de la sibylle de Delphes, comme Nostradamus le suggère dans les deux premiers quatrains de la Centurie. Serait–il un des dons de la Pierre philosophale, de son intuition hermétique, greffée sur une prédisposition naturelle ? S'agirait–il d'Agathodaimon, d'un "bon ange" ou génie qui, semblable à un feu ou à une flamme exiguë, projetterait une lumière inspiratrice sur notre intellect ? Ce don serait–il le résultat d'une discipline initiatique semblable à celle du Yoga ou à celle des moines "hésychastes" de la tradition byzantine de l'Église orthodoxe? Ce qui paraît certain, c'est qu'il ne s'agit pas d'une simple clairvoyance, car Nostradamus lui–même fait la distinction entre cette faculté et le don proprement dit, celui–ci dérivant d'une ascension sur d'autres plans ontologiques (Épître, 31, 32).

En somme, ce qui nous intéresse ici, c'est le fait qu'on est en droit de se demander s'il a vu — ou s'il a eu la révélation de... — la date de

MICHEL DE NOSTRE-DAME. CARICATURE DE NOSTRADAMUS ET DE SES PROPHÉTIES (SAINT-RÉMY-DE-PROVENCE 14-12-1503); SALON DE PROVENCE (2-7-1566). COLORIÉE EN FRANCE EN 1815. Malgré le grand nombre de prédictions terrifiantes, Nostradamus dit clairement que ses prévisions sont valables jusqu'à l'année 3797, ce qui nous rassure quand même pour quelques dizaines de générations !

l'événement, et si, après cette vision, il a calculé, selon des méthodes astronomiques, les positions planétaires correspondant à ces dates; ou bien, si ces positions lui sont apparues en plus de la révélation. En considérant plusieurs passages de la préface et de l'épître, où il parle de "supputations" sur les "mouvements et cours célestes", on est tenté d'opter pour la première alternative. Le lecteur se demandera aussi pourquoi, s'il a découvert les trois planètes inconnues à son époque (à savoir : Uranus, Neptune et Pluton), n'a–t–il pas communiqué aux astronomes de son temps l'existence de ces planètes, communication qui aurait pu lui valoir une certaine gloire ? La réponse est simple : il ne pouvait pas donner la preuve concrète de leur existence, puisqu'il n'avait aucune possibilité de s'en convaincre par l'observation directe. En effet, on ne possédait pas d'instrument d'observation capable de couvrir de si grandes distances. Mais peut–être y a–t-il encore une autre raison plus conforme à l'esprit nostradamien. Il ne cherchait pas la gloire en ce monde, ni les titres tant prisés par les académiques. Il sentait peut–être que sa véritable mission était de s'adresser plutôt à un avenir lointain où la désintégration des valeurs atteindrait une certaine limite, et où l'homme, endoctriné et empoisonné à outrance par le mirage des idéologies, aurait vraiment besoin de preuves et de documents pour la réalité du monde de l'esprit. Or, l'implication majeure du phénomène nostradamien est en effet que ce monde transcendant existe, et que l'esprit de l'homme peut y avoir accès.

Il existe aussi des textes nostradamiens qui concernent la théorie traditionnelle des cycles. Puisque tous les astres tournent et reviennent périodiquement sur les mêmes points, en formant des configurations semblables à certains intervalles de temps, il était naturel pour l'homme traditionnel de penser que l'histoire elle–même qui, d'après l'astrologie, est dirigée par les astres, soit marquée par des récurrences périodiques d'événements semblables. C'est la conception du "temps qualifié", pour user d'un terme cher à Jean Phaure(2), ou la théorie de l'"éternel retour" dont parle, entre autres, Mircea Eliade : "Un trait nous a surtout frappé, en étudiant ces sociétés traditionnelles : c'est leur révolte contre le temps concret, historique, leur nostalgie d'un retour périodique... leur hostilité à toute tentative d'histoire autonome, c'est–à–dire d'histoire sans régulation archétypale." (3)

La cyclologie est un savoir plus haut, plus universel, car il implique non seulement des connaissances astrologiques, mais une philosophie de l'histoire, et une métaphysique basée sur les lois de l'analogie universelle. Nostradamus perpétue la tradition des Babyloniens, des prophètes de l'Ancien Testament (spécialement Daniel) et de saint Jean, comme nous l'avons démontré à propos de la Révolution française et de la révolution russe. Il enrichit cette tradition spécialement par les cycles dérivés de la précession des équinoxes.

Un troisième aspect de la connaissance nostradamienne réside dans sa découverte des trois planètes transsaturniennes. Nous résumerons ce fait à un seul exemple, sans entrer dans les multiples implications de cette découverte. Nous pensons ne pas exagérer en considérant le génie nostradamien comme une étoile de première grandeur au firmament de notre culture. Si on voulait faire une hiérarchie dans ses apports à la science, on pourrait mettre, à coup sûr, ses quatrains qui font allusion à l'énergie nucléaire, et sa découverte des nouvelles planètes au sommet, comme apogée de son don prophétique, y compris son génie cabalistique. (4)

LA DATATION PAR DES POSITION PLANÉTAIRES

En étudiant le texte nostradamien, on est frappé par la prodigieuse concentration d'informations, et par l'économie de moyens. Il nous semble que son génie inspirateur a forgé un langage si riche de sens qu'on serait tenté d'en déduire que Nostradamus lui–même n'en était pas conscient. Quoiqu'il en soit, l'avertissement du quatrain VI – 100 : "Qui legent hosce versus mature consunto" (5) doit être bien pesé, si on veut éviter les traductions superficielles, voire ridicules, malheureusement si répandues chez les auteurs de notre siècle. Comme nous l'avons mainte fois montré dans nos études, les textes nostradamiens son conçus sur deux plans de significations, parfois même trois.

Voici maintenant les quatrains qui donnent les positions astrales de la **Première Guerre mondiale.**

- Début de la guerre et intervention des États–Unis :

"Saturne en Cancer, Jupiter avec Mars
Dedans Février Chaldondon salvaterre,
Sault Castallon assilly de trois parts
Près de Verbiesque conflit mortelle guerre"
(VIII – 48)

Dans ce quatrain, l'ordre des faits est renversé : les deux premiers versets concernent l'intervention des États–Unis (le 3 février 1917), les deux autres, l'ultimatum donné à la Serbie par l'empereur François–Joseph, le 21 juillet 1914, qui fut à l'origine de la guerre. Regardons auparavant le thème du 3 février. On voit en effet que Saturne est dans le signe du Cancer (il y sera pendant presque toute la durée de la guerre). "Jupiter avec Mars" signifie sur le plan historique que les États–Unis (le pays jupitérien) entrera en guerre (avec Mars). Sur le plan astrologique, on dit que Jupiter sera lié à Mars par quelque aspect, ce qui est vrai aussi, car ils sont en sextile. Sur le plan historique, le deuxième vers nous dit qu'au mois de février "le Chaldéen" apportera au monde deux dons (6), qui sauveront la terre ("salvaterre"). La paix et la Société des Nations sont les deux "dons"

L'ENTRÉE DES ÉTATS-UNIS
DANS LA PREMIERE GUERRE MONDIALE (3 FÉVRIER 1917)

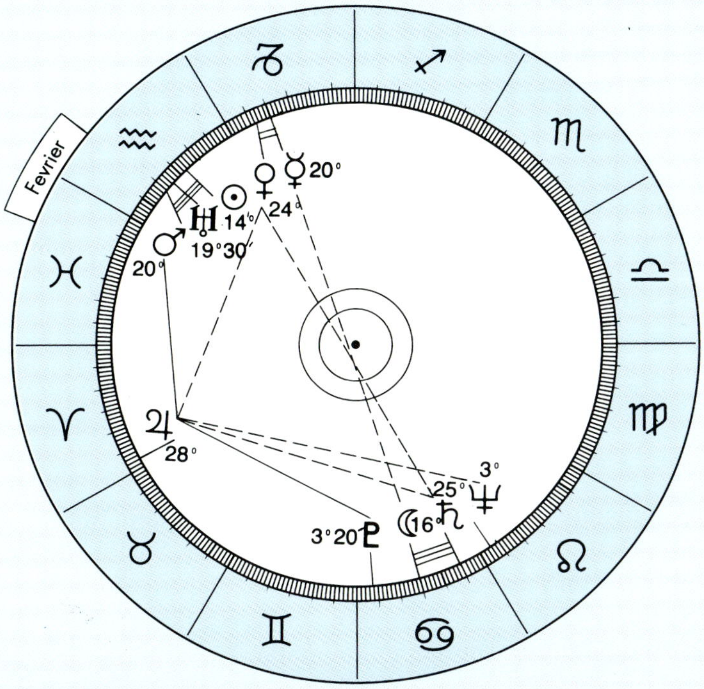

Maître des tensions : Neptune

LE THEME DE L'ULTIMATUM DONNÉ À LA SERBIE
PAR L'EMPEREUR FRANÇOIS JOSEPH. LE 21 JUILLET 1914

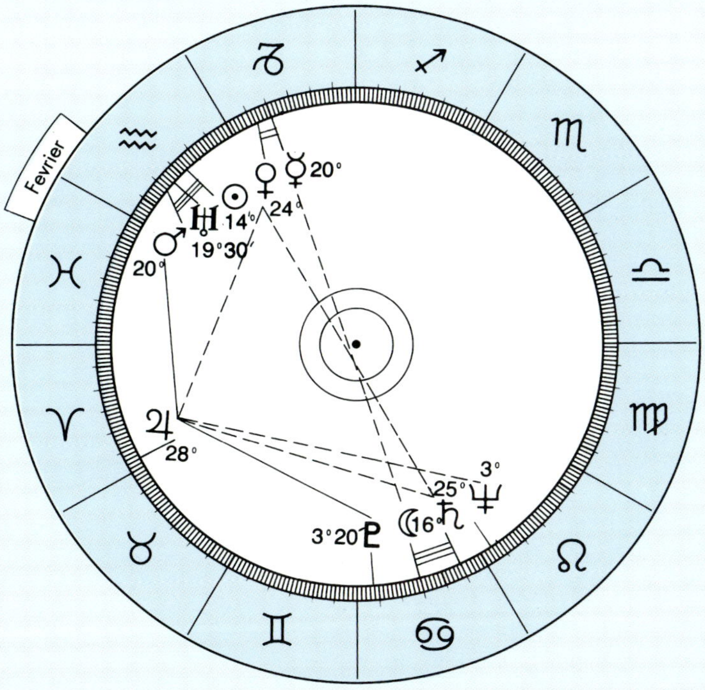

Maître des tensions : Uranus - configuration bipolaire
Amas planétaire dans le Cancer, avec conjonction très exacte Soleil - Neptune

apportés par les États–Unis et leur Président. Wilson méritait en effet le sobriquet de Chaldéen, ou Babylonien, car ce fut lui qui construisit cette moderne "Tour de Babel" (7). Mais Chaldéen était aussi le nom donné autrefois aux astrologues. Donc, de ce point de vue, les deux dons peuvent se traduire par deux aspects astrologiques favorables. Le texte permet ainsi la lecture suivante : Jupiter — lié avec Mars qui sera avec le Soleil dans le Verseau ("Dedans Février" (8) — aura deux aspects harmoniques, qui seront de bon augure ("salvaterre"). Et en effet, dans le thème planétaire, Jupiter a deux aspects harmoniques, et seulement deux, avec Pluton et Mars. Les deux derniers vers, qui concernent le début de la guerre, parlent aussi sur deux plans. On a ici trois mots–énigmes : "Sault" (du latin saltus) signifie "forêt" mais aussi "montagne boisée" (9) qui, dans plusieurs quatrains signifie Allemagne (synecdoque basée sur les "Montagnes de la Forêt Noire"). Mais "sault" (latin "sol", équivalence phonétique de "sault") signifie, d'un point de vue astrologique, "soleil". "Castallon", historiquement, est un métaplasme par abréviation de " Castor et Pollux", les deux frères mythiques, symbolisent ici les deux pays qui formaient l'Empire austro–hongrois. La première part, Castor, est l'anagramme de Ostraich, abréviation de "Ostererreich". Pour la deuxième, on ajoute "on", abréviation de "Hongrie". D'un point de vue astrologique, toujours, le même "Castallon" est un métaplasme de "Casta stella", l'étoile chaste, la planète de la pureté, claire allusion à Neptune. Mis ensemble, "Sault Castallon" Soleil–Neptune, c'est une conjonction qu'on nous suggère. En vérité, le thème nous montre une très exacte conjonction Soleil–Neptune, au moment de l'ultimatum envoyé à la Serbie. Du point de vue historique, il est évident qu'il s'agit d'une alliance entre l'Allemagne (Sault) et l'Empire austro–hongrois (Castallon). Le dernier vers contient le troisième mot–clé : "Verbiesque". Il est composé de "V" (comme le chiffre romain 5), de "QUE" (en latin "et") et "ERBIES", anagramme de Serbie. Revenons au texte du quatrain, le troisième vers prévoit que "sault castallon" les "pouvoirs centraux", seront "assaillis de trois parts", allusion aux trois fronts de l'Ouest, du Sud et de l'Est. Astrologiquement, la conjonction Soleil–Neptune est, elle aussi, assaillie de trois parts : opposition à Uranus, demi–carré de Mars à droite et suite de conjonctions vers la gauche. Le dernier vers nous dit où naîtra le conflit : "près de" Serbie, c'est–à–dire à Sarajevo, ville qui était en effet tout près de la frontière serbe, où l'attentat a eu lieu, et provoqua l'ultimatum qui mènera à la "mortelle guerre" bien connue. Astrologiquement encore, "Près de V" continue le vers précédent. La conjonction Soleil–Neptune est en effet tout près du Lion, le cinquième signe du Zodiaque !

L'ultimatum donné à la Serbie fait aussi l'objet du quatrain I – 26, qui continue sur le plan astrologique la description du thème donné plus haut, en ajoutant les positions de Mercure et Jupiter.

LES PLANETES TRANSSATURNIENNES : URANUS, NEPTUNE ET PLUTON

Voici un des grands défis que la connaissance nostradamienne met en face des hommes de science de notre brave monde moderne. Est–il possible qu'un savant du XVIe siècle ait découvert les planètes du système solaire, qui gravitent au–delà de Saturne ? La réponse sera un non emphatique, même de la part de beaucoup d'astrologues qui n'ont pas approfondi les étranges textes de ce maître insolite de la Renaissance. L'argument de cette sacro–sainte raison cartésienne qui domine encore la science est clair : puisqu'on n'eut de télescopes perfectionnés qu'à partir de Galilée, Nostradamus ne pouvait pas avoir les moyens de découvrir des astres si lointains, à plus forte raison de calculer leur position pour notre siècle Pourtant, le document est là : le nom "Neptune" écrit en toutes lettres dans un quatrain qui parle seulement de planètes :

"Jupiter joinct plus Vénus qu'à la Lune
Apparaissant de plénitude blanche :
Vénus cachée, sous la blancheur Neptune,
De Mars frappée par la gravée blanche "
(IV – 33)

Mestre Michel de Nostredame nous donne trois quatrains, montrant non seulement l'existence des trois nouvelles planètes, mais aussi leurs thèmes de naissance officielle, au temps de leur découverte scientifique (10). Le quatrain neptunien est le plus clair, puisqu'il donne, comme nous l'avons dit le nom même de Neptune, sans voile symbolique ni des surnoms comme on en a eu des exemples dans les quatrains présentés plus haut. C'est une des méthodes nostradamiennes que de parsemer ça et là des clairières dans une forêt bourrée de métaphores et de charades plus ou moins obscures. C'est pour cela que la quatrain neptunien sera pour les sceptiques l'argument massue, et c'est par sa clarté qu'il ouvre les portes pour les deux autres (Uranus et Pluton) d'une construction un peu plus sophistiquée. Nous ne présenterons ici que le thème d'Uranus, celui qui est nommé le "haut de Saturne" (11). La découverte d'Uranus :

"Auprès du jeune, le vieux Ange baisser,
Et le viendra surmonter à la fin :
Dix ans esgaux aux plus vieux rabaisser
De trois deux, l'un huitième Séraphin "
(VIII – 69)

Le quatrain est construit sur deux plans : astrologique et mythologique. Depuis l'Antiquité, les astrologues ont parlé des anges, dieux ou génies des planètes. Nostradamus se plaît à ressusciter cette manière de parler, colorée de personnifications mythiques (12). Le premier vers est une allusion au dieu Uranus, l'ancien dieu du ciel ("le vieux Ange"), qui perdit son trône ("baisser"), après un combat cruel avec son fils le plus jeune, Saturne. Celui–ci lui coupa les organes sexuels, et les jeta dans l'océan d'où allait naître Vénus. La planète Uranus a été officiellement découverte le 13 mars 1781 par William Herschel. Dans le thème que nous avons calculé pour cette date, il y a une opposition entre Uranus et la conjonction Mars–Saturne. Autant cette opposition que la présence de Mars ont été dramatisées dans le quatrain par le conflit des deux dieux ou "Anges" (13). Le second vers descend du niveau mythologique au plan astronomique. On y raconte que plus tard ("à la fin"), ce sera la vieil ange Uranus qui "surmontera" son fils "Saturne". Le terme "surmonter" est ingénieusement choisi pour suggérer un sens astronomique. À la différence de "vaincre", il indique aussi une position spatiale : surmonter Saturne, c'est se situer au–dessus de sa sphère, la septième, donc occuper la huitième. Les deux derniers vers défient la sagacité du lecteur par deux charades arithmétiques qui ont intrigué beaucoup de chercheurs. Avant tout, que comprend–on par "Dix ans esgaux aux plus vieux"? S'il s'agit d'années ou de cycles, on est sur le plan astronomique. Dans ce cas, "le plus vieux" est Saturne, puisque comme planète, il est connu depuis plus de temps que l'autre, et aussi, parce qu'en astrologie, c'est la planète de la vieillesse.

Son cycle est de 29 ans et demi terrestres. Dix ans saturniens font donc 295 ans terrestres (14). On nous dit ensuite qu'il faut "rabaisser de trois deux". Il faut donc rabaisser ce nombre en changeant la position de deux de ces trois chiffres, ou en abaissant le deuxième de ces chiffres. Dans les deux cas, on ne peut amoindrir la valeur de 295 qu'en permutant les deux derniers (on réduit 95 à 59) : 295 équivaut à 259. Regardons maintenant le thème d'Uranus, cette planète des surprises. Dès sa "naissance", elle nous fait des surprises, en effet. Car voici : le nombre 259 est exactement la position (en degrés) de Saturne (19 degrés du Sagittaire). Maître Michel calcula non seulement la position de Saturne pour un événement prédit 230 ans en avance, mais il observa que cette position en degrés était un nombre ayant les mêmes chiffres que celui du cycle de cette même planète, et qu'ainsi, seul l'ordre des deux derniers était différent. Mais voici une surprise encore plus incrédible. Le quatrain finit par cette sentence : "l'un huitième Séraphin". Pour le huitième Séraphin, (la planète de la huitième sphère) on aura l'un et le même nombre (15). En effet, Uranus, qui a un cycle de 84 ans terrestres, est situé dans son propre thème à 84 degrés, soit 24 degrés des Gémeaux. Pour nous convaincre qu'il savait la date de la découverte d'Uranus, le prophète n'a pas eu besoin d'indiquer d'autres positions planétaires. La position en degrés de ces deux planètes lentes était plus que suffisante. Nous avons calculé que c'est seulement après 1 092 ans, que les deux planètes pouvaient se trouver aux mêmes degrés qu'ils occupaient dans ce thème.

Le thème uranien offre aussi d'autres surprises, comme par exemple l'indication du saros chaldéen

NOSTRADAMUS. COUVERTURE DE SON PREMIER LIVRE DE PROPHÉTIES CHEZ BENOÎT RIGAUD (LYON, 1568). Nostradamus ne fut pas seulement un grand médecin et astrologue, mais aussi un éminent astronome. Il pointe dans ses *Centuries* sur plusieurs configurations astronomiques pratiquement au jour près. Il cite entre autres la date de l'éclipse totale du Soleil du 11 août 1999 avec une précision extraordinaire. La source de son inspiration, selon ses propres dires, se trouvait dans l'Art royal des astres et les Écritures: "Dieu le créateur aye voulu révéler ... quelques secrets de l'advenir accordé à l'Astrologie judicielle ..." (dans sa préface des *Centuries*).

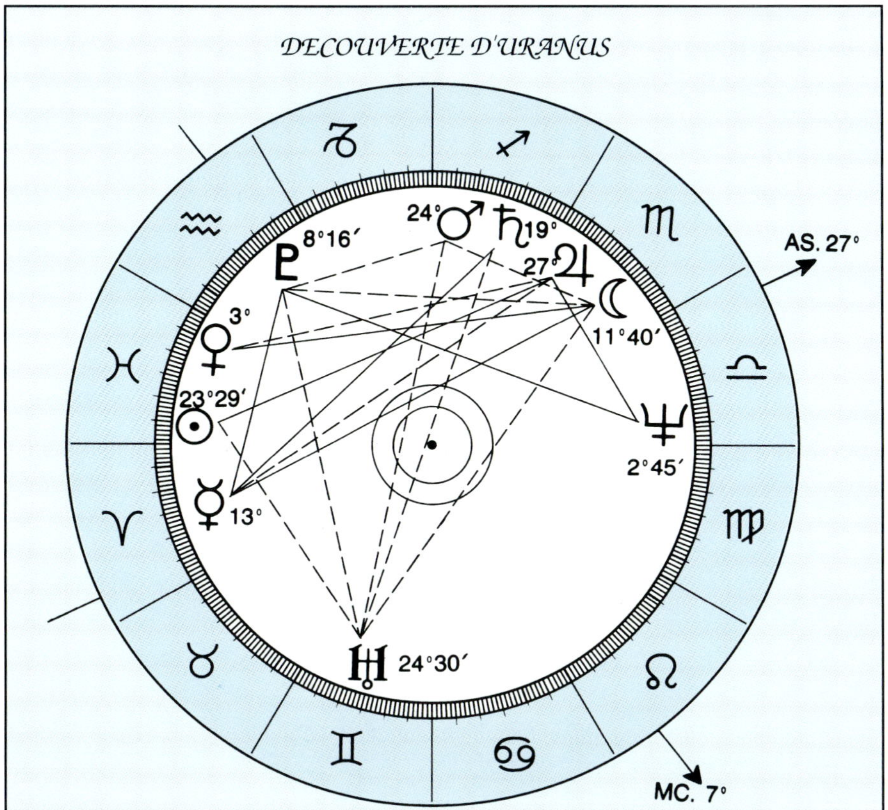

13 MARS 1781, Greenwich, 9 h 10 pm (Heure hypothétique)

LES
PROPHETIES
DE M. MICHEL
NOSTRADAMVS.

Dont il y en a trois cens qui n'ont encores iamais esté imprimées.

Adiouſtées de nouueau par ledict Autheur.

A LYON,
PAR BENOIST RIGAVD.
1568.

Auec permiſſion.

(16). Le quatrain acquiert toute son importance, lorsqu'il est considéré par rapport aux deux autres... Comme nous avons déjà essayé de le montrer dans notre étude, il s'agit d'un "trio concertant", où la pensée traditionnelle s'exprime de son mieux, un exemple de construction systémique, où un véritable réseau de motifs astronomiques, mythologiques, et même musicaux sont tissés de manière organique, et exprimés dans un langage inspiré, ingénieusement concentré, coloré d'humour et de jeux d'esprit (17).

On peut dire en conclusion que, dans l'histoire de notre culture, de même que dans le cadre d'un temps ponctué, réglé d'une manière archétypale par la loi des cycles, le phénomène nostradamien s'inscrit, non comme un sommet de l'astrologie commune, mais plutôt comme une astrologie transcendante, et surtout comme une des plus brillantes manifestations du génie humain. **V. I.**

---

(1) Ionescu plaide ici en faveur de la primauté chez Nostradamus de la qualité de voyant, celle d'astrologue ne venant qu'expliciter ses visions dans le temps (note d'E.T.).

(2) Cf. son excellent livre sur la cyclologie "Le Cycle de l'Humanité Adamique" Dervy–Livres éditeur, Paris, 1973 (note d'E.T.).

(3) "Le Mythe de l'éternel retour", Gallimard, 1969, page 9.

(4) Il s'agit de son langage secret, similaire à celui des alchimistes, selon la cabale hermétique et les textes alchimiques (note d'E.T.).

(5) "Que ceux qui lisent ces vers réfléchissent avec maturité!".

(6) "Chaldondon" provient par métaplasme de "Chaldéen", et du doublement de "don".

(7) De cette manière est présentée dans le quatrain I – 47 la Société des Nations, siège solennel de discussions stériles (note d'E.T.).

(8) Dans plusieurs autres quatrains, les signes du Zodiaque sont indiqués par les mois correspondants (note d'E.T.).

(9) "sault" signifiait d'abord "saut, bond", puis "région de bois, forêt ", et enfin "défilé, gorge, passage, clairière" (note d'E.T.).

(10) Dans mon ouvrage "l'Astrologie du xxie siècle", j'ai fait moi–même état de cette extraordinaire découverte (note d'E.T.).

(11) Quatrain I – 16. Nous y faisons observer que le mot "Haut" est aussi choisi parce que, par équivalence phonétique, c'est "H O T", les lettres qui, superposées, forment le symbole d'Uranus (note d'E.T.).

(12) On en a un exemple dans le quatrain I – 56 : "Que si la Lune conduite par son ange".

(13) Dans les thèmes des trois planètes, on trouve trois traits communs : a) chacune des planètes est "maître des tensions" dans son propre thème (le maître des tensions est la planète qui a la plus grande somme de distances angulaires avec les autres planètes); b) chacune est en opposition à Mars; et c) cette opposition est le seul axe de symétrie avec les autres aspects. Puisque la probabilité de ces coïncidences est infime, on est tenté de voir ici une intention cachée. De toute façon, il s'agit d'un mystère, difficilement explicable par la science positive (note d'E.T.).

(14) C'est un nombre cyclique important pour les anciens astrologues.

(15) Latinisme : en latin "unus" a aussi le sens de "l'un et le même".

(16) Le cycle pendant lequel les éclipses se produisent dans le même ordre.

(17) On retrouve ce même genre de langage symbolique chez, entre autres, Hildegarde de Bingen au XIIe siècle, et saint Nicolas de Flue au XVe siècle. Voir à ce sujet : "Le livre des œuvres divines" d'Hildegarde de Bingen, éditions Albin Michel, 1989; et "Les Visions de saint Nicolas de Flue", par Marie–Louise von Franz, éditions La fontaine de pierre – Dervy–Livres, 1988 (note d'E.T.).

Le grand cycle Uranus-Neptune et la conjonction de 1993

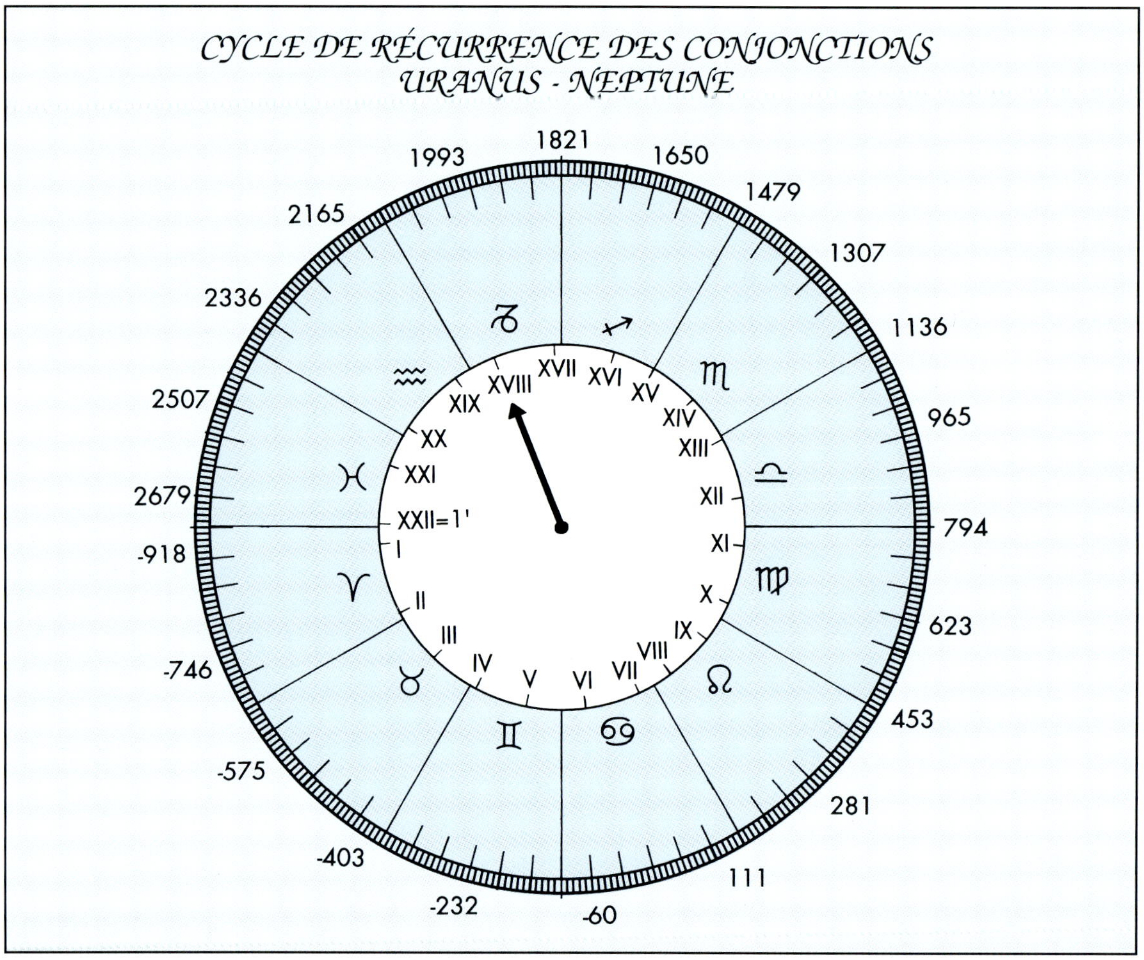

En 1993, les planètes Uranus et Neptune seront exactement en conjonction sur les 18-19° du Capricorne, l'effet d'un tel synode se manifestant depuis 8-10 ans se prolongera jusqu'au-delà de l'an 2000. De plus, cette conjonction vient d'être accrue (en 1988-90) par le passage de Saturne sur les deux planètes super-lourdes en rapprochement.

Uranus a la signification d'incitateur de changements et de mutations, tandis que Neptune apparaît identifié à la fusion et diffusion sans limites, ainsi qu'à l'ouverture d'horizons utopiques ou mystiques (au sens large). On peut proposer l'image suivante pour définir le couple planétaire que constituent Uranus et Neptune : "Neptune, le gaz, et Uranus, l'étincelle, qui, du fait de leur coïncidence, produisent l'explosion ouvrant une voie évolutive nouvelle."

Il convient de faire référence aux caractéristiques spéciales du cycle des rencontres successives Uranus-Neptune, pour être en mesure d'appréhender tout l'intérêt de cette conjonction imminente. Elle se répète tous les 171,5 ans, en avançant de 17° en moyenne.

Ainsi la dernière s'est-elle passée en 1821, à 2° du Capricorne. En 2165, se produira la prochaine à 5° du Verseau. Or, ce n'est là que le cycle premier des deux planètes. Elles ont aussi un cycle second (ou de récurrence), au bout duquel une conjonction retombe sur le même point du Zodiaque tropique, à très peu près. Cela survient tous les 3 670 ans, ce chiffre correspondant à la durée du cycle majeur. Pendant cette période, vingt-deux conjonctions Uranus-Neptune font complètement le tour de la circonférence zodiacale. On peut démontrer que les caractéristiques singulières de ce cycle de récurrence en font une sorte d'horloge astro-historique qui rythme le devenir humain d'une façon précise. Le parcours régulier du Zodiaque par la série des conjonctions et oppositions urano-neptuniennes nous indique pourquoi la première conjonction, à 10° du Bélier — le premier signe zodiacal — peut, en toute logique, être considérée comme celle qui donne naissance à un grand cycle.

CORRESPONDANCES HISTORIQUES MISES EN RELIEF PAR LA SÉRIE DES CONJONCTIONS/OPPOSITIONS

– *2e conjonction (-746) :* fondation de Rome.
– *3e conjonction (-575) :* grande triple Uranus-Neptune-Pluton : élan du classicisme. La démocratie athénienne (Solon).
– *6e conjonction (- 60) :* Jules César instaure l'Empire romain.
– *Opposition de l'an 25 :* époque probable des faits évangéliques. Naissance du christianisme.
– *9e conjonction (453) :* Rome ravagée par les Vandales.
– *10e conjonction (624) :* Mahomet et la naissance de l'Islam.
– *11e conjonction (795) :* Empire carolingien.
– *12e conjonction (965) :* Empire romain-germanique. Formation de plusieurs nations européennes. Art roman.
– *13e conjonction (1136) :* l'Église reconnaît l'Ordre du Temple. Art gothique.
– *14e conjonction (1306) :* l'aube de la Renaissance (Giotto, Dante). Destruction de l'Ordre du Temple.
– *15e conjonction (1479) :* formation de l'État espagnol et début de sa période hégémonique. Découverte de l'Amérique. Ouverture des voies de l'Extrême Orient. Invention de l'imprimerie.
– *16e conjonction (1650) :* l'hégémonie française se substitue à l'espagnole. Révolution anglaise de Cromwell.
– *17e conjonction (1821) :* la révolution industrielle commence. Indépendance de l'Amérique latine et Doctrine Monroe. L'hégémonie française est remplacée par l'anglaise.

Cette série astro-historique — qui n'a été présentée ici que partiellement — permet d'arriver à la conclusion que le rythme induit dans l'humanité par le grand cycle Uranus-Neptune s'identifie à celui des "essais" successifs (ou tentatives) de divers modèles de civilisation et de société, y compris dans des domaines tels que la religion, l'expression artistique et le style de vie des peuples.

On peut aussi étudier en détail les phases temporelles correspondant aux aspects qu'Uranus et Neptune forment entre eux, d'une conjonction à la suivante.

Rappelons brièvement à titre d'exemple la phase d'opposition (1900-1914) du dernier cycle, concomitante avec l'accumulation de contradictions dans la société internationale, contradictions qui ont mené à l'éclatement de la Première Guerre mondiale en 1914 et de la Révolution russe en 1917.

En combinant ces deux approches complémentaires et en tenant compte du contexte astronomique de la prochaine conjonction de 1993, il devient possible d'établir un tableau de ses effets probables. Le résumé suivant en constitue une esquisse.

Les conjonctions Uranus-Neptune survenues dans les signes cardinaux ont, de très longue date, jalonné les *étapes décisives de la formation de l'identité européenne,* ce qui fait nettement prévoir le sens "européanisant" de cette conjonction en Capricorne, à partir surtout de 1991 (du fait de la présence de Saturne, maître du Capricorne, dans le Verseau solidaire).

On peut augurer d'une restructuration des hégémonies mondiales, pas seulement à cause de la crise du modèle communiste. On assiste à la fin de la bipolarité dans la scène internationale, qui évolue vers une réalité multipolaire aux références nouvelles : le Japon, le monde islamique, voire une Europe — tant de l'Est que de l'Ouest — réaffirmée et devenue autonome.

Le processus de crise et de transformation du bloc de l'Est est évidemment irréversible. Les astralités qui ont présidé à la proclamation de la République populaire chinoise (1er octobre 1949 ; 15 h 15mn) montrent un gros risque de continuation de la sanglante spirale contestation-répression pour les prochaines années. Car Pluton en Scorpion passe, de 1989 à 1992, sur la position natale de Vénus, au carré d'une inquiétante conjonction Mars-Pluton en Lion, proche du Descendant (l'angle qui est en rapport avec les confrontations). Ce transit a déjà joué lors du massacre de la place Tienanmen en 1989.

On relève des connexions spectaculaires entre les conjonctions planétaires du temps actuel et celles qui ont signé la naissance de la religion islamique (au VIIe siècle). Ce qui pointe vers une montée de l'intégrisme musulman marqué peut-être d'une agressivité encore plus forte à l'égard de l'Occident (au sens plus large qui comprend le C.E.I.).

D'autre part, un fort élan de fanatisme religieux tous azimuts est prévisible jusqu'en 1995 (au moins), du fait du maintien d'une dominante capricornienne comportant un climat plutôt dogmatique, et de la présence de Pluton en Scorpion.

L'Amérique latine peut envisager elle aussi un grand tournant dans la dernière décennie du siècle, où se renouvelle la conjonction qui a vu naître l'Argentine.

Enfin, on peut s'attendre à une nouvelle — et très spectaculaire — phase de la révolution scientifique-technologique avant l'an 2000, puisque cette configuration Uranus-Neptune répète celle de 1821 qui instaura la révolution industrielle.

J.-L. S. M. de P.

La localisation des événements en astrologie mondiale

Le grand anneau magique du Zodiaque, dans lequel évoluent les astres, est l'aura du Soleil dans lequel se concentrent les plus grandes énergies. L'intensité d'une planète est fonction du signe qu'elle occupe et de ses aspects vis-à-vis des autres astres; mais aussi de sa situation en latitude céleste, c'est-à-dire de sa position plus ou moins rapprochée de l'écliptique.

La recherche de la "localisation des événements en astrologie mondiale" ne tient pas compte des thèmes des nations, traités et autres institutions mondiales car, ne l'oublions pas, les thèmes politiques ne permettent pas de localiser les faits. En admettant à la rigueur qu'une direction ou une configuration astrale se place, par exemple, sur l'Ascendant ou le MC du thème de la fondation des États-Unis ou de l'ex-Union soviétique, il est improbable de déterminer le point de chute de ces influences dans ces pays qui couvrent un énorme territoire. D'autre part, il est pratiquement impossible de dresser les thèmes des conjonctions et aspects majeurs, des nouvelles et des pleines Lunes pour tous les lieux de la Terre.

COMMENT TROUVER LE POINT DE CHUTE ?

Tout le monde sait que la répartition des planètes dans une carte natale varie selon le lieu pour lequel le thème est établi. Aussi, on établit au moins un an à l'avance — pour Greenwich : latitude 51°28, longitude 0°00 — les thèmes des conjonctions et aspects majeurs, des Ingrès, des éclipses, des nouvelles et des pleines Lunes, pour lesquels il convient de repérer les longitudes et les latitudes terrestres où les planètes violentes et leurs aspects seront le mieux mis en évidence, selon qu'ils occupent un ou plusieurs angles, comme Uranus à l'Ascendant, Mars au MC, etc., ou encore en mauvais aspect avec un angle, comme Uranus carré à l'Ascendant, Mars carré au MC, etc.

Ces thèmes nous indiquent pour un T.S.N. final une orientation de l'horizon et du méridien par rapport aux signes du Zodiaque qui sont le point de départ de toutes les recherches tendant à établir des zones d'influences maximales. Après avoir réalisé ce travail, il n'y a plus qu'à sélectionner les lieux où plusieurs lignes de force se croisent et qui constituent des zones sensibles.

COMMENT CALCULER CES ZONES D'INFLUENCES ?

1. Matériel nécessaire : la carte de la nouvelle Lune ou de l'éclipse, etc., établie pour Greenwich et une table des Maisons.

2. Rechercher toutes les latitudes pouvant être concernées dans l'hémisphère Nord : diriger l'AS à la conjonction d'une planète et rechercher pour une latitude X un "MC fictif" qui sera obligatoirement en aspect (peu importe lequel) avec une planète du thème.

Exemple pour l'éclipse du Soleil du 31 août 1989 à 5 h 33' GMT à Greenwich :
T.S. 4 h 10'32" = 4 h 11
(à noter que cette éclipse, à 7° de la Vierge, voit son Ascendant, à 10° de la Vierge, conjoint à la Lune de l'*Ingrès* de printemps) :
• **Ascendant dirigé à la conjonction de Jupiter à 5° du Cancer :** MC fictif carré à Jupiter à la latitude 15° ; MC fictif carré à Uranus en Capricorne à la latitude 15° ; MC fictif carré à Neptune en Capricorne à la latitude 14° ; MC fictif quinconce à Pluton en Scorpion à la latitude 20°.
• **Ascendant dirigé à la conjonction de Mars à 17° en Vierge :** MC fictif carré à l'éclipse en Vierge à la latitude 20° ; MC fictif quinconce à Saturne en Capricorne à la latitude 18°.
• **Ascendant dirigé à la conjonction de Pluton à 12° en Scorpion :** MC fictif à Pluton à la latitude 15°... Et ainsi de suite pour toutes les autres planètes.

3. Rechercher les méridiens influentiels, en abrégé MCI : MC dirigé au carré d'Uranus à 1°23 en Capricorne. Pour un temps sidéral de 0 h 04', on trouve un MC à 1°05.
Il manque donc : 1°23 - 1°05 = 18' d'arc
soit 1'12". 0 h 04' + 1'12" = 0 h 05'.
MCI ouest = 4 h 11' - 0 h 05' = 4 h 06'
soit une longitude de 61°w30.
– MC dirigé au carré de Jupiter à 5°45 en Cancer. Pour un TS de 0 h 20', on trouve un MC à 5°27' en Bélier. Il manque donc : 5°45 - 5°27' = 18' d'arc soit 1'12". 0 h 20 + 1'12 + 0 h 21'.
MC ouest = 4 h 11' - O h 21' = 3 h 50'
soit une longitude de 57°w30.
MC dirigé au carré de Saturne à 7°24 en Capricorne. Pour un TS de 0 h 24, on trouve un MC à 6°32 en Bélier.
Il manque donc 7°24 - 6°32 = 52' d'arc
soit 3'28".
0 h 24 + 3'28 = 0 h 27'28" (0 h 27').
MCI ouest = 4 h 11 - 0 h 27' = 3 h 44'
soit une longitude de 56°w.

Pour l'exemple ci-dessus, on constate une zone influentielle correspondant à la région dévastée par le cyclone Hugo.

J. B.

Uranus et les catastrophes aériennes

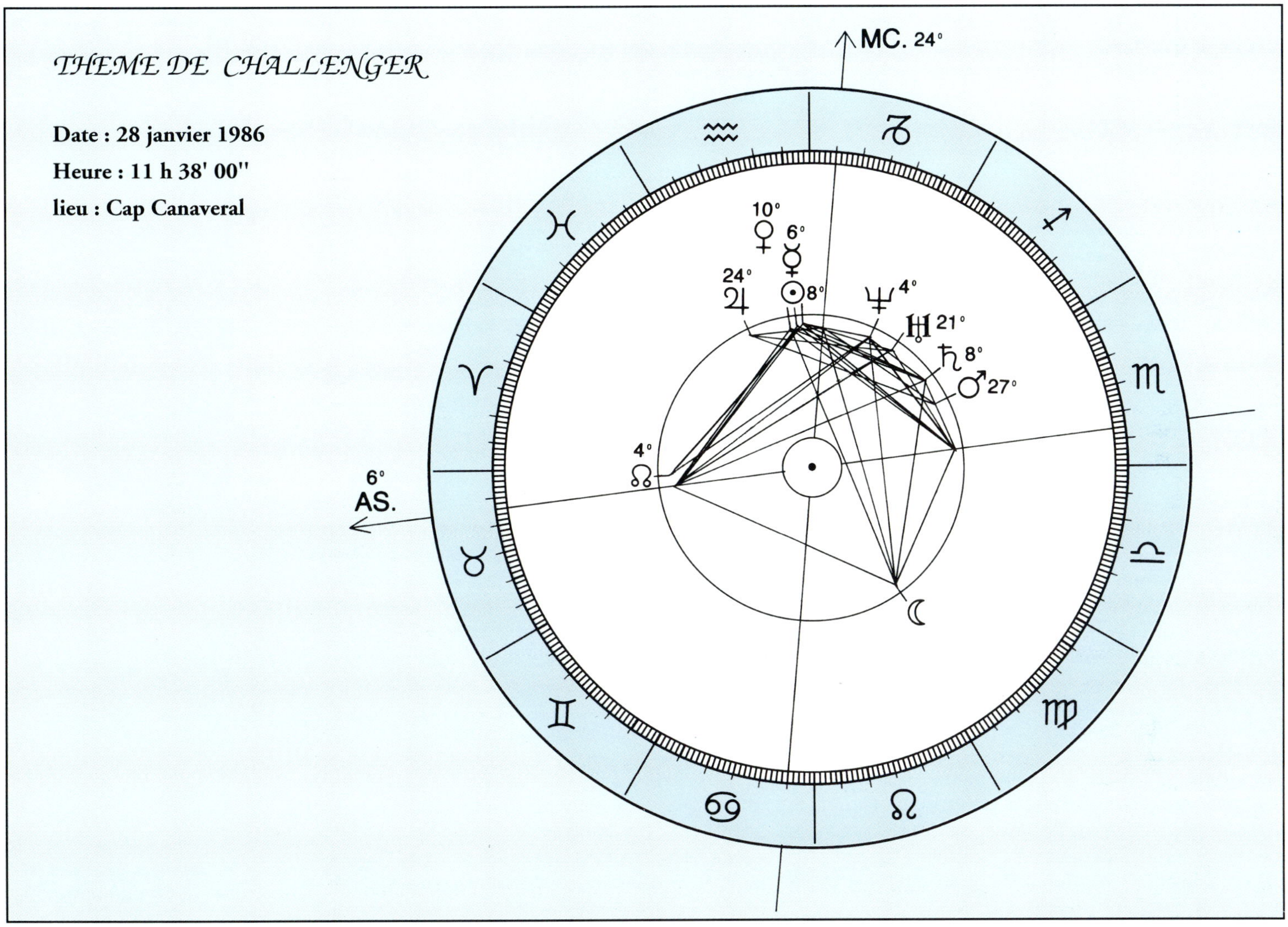

Dans le symbolisme planétaire, le hasard semble devoir être exclu. Sinon, comment comprendre et accepter que la planète Uranus (du grec ouranos = ciel) soit en corrélation quasi systématique avec ce qui touche à l'aéronautique en général, et les catastrophes aériennes en particulier, lorsqu'elle se trouve "agressée" dans le ciel par le Soleil, Mercure ou Mars?

En voici quelques exemples tristement célèbres (dont la plupart furent prévus par moi-même, grâce à cette corrélation observée antérieurement). Il faut savoir qu'Uranus se trouve quatre fois par an en dissonance avec le Soleil, et que le contexte planétaire du moment explique la modalité particulière à l'accident : erreur humaine, acte terroriste, etc.

1985 :

– ***11 juin*** *, six terroristes chiites détournent un avion jordanien et font exploser l'appareil après avoir libéré les otages. *Uranus* est opposé au *Soleil* et à *Mercure* et carré à la *Lune*.

– ***15 juin*** *, un avion de la TWA est "kidnappé" après son départ d'Athènes et détourné vers Beyrouth. Un passager américain est tué, et 39 autres sont tenus en otages pendant 17 jours. *Uranus* est opposé au *Soleil* et en dissonance à *Pluton;* Mars, conjoint à *Mercure,* est opposé à *Neptune.*

– ***23 juin*** *, un "Jumbo" d'Air India explose près de l'Irlande avec 326 morts. *Uranus* est en dissonance avec *Pluton,* et le *Soleil* conjoint à *Mars* est opposé à *Neptune* (probablement un acte terroriste, qui reste toujours mystérieux!). L'axe des Nœuds lunaires est carré à Saturne et Jupiter, et Saturne est à la fois dissonant à Mars et à Vénus!

– ***2 août,*** 131 personnes périssent dans un "Tristar" à Dallas. *Uranus* est en semi-carré de *Pluton, Mars,* conjoint au *Soleil,* est carré à *Pluton,*

Double page suivante :
CAP CANAVERAL : 28-1-1986.
EXPLOSION DE LA NAVETTE SPATIALE "CHALLENGER" ...

Mercure étant carré à *Jupiter* et à l'axe des Nœuds.
– ***12 août*** *, un "Jumbo" de la Japan Air Lines s'écrase : 524 morts et, par miracle, 4 survivants. *Uranus* est opposé à la *Lune* et en dissonance de *Pluton, le Soleil,* conjoint à *Mercure,* est carré à *Saturne* et à l'axe des Nœuds lunaires; *Jupiter* est opposé à *Mars, Mercure* et *Soleil !*

Remarque : l'année 1985 fut une année noire sur le plan des catastrophes aériennes : quelque 2 000 victimes, tandis que le bilan pour 1984 n'était "que" de 224 morts. Les dissonances d'*Uranus* dans le *Sagittaire* (symbolique pour les voyages) avec les autres planètes ont certainement joué un rôle, notamment son semi-carré explosif avec *Pluton* qui fut en orbite toute l'année, de même que, entre avril et novembre 1985, le carré des Nœuds lunaires avec *Jupiter* (significateur de voyages) en *Verseau* (signe d'air) !

1986

– ***29 janvier*** *, "Challenger" explose, 73 secondes après son départ. La configuration tourne entièrement autour d'*Uranus, totalement dissonant : en semi-carré* avec le trio *Soleil-Mercure-Vénus* (en Verseau) d'une part, *Pluton* étant dissonant à l'*axe des Nœuds lunaires* d'autre part, et, ce qui est extraordinaire, à l'instant de l'explosion, l'Ascendant, calculé pour le cap Canaveral, se place, lui aussi, en dissonance exacte avec *Soleil, Mercure* et *Vénus,* ainsi qu'avec *Pluton.* De plus, cet Ascendant est carré à l'axe des Nœuds du thème des États-Unis, ce qui n'était pas le cas 15 minutes plus tard !

– ***5 septembre,*** quatre Palestiniens détournent un avion de la Panam, avec 400 passagers à bord, vers l'aéroport de Karachi. Les terroristes lancent des grenades dans l'avion et ouvrent le feu : 16 passagers et 2 pirates sont tués et 120 personnes blessées : *Uranus* est opposé au *Soleil,* carré à *Mercure,* à *Jupiter* et à la *Lune.*
– ***25 décembre*** *, un "Boeing" irakien est détourné entre Bagdad et Amman et explose sur l'aéroport d'Arar en Arabie Saoudite. 62 des 106 passagers sont tués. *Uranus* est conjoint à *Mercure,* carré à *Mars* et à *Jupiter,* et semi-carré à *Pluton; Saturne* (en conjonction large d'*Uranus,* un peu plus de 8 degrés d'écart) est, lui aussi, carré à *Mars* et *Jupiter.*

1987

– ***29 novembre*** *, un "Boeing 707" sud-coréen explose en plein vol (action terroriste) et les 115 passagers et membres d'équipage trouvent la mort. *Uranus* est conjoint à *Saturne* et en dissonance exacte à *Pluton,* ainsi que carré à la *Lune; Mars* est conjoint à *Pluton* (action terroriste), *Mercure* en dissonance de *Neptune.*

1988

– ***18 janvier,*** deux accidents d'avion ont lieu le même jour: le premier fait 108 victimes près de Tchongking, en Chine populaire, et le deuxième accident a lieu à Taïwan; 11 personnes y trouvent la mort. *Uranus* est conjoint à *Saturne* et ce "duo maléfique" est carré à l'axe des Nœuds lunaires et en dissonance de *Pluton.*
– ***26 juin*** *, un "Airbus A320" s'écrase à Mulhouse lors d'un meeting aérien. *Uranus* est en conjonction exacte avec *Saturne* (fréquence: tous les 45 ans !), et ce "tandem planétaire" est opposé au *Soleil* et carré à *Mars, Mercure* étant dissonant à l'axe des Nœuds lunaires.
– ***17 août,*** l'avion avec le Président pakistanais Zia ul Haq à bord explose en plein vol (attentat) près d'Islamabad. *Uranus* est toujours conjoint à *Saturne* et ce "tandem dissonant" fait un aspect négatif avec *Pluton* (symbolique pour une action terroriste), *Jupiter* en carré à *Mercure,* et *Mars* est carré à *Neptune* (acte perfide).
– ***29 août*** *, lors d'un meeting aérien à Ramstein (Allemagne), trois avions entrent en collision et s'écrasent sur la foule des spectateurs : il y a 50 morts et 300 blessés. *Uranus,* conjoint à *Saturne,* est en carré avec Mercure; Jupiter est carré au *Soleil* et *Mars* carré à *Vénus.*
– ***21 décembre*** *, un avion de la Panam explose au-dessus de Lockerbie en Écosse (bombe posée à Francfort); les 260 passagers périssent. *Uranus,* conjoint au *Soleil* et à *Saturne,* est en dissonance de *Pluton* (symbolique d'une action terroriste !), et *Mars* est en carré de *Mercure* et *Neptune* (action perfide, cachée).

1991

– ***4 avril*** *, deux avions de tourisme s'écrasent sur une école, après une collision en plein ciel près de Philadelphie (Etats-Unis) et on déplore 10 victimes. Le lendemain, un autre accident aérien fait 23 victimes en Georgie (Etats-Unis) : *Uranus* est carré exact au *Soleil,* le Noeud Lunaire est carré à *Mercure, Jupiter* est opposé à *Saturne* et *Vénus* est carré à *Pluton.*

1992

– ***20 janvier*** *, un Airbus A320 s'écrase près de Strasbourg (80 victimes). Ce jour-là, *Uranus* est conjoint à *Mercure, Mars,* le Noeud Nord et *Neptune,* et *Pluton* est en semi-carré avec *Mars.*
– ***23 mars*** *, catastrophe aérienne à New York (26 morts) suivi le lendemain 24 mars d'un accident d'avion à Athènes. *Uranus* est en carré à *Mercure,* le Nœud Nord carré au *Soleil* et *Mars* carré à *Pluton.*

Peut-on encore parler de hasard à propos des séries noires de catastrophes aériennes ? Ce que la "vox populi" appelle la loi des séries, serait-ce une loi inscrite dans le ciel ?
E. T.

Note : Les dates des catastrophes aériennes marquées d'une * ont été prévues, à deux jours près par Elizabeth Teissier, soit dans *Télé 7 Jours,* soit dans un "Horoscope annuel", publié chez Editions N°1.

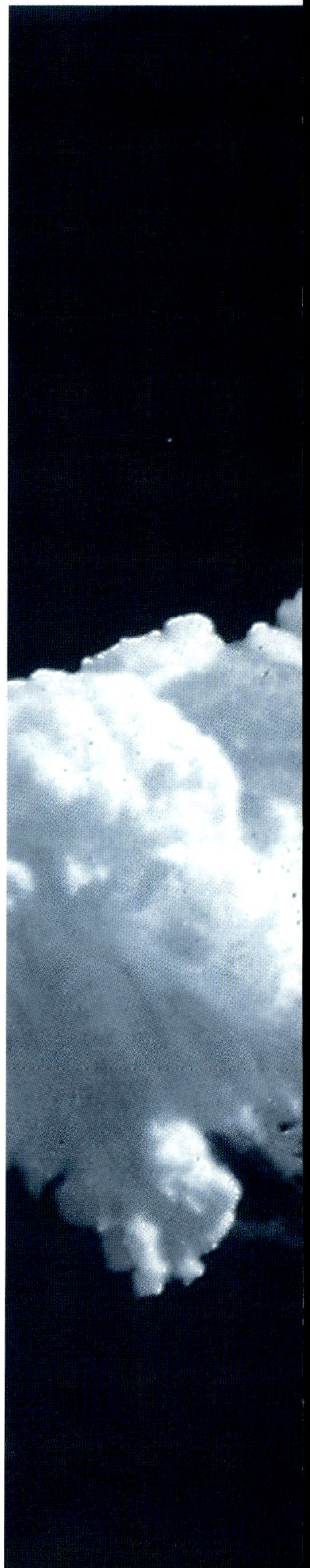

Pluton et Neptune, couple planétaire de la pollution

Les dissonances des deux planètes les plus lentes de notre système solaire, Neptune et Pluton, avec le Soleil, Mercure ou Mars, se révèlent souvent porteuses en *astrologie mondiale* de problèmes de pollution : Neptune (symbolique de dilatation, d'eau, de gaz) surtout par rapport aux matières toxiques, et Pluton par rapport à la radioactivité et au pétrole.
De nombreux exemples dans le passé confirment ces corrélations :

– **1945 :** quand la première bombe atomique fut lancée sur *Hiroshima* le 6 août, *Pluton* était en conjonction avec le *Soleil.*

– **1956 :** *le 21 mai,* le premier essai d'une bombe H a lieu sur les îles Bikini. *Pluton* est carré (90°) avec le *Soleil, Saturne* et *Mars !* En même temps, *Neptune* est lui aussi en dissonance avec *Uranus* (symbolique pour l'explosion !).

– **1978 :** *le 16 mars,* une des plus grandes catastrophes de pollution par le pétrole a lieu devant les côtes de Bretagne, quand le pétrolier géant "Amoco Cadiz" laisse échapper 230 000 tonnes de mazout ! On trouve *Pluton* en dissonance avec *Mars,* et *Neptune* avec le *Soleil* (une telle conjoncture astrale eût pu donner un accident nucléaire (*cf.* Tchernobyl !).

– **1979 :** *le 28 mars* a lieu la catastrophe de "Three Mile Island" aux États-Unis. Neptune est en carré avec *Mars* et *Pluton* opposé à la *Lune.*

– **1984 :** *le 3 décembre,* une fuite de gaz toxique provoque à Bhopal, en Inde, la mort de plusieurs milliers de personnes. *Pluton* est en dissonance avec *Mars,* et *Neptune* en conjonction exacte avec Mercure (constellation typique pour l'erreur humaine, la distraction, qui étaient à l'origine de ce désastre). Autre configuration similaire à celle de Tchernobyl !

–**1986 :** *le 24 avril* a lieu la catastrophe de Tchernobyl (prévue dans mon livre "Horoscope 1986") : ce jour-là, *Pluton* est en dissonance avec le Soleil, et *Neptune* avec *Mercure !* (distraction, erreur humaine). Ce triste exemple m'incite à rechercher la prochaine dissonance de *Soleil-Pluton* de la même année, le 31 octobre, où j'annonce une autre catastrophe écologique. Dans la nuit du 31 octobre au 1er novembre, au moment où *Pluton* est en conjonction exacte avec le *Soleil* et en dissonance avec *Mars* (et *Neptune* en dissonance avec la *Lune*), un incendie à "Schweizer-Halle" chez Sandoz à Bâle, provoqua la plus grande pollution du Rhin à ce jour !

– **1987 :** *autour du 10 septembre,* un accident dû au "Caesium 136" fait plusieurs victimes au Brésil (prévu dans l'Horoscope 1987").

– **1988 :** *la mi-avril* est une période importante sur le plan écologique. Des centaines de phoques meurent sur les côtes de la mer du Nord, et un énorme tapis d'"algues tueuses" *Chrysochromulina polylepis* couvre des centaines de kilomètres carrés sur les côtes. Neptune est conjoint à Saturne et Uranus dans le Capricorne (et toutes ces planètes sont rétrogrades !), et carré à Mercure au moment où tous les médias en parlent comme une des plus grandes catastrophes écologiques; Pluton est carré à Jupiter, au Soleil et à Mars !

En décembre, le ministre de l'environnement en R.F.A. annonce qu'il y eut deux pannes graves dans le réacteur nucléaire de Stade : la première en *mai* et la seconde *le 16 novembre.* Début mai, Pluton était en dissonance avec Mars et Jupiter, et le 16 novembre, *Pluton* était en conjonction avec *Mercure* (typique pour des erreurs humaines, qui furent d'ailleurs à l'origine des pannes !) et en carré avec la *Lune,* pendant que *Neptune* était en dissonance avec *Mars.* Dans "Horoscope 1988", j'avais prévu des périodes critiques (cf. pollution) pour début mai et début novembre !

– **1989 :** *le 24 mars,* le pétrolier "Exxon-Valdez" échoue devant les côtes de l'Alaska, et provoque dans les jours qui suivent une terrible pollution en laissant s'écouler dans la mer 100 millions de litres de pétrole. (Dans mon livre "Horoscope 1989", je cite la première semaine d'avril comme parti-

TREMBLEMENT DE TERRE DE SAN FRANCISCO.
Plusieurs astrologues se sont penchés sur le problème de prévoir les dates exactes des tremblements de terre et ont pu constater que tous les grands séismes ont lieu sous des configurations astrales dissonantes entre Uranus, Pluton et Neptune. En comparant les thèmes de 376 séismes d'une forte intensité, les aspects de tension entre ces planètes et le MC ou l'axe des Nœuds Lunaires du lieu de la catastrophe est quatre fois supérieure à des thèmes pris au hasard.

CATASTROPHE DE L'AMOCO CADIZ.
Presque toutes les grandes catastrophes de pollution, suite à des accidents de pétroliers, ont eu lieu ces dernières années sous des dissonnances de Neptune (naufrage, mer) et de Pluton (pétrole).

culièrement dangereuse pour l'environnement).

Le 30 mars, un réservoir de gaz explose à Beyrouth faisant des dégâts à 5 km à la ronde, et, ce même jour, une péniche pollue le Rhin en aval de Bonn (R.F.A.), après une fuite d'huiles lourdes. Neptune est en dissonance avec le Soleil, et Uranus avec Mercure (symbolique pour des explosions !).

– **1990 :** *le 8 juillet,* la centrale nucléaire espagnole "Valdellos II" en Tarragonie, tombe en panne au moment d'une triple conjonction *Soleil-Jupiter-Mercure* qui est opposée à Neptune. (Dans mon livre "Horoscope 1990" j'annonce une période critique pour l'environnement, autour du 5 juillet.)

Par ailleurs, je craignais pour la même année 1990, une période hyper-critique pour la semaine du 4 au 13 août, aussi bien sur le plan politique et catastrophes naturelles, que sur le plan écologique. En dehors du début de la crise du Golfe, avec l'invasion du Koweit par l'Irak le 2 août, on apprend à la fin de ce mois que des mesures effectuées près de Tchernobyl fin juillet et début août ont démontré qu'en dépit de l'isolement du réacteur sous une épaisse couche de béton, il continue d'émaner de fortes radiations!... Pas étonnant, car autour du 6 août, le Soleil est opposé à la *Lune,* et carré à *Pluton* et à *Mars !*

Remarque : si je cite certaines de mes prévisions, c'est avant tout pour démontrer que celles-ci sont possibles, ce qui implique l'existence de lois, même si elles se limitent au domaine de la probabilité.

E.T.

LE RÔLE DE L'ASTROLOGIE DANS LA PRÉVISION DES TREMBLEMENTS DE TERRE

D'après une étude comparative portant sur 376 thèmes de tremblements de terre datés (de 1900 à 1980), qui se sont produits dans le monde entier, et sur un nombre égal de thèmes dressés au hasard (pour les mêmes périodes et les mêmes lieux), il a été possible de démontrer que deux facteurs astrologiques significatifs — liés aux éclipses solaires et lunaires — ressortaient au moment des séismes.

- *Mars (géocentrique et héliocentrique) était en conjonction, carré, opposition, semi–carré ou sesqui–carré (donc en dissonance) d'une éclipse dans 87,45 % des thèmes des séismes, contre 54,87 % pour les thèmes effectués au hasard; d'où un écart de 32,58 %.*
- *Un angle géodétique (Milieu-du-Ciel, Ascendant, Vertex) était en conjonction, en carré ou en opposition aux éclipses dans 81,38 % des thèmes des séismes, et dans 48,67 % des thèmes faits au hasard; ce qui donne un écart de 32,71 %. (Le système géodétique assigne un degré de longitude zodiacale à chaque degré de longitude terrestre, en allant vers l'est à partir de Greenwich — point zéro du Bélier —; un nouveau signe apparaît donc tous les 30 degrés.)*

Prenons un exemple : San Francisco se situe à 122 degrés de longitude ouest. Son Milieu-du-Ciel géodétique est à 28 degrés du Scorpion (360° – 122° = 238° du Zodiaque); l'Ascendant géodétique est par conséquent à 8 degrés du Verseau et le Vertex à 6 degrés de la Vierge.

À tour de rôle, ces deux facteurs peuvent aider à prévoir les séismes pour une année donnée, en un lieu donné :
– Notamment en relevant les éclipses actives cette année-là, jusqu'à 11 mois avant ou après la date exacte;
– en rapportant ces éclipses "actives" aux angles géodétiques du lieu choisi;
– en notant aussi les deux aspects de Mars géocentrique et héliocentrique se rapportant à ces éclipses "actives".

Les dates de ces aspects sont alors les dates probables de ces séismes.

Voici les 2 facteurs concernant les diagrammes des séismes ayant touché San Francisco en 1906 et en 1989 :

Éclipses	*1906*	*1989*
Conjonction Vertex géodétique	*6° Vierge*	*8° Vierge*
Conjonction Ascendant géodétique	*11° Verseau*	*6° Verseau*
Carré Milieu du Ciel géodétique	*26° Verseau*	*24° Verseau*
Carré Mars	*26° Verseau*	
Carré Mars héliocentrique	*6° Vierge*	
Semi–Carré Mars	*2° Vierge*	

Lors du séisme arménien du 7 décembre 1988, l'éclipse à 24 degrés du Verseau était en semi–carré à Mars, et en opposition à l'Ascendant géodétique. Lors du séisme de Santiago du Chili, le 3 mars 1985, Mars héliocentrique était conjoint à l'éclipse de Lune à 16 degrés du Taureau, et le Vertex géodétique était conjoint à l'éclipse de Lune à 24 degrés du Scorpion. Enfin, lors du séisme de Conception, au Chili, le 21 mai 1960, le Milieu-du-Ciel géodétique était en semi–carré à l'éclipse lunaire à 2 degrés des Poissons, et en conjonction avec Mars héliocentrique.

A.P.

4 – L'ASTROLOGIE, UN NOUVEL ART DE VIVRE

"L'astrologie est une science en soi, illuminatrice. J'ai beaucoup appris grâce à elle et je lui dois beaucoup... C'est une espèce d'élixir de vie pour l'humanité".

A. Einstein

L'Astrologie, qui se réfère aux cycles, est également soumise aux cycles. Dans l'Histoire, nous l'avons vu, tantôt mise au pinacle, tantôt elle fut carrément honnie ! Mais aujourd'hui, c'est bien d'un authentique retour en force dont il s'agit, – peut-être parce qu'elle participe à la fois de la science et de la gnose – retour dont on peut augurer qu'il aidera l'Art royal des astres à retrouver enfin la place qu'il mérite dans notre société et notre culture.

Aujourd'hui, L'astrologie, ressuscitée, est entrée à nouveau dans nos mœurs. Son étude et son évolution ne sont pas terminées pour autant. Au–delà de toutes les fascinations, interrogations et polémiques qu'elle suscite, il faut se demander ce que nous apporte l'astrologie aujourd'hui, ce que l'on peut en faire, et en quoi elle peut nous aider à mieux vivre. Car l'astrologie, c'est aussi un nouvel art de vivre! Il va sans dire qu'au fur et à mesure que l'astrologie retrouvera ses lettres de noblesse — égarées pour un instant (que sont trois siècles devant l'histoire?) — les domaines de la vie quotidienne qu'elle est susceptible d'éclairer de ses lumières se multiplieront. Car, englobant la totalité de la création, l'Art royal des astres a son mot à dire à tous les niveaux de ce qui existe — aussi bien au niveau individuel que social — et peut nous rendre des services inestimables. Bien sûr, la valeur de ses apports sera toujours fonction de la valeur, technique et humaine, du praticien, comme dans toutes les sciences humaines où coexiste, à côté d'une connaissance apprise et transmise, une interprétation. L'art de l'interprète décodant l'alphabet céleste sera donc primordial dans l'évaluation du diagnostic, à tous les niveaux d'application de sa science, étant bien entendu qu'il lui sera impossible de comprendre — ou même d'appréhender — la dimension, éthique ou intellectuelle, d'une personne ou d'une notion qui lui serait supérieure et qu'il ne pourra s'empêcher d'utiliser sa propre échelle de valeurs, à son insu naturellement. *E. T.*

Le réveil et l'essor de l'Astrologie moderne

C'est en Angleterre que s'est effectuée la renaissance de l'astrologie au XIXe siècle, en particulier à travers Zadkiel (R.J. Morrison) et Raphaël (W.C. Wright) et les almanachs qu'ils diffusèrent largement, mais aussi grâce à Alan Léo (*cf.* "Les grands astrologues") qui fondit la première grande revue scientifique d'astrologie. D'Angleterre, l'astrologie va gagner le reste de l'Europe.

Au XIXe siècle, pourtant, en France, de culture plus rationaliste qu'empiriste, la spiritualité a mauvaise presse et il faudra attendre Bergson et son *élan vital* non réductible à la matière, les expériences d'un Mesmer ou d'un Charcot sur l'hypnose et Freud et sa découverte de l'inconscient, pour soulever un commencement de doute sur le règne absolu de la Raison d'un côté, de la Matière de l'autre .

Parmi les noms qui, plus ou moins timide-

RAPHAËL (1483-1520).
L'ASTRONOMIE.
L'astrologie, fondée sur l'astronomie, est une science (humaine) en marche et en progrès perpétuels: de plus en plus de statistiques viennent confirmer les règles de la tradition. Deux raisons principales à cela: après le décret napoléonien qui rendait obligatoire l'inscription de l'heure de naissance dans les registres d'état-civil, celles-ci sont de plus en plus précises; d'autre part, la rapidité de calcul des ordinateurs actuels permet de traiter des milliers de données sans perte de temps en calculs fastidieux.

ment, font réapparaître l'astrologie au début du XXe siècle, citons l'abbé Nicoullaud, alias Fomalhaut (on a donné son nom à une étoile fixe au début des Poissons !), avec son *Manuel d'astrologie sphérique et judiciaire,* F-C. Barlet, membre de la Rose-Croix (*Traité d'astrologie judiciaire*) et H. Selva (il traduit du latin la fameuse *Théorie des déterminations astrologiques de Morin de Villefranche*), mais surtout le polytechnicien Paul Choisnard (1867-1930). Auteur d'une vingtaine d'ouvrages astrologiques, il allait, plus tard, avec des astrologues éminents tels que H.-J. Gouchon, puis André Barbault ou Dom Neroman — pour ne citer qu'eux — ouvrir la voie à un mouvement d'astrologie scientifique en France — suivi de Krafft en Allemagne — caractérisé par une approche très différente et objective de la science des astres, des recherches systématiques et les premières tentatives d'études statistiques. Il fallait pour cela un certain courage: "L'hostilité systématique contre la tradition, dit Choisnard, ne me semble pas plus légitime que le fait de la suivre aveuglément" et il avoue que "pour étudier avec fruit l'astrologie, il faut d'abord s'affranchir de la peur du ridicule" — condition certainement plus nécessaire à l'époque qu'aujourd'hui !

Pour la première fois, quelqu'un met l'astrologie à l'épreuve du calcul des probabilités, considérant que "la question essentielle est de montrer que la correspondance entre ces deux catégories de choses (facultés humaines ou événements d'un côté, données astronomiques natales de l'autre) est réelle ou qu'elle n'est pas". Or, les traités d'astrologie — invariablement composés de règles anciennes sans aucun souci de la critique scientifique — n'ont jamais apporté aucune preuve valable là-dessus, dit P. Choisnard, "car toute l'habileté des tireurs d'horoscopes ne fera rien à la vérité scientifique en jeu ... qui n'est démontrable que par le calcul des probabilités". On voit que Choisnard faisait là preuve d'un esprit critique et scientifique tout à fait nouveau et moderne, qui allait donner, à travers toutes sortes de vicissitudes et avatars de parcours, une tout autre image à une astrologie qui, telle le phénix, allait renaître de ses cendres : l'astrologie d'aujourd'hui. Bailly était bon prophète quand il a dit : "Ses accès ne passent que pour renaître".

E. T.

CONNAIS-TOI TOI-MÊME...

Nonobstant le fait, dû à l'insatiable curiosité de l'homme par rapport aux événements qui lui sont réservés, que l'astrologie prévisionnelle prend trop souvent le pas sur la caractérologie, c'est pourtant cette approche descriptive qui est avant tout dans la ligne de vocation de l'Art royal des astres.
La prévision n'est, on l'aura compris, qu'un corollaire du thème de naissance, structure de base de la personnalité, auquel on applique toutes sortes de techniques prévisionnelles pour faire de cette donnée statique un prolongement dynamique qui, tel un fil d'Ariane, se dévide dans le temps. Mais, comme on l'oublie trop souvent en Occident, c'est notre Moi intime, notre nature particulière qui définit en grande partie notre avenir. Nous ne pouvons devenir que ce que nous sommes; il y a donc urgence à connaître ce Moi, afin d'appréhender — et peut-être, maîtriser — ce que nous deviendrons. C'est ce que nous enseigne la pensée hindoue, issue du "Radja yoga" : "Sème une pensée, tu récoltes un acte; sème un acte, tu récoltes une habitude; sème une habitude, tu récoltes un caractère; sème un caractère, tu récoltes une destinée." Ce que nous prenons pour une fatalité extérieure n'est donc bien souvent que le résultat d'une fatalité intérieure. Le décryptage de notre thème astral, en nous dévoilant les schémas répétitifs auxquels nous sommes pré-conditionnés (avec lesquels la psychanalyse nous a familiarisés), nous soulage en nous éclairant, aide à nous voir objectivement en faisant abstraction de la faute, de la culpabilité qui trop souvent nous paralyse. C'est alors seulement que nous serons armés, à travers la prise de conscience qui doit jouer comme un signal d'alarme, pour faire face et corriger notre vision de la réalité, engluée sinon de subjectivité.
L'astrologie en effet est la science par excellence de la personnalité, la science qui objectivise le plus clairement notre subjectivité. Elle a des possibilités maïeutiques exceptionnelles : elle nous fait accoucher de nous-mêmes en nous obligeant à prendre conscience de notre structure complètement unique et originale, qui nous explique à nous-mêmes... et au monde. Elle nous libère, par le biais de la connaissance, des éventuels traumatismes de l'enfance ou des stigmates des épreuves ultérieures qui, soudain, s'inscrivent dans un ordre universel et nécessaire.
Elle est la clef la plus précieuse de notre psychisme, dont elle est susceptible de dévoiler parfois avec une précision étonnante, les replis les plus subtils.
Les névroses soudain s'expliquent, elles "éclatent" dans le thème, avec leurs liaisons causales, et le Ça, l'inconscient, les pulsions profondes, les lames de fond de notre âme apparaissent : l'astrologie permet à coup sûr, à travers quelques heures d'analyse fouillée, une psychanalyse-express d'une valeur incomparable. Jung le savait, qui disait : "Pour un diagnostic psychologique difficile, je fais habituellement... l'horoscope. On a très souvent trouvé que les éléments astrologiques élucident certains points que, sans cela, on aurait été incapable de comprendre." D'ailleurs, nombre de psychanalystes, graphologues et psychotérapeutes ont maintenant compris la valeur de l'analyse astrologique et se font de plus en plus "astrologiser" eux-mêmes.
À la finesse et à la précision descriptive de l'outil astrologique, il faut bien sûr ajouter ce qui fait à la fois l'originalité et l'avantage de l'astrologie par rapport aux autres approches de la psyché : la prévision rendue possible par la mécanique céleste qui est d'une totale rigueur. En effet, à travers l'analyse des cycles planétaires et le retour des planètes lentes sur des points sensibles du thème, l'astrologue peut augurer, souvent avec une remarquable précision, des phases aiguës où les énergies latentes du sujet vont se trouver libérées.
Cette connaissance du timing psychologique peut être d'un grand secours pour démystifier, ou dédramatiser certains climats de crise que le sujet peut alors relativiser au lieu, par exemple, de prendre des décisions drastiques qu'il regretterait plus tard. Cela peut être le cas d'un passage d'Uranus sur Vénus, où le natif, pris de velléités d'émancipation, est prêt à jeter son couple par-dessus bord, soudain aveugle aux affinités qui le lient à l'Autre. Un avertissement peut empêcher l'irréversible. Dans d'autres cas, ce transit, aussi rare que puissant, permettra de se libérer de chaînes dont on se croyait définitivement esclave.
Quoi qu'il en soit, qu'il s'agisse de la crise saturnienne des sept ans, de la jupitérienne des trois, six ou douze ans, ou de celle, plus rare, mais combien bouleversante, des vingt et un ans (quart de temps de la révolution d'Uranus), être prévenu de la direction où soufflent les vents cosmiques par rapport à notre être psychologique sera une aide inestimable. Car enfin, lorsque nous tombons abruptement dans une phase dépressive, à laquelle nous nous efforcerons de trouver toutes sortes de causes objectives sans en trouver aucune de convaincante — et pour cause! celle-ci réside avant tout dans les étoiles — ne sera-t-il pas rassérénant d'apprendre qu'il y a une explication précise, que, par exemple, nous sommes justement affligés par une dissonance saturnienne qui nous force à remettre les pendules à l'heure, ou par une dissonance de Neptune qui brouille les cartes, nos objectifs et notre moral, ou par Pluton qui nous oblige à muer, à mourir à nous-mêmes pour renaître?
N'est-il pas magnifiquement rassurant de savoir d'abord que cet état de tristesse sans motif apparent (qui nous vole à nous-mêmes : "La tristesse est un manque d'être", a dit le Sagittaire Spinoza) n'est pas définitif, qu'il disparaîtra comme il est venu à un moment précis que l'on peut définir, mais qu'il s'agit pour l'instant d'extraire de ce passage planétaire un niveau supplémentaire de connaissance de nous-même? Ce n'est qu'alors que nous apprendrons qu'aucune épreuve n'est gratuite, mais ferment d'un élargissement de notre conscience
À coup sûr, l'évaluation du "timing" est, dans ce contexte, un des atouts-maîtres de l'astrologie qui nous aide à vivre. *E. T.*

L'Astrologie et la mort

Nostradamus et d'autres astrologues avaient prédit la date de leur mort. L'astrologie peut–elle nous permettre de faire cette incursion dans l'inconnu, techniquement d'abord, éthiquement ensuite? On sait que, dans un thème, une Maison — ou secteur — lui est attribuée : la Maison VIII, celle des transformations et des mutations. Mais la Maison IV — début et fin de la vie —, ainsi que la XII (les épreuves, les maladies chroniques) ont également leur mot à dire, de même que des significateurs généraux tels que la Neptune-Pluton ou le couple Mars-Uranus dans les cas de mort violente. Selon J. Kepler, la mort ramènerait des positions partiellement identiques à celles de la naissance, en "bouclant" en quelque sorte certains cycles planétaires. Cela semble être le cas mais, pour systématiser ces observations, des recherches statistiques de grande ampleur sont nécessaires, qui feront la part des circonstances et causes différentes dans l'analyse de la mort (mort naturelle par maladie aiguë ou chronique, par le feu, l'eau, les transports, etc.).

Au siècle dernier, l'astrologie a elle aussi succombé à la fascination du peuple pour les tentatives de prédiction de l'avenir.

La plupart des astrologues modernes soutiendront que la possibilité de prédire même un événement aussi crucial que la mort est si problématique qu'elle vaut à peine d'être considérée. S'il est possible de spéculer sur ce sujet entre professionnels, toute déclaration publique reste sujette à caution.

Cela n'a pas toujours été le cas. Dans sa "Tétrabible", l'astronome grec Ptolémée (100-178 apr. J.-C.) développa quelques spéculations sur le sujet, conjecturant par exemple que le maître de l'Ascendant était le significateur de la mort du sujet — mais il poussait plus loin la spéculation : les différentes planètes de son thème pourraient indiquer de quelle sorte de mort le sujet souffrirait, Saturne induisant une mort par un coup de froid ou par une fièvre, Jupiter par une pneumonie ou une apoplexie, Mars une attaque, et ainsi de suite.

Quinze cents ans plus tard, dans le premier ouvrage conséquent imprimé en anglais sur ce sujet, "Astrologie chrétienne" (1647), William Lilly est d'une précision considérable avec de longs passages traitant de "Quand un consultant va-t-il mourir?" "Qui de l'homme ou de la femme mourra le premier?" "De quelle manière le consultant mourra-t-il?", et ainsi de suite.

Il avait ses propres règles, fondées dans leur plus grande partie sur la primauté de l'Ascendant (planète gouvernant le signe de l'Ascendant) et sur sa relation avec la Lune ou les maîtres des première et huitième Maisons du ciel natal.

Le fait que Lilly envisage la possibilité de prédire la mort ressort clairement de son œuvre; d'autres astrologues embrassèrent le même point de vue — de même que leurs clients. Un certain Thomas Allen prédit à William Herbert, comte de Pembroke, au xviie siècle, qu'il se trouvait dans "une direction finale"; Herbert, le jour prédit comme celui de sa mort, donna une grande fête en l'honneur de ses amis : il but et mangea abondamment, se coucha et mourut dans son sommeil.

Il y a de nombreux autres exemples de tentatives apparemment couronnées de succès de prédire la mort, mais la plupart d'entre elles sont plus que douteuses.

Nostradamus (comme toujours) a prédit un certain nombre de morts, et avec un degré d'imprécision qui, même à son niveau, était remarquable.

À notre époque, les astrologues américains tels que Evangelina Adams ou Jeane Dixon ont réalisé des prévisions apparemment plus précises qui, toutefois, quand on les examinait de plus près, étaient loin d'avoir la justesse dramatique qu'on leur prêtait.

Quand, comme cela est si fréquent, on se trouve face à des soi-disant prouesses dans les prévisions, tout le problème est de pouvoir vérifier.

Ces dernières sont presque toujours extrêmement vagues; elles sont trop souvent faites, ou prétendent avoir été faites verbalement ou dans d'obscurs journaux extrêmement difficiles à authentifier. Bref, les vraies prévisions afférentes à la mort sont très rares.

Quelquefois, elles sont faites dans des circonstances où la personne concernée est très malade et en tout état de cause est susceptible de mourir sous peu (sans parler de la possibilité d'auto-accomplissement de la prophétie : un mourant à qui on a assuré qu'il décéderait à une date particulière peut être suffisamment impressionné pour obéir à cette "instruction").

Certaines des prévisions les plus dramatiques ont porté sur des assassinats, notamment celui du Président Kennedy. Mais quand on considère la probabilité d'un éventuel assassinat en ce qui concerne un tel homme, on s'aperçoit que le fait qu'une telle prédiction ne se réalise pas serait encore plus surprenant (1).

Même si on suppose qu'il est possible de prédire exactement la mort, une telle prédiction pose un problème éthique non négligeable. Cela aurait sûrement un effet même sur les gens les plus rationnels, tandis que ceux qui ajouteraient foi à une telle prédiction ne pourraient pas ne pas en être affectés. Troublante pour la plupart, elle se révélerait carrément dangereuse pour beaucoup, les crédules ou les maniaco-dépressifs.

Les astrologues modernes considéreront d'ordinaire que c'est seulement par un examen à postcriori qu'ils peuvent induire quelles tendances ont indiqué la mort du sujet, probablement marquée par de forts changements dans ses conditions de vie. Ces tendances sont astrologiquement représentées de diverses manières — par exemple, par la progression du Soleil ou de l'Ascendant dans un nouveau signe (2). Cela peut aussi tout à fait être interprété comme signalant un degré supérieur de développement personnel, mais cela n'est-il pas après tout ce que nous espérons que sera la mort?

Comme on le verra plus loin, il est important de prendre en compte les fortes influences de certaines planètes telles que Mars, Saturne, Uranus et Neptune. En particulier, l'émergence de progressions secondaires du Soleil, planète dominante, et bien sûr de l'Ascendant en direction de ces planètes peut suggérer la mort (toujours à condition que l'heure de naissance du sujet soit connue avec une grande précision). Cependant, l'auteur de cette étude n'accepterait pas de se fier à des progressions secondaires vers l'Ascendant, si le thème comportait une heure de naissance rectifiée, même si une recherche approfondie a conduit à cette rectification (3).

Dans la plupart des cas, il est nécessaire de corroborer les progressions secondaires au moyen de transits de même signification et/ou d'éventuelles progressions lunaires. Il est cependant essentiel, lorsqu'on interprète des progressions lunaires (en relation avec la mort ou dans tous les autres cas) de s'assurer de la force ou de la faiblesse de la réaction du sujet aux progressions de la Lune (certaines personnes y réagissant plus fortement que d'autres).

La mort se déroule sous l'influence de planètes très différentes suivant les cas. Parfois, c'est Jupiter ou Vénus qui est dominant, suggérant un état de béatitude, "d'heureuse délivrance". C'est bien sûr particulièrement probable si la maladie a été longue et douloureuse; c'est souvent le cas quand il y a eu une forte influence de Saturne. Saturne, Chronos ou Temps, le "Grand Moissonneur", est une planète qui fonctionne comme un jalon ou indique un carrefiour dans la vie. Si, dans le thème astral, il se combine avec d'autres planètes pour indiquer une faiblesse physique, il est certainement possible que la mort intervienne quand il est actif par transit ou progression. Nous pouvons trouver, par exemple, qu'il y a eu conjonction, carré ou opposition par rapport à l'Ascendant du sujet. Si la planète effectue un transit exact, puis un peu plus tard revient en arrière (rétrograde) et retourne à son mouvement direct (réalisant par conséquent trois transits), l'astrologue est en mesure de pronostiquer un impact très puissant de cette planète (cela signifie peut-être qu'il y aura des crises dans une maladie lors des deux premiers transits, la mort survenant à la date, ou aux environs de la date, du dernier passage planétaire).

En supposant toujours que l'individu répond à des progressions lunaires (principalement peut-être vers Saturne, en incluant les carrés et oppositions — bien que le quinconce rigide ne doive pas être ignoré — tout ceci bien sûr à la fois vers la position natale de la planète et sa position pro-

Page précédente :
HANS HOLBEIN (1497-1543). "DER STERNDEUTER" TIRÉ DU LIVRE LES SIMULACRES ET HISTOIRES DE LA MORT; LYON. MELCHIOR GASPARD TRECHSEL; 1547.
En dehors de toute considération déontologique et éthique, il est extrêmement difficile de prévoir le moment de la mort, car un thème n'a pas de fin et reçoit des aspects posthumes (à preuve, les modes et come-back de certaines vedettes après leur mort qui ne surviennent pas à n'importe quel moment ...); elle peut surgir lors de l'un des "points noirs" de l'avenir, mais sans absolue certitude. De plus, seules les morts violentes sont vraiment visibles, celles par vieillesse ayant même souvent lieu sous des aspects harmoniques, surtout de Pluton ou Neptune ... ce qui tendrait vers une hypothèse optimiste de cette grande

(1) Cela apparaît comme un jugement de valeur très subjectif, car prévoir le jour et le lieu d'un événement parmi tous les possibles est un exploit. Par ailleurs, le problème touchant à la prévision de la mort a une connotation tabou pour des raisons éthiques. Cela explique la rareté de telles prévisions. J'ai ainsi moi-même, indirectement, prévu la fin de Sadate ou d'Olof Palme ("hommes d'État en danger") pour la date exacte. (note d'E. T.)

(2) Mais plus probablement par une direction symbolique du MC ou du DS vers une planète "dure" et maléficiée en Maison VIII, celle de la mort; surtout si, en même temps, opèrent des transits rares et violents. (note d'E. T.)

(3) Cependant, il faudrait prendre cette donnée comme une hypothèse non négligeable! (note d'E. T.)

gressée), ces progressions peuvent être incorporées dans n'importe quel travail de prévision plus global concernant la vitalité.

Avec la découverte de Pluton en 1930 et son incorporation progressive dans le panthéon astrologique en tant que planète dominante du Scorpion et de la huitième Maison, on pouvait s'attendre à la mise à jour d'une forte corrélation entre elle et la mort (la huitième Maison étant par tradition connue sous le nom de "Maison de la mort"). Les mythes attribués à Pluton, dieu du monde souterrain et gardien du royaume des morts, sont puissants.

Le fait est que l'influence astrologique de la planète renvoie, en sus de la mort elle-même, à la régénération, la renaissance — encore une fois ce que la plupart des hommes attendent de la mort, tantôt exprimé par un élargissement de la conscience, tantôt par la réincarnation. Dans son analyse, l'astrologue devrait tout particulièrement faire attention à l'influence de Pluton dans un thème, quand il est la planète dominante, ou le maître du Soleil ou de la Lune, car son influence sera alors particulièrement puissante.

Les transits de Mars, en conjonction ou en opposition, effectués par cette planète tour à tour sur les autres planètes et sur les angles du thème astral surgissent approximativement tous les deux ans et demi. Dans certaines circonstances (peut-être quand les transits ou des progressions plus forts, plus "lourds", montrent une tendance inhabituelle à prendre des risques), ces transits de Mars peuvent être en corrélation avec des accidents fatals. La plupart des astrologues s'entendent sur le fait que les autres transits, à savoir le trigone, le sextile et probablement le carré ne sont pas assez puissants et en général ne doivent pas être utilisés dans la prévision de tendances.

Dans tous les cas, on peut penser que d'autres influences doivent venir renforcer celle de Mars. En effet, de petits incidents sont en général les manifestations de tels transits pris isolément, par exemple sur le Soleil, la Lune, MC ou l'Ascendant, ils ne sont pas en général pris en eux-mêmes, particulièrement sérieux. Mars devrait néanmoins être pris en considération : cette planète pourrait indiquer par exemple une chute sérieuse (quand Saturne est aussi en cause) ou un coup (en combinaison avec Uranus). Au moment de la mort, l'influence conjointe de Saturne, Uranus ou Neptune est aussi souvent en cause — habituellement par transit sur le Soleil, la Lune et bien sûr sur l'Ascendant. C'est particulièrement manifeste si l'une de ces planètes gouverne l'Ascendant ou la huitième Maison, bien que l'auteur déconseille toute exagération dans l'interprétation de ce facteur traditionnel. Il sera plus sage d'envisager la planète sous tous ses aspects, en mettant en avant ceux qui pourraient avoir une répercussion directe sur la santé, ou, dans le cas de Neptune, sur le développement spirituel.

L'auteur de cette étude persiste à dire que la mort ne peut être prédite avec précision et qu'en tout état de cause il est probablement immoral de s'essayer à le faire (4). Pourtant, si un sujet est sur le point de mourir, il n'est pas mauvais de regarder les thèmes astraux de ses proches. Le deuil prochain peut être indiqué par Saturne et plus probablement Saturne et Neptune ensemble, en conjonction, carré ou opposition avec le Milieu-du-Ciel (parents) ou en opposition avec l'Ascendant (partenaire). Dans le cas de l'opposition, les planètes seraient bien sûr en conjonction avec le Fond-du-Ciel. Les tendances de ces thèmes devraient être comparées les unes avec les autres et on peut s'attendre à ce qu'il y ait entre elles de solides corrélations qui devraient constituer un guide précieux.

Très sommairement, il pourrait bien y avoir une mise en exergue de la cinquième Maison dans le thème de la mère, ce qui est susceptible d'avoir une influence sur ses enfants, ou bien une influence difficile sur la quatrième Maison dans le thème des enfants quand leur mère est malade. L'influence des transits et des progressions secondaires de la Lune sur sa position à la naissance est bien sûr accrue si le Cancer se trouve être le signe solaire ou de l'Ascendant — le Cancer étant régi par la Lune. Dans un tel cas, ils représentent des facteurs plus fiables dans l'interprétation astrologique.

En examinant l'histoire de l'astrologie médicale, et dans l'état actuel de nos connaissances, il apparaît clairement qu'un astrologue peut déterminer les crises qui surviendront dans une maladie. Partant de là, l'état général du patient peut montrer qu'il sera incapable de leur faire face. Par exemple, une progression lunaire au carré d'une position radicale ou progressée de Saturne devrait être susceptible d'indiquer un moment de baisse particulière de la vitalité du sujet, s'accompagnant d'une sensibilité aux refroidissements et aux rhumes. Chez un sujet sérieusement malade, ce pourrait être un moment critique et il conviendrait d'avertir les parents de la possibilité d'une issue très critique. Mais en même temps, il paraît important de souligner que des soins, ainsi que la détermination du patient, pourraient, le cas échéant, permettre de surmonter cette crise : dans ce cas, comme dans tant d'autres domaines de l'astrologie, l'antique devise "non cogunt", "les étoiles n'obligent pas", doit être gardée en mémoire. Plus avant dans le cours de la maladie, une tendance astrale indiquant une période de plus grande tension peut intervenir et un autre avertissement sera alors approprié. Le souci et, de

(4) Cet avis n'engage que ce dernier. L'expérience des siècles passés prouve que l'astrologie est capable de faire une telle prévision; ce sont les astrologues qui sont défaillants. Le problème éthique est d'une autre nature. (note d'E. T.)

fait, le devoir d'un astrologue devraient être d'aider ceux qui entourent un patient et l'assistent dans le recouvrement de sa santé en leur fournissant une grille temporelle en fonction de laquelle ils pourront mesurer les progrès de la maladie. Une telle aide est strictement d'ordre pratique.

La mort subite et le choc qu'elle provoque chez les êtres aimés relève du domaine d'Uranus. On doit s'attendre à déceler l'influence de cette planète dans tous les thèmes des personnes ainsi concernées, mais il n'y aurait rien d'étonnant à découvrir une influence supplémentaire de Mars dans de telles circonstances. Cette planète pourrait par exemple favoriser l'insouciance au volant ou une hâte injustifiée conduisant à un accident fatal. Ce pourrait être une aide certaine pour ce qui est d'estimer si le sujet (transit de Mars en conjonction avec l'Ascendant, Soleil ou Lune) ou le partenaire (transit de Mars à l'opposition de l'Ascendant) doit être incriminé ou s'il est victime des circonstances (dans ce dernier cas, il y aurait transit de Mars par conjonction ou opposition au MC).

La tendance d'un sujet à recourir à des comportements de fuite qui peuvent le conduire à une dépendance envers la droque, et à terme à la mort, sera indiquée avec un maximum de probabilité par l'influence de Neptune, dont la puissance sera maximale quand elle se trouvera en conjonction avec l'Ascendant. Pour peu que le thème de naissance dans son ensemble montre une faiblesse de caractère dans d'autres domaines — à cause des positions des signes et des planètes, et plus particulièrement un Neptune dissonant — un astrologue avisé percevra parfaitement que le sujet aura besoin d'une aide particulière et de réconfort quand il se trouvera au cœur d'angoissants transits et directions sur cette planète. De telles progressions peuvent ouvrir la voie à de fatales échappatoires ou au moins donner lieu à l'expression d'un cri de détresse qui, s'il est ignoré, pourrait conduire au suicide. L'influence de Neptune est complexe : c'est peut-être la planète dont les effets sont les plus difficiles à interpréter. Elle produit, par exemple, ses effets les plus forts sur la personnalité d'un individu marqué par une douzième Maison (celle des Poissons) dominante.

Ainsi placée, il se peut très bien que cette planète ait une influence positive si elle est harmonique. Mais son influence en première Maison est très affaiblissante pour la personnalité et devrait toujours être étudiée avec précaution. En effet, la personnalité tout entière du sujet peut être empreinte d'une tendance aux comportements de fuite et d'une attitude incertaine et confuse face à la vie, c'est-à-dire marquée de fortes caractéristiques neptuniennes. Plus cette planète se trouvera proche de l'Ascendant, plus l'individu sera susceptible de recourir aux échappatoires les plus négatives.

Les profanes de notre discipline soulèvent souvent le problème des morts collectives (comme le naufrage du car-*ferry Herald of Free Enterprise* ou la catastrophe aérienne de Lockerby. Ne pouvait-on pas prévoir de telles morts en masse? Tout le problème est en fait de collecter la date de naissance de chaque individu concerné, l'"heure de naissance" de l'appareil, l'heure de son ultime décollage et celle du désastre. On doit en fait prendre en considération une quantité de facteurs (un programme informatique conçu à cet effet pourrait sans doute traiter cette question mais il subsisterait encore une forte part d'impondérable barrant la route à toute direction précise (5).

Le parti que doit prendre un astrologue qu'un client vient voir pour lui poser sans détour la question "quand vais-je mourir?" est un problème qu'en tant qu'individu il doit résoudre seul. Contrairement au praticien de la médecne confronté à une telle question, l'astrologue a l'avantage de pouvoir étudier le thème de naissance du sujet et d'en extraire l'attitude de ce dernier face à une nouvelle traumatisante. Par là, il sera — il doit être — guidé vers une réponse. Comme dans toute autre situation grave, il est nécessaire d'appuyer la réponse à faire au consultant sur un principe d'honnêteté. Dans certaines circonstances, il peut être aussi dangereux de répondre "je ne sais pas" que "mardi prochain". Cependant, bien que la première réponse soit la bonne, il est possible que, dans certains cas, le malade accueille favorablement un honnête signalement des périodes où il y aura le plus de risques au moins d'une crise ou d'une détérioration de sa condition.

Ceux qui consultent les astrologues sont, en règle générale, toujours désireux d'entendre qu'ils jouiront d'une longue vie. Les Anciens croyaient que cela était indiqué par des aspects positifs des planètes (c'est-à-dire trigones et sextiles) entre le Soleil, la Lune et Saturne — principalement parce qu'ils favorisent la prudence et la préservation de soi, règle générale qu'il ne faut pas mépriser à une époque où le sida est un problème majeur (le virus HIV est en effet souvent transmis dans un contexte d'imprudence). Ces aspects favorisent également une attitude positive par rapport à la conduite automobile, aux

BOTTEGA : SATURNE APPARTEMENT BORGIA. VATICAN.
Les meilleures indications dans un thème natal pour une longue vie sont les bons aspects entre le Soleil, l'ascendant, Jupiter et Saturne, ainsi que les aspects de ces planètes avec les maîtres des Maisons VIII, VI, XII et IV. La Maison VIII, ainsi que son maître, donnent des indications sur le genre de mort probable (par exemple Mars et Uranus dans cette maison formant des aspects de tension avec d'autres planètes peuvent laisser prévoir une mort par accident, et si cette Maison est en Sagittaire, probablement en voyage...)

(5) C'est là l'avis de l'auteur. En ce qui nous concerne, l'expérience nous prouve que : 1) les catastrophes aériennes sont astrologiquement explicables, voire prévisibles — nous en avons prévu des dizaines; 2) que le lieu et le moment exacts rendent compte du "pourquoi" de la localisation de telle ou telle catastrophe aérienne; 3) que tous les thèmes individuels des victimes contiennent des facteurs mortifères — différents de l'un à l'autre, la planète transitante mortifère n'étant pas la même dans tous les cas; 4) que, dans le cas des rescapés, leur thème indique à la fois l'accident et les raisons du miracle — sous forme d'un transit salvateur exact de Jupiter ou Vénus, par exemple. Donc pas de hasard... (note d'E. T.)

aliments "sensibles" et incitent probablement à recourir à la médecine préventive. Bien sûr, les astrologues émettent des hypothèses à propos d'une possible indication de la contamination d'un sujet par le sida. Mais la seule différence avec la contraction de n'importe quelle maladie est la nature (pour l'instant) fatale de cette dernière. Même dans un tel cas, l'horoscope indiquerait une plus grande probabilité de mort du sujet à une période ou une heure particulière sans pour autant prédire son décès effectif à un moment précis (6).

Très peu d'astrologues ont manifesté de l'intérêt envers ce qu'on appelle le thème de la Mort, un thème établi au moment exact de la mort, thème qui est censé refléter les relations de l'âme du défunt avec le monde des esprits. Ce thème peut être considéré comme un résumé de la vie du défunt et, pour ces astrologues qui croient en la réincarnation, il peut se rapporter à la vie prochaine du sujet.

Le "point" de la Mort est une des "parts" qui, dans l'astrologie médiévale, correspondait à un éventail de parts (arabes) dans le thème astral. On obtenait celles-ci par ajustement des planètes avec l'Ascendant, ou tout autre point fixe de référence.

À l'heure actuelle, peu d'astrologues se passionnent pour le "Hyleg" connu également sous le nom d'"Apheta" ("le donneur de vie"). Ce terme trouve son origine dans l'astrologie arabe : les endroits "hylégiaques" étaient traditionnellement la première, la septième, la neuvième et la onzième Maison (bien que Ptolémée ait prétendu qu'une planète était en "hyleg" quand elle se trouvait à l'intérieur d'un arc de cinq degrés au-dessus de 21 degrés en-dessous de l'Ascendant).

Quand cette planète "aphétique" prenait un aspect défavorable ou arrivait en conjonction avec un endroit "anarétique" (degré occupé par Mars ou Saturne à la naissance), elle était appelée "planète mortifère" et on disait qu'elle présageait la mort. Mise à part la réaction émotionnelle moderne contre de telles "règles", les astrologues ont le droit d'hésiter à utiliser l'"hyleg" dans leur travail, car les règles à suivre pour y parvenir sont d'une impénétrable complexité et le procédé en lui-même empreint d'un fatalisme inacceptable (7). **J. et D. P.**

---

(6) On peut aussi se demander si l'art du pronostic n'est pas très fluctuant d'un astrologue à l'autre : comme pour toute science humaine et conjecturale, c'est la prévision qui requiert un maximum de savoir, d'expérience et d'intuition. (note d'E. T.)

(7) ...On peut ne pas être d'accord avec cet avis très personnel de l'auteur. Car, d'une part, l'application de cette dernière règle de la tradition faisant intervenir l'*hyleg* dirigé sur un *anérète* reste tout à fait praticable — et se vérifie dans bien des cas — et, d'autre part, il faut signaler qu'on peut être déterministe sans être fataliste, le fatalisme reflétant une attitude affective par rapport à une éventuelle réalité en tant que telle. (note d'E. T.)

Déterminisme ou liberté ?

Il serait illusoire d'espérer, en deux mots, répondre de façon catégorique et définitive à la question ontologique par excellence, à cette question fondamentale de la condition humaine : sommes-nous libres ou non ? Fondement éthique de la responsabilité morale, elle est de celles qui a fait couler le plus d'encre depuis la naissance de l'Homo sapiens et notamment depuis que l'on sait — Aristote dixit — que l'homme est un animal social; constat qui implique justement la notion de responsabilité.

FATUM GREC OU LIBRE ARBITRE CHRÉTIEN ?

Si l'on admet que la liberté est l'oxygène de l'âme, son absence ne peut mener qu'à *l'asphyxie* du *Moi,* faisant de nous des marionnettes impuissantes devant un Destin aveugle et privées de toute réelle initiative. Malgré l'aspect peu séduisant, peu flatteur pour l'orgueil humain de cette hypothèse, celle-ci a toujours existé et a tenté nombre de philosophes, mystiques et sages. Les Chaldéens, fatalistes supposaient que toutes choses ici-bas sont dépendantes des étoiles. On retrouve cette notion de déterminisme jusqu'aux jansénistes du XVIIe siècle, en passant par l'Égypte et les stoïciens grecs, partisans d'un fatum inexorable; sans oublier bien sûr la doctrine islamique et son fataliste "mektoub" ("c'était écrit"). La théorie de la *prédestination,* qui fleurit au XVIIe siècle, adoptée par Calvin et les gens de Port-Royal — dont Pascal — faisait intervenir la grâce, favoritisme suprême aux yeux indignés de l'humaniste. Celui-ci, pressé de choisir entre l'Homme et Dieu, allait généreusement opter, notamment au siècle des Encyclopédistes, pour l'*Homme.*

Dès l'aube du christianisme, celui-ci se heurta pour ces mêmes raisons à l'astrologie, avec laquelle, pendant des siècles, il allait entretenir des rapports d'amour-haine (cf. : "L'Astrologie et la religion"), fondés la plupart du temps sur un malentendu. Pourtant, au iiie siècle, Origène concilie les astres en tant que signes divins avec le libre arbitre chrétien. Plus tard, Zwingli, le réformateur suisse contemporain de Luther et Calvin, allait prôner, avec nombre d'autres grands esprits, la réconciliation entre astrologie et christianisme. Le franciscain R. Bacon (XIIIe siècle), surnommé Docteur Mirabilis pour sa culture encyclopédique, l'avait déjà précédé dans cet esprit, lui qui opposait la liberté de l'individu face aux astres, en raison de sa volonté, et le déterminisme de la foule malléable et capricieuse — d'où les guerres et les épidémies. Une conception moderne s'il en fut.

LES TROIS PARQUES FILANT. RUBENS. Quel est notre degré de libre arbitre ? Ne sommes-nous pas déterminés à la fois par notre race, notre nationalité, notre milieu, voire l'époque qui nous a vu naître. C'est Choiseul qui a dit: "Savoir naître à temps est souvent le secret et la cause réelle de bien des existences qui nous éblouissent." D'autre part, les dés sont jetés dès la naissance puisque, très probablement, tout est déjà inscrit dans nos gènes: nos maladies, nos particularités et peut-être même notre longévité — donc notre mort. Le biologiste et médecin Pr. H. Laborit parle d'une "horloge réglée à la naissance qui nous prédétermine."

Qu'est-ce qui est fatal, et qu'est-ce qui ne dépend que de soi ? Il est difficile de savoir si ce qui nous arrive est dû à la fatalité, ou si nous en sommes responsables. Ou s'il y a coexistence d'un certain déterminisme et d'une part de libre arbitre. L'astrologie peut nous aider à trouver certaines réponses à cette question fondamentale de la condition humaine.

"Fata regunt orbem, certa stant omnia lege". (Le destin gouverne le monde, l'univers est régi par une loi inflexible).

Manilius (Ier siècle)

"Dieu ne joue pas aux dés avec le cosmos."

A. Einstein

Les choses en effet ne sont pas simples. Il ne s'agit certes pas, selon l'éminent astrologue et astronome du XVIIe siècle, J. Kepler, d'un déterminisme aveugle et mécanique, d'une *causalité grossière.* Dante et Albert le Grand, au XIIIe siècle, ou saint Thomas d'Aquin — pour ne nommer que ceux-là — ne mirent jamais en concurrence la croyance en Dieu et l'influence des étoiles, en assujettissant simplement la seconde à l'omnipotence divine, créatrice de toutes choses. Ce qui était déjà le point de vue du philosophe platonicien et chrétien, Plotin, qui ne reconnaissait de puissance aux astres que sur le "corporel", par opposition au spirituel (1). De même, saint Thomas, dans sa "Somme", confirme le fameux adage antique "astra inclinant, non necessitant" en affirmant : "Les corps célestes sont la cause de tout ce qui se produit dans ce monde sublunaire; ils agissent indirectement sur les actions humaines, mais tous les effets qu'ils produisent ne sont pas inévitables." Prudemment, afin de laisser au chrétien le libre choix entre le Bien et le Mal et, donc, toute sa responsabilité, une marge de libre arbitre lui est ménagée. Mesure peut-être de simple prophylaxie sociale destinée à ne pas déstabiliser l'individu ?

Depuis le cartésianisme du XVIIe siècle qui refuse l'invisible, l'occulte et tout ce qui, même constaté empiriquement, ne s'explique pas, "l'homme est maître de lui comme de l'univers". Cette sorte de vertige euphorique va le porter allègrement à travers un XVIIIe siècle humaniste et libéral, et un XIXe scientiste jusqu'aux abords du XXe où, avec la crise épistémologique de la science, le problème ontologique par excellence va soudain se reposer à lui avec une nouvelle acuité.

Car, au travers de ce développement scientifique, il a également été amené à affronter de nouvelles données, de nouveaux déterminismes. Ils s'ajoutent aux précédents qu'il a tenté d'occulter (déterminisme racial, social, esthétique...). Il lui faut admettre que la sacro-sainte Raison n'explique pas tout — quoiqu'elle fasse, l'humanité continue de traîner derrière elle un fond abyssal de pulsions primitives, la *queue de saurien* dont parle Jung, et les génocides du xxe siècle illustrent tristement ce constat. Depuis Freud, qui lui a donné droit de cité, l'Inconscient existe, qui dirige l'homme à son insu et malgré lui; la parapsychologie, la télépathie s'imposent même si elles lui échappent rationnellement . Et la génétique, surtout.

Le serpent du progrès se mordrait-il la queue et n'aurions-nous fait tout ce chemin technologique que pour mieux revenir à cette certitude antique : l'homme est totalement dépendant de l'Univers dans lequel il s'inscrit?

Mais l'inconscient collectif a la mémoire longue, car — ô paradoxe! — malgré tous ces déterminismes que, bon gré mal gré, l'homme moderne occidental doit assumer, il continue — généralement parlant — de refuser le déterminisme astral qu'il conçoit comme un emprisonnement et un fatalisme insupportables. Le libre arbitre chrétien en l'occurrence n'a pas dit son dernier mot.

Réaction épidermique, dernier sursaut désespéré de l'âme occidentale, dont l'espace de liberté est de plus en plus réduit par les conditionnements de la science et qui se voit acculée et s'affole ? Cela s'expliquerait encore — partiellement du moins — si le déterminisme des étoiles était pur et absolu. Or, même si parmi les astrologues, certains sont partisans d'un total déterminisme, il s'agit de s'entendre sur les termes. Bien sûr, selon le philosophe Spinoza "les hommes se trompent en se croyant libres; cette opinion ne repose que sur le fait qu'ils ont conscience de leurs actions et qu'ils ignorent les causes par lesquelles ils sont déterminés" (in "Ethique"); il prouve ainsi que l'on peut être rationaliste et partisan d'un déterminisme absolu.

Il est vrai que, vu du Sirius, et notamment pour l'astrologue qui peut constater les convergences astronomiques, donc mathématiques et indubitables, entre les thèmes de personnes ou entités aux destins solidaires (un patron et ses employés, les membres d'une même famille, un chef d'État et le pays gouverné, les partenaires d'un couple, un chef d'entreprise et le thème de cette dernière, etc.), ce déterminisme ne fait aucun doute. Les rencontres planétaires du passé font foi. Invariablement, une configuration donnée fait vibrer de concert les thèmes solidaires, qui répondent telles des cartes à puce programmées à "l'activation cosmique". Mais — et là réside le mystère — s'il y a turbulences, leur intensité est variable suivant le sujet; c'est là qu'intervient — peut-être — un jeu, une marge de libre arbitre, défini par la différence de nature des sujets concernés. Mais celle-ci, rétorquera le déterministe, est à son tour définie, au départ, par le thème natal qui rendra tel sujet plus pugnace, tel autre plus défaitiste !... Cela n'est pas exclu, c'est même probable.

Et l'on se retrouve au même point, face à un inexorable destin, confronté à une nécessité universelle qui exclut totalement le hasard.

Dans ce vertigineux puzzle cosmique, chacun a son rôle à jouer la plupart du temps à son insu. Pourtant, à notre niveau "humain trop humain", il ne s'agit probablement que d'un déterminisme relatif, d'un *conditionnement,* en somme. L'astrologie ne nous laisserait probablement que la marge de liberté de la mouche d'Einstein, qui se croit totalement libre parce

(1) On peut à ce propos se demander si leur action sur les hormones, agent psychosomatique de l'organisme humain, ne serait pas un cas limite faisant transition entre le corporel et le spirituel, puisque l'homme est un et que ses humeurs et états d'esprit dépendent, on le sait, de son état physiologique. Cela bien sûr étendrait considérablement le pouvoir des étoiles !

qu'elle volète de-ci, de-là dans le compartiment d'un train... ignorant qu'inévitablement celui-ci l'emmène à son point de destination! Un espace de liberté inscrit dans un univers de nécessité, où tout est Ordre cosmique. Paraphrasant J. Maritain qui dit que "la personnalité est une synthèse de possible et de nécessité", on peut avancer qu'il en est de même de la condition humaine — à moins qu'il ne faille revenir à l'optique sans compromis d'un Spinoza ou d'un Abellio, totalement déterministes ?...

Mais ce jeu, cet espace de liberté existent certainement, et c'est là l'important. À chaque instant, nous nous trouvons devant une résultante : celle de notre thème astral et de ce que nous en avons fait jusque là. "L'homme est perfectible", dit Ouspensky, il doit œuvrer pour conquérir sa plénitude, sa perfection, et atteindre un niveau de conscience supérieur. Nous forgeons notre demain avec nos pensées et nos actes d'aujourd'hui. Si nous cultivons la conscience de soi, l'éveil mental, et si nous pratiquons l'auto-critique et le Bien, cela revient à appliquer la loi cosmique et universelle, ce que Kant appelait les *impératifs de morale universelle.* Cela allègera notre karma et nous rendra plus libres, moins vulnérables aux dissonances planétaires à venir, ces rendez-vous inévitables du destin. "Les astres gouvernent l'homme, mais le sage régit son étoile", disaient déjà les Anciens.

Notre liberté croît en fonction de notre force de caractère, de notre degré de perfection, de notre maîtrise et de notre sagesse. Celle-ci nous libère de nos entraves, dans la mesure où ce sont nos passions — avidité, volonté de puissance, agressivité, cupidité — et nos manques (de tolérance, de compassion...) qui nous rendent vulnérables aux dissonances planétaires. Celles-ci ont pour effet de nous contraindre à un *réajustement* par rapport à la réalité d'une part, à la loi cosmique d'autre part — qui sont en fin de compte indissociables. Le thème astral est là en tant que guide précieux sur le sentier de l'existence; carte routière qui nous indique les obstacles à surmonter — en nous et hors de nous — les orages à contourner afin d'avoir le vent (astral) en poupe, les étapes à parcourir, les carrefours à traverser, il nous indique les grandes lignes droites où nous pouvons accélérer à volonté... Il serait fou de négliger de tels atouts à la fois de connaissance pure et de savoir stratégique, utilitaire. La connaissance d'une difficulté la désamorce déjà partiellement, la neutralise peu ou prou.

CONCLUSION

Nous sommes donc certainement conditionnés par les astres, peut-être même déterminés. Si au plan de l'événementiel un destin inéluctable et parfois difficile marque la trajectoire de l'homme, — car sans les épreuves (au double sens du terme), quel pourrait être le moteur de ses remises en question et de ses crises, condition sine qua non de son progrès spirituel ? Ainsi que le disait le poète astrologue J. Carteret, si "nous sommes déterminés dans notre être, nous sommes libres dans la *conscience* que nous avons de notre être", c'est-à-direau niveau de l'esprit. Des exemples comme celui de Nelson Mandela qui, libre en esprit, passa sa vie en prison, sont édifiants. Et si l'astrologie est susceptible, avec certitude, de pointer rétrospectivement sur des temps forts de l'existence, cela n'implique pas pour autant un déterminisme étroit et absolu, étant donné la *polyvalence sémantique* du symbolisme astrologique. En effet, les scénarios concrets du vécu sont nombreux, qui illustrent une certaine configuration, dont la plupart resteront dans les limbes du potentiel et du possible; ces scénarios seront vécus à des *niveaux divers* en fonction du degré d'évolution de l'être. Ainsi, un puissant transit de planète lente qui, au premier degré, peut être redoutable au niveau événementiel — maladie, accident, ruine, etc. — peut se borner, si le sujet a déjà pris de la distance par rapport au niveau primaire de certaines passions destructrices, à une manifestation au niveau psychologique ou spirituel — crise métaphysique, doute, angoisses... — ce qui, pour un sujet évolué, sera tout aussi éprouvant.

Mais n'est pas sage qui veut et le chemin est escarpé qui mène à la sérénité. Cependant, il nous appartient à tous, lors de transits difficiles, de tenter d'opérer une *conversion des énergies planétaires négatives* en favorisant leur expression supérieure. Ce qui revient, par exemple, à sublimer l'agressivité martienne en courage et esprit d'entreprise, le spleen neptunien en générosité philanthropique, la pesanteur et la distance saturnienne en œuvre de longue haleine qui nous remplira de satisfaction, le stress uranien en créativité, le tourment plutonien en prétexte à nous régénérer ou à remettre l'attitude asociale d'un Pluton dissonant au service de la société ou de la famille. Ainsi, si l'être passif, tel la plante ou l'animal, est taillable et corvéable à merci par le Destin et les astres, le sage, se libérant du mécanisme de la pesanteur des passions aveugles et néfastes, atteindra à la vraie liberté, celle qui est "transfiguratrice de l'âme et du corps, et pour ce dernier, le problème du déterminisme et du libre arbitre devient le type même du faux problème" (Abellio).

Alors, oui ou non, sommes-nous déterminés ? L'ordre qui préside à la structure de l'Univers et que reflète l'art d'Uranie semble répondre par l'affirmative. Avec des nuances, des réserves qui sont à la hauteur de notre ouverture spirituelle. Chacun répondra suivant son intuition, son expérience et son degré de conscience cosmique. Car, pour finir, si l'on veut rester rigoureux et pragmatique, la démonstration en la matière est impossible: l'expérience en double aveugle ne peut être réalisée, dans la mesure où il n'y a qu'un seul vécu possible pour chacun d'entre nous.

E. T.

LES SEPT ARTS LIBRES. GRAMMAIRE RHÉTORIQUE DIALECTIQUE. MUSIQUE. ARITHMÉTIQUE. GÉOMÉTRIE. ASTRONOMIE. HERRAD VON LANDSPERG (VERS 1170) "HORTUS DELICIARUM" (BIBLIOTHÈQUE DE STRASBOURG; COLORIE VERS 1670) ...
L'astrologie n'est pas une science exacte, pas plus d'ailleurs que la psychologie, l'économie ou la médecine, mais une science "humaine", qui a pour objet l'Homme. Quant aux sciences exactes, elles se limitent exclusivement aux mathématiques et à l'astronomie.

"L'astrologie est à la fois un art, une science, une sagesse";

Raymond Abellio

Si, comme on vient de le voir dans les chapitres précédents, l'astrologie peut dire que "rien de ce qui est humain ne lui est étranger", si elle se préoccupe aussi bien de la condition mortelle de l'homme que de ses éventuelles vies antérieures, si elle embrasse et tente de résoudre toutes les grandes questions philosophiques et notamment celle de son libre arbitre, l'astrologie, à coup sûr, peut briguer à la fois les titres de science, d'art et de sagesse."

L'Astrologie : art, science et sagesse

C'est R. Abellio, polytechnicien, philosophe et astrologue, qui a défini l'Art royal des astres sous ce riche triptyque. Nous ne pouvons qu'adhérer à cette définition et tenter de l'expliciter.

UN ART

Elaborée et nourrie par l'observation du ciel depuis la nuit des temps, l'astrologie est tout d'abord une connaissance qui s'est construite empiriquement. Un art transmis par initiation de maître à élève, qui en gardaient jalousement le savoir ésotérique. Celui-ci, comme toute technique, nécessitait un apprentissage sévère, motivé par une grande soif de savoir. Or l'art, contrairement à la science, par définition ne se démontre pas; il se pratique et s'applique, se juge aux résultats; d'où la futilité de toute démonstration théorique, de ce point de vue.

Fondée sur le symbole, concept essentiellement mouvant, plastique, entouré d'un "halo de sens" donc polymorphe au niveau sémantique, l'astrologie participe forcément de la création artistique, et ce d'autant plus qu'elle a pour outils les aspects qui sont des rapports de symboles, donc susceptibles d'un nombre "astronomique" d'interprétations à différents niveaux (matériel, physique, psychologique, social, spirituel, ...). Enfin, si l'on songe qu'un ciel ne se reproduit jamais dans son intégralité et que la synthèse opérée par l'astrologue sera donc forcément toujours unique et originale, on peut se rendre compte de la dimension créative et inventive de l'art astrologique. Inutile de souligner l'importance du praticien, à l'instar de l'art d'Esculape, où le diagnostic, malgré une technique et une formation similaires, sera fonction de la qualité du médecin — ou de l'astrologue. De la même façon, du fait qu'il y a obligatoirement synthèse vivante et toujours recréée dans l'analyse astrologique, celle-ci a de fortes chances de rester perpétuellement supérieure à toute résultante produite par ordinateur, par l'ordonnancement subtil et nuancé de la hiérarchie des facteurs à interpréter.

UNE SCIENCE

Mais pour créatif qu'il soit, l'acte astrologique implique aussi — et avant tout — l'application de certaines lois, l'utilisation d'un message codé fondé sur le système de référence le plus rigoureux qui soit, puisqu'il s'agit du cours immuable — parfaitement mathématique, donc prévisible — des corps célestes. En raison de cette extrême précision de données liées à l'astronomie, l'ordinateur, de plus en plus, est un instrument de travail précieux pour l'astrologue, étant donné la sophistication de plus en plus grande des programmes — ne trouve-t-on pas déjà, par exemple des programmes de "rectification" de l'heure de naissance à partir d'événements du vécu, ou des programmes de comparaison de thèmes très fouillés, sans compter les listings impressionnants, sur des décennies entières, d'aspects planétaires très précisément datés? On est loin de toute analogie avec la voyance et les cartomanciennes, dont les "flashs", même s'ils sont authentiques, relèvent d'une perception spontanée et subjective, non vérifiable par autrui.

Est-ce à dire que l'astrologie est une *science exacte ?* Certes non. Et d'ailleurs, il faut s'entendre sur ces termes, dont l'acception est mal définie. Hormis les mathématiques et l'astronomie, il n'y a pas de science exacte, car même en physique, on sait maintenant que l'expérimentateur "pèse" peu ou prou sur les résultats de l'expérience, que le facteur humain, en somme, n'est pas totalement négligeable.

Et bien sûr, lorsque l'objet de la discipline est l'homme lui-même, — c'est le cas notamment de la médecine, de la psychologie, de la biologie, de la graphologie, de l'économie politique ou de la sociologie — la part de subjectivité du praticien s'alliant à la nature "ondoyante et diverse" du sujet, il n'y a plus de "fait astrologique objectif", l'interprétation y est essentielle.

On peut donc définir l'astrologie comme une *algèbre du caractère et de la destinée,* comme la *science par excellence de la personnalité,* donc une *science humaine* achevée, puisqu'elle obéit à des lois qui permettent la reproduction des mêmes effets (événements ou/et climats particuliers) à partir des mêmes causes (situations planétaires), puisqu'en d'autres termes, la prévision est possible — *condition sine qua non* de toute scientificité. Pourtant, elle ne doit pas être davantage jugée ou remise en question à partir de ses pronostics que ne le sont les autres sciences, officiellement reconnues, et qu'on ne condamne guère sur des échecs prévisionnels. Sinon, la météorologie, la médecine, l'économie politique — pour ne citer que ces sciences — n'auraient plus droit de cité depuis longtemps !...

UNE SAGESSE

Le pratiquant en astrologie, familiarisé avec le symbolisme planétaire, ne dépassera pas le niveau du technicien plus ou moins expérimenté s'il n'est pas le théâtre d'une profonde révolution philosophique, s'il ne se laisse pas envahir par les implications spirituelles de sa nouvelle connaissance. En particulier, il découvrira dans l'astrologie une école de rigueur mentale, de cohérence et de subtilité psychologique qui lui interdit d'abdiquer de sa logique en quelque sorte suprarationnelle. "La conscience qui expérimente doit conserver une clarté et un ordre sans défaillance dans ses observations, une sorte de bon sens sublimé, une capacité de se critiquer elle-même sans faiblesse, une discrimination exacte, un certain art de coordonner les choses avec fermeté. Une saine prise sur les faits et un esprit positif hautement spiritualisé doivent toujours être présents" : ce que Shri Aurobindo dit du yoga peut être appliqué à l'interprétation astrologique.

L'"astrologisé" évolué sera un vivant paradoxe. Il se saura imbriqué dans un ordre universel qui, parce que et bien que le dépassant, le rassure; et en même temps, parce que cet ordre le dépasse, il cessera de faire du narcissisme métaphysique, sollicité par une relativisation considérable de tout "ce qui lui arrive" et qui, forcément, n'est qu'un rouage inévitable du grand Tout. Avec émerveillement, il apercevra le réseau subtil, mais mathématiquement constatable à travers les positions planétaires en correspondance, qui relie les thèmes d'êtres promis à se rencontrer dans l'existence, soit pour s'attirer et s'aimer, soit pour se contrarier et se haïr. Découvrir qu'il est possible de détecter l'évolution d'un homme dans le thème de sa femme, ou l'inverse, le convaincra de la solidarité de l'univers.

Confronté à la multiplicité des structures célestes, reflet d'une part des structures physicomentales de l'homme isolé et, d'autre part, reflet de la conjoncture mondiale de ce monde sublunaire, l'astrologue sera appelé à la tolérance et à un jugement par-delà le bien et le mal (au-delà de toute morale) de même qu'il sera rempli de vénération pour l'ordre cosmique impliqué par ces correspondances.

De là jaillira presque automatiquement une connaissance élargie, une *gnose* — aux frontières de la mystique mais dégagée d'elle — bâtie sur une cosmogonie séduisante et impressionnante. Et finalement, l'Art royal des astres signifiera pour lui sa réconciliation avec l'Univers, son prochain et lui-même, tous insérés dans l'équilibre grandiose de la Création, d'un équilibre générateur d'une sagesse difficilement communicable, qui participe de l'ineffable.

E. T.

Astrologie et spiritualité

ASTROLOGUE CORÉEN. **"Pour que le comportement intérieur et le comportement extérieur s'harmonisent avec le Tao (la Voie), il faut vivre en harmonie avec les cycles cosmiques." LAO TSEU (VIe siècle av. J.-C.).**

Si l'astrologie s'appuie sur une technique et des règles qui font d'elle une science à part entière, les fondements de sa démarche n'en restent pas moins philosophiques et spirituels.

La liaison entre l'astrologie et une illumination de la pensée quant à la vérité du monde remonte sans aucun doute jusqu'à la pensée hellénistique, lorsque l'orphisme et le pythagorisme, dans leur développement interne, lient en une seule gerbe l'intuition métaphysique de l'"unité du monde", la vision à la fois esthétique et principalement musicale qui en découle, l'idée d'une "harmonie universelle" qui trouve son répondant dans l'organisation visible des cieux qu'ils explorent alors, c'est-à-dire dans la constitution d'une astronomie déjà scientifique.

Un poème orphique, déjà, assure ainsi de la correspondance du corps et de l'intellect de l'homme avec les différentes étoiles ("Fragm. Orph. 168"); et la doctrine établie, à la sortie de l'époque hellénistique — en-dehors des sceptiques, de certains aristotéliciens et des atomistes — va devenir comme une évidence : il y a rapport de sympathie en même temps que d'homologie entre le domaine de l'intelligible divin et du petit monde de l'homme : "Le monde intelligible est suspendu à Dieu, le monde sensible à l'intelligible, et le Soleil, à travers le monde intelligible et le monde sensible, reçoit de Dieu, pour sa provende, l'influx du Bien, c'est-à-dire de l'action créatrice. En outre, tout autour du Soleil gravitent les sphères... C'est de ces sphères (qui portent les étoiles) que dépendent les démons, et des démons, les hommes : et ainsi, tout et tous sont en dépendance de Dieu." ("Corpus Hermeticum", XVI).

Le fond de la doctrine est ainsi fixé, et celle-ci irrigue autant la philosophie mystique, de tendance néo-platonicienne, de Plotin (voir "Ennéades", II, 3 ; III, 1, 5/6 ; III, 3, 6/8 ; etc.), que les "hermétiques" de Stobée ("Exc", XXIV), ou la prédication religieuse de Mani dans les "Képhalaïa".

Le composé de science et de philosophie (d'une philosophie envisagée dans son sens originel, c'est-à-dire un "amour de la sagesse", une mise en acte de la "sapientia" de l'homme comme miroir et reflet de la "*Sapientia Dei*", c'est-à-dire de la "Sophia philo-sophia"), ce composé, néanmoins, est instable, dans la mesure où, selon deux pentes caractérisées, soit l'aspect scientifique l'emportera, asservissant la sagesse à l'ordre naturel du monde; soit l'aspect symbolique, la volonté de faire pont entre des réalités d'ordre différent, prédominera peu à peu, et introduira à une astrologie que l'on peut qualifier d'"astrologie méditative".

Dans l'Islam ésotérique, déjà Jabir ibn Hayyan, dans "Le Livre du passage de la puissance à l'acte", définit l'astrologie dans le cadre de sa science générale des Balances et pose les astres comme les relais grâce auxquels l'âme du monde fait parvenir son ordre à notre réalité sensible. En fouillant jusqu'au bout ce courant de pensée, pour qui "les Cieux et les astres, selon l'expression de Corbin ("Corps spirituel et Terre céleste"), ne sont que les aspects physiques d'organes psycho-spirituels", on en arrive au xie siècle de l'hégire (xviie siècle de notre chronologie), à l'expression de Mollâ Sadrâ Shîrazî : "Certes, un hadith bien connu énonce que la Terre du paradis est le firmament (le viiie Ciel ou Ciel des constellations), tandis que son "toit" est le trône du Miséricordieux (la Sphère des Sphères, l'empyrée). Mais ce qu'il faut entendre par là, ce n'est pas le champ astronomique compris dans l'espace de ce monde, entre le Ciel des constellations et le Ciel suprême. Non, il faut entendre par là au plan de l'ésotérique de l'un et l'autre Ciel, leur réalité suprasensible, leur entité spirituelle, car le paradis est intérieur à la réalité suprasensible du Ciel." (in "Livre de la théosophie du trône").

La même pente de pensée sera beaucoup plus longue à s'affirmer dans l'Occident chrétien — peut-être à cause du mythème central de l'Incarnation réelle, qui conjoint les trois plans de la matière, de l'âme et de l'intellect. Certes, dès le XIIe siècle, Hildegarde de Bingen ouvre la voie dans ses "*Curae et Causae*", mais il faut attendre la renaissance platonicienne, tout particulièrement à Florence avec Marsile Ficin et sa traduction du "Pimand" ou Jérôme Cardan et ses commentaires de la "Tétrabible" de Ptolémée, pour qu'apparaisse vraiment cette idée de l'existence d'un "inter-monde" où le Zodiaque forme un corpus firmamentique subtil, miroir de l'ordre divin qui se reflète à son tour dans le miroir que lui tend l'homme. Dans le *"Paragranum"* aussi bien que dans le "*Labyrinthus medicorum*", Bombast von Hohenheim, plus généralement connu sous le surnom de Paracelse, établit de la sorte que le "corpus sydereum" est la source de l'illumination par la force et la grâce de la "lumen naturale", la lumière naturelle — c'est-à-dire l'étincelle divine qui gît tout au fond de nous. Ciel intérieur et ciel extérieur se correspondent ainsi dans la double constitution de l'homme, et dans la médecine spirituelle qui est celle de Paracelse, on n'est que "*pseudo-medicus*" à se contenter de connaître le firmament purement sensible : "Car s'il ne connaît le ciel qu'à l'extérieur, il demeure un astronome ou un astrologue. Mais s'il prend en considération la dimension invisible de l'homme, alors il connaît deux ciels... car nous nous trouvons dans ce même ciel, il est là devant nos yeux. Et le ciel en nous ne se trouve pas devant nos yeux mais derrière nos yeux." ("Paragranum")

Cette évolution trouve sa fin dans l'œuvre de Kepler. "*Mathematicus*", c'est-à-dire astrologue de l'empereur d'Autriche. Il est celui qui fonde l'astronomie moderne par l'édiction de ses trois lois, en même temps que plusieurs de ses œuvres majeures, retrouvant le secret de l'orphisme, et met en corrélation la structure mathématique de l'univers, l'astrologie et la musique ("*Mysterium cosmographicum*", par exemple, ou "*Harmonices mundi*"). Mais il introduit, ce faisant, une révolution radicale, puisqu'il impose l'héliocentrisme de Copernic d'une part, dans le même mouvement qu'il continue de cultiver l'anthropocentrisme dans son activité d'astrologue : en d'autres termes, il découple ouvertement le Zodiaque des signes et le Zodiaque des constellations, et il pose le système astrologique dans la perspective d'une "imagination créatrice" dont il reprend le concept à Proclus. L'astrologie rentre alors dans le cadre d'une véritable "théurgie", le Zodiaque devenant un "mandala" d'essence psycho-spirituelle, une réalité symbolique où s'inscrivent le rythme et l'harmonie naturelle de la révélation de l'Un — cet Un fût-il trine par ailleurs, éternel et mouvant par son mystère d'amour.

Pourtant, c'est au moment où l'Occident redécouvre ainsi le lien profond entre le symbolisme astral et l'effort de l'âme vers l'esprit, que la science triomphante conquiert ce symbolisme à son tour : quelques décennies plus tard, l'œuvre de Morin de Villefranche rompt avec toute visée spirituelle et tente de refonder l'astrologie sur des bases qu'elle voudrait purement scientifiques. M. C.

Perspectives épistémologiques

La science moderne s'oriente doucement mais sûrement vers un certain et nouvel humanisme. L'astrologie, quant à elle, fait des efforts pour être plus rigoureuse, plus scientifique. C'est pourquoi les perspectives des hommes de science et des astrologues sont destinées à se rejoindre.

Pierre Abraham écrivait en 1938 dans l'"Encyclopédie française" : "Il est possible qu'un jour l'état de preuve (sic) des hypothèses que fait l'astrologie soit assez avancé pour qu'on puisse en reprendre l'étude dans un ouvrage comme celui-ci."

La présente publication confirme le bien-fondé de cette intuition formulée il y a un demi-siècle. Elle est l'aboutissement d'une évolution qui s'inscrit en réalité dans un phénomène beaucoup plus vaste dont on commence seulement à mesurer l'ampleur : la mutation de la pensée scientifique elle-même.

En quelques décennies, la plupart des certitudes sur lesquelles s'était édifiée la science occidentale, et au nom desquelles l'astrologie était frappée d'ostracisme, ont été peu à peu remises en question, en même temps que se constituait un nouveau paradigme (Kuhn, Prigogine, Morin) qui prenait souvent l'exact contrepied de l'ancien. Au point que l'on peut se demander si l'astrologie, au lieu de tenter de se justifier par rapport à des conceptions aujourd'hui dépassées, ne devrait pas plutôt examiner dans quelle mesure elle répond à cette nouvelle épistémè. Ce qui implique qu'elle redéfinisse clairement en fonction de ce nouveau modèle les principes, les concepts et les méthodes sur lesquels elle se fonde, c'est-à-dire sa propre épistémologie.

En simplifiant beaucoup, on retiendra ici quatre orientations majeures de l'esprit scientifique actuel : la quête d'une unité de la connaissance, la constitution d'une nouvelle logique, l'importance donnée au concept de signification, enfin l'intégration de la prospective dans la recherche. Or, c'est là précisément ce qui constitue les fondements essentiels de l'astrologie.

L'UNITÉ DE LA CONNAISSANCE

C'est depuis la plus haute antiquité que l'astrologie présente le modèle d'une démarche, fondée sur le principe de l'unité du cosmos, elle est aujourd'hui plus que jamais le lieu de rencontre privilégié entre des disciplines aussi diverses que l'astronomie, la biologie, la psy-

BRUEGHEL L'ANCIEN: LA TOUR DE BABEL (15631); VIENNE; KUNSTHISTORISCHES MUSEUM. La science moderne, nouvelle Tour de Babel où chaque discipline constitue un univers à elle seule possédant sa démarche propre, ne dispense, à force de spécialisation, qu'un savoir en miettes. Peu à peu et de plus en plus, en découvrant l'unicité de leur objet — la nature, l'homme, la société — et le possible enrichissement réciproque, les diverses disciplines reconnaissent la nécessité de pratiquer une démarche interdisciplinaire pour mieux cerner la réalité, qui est une et complexe.

chologie, la sociologie et l'histoire. Notons seulement qu'à l'inverse de la "scientia nuova" (Morin), pour laquelle l'unité de la science est devant nous, l'astrologie est là pour nous rappeler qu'il s'agit d'une unité perdue, celle-là même que connut la Renaissance avec un Paracelse ou un Kepler.

Mais il y a plus. Sous l'influence de la théorie des ensembles et de la logique mathématique, dès les années trente, les principaux animateurs du Cercle de Vienne, émigrés aux États-Unis, créaient à Harvard un Institut pour l'Unité de la Science, tandis que le biologiste Ludwig von Bertalanffy élaborait sa théorie générale des systèmes. Il s'agissait dès lors, grâce à un processus de formalisation, d'élaborer un langage commun à toutes les sciences. Ainsi devait-on aboutir plus récemment au concept de *transdisciplinarité* qui est une des caractéristiques du nouvel esprit scientifique.

Cette démarche a précisément été facilitée par l'émergence — ou la résurgence — de deux concepts complémentaires : celui de *structure* et celui de *système.* Leurs sens sont voisins, au point qu'on les emploie souvent l'un pour l'autre. Ainsi Jean Piaget définit-il une structure comme un *système de transformations.* Pourtant, le concept de structure est d'*ordre synchronique* et désigne au sens strict la totalité des relations qui unissent entre eux les différents éléments d'un ensemble, alors que le concept de système met l'accent sur le mouvement, donc sur l'aspect *diachronique :* on peut dire qu'un système est un ensemble d'éléments (ou de sous-systèmes) en interaction réciproque. Or, il est intéressant de constater que, sous une terminologie différente, les sciences traditionnelles se sont toujours essentiellement attachées à étudier les rapports qui unissent entre eux les divers éléments du cosmos et à montrer leurs interactions.

Dans cette rencontre historique entre la tradition et la science nouvelle, l'astrologie paraît devoir jouer un rôle privilégié. Tout d'abord parce que ses outils de travail sont précisément des structures et des systèmes, et plus particulièrement le système par excellence : le *système solaire,* composé d'un ensemble d'éléments variables en interaction entre eux selon la loi de la gravitation, et une structure, le Zodiaque, formée d'un ensemble d'invariants, du moins à l'échelle de l'observation humaine. L'un et l'autre sont fondés sur des données parfaitement objectives; mais ce qui constitue pour l'astronome l'objet même et la finalité de sa démarche n'est pour l'astrologue qu'un instrument formel : si celui-ci s'intéresse aux corps célestes, c'est en tant qu'éléments d'une structure ou, comme il aime à dire, d'une configuration, laquelle peut être décrite au moyen d'un jeu de symboles analogues aux symboles mathématiques. Il s'agit donc bien là d'un langage abstrait, susceptible de répondre aux exigences de la formalisation.

Au surplus, l'astrologie dispose ici d'un atout majeur. Alors que le structuralisme a tendance à privilégier la synchronie aux dépens de la diachronie, pour l'astrologue l'une est inséparable de l'autre et les modèles sur lesquels il travaille sont des modèles dynamiques, c'est-à-dire, au sens actuel du terme, de véritables systèmes transformationnels. Il en résulte, sur le plan strictement formel, *une combinatoire à quatre dimensions,* fondée sur un jeu extrêmement complexe d'invariants et de variables, dont les relations peuvent être calculées avec une rigueur mathématique, et qui se prête à de multiples applications.

Transdisciplinarité, structures et systèmes, combinaison des approches synchronique et diachronique : il s'agit bien d'une *logique nouvelle,* mais qui, sans le savoir, renoue à bien des égards avec les plus anciennes traditions.

— UNE NOUVELLE LOGIQUE —

La meilleure illustration de cette rencontre est sans doute la réhabilitation récente du concept d'analogie. C'est sur lui que se fonde la cybernétique, qui fait de l'analogie une *logique de l'invention* et qui applique le fonctionnement d'une machine à celui d'une entreprise. C'est à partir de lui qu'au sein du M.I.T. (Massachussets Institute of Technology) vont se développer l'analyse systémique et la dynamique des systèmes, que Forrester étendra successivement au monde industriel, au développement des villes, enfin à la société mondiale. Et c'est encore l'analogie qui conduit Lévi-Strauss, se référant d'ailleurs à la cybernétique, à comparer entre elles les structures des liens de parenté, du langage et des mythes, et à écrire en 1962 que l'analyse structurale doit permettre "de comprendre certaines analogies fondamentales entre les manifestations de la vie en société, très éloignées en apparence les unes des autres, telles que le langage, l'art, le droit, la religion..."

L'hypothèse sur laquelle se fonde l'astrologie est qu'il existe une homologie entre la structure du cosmos et celle de la personnalité humaine : ainsi la configuration (ou structure) de l'horoscope d'un individu, que définissent à la fois les aspects ou relations entre les planètes et les rapports de celles-ci avec les différents signes du Zodiaque, permet-elle d'induire la structure de sa personnalité. Une telle combinatoire donne une infinie possibilité de cas de figure et fournit les bases d'une typologie dont la richesse en même temps que la précision laissent loin derrière elles toutes les typologies fondées sur la seule observation directe. Le *modèle astrologique* permet ainsi de situer celles-ci les unes par rapport aux autres et même, dans une large mesure, d'en faire la synthèse (*cf.* G. Michaud, "Le Visage intérieur"). Ajoutons que pour l'astrologue, les différentes séries de types (zodiacaux, planétaires, tempéramentaux...) ne sont qu'un cadre de référence en fonction duquel il s'efforce de définir la *singularité* de chaque individu. Il s'agit donc avant tout d'une psychologie différentielle. Celle-ci est en outre *évolutive,* puisqu'elle permet de suivre — et souvent de prévoir — les modifications, voire les transformations de la personnalité au cours de l'existence en fonction des événements.

La structure de la personnalité telle que la saisit le modèle astrologique se présente donc bien comme un système, et un *système ouvert* sur l'environnement; et les procédures selon lesquelles est conduite l'étude d'un thème sont comparables dans une certaine mesure à celles de l'analyse systémique, avec les notions d'*input* (demandes, ressources, contraintes), d'*output* ou de rétroaction. Nul doute qu'il n'y ait ici pour l'astrologue tout un champ à explorer.

ASTROLOGIE ET SÉMIOTIQUE

Mais, du point de vue épistémologique, ce qui justifie le mieux aujourd'hui la promotion de l'astrologie au rang des sciences humaines, c'est le caractère essentiellement sémiotique de son approche. Ne se présente-t-elle pas d'emblée comme une *science des signes,* ou comme l'art d'interpréter les signes, au sens le plus strict du terme — signes du Zodiaque, signature des planètes — c'est-à-dire de déchiffrer des signifiés à travers des signifiants, selon un certain *code,* afin d'en dégager des significations ? Or, un des aspects les plus importants, quoique souvent mal perçu, de l'actuelle mutation scientifique, est la naissance et le développement rapide de la sémiologie, annoncée par Ferdinand de Saussure dès le début du siècle.

Or, la science contemporaine a montré qu'*il n'est pas de savoir parfaitement objectif* et que tout procès de connaissance implique une *relation entre le sujet et les objets* (Jean Piaget). Ce *retour du sujet* (Edgar Morin) entraîne l'obligation pour la science de prendre en compte l'existence d'une vision du monde *anthropocentrique* et subjective. La pensée scientifique contemporaine est ainsi en passe de redécouvrir une vérité traditionnelle : à savoir qu'il est en quelque sorte deux faces de la réalité, une face objective et une face subjective, et que ces deux faces sont complémentaires et correspondantes. C'est pour avoir pendant longtemps occulté l'une de ces faces que le rationalisme occidental a perdu le sens de l'Univers, l'objet signifiant n'étant plus que lettre morte. Avec les autres sciences traditionnelles, l'astrologie restitue à la réalité son double visage, dont l'astronomie ne considère que la face extérieure, visible et phénoménale, sans signification. Elle met ainsi en lumière les relations qui unissent l'homme et les sociétés avec l'ensemble du cosmos.

Quelle est la nature de ces relations? L'astrologie classique parle couramment d'*influx* ou d'*influences* exercées sur les individus ou les groupes par les corps célestes. Certes, à une époque où la matière se dissout en ondes invisibles et où l'exploration de l'espace a singulièrement réduit les distances, une telle hypothèse, que semblent confirmer des observations séculaires et de nombreuses confrontations statistiques, n'apparaît plus comme gratuite. Pourtant, formulée ainsi, elle reste liée à la notion de transfert de forces et d'énergie. Or, G. Granger écrivait déjà en 1964 à propos de la caractérologie : "Elle doit considérer la personnalité moins comme un système de forces et selon un modèle énergétique que comme un système de signes selon un modèle informationnel."

Ne pourrait-on pas, *a fortiori,* appliquer une telle formule à l'astrologie, véritable *système de signes* dont la détection relève aussi, et peut-être surtout, d'une lecture sémiotique au plein sens du terme. De ce point de vue, elle se présente comme un mode de lecture privilégié des structures de départ et des parcours probables ou possibles de la destinée humaine sur une grille ou un tableau immense projeté au loin devant nos yeux. Pour déchiffrer un tel message, il suffit de connaître le code, c'est-à-dire l'ensemble des corrélations entre des signifiants astraux et des traits de caractère et de comportement qui leur confère signification.

Toutefois, une telle lecture n'est pas univoque. Car, non plus que dans une phrase aucun mot ne saurait être isolé de son contexte, dans ce système en mouvement que constituent l'horoscope et son déroulement ultérieur, aucun élément ne saurait être dissocié de l'ensemble, et les différents signifiants de l'équation individuelle ne prennent leur véritable signification que dans leurs relations réciproques, faisant ainsi naître un jeu de résonances et d'harmoniques d'une grande richesse. C'est précisément dans ce jeu d'harmoniques, dans cette signification plurielle de notre destinée que s'inscrit notre espace ou notre marge de liberté. Elle s'appuie à la fois sur un certain nombre de déterminismes et d'indéterminations ou de hasards sur lesquels chacun de nous peut fonder ses choix et ses décisions.

Astra inclinant, non necessitant. Cela signifie que si l'étude du mouvement des astres en tant que système signifiant doit relever d'une science exacte, l'étude de ses significations relève, elle, d'une *herméneutique.* Devant ce langage des astres, analogue au langage poétique ou à une langue plurielle, l'astrologue doit unir à la rigueur du savant l'intuition de l'artiste et cette intelligence du monde des symboles que l'on retrouve chez les plus grands poètes.

Au demeurant, le modèle astrologique nous offre un *code symbolique,* et plus précisément un système de symboles particulièrement complet, du fait que d'une part il s'articule avec les éléments primordiaux, et que de l'autre il rejoint le mythe. Or le mythe, comme le symbole, doit se lire selon deux axes complémentaires : pour parler comme les linguistes, l'axe paradigmatique, ou de la synchronie, qui est celui de la structure; l'axe syntagmatique, ou de la diachronie, qui est celui du déroulement. Le mythe est un symbolisme en action, et tout vrai symbole s'inscrit dans une histoire et un système mythiques.

L'intérêt majeur de l'astrologie est justement de nous permettre, à la fois sur le plan des symboles et des mythes et sur le plan de l'histoire humaine, individuelle ou collective, cette double lecture, verticale et horizontale, synchronique et diachronique. C'est là ce qui confère au modèle qu'elle nous propose sa profonde originalité, car c'est le seul qui offre aux sciences humaines le principe organisateur d'une approche à trois niveaux : systémique, sémiotique et symbolique.

DIACHRONIE ET PROSPECTIVE

Au cours du XXe siècle, la notion de temps s'est profondément transformée et relativisée. En particulier, la *Nouvelle histoire* ne s'est pas contentée de substituer à la conception classique de l'histoire événementielle une approche synchronique des structures profondes d'une société et la recherche des corrélations entre ses divers aspects, mais elle a surtout cherché, avec Fernand Braudel, à définir une *certaine dialectique propre à l'histoire,* fondée sur une pluralité des temps et sur des *durées différentielles* correspondant aux multiples niveaux de la réalité sociale. D'où l'idée, formulée par Lévi-Strauss, de structures diachroniques et une attention particulière portée aux phénomènes de répétition et de récurrence. C'est ainsi que les nouveaux historiens se sont mis à découvrir — ou à redécouvrir — en économie d'abord, puis dans les autres domaines, des alternances de crises et de périodes d'équilibre, bref à réhabiliter la *notion de cycle.* Mais, devant ce temps qu'ils ont fait éclater en durées différentes, les voici qui se demandent comment articuler entre eux ces cycles multiples qui interfèrent et s'entrecroisent, à la recherche d'une problématique concordance des temps (M. Vovelle).

La réponse existe cependant. Elle est fournie de longue date par l'astrologie. Longtemps, en effet, l'histoire des hommes se déroula sous le regard des dieux, et l'immense horloge du ciel, où les peuples savaient lire les mythes en action, scandait la vie publique en la réglant aux rythmes du cosmos. Or, cette *astrologie mondiale,* longtemps négligée, connaît aujourd'hui un regain d'importance, grâce à la fois à la découverte de planètes nouvelles, dont certains cycles couvrent un demi-millénaire (Neptune / Pluton), et au développement de l'informatique qui permet d'établir les positions astrales à l'échelle des millénaires (A. Barbault). L'astrologue peut mettre ainsi désormais au service de l'historien un ensemble de structures diachroniques objectives extrêmement riches et complexes, dont il reste, pour l'un comme pour l'autre, à déchiffrer et à interpréter les significations.

Mais ces mouvements cycliques n'éclairent pas seulement le passé : ils se projettent sur l'avenir. D'où la vocation de l'astrologie à être une *science prédictive.* On touche là à son aspect le plus populaire, mais aussi le plus controversé, car il soulève précisément le problème déjà évoqué de la destinée et de la liberté humaines, en même temps que de la validité scientifique d'une telle démarche. Pourtant, voilà plus d'un quart de siècle que sont nées la futurologie et la prospective, qui ont contraint la science à s'attaquer à l'avenir en tant que nouveau domaine de la recherche (G. Picht), et cette exploration du futur, sur laquelle se fondent aujourd'hui les décideurs dans de nombreux domaines, a recours à des méthodes et des instruments très sophistiqués.

Or, ces structures en mouvement, l'astrologue, on l'a vu, en détient sans doute la clef. Grâce à cette clef, il pourrait aider les prospectivistes, d'abord à voir plus clair dans les rythmes et les récurrences, dans la combinaison des cycles, bref à introduire une exigence formelle dans la structuration du temps à venir, ensuite à établir une hiérarchie entre ces rythmes et ces cycles en distinguant dans la réalité sociale différents niveaux de profondeur. La tâche essentielle ne serait-elle pas alors de définir et de préciser *l'ordre des corrélations* entre ces structures formelles et le déroulement futur des systèmes sociétaux qui sont à la recherche d'un nouvel ordre international, en s'attachant à explorer celles qui peuvent permettre de prévoir des crises ou des ruptures plus profondes?

On aurait peut-être ainsi le moyen de détecter, mieux que par la simple intuition ou par le décryptage problématique des implications et du non-dit inclus dans la situation présente, ces *faits porteurs d'avenir* ou ces germes dont Pierre Massé disait que chacun constitue "un signe infime par ses dimensions présentes, mais immense par ses conséquences virtuelles".

Quant aux différents scénarios fondés sur ces indices, on se plaît à rêver d'équipes de recherche qui, pour les élaborer, à côté du sociologue, de l'économiste, de l'urbaniste, du politologue, de l'historien, du prospectiviste et de quelques autres, et brisant enfin la vitre qui les sépare encore, feraient une place à l'astrologue, le seul peut-être qui soit capable de démêler de façon lisible les fils enchevêtrés du destin, d'indiquer aux responsables de l'avenir, en associant la rigueur de l'analyste à l'imagination du poète, la marge des choix possibles dans ces espaces de liberté laissés à l'homme et, comme le dit Edgar Morin, de leur suggérer une "stratégie de la décision".

En élucidant notamment les concepts de transdisciplinarité, de modèle et de système, de sémiotique et de signification, de structures diachroniques et de prospective sur lesquels elle se fonde, l'astrologie ouvre ainsi à sa manière des perspectives épistémologiques qui rejoignent de façon remarquable ceux qui constituent le nouveau paradigme scientifique. Cela ne suffit-il pas pour qu'on lui reconnaisse désormais une place de choix parmi les sciences humaines ? Pr **G. M.**

L'Astrologie à l'université : un retour nécessaire

Gageons que si l'astrologie retrouvait ses lettres de noblesse et était enseignée comme une science humaine à part entière, elle trouverait par là même la place et la considération qui lui reviennent de droit. Et la recherche, officialisée et systématique, y gagnerait beaucoup, dans l'intérêt tant philosophique ou scientifique que pragmatique de notre société en quête de nouvelles certitudes.

"Il y a trois siècles exactement, en fondant en 1666 l'Académie des Sciences, Colbert, abjecte incarnation de la comptabilité bourgeoise, lance le plus grand discrédit de l'Histoire sur l'astrologie en défendant expressément aux astronomes de s'y intéresser. Elle s'en remet mal aujourd'hui encore."
Georges Mathieu

On connaît la réponse célèbre que Newton fit à Halley — le découvreur de la comète du même nom — lorsque celui-ci s'étonna qu'un si grand esprit pût s'adonner à l'astrologie : "La différence entre vous et moi, Mr Halley, c'est que je l'ai étudiée, et vous non."

Étudier l'astrologie jusqu'au milieu du XVIIe siècle était chose facile et normale, puisque cette connaissance faisait partie des disciplines majeures enseignées à l'université, telles que les mathématiques, la philosophie ou la médecine. Les temps ont changé depuis l'époque où circulait à l'École de Médecine de Bologne — l'une des plus réputée — cet adage : "Un doctorat sans astrologie est comme un œil qui ne peut pas voir" (in "Histoire de l'astrologie de S. Hutin). Aujourd'hui, si on veut étudier la science des astres, on a le choix entre la voie de l'autodidacte et celle des cours, conférences, séminaires qui d'ailleurs pullulent. Mais pas de chaire d'astrologie officielle dans une université d'État! Écoles privées, facultés libres — comme celles de Londres ou de Fribourg-en-Brisgau, dont les recherches du Professeur Bender en Parapsychologie ont également flirté avec l'astrologie — cours para-universitaires ponctuels ici ou là, en Europe ou aux États-Unis... En somme, hormis l'Inde où l'astrologie est l'objet d'un enseignement officiel, il faut avouer qu'il y a là un grand vide paradoxal.

— UN INTÉRET CROISSANT... —

Paradoxal, car il est en deçà de la réalité sociologique qui montre une grande curiosité intellectuelle et philosophique pour cette connaissance. Parce qu'il est en contradiction avec le nombre d'universitaires qui, partout dans le monde, s'occu-

TESTELIN HENRI (1616-1675). ÉTABLISSEMENT DE L'ACADÉMIE DES SCIENCES PAR LOUIS XIV EN 1666 ET FONDATION DE L'OBSERVATOIRE EN 1667. (ARCHIVES SNARK). VERSAILLES: COLBERT PRÈS DE LOUIS XIV. L'interdiction, faite par Colbert aux astronomes, de pratiquer l'Art royal des astres, jeta ce dernier dans l'ombre de la clandestinité tout en l'exposant aux abus des ignorants et des charlatans. C.G. Jung constatait au milieu du XXe siècle: "Si les gens dont l'instruction laisse à désirer, ont cru pouvoir, jusqu'à ces derniers temps, se moquer de l'astrologie, la considérant comme une pseudo-science liquidée depuis longtemps, cette astrologie, remontant des profondeurs de l'âme populaire, se présente aujourd'hui de nouveau aux portes de nos universités, qu'elle a quittées depuis trois siècles."

pent ou se préoccupent d'astrologie. Mais depuis 1820 où le dernier cours d'astrologie fut donné à Wurtzbourg en Allemagne par le Professeur Pfaff et, en France, depuis 1666, où l'on exclut l'enseignement astrologique de la Sorbonne, celui-ci est un sujet tabou, clandestin, donc méconnu; dès lors prolifèrent les avatars d'une astrologie vulgaire, au détriment de l'astrologie savante.

Aussi, les professeurs d'université favorables à l'astrologie restent-ils une minorité. Mais leur nombre est symptomatique d'une évolution. Que ce soit le Professeur de Sciences physiques à Paris VII, Wolkowsky, ou le Professeur Cammaer, de Psychologie et Pédagogie à l'Université de Louvain ("L'astrologie m'apporte une information et une base d'action plus raffinée et plus importante que les tests et les instruments classiques de la psychologie différentielle moderne"), ou encore les Pr Gilbert Durand, ou Guy Michaud, de Paris X, les nombreux scientifiques, physiciens, biologistes, ingénieurs ou polytechniciens, ou encore un ancien directeur technique de la NASA (R. Chatelain), des psycho-sociologues tels que le Pr Eysenk en Grande-Bretagne, ou enfin des astronomes sympathisants, sinon ouvertement favorables à l'Art royal des astres (cf. P. Seymour, astronome et astrophysicien à l'Observatoire royal de Greenwich)..., chez tous, on constate une curiosité universelle et convergente vers l'astrologie.

... MAIS UN BLOCAGE SYSTÉMATIQUE

On peut alors s'étonner du décalage, du hiatus qui existe entre cette renaissance florissante de l'astrologie et le barrage systématique de l'enseignement officiel bloquant toute innovation et empêchant le retour des chaires universitaires de cette discipline — qui cependant apparaît de plus en plus comme la science par excellence de la personnalité. Il semble vraiment urgent de rompre avec le cercle vicieux qui, encore pour le plus grand nombre, colore l'astrologie de magie parce qu'elle n'est pas étudiée (mais qui par contre se trouve assimilée à tout ce qu'elle n'est pas, comme la coyance, le tarot, ...) et qu'on ne l'étudie pas parce qu'on la croit magique.

Les étudiants sont contraints de choisir un sujet de thèse limitrophe de la sociologie ou de l'histoire des religions et de se placer officiellement sous l'égide de ces disciplines. On est obligé de camoufler, de tricher, de contourner les institutions; celles-ci sont manifestement en retard sur la réalité d'un consensus de plus en plus évident. Comme l'affirme le Pr d'études classiques à l'Université de Bristol (États-Unis), S.J. Tester dans son "Histoire de l'astrologie" (History of Western Astrology, 1986) : "Les doctrines fondamentales de l'astrologie relèvent de la science la plus pure" avant de conclure que l'attitude consistant à considérer l'astrologie comme non grecque et irrationnelle équivaut à une sorte de Maccarthysme académique — ou chasse aux sorcières culturelle.

La barrière rationaliste que les autorités en place opposent à l'enseignement officiel relève en effet d'un climat de ce genre qui, semblable à une conjuration du silence, est, hélas, contraire aux vraies lumières.

SÉPARER LE BON GRAIN DE L'IVRAIE

En effet, tant que l'on entretiendra ce *no man's land* culturel en maintenant l'astrologie dans sa marginalité socioculturelle, impossible de faire la différence entre le bon grain et l'ivraie, entre les charlatans sans scrupules et/ou incompétents, et les astrologues qualifiés. D'autant plus que certains voyants ne possédant qu'un fin vernis de connaissances astrologiques et cultivant l'ambiguïté, profitant de l'amalgame qui est pratiqué à l'égard de toutes les branches de l'ésotérisme, se font passer pour astrologues afin de se colorer d'une touche plus scientifique. D'où la nécessité urgente de centres de recherches systématiques, de subventions de l'État et de postes didactiques officiels qui décerneront des diplômes et, du même coup, démasqueront les mauvais astrologues qui font, il faut le dire, plus de mal que de bien — comme c'est le cas de toutes les professions où la valeur humaine du praticien a une grande importance : avocat, médecin, juge, psychologue...

Étant donné l'ouverture nouvelle de l'homme moderne à toutes les connaissances globalistes de cette fin de siècle, — ce qui implique une plus grande réceptivité donc également une plus grande vulnérabilité aux contrefaçons et abus de pouvoir mystico-intellectuels, bref aux mystifications dangereuses pour l'équilibre de l'âme et de l'esprit —, il semble urgent d'institutionnaliser de nouveau l'astrologie, afin de donner à l'homme de la rue, victime désignée de cette situation nébuleuse, un critère de jugement objectif dans l'appréciation des praticiens en astrologie.

Celle-ci, il est vrai, doit continuer, tout en gardant ses fondements traditionnels, de s'adjoindre les acquis de notre époque, en particulier dans le domaine de la psychologie, de la psychanalyse, de l'informatique bien comprise et des statistiques, elle doit épurer, raffiner et moderniser son langage et ses méthodes, elle doit définitivement se *désocculter* — ce qui n'implique nullement qu'elle se démystifie et perde de son mystère. Car le fondement même de l'Art royal des astres conservera probablement un mystère irréductible qui est intrinsèque à la condition humaine. Mais il faut simplement qu'elle se réinvente et se désquame de ses scories moyenâgeuses, de ses contradictions et grimoires poussiéreux devenus recettes superstitieuses parce qu'on a perdu le fil d'Ariane de leur explication logique — qu'il s'agit éventuellement de retrouver à travers l'expérience et de la recherche! Bref, il faut que la grande dame, fort belle, et qui vient de si loin d'André Breton s'enrichisse des acquis multiples de cette fin de siècle dans le but de reconquérir ses lettres de noblesse à travers la mutation de la science qui est en train de se faire. Car seule cette dernière lui rendra ses prérogatives : être à mi-chemin entre les sciences exactes et la gnose, entre le rationnel et le vécu total de l'homme, entre la rigueur scientifique et cet infracassable noyau de nuit propre à son existence ici-bas.

La redécouverte, à notre époque pleine d'interrogations, de l'outil par excellence de l'investigation de la psyché qu'est l'astrologie doit aboutir à sa destination évidente : l'enseignement.

"Cet art qui reflète, selon le polytechnicien Abellio, une image dialectique complète du système du monde", qui "apparaît comme le modèle structural achevé de toutes les sciences humaines et physiques et, en quelque sorte, leur telos immanent, la structure complète enfermant et orientant toutes les structures partielles empiriquement découvertes par ces sciences" ne saurait être absent d' *Universitas* plus longtemps.

La nouvelle société promise par la grande conjonction Neptune-Uranus apparue en 1992 et qui sera parfaite en 1993 fera souffler un vent nouveau porteur d'un nouvel humanisme. Elle sera, dans ce domaine aussi, innovatrice. C'est du moins ce que disent les astres : n'est-il pas frappant que Neptune se retrouvera alors pour la deuxième fois depuis la suppression officielle de l'astrologie en 1666, exactement au même endroit du ciel, à 19 degrés du Capricorne, après avoir accompli deux révolutions de 164 années? Et que sont, vu de Sirius, ces quelques trois siècles devant l'histoire et devant la pérennité de l'Art royal des astres ?

E. T.

Où apprendre l'Astrologie en France ?

L'enseignement de l'astrologie en France est très diversifié. Une bonne formation dure au moins trois ans. En voici les courants les plus importants et leurs principaux représentants.

L'ASTROLOGIE TRADITIONNELLE

Formée par Hadès, Claire Jakin enseigne cette astrologie qui privilégie les Maisons et les maîtrises.

– C. Jakin : 16, passage des Mauxins, 75019 Paris.

L'ASTROLOGIE PSYCHOLOGIQUE

Cette astrologie, créée dans les années cinquante par André Barbault, utilise les typologies psychologiques (Le Senne) et psychanalytiques

(Freud et Jung). Bon nombre d'enseignants s'en réclament.
– M. Barbault : 13, rue de la Brèche au Loup, 75012 Paris.
– J. Berthon : 4, rue E. Vaillant, 92300 Levallois.
– R. d'Ormesson : 79, rue du G. de Gaulle, 94430 Chennevières.

L'ASTROLOGIE GLOBALE

Fondée sur les quatre éléments, cette astrologie, créée par Claire Santagostini, envisage globalement le thème.
– F. Villée : 47, place des Esplanades, 66000 Perpignan.

L'ASTROLOGIE CONDITIONNALISTE

Fondé par Jean-Pierre Nicola dans les années 70, ce courant s'efforce de tenir compte des acquis des diverses sciences (astronomie, biologie, psychologie).
– J.-P. Nicola : Le Boulai, Saint-Denis-sur-Huisne, 61400 Mortagne.

L'ASTROLOGIE HUMANISTE

Créée par Dane Rudhyar dans les années 60, cette astrologie s'est développée en France sous l'impulsion d'A. Ruperti.
– Réseau d'astrologie humaniste (R.A.H.), c/o Marief Cavaignac : 9, rue M. Peter, 75013 Paris.

L'ASTROLOGIE KARMIQUE

Le thème renseigne sur les vies antérieures et indique le sens de la réincarnation actuelle.
– Patrick Giani et Laurence Larzul - Jupitair : 2, rue Aug. Chabrières, 75016 Paris et Quartier de l'Église - Saint-Pierre de Commiers, 38450 Grenoble.
D'autres courants existent, tels la cosmobiologie, l'astrologie chinoise, indienne ou sidérale.
– L'ARRC d'Yves Lenoble : 98, rue C. Maréchal, 78300 Poissy (30 74 13 30) ou le CEDRA de M. Charvet (voir CEDRA sur 3614) peuvent fournir, sur demande, des informations plus détaillées.

Les astrologues qui n'appartiennent pas à un courant particulier sont nombreux. Ils empruntent à l'un ou l'autre courant les éléments qui leur semblent valables.

Cours oraux :
– La Bulle Verte : 70, rue Saint-André-des-Arts, 75006 Paris
– Espace Bleu : 91, rue de Seine, 75006 Paris
– G.A.P.P. (Groupement des astrologues psycho-professionnels) : 183, rue de l'Université, 75007 Paris (Solange de Mailly-Nesle, Martine Barbault, Yves Lenoble)
– Pascale Bergeron : 317, Cours E. Zola, 69100 Villeurbanne
– Suzie Gentile : 5, Place de Rome, 13006 Marseille

Cours par correspondance :
– Catherine Aubier : 11, Place Corneille, 92100 Boulogne
– Alain de Chivré : 29, rue de l'Héronnière, 44000 Nantes

Stages d'été :
– Colette Cholet : 16, rue Pavée, 75004 Paris
Conférences régulières (tous les 15 jours) :
– CEARES (Robert Morin) : 35, boulevard de Chanzy, 93100 Montreuil.

Y. L.

LES DIFFERENTES ECOLES

L'astrologie, à l'instar de la médecine, est une discipline en perpétuelle évolution. Elle se diversifie elle aussi à travers de nombreuses écoles qui privilégient un point de vue légèrement différent. Car la Tradition reste toujours l'infrastucture de ces systèmes aux orientations variées.

L'ECOLE HUMANISTE

L'astrologie humaniste a vu le jour aux Etats-Unis en février 1969 sous l'impulsion de l'éminent philosophe et astrologue d'origine française Dane Rudhyar. S'inspirant des thèses du psychologue suisse, Carl Jung, Rudhyar s'adresse à tous ceux qui sentent le besoin de se libérer intérieurement du carcan socioculturel actuel, de s'individualiser psychologiquement et de se préparer à une activité transpersonnelle, c'est-à-dire spirituelle. L'importance de cette astrologie humaniste vient du fait qu'elle reformule le rapport ciel/terre en fonction du concept moderne de "holisme" et de la relativité d'Einstein. Il n'y a plus besoin d'une hypothèse d'influence pour expliquer le rapport. Chacun et chaque chose est un tout et en même temps partie d'un tout. L'astrologue suisse Alexander Ruperti, disciple de Rudhyar, est le continuateur le plus éminent de son œuvre et de sa pensée.

L'ECOLE DE DOM NEROMAN

De son vrai nom Max Rougié, Dom Neroman fut ingénieur civil des Mines et conçut très tôt une véritable passion pour l'astronomie et la cosmographie, pour en venir ensuite à l'astrologie. Astrologue au bagage mathématique exceptionnel, il ambitionnait de rétablir une "astrologie scientifique". Il fonda le Collège astrologique de France en 1936, et occupa une place déterminante dans le mouvement astrologique européen de la première moitié du XXe siècle.

LA COSMOBIOLOGIE

Le terme de "cosmobiologie" est aujourd'hui quasiment identifié à Reinhold Ebertin, élève d'Alfred Witte (de l'école de Hambourg). Axée sur la technique des mi-points (mi-distance entre deux planètes), cette école insiste sur l'importance des facteurs génétiques, sociologiques et d'environnement sur le développement de l'individu Dans son principal livre "La combinaison des influences stellaires" (1940), R. Ebertin énumère les manifestations psychologiques, biologiques et événementielles des mi-points.

L'ECOLE DE HAMBOURG

L'école de Hambourg, inspirée par Alfred Witte, est plus connue aujourd'hui sous le nom d'"astrologie uranienne". Elle se base sur le concept des images planétaires, les "mi-points", l'importance fondamentale des aspects, les huit planètes hypothétiques transneptuniennes, ainsi que l'utilisation du point O degré du Bélier.

LES HARMONIQUES

Cette approche, dont le terme a été forgé indépendamment par plusieurs astrologues (dont Addey et Krafft) pour redéfinir le concept classique de la division du cercle en différents aspects par n'importe quel entier, a largement contribué à attirer l'attention sur les aspects dits "mineurs" de Kepler et à promouvoir la recherche d'aspects encore inférieurs. Addey résume la théorie des "harmoniques" dans la loi suivante: "Tous les effets astrologiques peuvent être expliqués par des harmoniques de périodes cosmiques à travers un retour à la doctrine pythagoricienne du nombre, considéré comme principe ordonnateur du cosmos." Il démontre à travers l'analyse des statistiques de M. Gauquelin la structure ondulatoire des influx astrologiques et de tout phénomène dans l'univers.

L'ECOLE HOLLANDAISE

Fondée par A.E. Thierens, la philosophie de la "Dutch Working Communauty of Astrologers" met l'accent sur l'importance fondamentale de la "règle de 12", selon laquelle tout — y compris l'astrologie elle-même — s'inscrit et évolue dans un cycle de 12 phases, symbolisé par le Zodiaque.

Ch. H.

L'Astrologie humaniste

En ce qui concerne l'astrologie humaniste de Dane Rudhyar, il est faux de la concevoir comme une école parmi beaucoup d'autres. Ses idées, qui ont évolué depuis 1933 aux États-Unis, se sont infiltrées dans toutes les façons de pratiquer l'astrologie outre-Atlantique qui ne sont pas restées rigidement "traditionnelles". L'emploi de l'astrologie dans les pays anglo-saxons comme "thérapie psychologique" et sans être limitée à une école psychologique particulière — comme Freud chez Barbault — se fonde sur son œuvre. C'est grâce à lui que nous avons aujourd'hui une façon beaucoup plus profonde et spirituelle de comprendre la signification de tous les éléments que nous employons — planètes, signes et Maisons.

Le but essentiel de l'astrologie, trop souvent galvaudé de nos jours, étant de répondre aux besoins les plus profonds des êtres humains selon les critères de l'époque, il est devenu nécessaire, à la fin du XXe siècle, d'appliquer son symbolisme d'une manière nouvelle. En effet, ce qui caractérise notre siècle est le développement de la conscience humaine à un point tel qu'un nombre toujours croissant de personnes veulent savoir "qui" elles sont et "pourquoi" elles sont nées sur cette terre.

Une croyance religieuse traditionnelle et collective ne suffit plus à l'homme éveillé du XXe siècle. On personnalise tout et tout devient un "problème" personnel. Sous la désignation de "transpersonnel" et de "parapsychologique", les psychologues acceptent l'existence d'états de conscience qui sont encore incompréhensibles, voire illusoires pour l'esprit matérialiste, limité aux données fournies par ses sens.

Malgré le fait que le plus grand nombre de personnes, conditionnées qu'elles sont par les paradigmes religieux et socioculturels traditionnels, ne recherchent leur salut, la sécurité, le confort, le pouvoir et le renom que dans les voies tracées par leurs aïeux et par la pensée officielle de leur époque, une élite toujours croissante cherche à s'en libérer.

Suivant l'impulsion donnée par Carl Jung, l'éminent psychologue suisse, il y a eu aux États-Unis l'éclosion de la psychologie humaniste, suivie de la psychologie transpersonnelle. Ces deux approches mettent l'accent sur un processus d'auto-actualisation ou d'auto-accomplissement au moyen d'une expansion de conscience, d'expériences de pointe, et d'une manière plus globale d'aborder les relations inter-personnelles. La psychologie transpersonnelle accentue en plus la valeur de facteurs transcendants, de la méditation, des images qui jaillissent spontanément des profondeurs de la psyché. En même temps, partout dans le monde occidental, on incorpore des disciplines asiatiques (yoga hindou, zen japonais, techniques derviches) dans de nombreux systèmes de développement personnel et suprapersonnel.

Puisqu'une astrologie digne de ce nom se doit d'incorporer tout ce qui fait partie de la vie du monde d'une époque, il était nécessaire d'adapter ses symboles à ces nouvelles tendances en psychologie et en développement spirituel. C'est pourquoi une astrologie humaniste a vu le jour en février 1969 sous l'impulsion de l'éminent philosophe et astrologue d'origine française : Dane Rudhyar.

Depuis les temps les plus reculés, l'astrologie s'est fondée sur l'intuition d'une relation quelconque entre les manifestations d'ordre et de périodicité propres au système solaire et la vie sur terre. Cette relation a été expliquée de différentes façons à travers les âges, parce que l'homme l'a conçue de différentes manières. Les manuels classiques d'astrologie présentent un amalgame de ces différentes façons, mais malheureusement sans les différencier.

L'importance de l'approche humaniste de Dane Rudhyar vient du fait qu'elle reformule le rapport ciel/terre en fonction du concept moderne de "holisme" et de relativité d'Einstein. Il n'y a plus besoin d'une hypothèse d'influence pour expliquer ce rapport. Chacun et chaque chose est un tout, un ensemble, et en même temps partie d'un tout, d'un ensemble plus vaste. Tout, que ce soit une galaxie, une planète, un être humain, une fourmi, une pierre, est constitué des mêmes éléments de base, forme un champ électromagnétique, dont l'aspect perçu par nos sens diffère seulement à cause de la façon dont ces éléments sont assemblés. Et tous ces champs sont reliés dans un vaste réseau de forces qui, dans leur ensemble, constituent "l'univers"...

...Dans notre système solaire, il y a actuellement dix facteurs de base : Soleil, Lune, et huit planètes. Cela veut dire que l'homme, en tant que Tout organique, la Terre et le système solaire forment une hiérarchie de "tout" ou de champs (systèmes) de forces. Le plus grand contient le plus petit, mais chacun est intégré et organisé, visible comme un objet séparé. Chacun de ces systèmes possède une *structure* et dix fonctions de base qui sont essentiellement — ou de manière abstraite — les mêmes dans chaque système, petit ou grand.

La thèse de l'astrologie humaniste est que, grâce à l'interrelation des cycles que nous percevons entre ces dix facteurs, nous pouvons avoir un tableau essentiel qui contient potentiellement toutes les activités et fonctions d'un être humain ou de n'importe quel système organisé. Chaque être humain est un tout, possède son identité propre, mais en même temps, il joue sa part, il a une fonction à remplir, dans un tout plus grand...

... Nous avons essentiellement une destinée qui doit être vécue en fonction de valeurs qui dépassent les désirs de notre ego conscient. Autrement dit, nous devons réaliser aujourd'hui que notre but est de devenir "plus" qu'un homme. Nous devons réaliser que le rôle de l'homme est d'être l'intermédiaire vivant entre le monde terrestre et le monde divin. Nous devons lier ces deux mondes, diviniser la matière. Le thème de naissance nous montre ce que nous avons à notre disposition pour le faire, ainsi que la suite des opérations nécessaires pour y parvenir.

De ces considérations de base, nous pouvons conclure que :

1. **Aucun thème de naissance n'est meilleur ou pire qu'un autre.** Chaque thème est le meilleur pour ce qu'on a à faire. Notre tâche est de le vivre pleinement, malgré les difficultés.
2. **Les dix facteurs de base (les planètes, Lune et Soleil) représentent les dix fonctions de base, physiques et psychiques**, propres à tout être humain, qu'il faut utiliser d'une manière vraiment individuelle, selon le but que le thème dans son ensemble propose.
3. **Le thème ne montre pas ce qu'on est selon des idées préconçues ou traditionnelles** (caractère, dispositions bonnes et mauvaises), mais plutôt ce qu'on devrait être ou pourrait être, si l'on vit pleinement les potentialités que le thème indique.
4. **La pierre de touche n'est pas le thème mais la personne.** L'astrologue ne peut rien dire de valable sans connaître le sujet et le niveau auquel ce sujet vit sa vie. Vouloir prédire des événements qui arriveront à une personne, c'est traiter cette dernière en objet. Les événements ne nous arrivent pas; nous "arrivons aux événements". C'est nous qui décidons de les voir comme "bons" ou "mauvais" selon notre façon de nous comprendre, de comprendre le sens de notre vie. Un événement n'est pas une chose extérieure à nous, mais le résultat de la rencontre entre nous et notre environnement. Grâce à de telles rencontres, ce qui est potentiel en nous a l'occasion de s'extérioriser. Les phases des cycles planétaires qui correspondent aux événements permettent ainsi à l'astrologue de saisir la signification de ce qui est en jeu. Le but de l'astrologie humaniste est de révéler la signification de ce qui arrive. Ce qui arrive est hors de notre portée. Cela ne dépend pas de nous mais du genre de relation que nous établissons avec le monde. Notre seule vraie liberté réside dans le sens que nous donnons aux situations dans lesquelles nous nous trouvons.
5. **Le sens de notre vie dépendra du niveau auquel nous vivons** — et il y a au moins quatre niveaux auxquels nous pouvons vivre aujourd'hui : biologique, socioculturel, individuel et transpersonnel.

A. R.

L'ère du Verseau, ou vers une mutation des consciences

Nous sortons de l'ère mystique des Poissons, nous entrons dans l'ère, à la fois hypertechnique et spirituelle du Verseau. Qu'est-ce que cela signifie ? Qu'est-ce qui nous attend ? Quel avenir est-il promis à l'homme et à la femme de demain ? ou déjà d'aujourd'hui?... (cf. La théorie des ères, chap. II-2)

"Change ta conscience et tu changeras le monde."

F. Capra (physicien)

Au travers des chapitres précédents et particulièrement des textes afférents aux hypothèses explicatives et aux preuves scientifiques en faveur de l'Art royal des astres, on a pu dégager à la fois une disposition de l'astrologie à la scientificité — de par son fondement astronomique et totalement mathématique et rationnel — et une antinomie, voire une totale incompatibilité avec la science dans son état actuel et officiel, et ce en dépit d'expériences concluantes, et de succès répétés au niveau de la prévision.

Le langage symbolique qu'utilise l'astrologie offense la logique binaire et les principes de causalité linéaire d'identité et du tiers exclu, fondements par excellence de la science. Il déborde définitivement les cadres épistémologiques de cette dernière, dont les principes paraissent incompressibles. Or, justement, ses découvertes récentes — et notamment la théorie des quanta — ont plongé la science dans une grave crise épistémologique (*Cf.* "Perspectives épistemologiques" p. 288).

La nouvelle notion d'interdépendance exige un dépassement de la physique classique réductionniste par ce que R. Abellio appelle la raison transcendantale.

VERS LA MUTATION DES CONSCIENCES

Cette *mutation de la science* entraîne obligatoirement une *mutation de la conscience.* Ce retour à un globalisme universel, reflet d'une exigence profonde et permanente de l'homme à travers les âges, est observable dans tous les domaines de la vie moderne. Les sociologues — et les ésotéristes — qualifient ce climat culturel de nouvelle gnose : intérêt pour la parapsychologie, la médecine globaliste — homéopathie, acupuncture, auriculothérapie, chronobiologie —, les thérapies psychosomatiques...

Cette nouvelle gnose est en accord parfait avec la symbolique du Verseau. En effet, celle-ci marque de son empreinte — et cela depuis les décennies de transition entre l'ère des Poissons et celle du Verseau — le monde d'aujourd'hui, en pleine crise de civilisation.

À l'inverse de la précédente, reflet du christianisme, de l'ordre de la *charité* et de l'*âme,* voici venir une ère dédiée à la connaissance et à l'*esprit,* à la communication universelle du savoir, à l'émancipation et la désaliénation — fût-ce dans un climat insurrectionnel de *bruit et de fureur* — au développement fantastique des techniques de pointe (notamment aéronautique et électronique), à l'exploration de l'espace sidéral, à la découverte plus approfondie du monde vibratoire et des thé-

"L'homme doit se désaliéner par la connaissance de soi, afin de retrouver cette fraternité libertaire entre esprits-frères du nouvel Age..."

rapies qui l'utilisent. A preuve, celle de l'onde de résonance planétaire, tout à fait dans l'esprit du New-Age, que mentionne l'ingénieur J.-M. Schiff (in "L'âge cosmique aux USA"), qui réunit sur une même fréquence (7,8 hertz) une fraction de la population du globe en état de méditation, unie dans une communion spirituelle à dimension planétaire, ou l'usage de plus en plus fréquent de l'électricité, du magnétisme, de la télépathie, sophrologie, musicothérapie, etc. permettant de fonder tous les espoirs sur la puissance psychique. Ainsi l'ancien distinguo entre matière et esprit n'est plus de mise, la matière se désincarnant jusqu'aux confins du spirituel et l'énergie pure s'incarnant, se condensant dans la matière. Pour bien des esprits modernes, à l'instar des sages orientaux, la conscience serait l'ultime générateur d'énergie : le prière en serait une forme positive, à l'inverse de certains rassemblements collectifs qui catalysent la pensée négative et les instincts les plus primaires (*cf.* les manifestations d'hystérie collective, sous le IIIe Reich, à Munich ou Berlin...).

Les mutations, cependant, n'arrivent pas n'importe quand et on a observé que l'astrologie surgit, vivace, chaque fois qu'il y a destruction sociale et mutation culturelle, peut-être parce que l'homme revient alors spontanément à un ordre cosmique dans lequel il trouve sa place et son rôle. Elles surviennent, ponctuées par les grands cycles planétaires qui rythment le devenir historique, cycles en relation avec les Grandes Conjonctions. Or, il se trouve qu'en cette fin de siècle (depuis 1980-81, à travers la conjonction Jupiter-Saturne), nous sommes entrés dans une de ces périodes charnières, période majeure dans l'histoire puisqu'elle répond à un cycle de cinq siècles. La période précédente, en analogie avec celle-ci, remonte à la fin du XVe siècle, à la Renaissance et aux grandes découvertes.

On peut penser que lors de la prochaine conjonction Jupiter-Saturne (fréquence 20 ans) qui se place en l'an 2000, cette mutation, qui atteindra son paroxysme avec la naissance d'une nouvelle société issue de la grande conjonction Uranus-Neptune de 1992-1993, aura trouvé son point d'appui et créé un nouvel équilibre dans l'échelle des valeurs éthiques et politiques. On pourra dire alors que l'ère du Verseau ne se sera pas bornée à apporter au monde l'électricité — à travers Edison... un Verseau! —, la montgolfière puis l'avion et la fusée, le moteur à explosion, la radio, le cinéma et la télévision — sans oublier les divers exploits interplanétaires. Toutes ces manifestations sont en analogie avec le symbolisme d'Uranus, maître du Verseau, mais on lui devra aussi les explosions révolutionnaires tous azimuts — y compris celles de l'Europe de l'Est, prévisibles (et prévues!) par l'astrologie à travers le cycle Saturne-Neptune. L'ère du Verseau aura rendu, par la force des choses, tous les habitants de la Terre solidaires, dans une conscience commune des problèmes communs traités à l'échelle planétaire (droits de l'homme, faim, sida, pollution et environnement, nucléaire).

Bien sûr, il y a un envers de la médaille. On ne peut sans sombrer dans l'utopie la plus facile, évoquer et invoquer l'ère du Verseau comme étant le Nouvel âge d'Or qui nous serait offert sur un plateau sans aucun effort de notre part.

Une face négative existe, en symétrie à toute vertu, y compris uranienne : *l'idéalisme peut mener au fanatisme,* le changement réformateur à l'instabilité et au changement pour le changement. Les techniques de pointe — le règne de l'ordinateur en particulier — et la pure curiosité intellectuelle mènent tout droit à la déshumanisation et au manque d'âme, tandis que le bel altruisme du Verseau, au lieu de se concrétiser dans les actes, risque de se borner à la théorie, à des vues de l'esprit. Le Verseau est signe d'air : les idées, parfois, lui suffisent ou, pis, peuvent lui faire perdre de vue le respect de la vie de l'individu, sacrifié à une utopie universaliste. Et puis, l'indépendance, l'individualisme uraniens peuvent aboutir à l'arrogance, à l'orgueil et à l'indifférence : un paradoxe, il est vrai, pour l'altruiste Verseau. C'est à la seule condition de dépasser ces écueils et de contourner ces facettes négatives de la symbolique Verseau, que la perspective de cette ère nouvelle (pour l'instant dans sa phase balbutiante de transition) pourra ouvrir celle d'un âge d'or. La convergence, dès 2005, de la plupart des cycles planétaires en phase ascendante et évolutive est très prometteuse à cet égard; Ptolémée, déjà, faisait le distinguo entre les phases ascendantes — de croissance — des cycles et celles, descendantes, synonymes de décadence et de dégénérescence. Ce qui est certain c'est qu'avec l'arrivée de l'ère du Verseau, signe libertaire et insurrectionnel par excellence, les hommes ne supporteront plus ni oukases ni dogmes et n'admettront que ce qu'admet leur raison et leur intuition.

Enfin, c'est en partie aussi à l'ère du Verseau et son maître Uranus, qui symbolise entre autres l'art d'Uranie, que l'on doit cette fantastique renaissance de l'astrologie, qui rend possible, par la maïeutique du symbolisme astrologique, la connaissance des profondeurs de l'être, condition sine qua non d'un changement collectif. Comme le dit M. Ferguson (in "Les enfants du Verseau"), l'homme doit se désaliéner par la connaissance de soi, afin de retrouver cette fraternité libertaire entre esprits-frères du nouvel Age. Or, l'astrologie, science par excellence de la personnalité, n'est-elle pas le chemin idéal menant à cette exploration du Moi profond, cette science humaine qui répond parfaitement à l'injonction socratique: "Connais-toi toi-même et tu connaîtras l'univers et les dieux."

E. T.

(1) On peut, à ce propos, souligner l'originalité de la discipline astrologique dont le critère est extérieur à l'homme (en l'occurrence la mathématique céleste) : elle échappe donc au conditionnement et, par ce biais, peut revendiquer une certaine objectivité.

GLOSSAIRE

AIR (signes) : Gémeaux, Balance, Verseau. Cet élément est en rapport avec la cérébralité, l'intellect, le mental, la communication, tous attributs privilégiés desdits signes.

ANGLES (planète) : planète située à un angle du thème, à 10° près (V. orbe).

ANERETE ou planète mortifère : La planète la plus affligée du thème. Elle est en relation avec la maladie et la mort. Par analogie, le plus souvent Mars, Saturne ou Uranus, surtout s'ils habitent ou gouvernent la maison VIII.

ANTISCE : Aspect entre deux planètes situées à équidistance de la ligne des Solstices (0°Cancer-0°Capricorne). V. contre-antisce.

APPLIQUANT (aspect) : Approche d'une planète en conjonction ou en aspect avec une autre ou un facteur quelconque du thème (AS, MC, Part de Fortune...). La planète appliquante est toujours la plus rapide et se trouve derrière l'autre dans le sens du zodiaque, sauf en cas de planète rétrograde: l'application peut être simple si les deux planètes se meuvent dans le même sens; elle est double lorsque la première est rétrograde et la planète qui la suit sur le zodiaque est en marche directe, de sorte qu'elles vont à la rencontre l'une de l'autre.

AS ou ASCENDANT : Cuspide de la première maison, indiquée par l'intersection de l'horizon avec l'écliptique.

ASCENDANTE (planète) : conjointe à l'AS.

ASCENSION DROITE : ou A.R. = ASCENSIO recta. Arc d'équateur compris entre le point vernal et le cercle d'Ascension Droite passant par la planète. Les cercles d'A.D. passent par les pôles de la sphère céleste. L'A.D. est utilisée pour le calcul des directions primaires.

ASPECT : Relation angulaire privilégiée de deux astres ou angles du thème par rapport à la terre. C'est la distance (exprimée en degrés longitude) séparant deux planètes qui nous renseigne si elles sont en aspect ou non. On distingue les aspects harmoniques (trigone = 120°, sextil = 60°, semi-sextil = 30°), les aspects dissonants (opposition = 180°, sesquicarré = 135°, carré = 90°, semi-carré = 45°) et les aspects neutres, dont la qualité dépend de celle des planètes (conjonction = 0°, quinquonce = 150°, quintil = 72°, bi-quintil = 144°, parallèle de déclinaison: même déclinaison Nord ou Sud, contre-parallèle: déclinaisons opposées). Un orbe est admis pour chaque aspect. Aspects majeurs: conjonction, opposition, carré, trigone, sextil. Les autres aspects sont classés mineurs.

ASTROLOGIE : "Discours sur les astres". Science et art d'interpréter les influences des planètes sur la terre et les hommes.

ASTRONOMIE : Science des corps célestes et de la structure de l'univers.

AXES : Ligne d'horizon et ligne du méridien orientant un thème en fonction d'un lieu géographique.

BALANCE : Signe d'air, masculin, positif, cardinal, diurne, domicile de Vénus, exaltation de Saturne, exil de Mars, chute du Soleil, traversé par l'AS pour un T.S. compris entre 6h et 8h45 pour Paris, 6h et 8h36 pour Marseille.

BELIER : Signe de feu, masculin, positif, cardinal, diurne, domicile de Mars, exaltation du Soleil, exil de Vénus, chute de Saturne, traversé par l'AS pour un TS compris entre 18h et 18h50 pour Paris, 18h et 19h07 pour Marseille.

BI-QUINTIL (144°) : V. aspects

CADENTE (maison) : Maisons III, VI, IX, XII.

CANCER : Signe d'eau féminin, négatif, cardinal, nocturne, domicile de la Lune, exil de Saturne, exaltation de Jupiter, chute de Mars, traversé par l'AS pour un TS compris entre 22h et 0h30 à Paris, 22h23 et 0h48 à Marseille.

CAPRICORNE : Signe de terre, féminin, négatif, cardinal, nocturne, domicile de Saturne, exil de la Lune, exaltation de Mars, chute de Jupiter, traversé par l'AS pour un TS compris entre 14h et 15h48 à Paris, 13h38 et 15h30 Marseille.

CARDINAL (Signe) : Bélier, Cancer, Balance, Capricorne.

CAPRE : V. aspects (90°).

CARTE DU CIEL : *cf* Thème : instantané du ciel de naissance, orienté par rapport à l'instant et au lieu de la naissance.

COMBUSTE : Planète située entre 16' et 8°30 du Soleil. D'après la Tradition, son effet sera diminué ou vicié par le voisinage trop proche du Soleil.

COMPOSITE (thème) : Système de comparaison entre deux thèmes selon lequel chaque planète est le mi-point entre sa position dans le thème n°1 et celle dans le thème n°2.
Ex: si le Soleil se trouve à 14° du Bélier dans le thème n°1 et 28° du Taureau dans le thème n°2, il sera placé à 6° du Taureau dans le thème composite. On ajoute les deux longitudes et l'on divise par deux:
14° + 28° = 72°
72° : 2 = 36° = 6° du Taureau.

CONJONCTION : V. aspects (0°).

CONSTELLATION : Groupe d'étoiles fixes sans rapport avec les signes du zodiaque, qui sont tous égaux en proportion (30°), résultat de la division en douze de l'écliptique sur lequel se trouve le zodiaque, - tandis que les constellations sont inégales. La coïncidence existait au moment de la codification de l'astrologie, il y a 2000 ans. Actuellement, le décalage est d'environ un signe. L'astrologie hindoue (astrologie des constellations) tient compte de ce décalage: c'est l'Ayanamsa des hindoux (V. zodiaque).

CONTRE-ANTISCE : Aspect formé par deux planètes situées à équidistance de l'axe des équinoxes (0° Bélier - 0° Balance).

CONTRE-PARALLELE : V. aspects.

CULMINATION : position au MC.

CUSPIDE : pointe (commencement) d'une maison.

CYCLE : Temps mis soit par une planète pour accomplir sa révolution autour du zodiaque, soit par deux planètes pour se trouver en conjonction.

DEBILITE (des planètes) : Lieu (signe) de chute ou d'exil de la planète. Ant. : dignité

DECAN : division du zodiaque en 36 zones égales de 10°, ou d'un signe en trois portions.

DECLINAISON : Arc de cercle d'ascension droite compris entre le centre de l'astre et l'équateur céleste. La déclinaison sert à déterminer les aspects parallèles.

DESCENDANT : Cuspide ou pointe de la septième maison, opposée à l'AS.

DIGNITE : Signe dans lequel une planète se trouve dans son domicile ou en exaltation. Ant.: Débilité.

DIRECTE (planète) : planète en mouvement dans le sens des signes (et en sens inverse des aiguilles d'une montre).

DIRECTIONS : Modes de prévision consistant à "diriger" les planètes natales jusqu'à un autre point du thème, représentant une échéance cosmique privilégiée. On distingue: les directions primaires, secondaires (ou progressées), tertiaires et symboliques.

DISPOSITEUR : Planète maîtresse d'une maison en fonction du signe où commence la maison (cuspide).

DISSONANCE : V. aspects.

DIURNE (mouvement) : Mouvement apparent des astres qui se lèvent, culminent et se couchent. Ce mouvement s'effectue dans le sens inverse à celui de la rotation de la Terre.

DOMICILE : Chaque planète possède un signe-domicile, en analogie avec elle. Soleil: Lion. Lune: Cancer. Mercure: Gémeaux et Vierge. Vénus: Taureau et Balance. Mars: Bélier et Scorpion. Jupiter: Sagittaire (et Poissons). Saturne: Capricorne (et Verseau). Uranus: Verseau (et Capricorne). Neptune: Poissons (et Sagittaire). Pluton: Scorpion (et Bélier).

DOMIFICATION : Partage de l'écliptique (zodiaque) et de la sphère céleste en 12 sections variables. Les principaux systèmes de Domification sont ceux de Placidus, Régiomontanus, Campanus, Koch, et le système des maisons égales.

DOMINANTE : Planète(s) qui gouverne(nt) le thème.

DOUBLE (signe) : V. mutables.

EAU (signes) : Cancer, Scorpion, Poissons.

ECLIPSE : Il y a éclipse du Soleil lorsque la Nouvelle Lune se produit sur l'écliptique. Il y a éclipse de Lune lorsque la Pleine Lune se produit sur l'écliptique, la Terre se trouvant interposée entre le Soleil et la Lune. V. Pleine Lune.

ECLIPTIQUE : Cercle décrit par la course du Soleil vue de la terre. Toutes les planètes se déplacent à 8° près sur ce cercle, (qui n'est autre que le zodiaque), sauf Pluton, excentrique.

ELEMENTS : Feu: énergie, volonté, domination, audace, enthousiasme, générosité, indépendance, franchise. Terre : concentration, lenteur, réalisme, pragmatisme, ténacité, analyse, inquiétude, rigueur. Air : adaptation, superficialité, sociabilité, subtilité, intuition, bienveillance. Eau : émotivité, affectivité, contemplation, rêverie, sensualité.

EPHEMERIDES : Tables astronomiques donnant la position quotidienne des planètes.

EQUATEUR CELESTE : projection de l'équateur terrestre sur la sphère céleste.

EQUINOXE : Période de l'année où les jours sont de durée égale: au printemps le 21/3 (0° Bélier) et à l'automne le 21/9 (0° Balance).

EXALTATION : Les planètes se trouvent exaltées lorsqu'elles occupent certaines zones du zodiaque : le Soleil possède son exaltation à 19° du Bélier et par extension, on le considère comme exalté dans tout le signe du Bélier.

EXIL : Se dit d'une planète lorsqu'elle est située dans le signe opposé à son domicile, traditionnellement de natures opposées.

FEMININS ou négatifs (signes) : Taureau, Cancer, Vierge, Scorpion, Capricorne, Poisson.

FEU (signes) : Bélier, Lion, Sagittaire.

FIXE (signes) : Taureau, Lion, Sagittaire.

FC ou FOND DU CIEL : Point opposé au MC dans le zodiaque et cuspide de la maison IV.

FUSEAU HORAIRE : division de l'équateur en 24 tranches égales d'une durée d'une heure en temps réel et de 15° de longitude, calculées à partir du méridien de Greenwich.

GEMEAUX : Signe d'air, double, masculin, positif, mutable, diurne, domicile diurne de Mercure, exil de Jupiter, traversé par l'AS pour un TS compris entre 20h12 et 22h à Paris. 20h30 et 22h22 à Marseille.

GEOCENTRIQUE : L'astrologie intéressée par ce qui se passe sur la terre - et non sur le Soleil ! - regarde les planètes vues de la Terre, c'est-à-dire d'un point de vue géocentrique.

GOUVERNEUR (du thème) : planète régissant l'ascendant.

HARMONIQUE : V. aspects.

HEURE : - astronomique: c'est le Temps Sidéral (TS) basé sur la rotation de la Terre.

- légale: heure officiellement adoptée dans le pays.
- locale: heure légale rectifiée en fonction du lieu de naissance.
- Greenwich Mean Time (GMT) : Heure du méridien de Greenwich, point zéro où commencent les fuseaux horaires (est et ouest).

HORAIRE (astrologie) : Etude d'un thème monté pour le moment précis où une question prend forme dans l'esprit d'un individu, la position des planètes à ce moment révélant le problème, son origine, et les éléments de sa réponse.

HOROSCOPE : du grec horoskopos "qui considère (skopein) l'heure" de la naissance. V. Thème.

INGRES : terme employé pour décrire l'entrée d'un corps céleste dans un signe ou un quadrant, couramment entendu comme l'entrée du Soleil dans un signe cardinal (équinoxes et solstices) déterminant le climat de la saison à venir.

JUDICIAIRE ou généthliaque (astrologie) : Thème d'un individu, par opposition à l'astrologie mondiale.

LATITUDE (d'une planète) : distance qui sépare une planète du plan de l'écliptique.

LENTES (planètes) : Jupiter, Saturne, Uranus, Neptune, Pluton (par opposition aux planètes rapides).

LEVER : Planète près de l'AS, en XIIe maison.

LION : Signe de feu, masculin, positif, fixe, diurne, domicile du Soleil, exil de Saturne, traversé par l'AS pour un TS compris entre 0h30 et 3h15 à Paris, 0h48 et 3h24 à Marseille.

LONGITUDE (d'une planète) : arc d'écliptique compris entre le point vernal (0° Bélier) et une planète = position en degrés sur le zodiaque.

LUMINAIRES : Soleil et Lune, considérés en astrologie comme des planètes.

LUNAISON : Nouvelle Lune et temps écoulé entre deux Nouvelles Lunes.

LUNE NOIRE :
1- Nom donné à une petite planète considérée comme le second satellite de la Terre, observée pour la première fois en 1618, mais dont l'existence n'a pas été confirmée depuis.
2- (Acception usuelle): deuxième foyer de l'orbite lunaire, dont la longitude est similaire à celle de l'apogée. Son déplacement est d'environ 3° pour 27 jours.

MAISON : Division duodénaire de la sphère céleste. *Cf.* Domification. Les maisons orientales sont: X, XI, XII, I, II, III. Les maisons occidentales sont IV, V, VI, VII, VIII, IX.

MERIDIEN : Cercle sur la sphère céleste passant à la fois par les pôles de la sphère et le zénith du lieu considéré.

MC ou MILIEU-DU-CIEL : Point à l'intersection du méridien et de l'écliptique.

MI-Point : Point situé à égale distance de deux planètes.

MOBILES (signes) : V. cardinaux.

MONDIALE (astrologie) : Etude de l'influence des astres sur les pays et les nations (d'après le thème monté pour la dernière constitution en date) ou sur toute la planète (interprétation des mouvements et cycles planétaires en soi). (Par opposition à l'astrologie judiciaire ou généthliaque).

MONOMERE : degré du zodiaque.

MUTABLES (signes) : dits aussi signes doubles: Gémeaux, Vierge, Sagittaire, Poissons.

NATAL (thème) : Thème érigé pour l'heure et le lieu de la naissance d'un individu.

NŒUDS : Du fait de la légère inclination de l'orbite des planètes par rapport à l'écliptique, deux intersections se forment entre les deux plans, appelés noeuds.

NŒUDS DE LA LUNE : V. Noeuds. L'orbite de la Lune coupe le plan de l'écliptique: ce point d'intersection s'appelle le Noeud Nord lorsque la Lune traverse l'écliptique pour prendre une latitude Nord; il s'appelle le noeud Sud lorsque la Lune prend une latitude Sud.

OCCIDENTALE-ORIENTALE : Une planète est occidentale ou orientale suivant qu'elle occupe une maison appartenant à l'une ou l'autre catégorie (V. maison).

OCCULTATION : Se dit d'une planète cachée par la Lune.

OPPOSITION : V. aspects (180°).

ORBE : Ecart de tolérance admis pour les aspects planétaires; en général: conjonction et opposition: 10°; trigone: 8°; carré: 7°; sextil: 2°; aspects mineurs: 1°.

PARALLELE : V. aspects.

PLANETES : Le Soleil et la Lune, appelés luminaires, sont considérés comme des planètes en astrologie. Les planètes inférieures au Soleil sont: Lune, Mercure, Vénus. Les autres sont appelées supérieures.

PLEINE LUNE : Opposition Lune-Soleil par rapport à la Terre. Si la P.L. se produit lorsque sa latitude zodiacale est inférieure à 1°N ou S, il y a éclipse de Lune partielle ou totale.

POINT VERNAL : Intersection du cercle de l'écliptique avec l'équateur céleste = 0° du Bélier, début du printemps. Ce point appelé aussi point gamma recule légèrement de 72" par an (un signe de 30° en 2176 ans) sur le zodiaque: c'est la précession des équinoxes.

POISSONS : Signe d'eau, féminin, négatif, mutable, double, nocturne, domicile de Jupiter et de Neptune, exaltation de Vénus, chute et exil de Mercure, traversé par l'AS pour un TS compris entre 17h02 et 18h à Paris, 16h53 et 18h à Marseille.

PREVISIONS : Branche de l'Astrologie consistant à interpréter la course des planètes dans l'avenir. Il existe trois modes de prévisions: les transits, les directions et les révolutions.

PROGRESSIONS : V. directions - Directions progressées ou secondaires.

QUADRANT : Portion du zodiaque délimitée par les axes. Le premier cadran est situé entre l'AS et le FC.

QUINTIL : V. aspects (72°).

RADICAL ou RADIX : Thème natal.

RAPIDES (planètes) : Lune, Mercure, Vénus, Soleil, Mars.

RETROGRADATION : Mouvement (apparent, vu de la Terre) d'une planète en sens contraire du zodiaque.

REVOLUTION : Temps que met une planète à parcourir le zodiaque. On appelle révolution lunaire l'étude comparée du thème de naissance avec le thème de l'instant où la Lune se retrouve à la place natale. Il y a donc une révolution lunaire tous les 28 jours. La révolution solaire, plus fréquemment utilisée, est l'étude comparée du thème de naissance avec le thème de l'anniversaire.

SAGITTAIRE : Signe de feu, masculin, positif, mutable, double, domicile de Jupiter, exil de Mercure, traversé par l'AS pour un TS compris entre 11h31 et 14h à Paris, 11h13 et 13h37 à Marseille.

SEMI-CARRE : V. aspects (45°).

SEMI-SEXTIL : V. aspects (30°).

SESQUI-CARRE : V. aspects (135°).

SEXTIL : V. aspects (60°).

SIDERAL (zodiaque) : basé sur les constellations, par opposition au zodiaque tropique, basé sur les saisons et les signes sur lequel est construite l'astrologie traditionnelle occidentale.

SIGNE : Douzième partie du zodiaque, comportant 30°. Ils doivent leur nom aux constellations, bien que ne coïncidant plus avec elles. Les douze signes sont: Bélier, Taureau, Gémeaux, Cancer, Lion, Vierge, Balance, Scorpion, Sagittaire, Capricorne, Verseau, Poisson.

SCORPION : Signe d'eau, féminin, négatif, fixe, nocturne, domicile (de Mars traditionnellement et) de Pluton, exil de Vénus, chute de la Lune, traversé par l'AS pour un TS compris entre 8h45 et 11h31 à Paris, 8h36 et 11h13 à Marseille.

SOLSTICES : Les points de l'écliptique présentant le maximum de déclinaison Nord ou Sud. Quand le Soleil passe aux Solstices, (0° du Cancer et 0° du Capricorne), les jours atteignent leur longueur maximum si c'est au Cancer, minimum si c'est au Capricorne.

STATIONNAIRE : Planète dont la vitesse est pratiquement nulle vue de la terre et qui précède généralement un mouvement (apparemment) contraire au précédent.

SYNASTRIE : Comparaison de deux thèmes.

TAUREAU : Signe de Terre, féminin, négatif, fixe, nocturne, domicile de Vénus, exaltation de la Lune, exil de Mars, traversé par l'AS pour un TS compris entre 18h58 et 20h12 à Paris, 19h07 et 20h30 à Marseille.

TEMPS SIDERAL (T.S.) : V. heure.

TERRE (signe) : Taureau, Vierge, Capricorne.

THEME (natal) : Diagramme représentant la topographie céleste à un instant et pour un lieu précis, ceux de la naissance (premier cri).

TRANSIT (planétaire) : Passage d'une planète en conjonction ou aspect d'une planète ou d'un point quelconque du thème. Seule méthode prévisionnelle basée sur les mouvements réels des astres.

TRIGONE : V. aspects (120°).

TRIPLICITE : Division des signes basée sur les propriétés élémentaires de chaque signe (Feu, Air, Eau, Terre).

TRONE : V. Domicile.

TROPICAL (zodiaque) : basé sur les saisons.

VERNAL : V. Point Vernal.

VERSEAU : Signe d'Air, masculin, fixe, diurne, domicile d'Uranus (et de Saturne chez les Anciens), exil du Soleil, traversé par l'AS pour un TS compris entre 15h48 et 17h02 à Paris, 15h30 et 16h52 à Marseille.

VIERGE : Signe de Terre, féminin, négatif, mutable, double, nocturne, domicile et exaltation de Mercure, exil de chute de Vénus, traversé par l'AS pour un TS compris entre 3h15 et 6h à Paris, 3h25 et 6h à Marseille.

ZENITH : verticale du lieu de naissance, à ne pas confondre avec le Milieu-du-Ciel, intersection du méridien de ce lieu avec l'écliptique. Ce n'est que pour les latitudes de naissances comprises entre 23°27'N et 23°27'S que les deux points se confondent.

ZODIAQUE : Bande circulaire, d'une largeur de 8°30 de part et d'autre de l'écliptique. Espace parcouru par les planètes, à l'exception de Pluton, excentrique. Le zodiaque est divisé en douze parties égales de 30° appelées signes, qui partent du point gamma ou point vernal = 0° du Bélier.

ISABELLE LABRO

Bibliographie des auteurs

Aimé Jacqueline
- *1989-2000, Un monde qui meurt, un monde qui naît - La grande mutation selon les astres*, Plon, 1988.
- *La Révolution et l'Astrologie*, Le Rocher, 1989.
- *La Lune Noire, un monde interdit*, Le Rocher, 1991.

Ambelain Robert
- *L'Astrologie des interrogations*, Coll. "Les portes de l'étrange", 1984. .
- *Le secret de Bonaparte*, Robert Laffont, 1989.
- *La géomancie chinoise*, Robert Laffont, 1991.

Aubier Catherine
- *Dictionnaire pratique d'Astrologie*, Presses de la Cité

Barbault André
- *Bélier / Poissons*, "Collection Zodiaque", Seuil.
- *Traité pratique d'Astrologie*, Seuil.
- *Petit manuel d'Astrologie*, Seuil.
- *La Prévision astrologique*, Les éditionsTraditionnelles.

Binet Carleen
- *ABC de la morphopsychologie*, Jacques Grancher

Caumon Danielle (de)
- *ABC des Prévisions astrologiques*, Jacque Grancher.
- *L'Astrologie à la carte*, Nathan.
- *Les Enfants du Zodiaque*, Éditions n°1.

Cazenave Michel
- *La Science et l'Ame du Monde*, Imago.

Christiaen Yves
- *Prévisions, Directions, Transits*, Coll. "La Roue Céleste", Dervy-Livres.
- *Astrologie*, Coll. "Sciences, méthodes, techniques", Camugli.

Colin Françoise
- *Astrologie - Graphologie, Traité de graphologie planétaire*, Garancière, 1984.

Del Mar Michaël
- *Les Signes du Zodiaque*, Filipacchi.
- *Les Signes du Zodiaque*, Harlequin

Discepolo Ciro
- *Guida all'Astrologia*, éd. Armenia, 1979
- *Scuola di astrologia*, vol. II, éd. Curcio, 1981.
- *How to discover the secrets of a chart*, éd. Albero, 1988.

Dobyns Zipporah
- *Evolution Through the Zodiac.*
- *Finding the Person in the Horoscope.*
- *Progressions, Directions and Rectifications.*
- *Expanding Astrology's Universe.*

Duval Max
- *La Domification et les Transits*, Les éditions Traditionnelles.
- *Les Moyens de pronostics en Astrologie*,Les éditions Traditionnelles.

Fuzeau - Braesch Suzel
- *L'Astrologie*, Presses universitaires de France, Coll. "Que sais-je ?" 1989 ; 2e éd.1992.
- *Astrologie : la preuve par deux*, Robert Laffont, 1992.

Gauquelin Michel
- *L'Astrologie devant la science*, Denoël.
- *L'hérédité planétaire*, Denoël, 1966.

Giani Patrick
- *Les Nœuds lunaires*, en coll. avec Laurence Larzul, de Vecchi, 1990.
- *Astrologie karmique*, de Vecchi, 1992.

Greene Liz
- *Saturn : A New Look at an Old Devil*
- *The Outer Planets and their Cycles.*
- *The Astrology of Fate.*

Guillé Etienne
- *L'Alchimie de la vie*, éd. du Rocher, 1983.
- *L'Énergie des pyramides et l'Homme*, éd. L'Original, 1989.

Harvey Charles
- *Working with Astrology*, Penguin-Books, 1990.
- *Mundane Astrology.*

Hitschler Kurt
- *Le secret des 360 degrés symboliques*, Dervy-Livres.
- *L'orientation professionnelle par les 360 degrés symboliques*, Dervy-Livres.
- *Quelques énigmes de l'histoire éclaircies par l'astrologie des monomères*, Dervy-Livres.

Huon de Kermadec Jean-Michel
- *L'Horoscope Chinois*, Encre.
- *Les Marques du destin*, Encre

Ionescu Vlaicu
- *Nostradamus, l'histoire secrète du monde*, Félin.
- *Message de Nostradamus sur l'ère prolétaire*, Dervy-Livres, 1976.

Larzul Laurence
- *Les 144 Positions des Noeuds lunaires*, en coll. avec Patrick Giani, de Vecchi.
- *Comprendre la Lune Noire*, de Vecchi, 1991.

Leuck Krista
- *Précis d'Astrologie sexuelle*, Pierre Horay.
- *La lune, la terre et nous*, Jean-Jacques Pauvert.

Lewis Jim
- *Mundane Source Book*, publié chaque année.
- *The Astro-Carto-Graphy Book of maps*, Llewellyn, 1989.

Lineman Rose
- *Eclipses : Astrological guideposts*, AFA.
- *Eclipse Interpretation manual*, AFA

Mailly-Nesle Solange (de)
- *L'Astrologie, l'histoire, les signes et les symboles*, Nathan.
- *L'être cosmique*, Flammarion.

Mertz Bernd-Arnulf
- *Psychologische Astrologie* (I-III).
- *Die Grundlagen der Klassichen Astrologie.*

Michaud Guy
- *Le visage intérieur*, Nizet, 1947.

Michelot Claude
- *L'influence des Astres sur votre santé*, Favre, 1983.

Mirti Grazia
- *La scuola di Astrologia* ,3e édition.

Nolle Richard
- *Critical Astrology*, AFA.
- *Chiron*, AFA.

Parker Ann
- *Astrology and alcoholism*, Sauvel Weiser, York Beach, USA.
- *Earth quake prediction*, Aries Press, USA.

Parker Julia et Derek
- *The complete astrologer*, Dorling Kindersley, 1971.

Pronay Alexander (von)
- *Das Grosse Transitbuch* (Le Grand Livre des Transits), Rohm, 1975.
- *Sterne in uns* (Les étoiles en nous), Rohm, 1978.
- *Der Mythraskult*, Rohm

Raman B.V.
- *Manuel élémentaire d'astrologie hindoue*, éd. Traditionnelles, 1934.

Ruperti Alexander
- *Les cycles du Devenir*, éd. du Rocher, Monaco.
- *La Roue de l'expérience individuelle*, Librairie de Médicis.
- *Vers la conscience du Moi essentiel*, éd. Rah.

San Miguel de Pablos José-Luis
- *Espacio y Simbolo en astrologia*, Obelisco, Barcelone, 1987;traduction française : éd. du Rocher.

Seymour Percy
- *Astrology : the evidence of science*, Coll. "Ariana", Penguin books, 1990.
- *The scientific basis of Astrology*, 1992.

Teissier Elizabeth
- *Ne brûlez pas la sorcière*, J.-J. Pauvert, 1976 (épuisé).
- *Astralement vôtre ou le triomphe d'une vocation*, R. Laffont, 1980.
- *Votre horoscope...*, Editions N°1, Prévisions annuelles depuis 1982.
- *L'Astrologie, science du XXIe siècle*, Editions N°1, 1988.
- *Vos étoiles jusqu'en l'an 2 000*, Editions N°1, 1989.
- *Etoiles et molécules*, avec le Pr Henri Laborit, Grasset, 1992.

Bibliographie générale

- *Le Tetrabiblos*, Ptolémée.
- *L'Astronomicon*, Manilius.
- *Sciences et Conscience, les deux lectures de l'univers*, France Culture, Colloque de Cordoue.
- *L'Homme et ses Symboles*, Carl Gustav Jung.
- *Le Tao de la Physique*, Fritjof Capra.
- *Les trois matières*, Stéphane Lupasco.
- *The Astrology of Personality*, Dane Rudhyar.
- *Manifeste de la nouvelle Gnose*, Raymond Abellio.
- *La structure absolue*, Raymond Abellio, Gallimard, 1965.
- *Histoire de l'Astrologie*, W. Knappich, Lebaud-Vernal, 1986.
- *Le dictionnaire astrologique*, Henri-Joseph Gouchon.
- *La condition solaire*, J.-P. Nicola.
- *Le message des astres*, Max Heindel.
- *Manuel complet d'astrologie scientifique et traditionnelle*, Alain Hadès, F. de Villac, 1992.
- *Nouveau dictionnaire astrologique*, Alain Hadès, Dervy-livres, 1990.

Crédit photo

Couverture (plat I): photo d'E. Teissier : **Edition N° 1** — en h. à g.: *Nasa/SPL/Cosmos* — en b. à dr. : *Charmet* (Miniature quatre éléments Zodiaque Barthélémy L'Anglais— (plat IV): *Scala*/**Brunelleschi Filippo** (Coupe du Zodiaque) S. Lorenzo, Florence.

APPM : p. 92 en h.— p. 93 en h. — *Archiv für Kunst :* p. 10-11— p. 13 — p. 56 — p. 120 — p. 127 en h. à g., à dr. et en b. — p. 154 en h. à dr. et en b. — p. 155 — p. 156 en h.— p. 247 — p. 261 — p. 265 — p. 277 — p. 285 — *Artephot* : p. 23 à g. — p. 29 statue Apollon (Nimatallah) — p. 30 en b. statue Vénus (Varga) — p. 31 statue Mars (Nimatallah) — p. 32 en h. statue Saturne — p. 33 en h. statue Neptune (Kumasegawa) — p. 33 en b. statue Pluton (Nimatallah) — p. 39 Mazarin (Trela), Michel Ange (Angel) — p. 52 en h. (Nimatallah) — p. 57 (ADPC) — p. 118 (ADPC) — p. 119 (Boucher) — p. 129 au mil. à g. (Held) et en b. à dr. (Nimatallah) — p. 136 — p. 145 (Mandel) — p. 146 — p 171 (les 2 photos) — p. 256 (Bridgeman) — p. 282 (D.R.) — p. 289 (Nimatallah) — *B. N.* : p 167 — p. 174 — *Charmet* : p. 17 — p. 59 — p. 71 — p. 126 — p. 133 — p. 141 — p. 156 en b. — p. 191 — *Christophe L* : p. 21 en h. à dr. — p. 22 en h. à dr. — p. 24 en b. à g. — p. 38 (M. Carol) — *Comstock* : p. 64 (Maison VII) — p. 147 — p. 172-173 — p. 179 —*Cosmos* : p. 29 (Nasa/SPL) — p. 30 en h. (Nasa/SPL) — p. 31 en b. (Nasa/SPL) — p. 32 en h. (Nasa/SPL) — p. 37 (Nasa/SPL) — p. 46 (Espenak/SPL)) — p. 52-53 (Baum/SPL) — p. 150-151 — p. 153 (SPL) — p. 154 en h. à g. (SPL) — p. 157 — p. 202-203 (SPL) — p. 204 (SPL) — *D.R.* : p. 209 à g. — *Edimedia* : p. 148-149 — p. 164 — p. 200 — p. 293 — *Explorer* : p. 35 (M.E. Picture-SVE) — p. 64 (Maison XI) — p. 86 — p. 89 (coll. Soazig) — p. 131 — p. 132 — p. 136 en h. (Nou) — p. 139 (Nou) — p. 140 (Charmet) — p. 213 (His. Pict. SVE) — p. 228 en h. à g. (N. Alain) et en b. à g. (Wysocki Pavel) — p. 229 au mil. (Nacivet) — p. 230 en h. à g. (Roy) et en b. à g. (Daniel) — p. 231 en h. à dr. (Saucez) et au mil. à dr. (Nacivet) — P. 242 en h. (coll. Soazig) — *Fotogram* : p. 15 — p. 19 (toutes les photos) — p. 47 (éclipse) — p. 49 — p. 64 (Maisons I-III- IV-V-X) — p. 99 — p. 229 en b. (Correz) — p. 230 au mil. — *Galaxy Contact* : p. 16 — p. 29 en b. — p. 31 en h. — p. 33 en h. — p. 24 en h. à g. (Lochon) — p. 38-39, S. Spielberg, W. Allen (Lacombe), I. Gandhi, F. Dibah, R. Redford — p. 47 en h. à dr. (Eslami Rad) — p. 64 (Maison XII) — p. 95-96 — p. 105 en b. à dr. et à g. (Bonnotte) — p. 108 — p. 109 — p. 129 en h. — p. 209 à dr. — p. 225 K.-O. Pöhl (Piels), J. Villeret (Marouze), J.-B. Doumeng (Duclos), Boris Becker — p. 241 (Simon) — p. 272 — p. 298 (Liaison) — *Giraudon* : p. 29 en b. à dr. statue d'Hécate (Lauros)— p. 30 en h. statue de Mercure — *Jerrican :* p. 64 (Maisons II-VI-VIII-IX) — p. 129 en b. à g. — p. 228 au mil. (Gaillard) — p. 229 en h. (Clément) — p. 231 en b. à dr. (Crampon) — p. 236 en b. à dr. (Sittler) — *Keystone* : p. 47 en b. — p. 105 en h. — p. 114 —*Leloir* : p. 24, en b. à dr. — *Madame Figaro/ Georges Vidon* : tous les foulards : p. 21, 22, 23, 24, 25 —*Magnum* : p. 25 en b. à dr.— *Michaud R.S.* : p. 50 — p. 188 — p. 215 - p. 287 — *Nasa* : p. 201 — *Nou* : p. 135 — *Roger Viollet* : p. 22 en h. à g., en b. à dr. — p. 25 en b. à g.— p. 25 en h. à dr. — p. 34 — p. 38 A. Capone, A. Malraux, I. Newton, J.-D. Rockfeller, J. Offenbach, Th. Mann, Marquis de Sade, F. Chopin — p. 84 — p. 93 en b. — p. 97 — p. 123 — p. 142-143 —p. 206-207 — p. 236 en b. à g. — *Scala* : p. 31 en b. statue Jupiter — p. 41 — p. 116-117 — p. 125 — p. 163 — p. 168-169 — p. 275 — p. 281 — *Stills* : à dr. p. 23 — p. 38 (C. Eastwood) — p. 184 — p. 220 en h. (J.-M. Sicaud) et en b. (G. Harvey) — *Sygma* : p. 30 en b. — p. 32 en b. (Tiziou) — p. 33 en b. — p. 182 (Tiziou) — p. 225 G. Lollobridgida, L. de Funès, M. Streep, David Bowie — p. 271 (Welcher) — p. 273 —*Tapabor* : p. 242 en b. (De Selva) —

Achevé d'imprimer en août 1992
sur les presses de l'imprimerie Jean Lamour
N° d'éditeur : 92059/19308
Dépôt légal : 0746 - septembre 92
ISBN : 201019059.9
23.30.4806.01.8
Reliure : A.G.M.
Photogravure : Colorscan
Conception - Réalisation : GRAPH'M
Imprimé en France

CORRESPONDANCES SYMBOLI

7. Balance ♎

SIGNE CARDINAL - D'AIR - MASCULIN - DIURNE - MAISON VII

PLANETE : VÉNUS ♀

MOTS-CLÉS :
SENS ARTISTIQUE - RAFFINEMENT - ÉLÉGANCE - SENS DE LA JUSTICE - SOCIABILITÉ - INDÉCISION OU "CHEVRECHOUTISME" - INDOLENCE - CHARME - BESOIN DE PLAIRE - DIPLOMATIE - AMATEUR OU DILETTANTE - ÉQUILIBRE - BONTÉ

JOUR : VENDREDI

COULEURS : BLEU - VERT - ROSE PASTEL

MÉTAL : CUIVRE

FLEURS : ROSE - LILAS

PARFUM : ROSE

PIERRE : DIAMANT

CHIFFRES : 2 - 7 - 8 - 15 - 16 - 19

PAYS : ARGENTINE - AUTRICHE - CHINE - EGYPTE

8. Scorpion ♏

SIGNE FIXE - D'EAU - FÉMININ - NOCTURNE - MAISON VIII

PLANETES : MARS ♂
(D'APRES LA TRADITION) - PLUTON ♇

MOTS-CLÉS :
COMBATIVITÉ - TÉNACITÉ - RÉSISTANCE - ACTIVITÉ - MAGNÉTISME - VITALITÉ - LUTTE - AGRESSIVITÉ - CARACTERE SECRET - ESPRIT DESTRUCTEUR - SADISME - ESPRIT DE VENGEANCE - MÉFIANCE - SENSUALITÉ - RÉFORME - RÉGÉNÉRATION - CHIRURGIEN - PSYCHANALYSTE - CHERCHEUR - DÉTECTIVE - POLICIER - ESPION - MILITAIRE - MILITANT

JOUR : MARDI

COULEURS : ROUGE - NOIR - VERT BOUTEILLE

MÉTAL : FER

FLEURS : CHARDON - LAURIER-ROSE

PARFUMS : BRUYERE - GENTIANE

PIERRES : CORNALINE - CORAIL - TOPAZE

CHIFFRES : 4 - 10 - 13 - 21

PAYS : ALGÉRIE - MAROC - NORVEGE

9. Sagittaire ♐

SIGNE MUTABLE - DE FEU - MASCULIN - DIURNE - MAISON IX

PLANETE : JUPITER ♃

MOTS-CLÉS :
FRANCHISE - VITALITÉ - OPTIMISME - IDÉALISME - ORGANISATION - ORGUEIL - GÉNÉROSITÉ - SAGESSE - AUTORITÉ - RELIGION - LOI - GOUT DES VOYAGES ET DE L'AVENTURE - ÉTRANGER - INDÉPENDANCE - MANQUE DE PERSÉVÉRANCE - ENTHOUSIASME - PRÉSIDENT - JUGE - REPORTER - HOMME D'EGLISE

JOUR : JEUDI

COULEURS : BLEU COBALT - VIOLET - ROUGE POURPRE - TURQUOISE

MÉTAL : ÉTAIN

FLEURS : PAVOT - CYPRES - FLEUR DE PECHER - ŒILLET - ROSE

PIERRES : TURQUOISE - LAPIS-LAZULI - SAPHIR

CHIFFRES : 5 - 9 - 14 - 23

PAYS : HONGRIE - ESPAGNE - AUSTRALIE